实录毛泽东 ③

重整旧山河（1945—1957）

李　捷　于俊道 / 主编

MAO
ZE
DONG

北京联合出版公司
Beijing United Publishing Co.,Ltd.

图书在版编目（CIP）数据

实录毛泽东.3 / 李捷，于俊道主编. — 北京 ：北京联合出版公司，2017.12（2025.8重印）

ISBN 978-7-5596-1204-5

Ⅰ．①实… Ⅱ．①李… ②于… Ⅲ．①毛泽东（1893-1976）-生平事迹 Ⅳ．①A751

中国版本图书馆CIP数据核字（2017）264947号

实录毛泽东．3

作　　者：李　捷　于俊道
责任编辑：夏应鹏
封面设计：仙　境
版式设计：顾小固

北京联合出版公司出版

（北京市西城区德外大街83号楼9层　100088）

嘉业印刷（天津）有限公司印刷　新华书店经销

字数：743千字　　710毫米×1000毫米　　1/16　　印张：39

2018年1月第1版　　2025年8月第14次印刷

ISBN：978-7-5596-1204-5

定价：56.00元

第五编 "天翻地覆慨而慷"

第六编 "一唱雄鸡天下白"

一、出访苏联

二、"谈笑凯歌还"

三、创造新世界

第五编
"天翻地覆慨而慷"

一、为"和平、民主、团结"而斗争

赴重庆谈判

1945年8月9日，日本政府最后决定接受《波茨坦公告》。15日，日本天皇裕仁以广播《终战诏书》的形式，向公众宣布无条件投降。

就在日本最后决定接受《波茨坦公告》的同一天，毛泽东发表《对日寇的最后一战》一文，提出："对日战争已处在最后阶段，最后战胜日本侵略者及其一切走狗的时间已经到来了。"他告诫说："全国人民必须注意制止内战危险，努力促成民主联合政府的建立。"

8月13日，毛泽东又在延安干部会议上做《抗日战争胜利后的时局和我们的方针》的讲演，提出制止内战、维护国内和平、针锋相对的方针。同时告诫全党，不要对蒋介石抱有任何不切实际的幻想。他说："蒋介石的方针已经定了，他的方针是要打内战的。蒋介石说要'建国'，今后就是建什么国的斗争。是建立一个无产阶级领导的人民大众的新民主主义的国家呢，还是建立一个大地主大资产阶级专政的半殖民地半封建的国家？这将是一场很复杂的斗争。"他明确提出："蒋介石对于人民是寸权必夺、寸利必得。我们呢？我们的方针是针锋相对，寸土必争。"

在日本投降的最初几天里，毛泽东度过了最忙碌的时期。

师哲回忆说：

1945年，党的第七次全国代表大会胜利闭幕后，各地代表立即返回本地区、本单位，只有极少部分干部因故在延安逗留数日。这时，外电传来消息——8月9日，苏联军队从远东的双城子至西伯利亚的赤塔一线全面出击，向日本侵略军展开猛烈进攻。战斗一开始就很激烈，日军负隅顽抗，双方都有众多伤亡。但苏军仍然势如破竹，所向披靡。仅几天的时间，8月14日日本天皇便宣布愿意放下武器，正式投降。毛泽东说："看，美国在广岛、长崎投了原子弹，日本没有投降；而苏军一出兵，日本就投降了。"

日本投降的消息传到延安，延安全城沸腾了！以延安城为中心的几条辐射形山沟中，满山遍野红旗招展、锣鼓喧天、爆竹齐鸣。人们欢呼雀跃，把衣服帽子抛向天空。卖水果的老乡把筐里的苹果、梨送给近旁不相识的人。不管认不认识，大家互相拥抱，拉起手来扭秧歌。当天夜晚，满山遍野是火的海洋、欢乐的洪流！狂欢持续了3天。

八年的艰苦抗战，终于胜利了！

在这历史的转折关头，我党、我军上上下下都处于极其繁忙而紧张的工作之中，党中央领导同志尤甚。毛泽东、周恩来、刘少奇最忙；朱德总司令历来表现得不慌不忙，优哉游哉，事情却处理得从容不迫，井然有序；而任弼时同志当时重病在身，力不从心，只是着急。

毛泽东恨不能把一天当十天用。工作量之大，速度之快，达到了空前的程度。他把办公地点移到枣园的小礼堂，为的是一面处理事务，一面接见各地、各级来请示工作的同志。他一面同这些同志谈话，一面挥笔疾书——发布命令，写委任状，发表文告、声明、宣言，等等，每天要在办公室连续工作十个小时以上，而夜里读书仍然不可或缺。有时忙得无暇进食、饮茶。幸而适逢延安瓜果成熟的季节，所以工作人员挑了最好的瓜果送到毛泽东的办公桌——乒乓球台子上。台子中央摆着笔墨纸砚，别无他物。毛泽东在工作时顺手抓起瓜果来解渴、充饥，或时而啃几口馅饼和面包。毛泽东吃西瓜也是很有特点的，他将西瓜抓在手中，如同风卷残云一般，一口一片。

小礼堂的周围摆放着一圈长条靠背木椅，干部们坐在那里等候命令和指示。愿意吃什么，自己到毛泽东的"办公桌"上取了就吃。领到委任或指示的人，精神振奋，立正、敬礼，各自离去。

刘少奇在自己的窑洞里悉心研究各种文件、各地来电等，或者同出发到前方去的同志谈话，只有遇到重大问题才同毛泽东商量、研究处理方案。他首先关注到东北方面的形势和我们应采取的方针。

在苏军进入我国东北之前，我们并不知道苏军的动向，不管是苏联方面，还是在苏军中工作的我方人员——如刘亚楼、周保中等同志，都没有向我们透露过任何消息。看来苏联是认真遵守同美英达成的秘密协定，即只同中国国民政府打交道。

8月14日，莫洛托夫同国民党外交部长王世杰在莫斯科签订《中苏友好同盟条约》，其中规定：苏联的援助完全给予国民党政府，苏联尊重中国在东北三省的完全主权及领土行政之完整。同日，斯大林发表声明，苏军在日本投降后三个月内全部从东北撤军。同时，国民党政府同意苏军使用旅顺口海军基地、大连港国际化、中苏双方共同经营中长路的要求和承认外蒙古独立。因而苏军把东北的大城市交给国民党，同意他们派市长接管。

然而，我军在东北的抗日力量早已存在，尤其在山海关至张北一线的长城内外，部署了罗瑞卿、李运昌、杨成武、吕正操、曾克林等部。在苏联对日宣战之后，上述所属部队及山东解放区的肖华等部便全面向北进击，深入东北腹地，配合苏军作战。中央也从华北、华中调动一部分部队向东北进发。

苏联为遵守国际协议，极力设法尽快地将南满辽沈等地移交给国民党政府，以便早日脱身，撤回自己的部队。而蒋方部队抗战期间躲在大西南，虽有美国提供的飞机、轮船、汽车等现代化交通运输工具，怎奈他们自己不争气，忙于"劫收"，因而机械化赛不过土八路的两条腿。美国军队9月30日才在秦皇岛登陆，在美军的帮助下，11月16日国民党从我们手中夺走了山海关。蒋介石好不容易到1946年11月中旬才将他的精锐部队第1军（即整编第1师，师长孙立人，副师长贾幼慧）运去接管苏军移防的沈阳。

苏军按规定时间撤离后，东北只留下国共两家的武装力量[1]。双方互不相让，寸土必争。我们的方针仍然是抢先占领广大的农村，并尽可能地占领一些中小城市；在解放了的地区，发动群众彻底翻身，保卫自己的胜利果实。

对东北方面，1945年8月刘少奇向毛泽东谈了自己的见解和设想——苏联军队虽然没有积极支持和帮助我们，却也没有阻拦我们，估计也不至于对我们背后开枪。那么，我们在东北也就赢得了战略上的胜利，即北面没有敌人；西面蒙古、东面朝鲜都是友邻，我们可以集中力量对付一个方向的敌人。有了这样一个有利的战略地位，就有了取得胜利的基础。

毛泽东听着刘少奇的陈述，一直默不作声，也没有停止自己手里的事情——写文告、调兵遣将、发布命令、交代任务。最后才提到林彪，给他的任务是：去东北，掌握这一重要的战略重地。林彪十分高兴，欣然接受，昂扬而去[2]。

周恩来则独当一面在外线作战，既忙于同国民党、蒋介石打交道，还要对付帝国主义的种种阴谋。

当时，国共虽无战争，但各自的神经都绷得很紧，形势很微妙。毛泽东将每一步都把握得很准、很稳。

蒋介石为了维护他的地位，提出所谓维持国内和平的条件，要统一军令、统一政令、统一国政、取消特区（即陕甘宁边区和各解放区），这就使问题大大复杂化了。美国出面搭桥引线，极力促成国共举行最高级会谈。8月14日，蒋介石来电邀请毛泽东到重庆"共同商讨""国家大计"。20日、23日又连来两电。

这时，斯大林通过苏军驻延安情报组转来一份电报，内容主要是：中国不能再打内战，要再打内战，就可能把民族引向灭亡的危险地步，等等。这电文引起了毛泽东的极大不快，甚至是很生气。他说："我就不信，人民为了翻身搞斗争，民族就会灭亡？"

过了两三天，斯大林又来了第二封电报，主要内容是说：世界要和平，中国也要和平。尽管蒋介石挑衅想打内战消灭你们，但是蒋介石已再三邀请你去重庆协商国是，在此情况下，如果一味拒绝，国内、国际各方面就不能理解了。如果打起内战，战争的责任由谁承担？你到重庆去同蒋会谈，你的安全由美、苏两家负责，等等。

开始时，毛泽东本想派周恩来代表他去谈判，已于8月22日电告蒋介石。后来考虑到蒋介石不会满意，而且又不足以充分表示我方的诚意，于是决定他本人去重庆同蒋介石会面。

8月27日，美国驻华大使赫尔利和张治中专程从重庆到延安来迎接毛泽东。

赫尔利粗鲁而不识事体。1944年他第一次到延安来调停国共两党关系就食言而肥。

28日，毛泽东、周恩来、王若飞在张治中、赫尔利的陪同下，同机飞离延安去重庆。当天到机场送行的各级干部约千人，但所有到场的干部都表情沉闷，心事重重，大家都沉默不语。看来，他们所考虑和担心的都是同一个问题——毛泽东的人身安全有保证吗？尽管张治中一再声言，他对主席的安全负有绝对不可推卸的责任，可是一贯背信弃义的蒋介石心里究竟作怎样的打算，谁能知道呢？

最使人心情不愉快并极其反感的是，毛泽东等人刚登上飞机，赫尔利最后一个爬上舷梯，当他一只脚踏上舱门，另一只脚还悬在空中时，双手抓住机门框，头往后仰，怪声怪气地大吼："哎，咦，呀！"

这怪声大叫立时引起所有在场同志的不满、气愤和疑虑，纷纷质问在场送行的美军联络组组长包瑞德上校："赫尔利的表演是什么意思？"

包瑞德回答说："赫尔利是牧童出身，这可能是他早已养成的在欢快时的一种得意表现吧。"

飞机起飞了，人们带着沉重的心情返回各自的机关去了，为主席的安全，谁也没有放下心来。

毛泽东赴渝前，不仅起草了《中共中央关于同国民党进行和平谈判的通知》，还同刘少奇整整谈了一天一夜，面授机宜。大致意思是：我在重庆期间，前方和后方都必须积极活动。对蒋介石的一切阴谋都要予以揭露，对蒋介石的一切挑衅行为，都必须予以迎头痛击，有机会就吃掉他，能消灭多少就消灭多少。我军的胜利越大，农民群众的活动就越积极，我的处境就越有保障、越安全。须知蒋委员长只认得拳头，不认识礼让。

在后来事态的发展中,许多干部产生了疑虑,不得已,刘少奇才向大家透露了上述毛泽东的指示,大家才放下心来,天天盼着毛泽东归来。[3]

据余湛邦回忆,蒋介石邀请毛泽东到重庆谈判的打算,始于1943年。他说:

1943年5月,第三国际通过自行解散的决议,中共中央表示同意。在这一国际背景下,蒋介石忽然异想天开,电召张治中到官邸谈话:"我想请毛泽东到重庆来,我们当面谈一切问题,你看好不好?"张治中听了很兴奋地说:"很好,很好,我完全同意!"蒋当即写了一封给毛泽东的亲笔信交张转去。此时,林彪因和谈失败,行将返延安汇报,张治中就在桂园设宴为林饯行,席上把蒋介石的信交林托其带去。但是以后延安毫无反应,张亦未向中共代表查询。事虽未成,却为1945年重庆谈判伏下一笔。蒋见此计不行,于是又掀起第三次反共高潮,指使军队进攻鄂东的新四军,又调河防军参加对陕甘宁边区的包围,让特务机关出面,伪造民意,要求解散中共与边区政府,国共关系又趋紧张。

…………

1945年8月10日,日本政府决定无条件投降的消息一经传出,国内顿时到处欢呼,鞭炮齐鸣,号外纷飞,人人喜形于色,奔走相告。但张治中闷坐家中,郁郁不乐。因为他眼看国共两党关系极坏,双方军队摩擦加剧,内战危机,一触即发。尤其远东盟军总司令麦克阿瑟和蒋介石先后宣布只有国民党部队才有权接受日军投降,这一无理要求为中共方面所坚决拒绝。张治中盱衡全局,一方面在主和派友人中积极活动,另一方面向蒋介石旧事重提,建议再次邀请毛泽东到重庆来商谈一切。

当时国统区已到了百孔千疮、内溃外烂的境地。虽有美国支援,蒋介石亦痛感无力从事反共战争。加上国内人心厌战,国际舆论反战,蒋出于无奈,接受了张治中的建议(据说吴鼎昌同时亦有同样建议),于8月14日、20日、23日连续三次去电邀请。中共中央决定应邀,并派毛泽东、周恩来、王若飞三人为代表。蒋派张治中作为他的代表,偕同先任罗斯福总统的代表后任美国驻华大使的赫尔利,在8月27日同机飞到延安,第二天就顺利地陪同毛泽东到达重庆——这是张治中第一次到延安。[4]

毛泽东对蒋介石的邀请极为慎重,接连召开中央政治局会议讨论。

据《毛泽东年谱(1893—1949)》记载,毛泽东在1945年8月23日政治局讨论时发言:

现在情况是抗日战争的阶段已经结束,进入和平建国阶段。全世界、欧洲、东方都是如此。不能有第三次世界大战,这是肯定的。……蒋介石的地位，有利的方面是，有合法地位与大城市；不利的方面是，在他面前摆着强大的解放区，他内部有矛盾，他不能满足人民的民主、民生的要求。我们的地位，有利的方面是，抗日的功劳[5]蒋介石不能磨灭，在全国人民中的地位为大革命和内战时期所没有过，为民主、民生而奋斗的纲领，能解决蒋介石所不能解决的问题；不利的方面是，没有大城市，没有机械化的军队，没有合法地位。我们现在新的口号是：和平、民主、团结（过去是抗战、团结、进步）。和平是能取得的，因为苏美英需要和平，不赞成中国内战；中国人民需要和平。国民党也不能下决心打内战，因为他的摊子未摆好，兵力分散，内部矛盾，无论如何弱于日军加伪军，加上解放区的存在，我们不易被消灭，人民与国际反对内战，因此内战是可以避免与必须避免的。提出和平、民主、团结三大口号是有现实基础的。蒋介石想消灭共产党的方针没有改变也不会改变，他之所以可能采取暂时的和平，是由于有上述诸条件，以便医好自己的创伤，壮大自己的力量，将来等待机会消灭我们。关于承认解放区、解放军的争论，一定是非常激烈的，可能要打打停停，甚至可能要打痛他才能逼他让步。对国民党的批评，本来是决定停一下的，因日本突然投降，蒋下令要我们"驻防待命"，不得不再批评一下，今后要逐渐缓和下来。以后仍是"蒋反我亦反，蒋停我亦停"，以斗争达团结，有理有利有节。不可能设想在蒋的高压下，没有斗争可以取得地位。中国的局面，现在是独裁加若干民主，并将有相当长的时期。我们还是钻进去给蒋介石"洗脸"，而不是"砍头"。这个弯路将使我们党在各方面达到更成熟，中国人民更觉悟，然后实现新民主主义的中国。准备以中央委员会名义发表一个宣言，提出"和平、民主、团结"的口号。这次谈判应该去，不能拖，而且估计也不会有什么危险。各解放区要作持久之计。打仗一定要有利，无把握的仗不打。不增加人民负担，今冬大减租、明春大生产。只要我们站稳脚跟，保持清醒的头脑，就不怕一切大风大浪。[6]

1945年8月26日，毛泽东又主持召开政治局会议。他在会上发言：

我去重庆的问题，昨晚政治局七同志与若飞同志商谈，决心答复魏德迈的电报，去。这样，我们可以取得全部主动权。要充分估计到蒋介石逼我作城下之盟的可能性，但签字之手在我。谈判自然必须作一定的让步，只有在不伤害双方根本利益的条件下才能得到妥协。我们准备让步的第一批地区是广东至河南的根据地，第二批是江南的根据地，第三批是江北的根据地，这要看谈判的情况，在有利条件下是可以考虑让步的。陇海路以北迄外蒙一定要由我们占优势。东北行政大员由国民党派，我们去干部，一定有文章可做。如果这些还不行，那么城下就不盟，我准备坐班房。我们党的历史上除何鸣事件外，还没有随便缴枪的事，所以绝不要怕。如果是软禁，那倒不怕，我正是要在那里办点事。红军[7]不入关，美国不登陆，形式上是中国自己解决问题，实际上是三国过问。三国都不愿中国内战，国际压力是不利于蒋介石独裁统治的。所以重庆是可以去和必须去的。领导核心还在延安，党内也不会有什么扰乱，将来还可能有多一些的同志到外面去。因为有了里面的中心，外面也就能保得住。延安不要轻易搬家。由于有我们的力量、全国的人心、蒋介石自己的困难、外国的干预四个条件，这次去是可以解决一些问题的。[8]

毛泽东亲赴重庆谈判这件轰动中外的历史性大事，就这样确定下来。经毛泽东提议，中共中央还决定，在毛泽东赴重庆谈判期间，由刘少奇代理其主席职务。

1945年8月28日下午，毛泽东、周恩来、王若飞在张治中、赫尔利陪同下，到达重庆。这一消息轰动了整个山城。

当年在重庆协助周恩来做统战工作的童小鹏回忆说：

8月的重庆，正是酷热时节。28日午后，欢迎毛主席的人们，从四面八方涌向九龙坡机场。欢迎队伍中有张澜、沈钧儒、黄炎培、郭沫若、陶行知等知名人士，有八路军重庆办事处和《新华日报》的工作人员，国民党方面有邵力子、谭平山等，还有蒋介石的代表周至柔。下午3时45分，载着毛主席的专机降落了。虽然经过四个多小时的飞行，但毛主席仍精神饱满、容光焕发。他屹立在机舱门口的舷梯上，举起坚强有力的右臂，频频向人们挥手致意，人群中顿时爆发出热烈的掌声。毛主席稳步走下专机后，周副主席把在场的各界人士作了介绍，毛主席感谢他们到机场迎接的盛情，同他们一一握手。毛主席来到八路军重庆办事处和《新华日报》馆的同志们面前时，大家以无比崇敬和幸福的心情，向毛主席表达亲切问候，热烈鼓掌，欢迎伟大领袖毛主席的到来。毛主席在机场发表了书面谈话，说明到重庆来的目的，他指出："目前最迫切者，为保证国内和平，实施民主政治，巩固国内团结，国内政治上、军事上所存在的各项迫切问题，应在和平、民主、团结的基础上加以合理解决，以期实现全国之统一，建设独立、自由与富强的新中国。希望中国一切抗日政党及爱国志士团结起来，为实现上述任务而共同奋斗。"这篇简短的谈话，把中国共产党对当前时局的政治主张，光明磊落地宣告于中外。毛主席的来临，使整个山城群情激动。这个消息立即被中外记者报道给全国和全世界。……

这一天，《新华日报》出版得特别早，天刚蒙蒙亮，报馆的几十个勇敢而机警的报童就把比往常多几倍的报纸，送到了广大市民手中。人们争相阅读着这张令人欢欣鼓舞的报纸，因为它在第一版用大字标题刊登了《毛泽东同志来渝》的特大喜讯，并刊载了中共中央《对目前时局的宣言》和"和平、民主、团结"三大口号。在毛主席到达重庆的当天下午，《新华日报》又发行了报道毛主席到达重庆的号外。在市区的一些街道，人群拥塞，争相索取，奔走相告。重庆市的广大工人、农民、妇女、青年纷纷向《新华日报》馆表达他们对毛主席到达重庆的无限喜悦、希望和敬意。当天晚上，《新华日报》接到一封由许多人签名写给毛主席的致敬信，信中说："您毅然来渝，使我们过去所听到的对中国共产党的一切诬蔑完全粉碎了，这证明中国共产党为和平、团结与民主而奋斗的诚意和决心，希望谈判成功。"这封信，表达了多少人民群众的心声啊！

9月1日晚，毛主席在周副主席陪同下，出席了中苏文化协会举办的酒会。几天来，重庆广大群众一直都殷切渴望见到想念已久的毛主席。毛主席要出席酒会的传闻不胫而走。下午5点多钟，从七星岗到黄家垭口一带，人群熙熙攘攘，呈现出前所未有的热烈景象，都在盼望着毛主席的到来。晚上7时许，一辆黑色轿车向中苏文化协会门口驶来，这时人群沸腾，万头攒动，都把视线投向这辆汽车，车里坐着的正是人们日思夜想的毛主席。人们高兴地呼喊着："我看见毛泽东啦！""毛主席到了！"毛主席在周副主席陪同下进入会场，会场内又是一片欢腾，笑声和掌声不时传到大街上。宴会结束后，毛主席离开会场健步走在大街上，向伫立在周围的人民群众亲切地微笑着，连连招手致意，热情问候。人们再也抑制不住激动的心情，迸发出热烈的欢呼声："欢迎您，毛先生！""毛泽东万岁！"四面八方的欢呼声响彻重庆的夜空。"毛泽东万岁！"这个时代的最强音，反映出国民党统治区广大人民群众的新的觉醒。[9]

张治中的机要秘书余湛邦回忆说：

抗日战争胜利是大事，毛泽东到重庆也是中国现代史上的一件大事，它象征着胜利和团结。胜利与团结是双喜临门，不仅全国人民为之欢欣鼓舞，而且全世界人们亦寄予热情的期待。重庆各界更是人心振奋，期待着毛泽东的到来。

1945年8月28日凌晨，我和两位同事坐了张治中的车从城里出发。重庆地区经常多雾，今天却天气晴朗，难得的秋高气爽。我们中途在一个小镇休息，用电话和机场联系，知道从延安回来的飞机要到下午才到。我们从从容容地下午两点才赶到九龙坡机场。当时已经黑压压地站满了一大堆人。有国民党军政人员、各民主党派人士、社会贤达、新闻界、文化界、各国通讯社记者和八路军驻渝办事处及新华日报社的工作人员。除蒋介石指派的周至柔外，特别引人注意的是邵力子、张澜、沈钧儒、谭平山、黄炎培、郭沫若、冷遹、陈铭枢、左舜生、章伯钧、李德全等人。

下午3时45分，机场上空响起了轰隆隆的声音，一架草绿色的飞机徐徐下降，人群像潮水一般涌向停机坪。机门开了，毛泽东出现在门口，群众中爆发出热烈的欢迎掌声。毛泽东身穿蓝灰色的中山装，头戴巴拿马式帽子，脚上穿着黑色布鞋，显得雍容、凝重，容光焕发。他一面手挥帽子，一面同赫尔利同时下机，张治中、周恩来紧跟着走了下来。张治中为毛泽东逐一介绍来迎接的重要人士。大批新闻记者早已摆好相机，顿时前后左右响起了"咔嚓咔嚓"的快门声。

照相之后，毛泽东发表了简短的书面谈话。主要指出："目前最迫切者，为保证国内和平，实施民主政治，巩固国内团结，以期实现全国之统一，建立独立、自由与富强的新中国。希望中国一切抗日政党及爱国志士团结起来，为完成上述任务而共同奋斗。"

蒋介石不仅是个反共头子，还是个杀人魔王。在他统治下，诚为鲁迅所形容的"杀人如草不闻声"！加上当时重庆情况复杂，社会秩序混乱，毛泽东到重庆谈判，确实是身入虎穴，体现了无产阶级革命领袖的大无畏气魄。

毛泽东到重庆后，首先要考虑的问题是工作与安全。关于住处，毛泽东一下飞机，周至柔就说已为他准备了接待美国客人的招待所，说是地方好，设备全。毛泽东笑笑说："我是中国人，不是美国人，不住美国人的招待所。"张治中在汽车旁对毛泽东说："已为您准备了市郊黄山和山洞林园两处，任您选择。"毛泽东未置可否。在这方面，操心最多的是周恩来。他原来设想让毛泽东以红岩办事处作起居、工作、活动的中心，但一住下来就感到不合适。红岩不仅地方较偏，路不好走，上下山石级太多，而且周围又特务密布，对来客不方便，对毛泽东也不安全。至于曾家岩50号他自己的住处，地点较好，但地方狭小，且二楼是国民党人居住。唯一比较合适的是张治中官邸（上清寺桂园）。那里的房舍虽不大，设备也一般，但还合用，而且距离曾家岩50号和红岩新村都不远，又在马路旁边，地点适中，汽车进出也很方便。周一开口，张治中慨然答应，全家搬到复兴关中训团内一所狭小破旧的平房里。于是，毛泽东就以桂园作为会客、工作、休息之所。每日上午由红岩来，下午会客，晚上回红岩睡觉。

桂园这名字，大家并不陌生，它曾经是中国现代史中一个有名的地方。房子是孔祥熙的部下后来任财政部部长的关吉玉的产业。1938年冬，国民政府迁都重庆，陈诚就租作官邸。1939年张治中调任蒋介石的侍从室主任，桂园邻近蒋的侍从室，所以张和陈商量，租让过来，一直住到抗战胜利。

房子不大，一楼一底。楼下是会客室、餐厅、备餐间、秘书室、副官室、盥洗室。楼上是卧室，大小五六间，张一家十来口，也够拥挤的。楼南是个院子，院子东面是大门口，传达室、汽车间各一。院子西面是警卫员室，经常住着一个手枪班。楼房北面是一排平房，包括厨师和工作人员住房。院子的四周是竹子编的围墙，很不严实。

值得一提的是客厅，它是《双十协定》的产生地，是名流荟萃、高谈阔论的场所。那是一间二十多平方米的长方形房子，周围摆着朴素的沙发，只能坐十来个人。东面、南面是窗子，外层是百叶窗，里层是玻璃窗。墙角处摆了两三盆花草，什么古董摆设都没有。南墙悬挂着孙中山先生手书"天下为公"的横幅，字体雄浑，笔力遒劲。东墙悬挂着蒋介石手书的戚继光语录："若谓战无不胜，固属欺人之谈，然劲敌从来未尝不败……"西墙是女画家红薇老人画的一幅花卉。北墙是《秦淮夜泊图》，是一位八十七岁高龄画家的作品，上题七绝一首：

> 春风吹梦到天涯，人在天涯梦在家，
> 梦到秦淮秋月夜，系船水阁听琵琶。

这些字画，体现了当时主人的身份、思想和性格。

毛泽东住桂园，安全是个首要问题，最操心的是周恩来。他不仅对毛泽东的睡床、座椅、房子逐一详细检查，而且对警卫工作亲自布置。毛泽东从延安带来一位颜太龙同志，龙飞虎原在重庆，加上陈龙共三人，力量是单薄些。开始，张治中对周恩来说："政治部有警卫营，大多是我家乡的子弟兵，我准备用他们来担任警卫工作。"周考虑再三，认为当时重庆十分复杂，散兵游勇多，前线下来伤兵多，袍哥帮口多，一般警卫管不了他们。两人商量后，决定派宪兵担任。张治中和宪兵司令张镇一谈就解决了。

在四十三天的谈判中，毛泽东除了头尾三天在林园外，其余全在桂园。上午八九点由红岩村来，晚上回红岩村歇。白天工作和休息在楼上，会客在楼下。有时谈判也在会客室内进行，不少次还进行到深夜。所以当时的桂园，既是毛泽东在重庆活动的中心，又是中国政治旋涡的中心。

毛泽东到重庆的消息，号外一出，广播一播，如同强劲的东风，迅速吹遍山城。各阶层人士、中外友好，都以争先一睹毛泽东风采为快，纷纷来到桂园。国民党的达官显贵，上自蒋介石，下至五院院长以及各部委会的负责人；进步人士，知名人士，文化学术界，新闻界人士，如宋庆龄、冯玉祥、郭沫若、柳亚子、陶行知、谭平山、侯外庐、翦伯赞、邓初民、周谷城等；民主党派领导人，如张澜、沈钧儒、黄炎培、章伯钧、罗隆基、张申府、左舜生、陈启天、王昆仑等；社会贤达，如冷遹、褚辅成、傅斯年、王云五等；实业界巨子，如刘鸿生、李烛尘、吴羹梅、吴蕴初、范旭东、章乃器、胡西园、潘昌猷等，加上国际友人、进步作家等，纷纷来见，宛如众星拱辰。

毛泽东在这里会见了小民革（中国民主革命同盟）的领导人王昆仑、屈武、侯外庐、许宝驹、谭惕吾、于振瀛、曹孟君、倪斐君等，听取了大家对时局的看法。王昆仑还提到了对《红楼梦》的研究，屈武提到了于右任对和谈的态度。毛泽东强调"和为贵"，谈到"和平、民主、团结"的方针，谈到了如何做好统战工作。毛泽东还风趣地说："国共两党婚姻没有问题。"侯外庐笑着说："老头子和青年人难成婚姻。"毛主席说："不行的话，可以刮胡子嘛！"

沈钧儒不相信蒋介石对和谈有诚意，而且很为毛泽东的安全担心，希望毛泽东提高警惕。毛泽东为他耐心地解释："我们共产党对和谈是有诚意和信心的。我们干一件工作，开始感到没有什么把握，这可以理解。如果一开头就有了一半把握，再加上大家的努力，事情就比较好办了。比方两人谈恋爱，一方表示了很大的诚意，就已经有了一半的希望了，现在就看国民党方面了。"

毛泽东和周恩来同时还招待了在重庆的各国援华救济团体的负责人：中国保卫同盟主席宋庆龄、英国援华会薛穆和夫人、美国联合援华会艾德夫，以及公谊救护队、英国红十字会、世界学生救护委员会、国际救护委员会等团体的代表，对他们过去对中国人民的友谊表示感谢，并征询他们对中国时局的意见，讲解中共对时局的方针和政策。

毛泽东还会见了1945年7月间访问过延安的六位参政员：黄炎培、章伯钧、左舜生、傅斯年、冷遹、褚辅成等，与他们交换和谈的看法。此后，毛泽东还举行茶话会，招待实业界人士章乃器、刘鸿生、李烛尘、范旭东、吴羹梅、吴蕴初、胡西园、潘昌猷等，对他们在工业方面的成就表示赞扬，同时指出："在半封建、半殖民地的中国，民族资本是得不到发展的，只有在国家独立、民主、自由之下，民族工商业才有发展的前途。我们不会把民族资本家看作敌人，而是看作朋友，不没收产业，而是调节劳资关系。"[10]

唇枪舌剑

1945年8月29日，拉开了长达四十三天的重庆谈判的帷幕。其间，毛泽东直接同蒋介石举行多次会谈，对两党关系的重大问题交换意见。有关问题的具体谈判，则由中共代表周恩来、王若飞同国民党政府代表王世杰、张群、张治中、邵力子进行。斗争的焦点集中在军队和政权问题上。蒋介石企图以"军令政令之统一"为借口，取消共产党领导的人民军队和解放区。中共代表则以具体方案相回击。

谈判极为艰苦，一度陷入僵局。美国大使赫尔利找到毛泽东，要求共产党交出解放区，要么承认，要么破裂。毛泽东在事关和谈成败的责任的重大问题上毫不含糊，沉着回答："不承认，也不破裂，问题复杂，还要讨论。"

历史的见证人之一童小鹏回忆说：

重庆谈判，始终是一场严重尖锐的政治斗争。正如毛主席所说："蒋介石的主观愿望是要坚持独裁和消灭共产党，但是要实现他的愿望，客观上有很多困难。这样，使他不能不讲讲现实主义。人家讲现实主义，我们也讲现实主义。人家讲现实主义来邀请，我们讲现实主义去谈判。"毛主席到达重庆的第二天，就同蒋介石和国民党的代表开始了谈判斗争。在会谈中，蒋介石和国民党代表竟然提出了"没有内战"的谬论。毛主席和我党代表驳斥了他们的欺人之谈，指出：抗战八年，内战是没有断的，要说没有内战，是欺骗，是不符合实际的。这就揭穿了国民党反动派在"没有内战"的烟幕下积极准备打内战的阴谋。接着，9月2日、4日，毛主席又两度与蒋介石会谈，阐明我党关于解决国内问题的一贯政治主张。同时，周副主席也同国民党的代表王世杰、张群、张治中、邵力子等人对谈判的问题和程序进行了磋商。蒋介石对谈判并无任何准备，连一个方案也提不出来，只是派了几个代表来敷衍应付，妄图使谈判得不出结果，并把毛主席拖在重庆。

为了表示我党对谈判的诚意，并在争取和平过程中揭露国民党的反动面目，我方首先提出了一系列"和平建国"的方案，要求国民党逐项给以答复，凡属双方同意的事项，则把各自意见要点记录在案，凡有一方不同意的事项，则继续商谈。周副主席作为我党的谈判主要代表，遵照毛主席的指示和决策，同国民党代表进行具体的谈判斗争。周副主席在谈判中，根据毛主席提出的"第一条中国要和平，第二条中国要民主"的基本原则，具体阐明了这是抗战胜利后中国历史新时期的方针，是解决两党现存一切问题的普遍适用的方针。只有先确立了这个方针，具体问题的谈判才会达成协议。经过反复会谈，国民党代表不得不表示同意我党提出的"和平建国的基本方针"，同意结束国民党的所谓"训政（即国民党一党专政）"，召开政治协商会议，各党派有平等合法地位，以及释放政治犯，取消特务机关，等等。但是，国民党反动派根本不愿放弃其法西斯专政，不愿意成立民主联合政府，并且顽固地拒绝承认在抗日战争中建立了伟大功勋的人民军队和解放区民主政权的合法地位，妄图在所谓"统一军令"和"统一政令"的借口下，根本取消我党领导的人民军队和有一亿人口的解放区。这样，就使谈判不能达成协议，完全暴露了蒋介石坚持独裁、内战的反革命面目。在毛主席的直接领导下，周副主席在谈判中坚决执行了毛主席的基本原则和策略方针，揭穿了国民党的种种阴谋，进行了有理、有利、有节的斗争。但由于国民党反动派坚持其顽固立场，到9月20日，中外瞩目的重庆国共两党谈判，完全停顿下来。

谈判桌上的斗争，是与战场上的斗争互相配合的。蒋介石的和平骗局在谈判桌上被揭穿了，于是就在会谈之外策划内战升级，妄图以此向共产党施加压力，捞取谈判桌上得不到的东西。早在毛主席到达重庆的第二天，即8月29日，蒋介石就密令重新印发了所谓《剿匪手本》，用法西斯信条，在其军队中实施反共内战的动员，后又密令国民党反动军队大举向我解放区进犯。毛主席早就预见到美蒋反动派的阴谋，曾明确指示全党："有来犯者，只要好打，我党必定站在自卫立场上坚决彻底干净全部消灭之。"我各解放区的党委坚决执行了毛主席的指示。9月中旬，我军首先击退了逼近张家口的蒋匪军。10月间，我军又歼灭了向上党地区进犯的阎锡山部35 000余人，俘虏敌军长、师长多人，这就是著名的"上党战役"。接着，我军又在邯郸地区消灭了沿平汉线进犯我晋冀鲁豫解放区的蒋匪军7万余人。这三次战役，使我军取得了击破蒋匪军进犯的重大胜利，也有力地支援了重庆的谈判斗争。蒋介石妄图用军事冒险扭转政治局势的阴谋彻底破产了。

这时，重庆谈判能否取得成果，已成为全国人民和国际舆论极大关注的问题。当时国民党反动派曾趁机诬蔑"共产党没有诚意"，妄图把破坏和平的责任强加给我党。美国的驻华大使赫尔利也撕下调解人的假面具，无端指责我党企图解决"很多具体问题"，使谈判停滞不前，并放出他要"返国述职"的空气，向我党施加压力。当时，《新华日报》不断接到许多读者的来信，要求公布谈判的进展情况，重庆各阶层人士也经常询问谈判结果。一时议论纷纷，甚至传出了国共谈判濒于破裂的消息。为了公开阐明我党的政治主张，为了澄清舆论和答复全国人民的要求，在谈判期间，毛主席曾广泛地会见了各方面人士，多次举行了民主党派和各界人士座谈会，介绍谈判情况，说明目前谈判尚未达成协议的症结所在。与此同时，为了打破谈判的僵局，促成谈判达成协议，我党代表根据毛主席在不损害人民基本利益的原则下容许作一些让步的指示，对有关人民军队和解放区政权问题，继续向国民党提出了一系列的建议，并作了重要的让步。在人民军队问题上，我党提出在未实现政治民主化之前，可以先行公平合理地整编全国军队，重划军区，愿将我党所领导的军队缩编为24个师，以至于20个师。在解放区政权问题上，我党提出对现有的18个解放区，可以重划省区和行政区，但必须承认经过当地人民选出的各级地方政权。并且决定将我党领导的广东、浙江、苏南、皖南、皖中、湖南、湖北、河南（豫北除外）8个解放区让出来。我党这种顾全大局的精神和一系列让步措施，粉碎了国民党反动派的造谣污蔑，揭穿了国民党的内战阴谋，赢得了全国人民和各民主党派的热烈赞同和支持。我党还草拟了国共会谈纪要稿，建议把已经取得一致意见的原则问题加以公布，把尚未取得协议的问题留待两党代表继续商谈，并交由行将召开的有我党和各民主党派参加的政治协商会议去讨论解决。经过反复斗争，蒋介石迫于国内外形势，最后不得不同意我党的提议，并以我方提供的会谈纪要草稿为基础进行修改，双方决定于10月10日签字，这就是《国共双方代表会谈纪要》（即《双十协定》）。至此，这场历时四十三天的谈判，就告一段落了。[11]

张治中的机要秘书余湛邦也回忆说：

毛泽东到重庆是轰动国内外的大事，蒋介石的内心打算是另一回事，但他对此是十分重视的。毛刚到重庆的第一天，征车甫歇，就在当晚8点半由张治中邀请毛主席和代表团到蒋的官邸山洞林园，盛宴欢迎。第二天下午和毛泽东作第一次直接交谈。9月2日，又再次邀请毛和代表团到官邸宴会，会后蒋、毛二人又作了第二次交谈。从8月29日至9月3日，以周恩来、王若飞为首的中共代表团，同以张群、王世杰、张治中、邵力子为首的国民党代表团，不断交换意见，各项问题都接触到了，并由张治中和周恩来直接商量，初步确定了商谈的议程。

在这里要着重说明一点，就是当时外间传说，蒋介石对谈判毫无准备，一切方案均由中共提出，蒋只是消极对付、派人敷衍等语。据我所知内幕，这不符合事实，也小看了蒋介石。蒋对中共和这次谈判是胸有成竹，也是胸有成见的。蒋是个阴谋家，有他的一套。他当时的设想是：先由双方交换意见，摸中共的底，自己先不说话，然后提出要点逐一进行谈判。不过中共方面确实掌握主动，先声夺人。在8月25日就发表了《对目前时局的宣言》，提出以和平、民主、团结、统一为解决中国问题的原则和前提。重庆谈判开始，中共始终坚持这一原则，国民党对这义正词严的原则无法阻拦，终于不得不同意写入协议之中。但是蒋介石是另有打算的，就是准备抽象地赞成，具体地抽调。他的具体做法是提出"政令统一、军令统一"，而且"先军队国家化、后政治民主化"，首先把中共的军队解决掉，其余的再说。

谈判是异常艰巨的，一开始就出现了针锋相对、各不相让的对抗态势。9月3日，中共代表提出《谈话要点》交给张治中等。内容共十一项：以和平、民主、团结为统一的基础，实行三民主义；拥护蒋介石的领导；各党派平等长期合作；承认解放区政权及抗日军队；严惩汉奸，解散伪军；中共参加受降；双方军队停止冲突，原地待命；结束党治，实行政治民主化，军队国家化，党派平等合作；政治民主化方面应包括召开政治协商会议，实行普选，调整行政区域及人事；军队国家化方面应包括整编全国军队，中共应有16个军48个师，中共军队后勤由国家补给，集中淮海流域及陇海以北地区，中共参加军委及其各部工作，设置北平行营及政治委员会，中共参加领导；党派平等合作方面应包括释放政治犯，取消特务机关，保障人民自由等。

蒋介石于同月4日，根据他和毛泽东的谈话和王世杰提供的《今日交谈之结果》，亲拟了一份《对中共谈判要点》，交给张治中等。蒋一开口就以极端傲慢的态度指出："中共代表所提之方案，实无一驳之价值，既然同意实行三民主义及拥护我的领导，其余各条就互相矛盾，不该提出。"然后更具体规定："中共军队整编数字，应根据张治中、王世杰去年与林伯渠商定的8至10个师，最高不得超过12个师之数；解放区于抗战胜利后根本不应存在，如中共真能做到政令军令的统一，则从中央至地方各级政府中共优秀人士均可参加；国民大会即将召开，原选代表均有效，如中共愿参加会议，代表可增选。"

从蒋介石亲拟的这个《谈判要点》看，的确是毫无诚意的。不过张治中等仍不得不据此和中共代表商谈。蒋、毛面谈和双方代表初步交谈是在山洞林园，不设记录，以后双方指定代表的商谈，则改在城内的"桂园"和"尧庐"（蒋的官邸），双方都派了人担任记录，谈了十多次，合计在林园、桂园、尧庐三地先后商谈23次。

整个谈判尖锐、紧张、曲折、复杂，多次濒于破裂。在国民党四位代表中，最积极、最活跃的是张治中。每到紧急关头，他都挺身而出，力图转圜。我眼看他活动频繁，劳心不已，在室中时而冥思苦索，时而摇头叹息，或则绕室彷徨，或则喃喃自语，显得饮食无心，坐卧不安。

经双方多次商谈之后，9月8日国民党代表对中共3日所提《谈话要点》作出了书面答复，除了强调统一为民主的基础，暗示政令与军令的统一是不能退让的外，并具体答复："党派在法律之前平等，但平等并非均等；解放区须撤销，人员可酌用；惩治汉奸、解散伪军可同意，但须依法慎重进行；参加受降须在接受军令政令统一之后；冲突可停止，但中共不得阻挠政府之接收工作；政治会议亦可不常设，仅由蒋主席召集国民党和各党派代表商讨决定有关事项，内容不预定；各省市的领导须依法任用，如指令某省市主席、副主席必由中共推荐始得任用，即非真正接受政令军令的统一；中共整编军队数字最高额为十二个师，不可变；北平政治委员会无设置必要，北平行营人选不能由中共推荐；释放政治犯，中共可提出名单由政府主动办理；中统、军统只办情报，严禁拘禁、逮捕行为。"

从双方所提条件看，距离甚远，似乎达成协议是根本不可能的。但是，如从武力解决，不但为国内外形势所不许可，而且条件也不具备，只能力求妥协。问题的核心是军队的数字和解放区问题，如能暂时排除或减轻，则问题仍有解决的可能。所以经过差不多四十三天的拉锯战，日谈、夜谈、集合谈、个别谈，终于获得暂时的协议。

毛泽东到重庆后，除了参加谈判外，还做了大量的统战工作，会见了左、中、右的各方面人士，连最反共的顽固分子如陈立夫、戴季陶他都去看望。戴后来还托张治中代为邀请毛泽东和代表团人员到他家吃饭。他在给张治中的信中说："前日毛先生惠访，未得畅聆教言，深以为歉……一别二十年，此二十年一切国民所感受之苦难解决，均系于毛先生此次欣然惠临重庆，不可不一叙也……"可见戴季陶还是意识到毛泽东到重庆的重要性。毛泽东虽然活动极其紧张，但还是应邀前往。

这里还有一个重要的插曲。毛泽东的安全是许多人担心的事。他在桂园所会见的爱国民主人士中，有人谈话时暗示说："重庆气候不好，易犯感冒，您还是早点儿回延安吧！"另一位写了一张字条，上书"三十六计走为上计"。这些话不是毫无根据的，过去杨杏佛、刘湛恩的被刺在前，闻一多、李公朴的惨死在后，前车之覆，不可不鉴。同时，和谈期间，国共两党的摩擦仍然不断发生，上党战役，蒋介石的部队吃了败仗，外间暗传流言，说国民党特务将有不利于毛泽东的行动。

以毛泽东的安全为己任的周恩来为此焦灼不安。同时，谈判已到末期，协定的主要条款除军队数字和解放区问题外，已基本达成协议。周恩来于9月底往访张治中说："毛主席想早点儿回去，早点儿签订协议好不好？"张问："预定哪一天走？"周答："预定10月1日。"稍停又说，"让毛主席一个人回去，我们可不放心哪！"张慨然说："我既然接毛先生来，当然要负责送他回去，但10月1日不行，我的活动很紧张，都安排了日程，要在10月10日后才行。"周说："好，我回去商量看。"（解放后，周和张谈起往事说："你那次答应护送毛主席回延安，我才放下心来，不然，真吃不下、睡不着！"）

在重庆谈判的四十三天中，毛泽东活动频繁，席不暇暖，走遍整个山城。刀枪如林的反动巢穴，人流如鲫的闹市，偏僻少人的山沟，乃至郊区的大学，都到过了。接触极其广泛，包括极端反共的上层头目、左中右的社会人士、妇青工商各界代表、外国使节、记者、军人。说实在的，随时随地都存在着危险的因素。当时有两件事，至今记忆犹新：

9月1日，中苏文化协会为了庆祝中苏友好同盟条约的签订，举行鸡尾酒会，同时还举办了苏联建设和抗击德寇的图片展览，邀请毛泽东参加。

中苏文化协会是我常去的地方，地处闹市，建筑并不好，也不很宽敞。那天下午，在张治中未到之前，我早就去等着了。没多久，小轿车鱼贯而来，孙科是会长，先到。以后陆续来的有国民党上层人物，如陈诚、陈立夫、朱家骅、吴铁城、覃振、贺耀祖、王世杰、梁寒操、鹿钟麟、翁文灏等。最值得注意的是宋庆龄、冯玉祥和苏联驻华大使彼得洛夫夫妇、罗申武官。此外还有许多知名人士，如郭沫若、李德全、王昆仑、许宝驹、傅斯年、王芸生、刘清杨、张申府、沈钧儒、马寅初、左舜生、高崇民、史良、茅盾、侯外庐、张西曼、阳翰笙、曹孟君、倪斐君等等，实在是盛况空前。

毛泽东要来参加，群众事前并不知道，但一下车进去就被群众发觉了。毛泽东到重庆的消息，如同一阵春风吹遍山城，人人都以一见为幸，如今被发觉了，一传十，十传百，可不得了！不仅路的两旁站满了人，而且挤进会场的也很多，把门的工作人员来不及看请柬，事实上也拦阻不了。毛泽东、周恩来由张治中、邵力子、冯玉祥陪同进去，逐一介绍来宾，互相握手问候。好些大革命时代的熟人，几十年阔别了，更是热情握手，殷勤致候，有的感动得泪满双颊，说不出话来。千百双眼睛注视着毛泽东，千百双热情的手伸向毛泽东。

人越来越多，实在拥挤得厉害，会上致词的、讲演的，匆匆草草，我连内容都没听清楚。张治中看到人流如此拥挤，有些着急了，劝毛泽东早点儿离开。毛泽东仍然举止从容，毫不介意，一面和人谈话，一面观看图片，最后连陪同参观的张、邵、冯都被挤散了。好不容易才由警卫人员和周恩来在人丛中开出一条路，才把毛泽东接出门口，张治中跟着也出来了。

在这种情况下，警卫是十分困难的，如万一有少数暴徒混进去，后果不堪设想。我们回到军委政治部和同事们谈起今天的情况，大家都为之担心，张治中长舒一口气说："今后再不能出现类似的情形了！"

另一件是宴会上发生的事。

10月8日，张治中在军委大礼堂举行盛大的宴会，欢迎兼欢送毛泽东，到会五六百人，主要是国民参政员、新闻界、文化界、社会贤达，然后是国民党大官。在当时的重庆来说，这是规模最大的盛会了。

在会上，张治中有一篇热情洋溢的欢迎词。他首先指出毛泽东到重庆来的重要性，为全国全世界人士所关注。然后说明双方商谈的情况，在大前提大原则上已完全一致，具体问题中70%已达成协议，其余的继续磋商，准备发表公告，让全国人民知道。最后还说："毛先生准备月内回延安去，所以今天的集会既是欢迎，也是欢送。毛先生来重庆，是本人奉蒋主席之命，偕同赫尔利大使迎接来的，现在毛先生回延安去，仍将由本人伴送回去。"

毛泽东当时也有一个简短的答词。首先对蒋介石的邀请和张治中的接待表示谢意，并同意张治中对商谈结果的估计和说明。然后特别提出："中国今天只有一条路，就是和，和为贵，其他一切打算都是错的"，"和平与合作应该是长期的"，"全国人民、各党各派一致努力几十年"，"建设独立、自由、富强的新中国"。最后说，"困难是有的，现在有，将来还会有，但是中国人民不怕困难"，"在和平、民主、团结、统一的方针下，一切困难都是可以克服的"。

紧跟着是宴会，饭店有京戏晚会。那天晚上，我们在张治中身边工作的几个人早就到会场张罗了。晚会进行到一半，一个人忽然跑到周恩来身旁附耳说了一会儿话，周突然起身离开毛泽东往外走，脸上显得有点紧张，我们感到纳闷。散会后回到政治部，才知道18集团军驻渝办事处秘书，也就是廖仲恺的女婿李少石被人开枪击中在公路上。这事使大家为之震动，张治中更是神情紧张，马上用电话和各方联系，一直忙到深夜，还没有得到确实的答复。

　　到底是误杀还是预谋？是政治事故还是责任事故？一时成为人们脑海中的疑问。问题的严重性在于，它是《双十协定》签字前发生的，是毛主席还在重庆时发生的。消息一经传出，山城为之震动。经过多方调查核实，才弄清了真相。

　　事情是这样的：9月8日下午5时，李少石坐小车送柳亚子由曾家岩回沙坪坝寓所，回程经下土湾时，适有国民党重迫击炮团一名排长护送30名新兵向璧山前进。一士兵正在路旁解手，少石同志的轿车无意中将士兵的头部撞伤。司机未发觉，没停车，该排一名班长鸣枪警告，子弹刚好从小车后工具箱射入，穿过少石同志右肩胛入肺部，司机急忙驱车送市民医院抢救。由于流血过多，到晚7时许不幸去世。事件的经过，由宪兵司令张镇和18集团军驻渝办事处主任钱之光先后在报上发表谈话，才算平息下来。周恩来还到医院看望李少石同志和受伤的新兵，答应负担医疗费，指示钱之光办理一切善后事宜。

　　这几天真紧张，万一毛泽东的座车外出也遇到意外事件，那可怎么得了！真使人提心吊胆，捏一把汗。当时张治中的紧张焦虑，就更不在话下了。

　　局势虽然诡谲多变，但谈判还是达成了协议。10月10日是辛亥革命34周年纪念日，就在这一天下午，国共双方在桂园签订了《双十协定》（即《政府与中共代表会谈纪要》）。

　　难忘的1945年10月10日下午，这是现代史中一个重要的日子。不仅亲身参加谈判的代表感到协议得来不易，满怀喜悦，就是办理事务的人员，知道谈判内幕的我们，也是喜气洋洋，十分高兴。从一清早，大家就忙开了，把小小的客厅和衣帽架收拾整理妥当，茶水香烟也准备好。在会客室北墙"天下为公"的横幅下横摆着一张条桌，覆以桌布，摆上签字用的笔墨。会场简朴、肃穆、庄严。但没有邀请记者和任何人参加，所以具体情形当时报上并没报道。

　　下午4时许，一切准备就绪，双方代表先后到场，互相致意，并审阅了事先誊写好的《双十协定》全文，表示同意，就按名次先后签上自己的名字。他们虽然没有说话，但从脸上表情看，显得既严肃又高兴。全体代表中，只有张群因公外出，不在重庆，他的名字是事后补签的。协议的全文于同月12日在报上公布。

签字完成后，邵力子先生向双方代表建议："这次商谈，之所以能够获得初步成功，达成协议，多有赖于毛润之先生的不辞劳苦奔波，应请他下楼相见。"大家欣然同意，于是毛泽东主席下来和大家逐一握手，互致祝贺。

应该说，协议的达成，是中共方面识大体、顾大局，大大让步的结果。例如中共在商谈中和协议上始终表示接受蒋介石的领导和实行三民主义，部队数字中共愿意由48个师减为20个师，解放区问题，中共愿意以后继续协商。这些让步，有利于说服国民党中的右派同意协定的签订。张治中在解放后写回忆录时也说："实在说起来，凡是具有定见远见的人，对于这个协议应该感到满足；特别是亲身参加商谈的我们，真是几经折中，舌敝唇焦，好容易才得到这样的结果，自然更感到愉快。"

重庆谈判过去四十五年了，事实说明，没有这个协定，国共两党的公开斗争就不能暂告一段落；没有这个协定，以后的停战协定就不能产生；没有这个协定，也不能为解放战争积聚足够的力量以至于统一全国，这个协定是具有转折性、历史性的伟大意义的文件，问题在于蒋介石缺乏诚意，再好的协定也终必成为一纸空文而已。

《双十协定》签字后两小时，蒋介石全副武装，佩着短剑，亲到桂园拜访毛泽东，两人略事寒暄，互致祝贺，即乘车同赴国府路国民政府礼堂参加国庆招待会。会后，毛泽东回桂园休息了一会儿，就乘车直奔山洞林园，夜歇林园，与蒋介石就未了问题最后交换意见。

10月11日晨，张治中代表蒋介石亲送毛泽东去机场。四十三天的共处，毛、张彼此有了进一步的认识，毛在车上笑着对张说："我在重庆，知道你是真正希望和平的人。"张问："怎见得？"毛说："有事实为证：第一，你把《扫荡报》改名《和平日报》。《扫荡报》是在江西围剿我们时办的，你要改名，一定有些人很不赞成的。第二，你把康泽办的一个集中营撤销了，是做了一件好事。"

至于张治中对毛泽东的态度，如同他在新中国成立后所写的回忆录中说的：

"1945年以前，我对毛主席没有什么印象。相反，由于国民党的欺骗宣传，使我对他有过怀疑，怀疑他究竟具备了什么条件能够做共产党的领袖。但是从1945年8月我第一次到延安与他会面之后，他给了我深刻的印象，以后多接触一次，印象就更加深一层。

"1945年10月11日，我坐专机送毛主席回延安。下飞机时，飞机场上黑压压地站满了人。干部、群众、学生，男的、女的、老的、少的，在他们的表情里，充分流露出对领袖的最大欢悦与关切。那种情形，真叫人看了感动！其后，我还常常和朋友们说起，认为这是解放区一种新兴的气象。"[12]

蒋介石为了把毛泽东置于严密监视之下，在负责警卫的人员中安插了一批特务宪兵。当年参与这项任务的李介新回忆说：

1945年毛主席来重庆谈判期间，我奉命乔装成宪兵司令部派驻桂园特别警卫班班长，负责所谓警卫工作。

抗日战争胜利后，毛主席为了实现和平、民主、团结的建国方针，于1945年8月28日，同周恩来总理一道从延安乘飞机到达重庆，与国民党谈判。

毛主席是作为蒋介石的"客人"来到重庆的，蒋介石借安全保卫之名，妄图把毛主席和广大人民群众及各界爱国人士隔离开来，指定宪兵司令张镇在毛主席城内住地曾家岩桂园专门派出了一个警卫班。警卫班人员作了精心挑选，配备了专用汽车，规定了严格的工作制度，每天的"工作日报"由单线交通经宪兵司令部直送蒋介石。

警卫班的编制，在名义上属宪兵司令部特务营第4连。从表面上看，它和一般的要人住宅、军事机关、国民政府和各院部的日常武装警卫基本相同，实际上这个班是一个特殊组织，它并不属于宪兵司令部特务营的编制，而是由该部所属特务宪兵组成，受宪司驻重庆直属特高组领导。公开的编制、番号，不过是个伪装。

宪兵内部分为"常务宪兵"和"特务宪兵"两种。这两种宪兵——"常务宪兵"和"特务宪兵"，虽然都是由宪兵司令部统一领导，但在人事、组织等各方面，各有各的系统，从不发生横向关系。

宪兵司令部派驻桂园的特别警卫班，名义上属"常务宪兵"，实际上所有官兵皆由特高组从"特务宪兵"中选调组成。

警卫班最初的班长是张宝明，河北人。按照宪兵司令部的规定，警卫宪兵一律不准外出回家，平时只好在寝室里赌钱消遣。张宝明因管理无方，班内曾经发生争吵。为了避免类似事件发生，他只当了五天班长就被调回去了。9月2日由我来接替他的工作。当天杨香（特高组少校组长）把我叫到特高组办公地点凤凰台七号"行舍"。

杨香说，毛主席到重庆，总裁（指蒋介石）十分重视，命令司令部组织警卫班。现在处长（警务处亦即情报处少将处长卫持平）命令你担任班长。要我去之后，对内：在管理上对组员的生活当宽的要宽，工作上当严的要严，坚决不准请假外出；在行动上要执行纪律，对有意违反纪律的，送回处里惩处。对外：不管是哪一派，哪一"统"（指"军统""中统"）的特字号人物，都不许接近毛主席。办事要机智，如果发现有借故捣乱的人，就是开枪打死了，也不会要你偿命。他特别强调警卫工作关系到党国大事，绝对不能发生差错，让祸事出在宪兵头上。"报告"要力求准确，"窃听"应不留痕迹，尤其是要使共产党人看不出我们这个班是些什么样的人所组成的。杨香还向我说，随同毛主席一起的警卫队长叫龙飞虎，副官是朱友学。对朱副官要接受他的"指挥"，随同毛主席外出，要同龙队长取得"联系"，等等。

杨香把我带到桂园，先到班内向内勤宪兵简单了解一下当天情况，特别传达了情报科长周剑心的指示："如果谁要在这里装怪，一定要从严惩办。"然后把我带去见朱副官，诡称张班长生病，现在由李班长来接替。我向朱副官立正敬礼并说，请朱副官有事找我。朱副官只打了声招呼，没有多谈其他的话。当天龙队长随同毛主席外出会客去了，没有见到。

杨香走后，警卫班的内勤宪兵向我详细报告了有关桂园和中共方面跟随毛主席到桂园人员的情况，以及警卫部署、情报内容、交通配备，然后由我带着内勤宪兵对桂园作了一番巡视。根据上级指示，警卫班有事直接向杨香、周剑心报告。为了保密，是借用住在隔壁美军总部宪兵排的军用电话。我把桂园工作初步安排之后，特地前去拜望了美军总部宪兵排排长，以便今后在工作上方便联系。

桂园坐落在曾家岩原求精中学（现第六中学）隔壁，门牌中山四路18号，是张治中的"官邸"。房子不大，二楼一底，在国民党军政要人中只算中等住宅。进门左侧是传达室，右侧是停车房。大门进去是个小院坝，种有花草。主楼靠右，楼下右边是会客室，左边是餐厅。楼上是毛主席和周总理的办公室和卧室。院内左角一间小屋是警卫班的住房，面积虽然不大，但可一眼看到桂园全部。

毛主席在重庆期间，白天在桂园办公、会客，夜间住红岩村。长住桂园的，除警卫班外，还有18集团军办事处的朱副官和张治中家一个年岁较大的佣人。

警卫班的分工：班长以下，有个内勤宪兵（不站岗，不担任外勤），主要任务是缮写"情报日报"，与特高组的内勤小组约定各种代号、安排交通、领发工作津贴，活动地点在桂园传达室。

桂园门口，经常有一名武装宪兵站岗（毛主席在桂园时，增派一名武装游动宪兵）。另有两名随车宪兵担任毛主席外出的随车警卫工作。伙夫负责按时到隔壁宪兵排去拿饭，并为全班士兵代购生活用品。

门岗宪兵对进入桂园的人员限制很严，除朱副官准许进出的人和介绍给我们认识过的人外，其他人员一律不准进入。住在传达室的内勤宪兵，为了想得到每天来会毛主席的客人的具体姓名，从中捞到一点东西，曾经在传达室设一个"会客登记簿"。朱副官知道了，立即指示："对来客不要登记。"这样一来，有许多来会毛主席的客人，我们并不认识，也无法知道名姓，在填写"情报日报"时只能写上来访时间、客人面貌、体形高矮、大概年岁和显著特征。游动宪兵经常借机靠近楼房，很想听到点房内的讲话内容，但毛主席会客、办公都在楼上，讲话很难听到。

"情报日报"是每天一份，在下午规定时间内写好，由特高组派穿军装的"传达兵"到桂园来取。填日报时约定的暗号：称毛主席为"何先生"，称朱副官为"老吴"。报告的内容是事无巨细，有闻必录。具体写法大致如下：

（一）何先生今天×点×分到18号。

（二）上午×点有某人（男、女或外国人，包括相貌、身材、服装、年龄），乘小轿车（汽车号码）到18号会何先生，于×点×分离去。何先生把客人送出18号上汽车，目送汽车走后，才慢步返回。这时街上不少人停步观看何先生。我们向老吴提出：何先生把客送出门外，我们对何先生的安全很担心。老吴点头表示会意，没有答复。

（三）中午，何先生赴×××宴会（写明请客人的姓名住址）。

（四）下午两点半，何先生接见一名新闻记者，接着又接见两名外国记者。3时半，何先生走到花园迎接一位坐小轿车的客人，好像是事先电话约定的。

（五）下午5时，何先生赴某街某号访×××、×××。接着又赴某街某号访友，不知姓名。回到18号后，不久即离去，老吴没有通知，我们没有随车护送。

这种"情报日报"送到特高组内勤人员手中，连同其他方面"日报"，择要摘编，呈宪司立即报告蒋介石。

回忆当年我在桂园担任警卫工作期间，对于中国共产党和毛主席，根本不可能有正确的认识。在国民党反共、仇共教育的长期毒害下，对共产党和毛主席原本抱着许多极其错误的看法。尽管如此，但是事实胜于雄辩，通过无数日常生活琐事的接触，又不能不使我们对于毛主席和共产党人感到尊敬和佩服。

毛主席对人十分和蔼谦虚，亲切感人。不但对来访的客人是这样，对我们警卫人员也是这样。有一次，毛主席送客走到桂园门口返回后，在院子里正碰上值班游动宪兵邱宏泽（他是警卫班年龄最小的一个），毛主席很亲切地问他："你有多少岁？"邱立正回答："二十二岁。"毛主席又十分关切地问了他是哪里人、家庭和上学情况等等。最后毛主席主动伸出手来同邱宏泽握手，真是大出邱的意料。他返回警卫班后非常激动地说："国民党大官，我也见过不少，他们哪把我们放在眼里？今天我做梦也没有想到毛泽东会同我握手。"充分表达了他对毛主席的感激之情，以及对国民党大官们的不满。

毛主席每天上午八九点钟来到桂园，下午返回红岩村，一般是在红岩村吃早饭和晚饭。中午有时外出参加宴会，有时在桂园用餐。但桂园既没有特别的厨房设备，也没有配高级厨师，更没有看到他们从市场或附近餐厅买回鸡鸭鱼肉。毛主席在桂园吃饭，是由朱副官和办事处派来的其他警卫队人员用张治中家原有炉灶来做饭。他们上下一致，同甘共苦。

毛主席在重庆住了四十多天，从来没有到重庆附近的南泉、北泉和其他风景名胜地区游览参观。他成天会客访友，非常辛苦。中秋那天，特地送了我们一些月饼、香烟、酒肉，由朱副官叫我去领回。朱副官对我们说："毛主席说，大家辛苦了，这点东西表示一点意思。"

周总理经常在桂园办公，有时到曾家岩50号去，往返都是走路，身体很好，健步如飞。当门岗宪兵向他敬礼时，他总是微笑点头还礼。警卫班的弟兄有时在寝室闲谈说："国民党的大官总是说周恩来厉害，但他对我们当兵的很好。"

中共方面随同毛主席一起住在桂园的其他工作人员，作风诚朴、平等待人，着蓝布中山服。毛主席不在时，总是留在桂园，很少外出。据内勤宪兵告诉我，前任班长张宝明初来时，有事和朱副官联系，习惯于国民党军队里下级对上级的规矩，先说一句："报告朱副官。"朱副官总是非常谦逊地说："你们就叫我朱友学吧。"由18集团军办事处派出的其他警卫人员，每当毛主席在桂园时，总是三三两两坐在吉普车上看书学习。警卫队队长龙飞虎，身材高大，毛主席每次外出，他随同毛主席到达哪个地方，就在哪里静坐等候，从不乱走，态度严肃认真。

10月8日，毛主席即将返回延安前夕，张治中在原林森路军事委员会大礼堂举行盛大鸡尾酒会，给毛主席送行，参加酒会的有国民党的军政首要、民主人士、社会贤达，总共好几百人。酒会从下午6点开始，会后有文娱晚会，到晚上9点多钟才结束。

酒会进行中，我们忽然看见周总理和宪兵司令张镇匆匆离去，不久又匆匆回来。周总理面色严肃，我们不知道今天发生了什么事。特别是酒会和文娱结束，客人都陆续散了，却一直不见毛主席出来。这时龙队长也有些着急，问我大礼堂里面的房屋组成和交通情况，并说："我很想见到毛主席。即使见不到毛主席，也想进去看看。"我知道大礼堂的左侧是通凯旋路的后门，右侧是"最高统帅部"，系国民党最高级军事要人蒋介石、何应钦、白崇禧办公及聚会的地方，设有双重警卫。普通宪兵非经特许，也不能进去。在龙队长的敦促下，我只好大胆试试，看见"统帅部"会议室里灯光明亮，有人活动、谈话。我把这个情况向龙队长说了，判断是在商量什么大事。

直到深夜11点后，毛主席才同张镇一起出来。毛主席改坐张镇的汽车，由宪兵三轮机车随后护送出军委会，经凯旋路，出通远门，过上清寺，向化龙桥方向驶去。进入红岩村后，停在马路尽头，毛主席同张镇从车上下来，张镇说："我送毛先生到办事处。"毛主席说："不必了，夜深了，你请回去吧。"张镇又说："那么叫宪兵送毛先生。"毛主席同张镇握手告别。我同另一宪兵护送毛主席直到办事处门口之后才返回原地。我们三轮机车上总共坐了三个人，我和另一宪兵护送毛主席去后，留下一人看守。回来时，留守宪兵对我说："你们走后，处长（卫持平）、科长（周剑心）、杨香他们都乘吉普车来了，现在在红岩村外面，要我们去见他们。"车子开出红岩村门口，果然看见了卫持平、周剑心和宪兵第3团团长张醴泉、警务团副刘燃围在一起，正在研究问题。（抗战时期，重庆因系陪都，驻有两个宪兵团，即宪兵21团，团长吴光远，团部在曹家巷。宪兵3团，团长张醴泉，团部驻和平路。小龙坎到校场口一带，包括红岩村在内，是宪兵3团的管辖范围。）当时张醴泉向卫持平报告说，在红岩村附近住有一个美国顾问，宪兵3团派有一个武装宪兵班住在该处担任警卫。今天下午5时左右，在下土湾方向听到枪声。据当地老百姓讲，下午过了一支押送壮丁的部队，可能是他们开的枪，估计这支部队今晚可能就在小龙坎过夜。卫持平听完张的报告，决定派宪兵3团警务团副刘燃乘该团三轮机车前往追赶，了解情况。卫持平自己就率领剩下人员乘车到曾家岩，已经是午夜两点多钟了。

卫持平同18集团军办事处的钱之光处长一道在曾家岩马路口打开了18集团军办事处的车房，与在场的人共同查看一辆小轿车，看见车后有一个子弹打的孔眼，打开车门，后座上有很多血。卫持平很想找开车的司机谈话，钱之光说，这辆车的司机将车开进车房，锁好车门，把钥匙送到曾家岩50号，就走了。这个司机是办事处新雇用的，现正在寻找。至此我才明白今天出了一件大事：第18集团军办事处秘书李少石，下午由曾家岩50号周公馆送柳亚子先生回沙坪坝南开中学寓所，返城途中行至下土湾时，不幸中弹逝世。发生这一事件的原因、经过，正在调查。

第二天早晨，大约7点钟，我还没有起床，朱副官就在警卫班门口喊我备车到红岩村办事处去接毛主席。我赶紧起来吃点东西，开车出发。按照平日惯例，朱副官一般只是通知"备车"，不讲行车地点的。今天不但交代了任务，而且通知了开往地点，我马上带着两名宪兵将车从桂园向红岩村驶去。看见从上清寺到红岩村一带沿途都有武装宪兵站岗，我们内行人一看就明白：这是一种专门警戒。

红岩村是18集团军驻渝办事处，过去我只从大型望远镜中看见过，没有进去过。昨夜护送毛主席到了办事处门口，但因夜深天黑，对内部情况，也没法看清。我到达后，说明是朱副官叫我来接毛主席的，他们把我引到会客室休息等候。我的公开身份是武装宪兵，带有手枪。像我这样的特高组人员，公开带着武器，进入共产党的办公处所，并受到善意的接待，这恐怕还是第一次吧。会客室陈设简单，墙上贴有红旗标语。很快，毛主席从楼上下来。我走在最前，另一宪兵在最后，到达马路上车。按照以前的行车秩序，我的三轮机车总是走在毛主席的专车后面，今天为了加强警卫，我的三轮机车第一次开在毛主席专车前面，沿途站岗执勤的武装宪兵，看见我驶过，也就知道毛主席来了，等到主席专车过去，他们始得撤除警戒。

自此之后，我才逐渐明白那天出的事情真是重大。李少石是国民党元老廖仲恺的女婿、第18集团军办事处的秘书，在下土湾中弹之后送到金汤街市民医院，经多方抢救，终因流血过多不幸逝世。斯时，周总理正在国民党军事委员会参加张治中举行的欢送酒会，闻讯赶到，抚尸痛哭，无限悲愤。杨香说，这件事发生后，因为真相不明，周总理责令张镇要绝对保证毛主席的安全，张镇非常紧张。国民党害怕中共方面借此扩大事态，问题就更加严重了。后来经过详细调查，始知事情的经过。……

这件事情与司机固然有一定关系，但李少石的不幸致死，是国民党部队开枪造成的。消息传出，山城震动。中外人士都认为是严重的政治暗杀事件，非常愤慨。当晚这支国民党部队临时住宿小龙坎松鹤楼饭店，已把受伤士兵送到高滩岩原中央医院医治去了。后来知道惹了大祸，国民党方面害怕事态扩大，另生枝节，竟不顾受伤士兵的痛苦，用汽车将他搬到金汤街市民医院，住在李少石原住病房对面，任人参观，安心"扯皮"。

中共方面本着实事求是精神，抓紧调查事情真相。把原因弄清后，首先在《新华日报》上公开发表了宪兵司令张镇关于事情经过的谈话，接着发表了第18集团军办事处处长钱之光的谈话。钱之光处长的谈话，有一说一，有二说二，实事求是。而且还对国民党军政当局迅速抓紧调查表示感谢；对被汽车撞伤的国民党士兵表示慰问，全部医疗费用一概由中共方面承担。周恩来还在安埋李少石之后，亲自前往医院看望受伤的国民党士兵，嘱其安心治疗，重申一切医疗费用全部由共产党负责。而国民党《中央日报》只是刊登了张镇的谈话，对钱之光处长的谈话则只字不提。两相比较，我又一次受到了极大的教育。

10月10日下午，国共和谈协定在桂园签字。后来听说时间是临时决定的，当时只见来了王世杰、张治中、邵力子等国民党的大官和共产党方面的周恩来与王若飞，没有通知新闻记者和其他有关人士参加。签字之后，蒋介石来桂园拜会毛主席。蒋介石穿军装，佩特级上将领章、挂佩剑。毛主席在楼房阶檐口同他握手，一同走进楼下会客室。蒋介石装模作样地坐在沙发上，端起茶碗，故作姿态，用茶盖把茶叶翻了几下就放下了。坐了十多分钟，就和毛主席一道坐上汽车到原国府路（现人民路）国民政府，参加双十节招待会去了。

过了一个多小时，毛主席回到桂园，稍事休息，便乘车从桂园出发，经小龙坎、新桥、山洞直达林园蒋介石的公馆。林园警卫森严，一般随车宪兵是不能入内的。我所坐的三轮机车只能停放在林园对面50米以外的马路边静坐等候。当时，关于毛主席第二天就要返回延安的事，宪兵司令部事前没有通知我们，我还以为毛主席是来参加蒋介石的晚宴，一直等到深夜，还不见动静。林园一带既无茶馆，也无饭店，我们既未吃饭，也未喝水，只好硬着头皮在那里又冷又饿地坐了一夜。第二天清晨，我们听见林园内的汽车开动声，就立即作好准备，紧紧护送毛主席去九龙坡飞机场。

从林园出发共有三辆汽车，乘坐的是毛主席、周恩来和国民党的陈诚。毛主席到达九龙坡机场时，送行的人已在机场等候。王炳南站在毛主席身边，介绍毛主席同送行的人一一握手。我是担任警戒任务，离毛主席较远，王炳南特地向毛主席指着我说："这是班长。"我快步上前向毛主席立正敬礼，毛主席同我握手，十分亲切地说："这次你们辛苦了，谢谢你们大家。"一股暖流冲溢全身，使我又是惊奇，又是惭愧。毛主席那样伟大的人物，在离开重庆前还同我这样一个小小的国民党的"宪兵班长"握手告别，我心里真是无限高兴，无限感慨！

从九龙坡机场回到桂园，朱副官告诉我："今天下午周副主席请营长、连长、排长和全班的人吃饭。"又说，毛主席送了我们一些东西，叫我去领。我马上到隔壁美军总部打电话向杨香报告，杨香要我作好当晚撤回的准备。

下午5时，杨香带着假装的连长、排长来了。宴会由周恩来亲自主持，共同进餐的还有给张治中看家的人。席间，周恩来向杨香表示了感谢的意思。

周恩来还问到张治中家属情况，看房的人回答说："儿子在美国，结婚后已给张部长添了一个孙儿，张部长很高兴。"并立即取来相片，周恩来看后点头微笑。饭后，杨香叫我把全班集合，请周恩来训话，周恩来说："大家辛苦了。"

朱副官把我叫到他的住处，桌上已放好一堆西北毛线、一套西北呢料。我将这些东西搬出，放在三轮机车内。杨香同"连长""排长"乘坐三轮机车先走，我率领全班步行，离开桂园返回凤凰台七号"行舍"。杨香对毛主席送的东西，提出了三个处理方案：一是不收，二是收一半，三是全收。请示蒋介石以后得到答复："全收。"西北呢料只有一套，由杨香得；西北毛线十几磅，所有在桂园工作过的人，每人分得一磅，大家都很高兴，庆幸顺利地完成了这次重大的"警卫"任务。[13]

广泛的友谊

在重庆期间，毛泽东除在谈判桌上与蒋介石斗争，还广交社会各界的朋友，宣传和平、民主、团结三大口号，在政治上赢得了主动。

童小鹏回忆说：

毛主席到达重庆后，张治中先生特意把他在市区上清寺的公馆"桂园"腾出来，作为主席会见中外人士的场所。毛主席在周副主席陪同下，曾先后会见了宋庆龄、沈钧儒、张澜、谭平山等许多爱国民主人士，同他们进行了亲切的交谈。柳亚子先生是毛主席在广州工作时期的老朋友，他一见到毛主席就兴奋地流出了热泪，促膝长谈后当即赋诗一首赠给毛主席："阔别羊城十九秋，重逢握手喜渝州。弥天大勇诚能格，遍地劳民战尚休。霖雨苍生新建国，云雷青史旧同舟。中山卡尔双源合，一笑昆仑顶上头。"这首诗，充分表达了这位老朋友的炽热感情，也代表了一部分坚持孙中山先生革命传统的国民党左派人士的政治态度。后来，毛主席应柳亚子先生的索求，把写于1936年2月的《沁园春·雪》手书赠给他，这首气势磅礴的伟大诗篇很快闻名中外。

冯玉祥先生是受蒋介石集团排斥打击的一位知名人士。他同周恩来、董必武同志早有来往。当他在重庆第一次见到毛主席时，他同毛主席久久握手，向毛主席热情问候，举杯敬酒，称颂毛主席的到来象征了国内的团结、和平。随后，他又设宴欢迎毛主席。毛主席对冯玉祥先生进步倾向的赞许，鼓舞了他在晚年向人民靠拢的勇气。不幸的是，1949年当冯先生从美国动身回国准备参加我党领导的人民政治协商会议时，在中途因火灾遇难，没有实现他参加新中国建设的志愿。

毛主席还广泛接触了社会各界人士。在会见民族工商业人士时，毛主席指出："在帝国主义掠夺和官僚买办的统治下，中国民族经济是不可能得到发展的。只有结束国民党的政治独裁和经济压迫，建设一个民主团结的新中国，才是发展民族经济的唯一正确道路。"使工商界人士逐步认识到改革政治，是发展经济的先决条件，并进一步了解到我党对民族资产阶级的政策。当文化界、妇女界、新闻界人士在聆听了毛主席关于当前国内外形势的分析和我党的方针政策后，人们用各种方式表达他们对毛主席、共产党的爱戴和拥护，进一步推动了国民党统治区各阶层人士反对蒋介石内战、独裁的和平民主运动。

毛主席不仅对各界民主人士进行团结教育工作，而且还登门访问了国民党的顽固派何应钦、陈立夫等人。毛主席光明磊落地向他们介绍了我党对时局的主张，指出全国人民反对内战、独裁，要求和平、民主运动的形势，使这些反动透顶的死硬派，也不得不假意地表示要"和平建国"。

毛主席在外交战线上也进行了卓有成效的工作，会见了许多外国人士和朋友。毛主席曾在桂园设宴招待各国援华团体的代表和国际友好人士。在招待会上，毛主席对一切援华抗日的各国友好组织和个人，在八年抗战期间给予陕甘宁边区、各解放区和八路军、新四军的支持和援助，表示诚挚的感谢，并表示希望各国朋友在中国人民争取和平民主的斗争中，继续发展同我国人民的友谊。毛主席还接见了日本的进步作家，表示了对所有在华的日本进步人士的慰问。

毛主席还连续会见了许多国家驻重庆的使馆官员，同他们交谈，向他们阐明中国共产党的对外对内政策，揭穿了国民党反动派所制造的谣言。

当时一些在华服军役的美国青年军人得知毛主席到重庆谈判的消息后，曾携带礼物，来到红岩村八路军办事处，要求会见毛主席。毛主席热情地接待了他们，兴致勃勃地同他们交谈，询问着美国的种种情况。毛主席同美国青年军人爱德华·贝尔、杰克·埃德尔曼和霍华德·海曼在办事处侧门口芭蕉树下合照的一张有历史意义的照片，已经成为象征中美两国人民友谊的珍贵纪念品，至今还陈列在红岩八路军办事处纪念馆和珍藏在爱德华·贝尔的家里。

毛主席和周副主席在重庆时同中外人士的广泛接触和所做的大量工作，形成了一股反对蒋介石内战、独裁，要求和平、民主的强大舆论力量，推动着重庆谈判期间的政治形势朝着更加有利于中国人民革命的方向发展，使国民党反动派更加孤立，不得人心。正如毛主席所指出的："我这次在重庆，就深深地感到广大的人民热烈地支持我们，他们不满意国民党政府，把希望寄托在我们方面。我又看到许多外国人，其中也有美国人，对我们很同情。""我们在全国、全世界有很多朋友，我们不是孤立的。反对中国内战，主张和平、民主的，不只是我们解放区的人民，还有大后方的广大人民和全世界的广大人民。"[14]

当年采访过毛泽东的重庆《新民报》记者赵超构回忆说：

我第一次看到毛主席，是在1944年5月间中外记者团访问延安的时候。当时我是以重庆《新民报》记者身份参加这个记者团的。……

在重庆郊外的八路军办事处，主席单独接见我一次，从上午9时直至晚饭以后。

主席慈祥和蔼的态度和生动的谈话，能够使一个最拘谨的人解除顾虑，把自己心里的话倾倒出来。那天的话题很广，谈得也很多。我知道主席很忙，曾多次告辞，但是主席总是要我继续谈下去。

主席来重庆，是大出我们的意料的，重庆有许多人替主席的安全担心。我把这个意见向主席谈了，主席笑着说："蒋介石这个人，大家是清楚的，但是这一次来重庆，也是经过研究分析的，有准备的。"看到主席这种从容不迫的革命大无畏精神，我当时是极度感动的。

主席提到我写的《延安一月》，指出我是个"自由主义"者。这实际上是一种含蓄的批评，但是我的觉悟很低，当时还以为"自由主义"是个好名词，因而沾沾自喜。后来多次犯错误，又学习了主席著作中有关对自由主义和民主个人主义的批判，细细回想，原来主席早就指出我们这些人的资产阶级世界观中的一个核心问题了。

那天，主席给我讲解了国共谈判的几个关键性问题，如美蒋的阴谋，以及解放区周围的情势等。有句话我还记得很清楚，说是如果没有美国人帮助蒋介石运兵运枪炮，大片的"沦陷区"就会由人民收复的，因为"八路军就在城门口"。

但是那天更多的时间，是在了解重庆各方面的情况，主席详细地询问了重庆新闻界的情况。我同重庆的上层人物是很少接触的，对于中下层的所谓"公教人员"则来往较多。主席很细心地问了这些人的生活、思想、情绪，以及他们对蒋介石的看法，对国共谈判的看法。我是尽我所了解的，不管大事小事都说了。最后，主席沉吟了一会儿说，死跟蒋介石的人只是少数，有的人不满现状，但对美蒋还有幻想；绝大多数人是可以转变过来的。

那一天过得很快。傍晚时候，周恩来匆匆忙忙地回来共进晚餐后，立即陪同主席坐汽车进城。大概这一夜又要进行重要的谈判。在暮色苍茫中，我亲眼看到周恩来是那样郑重地走在前头，拉开车门，细心地招呼毛主席上车。就在这些细小的动作中，也洋溢着周恩来对主席的恭敬、热爱的感情。直至今天，我一闭上眼睛，就能在脑子里重现这一幕动人的情景。为了党，为了人民，毛泽东和周恩来，就是这样夜以继日、不知疲倦地辛勤工作的。

在重庆第二次见到主席是在国民党为主席举行的茶话会上。那天，主席忙于同各方面的人握手交谈。许多人都拥在主席周围。他们都感到，能够见到毛主席，能同毛主席握手交谈，是极大的荣幸。即使是在蒋管区，并且是在国民党机关的大厅里，也看得出人心所向。[15]

毛泽东在重庆会见了阔别多年的一批老朋友。郭沫若的夫人于立群回忆说：

9月3日，我们接到通知说，毛主席下午要到天官府来，看望各界人士，朋友们立即奔走相告。后因当天有胜利大游行，车辆无法通行，聚会地点临时改在毛主席的住处。郭老和我立即动身，步行赶到主席住处。当时在座的还有翦伯赞、邓初民、冯乃超、周谷城等几位。

记得周老操着很重的湖南口音先问毛主席："过去你写过诗，现在还写吗？"

毛主席风趣地说："近来没有那样的心情了。从前是白面书生，现在成了'土匪'了。"

大家都笑了。

接着，毛主席便和大家畅谈起来。毛主席阐述了北伐战争失败的原因，并转身向坐在他左侧的郭老说："你写的《反正前后》，就像写我的生活一样。当时我们所到的地方，所见到的那些情形，就是同你所写的一样。"

毛主席分析了抗战胜利后的时局，谈到了人民渴望民主与和平的愿望，他明确地指出："共产党，是私的还是公的？无疑是人民的。党的做法，应以人民的利益、社会的好处为原则。如果做来对这些都没有好处，我们就需要改正。"

最后，毛主席充满信心地对大家说："和平总是要到来的，然而要达到目的是很不容易的。"

毛主席谈完后，又谦虚地征求大家的意见，请到会人士发表看法。

郭老听觉不好，特别用心地听着毛主席的每一句话，注视着毛主席的每一个手势。他看到毛主席用的是一只旧怀表，会后便把自己的手表取下来送给了毛主席。

9月9日，郭老和我在红岩村再次见到毛主席和周副主席。晚餐时，大家谈起郭老在文化界应采取什么态度的问题，毛主席很同意郭老的见解，认为态度应该强些，不要妥协合作，要有斗争。毛主席说："前途是光明的，道路是曲折的。"

和毛主席的这几次见面，给我留下了终生难忘的印象。主席当时的形象，至今仿佛出现在我的眼前：穿着延安宽大的灰布制服，态度平静、谦虚，举止沉着、稳重，似乎总在不断地思考着问题，对前途充满了信心。[16]

周谷城也回忆说：

1945年抗战胜利，毛主席为着和平解决政治问题，到了重庆，《大公报》上有一个直写的通栏标题：《毛泽东先生来了！》，我看了这个标题，随即跑到中苏文化协会秘书长张西曼处打听消息。张告诉我，协会会长孙科要开茶会欢迎毛主席，嘱咐我按时到会。我想开会的时候要人一定很多，苏联人也不少，我绝对没有同毛主席谈话的机会。我于是照张西曼教我的办法，早一点到，等在会场入口处前几十步的地方。不久，毛主席到了。他身穿工人装蓝布衣服，头戴白色油帽。我走上前握着他的手，我没有说话，毛主席却响亮地说："你是周谷城先生吗？"我说："是的"。他随即伸着手指说："一十八年了（即表示我俩分别有十八年）。"眼里含着泪珠。我知道他感慨很深，我也流出了眼泪，声音颤抖地问："您从前胃出血的病好了吗？"他又严肃又幽默地说："我这个人啊，生得很贱，在家有饭吃，要生病；拿起枪当'土匪'，病就没有了。"讲了这几句话后，他连忙向会场走去。我因目的已达到了，就没跟进去。只听到苏联人在嚷着说："毛泽东来了，毛泽东来了！"过了两天，我又同徐冰、翦伯赞、邓初民等十几个人到张治中住宅去看望毛主席，我们说话很少，主席对大家讲了复员（即由重庆搬回南京之意）的问题，说复员问题并不简单，大家要听话，听人民的话。回忆这些情况，我觉得主席念旧之情很深。[17]

戈宝权是著名翻译家，也是《新华日报》编委，协助周恩来从事南方局文委的工作。他回忆说：

记得8月28日这一天，是个秋高气爽、万里无云的日子。毛主席在这天飞到重庆九龙坡机场之后，先在曾家岩桂园稍事休息，下午就由周副主席陪同来到红岩村的八路军办事处。我们《新华日报》的几位编委，是站在主楼旁边通往新建的礼堂的石板路上，迎接毛主席。毛主席那天穿了一套青灰色的制服，满面红光，头上戴着一顶遮阳的白色钢盔帽，后来我才知道那是周副主席临上飞机时送给毛主席戴的。我们当时站在一起的，有章汉夫、许涤新、胡绳等几位同志。当毛主席走近时，周副主席将我们向毛主席一一做了介绍。尽管我们大家都是第一次见到毛主席，但是，看来毛主席已经很熟悉我们的名字，并且知道了我们每个人的专长，而且很有风趣地给我们每个人都加上了一个"家"的头衔。如称章汉夫："你是国际问题家。"称许涤新："你是经济学家。"称胡绳："你是哲学家。"最后轮到我时，毛主席说："你是个俄国文学家。"他还问我，"戈公振是你的什么人？是父亲、叔父，还是兄弟？"我告诉他是我的叔父。他接着说，"我看过他的书，看过他的《中国报学史》。"介绍完毕之后，我们就跟着毛主席和周副主席走进礼堂，同八路军办事处的同志们见面。回想起来，这已是三十八年以前的事了，但在今天回想起来，又是多么的亲切！当时毛主席和周副主席希望把《新华日报》和八路军办事处的同志都培养成为"又红又专"的干部，能更好地为无产阶级的革命事业服务。

就在毛主席到达重庆之后不久，刚好碰上中秋佳节，在红岩村的礼堂里举行了一次欢迎毛主席的晚会。毛主席当晚还跳了舞。那天月色皎洁，站在红岩村仰望明月，真有"山高月小""月白风清"之感。就在这时，我们又初次读到了毛主席在红岩村为柳亚子书写的光辉诗篇《沁园春》的咏雪词，而且大家很快地就都能背诵出那些豪迈的句子。毛主席在1949年4月29日写的

《七律·和柳亚子先生》中的"索句渝州叶正黄"，即指此事而言。

我还记得9月1日的下午，周副主席陪同毛主席来到离观音岩纯阳洞不远的中苏文化协会参加为"苏联各民族生活图片展览会"的展出举行的酒会。事实上，那次酒会成了一次为欢迎毛主席而举行的盛会。当时出席的还有冯玉祥、张治中、邵力子、沈钧儒、郭沫若等许多人。中苏文化协会是在一条小巷子里（现中山一路162号），楼房是木造结构，也不坚固。当参观的人知道毛主席来了，人群就愈聚集愈多，把院子、小巷，直到纯阳洞一带的大街，都挤得水泄不通。散会后周副主席走在前面，一边为毛主席开路，一边指示警卫员保卫毛主席的安全。当我跟着毛主席和周副主席走出中苏文化协会的小巷，把毛主席送上汽车时，只听见到处都是一片欢腾声和叫喊声："毛主席来啦，毛主席来啦！"从此也可以看出，当时人民心中对毛主席的爱戴与尊敬！[18]

毛泽东在重庆，还着重做了民主人士的工作，增进了彼此的了解和友情。

吕光光回忆说：

8月28日中午，客居于上清寺特园"民主之家"的张澜先生，正同主人鲜英先生进着午餐。一位常客——中共南方局负责统战工作的徐冰同志突然到来。徐冰顾不得两位老人推食的礼遇，忙不迭报告着一个惊人的消息："毛主席已经从延安飞来重庆了！特地赶来奉告。"张澜、鲜英不胜惊愕，肃穆相对。徐冰歉疚地说，"没有早些告诉表老，是担心国民党方面随时可能发生的变化。"张澜捋着银髯，兴由衷发。一阵熏风，活跃了静谧的特园。不待主人相送，徐冰握别二老，显得来也匆匆，去也匆匆。

张澜、鲜英正准备驱车往迎，黄炎培、冷遹二老联袂而至，立刻相率登车，向九龙坡机场进发。利用乘车的余裕，四位老人这才安定下来，交换初步的意见：国民党统治下的这"虎狼之地"，毛泽东最好不要来。既然来了，首先证明共产党、毛泽东为祖国前途、人民命运，昭大信于天下。姑不论国共两党是否谈得拢，对于出尔反尔的蒋介石，不能不提防他使出叵测的手段。正是因此，他们都为毛主席的安全，担负着道义的责任。

下午3时30分，一架绿色军用座机，降落在九龙坡机场。毛主席偕同周恩来副主席、王若飞同志相继下机。在共产党方面，显系临时通知不及。在国民党方面，可能为了尽量缩小重庆谈判的影响。机场里，虽然没有盛大的群众欢迎场面，但是毛主席依然受到各界知名人士的热烈欢迎。当乔冠华介绍大家给毛主席见面时，毛主席一一握手，答礼道："很感谢！"毛主席在人丛中发现了银髯飘拂的张澜，不待乔冠华介绍，迈过去同他握手，一见如故地说："你是张表老？你好！"张澜连忙说："润之先生好！你奔走国事，欢迎你光临重庆！"毛主席拉住张澜的手，久久不放，说："大热天气，你还亲自到机场来，真是不敢当，不敢当！"毛主席推重张澜从领导四川保路运动，一直奋斗到今；张澜早在五四时期，就在北京欣闻少年中国学会的王光祈有关毛泽东的介绍；毛主席、张澜不约而同，声称："神交已久。"寒暄开来。周副主席也从毛主席身边绕过来同张澜握手，互道阔别，并安排张澜、张治中、邵力子、郭沫若同毛主席合影留念。王若飞也对张澜执礼甚恭，握手言欢。毛主席随即发表简短的谈话，强调："国内政治军事所存在的迫切问题，应在和平、民主、团结的基础上加以合理解决，以期实现全国之统一，建设独立、自由与富强的新中国。希望中国一切抗日政党及爱国人士，团结起来，为实现上述任务而共同奋斗。"一阵热烈的掌声，充分表达了人们对毛主席谈话的拥护和隆重的欢迎。

毛主席在渝期间，在曾家岩张治中先生公馆——桂园办公会客。毛主席和张澜先生"神交已久"，但素未谋面。这次毛主席来到重庆，彼此想尽早晤谈，以慰渴望之情。8月30日上午，毛主席特地嘱咐周副主席亲赴特园，告知张澜，当天下午，他要亲临特园来拜访。张澜喜出望外，不禁恳辞道："润之先生操心国事，极尽辛劳，应该在他方便的时候，我们去拜望他才是，不应劳他过访。"周副主席坚持地说："主席的意思是要亲自来，就用不着客气了。"张澜同鲜英当即表示无比欢迎。鲜英还说："最好请毛主席和你们，都到舍下来休息休息。"细心的周副主席，鉴于毗邻特园就是特务头子戴笠的巢穴，为了安全，他请张澜、鲜英不要在大门外等候。晤谈的地点，也不在大客厅里，由他选在静僻的张澜的卧室内。送走周副主席后，张澜为毛主席的安全计，要鲜英告诫全家，暂不要将这个喜讯外传。整个鲜宅洋溢着兴奋、喜悦而又忙碌的气氛。"花径不曾缘客扫"，此番庭院，好留下历史巨人的足迹。

下午3时，毛主席由周副主席陪着惠临特园。门铃一响，张澜和鲜英跨向大门，恭迎着毛主席、周副主席步入花园，穿过葡萄架。几位警卫员也彬彬有礼地跟了进来。迎候在花园台阶上的鲜宅成员，平素能歌善舞的年轻人，这时都绾住奔放的感情，屏息静气，怯生生地凝望着毛主席伟岸的身材和英俊的丰采。由于周副主席也是特园的常客，所以年轻人亲昵地齐声叫道"周伯伯"，周副主席微笑着向他们点点头。慈祥、和蔼的毛主席向年轻人挥手招呼，这才改变了他们拘谨的窘态。

毛主席、周副主席由鲜英领进张澜的卧室，促膝而谈。毛主席首先向张澜转达了朱德总司令对老师的问候，转达了吴玉章同志对老友的问候。融洽的空气，使张澜同鲜英如坐春风。

从道理上，张澜可谓理解毛主席重庆之行的至意。但是，心所谓危，仍旧有所不安地说："这明明是蒋介石演的假戏啊！国共两党要谈判嘛，你们可以像过去那样，派恩来先生，加上若飞先生，来谈就行了。何必动润之先生的大驾呀！"鲜英索性道出他们主要担心毛主席的安全。周副主席原定下午还要同国民党谈判代表会谈有关军事、政治方面的问题，随即告退，赶赴桂园。

卧室内剩下毛主席同两位老人，彼此倾吐心曲，更显得心心相印。张澜郑重地说："蒋介石在演鸿门宴，他哪里会顾得上一点信义！前几年我告诉他：'只有实行民主，中国才有希望。'他竟威胁我说：'只有共产党，才讲实行民主。'现在国内外形势一变，他也喊起'民主'来了！"毛主席风趣地说："民主也成了蒋介石的时髦货！他要演民主的假戏，我们就来他一个假戏真演，让全国人民当观众，看出真假，分出是非，这场戏也就大有价值了！"张澜领悟道："蒋介石要是真的心回意转，弄假成真，化干戈为玉帛，那就是全国人民之福呀！"

毛主席为答张澜的殷切希望，详详细细解释了8月25日中国共产党中央委员会《对目前时局的宣言》中的六项紧急措施。要而言之，就是：承认解放区的民选政府和抗日军队，划定八路军、新四军、华南抗日纵队接受日军投降的地区，严惩汉奸、解散伪军，公平合理地整编军队，承认各党派的合法地位，保障人民的自由权利，立即召开各党派代表人物的会议。张澜连声称赞："很公道，很公道！蒋介石要是良知未泯，就应当采纳施行。看起来，这场戏倒是有看头。"

显然，毛主席极为理解这位爱国老人的胸怀，于是就解放区的政权建设、社会新貌、人民福利，以及生产、教育，等等，给张澜详为介绍。"归来向人说，疑是武陵源。"张澜掀动银髯，神驰于祖国的新天地里。直到警卫员进来告知张治中为毛主席举行晚宴的时间将到，这才结束了饶有意义的"家常话"。

当晚，张澜也出席了张治中在桂园为欢迎毛主席来渝举行的宴会。宴罢，毛主席又抓紧时机，在桂园同沈钧儒、黄炎培、柳亚子、陈铭枢、王昆仑、冷遹、章伯钧、张申府、王云五、傅斯年等，进行了商谈。

9月2日中午，张澜以中国民主同盟的名义，在"民主之家"特园做东，欢宴毛主席、周副主席、王若飞。沈钧儒、黄炎培、冷遹、鲜英、张申府、左舜生等都在。毛主席一进特园，高兴地说："这是'民主之家'，我也回到家里了！"一句话，说得满园生色。在大客厅里，毛主席勉励大家道："今天，我们聚会在'民主之家'；今后，我们共同努力，生活在'民主之国'。"毛主席反复强调"和为贵"之后，同沈钧儒谈健身运动，同黄炎培谈职业教育，同张申府话五四运动的往事……家人般的恳谈，其乐也融融。

席间，作为主人之一的鲜英，给毛主席献上了家酿的枣子酒。这种美酒，周副主席在特园宴请客人时经常饮用，便给毛主席介绍："枣子酒的浓度不高，味道香而醇厚。"张澜举杯向毛主席敬酒，说："会须一饮三百杯！"诗思敏捷的毛主席征引陶靖节的《饮酒》诗，举杯相邀道："且共欢此饮！"

宴毕，特园主人拿出纪念册，请毛主席题词留念。毛主席笔走龙蛇，"光明在望"——四个力透纸背的大字，启迪着在座诸公：道路尽管曲折，但前途甚是光明。由于毛主席预定要在桂园接见各方面来访的友好，随即尽欢而散。

国民党对和平谈判毫无诚意，根本提不出具体的方案，对于中共方面提出的十一项建议，却又一口拒绝，说什么"距离甚远"，说什么"根本无从讨论"。9月11日晚，毛主席、周副主席在桂园宴请张澜、沈钧儒、黄炎培，就促进国共双方的团结问题，交换了意见。张澜、沈钧儒、黄炎培都表示尽力斡旋，争取实现国共之间化戾气为祥和。

这时阎锡山已在上党地区发动了向解放区的进攻。当周副主席告知这个情况给张澜时，张澜愤慨地说："公开打电报请你们来谈判，又背地里发动战争，绝对不能容许国民党这么颠顶！"于是在9月14日下午，张澜亲自出面，同张申府一起，约请国共双方谈判代表张群、邵力子同周副主席、王若飞，来特园商谈，听取国共双方谈判的近况。周副主席表示，中共方面是"苟能求全，不惜委屈"，已就原来所提十一项建议的方案，作了让步。张澜直截了当地质问张群、邵力子两位："阎锡山为啥子不给蒋先生（介石）留一点面子？重庆在谈，山西在打，这不贻笑于天下吗？蒋先生不感到难堪吗？"张群、邵力子当即解释，他们正在进行实质性的商谈。对于向解放区进攻一事，说是阎锡山的"个人行动"，他们不甚了了。

第二天（9月15日）下午，正当周副主席、王若飞在中四路德安里同张群、邵力子就光复区省份的划分、双方军队驻地等问题进行谈判时，毛主席又翩然来到特园，在张澜的卧室内，再度同张澜密谈。

毛主席向张澜介绍了国共谈判的近况，如承认各党派的合法地位、保障人民自由权利、召开政治会议，以及有关国民大会、联合政府之类，已大体有了眉目。但仍有些问题，如属于关键性的解放区的人民政权同人民军队问题，国民党则说什么"根本与国家政令军令之统一背道而驰"。实际上，使谈判陷于停顿，借此在美帝国主义帮助下，阳为运兵接收，实则准备内战。面对如此险恶的形势，张澜推心置腹地对毛主席说："在'五四'以后，为了摆脱北洋军阀的统治，使人民能够过问政事，我曾经同吴玉老（即吴玉章）在川北推行过地方自治，深知政权、军权对于人民的重要性。国民党丧尽民心，全国人民把希望寄托给你们。你们当坚持的，一定要坚持，好为中国保存一些净土！"毛主席连连点头。接着，张澜又提醒毛主席，"现在，是你们同国民党双方关起门来谈判。已经谈拢了的，就应当把它公开出来，让大家都知道，免得蒋介石今后不认账。"毛主席欣然采纳，当即考虑对策。张澜感到义所当为，毅然对毛主席说，"你们如有不便，由我来给国共双方写一封公开信，把这些问题摊开在全国人民面前，好受到全国人民的监督和推动。"毛主席又欣然采纳，当面赞誉张澜是"老成谋国"。

张澜的公开信，随即分送给重庆的《新民报》和成都的《华西晚报》刊出。

张澜在公开信中着重谈到关于军队问题，这同张澜头年在国民参政会的提案《加强实行民主以求全国团结而济时艰案》的精神基本一致。张澜在头年的提案中，旗帜鲜明地提出："甲（意指国民党——笔者）要一党专政，因而训练党军，以图巩固其政权，即不能禁乙（意指共产党——笔者）之训练党军，与之对抗。必须实行民主，不以国家政权垄断于一党。"公开信对于恃强权以凌弱、拥重兵以暴寡的国民党法西斯行径，给予了有力的指责。

连日来，国共双方在谈判中的激烈斗争，仍旧集中于解放区的人民政权和人民军队问题。其间，9月25日，张群、邵力子在参政会宴请周副主席、王若飞同张澜、沈钧儒、黄炎培、左舜生、章伯钧、罗隆基、张申府等，并由国共双方报告近日的谈判情况。9月29日，周副主席、王若飞同张群、邵力子在参政会举行聚餐会，邀请张澜、沈钧儒、章伯钧、罗隆基、曾琦、左舜生、王云五等出席，共商政治会议的组织等问题。在此期间，民盟在特园筹备召开临时全国代表大会（解放后追认为第一次全国代表大会），各地代表云集，张澜日益繁忙。

正值张澜主持召开民盟临时全国代表大会，10月1日，惊悉蒋介石以武力解除了龙云在云南的权力。龙云系张澜介绍加入民盟的秘密盟员，对民盟和民主运动殊多贡献。以其交谊甚笃，张澜极为关怀龙云的安全。此刻蒋介石向龙云开刀，更使张澜对毛主席的安全忧心如焚，立刻派人通知周副主席，敦促毛主席早日返回延安。

毛主席在渝期间，张澜一直为重庆谈判和毛主席的安全担心。好不容易盼到国共双方会谈纪要于10月10日正式签字，毛主席就于第二天飞返延安了！10月11日上午，毛主席驱车来到九龙坡机场。由于到达较早，一大群中外记者将他围住，而国民党方面的记者甚至提出了一些反映他们本性的难题。毛主席恢恢大度，应付裕如。当毛主席一眼望见张澜、鲜英赶来，立刻排开记者群，过来和张澜、鲜英热情话别。张澜一扫愁云，兴高采烈地说："二天（四川方言，意即日后）中国实现民主了，我还要到延安去看望你哟！"毛主席连声"欢迎欢迎"，并说"要用延安的川菜来招待"。

王若飞和张治中陪同毛主席登上座机。毛主席停在机舱门口，挥动着"拿破仑帽"（即考克帽，这里沿用当时新闻报道的名称），显示出旋乾转坤的精神力量。

　　座机在热烈的掌声中腾空而去。张澜遥望长空，但见白云，他的心，也乘虚御风，与之俱去。[19]

　　来桂园拜访毛泽东的人，多数是善意的、关心国家和平的，但是也有例外。CC头目陈立夫在会见毛泽东时，竟然要求中共放弃外国的思想观念，放弃一党的武力政权。这一要求遭到毛泽东的严正驳斥。最明显的一次是9月22日上午青年党负责人蒋匀田和毛泽东的对话。蒋匀田曾有如下回忆：

　　9月21日，承中共驻重庆联络处主任徐冰先生下访汪山我所住的地方。互相寒暄之后，徐对我说："毛主席拟邀请你面谈。"于是约定次日上午10时，我到毛先生住处拜访。毛先生访重庆时，住在张治中将军的家里，张当时是国民政府军事委员会政治部长，所以我内心感觉奇怪。直到1949年春，张主张言和，先到奉化向蒋请示，然后偕邵力子等飞往北京谈和，而一去不返，始使我几年不解的奇怪，为之冰释。

　　次日，我如约准时到达张公馆，徐先生迎接我至会客室说："最多五分钟，毛主席即可回来，请坐，稍候。"确是不多时，毛先生即进入客厅，向我道歉说："很对不起，因到机场向回美的赫尔利大使话别，所以迟回些许。"于是正式谈话开始。

　　我首先问他："毛先生到渝二十日，与国民党领袖们商谈的结果如何？"他答复："因对国民党的承诺，我应保密，所谈的问题不能告人，既然蒋先生（指作者）系友党（指民社党）的领袖，我应当告诉多日来与国民党所谈的问题，让我们共守秘密。商谈了近二十日，时间白费，毫无结果，已面临僵局了。"

　　于是我又问："二十日来，谈及哪些问题？僵在哪一点？"他回答说："我们触及到两个问题：一个是军队分配的比例问题，一个是我们管理的地区自治问题。现在没有一个问题得到协议，可说商谈已经失败了。"我于是说："毛先生，承你所示知，你们所商谈的问题失败了，甚可惋惜！可是从人民的角度，即使如此商谈成功了，那乃真的是失败。"他问我："你意何指？"我答道："第一，假使军队的分配比例能得到协议，将来中央政府以某种借口，增加一团宪兵，你是否按比例扩充你的兵力呢？假若你不立即扩充，你将失其比例；假若你随之而比例地扩充，这将演成国内军备竞争，取代所谓国际军队竞争，则人民将如何负此财政的重担呢？第二，假使你们对于划分领土管理权，商谈成功，如一般传说：贵党得以掌有绥远、热河、察哈尔等省，并得推派北平、天津两个副市长。假使中央不同意省有自治权，省主席由人民选举，一旦中央政府明令调迁绥远省主席任浙江省主席，绥远省主席从命乎？抑抗命乎？假使绥远省主席遵命而行，则贵党将失去绥远省的管理权了。倘使绥远省主席拒绝不从命，其结果则将如何？据鄙见所及，这将是延缓今日之战争为明日之战争而已。故从人民的眼光看来，是否为大大的失败呢？"于是毛主席向我说："你有何建议？"我答复："毛先生，我认为最好确守在飞机场上的书面谈话：争取民主与自由。只有真正的民主政府，始可为人民的福利而努力，而在野党的安全亦能有所保障。假使毛先生同国民党的领袖讨论此类问题，应让其他少数党派领袖参与会谈，不宜仅限于贵党及国民党，这亦正合毛先生在机场所发表的谈话。"他很幽默地答复："希望你的高见能够实现。"他乃继之说，"刚才在飞机场上，赫尔利大使亦曾向我建议说：'既然实质的问题谈不通，最好再从民主政治的原则商谈。'假使同国民党商谈此类问题，我们共产党的代表一定主张邀请其他党派参加。"我即赞美说："假使能采这样方式共同协商，无论结果如何，将必成为中国历史上大的转折点，盼望毛先生成功。"

于是我们对于首项重要问题，可说有了一致的看法。毛先生乃另转其他问题说："此次来访重庆，最大的憾事，就是未能见到张君劢先生。我少年时候，即拜读张先生的大作甚多，所以已经久仰了。张先生多年来不计艰险，为民主政治奋斗的精神，亦至今令人敬佩。他给我的一封公开信，想你亦必阅过。在那封信里，他主张要我们将军队交给蒋先生（指蒋介石），老实说，没有我们这几十万条破枪，我们固然不能生存，你们也无人理睬。若叫我将军队交给政府，理犹可说，教我交军队于蒋先生个人，更不可解。最近蒋先生曾对周恩来同志说：'盼告诉润之，要和，就照这条件和，不然，请他回延安带兵来打。'我异日拜晤蒋先生，当面对他说：'现在打，我实打不过你，但我可以对日敌之办法对你，你占点线，我占面，以乡村包围城市，你看交军队于个人，能解决问题吗？'不知君劢先生发表那封信时，想到这个问题没有？我想君劢先生是没有机会练兵，若有机会练兵，他也必会练兵的。"毛先生说到此点，我即答复："关于君劢先生那封公开信，我在桂林从报纸上阅及后，亦感惊奇。不久沈钧儒先生自渝赴桂林，在漱溟先生办公室内，亦曾晤谈及此事，均表示不同的看法。沈先生问我事前知否，我告以事前毫无所闻，不过据我推测，或因新四军事件，引起大敌当前、兄弟阋墙的恐惧而出之。至于毛先生说君劢先生若有机会练兵，他也必会练兵的，我想毛先生没有看到君劢先生在北平创党时所拟的政纲。我们当时的政纲，载明不收现役军人为党员。为什么有此条规定呢？不是我们不重视现役军人，而是我们深信民主政治的成功，是以全民的信心与力量为基础，不是单凭武力可以打出来的。我国已受了三十多年翻云覆雨惨痛的历史教训了！再参证法国一次、二次、三次革命的惨史，更使我们不愿以武力为建立民主政治的有效工具，而只有由政党的组织行动，不计个人牺牲，反对一党专政，启发人民对民主制度的认识与信心，渐渐趋向民主政治成功的道路了。"

说到此点，我乃向毛先生曰："刚才你说'没有我这几十万条破枪，我们固然不能生存，你们也无人理睬'确系实情。1923年我就在南京被囚于所谓政治招待所。毛先生，现在你我都是受压迫的政党，处境可说大致相同。可是你们尚有枪杆保卫的地区以生存，我们真是飘零可怜，任人宰割。假使有一天我们认为不需要枪杆护卫，可以自由活动，如欧美的民主国家一样，用自由竞选的方式取得政权，毛先生，你愿放弃所有的枪杆吗？"毛先生很技巧地说："在未答复你的问题以前，我先请你答复我的问题：你相信或不相信共产党的政治斗争技术，不在任何政党之下呢？"我即答说："我确信共产党的政治斗争技术不在任何政党之下。"他笑说："你既相信共产党的政治斗争技术不在任何政党之下，则你已答复你所提的问题一半了。你想，假使我能凭政治斗争技术，以取得政权，我为什么要负养数十万大军的重担呢？不过还须请你注意一点，军队国家化固好，所有特务人员，更须国家化。不然，我们在前头走，特工人员在后面跟踪，这样威胁，那我们又如何受得了呢？"毛先生讲到特工跟踪时，他即站起，以行动表现，左右转头向后看，使在座的人为之惊笑不已。毛先生表演特务跟踪之毕现形态，今日回忆，真使我百感丛生，情难自已，不得不提及之，或可为将来史话传闻之佐证。

毛先生坐下后，我们互相安慰，共同表示希望中华民族能于八年血战之后，走上建设成功之路。我最后请教毛先生："毛先生，你对中国文化的估价如何？"他笑说："你是否疑我相信共产主义，即不懂中国文化呀？我相信我是读通了中国历史的人。"我亦笑说："我当然相信毛先生读通中国历史，不然，怎能以史话填出《沁园春》的名词呢？"我乃告辞，偕随行者三人步出张公馆。毛先生与徐冰皆送至门口，并说盼有机会再谈。[20]

毛泽东还会见了一批美国朋友，向他们宣传中国共产党争取和平、民主的主张。

美国友人韩丁回忆说：

记得毛泽东是在一个小房间里会见我们的，房间里除一张木头方桌和几把椅子以外，再没有任何别的东西了。我们在桌旁坐下来，毛泽东和我是对面坐着。坦纳鲍姆坐在他的左边，周恩来的助手、担任翻译的龚澎坐在他的右边。毛态度友好，但精神严肃安详。他有十足的自信心，但丝毫不想给人以任何了不起的感觉。他是那样的安详自若，自然从容，既全神贯注地思考着问题，又专心致志地听取别人的意见。

一方面，他心里想着许多问题，因为当时他是在重庆，规划战后中国之前途。那时，避免内战的可能性甚微，这无疑是他思考的主要问题，同时也是大家在考虑的主要问题。另一方面，他对我们所谈的情况很感兴趣，并善于听取。毛一贯地设法通过同抱有各种见解的各式各样的美国人直接接触，来尽可能多地了解美国的情况，他同我们的会见便是这种坚持不懈地努力的一部分。因此，他的很大一部分的注意力集中在我们身上。

我们本来准备要问他一大堆有关解放区、抗日战争、新民主主义和中国的未来等问题，但是，毛把问题倒了个个儿，反而问了我们许多问题，问的都是美国的情况。格里有过一段当工人和组织工会的经历。我以前从事过农业，搞过农业工会。毛向我们两个询问了有关美国工人和农民的生活、他们的组织和斗争情况、他们同政府和大企业的关系以及他们对这两者的态度等问题。不管我们对这些问题能提供些什么样的见解，他提的问题都表明，他非常了解美国社会的基本情况，这些问题使我们不得不去深入思考。

他问我们："农业局和农场主联合会有什么区别？""美国的大多数工人为什么没有组织起来？""杜鲁门会主张对农民和工人采取什么政策？"对于这些问题是不能够毫无准备、简单地作出回答的。我们对于许多问题的回答都是很不够的。然而，即便是在这样的时候，毛也是耐心地、专心致志地听着。因此，我们一点儿也不感到紧张和拘束。

我离开时得到的主要印象是：毛是一位专心致志听别人谈话的人。我当时对此感到意外，其实现在回想起来，是不应该这样的。因为，毛早期就教育所有革命干部要进行调查研究，说"没有调查就没有发言权"。他本人在青年时代及往后一段时间里就花了大量的时间，在各地转，坐下来或蹲着同人们交谈。他每到一处，就开调查会，通过这些会，他获得了能够据以进行分析和领导的广泛的实际知识。毛泽东乐于向所有的人学习，特别是学习他们所具有的第一手知识。他在同我们的谈话中，这一点也表现得很明显。格里和我都不是什么取得了伟大成就的人物，可是美国的两名各有自己的社会经历的好心的青年，对毛来说，这就够了。他把我们看作是提供有价值材料的来源，用了大半个下午同我们友好地交谈。

后来又有一天，也就是在他结束了同蒋介石的谈判，即将返回延安的时候，毛邀请格里和我在八路军办事处同他一起度过那个晚上。在场的有周恩来、龚澎和其他几位。那是一个忧郁的夜晚，大家的心情都感到压抑，都在一心考虑着一个问题。由于蒋介石权欲熏心，并且断定在美国的帮助下他能够消灭解放区。因此，内战不可避免，爆发内战只是时间的问题。我认为，毛当时邀请我们到那里去，是对美国人民友好和信任的表示。当时的美国政府决心要阻挠中国人民意志的实现，它将不以屠杀千千万万的中国人为满足。但是毛泽东懂得，美国还有着另一个方面。因此，他伸出了友谊之手，对于这一点，我们是毕生不会忘记的。[21]

与韩丁同行的坦纳鲍姆回忆说：

我刚从美国来到重庆，经过一些美国朋友的介绍，我几乎马上会见了许多中国要人，并同他们谈了话。他们在会见前已得知我同情中国的进步运动。我和韩丁（他在美国战时新闻处工作，在重庆已待了一些时候了）从龚澎——周恩来的一名机敏、活泼的助手——那里接到了访问八路军办事处的邀请。

我们两人都很想亲眼见见这位伟人。作为勇敢地领导反抗日本侵略斗争的领导人，他已成为我们心目中的传奇式人物。

走进办事处接待室，看到轻松愉快的工作人员以及龚澎的满面笑容和向我们伸出的手，大街上的那种恐怖气氛在我们脑海中就烟消云散了。龚澎示意我们经过接待室走进会客室，当我们经过一间小会议厅时，看到毛主席正在和解放区来的一批干部和记者谈话。

他左手叉腰，右手打着有力的手势，随着头部的摆动，浓密的黑发一动一动，使讲话更加生动有力。他宽宽的脸部表情很严肃。说来怪难为情的是，当时我和韩丁汉语懂得不多，听不懂他的话。

我们注意到，他穿着在延安时穿的朴素的布军装，洗得很干净，但褶子很多。他脚上穿着一双农民穿的布鞋。我们看到他在作显然是很重要的谈话，于是停下脚步在一旁站着，直到龚澎彬彬有礼地催我们去会客室才移步。

等了几分钟，我们听到会议室里传来一阵掌声。接着主席很快就出现在门口，有人给我们作了介绍。他身材比我原先料想的要高得多。对比之下，他的手似乎不大，握手时几乎只碰了一下手指头。他尽管经历了几十年的艰苦岁月，但脸上没有一丝皱纹。他的眼睛似乎半闭着，显得很安详，但他的思维很敏捷。

我有许多问题要问他，但却难得有机会问。他心上挂着美国，从他提出的一连串探讨性的问题中可以明显看出，他读过有关美国的大量材料并对美国问题进行过很多讨论。有时候我们觉得，对于向我们提出的问题，他已经从别人那里得到答案，但是他希望听听不同的观点，或者验证一下以前得到的答案的逻辑性和内容。

毛向我们详细询问美国劳工运动的情况，探究一些工会和领导人的具体情况。他很关心罗斯福死后刚刚升任总统的杜鲁门的情况。由于同蒋介石打交道也就是同杜鲁门打交道，因此毛想了解杜鲁门其人及其思想，因为这两点对他来说都是未知数。

主席的问题问完后，向担任翻译的龚澎几乎使人不易察觉地点了一下头，就结束了这次会见。龚澎微笑着说："主席还有事，他不能跟我们一起吃晚饭了，但是他希望你们尝尝我们准备的几个简单的菜。"

我们同主席握手告别时，感谢他为我们花了这么多时间。他点点头，转过高大的身躯，步履轻快地走了。这是我们终生不忘的一次会见。[22]

在重庆，毛泽东还于9月16日在红岩八路军驻重庆办事处会见了美国第14航空队总部的三名士兵。他们是霍华德·海曼、爱德华·贝尔和杰克·埃德尔曼。

参加这次会见的一等兵霍华德·海曼回忆说：

我们知道毛吸烟吸得很多，甚至听说他在延安自己种烟草。我们就从自己的配给中拿了几条美国香烟，并写了一张表示希望中国人民有一个繁荣、和平的前途的便条，把这张便条和香烟留在中国共产党总部。

几天以后，有人告诉我们，毛接受了我们的礼物。作为答谢，他希望我们下周去同他一起吃饭！

我们去了。三个很年轻的美国士兵同毛泽东主席、周恩来和后来成为新中国领导人的另外几个人一起吃了饭。下午和晚上的一多半时间，我们花在谈论中国和它的前途，以及设法回答毛问我们的关于美国情况的很深刻的问题上，但是我们常常答不上来。

学者和历史学家们可能向你们讲述毛是一位诗人、历史学家或革命家。可是在我的记忆中，他是一位热情、恬静、关心人的人，他能很容易地立即使你不感到拘束。他与他自己手下人员的相互关系也深深地印在我的脑海里，毛同工作人员、领导人、厨师和招待员的相互关系是一种友爱和热情的关系，我没有发现丝毫自负、讲究礼仪、神气十足或其他任何做作行为的迹象。[23]

另一位美国士兵爱德华·贝尔回忆说：

1976年7月在重庆，在一个天气晴朗炎热的下午，我看到了一张放大的巨幅照片。由于年代久，照片颜色发黄了，但是画面上人们的笑容及照片的意义不减当年。我感到惊讶不已，于是跑出屋子去叫我们美国退伍军人代表团团员（在第二次世界大战期间，他们曾在中国驻扎过）以及他们的妻子和儿女来看这张照片。我问向导，是谁把这张照片挂起来的？什么时候挂的？向导说，毛主席曾在这所房子里度过许多时光，制订活动和工作计划，并会见重要领导人。1957年这所房子辟为纪念馆开放时，即挂起了这张照片。1957年正是冷战年代，在那时，许多美国人是难以理解中国人珍视他们同我国人民的友好接触这种事情的。

这张照片的故事开始于1945年。当时毛主席从延安来到重庆，与蒋介石举行具有历史意义的重庆谈判。那时，我与另外两名美国军人杰克·埃德尔曼和霍华德·海曼通过大学里的学生朋友曾会见了周恩来。部分原因是由于那次会见，一星期之后，我们被邀请去同毛主席一起吃饭。

我们去参加宴会前满怀着热切的希望，因为愿意抽出时间来同三个普通的美国兵会见的人，是中国历史上这样伟大的一位人物，是正在忙于处理世界历史上一件具有十分重要意义的大事的人物。他认为会见美国兵来促进中美两国人民之间的友谊也是重要的事情。

那是一个激动人心的下午，当时的情景还历历在目。我们背着背包，背包里面装着准备送给毛主席的礼物——几条香烟，快步地走过这条又窄又脏的街道，来到这所白灰粉刷的房子，登上了台阶。我们一起在楼下的一间房里等待着，在这间房的一端挂着一个竹帘子。不久，竹帘子掀开了，毛出现在我们的眼前，他身穿军装，微笑着向我们问好。在场的还有他的译员和其他一些朋友。他显然愉快地接受了我们送的香烟，我们对此感到很高兴。他是一个非常谦逊的人，说我们对他太慷慨了。

我们在一张椭圆形的大桌旁坐下吃饭时，毛泽东对我们每个人都表现出了莫大的兴趣，专心致志地倾听了我们所说的一切。他问到了我们在国内的生活情况，问到了我们的家属情况以及我们对战后生活的愿望。他不会讲英语，是用汉语讲的，但是讲话时是直接对着我们说的。在这一天，语言不可能成为我们之间的障碍。我们通过译员谈了二次世界大战的意义、世界和平的重要性和中美两国人民之间的友谊。席间，毛主席曾多次举杯祝中美两国人民友好，他请我们回国后把我们所经历的一切告诉美国人。他认为，美中两国人民有许多共同之处，因此我们两国人民之间将会建立起真正的友谊。

他满怀深情，十分乐观地谈到了我们的前途，所有青年的前途，因为他相信，青年在改造世界方面将发挥非常重要的作用。毛是始终意识到每个小时的重要性的，于是他提醒我们，太阳快要下山了，如果我们想照相的话，最好趁光线还亮的时候到花园里去照。我们到花园里去，大家摆好姿势，照了几张集体照，以记录这个愉快的具有历史意义的时刻。

我始终珍藏着那张照片作为那次会见的留念，发现中国人也珍藏着这幅照片，真使我感到十分惊讶和激动！当然，我指的是1976年夏天，我在重庆纪念馆墙上看到的那张三个年轻的美国兵和毛泽东合影的照片。[24]

在重庆，毛泽东还留下了刻印和画像两段趣闻。

为毛泽东刻印的曹立蕃回忆说：

1945年抗日战争胜利后，毛主席应蒋介石邀请来重庆进行和平谈判，我受柳亚子先生嘱托，为毛主席刻印。

　　1926年5月，第一次国共合作期间，在广州召开的中国国民党第二届二中全会上，亚子先生与毛泽东同志认识，他忠实执行孙中山先生制定的联俄、联共、扶助农工三大政策，从此与我党许多老一辈革命家结为莫逆之交。

　　毛主席来重庆同国民党谈判，亚子先生高兴极了。在毛主席抵达重庆的第三天（8月30日），亚子先生就到曾家岩桂园，专程拜访，赋诗称颂毛主席敢于深入虎穴，是"弥天大勇"，犹"雨霖苍生"，给苦难中的人民带来新生的希望。同年10月初，亚子先生再度于红岩村拜会毛主席，请毛主席"写《长征》诗见惠，乃得其初到陕北看大雪《沁园春》一阕"。就在这次会见之后的一天，亚子先生对我说，主席书赠给他的《沁园春》词上没有印章。他曾请主席盖章，主席说"没有"。因而他慨然许诺主席："我送你一枚吧！"亚子先生不攻篆刻，从红岩村回来后，把上述经过告诉了我，要我为毛主席刻印。当时我住在重庆南岸枣子湾，听说为毛主席刻印，虽然自审技术低劣，但也不怕献丑，连夜赶刻出来：一方为白文"毛泽东印"，一方为朱文"润之"。送到毛啸岑家面交亚子先生，由亚子先生转呈毛主席。1950年首次发表毛主席在柳亚子纪念册上手写的《沁园春·雪》，就盖有这两枚印章。[25]

　　舒新在《尹瘦石为毛主席画像》一文中记述说：

　　在毛主席生前，只有两位画家有幸当着他的面为他画像：一位是外国人；另一位，就是现任北京画院副院长、中共北京市第五次代表大会代表尹瘦石。

　　尹瘦石为毛主席画像的时间是在1945年10月，距今整整三十七年了。几天前，笔者往访尹瘦石，在他的那间堆满书籍画稿飘逸着墨香的画室兼客厅内，我们谈到了这件往事。也许是为了克制一下激动的心情吧，瘦石点燃了一支烟，轻轻地斜靠到椅背上，在缓缓飘动的烟雾中，微眯着双眼说道：

　　"说到此事，就得先说一下当年的'柳诗尹画联合展览会'，毛主席的画像正是为了这次展览会才画的。

　　"1945年8月，毛主席到重庆和国民党政府谈判。当时，抗战刚刚结束，人民迫切希望和平。我们举办一个诗画联合展览会，就是想用柳亚子先生那些炽烈的爱国诗词，连同我的历史画一起，作为宣传武器，向民众做一点宣传工作。这个想法得到亚子先生的全力赞成，我们就着手准备起来。

　　"记得是10月2日吧，我到沙坪坝津南村亚子先生的寓所商谈联展的筹备事宜。亚子先生忽然高兴地对我说：'毛主席约我今天去谈话，你随我一起去，请求给毛主席画像，争取在联展时展出。'我一听，兴奋极了，但又不知是否能得到毛主席的同意。过不多久，毛主席派的车子来了，我便随同亚子先生登车前往红岩村。一见到毛主席，柳亚子先生便提出让我给他画像的请求，毛主席竟一口答应了，并立即让王若飞同志具体安排作画时间，随后，毛主席和柳亚子先生去谈话，我就告辞。"

说到此处，瘦石端起茶杯，呷了一口，似乎是要让逐渐兴奋起来的心情稍稍平静一些，又继续讲道："10月5日下午，我到上清寺桂园张治中的公馆见到了周恩来。随后，和他同车来到了红岩村。第十八集团军重庆办事处处长钱之光同志已经在等候我了。他立即领我进了一间房间，在那里静候毛主席。一会儿，只见毛主席微笑着，踏着稳健的步子走进来，笑着向我点头并问道："怎样画呀？"我见屋内有一张藤椅，便请主席在椅上坐下，开始作画。只见主席坐在椅上，仍不时地紧蹙双眉，沉浸在深深的思索中。我画了差不多四十分钟，就告诉主席画完了。主席笑着走过来，看了看画，问站在一边的钱之光同志："画得像不像啊？"又和我紧紧握手，并要留我一起吃晚饭。我看天色已晚，唯恐耽误主席的大事，连连道谢着告辞了……"

瘦石讲到此处，脸上泛起了红光，双目闪闪，流露着一股难以抑制的激动之情。一缕娇艳的秋阳，透过窗户斜射进来，暖暖地偎在我们身旁，似乎也在倾听着这令人难忘的往事。

"毛主席的画像后来展出了吗？"过了一会儿，我问道。

"展出了！"瘦石同志从沉思中醒来，兴奋地说，"此事可谓轰动一时。联展开幕之后，周恩来、王若飞等亲临参观，《新华日报》专门辟了一个特刊进行宣传，毛主席还为特刊亲笔题写了一个刊头。"说着，他站起来，走向书橱，打开橱门，找出一份珍贵的资料来。

这是诗画联展开幕的那一天——1945年10月25日的《新华日报》。虽然被主人悉心保存着，但纸色仍然微微发黄了。我朝报纸上看去，只见左上角赫然登载着"柳诗尹画联展特刊，毛泽东题"几个龙飞凤舞的大字，果然是毛主席的笔迹。旁边是郭沫若、茅盾、徐悲鸿等人谈观感的文章。

三十七年过去了，毛主席、柳亚子先生等都已经做了古人，但是，这幅画像连同这些往事，一定会流传久远的！〔26〕

安抵延安

1945年10月11日上午9时45分，毛泽东在张治中的陪同下飞离重庆九龙坡机场，下午1时30分安全抵达延安。毛泽东回到延安时，曾到机场迎接的师哲回忆说：

10月10日，国共双方的代表签订《政府与中共代表会谈纪要》（即《双十协定》）。11日，毛主席仍由张治中陪同乘飞机返回延安。到机场迎接毛主席的干部有4000余人，主要是边区系统的，因为这时中央机关干部基本上都离开延安去了前方。

我上前迎接毛主席，并请他给大家讲话。主席的讲话很简短，大意是说：这次到重庆同蒋委员长会谈，涉及各方面的问题，日内就要发表一个文件，叫《双十协定》。这是初步的收获，但还有许多问题没有谈到，更有许多问题没有解决，就是说以后应做的事情还多着呢！总之，打开了局面。

毛主席讲完后又转向我说："你请张先生讲话。"

我走向张治中先生，请他给大家讲话。

张治中拍着胸脯说："我把毛主席迎接到重庆去，今天又负责把他护送回来，这对得起大家。兄弟的责任是尽到了，我也感到光荣。谢谢大家！"

机场上，干部和群众向毛主席热烈欢呼。之后，毛主席回到枣园住处，张治中则到王家坪八路军总部休息，同日乘原机返回重庆。

毛主席回到延安后有些疲劳，但因他离开期间，许多事情都有了变化，所以他没有休息几天，便开始过问工作。首先他要了解前方各部队的部署和移动情况，哪些地方同国民党军队发生了冲突，我们如何对付的，等等。

过了几天，毛主席在中央党校礼堂作了个报告。他的话简洁明了，深入浅出，使干部的思想豁然开朗，澄清了一些糊涂认识，大大振奋了精神，增强了信心，提高了斗志。他说，抗战八年，蒋委员长躲在峨眉山上养尊处优。现在桃子成熟了，他要下山来摘桃子了，这要看桃子是谁栽的，谁浇水、施肥培植的。人民培植成熟了的桃子，蒋委员长把手伸得长长的来抢收桃子，所以一场斗争是免不了的。

虽然苏联政府、斯大林曾极力劝说我党、毛主席去重庆同国民党、蒋介石谈判，共商国是，但无论在谈判期间，还是毛主席等一行离开或返回延安时，苏方人员都不曾出面。在延安工作的苏军情报组人员，对于国共谈判也从未发表过任何意见，没有表示过什么态度。原因是他们既不敢说出任何违反他们最高领袖意图的话来，又不能违心地承认中共应该相信蒋介石的声明或诺言。他们心里明白，国民党是腐朽堕落、每况愈下、日益走向穷途末路的；而共产党是朝气蓬勃、蒸蒸日上、有发展前途的，但力量暂时薄弱、经验不足，一时还不能战胜国民党。这是他们情报小组当时对中国局势的看法。

以孙平为首的苏军情报小组在日本刚投降后，就打算离开延安回国，但莫斯科要他们留在延安，直到10月底。这可能是为了观察和了解国共谈判进展情况和延安总部的动态。孙平在最后离开延安的前夜（10月25日或26日），专门拜访毛主席，并向他告别。

孙平说:"总部来电召唤我们结束在延安的工作,最近将派飞机来接我们回国,我们特向你告别,并感谢你和中国同志们对我们的关心、照顾和在工作上的帮助。我们没有什么可以留作纪念的东西,只有自己备用的四挺自动步枪(即手提机枪),愿全部赠送给你们。"

毛主席非常笼统地对孙平谈了重庆谈判的情况。毛主席说,谈判有收获,对有些问题有所确定,但双方在许多问题上有分歧,没有达成协议,大部分问题没有解决。国内是否会出现和平,还要看。这需要双方的努力,且具有诚意,孤掌难鸣。我们不要内战,历来主张和平建国,但看蒋委员长的样子,不会停止进攻。他进攻,我们就不能不招架。看来,和平是较难的。

这次谈话,双方言语都不多。这主要是毛主席从重庆回到延安后非常疲劳,健康状况不佳。此外,重庆谈判的具体情况,苏联驻重庆大使馆已知道得非常详尽。[27]

张治中将军为毛泽东的安全也尽了许多力。在他第二次到延安不久,又第三次来到延安。不同的是,前两次他肩负的是迎送毛泽东赴重庆谈判的使命,这一次他是陪同军事三人小组成员、美国总统特使马歇尔来到延安。

余湛邦回忆说:

1946年3月4日,军事三人小组飞到延安,毛泽东、朱德等许多中共领导人都到机场迎接。当天晚上,中共中央举行盛大的欢迎晚会,演出了一些节目。3月上旬的延安还是够冷的,大家都穿上大衣、棉衣,马歇尔斜躺在靠椅上,腿上还盖上一床毯子。节目演出前,三方都有简短的讲话。张治中在强调军队整编方案的重要性之后,表示希望能百分之百地做到,双方团结合作,共同为建设和平、民主、团结、统一的新中国而努力奋斗。最后以爽朗乐观的声调幽默地说:"我这次到延安来是第三次了。第一次是和赫尔利一起来迎接毛主席到重庆去谈判,第二次是签订了《双十协定》后护送毛主席回延安来,这次为了整军方案的落实又到延安来了。你们将来写历史的时候,不要忘记写上张治中三到延安这一笔呀!"这段话当时引起了全场热烈的鼓掌和欢笑,以后传为历史佳话——这是张治中三到延安。

张讲完话走下来,他在北伐时的老朋友林伯渠迎着说:"你的话讲得很好,我们可以写历史了,就是说我们是成功的,不是失败的。"张回到座位上,毛主席笑着对张说:"你将来也许要四到延安,怎么只说三到呢?"张说:"和平实现了,政府改组了,你们就会搬到南京去了,延安这地方,不会再有来的机会了。"毛说:"是的,我们将来是要到南京去,不过听说南京很热,我怕热,希望长住在淮安。开会才到南京去。"

这个插曲给我们以许多启发。首先,它充分体现了张治中一贯的联共亲共主张，他确实是孙中山先生的忠实信徒，无论处在逆境或顺境，都能坚持自己的政治主张。在极端反共的蒋介石统治下，他能坚持联共亲共，是难能可贵的。其次，也代表着一种伟大的预见远见。他始终认为共产党是会胜利的，是能胜利的。事实证明，写历史的是中国共产党，而不是国民党，多难得的预见哪！最后，他的这段话，只有他敢说，别人是不敢说的。别人说了，蒋介石会不答应，会认为出了格而遭贬责，而他说了反而成为历史佳话。这个历史人物的精神面貌非常鲜明生动。

3月5日，军事三人小组由延安飞返重庆，毛泽东和中共领导人到机场送行。[28]

毛泽东对美国出面"军事调处"抱着将信将疑的态度。1945年12月29日，他会见了美国纽约《先驱论坛报》的记者。下面是当时的报道：

上月29日，中共毛泽东主席接见纽约《先驱论坛报》驻华记者斯蒂尔先生，答复斯蒂尔先生所提出之问题如下：

问：阁下是否认为美国调解中国内战之举已告失败？如美国政策按目前形式继续实行，则结局如何？

答：我很怀疑美国政府的政策是所谓调解。根据美国大量援助蒋介石，使得他能够举行空前大规模内战的事实看来，美国政府的政策是在借所谓调解作掩护，以便从各方面加强蒋介石，并经过蒋介石的屠杀政策，压迫中国民主力量，使中国在实际上变为美国的殖民地。这一政策继续实行下去，必将激起全中国一切爱国人民起来作坚决的反抗。

问：中国内战将延长多久？其结果将如何？

答：如果美国政府放弃现行片面援蒋政策，撤退驻华美军，实行莫斯科三国协定，则中国内战必能早日结束。如果不是这样，就有变为长期战争的可能。其结果一方面当然是中国人民受痛苦，但是另一方面，中国人民必将团结起来，保卫自己的生存，决定自己的命运。不管怎样艰难困苦，中国人民的独立、和平、民主的任务是一定要实现的，任何本国与外国的压迫力量，都不可能阻止这一任务的实现。

问：阁下是否认为蒋介石是中国人民的"当然领袖"？共产党是否将在任何情况之下，都不接受蒋介石的五项要求？如果国民党企图召集一个无共产党参加的国民大会，则共产党将采取何种行动？

答：世界上无所谓"当然领袖"。蒋介石如能按照今年1月间的停战协定及政治协商会议的共同决议处理中国政治军事经济等项问题，而不是按照所谓"五项"或十项违反上述那些协定的片面要求，那么我们是仍然愿意和他共事的。国民大会只应当按照政治协商会议的决议由各党派共同负责去召集，否则

我们将采取坚决反对的态度。〔29〕

过度的操劳，使毛泽东在重庆谈判归来后大病一场。这期间，中共中央的日常工作仍由刘少奇主持。

师哲回忆说：

1945年11月，毛主席的身体状况越来越令人担忧。我每天要看他几次。他有时躺在床上，全身发抖，手脚痉挛，冷汗不止，不能成眠。他要求用冷湿毛巾敷头，照做了，却无济于事。

这时延安的各主要医院已全部撤离，留在延安的医务人员仅有傅连暲、金茂岳和黄树则。他们都先后给毛主席看过病，但谁也没能解除毛主席的病痛。在无可奈何之际，我提议向斯大林求助。本来苏联医生阿洛夫对毛主席和其他中央领导同志的健康状况是很熟悉的，可是在毛主席从重庆返回后，他同苏联情报组的成员一起赶回国参加庆祝十月革命节去了。

经请示毛主席同意，我给斯大林发了一份电报，说明毛主席的病情，希望他们给予医疗方面的帮助或提供一些医疗意见。

他们回电说，从电报上，他们的医学专家无法诊断毛主席的病情，没法提出任何治疗方案或建议，所以关于毛主席的健康问题还得另想办法，并采取切实可靠的措施。他们表示，如果需要，他们可以派医生去延安为毛主席担任医疗护理工作。

我接到回电后，就向毛主席汇报，征询他是否同意苏联派医生来延安为他和中央其他领导同志担任医护工作。他同意了。我很快给斯大林回电，请他们派医生来延安。

但过了大约两个小时，毛主席又叫我暂时不要给苏方发电报。然而，为时已晚，电报已经发出去了。

毛主席说："做得太快了，你这样着急干什么？"

我心想：这还不急？嘴上只好说："我的性格就是急，历来如此。"

他没有再说什么。

毛主席生病的时候，江青到处指手画脚，把我这个中央书记处办公室主任拨弄得团团转。她要我找个安静的地方，让毛主席离开枣园去休养。我找了许多地方，比如安塞真武洞，但那里条件太差，不适宜；又跑到柳树店附近联防司令部修建的干部疗养所，这里倒是完全空出来了，于是请毛主席去了疗养所。

在柳树店一个多礼拜的时间，毛主席在身体状况好些的时候，总要出去访问，把那里的干部和附近的群众差不多访问遍了，完全掌握了周围的情况。

几天以后，毛主席又觉得离机关太远，看不到文件，听不到消息，很着急。我每天去看他时，他都要问许多问题。哪个部队来了电报，哪个部队驻在哪里，他问得很细。他天天在考虑面对蒋介石的进攻，我们的部队是否守得住。而我连部队番号都不清楚，这些问题不是我所能回答得了的。不几天，他再也待不下去了，要求搬到王家坪的桃林去住。

王家坪桃林有窑洞，也有平房，地方很宽敞，又同军委、解放日报社、新华社等单位靠近，他就安居下来。请了黄树则同志负责毛主席的医疗和护理，但是缺少医药，"巧妇难为无米之炊"呀！

正在为难之时，12月初，苏方来电说，他们拟派两名医生——一名内科、一名外科，不日飞抵延安，同行的还有毛主席的长子毛岸英，要我们作好准备。[30] 我把这份电报内容向毛主席作了汇报。他听后十分欣喜，并表示，到时他将亲自到机场去接。

苏联派来的医生就是阿洛夫和米尔尼柯夫大夫（大家简称为米大夫）。阿洛夫是苏联红军的将级外科医生，米大夫是苏联地方上的内科医生。阿洛夫到延安后还负责孙平留下的电台，这个电台是归苏联红军情报系统管的。阿洛夫是个外科医生，并不懂政治，因为他的职务高，掌握电台，主席时常找他谈话。

阿洛夫是故地重游，对延安很熟悉，飞临延安上空，他就看到了宝塔山上的"延安宝塔"，准确无误地判断出了机场的跑道走向，飞机着陆了。

毛岸英身着苏联陆军上尉军服走下来。毛主席走上前去，紧紧地抱住岸英说："你长得这么高了！"接着同来宾一一握手，然后请他们都到王家坪休息。

傍晚，毛主席设宴招待苏联医生、全体飞行人员和毛岸英等。宴会后，他请机长——一位苏军上校到他的住处座谈，并当场要我给斯大林写一封感谢信，说明阿洛夫、米尔尼柯夫大夫、他的儿子毛岸英等均已安抵延安，望勿悬念，对送给他的礼品表示谢意。这封信是他亲自交给上校带回莫斯科上交斯大林的。

阿洛夫、米大夫被安置在王家坪毛主席住处的后排房间里，既有工作间，又有医务室。他们的主要任务是负责对毛主席的医护工作。从这个时候起，毛主席的心情、精神状态和健康状况都显著地有了好转。自然，这不只是因为有医生专门护理、诊病，使用各种最新出产的特效药物为他进行医疗、保健，更重要的可能是久别的长子毛岸英回到了身边。

大革命失败，毛主席领导秋收起义后率部队上井冈山，岸英随母亲杨开慧回到长沙板仓老家。杨开慧牺牲后，党组织将岸英及其两个弟弟送到上海，1936年，岸英、岸青两兄弟从上海经法国到了苏联，一别就是二十年。父子相见倾心交谈、日夜不离，这无疑给了毛主席不少安慰，增添了他的喜悦。

同时，也给毛主席带来了一些麻烦。岸英回来时已二十二三岁，他在苏联长大，养成了苏联人的习惯，中国人有点儿接受不了。江青再吹耳边风，毛主席甚感烦恼。岸英回到延安，又引起美军观察组的关注。岸英会讲英语，于是每次周末舞会，包瑞德必到场，而且总是扯住岸英讲个没完。同时，毛主席为培养岸英，要他接触实际，熟悉国情，因而要他到农村去参加农业生产、劳动锻炼。

岸英在延安期间，有些翻译工作由他替我代劳了，减轻了我不少负担。[31]

苏联医生对毛泽东的身体极为关注。师哲回忆说：

阿洛夫和米大夫二人对主席的身体进行认真、全面的检查，认为他的身体基本是健康的，只是由于操劳过度、负担繁重、精神过于紧张所致。现在要让他好好休息，安静地休息，精神和缓下来，就可以恢复常态。为此，要使他暂时少操心工作，放开国家大事，少管或不管，使神经尽可能松弛下来，也不要用琐碎事情去麻烦他。让他好好休息，多多调养。

阿洛夫和米大夫还劝毛主席多走动，到野外新鲜空气中去活动。于是在1946年初春的一天，为毛主席组织了一次春游，同行者有蔡畅。

毛主席在蔡畅一行陪同下到了延安南郊二十里铺附近，下车后在丛林中漫步。但毛主席总是一刻不停地在寻访，他把周围的碑文都仔细地看过之后说："延安在明朝以前就有较高的文化，大概是由于交通不便，渐渐落伍了。"大家请主席聚餐，他吃得很少。忽然，他发现大路西边有一所小学，于是就到该校去参观。一会儿，主席找我，说："快来，你的乡亲，司马迁的弟子在这里，你们认识一下。"不错，该校教师是韩城西南塬上的人，是鲁迅师范的毕业生。他告诉主席，鲁迅师范的学生有一半以上是韩城人，人称"韩城师范"。主席说："我也曾遇到过几个小学教师都是你们韩城人。"

这次春游虽然有些累，但心情舒畅，精神振奋，尽欢而归。此后，主席的健康状况日益好转，精神渐渐恢复了正常。

毛主席觉察到苏联医生把注意力全部集中到他一个人身上了，于是对他们说："有时间你们可以到各机关、各单位去走走、看看，包括西北局、边区政府等单位，顺便也给各负责同志看看病、检查检查身体。中国人说，'乐善好施''治病救人''妙手回春'，都是褒奖你们医界人士的，希望你们不要把注意力只集中在我一个人身上。"

此后不久，米大夫向毛主席汇报了他的工作：他把各地来延安的负责同志和常驻延安的领导同志的身体状况都做了一次检查，都还算健康，唯有任弼时同志一人堪虑。他脑血管硬化，影响到双目视力，这不是好兆头，表明他的病已经到了相当严重的程度。毛主席听后，深深地叹了口气，再没有把话说下去。

有一次，米大夫同我闲谈中说，他在同中共领导人的接触中，深深体会到只有毛主席才是真正强有力的领导者。他有钢铁般的意志、超人的毅力、坚强的信心和铁的手腕。对大小事情都十分认真，抓得很紧，一丝不苟。总之，在任何问题上，无论任何人，都休想骗得过他。

国共双方在重庆谈判后虽然签订了《双十协定》，1946年1月又签订了停战协定，召开了政治协商会议，2月底签订了《整军协定》，但是国民党从未停止过军事挑衅，并逐渐由关外扩展到关内。美国人穿梭于国共之间，妄图用武力威胁与和平欺骗这两手，迫使我们就范。3月5日，美国总统特使、国（民党）共（产党）美（国）三人委员会主席马歇尔来到延安，美军驻延安观察组也活跃起来。为了招待马歇尔，我方用总部外事招待处的名义，在王家坪的大礼堂举行了一次隆重的大型招待宴会。

次日清晨，毛主席尚未起床，就令我找阿洛夫到他的住处。阿洛夫来到，毛主席才慢慢地下床，还没穿好衣服。

阿洛夫见到这种情景，以为是请他来看病的，急忙表示抱歉地说，走得太急，忘了带听诊器来。

毛主席和蔼地笑了，他请阿洛夫就座，令勤务员倒茶，然后边穿衣服边对阿洛夫说："昨天举行了一次隆重的招待会，宴请马歇尔。这件事你也知道了吧？气氛相当热烈。但是马歇尔只能在礼堂里做客，却不能像你今天这样坐在我的寝室里同我聊天。尽管我这个屋子里对你没有举行任何欢迎仪式，但这正是我们对待你们和对待他们的实质性差别。"毛主席最后说，"我的体力直到今天还没有完全恢复过来，现在又感到累了。我想你已明白了我的意思，无须再多作解释了。"

从当时的表情看，阿洛夫似乎已懂得了毛主席的语意和表情，但没有找到恰当的语言回答主席，沉思了片刻便告辞了。但毫无疑问，他会把这种奇特的场面和谈话的内容向莫斯科汇报的。

1946年6月26日，国民党30万大军分四路向中原解放区的新四军第五师和第三五九旅部所在地宣化店发动大规模的进攻。这就给我党、我军以行动的自由，我们可以放手反击了。主席的病马上好了。

主席对此十分重视。7月，召开了一次中央会议，分析形势，检查和总结了我党前一阶段的工作。主席在会上指出："不应忽视宣化店事件，因为它事实上意味着全面内战的开始，应该从中汲取严重的教训。"主席的讲话，大大扭转了《双十协定》发表后在党内产生的某种和平幻想。此后，中央工作的指导方针、路线，正是按照上述指示贯彻的，各个解放区开始自卫反击，抗击国民党几百万军队的全面进攻。

毛主席同阿洛夫谈话，提醒他注意中国问题的本质及其复杂性。他说："宣化店事件非同小可，它是一个严重的信号，是国内和平彻底破坏、国内战争全面开始的第一枪。但蒋介石装着若无其事、毫不在乎，那是因为他得手了。然而人民不是这样想的，也不可能不在乎。须知若干年前的平江惨案、皖南事变，人们并没有忘记，而今天又来了宣化店事件。这一事件是蒋介石预谋策划的，是给我们的又一次教训，实际上他给我们的教训够多的了！难道可以不记取吗？毫不夸张地说，这一事件是全面内战的开始！是蒋介石对我们的挑衅和正式宣战！我们能不提高警惕，能不防范吗？"

毛主席的这番话，显然是回答斯大林的。

1946年初冬，中共中央军委副主席兼总参谋长彭德怀和阿洛夫长谈，详细地介绍了我党关于自卫战争的战略战术方针等重大问题及各战区的详细情况。阿洛夫由此对全局有了详尽的了解。我想，他都会如实汇报给莫斯科的。[32]

注　释

〔1〕苏军在国民党两次请求下推迟了撤离时间。1946年5月，苏军全部撤出东北（大连、旅顺除外）。——原注

〔2〕开始中央决定林彪到山东。林彪于1945年8月25日乘美军观察组的飞机由延安飞往太行山，在途中中央又决定派他到东北工作。——原注

〔3〕师哲：《在历史巨人身边》，中央文献出版社1991年12月版，第304—309页。

〔4〕余湛邦：《张治中与中国共产党》，中共中央党校出版社1991年10月版，第17—19页。

〔5〕指中国共产党方面。

〔6〕中共中央文献研究室编：《毛泽东年谱（1893—1949）》下卷，人民出版社1993年12月版，第10—11页。

〔7〕指苏联红军。

〔8〕中共中央文献研究室编：《毛泽东年谱（1893—1949）》下卷，人民出版社1993年12月版，第14页。

〔9〕童小鹏：《毛主席到重庆》，载《重庆谈判纪实》，重庆出版社1984年7月版，第379—381页。

〔10〕余湛邦：《张治中与中国共产党》，中共中央党校出版社1991年10月版，第43—47页。

〔11〕童小鹏：《毛主席到重庆》，载《重庆谈判纪实》，重庆出版社1984年7月版，第381—384页。

〔12〕余湛邦：《张治中与中国共产党》，中共中央党校出版社1991年10月版，第17、19、43—59、162页。

〔13〕李介新：《派住桂园警卫班的回忆》，载《重庆谈判纪实》，重庆出版社1984年7月版，第462—473页。

〔14〕童小鹏：《毛主席到重庆》，载《重庆谈判纪实》，重庆出版社1984年7月版，第385—387页。

〔15〕赵超构：《天大恩情难补报，殷切教诲从头习——纪念伟大领袖毛主席逝世两周年》，载1978年9月11日上海《文汇报》。

〔16〕于立群：《难忘的往事》，载《怀念毛泽东同志》，人民文学出版社1980年2月版。

〔17〕周谷城：《毛主席对我的教育》，载1981年6月29日上海《解放日报》。

〔18〕戈宝权：《红岩初见毛主席》，载《重庆谈判纪实》，重庆出版社1984年7月版，第435—436页。

〔19〕吕光光：《毛主席同张澜的会见》，载《重庆谈判纪实》，重庆出版社1984年7月版，第438—445页。

〔20〕蒋匀田：《同毛泽东主席的一次谈话》，载《重庆谈判纪实》，重庆出版社1984年7月版，第446—450页。

〔21〕〔美〕韩丁：《详细地询问 专心致志地听》，载美国《新中国》季刊。

〔22〕〔美〕杰拉尔德·坦纳鲍姆：《心上挂着美国》，载美国《新中国》季刊。

〔23〕〔美〕霍华德·海曼：《一等兵海曼会见毛主席》，载美国《新中国》季刊。

〔24〕（美）爱德华·贝尔：《一张表现友谊的照片》，载美国《新中国》季刊。

〔25〕曹立菴：《为毛主席治印》，载《重庆谈判纪实》，重庆出版社1984年7月版，第461页。

〔26〕舒新：《尹瘦石为毛主席画像》，1982年11月6日《北京晚报》。

〔27〕师哲：《在历史巨人身边》，中央文献出版社1991年12月版，第311—313页。

〔28〕余湛邦：《张治中与中国共产党》，中共中央党校出版社1991年10

月版，第72—73页。

〔29〕《毛泽东主席答美记者问——美停止片面援蒋中国内战必早结束，国大应依政协决议由各党派共同召开》，载《群众》，民国35年1月15日版，第12卷第12期，第2页。

〔30〕1946年1月7日，毛岸英随同两名苏联大夫飞抵延安。

〔31〕师哲：《在历史巨人身边》，中央文献出版社1991年12月版，第313—316页。

〔32〕师哲：《在历史巨人身边》，中央文献出版社1991年12月版，第316—320页。

二、"一切反动派都是纸老虎"

时代的真理

1946年6月26日，蒋介石撕毁停战协定和政协决议，以30万大军分4路向中原解放区大举进攻，挑起全面内战。毛泽东领导各解放区军民奋起自卫还击，揭开伟大的全国解放战争的序幕。

这时，蒋介石的军事力量达到顶点，总兵力为430万人。在全部86个整编师（军）中，有22个师（军）是美械或半美械装备。人民解放军无论在兵力还是装备上，都远远落后，处于劣势地位。中国共产党能否赢得这场战争，是每一个中国人都担心的问题。

为了破除对蒋介石的恐惧，树立敢打必胜的信心，1946年7月20日，毛泽东为中共中央起草《以自卫战争粉碎蒋介石的进攻》的党内指示。指出："蒋介石虽有美国援助，但是人心不顺，士气不高，经济困难。我们虽无外国援助，但是人心归向，士气高涨，经济亦有办法。因此我们是能够战胜蒋介石的。全党对此应当有充分的信心。"

同年8月6日，毛泽东还在延安窑洞会见美国著名记者安娜·路易斯·斯特朗。在这次历史性的会见中，毛泽东提出了著名论断："一切反动派都是纸老虎。"

关于这次历史性会见，斯特朗本人有详细的回忆。她说：

毛主席是十四年前在延安对我说帝国主义和一切反动派都是纸老虎的，现在这已经成为有历史意义的名言了。这句话照亮了这14年世界大事的进程。因此，追述一下说这句话当时的某些情节，应该是很有意义的。

我在1946年夏天去延安的时候，抗日战争和第二次世界大战（抗日战争是第二次世界大战的组成部分），结束了刚刚一年。大多数美国人还把苏联和中国看成盟邦，但是反动分子已经发动了"冷战"，甚至于威胁要把它变成热战。他们对苏联的仇视，就是在反希特勒战争期间美国和苏联是同盟国的时候，也一刻没有停止过。他们在许多方面表现了这种刻骨的仇恨，特别值得一提的是他们宣称希特勒是"错误的敌人"，在打败他以后还得同苏联打仗。大战结束后，在美国还暂时垄断原子弹的时候，他们开始公开宣传要利用这种威力来强迫苏联接受美国所提出的任何要求。

在中国，蒋介石和中国共产党领导的人民武装之间还保持着形式上的休战状态，但是蒋介石经常加以破坏，他对共产党人的武装进攻就连在抗日战争期间也没有停止过。美国官方的态度是中国应统一于蒋介石一人之下，共产党人应放弃自己的军队而取得合法的小党派的地位。那以前曾签订过一个停战协定，即所谓马歇尔停战协定，因为乔治·马歇尔将军也在上面签了字，并且在北京设立了"军事调处执行部"，蒋方和中国共产党人都参加执行部的工作，由美国人任主席。执行部的目的据说是要调处随时产生的军事冲突。为此目的，在华北和东北将近40个城市内设立了"执行小组"，这些小组通过美国军用飞机同执行部进行联络。

不用说，华盛顿的目的在于同蒋介石缔结条约从而取得对全中国的控制。他们利用休战状态，用船和飞机把蒋军运到华北和东北，运到最便于向华北各解放区发动进攻的地点。他们同40个中国城市进行的空中联络丝毫不受中国方面的监督，他们得以在飞机上对北至齐齐哈尔的全中国进行摄影。美国的目的不仅在于取得对中国资源的控制（他们希望能对中国的资源再进行50年的剥削，靠它大发横财），而且正如魏德迈将军所透露的，他们还希望在东北和新疆建立反苏军事基地，他们还妄图驱使千百万中国兵在日后的反苏战争中充当炮灰。

在另一方面，1946年初还正式存在着休战状态，新闻记者还可以乘用执行部的飞机。所以我也有机会能从旧金山飞到上海，转往北京，再从北京到华北各解放区去，这些地方大部分都没有外人访问过。很清楚，这个机会是不会长期存在的。蒋介石已经对中原解放区发动了战争，并于1946年仲夏侵占了它的首府。当时，有关其他解放区的问题仍在谈判中，马歇尔将军仍然扬言他有意于和平解决问题。这种姿态只要还保持着，人们就能每周从北京飞往延安或任何其他解放区，就连工人阶级报刊的作者也有机会利用这种便利。

因此，我便在1946年夏末飞往延安，在那里停留了几个星期后返回北京，又从北京到张家口和太行山去了各一个星期。前者是晋察冀解放区的首府；后者是一个很大的解放区，包含四个省的部分，刘伯承的指挥部就设在那里。随后我又前往哈尔滨和齐齐哈尔，那一带存在着一个强大而繁荣的东北解放区。我访问这些解放区之后，于10月间重返延安，在那里度过1946年—1947年冬季，直到1947年3月人们撤离延安。

在我访问延安期间，那里的各项工作还像十年来那样照常进行。延安是中国共产党中央委员会的所在地，是毛主席、朱德和其他许多中央委员居住之所。延安又是陕甘宁边区的首府和文化中心，设有延安大学和以加拿大外科医师白求恩命名的国际和平医院。延安有《解放日报》和广播电台，还有一家戏院，上演挺好的京戏——既有老戏，也有新戏。一切设备都是极其简陋的。唯一的电力照明是由美国军事联络组发电机供应的；军联组是抗日战争期间设立的，那时还没有撤走。它的电力仅供美国人和邻近少数几家人照明之用。大多数人，包括党中央委员在内，都靠煤油灯和蜡烛照明。延安当时处于蒋介石派驻西安的将领胡宗南的军事威胁之下。我在延安的时候，胡宗南的飞机时常在该区低空飞行进行侦察，有时还投掷小型炸弹，不过这种骚扰最初还不算严重。

当时交通设备是多么简陋，可以拿一件事来证明。我第一次访问毛主席竟因为上游一阵急雨延水陡涨而不得不推迟。延水平时是一条小河，浅得连孩子也能很容易地涉过，可是一阵暴雨就会把它变成湍急的洪流，足能翻倒大卡车。毛主席住在我的对岸，河上又没有适于通行汽车的桥，所以我只能等到第二天再去。第二天我坐卡车去毛主席家，车子一颠一颠地驶过河底的大石头，爬上对岸，卡车引擎直"哼哼"，然后到了党中央所在的山沟——杨家岭。过村不远，卡车就在一条很陡的山路前停住了。我们在玉蜀黍和番茄秧当中爬上去，到了一个土坪，土坪边陡峭的山壁开着一排窑洞，其中有四个是毛主席的家。

我们坐在土坪的一棵苹果树下，整个下午直到日落，远处的山都历历在望。

我们谈话不久，我就注意到在毛主席的窑洞上方大约二十米的草丛里有响动。不久以前，胡宗南的飞机曾经在离毛主席住的窑洞不远的地方丢了一个小炸弹，所以这时我就猜想大概那里有警卫员在警卫主席的家。我问："那儿有谁？"

"是另外一家。"毛主席说，"他家的孩子对我的外国客人发生了好奇心。"这给我上了一课：人类的好奇心是相对的。原来引起山上人注目的是我自己。在他们看来，毛主席不过是同他们合种山上一个菜园子的邻居。

我很少见过这样能和周围环境打成一片的人。他好像并不需要与世隔绝，而这是某些知识分子认为工作时必不可少的。他需要安静的时候，邻居会照顾他，因为他们对他抱着敬爱的感情。上面的孩子们朝下面窥视着，可是并不吵闹。

他穿的是普通的深蓝色棉布服，但比别人的要整洁些，保护得要好些。他的态度安详而和蔼，没有急躁不宁的表现。他的话含义非常丰富，他的脸常常笑逐颜开，显出明朗的神采，但是他有一双洞察一切的眼睛。

我们的谈话毫不拘束。翻译又是那样流利，毛主席自己的态度又是那样富于表达力，因而我并不感觉到有任何语言上的障碍。他的思路广阔无垠，考虑到古今中外的事件。他首先问我美国的情况。美国发生的事有许多他知道得比我还详细。这使我惊讶，因为我是几星期前才离开美国的，而他二十年来同国外连通信的关系也没有。但是，他像安排打仗的战略那样仔细地安排知识的占有。延安的电台录下世界各地的电信，作出摘要，供中央同志参考。执行部的飞机所提供的同北京的短暂联系就被用来运进各地出版的书籍和报刊。毛主席对世界大事的知识是十分完备的。

我尽力之所及回答了关于美国的问题后，才提出了关于发生美苏战争危险的问题，从而开始了现在已收录在《毛泽东选集》第4卷内的那次访问。毛主席说，反动派目前的反苏战争宣传，主要是用以掩盖当前美帝国主义所直接面对着的许多实际矛盾的烟幕。美国垄断资本确实梦想消灭苏联，但是这还不是他们最直接的目的。他们必须首先削弱美国人民的反战情绪，然后他们还得控制着其他资本主义国家。要和苏联打仗，必须通过其他国家的领土，通过英国、法国和中国。所以美国反动派利用这种反苏战争宣传来进攻美国人民的公民权利和生活水平，并把其他资本主义国家置于美国控制之下。他指出，美国在这种借口之下，在许多国家建立了军事基地，并且已经控制了很大的地区。毛主席一面笑着，一面摆弄桌上的茶杯和小白酒杯来说明他的论点。他把茶壶放在那里来代表苏联，又指着一个大杯子说，这是美国反动派，把小酒杯放在大杯子周围来代表美国人民。然后他用杯子和火柴盒摆成一条弯弯曲曲的线来代表其他国家，并且开玩笑地说哪一件东西代表哪一个国家。

他说，只要充分唤醒人民，那么，人民的团结是有力量制止第三次世界大战的。但是，必须唤醒人民团结起来反对世界大战，否则大战还是会爆发的。

我们一面喝新泡的茶，一面谈话。毛主席一针见血的语句、渊博的知识、敏锐的分析和诗人的想象力，使他的谈话成为我一生中听到的最有启发性的谈话。他谈到缴获蒋军美国武器的时候，把这称为输血，"美国输给蒋介石，蒋介石又输给我们"。谈到美帝国主义的时候，他用了许多比喻。有一次他说，美国是历史上最强大的，也是历史上最脆弱的。它的摩天大厦是最高的，但是基础是最不稳固的。又有一次，他说，美帝国主义是孤独地成长的；它有许多的朋友都死了或者病了，连盘尼西林也医不好他们。只是到了今天，才有那么多的反动派害了不治之症。

"纸老虎"的比喻就是在这次谈话中提出的，当时给我印象特别深的是毛主席帮助译者把他的话准确地译出来。他最初说反动的统治者是纸老虎的时候，这个词译成了"Scare-crow"。毛主席立刻打断谈话，要我告诉他"Scare-crow"是什么东西。我回答说，那是扎成的人形，农民把它竖在田里来吓唬乌鸦。他立刻表示这样译不够好，他说这不是他的意思。他说，纸老虎并不是吓唬乌鸦的死东西。它是用来吓唬孩子的。它看起来像可怕的老虎，但是实际上是硬纸板做成的，一受潮就会发软，一阵大雨就会把它冲掉。

在这以后，毛主席就自己用英语说"纸老虎"这几个字，他说，在俄国二月革命以前，沙皇看起来很强大很可怕。可是2月一阵大雨就把他冲走了。希特勒也被历史的暴风雨冲走了。日本帝国主义者也是如此。他们都是纸老虎，一切帝国主义者和反动派都会遭到同样的下场。他们之所以强大，只是因为人民还没有觉醒。根本问题在于人民的觉悟，不在于原子弹和爆炸力，而在于掌握原子弹的人。但是还得对人民进行教育。……

毛主席送我走下山坡的时候已经快午夜了，他一直送我到卡车旁。我们说了告别的话。他站在山上望着我的卡车向下坡驶去，驶进延水，激起满河的浪花。那一夜，在荒凉、黑黝黝的延安群山上空，闪烁着非常明亮的星星。

毛主席那次提出纸老虎的比喻之后，在我留在延安期间，他曾好几次用它。我整个冬天都在那里，因此我在好几个场合又见到了主席，在聚餐会上，或者上演京戏（他喜欢看京戏）时，或者星期六晚上的舞会上（这种舞会使散居在延安的干部每周有机会聚会在一起），都看到了他。

我在延安有一个不愉快的日子，那就是马歇尔将军把估计值20亿美元的"战时剩余物资"送给蒋介石的消息传来的那一天。这一来，美国装作愿意中国避免内战的一切伪装都撕下了，这是直接鼓励蒋介石发动全面进攻。毛主席亲自告诉我这个消息，当时他说道："归根到底我们是靠蒋的士兵。我们损失人员，可是也俘获人员，也有跑来投奔我们的，我们足以补偿损失而有余。"

当时我说了可以由联合国调处内战之类的蠢话，但是毛主席摇摇头说："他们是不可靠的，只有蒋介石的士兵才可靠。"他笑了一笑，又说，"蒋的兵是很好的，他们只需要一些政治教育。"毛主席的战略是充满信心的，因为他看到，前来进犯的军队中有世世代代受压迫的中国农民，他们不会是死心塌地的敌人，必须把他们争取过来。在我的印象中，好像这一次他也谈到了纸老虎，但是我不能肯定。

不过我记得非常清楚，我在延安最后一次同毛主席谈话时，他又提到了纸老虎。那是在1947年3月初，当时延安已经快撤空了。三个月来，胡宗南的部队不断进犯以延安为首府的边区。那时延安的活动大部分已"化整为零"，共产党人对这种战术是很有经验的，他们常常使用这种战术。作家、音乐家和文协的其他成员已经到各地去开办冬学或参加土地改革，延大的学生都下乡去，根据前线的动静疏散村民。报纸和电台的人员有一半已经离开，去建立另外一个基地。国家银行也迁走了，连它的大窗玻璃也取了下来埋在地里，使敌人不能破坏，日后回来还可以再用。党中央的大木桌的桌面也埋了起来，备日后使用。妇女和儿童都疏散到北面的深山里去了。

著名的白求恩国际和平医院刚刚庆祝了成立7周年纪念。现在病人和刚生产过的母亲躺在担架上从九排窑洞送下山去，后面跟着大夫和护士。婴儿睡在铺上羊皮的筐子里，架在驴背上，准备在冬夜出发。联合国救济总署的牙医麦达伦·罗比茨尔是捷克人，她跟我谈过"希特勒来了以后，捷克斯洛伐克的灾祸"，现在她以惊叹的心情谈到这是"任何首都最有秩序的撤退"。

…………

胡宗南的"美国飞机"飞来了，侦察着，低空飞行。党中央已经把自己的窑洞拆毁，转移到往北约十五公里更深的山里去了。我知道我很快就得乘最后一批美国飞机离去。在我起飞的前一晚，党中央回到延安（由于敌机的骚扰，白天不能走路），在就要拆毁的戏院看一出关于土改的新戏。周恩来叫我也去，我最后一次去那个戏院，可是戏里演的什么我一点儿也记不起了。我只记得毛主席和其他首长坐在前排，把手伸到炭火盆边取暖，因为戏院没有取暖设备，而那晚非常冷。

散戏之后，我被邀陪同毛主席、周恩来到一个空窑洞（这些窑洞都差不多）。年轻的警卫员搬来了几张凳子和一张桌子，还有茶、瓜子和花生糖，为我饯行。毛主席对我说，现在我必须火速离开延安，就坐明天早上起飞的飞机，如果我再逗留，就可能长期同外面失去联系。我不能同他们一起上山。不过我已经采访到了有关延安和解放区的一切材料，以及人民解放军将用以击败蒋介石的战略，我应当把这些告诉外界。"等到我们再一次同外界有接触的时候，你可以再来。"他认为这需要大约两年的时间，结果是两年不到。

我给他看了我第二天要乘的那架飞机从纽约给我带来的信，信里满纸紧张和忧虑。我的朋友在信上说："进步人士丝毫未能改变美国的对外政策。""他们不得不为挽救自己而努力，我希望中国共产党人不要对美国政府所将采取的行动存有幻想。"

毛主席笑了。不，他没有幻想。但是他认为美国进步人士过高估计了美国反动派的力量，过低估计了人民的力量。他说，这是美国进步人士中存在的一个心理上的弱点。

他接着说，美国反动派背着沉重的负担。他要豢养全世界的反动派，假如他不能豢养他们，他们就会像没有柱子的房子一样倒坍，那是只有一根柱子的房屋。就像历史上一切反动派一样，美国反动派最后也会证明不过是纸老虎。

强大的是美国人民，他们是真正有力量的。他停了一停又说，共产党有真正的力量，因为他们在提高人民的觉悟。

午夜，殷勤的警卫员端来了新沏的茶，换上了新的蜡烛，但是毛主席在行军中在这个窑洞只能暂住一晚。我想到，我在纽约的那位朋友，住在有暖气的公寓里，还没有坐牢的危险，更谈不上送命，可是他担忧美国反动派的迫害。我又想到毛主席和他的中央委员会，他们正经受装备有新式美械的400万蒋军的全部攻击力量，而共产党人连高射炮都没有；他们正在撤离他们最后的首都，要在冬夜转移到陕北的山里去，可是他们是那样相信中国人民的力量，相信他们对于如何发动和组织这种力量的分析，因而他们能泰然自若地谈到回来的日子。我写了一封信安慰纽约的那位进步朋友，告诉他不必过分害怕美国反动派。

我注视着毛主席谈论世界前途时平静而充满信心的面容。第二天早上我乘飞机去北平时和以后年月中我旅行世界各地时，我脑海里浮现的就是这个形象。[1]

撤离延安

全面内战爆发后，毛泽东指挥各大战场的人民解放军，采取积极防御的作战方针，不计一城一地的得失，集中优势兵力，在运动中各个歼灭敌人。到1946年10月，经过4个月作战，歼敌29.8万余人。随即又取得在第二个4个月内歼敌41万余人的重大战绩，迫使蒋介石从1947年3月起，改取重点进攻的战略。

蒋介石精心策划了重点进攻，把战略突破口选在两点上。一是人民解放军集中兵力最多的山东战场，二是中共中央和中央军委所在的陕北战场。从1947年3月起，蒋介石集中90多个旅约70万人，对山东和陕北展开重点进攻，气势汹汹，不可一世。

从重点进攻一开始，延安便首当其冲，成为胡宗南集团数路围攻的对象。毛泽东果断地作出放弃延安、转战陕北的决定，只用4个月，便一举粉碎了蒋介石的重点进攻。

据徐向前元帅回忆，毛泽东在撤离延安前夕，在枣园召集了一次领导干部会议。他分析当时形势和敌我力量对比，强调解放战争非打不可，打就打到底。他说："这个战场可能打三年、五年、十年。三种打算，即短期、中期、长期。要准备长，争取短，胜利一定属于我们。"徐向前元帅还回忆说，早在内战爆发前夕，毛泽东就说过："只有打才能推迟和制止内战的发生。蒋介石一定要打内战，我们也不怕。只有彻底消灭他，他才能彻底舒服。"

当时任中共中央书记处办公室主任的师哲回忆说：

1946年6月下旬，国民党反动派以围攻鄂豫边中原解放区为起点，相继在晋南、苏北、鲁西南、胶东、冀东、绥东、察南、热河、辽南等地，向各解放区发动了全面进攻。蒋介石在他的高级将领会议上狂妄叫嚣，"不消灭共匪，死不瞑目"，并要"三个月消灭共军"。气焰十分嚣张，不可一世。

7月20日，党中央发出《以自卫战争粉碎蒋介石的进攻》的党内指示，明确指出："只有在自卫战争中彻底粉碎蒋介石的进攻之后，中国人民才能恢复和平。"并要求全党认识到"我们不但必须打败蒋介石，而且能够打败他"，事实正是如此。从1946年7月至1947年3月，我解放区军民英勇奋战，共歼敌70多万人，从而彻底粉碎了蒋介石国民党军队的全面进攻，迫使蒋介石不得不改变战略，将全面进攻改为向陕北和山东两个解放区的重点进攻。陕北是我党中央所在地，早在1946年10月，蒋介石就准备进攻陕甘宁边区，提出"打到延安去，活捉毛泽东"。但由于准备工作未做好而推迟，直到1947年3月，胡宗南才令二十九军等部15个旅共14万余人，伙同马鸿逵、马步芳及邓宝珊的部队共约34个旅23万余人向陕甘宁边区进犯。

为了粉碎敌人的企图，我党从1946年下半年起，一方面，在延安周围地区加紧部署力量；另一方面动员群众和部分中央机关开始疏散。至今我还记得这样一件事：1946年10月间，延安劳动模范杨步浩[2]前来拜访毛主席，兼送代耕粮[3]，毛主席同他进行了长时间的谈话。

毛主席问："你们的战备工作是怎样做的？"

杨步浩回答："首先是坚壁清野，使敌人得不到粮食和衣物等，甚至把各种用具等都藏起来了。我们这些强劳力都组织起来，敌人来了就进山打游击战——敌来，我走；敌驻，我扰；敌疲，我打。总之，要把我们过去的游击战术和经验全都用上，使敌人得不到一日安宁。"

毛主席听了连连称赞。这件事证明了毛主席常说的"陕甘宁边区群众条件好"。

但是，当时我军在陕北只有两万多人，仅及敌人的十分之一，敌我力量相差十分悬殊。于是中央决定主动撤离延安，紧急疏散各个机关及老百姓，给敌人留下一座空城，因而命令西北野战兵团在延安以南进行7天的顽强阻击。

延安是世界闻名的红色首都，我们在此生活战斗多年，一想到要放弃延安难免心情沉痛。当时，我是中央书记处办公室主任，管着中办的家务。中办管着不少大姐，老老少少，如何转移？少奇专门指示给每位大姐配一头牲口，一位警卫员。但是，向何处转移？有人估计敌人占领延安后，只会走大路，而大姐和孩子们体弱年小，不宜长途跋涉，应就地转移离大路二三十里远的地方。

事后证明这种估计是错误的。

在延安保卫战打响后的一天晚上，我特地从枣园骑马急行几十里赶到王家坪去见毛主席。到了王家坪，已是夜深人静，毛主席还在工作。

我忧心忡忡地问主席："备战工作到底应该怎样做？一定要疏散吗？可否设法保住延安而不撤退？例如，我们集中一部分兵力，部署在大道两侧，待敌人进入边区，到达富县甘泉一线时，予以迎头痛击，消灭他部分力量，让敌人知难而退，这样，延安不就保住了吗？"

毛主席听到这里，转过身去——我感到他在笑。我心想："你还笑得出，真莫名其妙！"

主席点燃了一支烟，转过来微笑着打开了话匣子："你的想法不高明、不高明，不应该拦挡他们进占延安。你知道吗？蒋介石的阿Q精神十足，占领了延安，他就以为自己胜利了。但实际上只要他一占领延安，他就输掉了一切。首先，全国人民以至于全世界就都知道了是蒋介石背信弃义，破坏和平，发动内战，祸国殃民，不得人心。这是主要的一面。

"不过，蒋委员长也有自己的想法：只要一占领延安，他就可以向全国、全世界宣布：'共匪巢穴'共产党总部已被捣毁，现在只留下一股'匪'，而他只是在'剿匪'，这样，也就可以挡住外来的干预。不过这只是蒋委员长自己的想法，是他个人的打算，并非公论。但此人的特点就在这里，他只顾想他自己的，而别人在想什么，怎么想的，他一概不管。另外须知，延安既然是一个世界名城，也就是一个沉重的包袱，他既然要背这个包袱，那就让他背上吧。而且话还得说回来，你既然可以打到延安来，我也可以打到南京去，来而不往非礼也嘛！"

啊，原来是这样！后来我们在转战陕北时果然针锋相对地提出了"打到南京去，活捉蒋介石"的口号。

毛主席接着说："你懂得拳击吗？收回拳头，是为了打出去更有力！"

他又说："陕西群众基础好，周旋余地大。他从南门进，我从东门出。"

毛主席胸有成竹，他不是害怕蒋介石进攻延安，而是害怕蒋介石不来进攻。他的一席话，使我茅塞顿开，似乎明白了一切，思想顾虑一扫而光，精神百倍。于是我扬鞭策马，马儿也像是知道我的心情，脚下生风，急速转回枣园。我加快了布置疏散和撤退的准备工作，为防万一，遵照中央决定，首先派人把米大夫等送到山西临县的三交镇，那里是我们的后方。

在疏散之前，任弼时找阿洛夫谈过一次话，向他解释我党中央撤离延安的原因、理由和必要性。任弼时说："由于战略上的需要，为了更便于同敌人周旋，我们必须放弃延安。这是主动放弃，不是败，退也不是被人赶出延安。对于我们放弃延安，外国人如何报道，那是他们的事。当然，美国人的报道是不会说我们的好话的。既然主动撤退是一种策略，那么总有一天我们还会回来的。"

最后，弼时同志暗示他，我军撤离延安问题应向苏方汇报。阿洛夫是否明白了弼时的意思并向莫斯科汇报，就不得而知了。

我和阿洛夫、任弼时等同志先行离开延安到子长县（瓦窑堡）以东的任家山一带，而毛主席一直留在延安，直到胡宗南进来的前一天才安然撤退。[4]

在撤离延安前夕，毛泽东还会见了参加延安保卫战的新4旅的部分干部。袁学凯回忆说：

那还是1947年的春天，我们西北地区的人民解放军，正在日日夜夜和进犯陕甘宁边区的胡宗南匪军战斗着。我们新四旅在陇东西华池战斗胜利结束以后，正坚守在延安近郊，掩护党中央、各机关和人民群众安全转移。

3月18日下午，我正在团指挥所和几个领导同志研究歼灭敌人伞兵的作战方案，忽然接到电话：毛主席要接见旅首长和我们。开始我真以为是自己听错了。在这样紧急的局势下，有多少重大的事情要主席亲自处理啊！主席怎能抽得出时间来接见我们呢！

原来，那天上午，从我团调到党中央做警卫工作的阎长林来看望我们。谈话间，大家流露了渴望见到毛主席的心情，谁想主席知道后立刻就答应接见我们。这真是一个天大的喜讯！我立刻向旅首长报告了，并安排了一下工作，急忙和同志们一起向王家坪走去。

延安虽然经过敌人几天的疯狂轰炸，但这座美丽的城市看起来仍然雄伟可爱。宝塔山上的宝塔还是那样高高耸立，延河水照旧哗哗地流着，看不出和平时有什么两样。延安人民在党的领导下，正在镇定地、非常有秩序地疏散。扛着各式各样武器的民兵游击队迎面而来，他们雄赳赳气昂昂地迈着整齐的步伐。老乡们吆喝着驮载粮食、物资的牲口，不慌不忙地走着……不知怎的，一想到我们很快就要撤离延安，心里总有一种难言的滋味，感到这样白白地把延安让给敌人，好像对党、对毛主席没有尽到战士的责任似的。毛主席最近身体怎么样？一定很忙、很辛苦……我这样想着，不知不觉就来到了毛主席的住所。

阎长林飞快地跑了过来，笑嘻嘻地敬了礼。大家一同进了屋里。这时，主席正在内室批阅文电，屋里静悄悄的，气氛肃穆而又安静。

天色暗了，房里点燃了一盏油灯。灯影底下，我看出这是陕北最普通的那种房子，里面通着窑洞。陈设非常简单：一张桌子、几把椅子，都已半旧了；两只延安造的沙发，看来也已经使用过多年；墙上挂着一张地图，上面画满了用红蓝铅笔作的记号。主席就在这里待客、吃饭、工作。我们最敬爱的领袖，就在这样最简朴最普通的房子里，做着震惊世界的伟大事业！

忽然，主席迈着稳健的步子从内室走了出来。当他那魁梧的身材出现在我们跟前时，房间里好像忽然明亮了，我的心激动得怦怦地跳起来。主席把手里的文件放在桌子上，笑盈盈地望着我们说："让你们久等了。"随即又幽默地说，"你们看，要搬家了，要给胡宗南腾延安嘛，忙一些。"说着，就爽朗地大笑起来。主席的胸襟是这样博大开阔，我们不由得也跟着笑了。

两位旅首长曾在中央党校学习过，听过主席讲课，主席还清清楚楚地记着他们的名字。旅首长见过主席以后，又把我们介绍给他。主席和大家一一握手，炯炯明亮的眼睛，亲切地端详着每一个同志。我双手紧紧地握着主席的手，一股暖流从手上传遍全身，血液沸腾，千言万语涌到心头，却说不出一句来。

就座以后，主席像待亲人一样请大家吸烟："两种烟随便吸吧。这一种是咱们自己造的；那一种，还是日本鬼子送给咱们的呢！"说着，又愉快地笑起来。主席的笑声立刻感染了我，使我原先紧张的心情，渐渐平静下来。主席的身体很健康，穿着一身延安织造的粗呢制服，圆口布鞋。虽然工作样样劳累辛苦，却没有一丝倦容，脸上透着红润，神采奕奕。

主席点燃了一支烟，问旅首长，部队在西华池打得怎么样？伤亡大不大？战士们情绪好不好？旅首长一一作了回答，并向主席简要地汇报了部队的情况。主席聚精会神地听着，不时轻声地插问一句。听到战士们打仗英勇顽强，保卫党中央、毛主席，保卫延安的决心很大时，主席连连赞许说："好！"然后又问大家，"我们要撤出延安，战士们有些什么意见？"旅首长告诉主席："指战员们都拥护党中央的决定，但是只要党中央下命令，战士们保证绝不让敌人进延安。"主席听着听着，好像是看出了我们的心思，接着就问："你们又有些什么想法呢？"我老老实实地回答主席："一枪不放，就把延安让给敌人，真有些不甘心。"主席听了笑着说："你可以放枪呀，你完全可以放几枪'欢迎'胡宗南嘛！告诉他：我们走了，延安这个包袱，送给你背上吧！"停了片刻，主席又说，"延安是党中央所在地，我们要主动放弃它，战士们是会有些反应的。当然，敌人更会有反应。中央搬了家，他们就会喊叫：'共产党垮台了，解放军垮台了。'去欺哄人民。一切反动派都喜欢造谣，喜欢无事生非。他们要是占了延安，更该吹牛了，蒋介石还会开一个庆祝大会，庆祝他们的'胜利'……"说到这里，主席又爽朗地大笑起来，笑声里含着对敌人的鄙夷和蔑视。笑声感染着我们，大家也跟着欢畅地笑了。主席接下去说，"当然，这只是暂时的。将来人们会看到，蒋介石占领延安，绝不是他们的胜利，而是搬起石头砸自己的脚。他就要倒霉了。"

听到这里，我真感到有些惭愧，自己的眼光太短浅了！只听主席继续说道："你们这些干部，首先要把问题想通，然后才能给战士把道理讲清楚。只要战士们认清了目前战争的形势，懂得了党的战略方针，我们就一定能够打胜仗。"主席接着给我们仔细讲解了目前解放战争的形势，分析了全国各个战场的情况；谈到从1946年7月以来敌人损兵折将的数目，被迫放弃了"全面进攻"，不得不实行所谓"重点进攻"；又谈到国民党在政治上、经济上的失败和危机，谈到中国人民的胜利不会很远了……主席的分析是那样精辟透彻，说得又是那样通俗易懂，时而插上句把幽默的笑话，那样引人入胜，把我们带进从未达到过的崇高的思想境界。大家都生怕听漏一个字、一句话，以至于完全忘记了自己。直到有人来请主席去接一个要紧的电话，大家才回味过来。

曾经听人说过，听一次好的谈话，要胜过读十年书。对于我来说，听了毛主席的谈话，岂止是胜读十年书，而是学到了活生生的马克思列宁主义，学到了无敌的毛泽东军事思想，使自己感到立刻聪明了许多。原来纠缠在头脑里的许多问题，撤离延安那种不愉快的情绪，一下子都无影无踪了。顿时眼也明了，心也亮了，精神无比振奋。

主席接完电话回来，兴致还是那样高，问我们："你们看是不是应该撤离延安呀？"大家齐声回答："主席分析得极好。"主席又燃着一支烟，笑盈盈地望着我们说："胡宗南要来延安，那就请他来嘛。延安就是这样几孔窑洞，还是我们自己出力气打的，他也搬不走。要是他破坏了，那样也好，我们将来好盖大楼。人民永远和我们在一起，我们怕什么！你们看是不是这个样子？"我们望着主席，都愉快地笑了。主席接着说，"不只是延安，东北、华北，还有别的解放区，必要时我们暂时都会让一点地方给他们，让他们多背上几个包袱，他背不动了，还是得给我们放下。只要我们好好打几个大胜仗，不只延安要回到我们手里，西安、武汉、南京、上海、北平也会回到我们手里。全中国都是人民的，都要回到人民手里。"主席又举了第二次国内革命战争和抗日战争的许多生动事例，说明党所领导的革命战争，历来是不计较一城一地的得失，而在于消灭敌人的有生力量，最后必然取得胜利。望着主席宽阔的前额、智慧的眼睛，聆听着他的亲切教导，我好像已经看见胜利的红旗在到处飘扬，心里感到十分兴奋。

这时，阎长林已经再一次催主席用晚饭了。主席邀请我们和他共用晚饭。

晚饭端到桌子上，大都是一些素菜：土豆、萝卜、白菜，只有一两盘里有几片肉，再就是小米干饭和黑面馒头。主席望了望这些菜，又诙谐地笑起来了："你们看我过得怎么样？吃得是不是有点特殊啊？"这一次我却笑不出来，心里不禁暗暗埋怨起阎长林同志来：为什么不把主席的饭食调治得好一些？谁知阎长林听了主席的话，反而忍不住在一旁悄悄地告诉我们："这还是为了待客额外做的，主席平时连这样的菜都不许做呢……"我听了真心痛，止不住眼睛发酸，看不清主席的面孔了。只听见主席慈父般体贴地问："战士们的生活过得怎么样？有没有什么困难？"旅首长激动地说："战士们生活得很好，请主席放心。"主席一面点头，一面嘱咐："一定要注意战士们的生活，让战士们吃好、睡好，讲卫生，不生病。"

主席一碗饭还没有吃完，又有人来请他审批一份急电。主席立刻放下碗筷，离座去处理。看到这种情形，谁也吃不下饭了。

主席日日夜夜为党、为人民操劳辛苦，废寝忘食，自己的生活这样艰苦朴素，对人民、对战士、对同志却又那样无微不至地关怀。主席的工作作风和生活作风，真是我们全党全军最好的学习典范！

吃过晚饭，已是晚上9点多钟了。心里还想在主席这里多留一刻，但是看见主席这样辛苦，工作这样忙，又想早些离去，好让主席好好休息，大家便向主席告辞。主席连说："不妨事，很愿意和同志们多谈谈。"又谆谆教导我们，"要好好学习，你们都是些老同志，作战勇敢，革命事业心很强，一切都好，就是政治理论和文化水平低一些。如果不好好学习，就会跟不上形势的发展。"又说，"做一切事情，干部都要走在前面。今天打仗是这样，将来建设也是这样。只有努力学习，才能打胜仗。"临别的时候，主席再一次嘱咐我们要给战士们讲清撤出延安的道理，"告诉大家，少则一年，多则两年，我们还要回到延安来的。"

怀着万分依恋的心情，我们向主席告别，请主席早些休息。主席一面和大家握手，一面满脸笑容地说："好啊，我们下一次在哪里见面呢？可能不是在延安了，也许是南京、上海，或者是北平吧！"

出了主席的住所，一路走，大家不住地回头，望着主席房里的灯光，直到一点儿也看不见的时候。谁都不说一句话，大家都在默默地回想着主席的接见，回想着主席的音容笑貌。回到驻地以后，我反复地温习着主席的教导，一夜都没有合眼。

第二天上午，我军便主动地放弃了延安，部队向延安东北方向转移。胡宗南"三天占领延安"的吹嘘破了产，在七天七夜激烈的战斗以后，他付出了伤亡5000多人的重大代价，才得到了一座空城。走在路上，我们听见延安传来猛烈的炮声，胡宗南还以为那里屯有解放军的重兵哩。他做梦也没有想到，我们早已按照毛主席的预定计划，埋伏在青化砭一带，等候胡宗南匪军前来送死了。

毛主席的教导传到部队以后，指战员们也像我们一样，立时增添了无比的战斗勇气和胜利信心。仅仅在撤出延安五天以后，我军就在青化砭一举歼灭了胡匪的31旅，活捉了旅长李纪云。二十天以后，敌135旅又在羊马河被我歼灭，旅长麦宗禹也被活捉。又过了二十天，我军攻占了胡匪的补给要地蟠龙镇，歼灭敌人最精锐的167旅，旅长李昆岗的命运也是当俘虏。不过短短四十天时间，三战三捷，取得了歼敌两万多人的伟大胜利。

在解放战争中最艰苦的年月，主席一直没有离开陕北，是他亲自在这里指挥着西北战场和全国各战场的战事。有时听说主席在隆隆的炮声中部署作战，有时听说主席在火线上慰问伤员，有时又听战士们说见到了主席。每当我们想到主席和我们在一起的时候，大家都勇气百倍地去夺取一个接一个的胜利。仅仅过了一年一月零三天的时间，延安就重新回到了人民的怀抱；也仅仅是两年的时间，党中央和毛主席就胜利地进入了新中国的首都北京。主席的预见是多么英明啊！主席的军事思想有着多么巨大的威力呀！^{〔5〕}

当时担负毛泽东警卫工作的李银桥回忆说：

3月11日，根据《双十协定》而派驻延安的美军观察组，匆匆撤往国民党统治区。

3月12日，延安上空出现美制蒋记轰炸机。当第一颗重磅炸弹落在人民解放军总部附近时，毛泽东、周恩来与彭德怀正在军用地图前研究迎敌方案。

这一天，朱德、刘少奇、任弼时、叶剑英等领导带领一部分机关人员迁到瓦窑堡办公。毛泽东、周恩来留在延安，由枣园后沟搬到王家坪人民解放军总部办公。

3月13日拂晓，胡宗南的14个旅兵分两路——右集团董钊、左集团刘戡，同时由宜川、洛川一线分路向延安发动猛攻。我们的部队利用梢林隘路和纵深工事展开英勇抗击。延安城内从早到晚都能听到前线隆隆震响的大炮声。

同时间，50多架敌机对延安实行狂轰滥炸一整天。

彭德怀紧急调来新四旅一个团守卫延安机场，准备歼灭敌空降兵，并亲自劝说毛泽东尽早撤离延安。

毛泽东对周恩来、彭德怀及身边工作人员讲了两句话，那平静而坚定的声音至今想来仍清晰在耳畔回响：

"我是要最后撤离延安的。"

"我还要看看胡宗南的兵是个什么样子呢！"

当时，守在窑洞内外的卫士和警卫人员都以为毛泽东只是笼统讲战略上藐视敌人的精神，并未当真。彭老总却立刻认真了，在院子里召集警卫人员，严厉下令："主席一向说到做到，一向不顾个人安危。我们党要顾，你们要顾！不许由着他的性子来。必要时，抬也要把他抬走！"

下午，敌机轰炸王家坪，一颗重磅炸弹就落在毛泽东的窑洞前，遍地是散落的弹片和烧黑的石头，窑洞前的大槐树被弹片削去一大块皮，空气里弥漫着硝烟和火药燃烧的辛辣气味。烟雾散去，毛泽东左手端着的茶杯竟动也没动，杯里的水不曾洒出一星半滴！而他右手的那支笔仍在地图上移动，那条调兵路线没打一点折扣！站在一旁的周恩来、彭总对那山摇地动的一声炸响毫无所动，目光追逐着毛泽东的笔尖……

爆炸声着实使我们吓了一跳，但眼前的情景使我们镇定自若。

门忽然推开了，警卫参谋贺清华冲进来，刚要叫喊什么，一见窑里从容自若的情景，立刻闭了嘴巴。

"客人走了吗？"毛泽东看着地图问。

"谁？谁来了？"贺清华纳闷。

"飞机呀，"毛泽东用笔朝上指指，"喧宾夺主，讨嫌！"

于是，大家都笑了。

有人拿了一块落在门前的弹片给毛泽东看。毛泽东接过来掂量掂量，一本正经地说："嗯，发财发财，能打两把菜刀呢。"然后对警卫排长阎长林说："去，你们赶紧去查查群众受到什么损失没有？"

晚上，阎长林调查回来报告："南门外炸死一头毛驴。"

"人呢？"毛泽东着急地问。

"赶毛驴的老汉被土埋住了，被人扒出后一个劲骂蒋介石。"

"损失一头驴，这笔账我们迟早要跟蒋介石讨。"毛泽东说罢，继续同周恩来、彭德怀讨论军事行动计划。

3月16日中午，毛泽东正同周恩来、彭德怀谈话，说："群众发动起来了，其势如暴风骤雨……"

话音未落，轰隆隆一声巨响，天昏地暗，两颗重磅炸弹在门前不远处同时爆炸。门窗玻璃全部震碎，气浪像强台风一样冲进来，窑洞受到震荡和冲击，嗡嗡作响。片刻，烟雾散去，窑内恢复光明。只见毛泽东用手在身上轻轻一掸，拂去烟尘，笑道："他们的风不行，连我一个人也吹不动。我们的风起来就不得了，要将他们连根拔哩！"

周恩来和彭德怀都放声大笑起来。

傍晚，新四旅的干部来了，汇报西华池阻击战的详情。汇报结束后，旅领导纷纷劝说毛泽东："主席，形势已经很紧迫，您应当马上撤离延安。"

毛泽东将手一拂，接着又在桌上轻轻一击："不要说了。我有言在先，我是要最后撤离延安的。"

几天来，敌机一批一批闯入延安上空，狂轰滥炸。每次防空警报一响，周恩来都要跑到毛泽东住处，看毛泽东进了防空洞没有。毛泽东对他的卫士下令："敌机来时，不许打搅我的工作。他扔他的炸弹，我办我的公。"周恩来查看了毛泽东居住的土窑，认为土层薄，很不安全，便亲自选了一个石洞，再三劝说毛泽东搬进石洞里办公。

新4旅程悦长副旅长和16团团长袁学凯来见毛泽东，说："部队兵强马壮，给养充足，士气很高。指战员纷纷请战，坚决保卫毛主席，保卫党中央。只是大家都担心主席的安全，我们全旅指战员都请求主席早些转移到黄河以东去。"

毛泽东微笑着说："你们代我谢谢同志们的关心。好多地方来电报，催我过黄河，中央有个安全的环境，对指挥全国作战的确有好处。不过，我有点想法。"毛泽东扳下一根指头，说，"其一，我们在延安住了十来年，一直处在和平环境中。现在一有战争就走，我无颜对陕北乡亲，日后也不好再见面。我决定和陕北老百姓一起，不打败胡宗南决不过黄河！"

毛泽东停了停，又扳下一根指头，说："其二，我不离开陕北还有一个理由。胡宗南有20多万人马，我们只有两万，陕北的比例是十比一。这样我们其他战场就要好得多，敌我力量对比不这么悬殊。党内分工我负责军事，我不在陕北谁在陕北？现有几个解放区刚刚夺得主动，我留在陕北，蒋介石就不敢把胡宗南投入别的战场。我拖住他的'西北王'，其他战场就可以减轻不少压力。"

程副旅长和袁团长面面相觑，既受感动，又有些不安，实在是无可奈何，他们再也没说什么就走了。

1947年3月18日黄昏，毛泽东和周恩来正同第二纵队王震司令员谈话。东南方向忽然枪声大作，敌人先头部队已经进犯到延安附近的吴家枣园。

一阵沉重急促的脚步声传来，人民解放军副总司令员彭德怀跑步赶到，喘着粗气吼道："怎么主席还不走？快走快走！一分钟也不要待了！"

同志们都感到形势严峻。中央警卫科参谋龙飞虎来不及报告就破门而入："主席，彭总发脾气了，请你立刻出发。"

王震忙说："主席，今天就谈到这里吧，你必须尽快撤离。"

周恩来也劝道："主席，时候到了，该走了。"

毛泽东倾听门外，外面没了彭德怀的声音，显然是去前线了。毛泽东稳坐椅子上问："机关都撤完了吗？"

"早撤光了。"好几个喉咙抢着回答。

"群众呢？"

"全撤离了。"

"嗯，"毛泽东满意地哼了一声，"好吧，吃饭！"

枪声已是近在耳畔，一阵紧似一阵，中间还夹杂了喊杀声和手榴弹的爆炸声。同志们火烧屁股一般急，饭菜早已装在饭盒里准备带到路上吃，这时不得不拿出来，又摆放在毛泽东面前。毛泽东吃饭历来是狼吞虎咽，可今天细嚼慢咽，"蘑菇"起来。原来，毛主席有言在先，他要"最后一个撤离延安，要看看胡宗南的兵是个什么样子"。

这时，周恩来请回了彭德怀。彭老总一脚门里一脚门外就吼起来："主席怎么还不走？龟儿子的兵有什么好看的？走走走，部队代你看了。你一分钟也不要待了，马上给我走，快给我走！"

毛泽东望望心急如焚的彭德怀，又往嘴里拨饭。彭德怀朝工作人员瞪起眼："还愣什么？快把东西都搬出去！"

秘书急忙清理办公室，而窑洞外那辆深蓝色的美式重吉普车已经轰隆隆地发动起马达。

毛泽东皱了皱眉，用他那浓重的湖南口音幽默地说："把房子打扫一下，文件不要丢失，带不了的书籍可以留下来摆整齐，让胡宗南的兵读一点马列主义也有好处嘛！"

司机周西林踩动油门，汽车马达一阵隆隆急响。

"你们愿意走吗？"毛泽东走出窑洞，仰望矗立在延河边土山上的宝塔，喃喃着。良久，他把嘴角一沉，对站立身边的周恩来及所有工作人员说，"我本来还想看看胡宗南的兵是个什么样子，可是彭老总不答应，他让部队代看。我惹不起他，那就这样办吧。"

毛泽东登车之际，蓦然又回首，发表宣言一般大声说道："同志们，走吧，我们还会回来的！"[6]

转战陕北

3月19日，胡宗南占领延安。这在蒋介石心中激起了新的希望，二十年的目标似乎最终要实现了。然而，他万万没有想到，这正是他的王朝走向覆灭的转折点。当他在两年之后明白这一点时，已为时晚矣。蒋介石毕竟不是毛泽东的对手，尽管他曾经使各路诸侯纷纷拜倒在自己的脚下。

解放战争史的研究专家田为本在一篇文章中提出，转战陕北是解放战争由防御转入反攻的关键。他写道：

1945年5月，毛泽东在七大的结论中，估计到十七条困难，其中包括敌人打内战，占去几大块，所有县城都丢掉；赤地千里，大灾荒，没有饭吃。四个月后，毛泽东在《关于重庆谈判》的报告中又说："我们党的七次代表大会设想过许多困难，我们宁肯把困难想得更多一些。""我们要承认困难，分析困难，向困难作斗争。""我们和全体人民团结起来，共同努力，一定能够排除万难，达到胜利的目的。"

七大以后一年零九个月，大会设想的几条困难的综合情况果然发生了。这就是蒋介石在1946年6月发动新的全国内战以后，又于1947年3月，令胡宗南统率大军34个旅23万人，大举进攻中共中央所在地延安和陕甘宁边区。

在日本投降后的新的国内战争中，胡宗南所部是国民党军队的战略总预备队，胡宗南是蒋介石"最后的王牌"。胡宗南是所谓"黄埔正统"，一直是蒋介石的内战工具，靠着打内战，成了蒋介石的重要将领。在抗日战争中，从1938年武汉会战后，胡宗南一直躲在西北，专门封锁陕甘宁边区，统率兵力最多时达到四五十万。他曾经挑起了三次反共战争：第一次，1939年向边区的关中进攻，先后侵占了淳化、栒邑、正宁、宁县、镇原五座县城，成为抗战中挑起内战的第一人；第二次，1943年向边区的鄜县（今富县）进攻，当即受挫败退；第三次，1945年日本投降前夕，再度向关中进攻，又败于爷台山。早在全面内战开始之前的1946年5月，他就拟订了《攻略延安作战计划》，向蒋介石献策，要采取所谓"犁庭扫穴"的军事行动。当年11月，胡宗南调兵遣将，并伙同阎锡山所部，以其中六个旅集中于宜川、洛川地区，妄图偷袭延安，但是在我军紧急动员、奋勇迎击的情况下未能得逞。到了1947年3月，全面内战已经进行了八个月，经过大小160多次的作战，人民解放军共歼敌71万，蒋介石被迫由全面进攻改为重点进攻，再次把矛头指向延安和陕甘宁边区，同时指向山东。

3月13日，蒋介石孤注一掷的军事冒险开始了。在天上，他调集各种型号的飞机94架，从西安、郑州、太原等地起飞，对延安及其附近地区进行"战略"大轰炸。这些飞机占国民党全部空军兵力的五分之三。在地上，他进攻延安和陕甘宁边区使用了34个旅23万人，组成南、西、北三个集团，主力是南集团胡宗南部的15个旅，自洛川、宜川之线北犯，直取延安。西北解放军兵力仅2.6万人，双方兵力约为10与1之比。蒋介石妄图以压倒性优势兵力，歼灭西北我军，压迫中国共产党中央、人民解放军总部到黄河以东。这样，蒋介石就可以抽出胡宗南部主力用于中原或华北战场，加强其机动兵力，挽救全国战局。

3月18日，中共中央主动撤出延安。19日，胡宗南部侵占延安。21日，蒋介石致电嘉奖胡宗南："吾弟苦心努力，赤忱忠勇，天自有以报之也，时阅捷报，无任欣慰！"并授以二等大绶云麾勋章。5月15日，蒋介石在南京向他的将校们说，胡宗南占领延安后，中共军队的"首脑部就无所寄托，只能随处流窜，即使他们还有广播宣传，但是任何人都不能和他发生联系，如此就绝对不能建立中心的力量了"。蒋介石还得意忘形地告诉美国大使司徒雷登："到8月底或9月初，共产党人不是被消灭，就是将被驱往僻远的内地去。"

3月16日，西北野战兵团（7月31日改称西北野战军）正式成立，彭德怀担任了司令员兼政治委员。临危受命的彭德怀在延安各界万人动员大会上列举历史经验，说明我们一定能够战胜敌人。他说："十一年前，红军时期，敌我兵力为20比1，我们还能打胜仗，现在更能打胜仗。胡宗南的兵力有很大可能被消灭在这里，那时恐怕我们要打到西安去了。"当时在延安的德国医生罗别愁一再谈到这时的情景说："我经历过希特勒进军捷克斯洛伐克时产生的混乱，延安的撤退是任何国家首都的撤退中最有秩序的。"

同蒋介石的估计相反，中共中央决定留在陕北，在这里指挥西北和全国的解放战争。毛泽东说："留在陕北可牵制胡宗南二三十万大军，也是对其他战场的支援嘛。"周恩来说："我们的目标并不在一城一地的得失，而是要消灭他们的有生力量。有生力量被我们消灭了，城市和地方就是我们的了，我们一定会打回来的，不仅延安是我们的，全中国都是我们的。"3月26日，党中央在陕北清涧县枣林沟村决定成立前敌委员会和工作委员会，由中央书记处书记毛泽东、周恩来、任弼时率领前委，代表中央，坚持在陕北指挥全国的解放战争，由另两位中央书记处书记刘少奇、朱德率领工委，前往华北，进行中央委托的工作。4月9日，党中央在陕北横山县和靖边县交界处的青阳岔村发出通知说："必须用坚决战斗精神保卫和发展陕甘宁边区和西北解放区"，"我党中央和人民解放军总部必须继续留在陕甘宁边区"。

战争是按照中共中央的预料发展的。胡宗南部这支敌军战略总预备队投入陕北，正是全国战场即将发生转折的前奏。就在胡宗南部侵占延安的同一天，刘伯承司令员、邓小平政治委员向晋冀鲁豫军区主力下达了豫北反攻的命令。豫北是联系陕北、山东战场的枢纽地带，豫北反攻是我军战略性反攻的开端。紧接着，这个军区的太岳纵队在晋南举行反攻，彻底粉碎了胡宗南、阎锡山两部的联防体系。晋察冀军区主力也转入了反攻，在正太战役中获胜，打得胡宗南派来的嫡系部队第3军在孤城石家庄坐等自己的末日。东北民主联军凌厉的夏季攻势也开始了，战线辽阔，战果辉煌，是一个战略区全区性的反攻。

在蒋介石实施重点进攻的南线的东翼——山东战场，华东野战军主力在孟良崮全歼号称国民党军"五大主力"之首的整编74师。当74师被人民解放军全歼后，蒋介石、陈诚立即赶到徐州，怒斥战场指挥官徐州"绥靖"公署主任顾祝同，并将救援不力的第1兵团司令官汤恩伯撤职，整编25师师长黄百韬几乎被杀头。在南线的西翼——陕北战场，西北解放军艰苦奋战一个半月，与强敌"蘑菇"周旋，以少胜多，取得了青化砭、羊马河、蟠龙镇三战三捷，奠定了粉碎敌人进攻的基础。

5月9日，周恩来以《志大才疏、阴险虚伪的胡宗南》为题写道："蒋介石最后的一张牌，现在在陕北卡着了，进又进不得，退又退不得，胡宗南现在是骑上了老虎背。蒋介石培养胡宗南做他的忠实走狗、恶毒爪牙已经二十多年了，满心希望在最困难时用他来救驾；蒋介石在走投无路之后决定打延安，才使用了胡宗南的全部兵力。占领延安时，蒋介石着实高兴了一番。……然而不到两个月，事实证明蒋介石所依靠的胡宗南，实际上是一个'志大才疏'的饭桶。""胡宗南'西北王'的幻梦必将破灭在西北，命运注定这位野心十足、志大才疏、阴险虚伪的常败将军，其一生恶迹必在这次的军事冒险中得到清算，而且这也正是蒋介石法西斯统治将要死灭的象征。"

在西北野战军打和磨、磨和打交错进行下，胡宗南部被动挨打，到处扑空，齐头又并进，走山不走川，白天武装大游行，夜晚集中大露营，兵力日绌，疲耗剧增，补给艰困，饥饿难忍。不到三个月，6月14日，胡宗南就向蒋介石发出了告急电："当前战场我军几均处于劣势，危机之深，甚于抗战。……为安定国本，消除匪患，拟请于万分困难中，另编新军，以应此艰巨任务，而免匪势再事蔓延。"然而哀号无济于事，这个告急电未及实施，更未能挽救胡宗南的失败。

和蒋介石的断言相反，中共中央在退出延安后，并不是"绝对不能建立中心的力量了"，而是在小地方干大事情；在世界上最小的司令部里，成功地指挥着最大的人民解放战争。党中央在转战陕北的一年零五天中，日夜跋山涉水，栉风沐雨，先后宿营在延安、延川、清涧、子长、安塞、靖边、横山、子洲、绥德、葭县（今佳县）、米脂、吴堡12个县的37个村庄的农家窑洞。四个半连的中央警卫部队，经常担负着抗击敌军几个旅追踪的艰巨任务，几次化险为夷。一次是6月中旬在安塞、靖边、吴旗之间，敌军以四个半旅向中央纵队扑来，全靠领袖们指挥灵活，调动敌军，使其迷失了方向，竟至在我中央纵队十几里路处走掉了。领袖们深夜淋着大雨，徒步上下于深山大谷之间，当危急时，警卫排已经上了阵地，准备阻击敌军了。一次是8月中旬在葭县附近，敌军两三个旅，紧跟中央纵队，只差半日路程，最危急时，相距只十余里。又遇山洪暴发，过河不得，这时周恩来和任弼时亲自指挥架桥，冒着敌人飞机轰炸扫射，白昼行军，直到西北野战军的沙家店战役后才转回局面。在战火纷飞的行军途中，哪怕是临时休息，报务人员也马上架起电台，接通中央与各地的联系。一到宿营地，不等卸下马褡子，领袖们就开始办公，批阅电报，起草指示；端起饭碗，手里还离不开文件。不管炕沿、树墩、缸盖、碾盘、石头，随处一坐，就是办公桌。随中央转战陕北的新华社负责人范长江以《从平凡处学伟大》为题写道："历史上从来也没有已经掌握了一亿多人口的中央政权，拥有一百多万正规军的总部，在中国这样大国已居于领导地位的党的中央，而又在全国规模的大战正在进行的时候，这样大胆地进行工作的。"

伟大的事变，就从千山万壑、塬野梢林的窑洞里，在党中央的领导下出现了。1947年4月13日至6月7日，宿营在安塞县王家湾村时，中央关于晋冀鲁豫和华东两大野战军相互配合、大举出击的战略构想趋于成熟。在转移到靖边县小河村后，为了进一步组织战略进攻，7月21日至23日，又在临时用树枝搭成的天棚下举行了前委扩大会议。在会前，毛泽东、周恩来、任弼时分别同西北野战军、陕甘宁晋绥联防军、晋冀鲁豫野战军太岳纵队的领导人，研究和部署了太岳纵队的使用方向。中央原定调太岳纵队西渡黄河来陕北。晋冀鲁豫野战军主力实施战略突破后，战局发生重大变化。中央根据新的情况，又考虑到粮食供应问题，决定太岳纵队的使用方向改为渡河南下出豫西，协助主力经略中原，从相反的方向配合陕甘宁边区军民击破胡宗南部的进攻。在落实了这项新的战略任务后，会议开始举行。由于太岳纵队对西北野战军由直接支援改为战略配合，会议研究了加强西北战场的措施，决定组织以彭德怀为书记的西北野战军前委，使西北野战军进一步发挥吸引、牵制和逐步歼灭胡宗南集团的战略作用；由陕甘宁晋绥联防军司令员贺龙统一领导这两个解放区的地方工作，使晋绥解放区进一步成为陕北作战的后勤基地。周恩来在会上总结了人民解放军在解放战争第一年（1946年7月至1947年6月）歼敌112万的伟大战绩，分析了敌我双方军事实力的消长趋势。他指出："从建制、人员、武器来说，敌军都损失了约三分之一，战斗力大大削弱，这就为我们争取战争的最后胜利奠定了基础。"毛泽东根据战争第一年的战果，首次提出对蒋介石的斗争计划用五年（从1946年7月算起）来解决的设想。毛泽东在会上还提出："由于战争的迅猛发展，农民群众对土地有进一步要求，需要比《五四指示》更进一步的土地政策。"

在艰苦转战中，党中央关于"中央突破，两翼牵制，三军挺进，互为犄角"的战略部署逐步完成，并且成为人民解放军强渡黄河天险、千里跃进大别山、转战江淮河汉的实际行动。二十年来，人民的军队一直处于防御和被"围剿"的地位，而现在第一次转入了战略进攻。空前浩大的人民大革命的高潮到来了。担负战略突破的晋冀鲁豫野战军政治委员邓小平说："党中央的领导完全正确。既高度集中，又真正高度民主。有时抓得我们气都出不得，但使我们避免了失误；很多作战中央先问我们，如南下直出大别山，毛主席来电问可否出动，我们说出动也行，但慢点好；当我们认为可以出动后，中央的指示很快就来了。中央对战争的关键抓得非常好，何时内线作战，何时外线作战，有时我们脑中还没有这个问题，或者想得零碎而未成形，中央的指示就来了。"

也就在转战陕北期间，在中共中央的领导下，土地改革运动全面走上正轨。各解放区的土地改革运动，是在1947年10月中共中央批准发布《中国土地法大纲》之后进一步深入开展的。但是运动中出现了"左"的偏向。12月8日至28日，中共中央在米脂县杨家沟村举行了二十天会议（其中四天正式会议），讨论如何夺取全国胜利问题，其中重要议题之一是纠正"左"的倾向，使土地改革运动健康发展。12月会议后，中央继续开会，并在1948年1月18日拟出了一个关于土地改革问题的决定草案，先发给党内征求意见。在这前六天，任弼时在西北野战军前委扩大会议上作了《土地改革中的几个问题》的报告，分析了发生"左"倾错误的原因，提出了纠正的原则和方法。强调要按照正确的标准划分农村阶级；巩固地团结中农；对工商业不要采取冒险政策，就是地主富农经营的工商业，也不应当没收；对知识分子和开明绅士采取保护政策；坚决反对乱打乱杀与对犯罪者采取肉刑。这个当即在报纸上公开发表的重要报告，影响巨大，使土地改革运动全面走上正轨起了关键性作用。3月17日，毛泽东致电在晋察冀解放区平山县（当时为建屏县）西柏坡村的刘少奇说："我们决定发表弼时同志的一篇讲演，不发表一月决定草案（即中央1月18日关于土地改革问题的决定草案），因为弼时同志的讲演比一月决定充实得多。"党中央关于土地改革的指导方针和政策逐渐完善，从而引导伟大的土地改革运动健康地向前发展。

土地改革运动走上正轨，开拓了无穷无尽的战争伟力，它的明效大验，连国民党统治区官方的和外国人办的报纸也是承认的。2月3日，国民党《中央日报》惊呼：共产党"土地改革的成功，也就是叛乱的成功"。4月17日，《密勒氏评论报》写道："军事斗争与正在各战区迅速进行的土地改革是密切地相互联系着的，虽然它占有重大比例还是最近的事，但可以预料最近土地改革将进行得愈益剧烈。"

美国进步记者爱泼斯坦对中国的土地改革运动这样评论道："从中国内地发出来的枪声，一定会为全世界所听见。它们……标志着一亿中国农民正在有秩序地从过去的束缚中解放出来。它们使中国在解放它的伟大潜力的道路上迈进了一大步。这条道路是像孙中山那样的先驱者曾经希望过、计划过的。毫无疑问，在整个殖民地和半殖民地的亚洲摆脱一切束缚和封建主义的这条道路上，他们点燃了新的火炬。"原蒋介石的政治顾问、美国著名的"中国通"拉铁摩尔，也着重地指出了土地改革对中国战局发展的决定性作用："在今日中国最重要的阶层，是农民。他们一向都是持锄的人，但现在变为持枪的人了，这就是中国农民之所以最重要的原因。国民党政府由于竭力统治农民的结果，在内战中业已败北；在另一方面，中共由于满足了农民的需要，在内战中业已获胜。农民所需要的是土地，是能作为私有财产持有的土地。当中共到一个新的地区时，他们就把土地分给农民；当他们离开这一地区时，他们就对农民们说：'这里有一些枪，用你们自己的武器来保卫你们自己的土地吧！'这就形成了武装的乡村，便于对卷土重来的国民党军队作殊死的斗争。"

1948年3月初，经过新式整军运动的西北野战军，赢得了宜川、瓦子街大捷，从根本上改变了西北战场的形势。在人民解放军转入攻势作战的声威下，孤悬于延安、洛川的敌人弃城南逃。于是，人民解放军便收复了被胡宗南部侵占一年又一个月零三天的延安。胡宗南的败讯传到南京，蒋介石极为震怒，给予胡宗南以撤职留任处分。3月14日，丧魂落魄的胡宗南在日记中记下了蒋介石的"寅元府机手启电"："宜川丧师，不仅为国军'剿匪'最大之挫折，而其为无意义之牺牲，良将阵亡，全军覆没，悼恸悲哀，情何以堪！"这就是一年前蒋介石气势汹汹进攻延安和陕甘宁边区的下场。

…………

当胡宗南率领大军侵占延安之后，曾经希望把延安改名为"宗南县"，以显示他反共的"丰功伟绩"。胡宗南以为只要有人发起，就可以顺利实现他的好梦。在他的授意之下，首先由陕西省参议会提了出来。他满以为陕西省政府就可决定这个问题，殊不知一个县名的更改要经过内政部办理许多手续才行。胡宗南能指挥陕西省政府和省参议会，却指挥不了内政部，于是请人从中活动。不过等到官僚衙门一切手续都快办好，只等正式公布时，胡宗南部已狼狈逃出延安，延安即被人民解放军收复了。一直为延安改名"宗南县"一事奔波的国防部保密局局长毛人凤懊丧地说："一切都已办好，只怪胡长官太不争气，白白花费许多精力。要能再坚持一个月，不是可以名垂千古了吗？"

在转战陕北的党中央集中统一领导下，不只西北战场空前大捷，全国其他战场，从南线到北线，无不转入并发展战略进攻。挺进中原的三路大军转战江淮河汉，形成品字形的态势，进而完成面的占领，起了决定性的战略作用，建立了强大的中原解放区。1948年3月，又乘敌军抽兵驰援西北之机，攻克秦晋豫要冲洛阳。洛阳战役的胜利，导致了三路大军胜利会合，共同歼敌。在华东野战军主力转出外线后，内线兵团力克强敌，并使自己转入了反攻和进攻，1948年4月，攻克号称"鲁中堡垒"的潍县（今潍坊市），至此，山东解放区完全连成一片。在华北，晋察冀野战军经过清风店战役扭转了战局，旋即攻克军事重镇石家庄。朱德说："这是很大的胜利，也是夺取大城市之创例。"1948年5月，晋冀鲁豫军区主力经过72天的争夺，最后攻克以易守难攻著称的临汾，至此，晋南全部解放，晋冀鲁豫与晋绥两个解放区连成一片。东北野战军经过历时50天的秋季攻势和历时90天的冬季攻势，到1948年3月，已将敌军压缩在沈阳、长春、锦州三个互不联系的、面积仅占东北（包括热河）总面积3%的狭小地区，使敌人"固点、连线、扩面"的方针彻底破产，为后来全歼东北敌军打下了坚实的基础。

在隆隆炮声中迎来的1948年明媚的春天，中共中央坚持留在陕北指挥全国的解放战争，等到打败胡宗南才东渡黄河的决心实现了。3月23日，毛泽东、周恩来、任弼时率党中央领导机关在陕北吴堡县川口东渡黄河，途经晋绥解放区，前往河北省平山县西柏坡与中央工委会合。对于党中央转战陕北的史无前例的伟大行动，1948年4月5日，华东野战军司令员陈毅说："毛主席和中央许多同志同西北野战军在一起坚持陕北斗争，从延安撤退到去年11月以前，没有停过脚，11月以后才安定下来。毛主席选择这样艰苦的地区坚持斗争有很大的意义，代表了中国人民的革命意志，代表了中国人民顽强斗争的精神。解放区的老百姓，全中国的老百姓都非常钦佩毛主席这种伟大的精神。"1953年8月12日，毛泽东在全国财经工作会议上，号召我们要坚持战争年代的艰苦奋斗精神，"坚持集体领导的制度"。他还说："我们就是不怕牺牲，不干则已，一干就干到底。胡宗南进攻陕甘宁边区，我们的县城只剩下一个，但我们并没有退出边区，吃树叶就吃树叶，就是要有一股狠劲。"确实，党中央转战陕北所表现的率先垂范、亲临战场、克服困难、坚韧不拔的伟大精神，所创造的运筹帷幄、决胜千里的卓越功勋，将在全国解放战争的史册上永放光华。[7]

1947年3月25日，西北野战兵团在毛泽东撤出延安仅7天之后，就取得青化砭战役胜利，歼敌近3000人。

早在撤离延安之时，毛泽东就在策划这场漂亮的伏击歼灭战。

李银桥回忆说：

汽车驶上延（安）榆（林）公路，速度加快，延安渐渐远了。

毛泽东与周恩来在车上谈笑风生，话题上到天文，下至地理，无所不有。远处的枪炮声对这两位叱咤风云的历史巨人不过像一阵蚊虫叫。

车过拐峁，王震司令员要回部队，毛泽东和周恩来下车相送。

握手告别时，王震司令员问："主席还有什么指示没有？"

毛泽东笑笑说："没有什么了，就按我们研究的去做吧！"

"请主席放心，我们一定按照您的指示，打好撤出延安后的第一仗！"王震说罢，翻身上马，顺公路向东飞驰而去。

拐峁以北，出现了由延安转移出来的群众。人们背着行李，担着锅碗瓢勺，赶着猪羊，牵着毛驴，有的妇女还背着纺车，老大娘们一手抱着老母鸡，一手挂个拐棍慢慢走。山梁上，大路旁，民兵持枪警戒，队伍漫长而又井然有序。毛泽东沉默了，不时向外观望，紧锁眉头，凝望着撤退的群众队伍。

汽车驶过青化砭30里长川，毛泽东望着大川，冲周恩来点点头："嗯？"

"嗯！"周恩来会意一笑。

撤出延安第五天，我们住进瓦窑堡附近一个村子。毛泽东说："就在这里住下吧，不要几天，就会听到捷报。"

我们都纳闷：毛主席怎么说得这么肯定？

3月25日，我们刚吃过早饭，猛听到正南方向枪炮声大作，大地震颤不已。不到一个钟头，又突然沉静下去，什么战斗打得这么迅速利落？

过午，秘书给毛泽东送电报出来，兴高采烈地告诉大家："我军在青化砭设伏，歼敌31旅的4000人，活捉了旅长李纪云。"

于是，我们想起毛泽东讲过的话："不要几天，就会听到捷报。"

这时，我们恍然大悟：早在撤离延安之前，主席就已制订了在青化砭地区歼敌的计划。

旗开得胜，新华社发表社论说："31旅的歼灭，标志着胡宗南从此走下坡路。"

胡宗南在青化砭挨了一击，意识到我军主力在延安东北，忙令刘戡所统6旅之众由安塞后转，顺延榆公路反扑。

可是，敌人不过做了一次武装大游行。我军主力早已转移，中共中央机关也跟着转移到绥德城南的枣林沟。

在枣林沟，中央召开了一次会议，讨论了许多重要问题。毛泽东、朱德、周恩来、刘少奇、任弼时五大书记作了分工。

毛泽东说："现在我党面临的任务很多，但是第一位的是从军事上打败国民党蒋介石。没有这一条，其他一切都无从谈起。"

会议决定：由毛泽东负责全国军事指挥，他是事实上的最高军事统帅；由周恩来协助毛泽东实施军事指挥；朱德负责党的监察工作；刘少奇负责党务和白区工作；任弼时负责土地改革工作。当然，所有的工作毛泽东都要管，但他的主要精力是在作战上。

枣林沟会议还决定：组成以刘少奇、朱德为首的中央工委，到河北平山工作。组成以叶剑英、杨尚昆同志为首的中央后委，率中央机关去晋绥根据地的临县一带，负责军械、弹药和粮食等供应。 [8]

师哲回忆说：

根据我保留的笔记记载，3月18日，胡宗南的军队逼近延安的南郊，枪声也越来越近了。傍晚6时，毛主席等一行人从王家坪出发，乘坐汽车抵达延川县永坪镇以南几里地的小山村刘家渠休息。第二天上午9时许，敌机来袭，主席的汽车——即宋庆龄送的救护车——遭到敌机扫射，挡板被击穿，但人员没有任何损伤。

21日傍晚，毛主席经清涧高家埝，抵达子长任家山——事先准备好的地方，中央书记处的同志都住在这里。毛主席在这里组织了3月25日的青化砭战役。在这第一次激战中，彻底消灭了敌人先遣部队31旅旅部及一个团。整个战役只用了两个小时，不仅俘获了全部敌军及旅长李纪云，还将战场打扫得干干净净，这样使进驻延安的敌人在数日之内找不到先遣部队的下落。我军初战告捷，士气大振。为这次漂亮的胜仗，毛主席发出了嘉奖令。

就在3月25日，敌人约一个旅的兵力直奔延川县城北的拐峁。这里距清涧县城仅六十华里，而且是平川，似有奔袭清涧以截断我东去之路的意图。清涧县城是通往绥德到山西的交通要道。当时中央分析，敌人企图占领清涧县城，意欲切断我们去山西的道路，以便把我们围困在山沟里进行围剿。所以，当天夜间通知我，要立即布置和组织各单位迅速东进，在敌人占领清涧之前，绕过它北上，经过九里山，到石嘴峰以东几里地的小山村枣林沟。接到命令后，我马上组织中央机关分几批撤退，首先用6辆吉普车把中央五位书记及其工作人员送到枣林沟，在路上只走了两个多小时；留下的人骑马，走了一天半；其他单位，如第三局等，走了整整3天。

我们到达枣林沟后，敌人仍驻在拐峁未前进。直到4月上旬，毛主席、任弼时转移到了靖边县青阳岔后，敌人依然停留在拐峁，没有东进占领清涧。这时主席分析，敌人不占清涧的目的是给我们让出一条东去山西的道路，把我们赶到河东山西去，这样他们就可以吹嘘他们在陕北获得了全胜。所以，无论战事多么激烈，主席都一直留在陕北，同陕北人民同甘共苦。

这是毛主席领导艺术的高超之所在，是神来之举。

中央到枣林沟后召开了会议，决定组织前委、工委、后委。前委，即中央，由毛主席、周恩来、任弼时三人组成，继续留在陕北，代表中央指挥全国的革命战争；工委，由刘少奇、朱德组成，驻河北省平山县西柏坡，领导全国群运、土改和建设根据地等工作；后委则由叶剑英负责，驻山西临县三交镇附近。

这次的中央会议，总结了这次行军的教训，决定精简中央机关，只留下最必要的人随前委行动，而将大部分人送到后委所在地。留下的同志按军事序列行动，代号为三支队，任弼时任司令员，陆定一任政委。到青阳岔后，为了保密，中央首长都用化名，毛主席化名李得胜，周恩来化名胡必成，任弼时化名史林，陆定一化名郑位。[9]

杨尚昆回忆说：

我记得1948年3月下旬毛主席从河西过来，在双塔住了两个晚上，当时后委留我在双塔接毛主席。

这次给我印象很深的有两件事。

一件事是毛主席严厉地批评了我。当时晋西北的土改搞得很"左"，例如有一条是反对所谓化形地主。什么是化形地主呢？原来在抗日战争时期实行减租减息的时候，中央有个政策，就是鼓励地主转营工商业，各个根据地普遍实行了这个政策。后来在解放战争时期搞土改的时候，就认为他们是化形地主，说他们有意识地变化成为工商业者，保存自己的财产。土改时把这一部分人打倒了，很多集镇上的商店都被没收了。再有是把中农当富农打，对地主甚至对富农搞扫地出门。康生那个时候搞得很凶，只给地主富农留一个碗、一双筷子，其余什么都不留，扫地出门了。还有什么"贫雇农打天下，贫雇农坐天下""群众说什么就算什么"。总之，搞得很"左"。毛主席知道了很生气，批评我们，说："你们后委就住在这里，这些事都知道，可是你们根本不反映，你们读的马克思主义到哪里去了？"这个批评是严厉的，也是正确的。

另一件事是毛主席作了一个估计。那时我们从延安撤出来，胡宗南军队还占领着陕甘宁边区的许多地方，我们还是比较困难的。毛主席当面对我说，照他的看法，同蒋介石的这场战争可能要打60个月，60个月者，五年也。这60个月又分成两个30个月，前30个月是我们"上坡""到顶"，也就是说战争打到了我们占优势；后30个月叫作传檄而定，那时候我们是"下坡"，有的时候根本不用打仗了，喊一声敌人就投降了。毛主席头脑里排的这个时间表，给我的印象很深。后来战争的发展基本上符合他的估计。那时康乃尔在临县土改工作团负责，他说"毛主席批评你们一点儿也不留面子。"现在我还记得很清楚，一讲到对战争进程的估计时，毛主席是喜笑颜开，眉飞色舞。

我们后委是从延安撤退出来以后成立的，中央机关大都设在后委，叶剑英是后委的书记。后委有几十部电台，毛主席那里只有一部电台，中央的指示要通过后委下达。所以后委是一个转换系统，是个枢纽。它承上启下，又负责陕北战场前方的供应，像前方的衣服等物品都是后委给驮去的。在杨家沟的时候，毛主席住的条件很差，吃饭是在老百姓的羊圈旁边搭一个小棚子。转战陕北这一段，毛主席和中央领导同志的生活都很艰苦，同时又是毛主席扭转乾坤的时候。

1947年7月开了一个小河会议，我也参加了。毛主席在会上布置陕北的工作，他说过这样的话："前方交彭德怀，后方交贺老总。"会议决定打榆林。开完会，部队北上打榆林，我回三交。〔10〕

枣林沟会议后，毛泽东和周恩来、任弼时继续留在陕北，一面领导全国各大战场作战，一面指挥西北野战军接连取得羊马河、蟠龙两大战役的胜利。

李银桥回忆说：

3月27日[11]下午4点多钟，刘少奇、朱德率队乘车出发，东渡黄河，去河北平山。毛泽东、周恩来、任弼时率中央前委及机关人员，一律轻装，乘车北行十几里地，到达绥德南边田庄的时候，突然来个猛转弯，一直向西，弃了汽车，开始徒步行军。

这时，敌人十几个旅正沿着延榆公路气势汹汹朝东北方向追来。他们不曾料到，毛泽东竟然逆着他们迎面走来，只隔一架山梁，两支队伍擦肩而过！

毛泽东不久前闹过一场肺炎，健康没有完全恢复。警卫员孙振国见毛泽东走路吃力，就把背干粮的柳木棍交主席拄着。毛泽东试一试，很满意，笑着说："有这东西省力多了。"

这根柳木棍荣幸地伴随毛泽东转战陕北，立下了不小的功劳。

那次我们住到一个山沟小村，立刻将全国各战区的军事地图取出。墙上挂的是地图，炕上摊开的是地图，就连老百姓石板锅台和腌菜缸上摆的也是地图。秘书和参谋不停地送来各战区来电，然后又带走毛泽东下达命令的电文。

敌人用电台测向仪查到了我们的位置，刘戡率四个半旅疯狂扑来，骑兵侦察员一会儿一报："敌人距我们还有30里！""敌人已迫近到20里！""敌人进沟了，不到10里！"……

毛泽东想大事的时候是容不得人去打搅的。可是形势紧迫，一名卫士便接连几次"打搅"毛泽东。毛泽东发脾气了："什么十里八里？中国有960万平方公里！你去吧，不要婆婆妈妈……"

那时的形势确实紧张：北边的敌人已占横山，西边的敌人占了陇东，逼近三边（即万里长城的三个关防重地定边、安边和靖边），南面是十几个旅摆成一条线。只有东边算是"网开一面"，那是通黄河的路。

毛泽东斩钉截铁地说："我们不能去那条路，我们要在这里和敌人周旋，牵敌人，磨敌人，来回和敌人兜圈子，直到最后消灭他！"

4月9日，毛泽东向全党发出留在陕北的通知，号召"用坚决战斗精神保卫和发展陕甘宁边区和西北解放区"。

过了几天，中央机关与敌人兜圈子，转移到靖边县的王家湾。毛泽东在王家湾写了《关于西北战场的作战方针》，指出"蘑菇"战术这种方法"是最后战胜敌人必经之路"。仿佛是印证毛泽东的预见，就在同一天，彭德怀指挥的西北野战军主力根据毛泽东的指示，在羊马河一带彻底歼灭了全副美械装备的敌135旅，活捉了代理旅长麦宗禹。敌人在瓦窑堡几进几出，扑来扑去，终于尝到"蘑菇"战的苦头。

敌人不甘心，将主力都集中到瓦窑堡一带来，企图寻找我主力决战。毛泽东一连两天没出窑洞，只有秘书拿着电报跑出跑进。周恩来大部分时间都待在毛泽东的窑洞里，极少回自己的窑洞。大家猜测又要有大的战役行动了。

5月1日黄昏，东南方向响起炮声。工夫不大，毛泽东披着那件补了又补的灰棉袄，走出窑洞，问哨兵："是炮响吗？"

哨兵回答："是炮响！已经响过一会儿了。"

毛泽东微笑着点点头，反身走回窑洞。

秘书拿着电报匆匆朝毛泽东的窑洞里走，只听周恩来提高了的声音传出门外："好！占了制高点就有把握！"

窑洞外，大家已经议论成一片。这时我才明白，是蟠龙战役打响了。大家议论到最后，简直就变成了庆祝胜利。因为无数次实践证明，只要是毛主席指挥打仗，那结果只能是胜利，这已经成了不可改变的规律。

毛泽东又是两天两夜没有睡好觉，从门口望进去，他时而伏在石板锅台上查看地图，时而向作战参谋下令："给彭总发电，有一股敌人由拐峁向蟠龙增援，请他们注意！"

5月4日，我军果然收复蟠龙，全歼守敌7000多人，活捉敌旅长李昆岗，还用步枪打下一架敌机。蟠龙是敌人的战略补给站，弹药、物资、军衣、粮食堆积如山。这一仗，沉重地打击了敌人，充分补充了我军。正如新华社的评论所说："胡军凶焰正在下降，胡宗南指挥无能，使这个下降来得更快更剧烈更富有戏剧性。"

捷报传来，毛泽东叫人将帆布躺椅搬出窑洞。他甩去披在身上的补丁灰衣，穿着细线毛衣，在帆布椅上一坐，沐浴着明媚的阳光，浑身轻松地说："来，晒晒太阳，照张相。"

"咔嚓！"叶子龙举起相机，摁下快门，及时地留下了这张历史性的照片，这是三战三捷的证明和纪念。[12]

跟随毛泽东转战陕北的卫士阎长林也回忆说：

4月间，中央机关转移到靖边县的王家湾。羊马河战役以后，敌人主力都集中到瓦窑堡一带来了。附近的村庄，完全被他们烧毁，那里再也没有一间完整的房子，窑洞的门窗也都烧个精光。敌人不时四处蠢动，企图寻找我军主力决战。

为了打击敌人的气焰，首长们的工作比以前更加紧张了，夜以继日地开会研讨，我们预料又在布置大的战役。每到这个时候，首长们轻易不出窑洞，只有秘书拿着电报跑出跑进。主席偶尔出来，也只是独步沉思，像是在考虑着重大的问题。

一天下午，毛主席和周副主席刚从窑洞出来，秘书急匆匆地把一份电报送给周副主席。周副主席看过以后，立刻交给主席，主席接过电报看了一下说："把敌人牵走就好办！"说着马上又回窑洞开会。

接连好多天，都很少见到首长们休息。窑洞里的灯光，有时一直亮到天明，所有这些征兆表明，主席一定又在布置战斗、调动敌人了。大胜利的消息不久就会传来！

但是，从前方传来的消息却不很好，敌人已经占领了绥德，眼看过几天就要到黄河边上了。直到现在却还没听到我军行动的消息，这是怎么回事呢？过去的经验告诉我们，敌人一向是听我们指挥，逃不出主席的神机妙算的，这一次究竟要怎么打呢？我们在焦急地等待着。

5月1日，主席在窑洞里又开了一夜会，天将黎明的时候，首长们才和衣躺下休息。突然在驻地的东南方向，响起了沉重的炮声。我们赶紧爬起来，只见主席披着灰棉袄，走出窑洞，问哨兵："是炮响吗？"

"是炮响！已经响了一会儿了。"哨兵回答。

主席没再说什么，反身走回窑洞，但脸上露出兴奋的神色。

一时住在院子里的人都起来了。主席、副主席顾不得休息，又紧张地工作起来。秘书拿着电报，飞快地往主席窑洞里走，只听见周副主席说："好！占了制高点就有把握！"接着又传出首长们愉快爽朗的笑声。这笑声立刻感染了我们，纷纷猜测是打什么地方。

大炮响了两天两夜，人们按捺不住激动的心情，一有空闲，就跑到窑背上眺望，可是什么也看不见。大家都有一个信念，只要打响了，胜利就是十拿九稳的。果然，不久前方传来捷报，我军收复蟠龙，全歼守敌6000多人，活捉敌旅长李昆岗，还用步枪打下了一架敌机。蟠龙是敌人的战略补给站，弹药、物资、军衣、白面，堆积如山。胡宗南这个运输队长当得真不坏，把我们所需要的东西都送来了，这一来，就更充实了我军打击敌人的力量。

一切疑云都廓清了。原来就在敌人寻找我军主力决战的时候，主席就命令我野战部队，用一个旅的兵力，把敌人9个旅，由蟠龙—瓦窑堡一线牵到绥德，随后又调动主力，抄了敌人的后方。敌人要再由绥德返回，最少也要六天，已经是来不及了。这个大胜利，使我们进一步体会到毛主席英明的军事思想，是战无不胜的。胡宗南进攻延安以后，整个西北战场上，我们只有两万多野战军，敌人却来了二十多万。以少胜多，就必须歼灭敌人的有生力量，在战争当中不断壮大自己。主席彻底摸清了敌人的规律，不仅指挥着自己的部队，而且也指挥着敌人。因此，两个月当中，敌人只能按照我们的计划行动。这不禁让我想起：早在胡宗南闯进延安以前，主席就确定，要在延安东北清化砭一带，集中优势兵力，歼灭一股进犯的敌人。果然，一切都不出主席预料，敌人以五六个旅，五万多人众，全副武装地扑往安塞。敌人只看到我们的部队公开往安塞撤退，却想不到我们主力会在青化砭一带，给他们以致命的打击！羊马河大捷，也同样如此。由于我军正确地贯彻了毛主席的军事战略思想，能够机动灵活，迅速勇猛，不避艰险和困难地连续作战，抓住敌人的薄弱环节，狠狠地给以致命性的打击，不让一个敌人漏网。因此，两个月以来，西北战场的形势，就完全改观了。

5月14日，在真武洞召开了万人祝捷大会，庆祝我军收复蟠龙的胜利以及西北战局的扭转。周副主席代表党中央和毛主席，向英勇的西北野战军指战员祝贺，并在会上宣布："党中央和毛主席仍旧留在陕北！"

"毛主席还在陕北！"这个消息，给指战员带来莫大的鼓舞。人们兴奋地欢呼着，跳跃着，把帽子丢上了半空。

毛主席亲自指挥着我们，全面胜利很快就要到来了！〔13〕

转战陕北的日子是异常紧张艰苦的，但毛泽东和周恩来、任弼时团结一致，默契配合，共同渡过了一道又一道难关。

龙飞虎回忆说：

1947年4月12日，中央纵队安然地转移到王家湾。

王家湾，村子很小，半边靠山，到处是黄土斜坡和成排的窑洞。毛主席、周副主席、任弼时等合住一孔大套窑。主席住大窑一进门靠左的小窑，任弼时住在主席对过的小窑内，周副主席等3人住的是窑的正中过道处。这儿还是首长们开会和讨论问题的唯一场所呢！

这座窑洞又破又黑，小窑除了安一铺炕、放一张小桌子外，一个人站进去，连身子也转不过来。主席却在这里住了一个多月，成天批阅公文，起草文件，讨论问题，忙得不可开交。

首长们生活在一起，互相关怀，无微不至。走路和说话都是轻声细语的。有的首长夜里办公，点起灯来，总是设法遮住半边，不让灯光影响其他同志安睡。有的首长白天休息，别的同志办公也都保持窑内安静无声。窑外一有吵吵的声音，周副主席便悄悄地走出来，以手指堵着嘴，示意大家说话要小声点。首长们这种高度的革命友爱精神，深深感动了我们，并增强了我们同志之间的团结友爱。

窑洞内空气极不流通，天气也渐渐热了起来。主席经常深夜伏在小桌子上，不停地挥着扇子，仔细地批阅电报，不断地标记着报告材料中的问题和数字，缜密地计算着，认真地思考着……

当我们到主席窑洞内收拾东西时，看到头天夜晚桌上放好的一叠洁白的油光纸矮了半截，另一边又新放着主席高高叠起的文稿。有时还散放着成页成页的写满了阿拉伯数字的纸张。一个夜晚，对我们来说是平凡无奇的，可是，毛主席却为夺取革命战争的胜利花费了多少心血啊！

当时山东和西北，是敌人重点进攻地区。这两个战场每次传来重大胜利消息之前，我们总是先看到主席深夜一手端着蜡烛，一手拿着红蓝铅笔，俯身在铺满着地图的小炕上，细心察看着、指划着、思谋着……使我们不难想到：他是在为我们全国人民筹划着胜利的明天。

黄昏的时候，主席有时到凉棚内歇凉，有时外出散步，每当这时候，主席总是关心地询问同志们的生活和学习情况。有一次主席问我："老虎，你看现在国内形势如何？"我回答道："形势大好嘛，胡宗南已陷入囚笼了！"主席和蔼地笑着说："是啊！现在连整个蒋介石政府也陷在全民包围之中了！"停了一下，主席又亲切地向我说，"敌人的困难，可比我们大得多！"主席说着，又用手向前方一指，说，"我们的困难是迎接胜利中的困难，是走向新中国过程中所遇到的一段崎岖的道路！"

主席工作之余，有时还到我们住的地方来看看。有一次主席细心地察看了我们住的小屋，然后关心地说："你们住的是差一些啊！"在主席周围的，大半是经过长征的一些老同志，大家都十分感动地说："主席住的还没我们这里宽敞呢！目前与长征相比，算是住上高楼了。"主席听了，很满意地点了点头。

我们住在王家湾，离敌人据点蟠龙只有百十里，敌人便衣特务很猖狂，有时竟跑到王家湾附近来窥探。河东的首长们时刻惦念着主席的安全，也为主席的健康担心。贺龙同志特地从河东把自己骑的两匹好马送来给主席，以便主席行动时，能顺利地上路。主席为此笑着对我们说："离开延安坐汽车，到青阳岔骑马，再走就要步行了。好马留给部队打仗用吧。贺老总南征北战，需要千里驹，我是可以安步当车的。"经主席这一说，我才想到了：主席住到王家湾后，经常长途散步，有时步行十余里，原来是为了适应下一步的行军，在进行锻炼呢！

当时，首长们生活很艰苦，常吃粗粮，细粮很少。周副主席每次都是争吃粗粮，把细粮留给主席吃。主席总是一再推辞，要把细粮留给身体不好的同志吃。至于油荤，更是很久不见了，就连青菜也吃不上，每餐的一点土豆，既是菜也是饭。有一次，我们跟随主席出去散步，主席指着路边的青灰菜说："这种野菜可以当菜吃，我在老家吃过，长征时大家都采它当饭吃！"经主席这一提醒，从此，我们一闲下来就出去采野菜。这样，首长们就增加了一样新鲜的菜了。

主席经常整夜工作，营养又很差，身体日渐消瘦。我看在眼里，很不安，晚上躺在床上想：党叫我照顾好主席的生活，我就是这样尽责任的吗？有一天，天没有亮，我就去找村长高老汉，想问问他附近哪里可以买到一只鸡。老汉自告奋勇地说："附近是买不到的，要不，咱上靖边一趟，那里也许能买到！"靖边离王家湾足足有60里路，来去要走两天。我不好意思麻烦老汉，便婉言谢绝："你在村里工作忙，年纪又大，去不得，还是我叫部队里的同志去吧！"老汉却生气地说："首长们住在村里，日夜为咱老百姓操心，吃的饭菜却同咱一样，咱们正犯愁呢！这一路胡儿子便衣探子很多，咱人熟路熟，上路万无一失，同志们去了，咱还不放心呢！"说来说去，拗不过老汉的好意，只得让他去了。

事情不巧，这天主席恰巧要我去请老汉来谈群众生活安排情况，我只好向主席说，老汉到靖边去了。第二天，高老汉回来了，我把瞒着主席买鸡的情况告诉了他，老汉满有把握地笑着说："没关系，我说得过去！"

买来一只鸡，总要做着吃呀！这下子可难坏了我。我编了很多话，打算来回答主席的查问。可是，主席早看透了我的心思，却和蔼地教导我："昨天高老汉来说，群众的口粮还没安排好。我们必须节衣缩食，来保证老乡们不受饿啊！你叫老汉去那么远给我买了只鸡，我能吃得下吗？要时刻记住：我们是人民的勤务员，要时时为人民着想，要处处与人民同甘共苦，不能有丝毫的特殊呀！你把鸡拿给副主席吃，他的身体不好，你看我的身体不是挺好吗？"主席说着，发出爽朗的笑声，亲切地看着我。

听了主席这一番教导，我又激动，又难受，一时不知怎么办才好。后来还是周副主席提议，让几位首长合伙吃了这只鸡，才把这件事收了场。

首长们这种艰苦朴素的生活作风和忠心耿耿为无产阶级事业日夜操劳的精神，对我们是最好的共产主义思想教育。我们跟随在主席周围的同志，虽然物质生活比较艰苦，却从来没有人叫过苦。

我们吃的是粗粮，睡的是老乡简陋得不能避雨挡风的马棚。棚内还堆着厚厚的一层驴粪，这是房东下种时的主要肥料，既不能弄出来失了肥效，也腾不出别的房子来堆积。大家想了个办法：在驴粪上铺一层土，大家就睡在上面；我们人多，马棚小，我和另一个同志只好睡到喂驴的木槽内。睡在驴粪上的同志，看见我们睡在槽里，便开玩笑地说："喂！楼上的同志，你们住上高楼大厦，可享福啦！"我们睡在槽内的人总是乐滋滋地回答道："你们睡沙发也不差啊！干革命嘛，不要计较物质享受嘛！将来到了共产主义社会，请你们都搬进天堂去住，好吗？"

生活是艰苦的，也是无比美好的。在那战火纷飞的岁月里，我们的生活实

在比一般人想象的要美得多啊！ [14]

西北战场三战三捷，使胡宗南大为震惊。他原以为共产党已成惊弓之鸟，却没有想到自己被毛泽东牵着鼻子走。他下了最大的决心，不把毛泽东赶过黄河决不罢休。

一场更加艰苦的斗争开始了，这是两军之间的角斗，更是统帅部智慧的较量。

阎长林回忆说：

转眼到了6月，我们播种的玉茭，已长出1尺多高，老乡们都忙着施肥锄草，满山的庄稼一片嫩绿，象征着一派丰收的景象。这时，胡宗南因为连遭惨败，恼羞成怒，就又派了刘戡，率领着四个多旅，向王家湾一带扑来。

司令部命令作好一切战斗准备，派出去做群众宣传工作的同志，也都纷纷返回。老乡们也忙着坚壁清野。毛主席特别关照说："敌人从东边来，我们要有计划地组织老乡撤退，不能让老乡乱跑，把我们行动方向告诉村干部，让他们带着群众转移。"当时有人担心这会暴露我们的行动方向，提议让老乡向其他方向转移。毛主席知道了，严肃地批评了这种意见，并指示一定要让老乡跟自己部队撤退，可以减少损失。现在军民已凝成一体，就应该对群众负责到底。已经向东走了的群众，要派人追回来。老乡们知道我们部队要向西面走，也就有了主心骨，一个个扶老携幼、牵羊抱鸡地向西转移。

天还没黑，附近老百姓已经走空了。我们接到命令，知道当晚就要出发，于是忙着收拾行李，备好牲口，等候命令。

一阵雷响，西边天上布满了乌云，快下雨了。主席和几位首长还在窑洞里开会，我们非常着急。虽说入夏以来还没有下过透雨，但是心里盼望着乌云快快散去，不然，行军途中，首长就要淋雨了。

主席走出窑洞，我们赶快把马牵过去。主席看看天空，解开制服衣扣，欣喜地说："这是一场好雨！"随后又安详地坐在小木凳上，一点儿也不像要走的样子。恰好，支队副参谋长汪东兴同志来了，他问主席说："主席，什么时候出发？"

主席说："慌什么吗？还没有看到敌人呢！"听主席这样说，我们更加着急了。想起撤离延安的时候，枪炮齐鸣，飞机轰炸，主席依然稳如泰山。如今主力部队已离开我们很远，这里只有四个连的兵力，连一门小炮都没有，几百条步枪，要抵挡住四个半旅美式装备的敌军，这个任务可太重了。副参谋长了解我们的心情，也不住地催促："主席，还是早些走吧，太晚了路不好走。"

主席笑道："我走过雪山，走过草地，就是没走过沙漠。不要着急，我们总是不会按照敌人的设想行事的，他想把我们赶过黄河，我们却偏偏往西走，路多得很哩！过沙漠也没有什么了不起！等一等看，胡宗南的兵到这里再走也不迟！"

主席在院子里来回走了两趟。居住了将近两个月的窑洞，仿佛有着无限的深情，在接受主席的检阅。主席低头沉思了一下，又回过头来对我们说："把窑洞打扫干净，再仔细检查一遍。"

天阴得黑沉沉的，我们点上马灯，首长们准备停当，跨上牲口的时候，稀疏的雨点掉了下来，果然遇上雨了。

临出院门，主席还站在窑洞前面问："房东还在吗？"我回答说："村干部已经带上他们转移了。"主席这才上马。

冒着细雨，顺王家湾村后，我们爬上了西边的山梁。虽然是6月天，但细雨迷蒙的深夜，还是有些凉意。越到山顶，风雨也就越大。首长们虽穿着雨衣，骑在马上，但半截裤腿都湿透了。路滑得一走一溜，天黑得伸手不见五指，人们都是跌跌撞撞地往前行进。牲口不能骑了，主席下了马，跟着我们慢慢上山。

天明到了小河。雨后，整个村子被一层薄雾笼罩，显得格外美丽。这里离王家湾40里。

根据侦察报告，敌人迂回部队，正和我们向同一方向前进。天黑下来，我们继续出发。刚刚转晴的天，又变了脸，下起大雨来。我们顺着山梁往上爬，忽然山下响起了一阵零落的枪声，同时发现左边一派火光，看不见头，望不到尾，一个火堆接着一个火堆。那是敌人，离我们不远。任弼时同志下了命令：不许打手电，不准抽烟。又走了一段路，前面忽然停下来，随后传来"原地休息"的命令。我们急出一头汗，情况这么紧急，怎么能停留呢？派人了解一下，原来是带路的老乡迷了路，到附近村子另找向导。为了防备万一，警卫部队立刻派一个排，带着三挺机枪，朝左侧山下，布置警戒。

风雨交加，环境异常艰险。敌人随时都有可能冲上山来，枪声时紧时慢，时远时近。我们的心几乎提到嗓子眼儿里。主席在一旁却说："这场雨下得好，再过半个月，就该收麦子了！"听到那镇定的话语，我们立时又安定下来。有毛主席在，任何最坏的情况也会变好的。

雨似乎小了些。黎明时刻，到了离田次湾五里路的一个小村子。主席一夜行军，没喝到一口热水，我们暂时停了下来，找到一间狭小而漆黑的窑洞，烤烤衣服，烧点热水。火烟弥漫了整个窑洞，呛得眼泪直流。我们让主席脱下鞋来烤一烤，主席笑笑说："烤干了还是要湿的呀，不如就这样穿着好。"

天大亮时，我们翻到梁顶，进入田次湾。部队和驮骡都在村头树下避雨，等候命令。这里的老百姓都已经转移了，二十几户人家，只剩下些空空的窑洞。

任弼时同志说："敌人也出发了，离我们只有二三十里地。"

主席说："就在这里休息吧，作好行军战斗准备！把警戒部队组织好，敌人来了，我们立刻就走；敌人顺沟过去的时候，我们就住下。"说到这里，向山下望了望说，"敌人可能往保安方向去了。"

果然，侦察员不断前来报告："敌人顺沟过去！敌人过完了！"主席说："好！我们住下。"

接着，主席给汪东兴同志布置了任务。

主席说："你带一个连，尾追着敌人，到延安去一趟。你得叫敌人两天两夜不睡才行哪！你的任务有两个：到枣园一带了解一下敌人的情况，都住在哪里？对老百姓怎样？再去看看那一带的老百姓，有回去的没有？他们有什么困难？要设法帮助解决。一路上你要机动灵活，遇上大股敌人就走，遇上小股敌人就坚决消灭他！"

"我一定坚决完成任务！"汪东兴同志说着就准备起身。主席又说："带一部电台，直接和我们联系吧！"

任务布置完了，汪东兴同志好像想起了什么，犹豫了半晌才说："主席，我带一个连太多了吧？你这里怎么办？"

主席温和地笑了，他握着汪东兴同志的手，坚定地说："你放心去吧，不要管我，我自有办法。"停了一下，又嘱咐了一句，"你回来的时候，我们也许离开这里了，到什么地方，还不能肯定，反正不会离开陕北的！"

"不会离开陕北！"这是多么有力的话语，这句话已经成为我们胜利的象征了！

汪东兴同志接受了任务，一切安置妥当，配备了电台工作人员，带着一支精干的武装，尾追着敌人，便向延安方向前进了。

刘戡带着四个多旅，像没头苍蝇似的，始终没找到中央机关的踪迹，只好垂头丧气地往回走。汪东兴同志那支队伍，正好揪住它的尾巴，刘戡还在纳闷，他万万想不到这里会钻出一股解放军，只好慌忙应战，一路上丢盔卸甲，滚回延安城去了。

不久就听说汪东兴同志深入延安附近，集合了五六个游击队，跟敌人展开斗争，同时还帮助老百姓抢收了几百担麦子。消息传来，毛主席称赞说："好极了，这个时候，收几百担麦子，比消灭了几百个敌人还有用！"过了半个月，汪东兴同志完成任务，胜利归来了。我们都去向他道贺，大家高兴地说笑着。我说："你回来了，'空城计'也唱完了！"汪东兴同志奇怪地问："怎么啦？"我说："保卫党中央和毛主席的，只有这么几个兵，你还带走一个连。如果你再不回来，别说打仗，连放哨也有困难了！"汪东兴同志笑着说：

"你着什么急呀！跟毛主席在一起，还不是稳如泰山！"记得延河边的石壁上刻着一句"胸中自有甲兵十万"，主席胸中岂止甲兵十万，而是胸中自有雄兵百万。[15]

师哲回忆说：

6月7日，中央从王家湾向西北方向转移。8日到达靖边县小河村，这时敌人被我牵着鼻子到达王家湾。敌军长刘戡住进毛主席住过的窑洞里，不过他们自己并不知道。敌人抓住了一个七十来岁的老汉和一个十岁左右的女娃娃，逼问他们毛泽东曾住在哪个窑洞里？到哪里去了？老汉和女娃娃都闭口不言。敌人把老汉吊在树上猛抽，女娃娃吓得又哭又叫，但他们始终没有吐露一句实情。

9日，毛主席一行由小河继续向西北方向的天赐湾前进。因遇大雨，向导迷失方向，一夜只走了几里路，直到9日黄昏才抵达天赐湾。这里只有七户人家，而敌人又正在奔袭小河，大家劝毛主席再向前进，而毛主席就是不走。大家都为毛主席的安全捏着一把汗，毛主席却成竹在胸。

他对敌人奔袭小河一线的行动是这样解释的："这次敌人从延安、安塞出动，奔袭小河一线之役，是蒋介石亲自部署的，而胡宗南、刘戡等仅仅是执行者。所以，只要他们的部队到达小河一线，就算执行了命令，完成了任务。至于结果如何，有什么收获，那他们就不管了，只要能向蒋介石交差就行了。其次，敌人到达小河，也不得不立即后撤，原因是他们只准备了4天的口粮。如果再驻下去，几个师的人马吃什么？"

事情的发展正是如此。毛主席的确摸透了蒋委员长的脾气和他部下的特点，敌人就像是在毛主席的调遣下行动似的。

毛主席在天赐湾住了一周，于6月17日又返回小河，在小河住了一个多月。中央于7月21日—23日召开了一次重要会议，即小河会议。晋绥、西北等解放区负责人彭德怀、贺龙、习仲勋等参加了会议。毛主席还特意要贺龙把米大夫从三交镇带去，为中央同志检查身体。米大夫在小河住了半个月后，又返回三交。

…………

这一阶段我军在陇东、三边打了两个战役。为了吸引敌人向北，8月1日，中央从小河出发，经绥德于13日到达阎家岔（地图标明的是延家岔）。敌人与中央相距一两天的路程。15日，敌占绥德。

17日，中央向葭县白龙庙前进，当天到达葭县，这时，敌人离中央驻地只有15里。毛主席下令向西北方向的葫芦河前进。在白龙庙渡过葫芦河，摆脱了追赶的敌军。

8月19日到达梁家岔，毛主席亲自到前线布置沙家店战役，这时我军主力已由榆林地区转回米脂前线。沙家店战役，是一次具有决定意义的战役。8月20日的这次战斗全歼敌36师师部和123旅全部、165旅大部，俘房敌旅长以下6000余人。

战役胜利结束后，8月23日，中央到了朱官寨，在这里住了一个月。毛主席在此写了《解放战争第二年的战略方针》，指出第一年作战"正确地采取战略上的内线作战方针"，已歼敌112万人，"并且在东北、热河、冀东、晋南、豫北举行了战略性的反攻，收复和新解放了广大的土地"。

文件规定"我军第二年作战的基本任务是：举行全国性的反攻，即以主力打到外线去，将战争引向国民党区域，在外线大量歼敌，彻底破坏国民党将战争继续引向解放区、进一步破坏和消耗解放区的人力物力、使我军不能持久的反革命战略方针"。

毛主席让我将此文翻译成俄文后交阿洛夫转交斯大林。〔16〕

这段艰苦的转战，给李银桥留下了深刻的印象。他回忆说：

转战陕北的毛泽东，对全国局势了如指掌。5月底，他在王家湾写了一篇政治评论《蒋介石政府已处在全民的包围中》，指出中国事变的发展，比人们预料的要快些，号召人民为中国革命在全国夺取胜利迅速地准备一切必要的条件。

黎明前总要有一段黑暗。"只会打败仗"的胡宗南，利用我军主力远在西线的机会，又派了刘戡，率领四个半旅向王家湾扑来。艰难的作战行军又开始了。

仿佛是要考验这支队伍的意志，傍晚出发时，一阵闷雷沿山梁滚过，天上落下大雨。队伍冒雨爬上西边的山梁，跌跌撞撞向前摸索前进，天明走到了小河村。

雨后大地起了一层雾，房屋树木在朦胧中浮动。这里距王家湾40里，队伍停下来休息。

半晌午，后方传来激烈的枪炮声，飞机也在头上嗡嗡叫嚷着盘旋。侦察员报告："警卫部队和敌人接上火了！"

战士们个顶个是英雄好汉，阻击在杨屹崂湾的制高点上，挡住刘戡四个半旅的轮番进攻，连续打退敌人三次集团冲锋。无论是机关枪还是大炮，都打不开这道防线，三个半小时，敌人寸步未进。直到完成任务，听到命令，警卫部队才主动撤离。

天黑下来，队伍继续出发。老天像是别有用心：队伍停下来，雨也停下；队伍一动，大雨跟着瓢泼而下。

我们爬上一道山梁，蓦然间发现左边山沟里一片火光，看不见尾，火堆一个接一个，将雨天烧得通红。那是追兵，就在我们脚下！

偏偏向导又迷了路。

毛泽东站在雨地里，站在冷气逼人的光秃秃的山梁上，时而仰望天空，时而俯瞰火光映红的山沟。敌人在沟里，我们在山上，前边传来命令："不许吸烟，不许咳嗽，更不许大声喧哗。"大家的心几乎要提到嗓子眼儿了，齐把目光投向毛泽东。

毛泽东习惯地吮吮下唇，开口了。可他说的完全是另一回事：

"这场雨下得好，再过半个月，就该收麦子了！"

这声音不但镇定，简直说得上逍遥。大家立刻松下心。有毛主席在，担心焦虑实在是没必要。

任弼时踩着泥泞走过来，说："主席，向导找到了，我们走吧，这儿离田次湾只有20里地了。"

摸黑走到田次湾，敌人也顺沟出发了。毛泽东慢条斯理地说："敌人上来，我们就走；敌人顺沟过去，我们就住下。"

侦察员不断来报："敌人顺沟过去了！""敌人全部过完了！"

毛泽东将柳木棍朝泥地上一戳："好！我们住下。"

这就是转战陕北时富有代表性的一幕。

1947年8月18日，可以说是转战陕北期间最紧张的一天。屡屡扑空，数次挨打的刘戡，重又率领七旅之众，朝我中央机关几百人的队伍紧紧追来。从绥德追到米脂，追到葭县，一直追到黄河边。

那几天，天天下大暴雨，身上衣服难得有干的时候。河水猛涨，汹涌澎湃，十几里外就能听到咆哮声。

毛泽东心情很不好。形势严重还在其次，最使他恼火的是队伍里议论纷纷，说要过黄河了。毛泽东历来看重说话算数这一条，轻易不许人反对或改变。他说过："不打败胡宗南决不过黄河。"

当时还没有打败胡宗南，屁股后面有七个旅的追兵，在这种情况下过黄河，毛泽东是决不答应的。何况，"毛主席还在陕北"已成为全国军民同国民党蒋介石殊死搏斗的精神支柱。大凡从那时过来的人都记得，一句"毛主席还在陕北"，那么千难万险、流血牺牲便全不在话下，当时就是这样。

周恩来指出，前面是葭芦河，过葭芦河不是过黄河。因为葭芦河在这里入黄河，老百姓叫它"黄河汊"。

最后还是决定过葭芦河。因为敌人已经占了对面山头，子弹在头上飞，朝地底下钻，距离已经很近了，而我们的全部兵力只有一个骑兵连、两个步兵连、一个手枪连和一个警卫排，总共900多人。敌人却有好几万。

任弼时负责组织过河。此时，河水暴涨，轰鸣之声震耳欲聋；巨浪一道接一道，铺天盖地而来！羊皮筏子刚一下水，立刻就像片草叶似的被狂浪掀翻卷走了。

前有大水，不可逾越；后有追兵，几万之众。当时形势就是这么严峻。我是十多年的老兵了，面对这种险情也不免有些焦急。

"给我拿支烟来！"毛泽东突然伸出两根指头要烟抽。声音不大，却像雷声一般传遍整个队伍：

"烟，得胜同志要吸烟！"

"得胜同志要烟抽！"

"烟！""有烟吗？""快找烟！"

转战陕北期间，毛泽东使用化名李得胜，即一定会得到胜利的意思。周恩来化名胡必成（"你必成"之意），任弼时化名史林（"司令"谐音），陆定一化名郑位（"政委"谐音）。因为毛泽东前段时间闹肺炎，已经戒烟。卫士们没有准备烟，且连日大雨，人人像从水里捞出来一样，去哪儿找烟？

"烟呢？给我一支烟！"毛泽东有点焦躁了。

值得庆幸的是，队伍里终于找到了能抽的纸烟。记得是马夫老侯用油布包藏着的。在关键时刻，他立了"大功"！

"举起来，不要举得太高，朝东南斜点，好！"周恩来指挥卫士们打开背包，用一条薄棉被遮护在毛泽东头上，并亲自扯起了被子的一角为毛泽东遮避风雨点烟。

毛泽东的卫士钻到被子下，把一支烟插到毛泽东右手的指间。"嚓！""嚓！"一连划了几根火柴，火光却只一闪便被风熄灭了。毛泽东几次把嘴凑过来都没有点燃，有点火了。

周恩来又叫另一名卫士，才把烟点着了。

毛泽东深深地吸了一口烟，紧接着又狠狠地连吸了几口，烟灰向下跌落着……

蓦然，毛泽东把烟头奋力掼在地下，用脚踩灭，嘴里还迸出一声："不过黄河！放心跟我走，老子不怕邪！"

毛泽东从这次开了烟戒，一直到八十岁才又戒烟。

毛泽东不慌不忙地顺着黄河汊向前走去。卫士们抢上前保护，都被他喝退。他走在前面，身后带着几百人的中央纵队，不要说敌人乱射击，就是一颗流弹，都有可能造成震撼历史的严重后果。

但是，敌人的几万追兵忽然停止了追击和射击，仿佛整个世界都沉默了，变哑了。毛泽东率领他的仅几百人队伍，大摇大摆地走过去……他们实在是让毛泽东打怕了。

毛泽东率队走到一座山下，仰面望望云遮雾绕的山峰，把目光转向任弼时，意思是：怎么样？

任弼时会意地点点头，下令队伍："上山！"并吩咐身边的刘长明参谋："让后面部队把上山的痕迹擦掉。"

正朝山上走的毛泽东，闻声折回身，将手中的柳木棍在山脚草坡上一戳，说道："擦什么？就在这里竖块牌子，写上'毛泽东由此上山！'"

同志们劝道："还是擦掉吧！敌人跟脚就会追来。"

毛泽东戳着柳木棍说："给我竖，我看他敢追？我看他刘戡到底有多大本事！"

毛泽东上山了。周恩来扯一下刘参谋，小声嘱咐："主席的安全关系全党全军。为防万一，部队过后，你们还是照史林同志说的办，把痕迹消除干净。"

走到半山腰，忽听山上传来几声枪响，毛泽东闻声停住脚。当时雨已经停了，他把草帽拿在手里扇凉，问道："是敌人来了吗？"他边说边找了块石头坐下，索性不走了，接着很轻松地说，"好吧，我等着，我倒要看看刘戡是个什么鬼样子！"

过了一阵儿，侦察员气喘吁吁地跑上来报告："是对岸民兵打枪，误会搞清了。"

毛泽东缓缓立起身说道："没有事？没有事咱们就走。"

在山坡上一个叫白龙庙的村前，毛泽东坐在一块青石上休息。这时阳光从云脚照射下来，他遥望黄河，忽然唱起了京剧《空城计》中的一段唱词。

白龙庙是个七八十户人家的村子，树极少，缺水。老百姓为了求雨求水，便在村里盖了一座白龙庙，村庄因此而得名。

就在毛泽东进村不久，雨又下起来。老百姓纷纷传说毛泽东是"真龙下界"，给他们带来了雨水。刘戡的几万追兵在山下安营扎寨，篝火望不到头。毛泽东在山上安安稳稳地睡了一夜。

…………

雨还在下个不停，我们几乎是被雨水冲着跌跌撞撞跑下山的。

山下一条小河发洪水，水流十分湍急。汪东兴和叶子龙指挥一批会水的战士连游带蹚到达对岸，去村里借来绳索和门板搭浮桥。水太急，门板不时被冲走，架桥工作进展缓慢。这时，追兵已经上山，山头上枪炮声大作。队伍里有些人心不太稳。

"我看还有段时间嘛。"毛泽东望望架桥现场，朝刘参谋吩咐道，"把电台架起来。"

真怪，电台一架，军心立刻安定了。毛泽东坐在我们用手撑开的棉军被下，审阅全国各战区发来的电报，并且用铅笔写下了一道命令，交刘参谋送电台发向各野战军司令部。

浮桥终于架好了。岸边垫土，河里垫大石头，再将对岸村里的门板铺在石头上。为了保险，有几名战士站立急流中充当"桥墩"。毛泽东走到河边，望着将衣服脱得精光站在浪涛中的"桥墩"，深受感动，眼圈不由得红了，迅速向队伍说："同志们先过。"

"请李得胜同志先过！"几百人的队伍异口同声地高喊道。

"请李得胜同志先过！""桥墩"们也发出动人心魄的呼唤。

毛泽东仍坚持要同志们先过，同志们恳求领袖先过。看到彼此争执不下，周恩来便来到毛泽东身边小声说："主席，你不过，同志们是决不会过的。快上桥吧，时间久了，河里的同志们会冻出毛病的。"

…………

行军一天，夜宿杨家园子。警卫排长阎长林同几名卫士点火烘烤湿衣。毛泽东坐在炕上，借着油灯查看军用地图。

柴草太湿，只冒烟不起火，窑洞里烟雾腾腾，对面看不清人。毛泽东"喀喀"大声咳嗽，阎长林擦着呛出来的泪水喊道："小李，快扶得胜同志出去透透气！"

我也咳个不停，一腿炕上一腿炕下去扶毛泽东："得胜同志，出去透透气吧……等烟散散，再看地图。"

毛泽东甩开我的手，用铅笔在地图上画了几处符号，然后自己下炕，一边咳，一边扶墙摸索着走出窑洞。

雨停了，天空露出灿烂的星汉。毛泽东立住脚，迎风作了一个深呼吸，用力咳出几口痰，擦擦被烟呛出的泪，开始在院子里散步。为了避开地上的积水，他走得很慢，步子时大时小。他听到我跟随身后的脚步声，停下步，两眼望着星空，慢条斯理地问了一声："你叫什么名字啊？"

主席终于同我说话了。我迅速立正回答："报告！我叫李银桥。"

"李……银……桥。嗯，哪几个字啊？"毛泽东依然不紧不慢地问道。

"木子李，金银的银，过河的桥。"

"银——桥。为什么不叫金桥啊？"

"金子太贵重了，我叫不起。"

"哈哈，你很有自知之明嘛。"毛泽东的口气转为热情，转身望着我问，

"你是哪里人呢？"

"河北安平县。"

"父母干什么呢？"

"我父亲种地拉脚，农闲时倒腾点粮食买卖；母亲操持家务，农忙时也下地干活儿。"

"我们的家庭很相像嘛。你喜欢父亲还是喜欢母亲？"

"喜欢母亲。我父亲脑子好，多少账也算不糊涂。可是脾气大，爱喝酒。吃饭他单独吃，他吃馒头我们啃窝头，稍不称心就打人。我母亲心善，对人好，我喜欢母亲。"

"越说越一致了嘛。你母亲一定信佛。"

"主席怎么知道？"

"你说她心善嘛，出家人慈悲为怀啊。"

"您……您母亲也信佛吗？"我问。

"我也喜欢母亲"。毛泽东说，"她也信佛，心地善良。小时候我还跟她一起去庙里烧过香呢，后来我不信了，你磕多少头，穷人还是照样受苦。"

"磕头不如造反。"

"好，讲得好。"毛泽东点点头，继续散步，走过一圈，又停下脚问，"怎么样，愿意到我这里工作吗？"

我低下头。怎么回答呢？唉，与其说假话落个虚假，不如闭上眼睛说真话，做个老实人。

"不愿意。"我小声喃喃着。

一阵难熬的沉默。

毛泽东终于轻咳一声，打破了沉默："你能讲真话，这很好。我喜欢你讲真话。那么，你能不能告诉我，你为什么不愿意在我这里工作？"

"我干太久了，从1938年参军，我一直当特务员、通信员，我想到部队去。"

"噢，三八式，当卫士，进步是慢了些。就这一个原因吗？还有没有别的原因？比如说，在恩来那里当卫士就愿意，来我这里就……"

"没有，绝没有那个意思！"我叫起来，"我一直想到部队去。我在周副主席那里也说过这个意思。我在他那里干过一段，他了解我的情况。形势缓和后，提出走的要求也容易。如果到主席这里来，怎么好刚来就提出走？"

"你怎么知道我会不放你走？"

"主席——恋旧。"

"什么？恋旧！你听谁说我恋旧？"

"反正我知道。"我说，"听人说你骑过的老马，有好马也不换；穿过的衣物，用过的笔砚茶缸，一用就有了感情，再有了多好的也不换。就比如你那根柳木棍，不过是孙振国背行李的木棍子，有了好拐棍儿你肯换吗？我们要是有了感情，主席还肯放我走吗？"

　　"哈哈哈，"毛泽东笑了，"小鬼，什么时候把我研究了一番？嗯，可是我喜欢你呢，想要你来呢。怎么办？总得有一个人妥协吧？"

　　"那就只好我妥协了。"

　　"不能太委屈你，我们双方都作一些妥协。"毛泽东认真地望着我说，"大道理不讲不行。你到我这里来，我们只是分工不同，都是为人民服务。可是，光讲大道理也不行。三八式，当我的卫士，地位够高，职务太低。我给你安个长，做我卫士组的组长。"毛泽东略一沉吟，做了个手势，说，"半年，你帮我半年忙，算是借用，你看行不行？"

　　"行！"我用力点头。

　　"好吧，你去找叶子龙谈谈。他对我更了解。"毛泽东将手轻轻一挥，我便轻松地退下。他独自回窑洞办公去了。

　　后来我听说，毛泽东在与我谈话前，已经知道我不愿来，但他还是对叶子龙和汪东兴说："你们不要再考虑别人了，我就要他！"

　　这就是毛泽东的性格。[17]

　　1947年7月下旬，毛泽东来到陕北靖边县小河村，在这里召开了一次重要会议。会后，为配合刘邓大军跃进大别山，毛泽东部署了佯攻榆林，调胡宗南主力北上的行动。胡宗南果然中计，尾随而来，毛泽东一行的处境十分危险。

　　阎长林回忆说：

　　中共中央机关在小河村住了四十多天，新的战斗序幕揭开了！8月初，西北野战军的主力部队直逼榆林。胡匪军慌了手脚，忙把队伍从南线调往北线，以解榆林之围。一路由钟松率整编36师自志丹、安塞一带，顺长城东进；一路由刘戡、董钊，统7旅之众，顺咸榆公路北上。蒋介石亲自飞往延安督战，敌人的阵势完全被打乱了。

　　小河村，正当敌人进攻的矛头。根据侦察员报告，敌人的"快速部队"正向小河猛扑。中央机关决定转移。7月31日晚上，主席叫我们把借老乡的用具，一一清点归还，损坏了的，照价赔偿，并且挨门挨户向老乡道别。不一会儿，任弼时同志又召集排以上干部开会，作了动员。他说，这次行军任务是艰巨的，敌人企图封锁绥（德）、米（脂），把我们包围在无定河以西。我们要粉碎敌人的阴谋，抢先赶过绥德，寻找机会消灭他。因此要求大家发扬艰苦顽强的战斗精神。会后，任弼时同志又去查看警卫部队阻击敌人的阵地。看来情况是相当急迫了。

8月1日清晨，毛主席和首长们都起来了。老乡们知道我们要走，三五成群地起来送行，立时把院子挤得满满当当。

大队已走远了，老乡们还围住首长不放。主席说："大家请回吧，我们不久还会回来的！"老乡们前簇后拥，把首长们送出村口。主席走出好远，还不住地回头招手。周副主席也连连招手，向群众告别。

队伍沿着大理河川向东进发。河道时宽时窄，依山回转，一路上，来回只见过河。有的地方架个小桥，有的地方搁着几块石头，骑马倒显得累赘，主席索性下马步行。一路上跟我们说说笑笑，遇到河水浅的地方，主席就踏着河里放的石头，三脚两步地跳过去。有的地方水深，没放石头，也没架桥，主席连鞋袜也不脱，跟我们一起蹚水。大家走一路，唱了一路歌。

陕北的8月天气，早晨还是清清凉凉，太阳一当顶，立刻像发了大火。大家的衣服汗湿得要流下水来，石头好像也烤得冒烟。渐渐地，歌声断了，大家热得只是张口喘气。主席是最能体察同志们情绪变化的，见大家沉默不语，便把头上戴的草帽取下来扇了扇说："同志们很辛苦啊！"一句话把大家的兴致又鼓了起来，七嘴八舌地说："这才走了几步，哪说上辛苦！这比长征差远了！咱们苦啥？想走就走，想停就停。敌人才苦呢，老叫咱们牵着鼻子走！"主席笑道："说得对！敌人的命是苦哇，人地生疏，从南到北，又没有群众支持他们，拖也被我们拖垮了！我们吃点苦，可是换来了胜利。"

傍晚到了青阳岔，这是个靠近沙漠的小镇子，4月间路过时，主席曾在镇公所住了几天，并且在这里发出了《用坚决战斗精神保卫和发展陕甘宁边区和西北解放区》的指示（指中央1947年4月9日的通知）。那时候，敌人刚侵占延安不久，气焰正盛。仅仅过去五个月，我们打了几次大胜仗，敌人就已经疲于奔命了。现在，战局正循着主席指示的方向发展。只是这次长途行军，中央机关后边背着五六万敌军，这担子也够沉重啊！可是我们相信，只要把敌人调动过来，胜利终归会属于我们。

…………

对我们来说，行军本算不了什么，可是在主席和首长们说来，情况就不是这样简单。主席不但要策划全国各战线的人民革命斗争，而且要直接指挥西北战场的人民解放战争。行军途上，哪怕是临时休息，报务人员也马上架起电台，让主席跟各地通报。一到宿营地，不等卸下马褡子，主席就开始办公，批阅电报，起草指示；端起饭碗，手里还离不开文件。周副主席和其他首长也同样如此。不管炕沿、缸盖、碾盘、石头，随处一坐，就是办公桌。别人行军，他们也行军；别人休息，他们却不得休息。因此比平日驻留一个地方，更显得劳累、忙碌。

越靠近绥德，行军速度越加快了。这几天，榆林前线不断传来胜利消息，西北野战军已扫清外围，消灭敌军五千多人。敌人急如星火赶往应援，因此我们必须赶在敌人前面抢过绥德，把敌人牵到我们指定的地区。主席尽管劳累，仍大踏步走在前边。11日夜间，翻上一架山梁，主席忽然问道："现在几点了？"我说："2点50分。"主席说："好！我们的部队已经撤离榆林战斗了！"

战局真是瞬息万变！还是小河会议的时候，我们不少人就已知道，出击榆林、诱敌北上，有重大战略意义。不仅直接配合陈谢大军南渡黄河，使敌人应接不暇，同时拔掉这个反动堡垒，也解除了我们的后顾之忧。缴获的军用物资，又可以支援解放战争。可是为什么忽然又要撤退呢？我以为自己听错了，便问了一句："主席，咱们主力撤出榆林战斗了？"黑夜里，看不清主席的面容，可是语调无比坚定："我们要选择有利时机，打他的援兵！这一下，敌人的阵势就乱了！"——原来钟松匪部已自长城一线进抵榆林附近了。

…………

到李家崖，正是下午。我们把马褡子抬到阴凉下，主席和首长们又聚在一处开会了。吃过饭，主席才斜靠着马褡子坐下。我们劝主席进屋休息，主席说："马上就要出发。敌人离绥德近了，我们要赶过他才行。"随即站起来走了几步，好像要驱逐困倦似的。

60里急行军，来到黄家沟，这里离绥德只有30里。深更半夜，人困马乏。正待烧水做饭，谁知来了报告："刘戡率领7个旅，正猛扑绥德。"任弼时同志忙来请示。主席决然地说："敌人是快速部队，我们也是快速部队。我们还要赶过敌人！"

夜漆黑，黄土黏泥的路非常难走，前面就是绥德城了，我们加快了脚步。绥德大桥横在眼前，桥头有民兵把守，四外静寂无声。我们过了桥，到底把敌人甩在后面，敌人要把我们截在无定河以西的狂妄意图完全破灭了！

…………

一过绥德，部队行动方向转为正北。刘戡扑了一空，立刻又尾追上来。主席得到报告以后对周副主席说："好哇！敌人可以不吃不睡，我们也可以不睡不吃。走！"于是部队一路疾进。

表面看来，中央机关的处境非常艰险。前面是自榆林南下的敌人节节进逼，后边又有刘戡7旅追兵，两路敌人将近10万人马，齐头向我们压来。这一次敌人又企图把我们中央机关和主力部队压缩在无定河和黄河之间的狭小地区。我们不理会这些，仍照预定路线继续行进。当部队到达井儿坪的时候，骑兵侦察报告，敌刘戡距我60里，已经宿营。我们也正准备宿营，接着又有情报说，北路敌人已到了米脂城北的镇川堡。于是部队未肯久停，继续赶路。

连日急行军，主席不吃不睡，因此异常疲劳，刚一上马，就晃了一下。主席忙又跳下，大步走去。我们看出主席是在极力抑制困倦，忙支好担架。主席笑道："怎么，又让我上担架吗？"我说："主席太累了，同志们都愿意抬呀。"主席边走边说："大家也都很累呀！你们愿意抬，我可不愿意坐！长征时也准备了担架，一路上都是抬病号和伤员。坐担架可不是好事，不是生病，就是负了重伤！"我们都禁不住笑了。

白天行军，太阳像贴热膏药，紧紧贴在身上，胸前背后都成水洗的了。我们心里更紧张，时刻担心着首长们的安全。看行军方向，是奔葭县。有人就揣测着，是不是会过黄河？有人又提议应该劝主席和首长们先过河，摆脱敌人，在河东指挥作战，不是一样吗？正议论着，后面忽然有人报告，周副主席病了。主席听了一怔，问清情况，便说："快拿担架去抬周副主席！"

我们赶忙抬着担架往回紧跑。原来周副主席过于劳累，流鼻血了，正坐在草地上休息。我们忙把担架撑开，周副主席说："你们快点去照顾主席，我一会儿就好的。"大家再三劝说，周副主席才坐上去。

…………

说着，已走到主席跟前，周副主席又要下地行走，主席忙把他按住。在担架边走了一程，主席微笑着对我们说："养兵千日，用兵一时。你们的担架，到底用上了，这叫作有备无患。"大家都笑了。

离米脂20里，部队便离开大路，转向东边的山沟里。半天光景，到了一个集镇，叫乌龙铺。

…………

在乌龙铺住了一夜，又向东走。傍晚忽然下起大雨，雷声隆隆，电光闪闪，白花花的大雨斜着从天上倒下来，水从头顶流到脚跟，每人身上都像有无数股喷泉。雨大风狂，推着人走，哪还睁得开眼？队伍无法行进，只好进了村子。

这里是曹庄。找到个破窑洞，主席、周副主席连忙召集开会，研究行动路线。衣服上的水流了一地。

…………

不到1小时的工夫，消息传来，刘戡匪部自乌龙铺又出动了。任弼时同志报告了主席，主席说："好吧！敌人这么积极，我们也起身吧！"

雨势凶猛，黎明时，雨才住了。部队来到葭芦河边，山上山下，到处是白花花的水。葭芦河突然比往常宽了许多，把路挡住了。

这个意外的情况，急得我们满头冒汗。河的两侧是高不见顶的大山，中间是湍急的水流。按时间算来，后面敌人离我们顶多有30里。地形这样不利，只有这一点警卫部队，能不能坚持到首长们安全转移呢？再看主席，正和首长们坐在一块大石头上开会，有说有笑。忽地，后边传来密集的枪声，不一刻工夫，大炮也轰轰响成一片。原来是野战军的一部，已在侧击敌人。只见主席从容地站起来说："好，就这么办！"任弼时同志立刻命令出发。

部队临时改变了方向，突然由东向西北方向行进。西北边是高峰陡壁，山路崎岖，下边还有羊肠小道，上边但见云雾缭绕，甚至连小路都找不到了。主席下了马，招呼说："上山吧！"大踏步走到前头去了。汪东兴同志特别告诉后边的警卫部队，把转移时路上的痕迹去掉。主席说，"没有问题，就是在这里竖块牌子，注明'毛泽东向西北山上转移'，那些蠢货也毫无办法。"听主席这样说，大家都笑了。周副主席含笑对汪东兴同志说："有备无患。还是去掉吧，让敌人多找一会儿也不错！"

走到半山，山下又响了几枪。周副主席停住脚步问道："怎么回事？"主席也站住了，把草帽拿在手里，慢悠悠地说："是敌人来了吗？"找了块石头坐下，又说，"好吧，我们等他，看看是个什么鬼样子。"后边有人前来报告，是对岸民兵打枪。误会弄清了，主席才站起来说："没有事，咱们再走！"

…………

就在山顶上，有个不大的村子，叫白龙庙。居高临下，形势险要。周副主席觉得主席过于疲劳，打算在这里宿营。周副主席说："这地势对我们有利，司令部可以住在这里。"主席也说："对，就在这里住下。把警卫部队布置好，敌人要上山，还可以打他三个多钟头，到那时再走不迟。"

天黑的时候，敌人在蒇县以西一带，点起了大火，烈焰冲天，山上看得真切，好像近在咫尺。汪东兴同志忙去向周副主席汇报，副主席出来看了看说："把警戒部队布置好。不要告诉主席，让他好好睡吧，他太疲劳了！"谁知主席在屋里听到了，大声说："汪东兴啊！不要担心，现在不是他们的天下，是我们的天下了！"

后半夜下起了大雨，山下的敌人，被水冲得呜呜呀呀，乱吼乱叫，又是打枪又是打炮，给自己壮胆。我们却一夜好睡。

清晨，雨下得更猛，整座山，白茫茫的，像挂了瀑布。我们下山的时候，简直是被水推着走，脚也站不住。马是不能骑了，主席就跟我们挽着手走。

下到沟里，往北，到了蒇芦河上流。大水淹没了河床，也不知有多宽。先头部队找到一处最窄的河面动手架桥，那里跨河有两座巨石，正好当桥基。只是水势湍急，看了叫人头晕。

主席走到河旁，仔细观察了一会儿，并且拿起一根树枝，插到河里测流速。周副主席和任弼时同志早忙着去指挥架桥了。

突然，白龙庙方向枪炮齐响。轰隆隆的爆炸声，就像在我们头顶。我们的警卫部队和敌人接了火，眼看这里就要变成战场了！主席回身望望山头，神态自若地在岸边来回踱着。架桥的战士们都脱光了衣服，拼着全力，把绳索、木杆往对岸扔，想搭起个架子，好铺木板。河宽水急，有些木杆落在河心，叫水冲走了。情况这样紧急，桥一时又搭不起来，汪东兴同志忙来请示主席，要设法先护送主席过河。主席摇摇头说："不，我留在这里！你想办法先把秘书、译电员和文件送过河去吧！"

不一会儿，按照主席的吩咐，机要人员都伏在未加鞍子的马上，顺着水势泅过河去。

战斗更加猛烈，架桥工程进展仍很缓慢。机关人马全会集在河滩上，偏偏敌机也冒雨出动了。主席全不在意，回身对参谋人员说："把电报拿给我看！"遂坐在一块湿漉漉的青石上，聚精会神地翻看电报。一时电台也架起来了，河滩上响起"嘀嘀嗒嗒"的声音。

领袖的从容镇定，给我们增添了力量。浮桥剩下最后一截，老乡们又拉来许多门板和木料，协助我们一一横放在绳索上，浮桥架起来了。主席这才站起来，走在前面，大踏步过了浮桥。其他首长也一一过去。

……………

早晨，起了风，吹散了乌云。一股股白色的雾气，从山谷里升起。中央机关当天由杨家园子出发，开往靠近前线的地区。天黑来到梁家岔，这里距沙家店20里路，只有六七户人家，几百人挤在这里，简直没有插足之地。勉强给主席和首长们借到两间窑洞，又给工作人员弄了一间小窑，其他人员全部露宿。于是河滩旁、崖畔下、山坡上，都住满了人。安置就绪，主席要我们轻装。我们一怔，这一路几次遇到紧急情况，都没有轻装，如今钟松已成瓮中之鳖，为什么还要轻装呢？主席说："你们也知道，我们要在沙家店一带和敌人有个大的战斗。两方主力都集中在这里，地区又狭小，打得好，我们就转危为安，暂时不走了；打不好，我们就过无定河，再往西走。"

我们立刻恍然大悟。主席经常教导我们：事情要往最好的方面努力，往最坏的方面设想。尤其是指挥作战，总要同时设计几个方案，打好了怎么办？打不好又怎么办？条件起了变化又怎么办？甚至连天气变化，都要估计在内。把各种情况考虑周到，才会争得主动，立于不败之地。所以尽管这一战，我们有必胜的把握，主席还是嘱咐我们要作好应变的准备。这不是过虑，因为敌人将近十万人马集结在这个狭小地区，准备作困兽斗。何况钟松"援榆有功"，刚受过蒋介石的嘉奖，气焰正盛呢！于是我们马上动手，该烧的烧，该埋的埋。

不一刻工夫，司令部和西北野战军总部接上了联系，原来他们就在离这里十几里路的一个村子。主席下令，立刻架好电话线，要和前线直接通话。

电话铃"丁零零"响起来。

电话就放在外窑的木桌上，主席大步走到跟前，拿起电话就说："是呀，我是毛泽东！"

那声音沉着而坚定，饱含着力量和信念。自从敌人侵占延安以来，主席一直是使用代号，今天才第一次用这个伟大的名字，这说明，形势大大改观！当前线指挥部报告了敌36师被围的情况时，主席又大声地说："好！和全体指战员讲清楚，这是对整个战局有决定意义的一战，要坚决、彻底、干净、全部地消灭敌人，不让一个跑掉！"

窑洞里，首长们紧张地开着会，饭也顾不得吃。墙上挂满了地图，炕上、桌上，也都铺满了地图。主席守着电话机，不曾离开一步，随时听取敌情变化的报告，发出战役部署的指示，随后又往作战地图上作着标记。因为随身带的蜡烛点完了，屋里只点了一盏棉油灯，灯光幽暗，还照不到几尺远，因此查看地图非常困难。主席全不在意，一直忙到深夜。

电话铃一阵阵响着，主席和周副主席都是通夜未睡。作战参谋拿着资料出出进进，几乎所有的人，都围上去探听消息，作战参谋只笑嘻嘻地摆手，我们不放他走。主席听见了，忙放下电话，走出窑洞，神采焕发地说："你们到山上听炮声去吧！炮声激烈时，来向我报告！"

…………

得到主席的指示，我们飞奔上山。这时雨过天晴，一轮红日喷薄而出，四野静寂无声，只有风吹茅草沙沙作响。大家怀着难耐的心情，挨到黄昏，仍没有听见战斗的信号。这是怎么回事？

一会儿来人换我们回去吃饭。只见主席仍对着话筒，跟前线指挥部通话。听说主席整天没有离开电话机，前线上发生的一切变化，都及时传到这里。主席甚至也问到战士们工事挖得怎样。我们进去报告了，主席移开电话筒笑道："不要着急，还不到时间呢！这就快了！"

果然，一语未了，西南方向轰隆一声巨响，无数巨炮，一齐怒吼，霎时间，天崩地裂，震得窑顶唰唰落土。主席和首长们，都站了起来，走出窑洞。山上瞭望的人，一路飞跑，兴奋地叫道："打响啰！打响啰！"人们从四面吆喝，欢呼。主席微笑着说："好！这回看胡宗南怎么交代！"

…………

主席和首长们又工作了一个整夜，天微明时，刚擦把脸，运送伤员的队伍，从沙家店战场下来了。主席立刻指示机关人员全体总动员，组织临时救护站，烧开水、煮稀饭；医生们一齐出动，给伤员换药、裹伤。机关里的牲口，也都拉去运送伤员。周副主席还亲自出来检查督促。

当人们正为着伟大的胜利而欢欣鼓舞的时候，我们的领袖却又走在了时间的前面，考虑着下一步继续歼灭敌人的问题。只见他片刻也不休息，忙着查看地图，发出指示，详细地部署着，周密地计划着、思考着。主席沉浸在工作中，完全废寝忘食了。经我们一再提醒，才少进了些饮食，又匆匆赶到野司驻地后东原村去开会。将领们远远地迎了出来，主席说："打得好啊！"将领们喧笑着，抢着和毛主席握手。都说："主席瘦了！"主席笑吟吟地说："瘦了走路方便！"有个旅长说："主席啊，你们几次遇到危险，我们可真担心呢！"主席说："我也替你们担心呢！那么多敌人，如果你们打了败仗，陕北战争的胜利就要推迟了！"那个旅长说："那也不怕！打得赢就打，打不赢就走。走路，敌人是比不过我们的！拖也把他拖死！"又一个旅长说："我们的胃口也大了，敌人以为我们只能吃他小股，都往一处集中，恰好叫我们吃上大头！只是便宜了刘戡！"主席笑道："不会便宜他的！还得把他拖住，来个会战！原来我们计划消灭他十几个旅以后，就可以反攻，现在还没消灭这么多，看来敌人的日子就不大好过了！胡宗南是个没有本事的人，阴险恶毒，志大才疏。他那么多军队，拿我们没一点儿办法！我们打了这么多次，没吃过一次败仗。他的本事，就是按我们的计划行动。"随即又补充了一句，"那有什么办法？我们那样想，他就那样办……"将领们都哄然大笑。说着，进了窑洞。大家请主席坐下休息一会儿，窑洞很小，炕上坐满了人，有的还挤在门外面，把着窑门坐着。歇了一会儿，主席又说，"陕北战争已经翻过山坳，最吃力最困难的时期已经过去了。战争的主动权，掌握在我们手里。当然我们还有困难，不是军事力量的对比方面，而主要在粮食方面，没有粮食是不能打仗的。边区粮食少，我们就不在这里打了，我们要打出去！到胡宗南家门口和他打，还要吃他的东西。这是个便宜事哩！"将领们又哄笑起来。主席接着说，"沙家店一战，把敌人的嚣张气焰完全打掉了！形势对我们非常有利，我们要找机会再打几个这样漂亮的胜仗，到那时候，陕北的敌人，就没有立足之地了。"

会后，主席又到村南制高点，视察了歼灭敌36师的阵地。

回到梁家岔的时候，天已经黑了。因为村子太小，整个机关已转移到朱官寨宿营。周副主席和任弼时同志等着和主席一起上路，因此主席没有停留，就又起身了。

顺着河沟，全是石头子路，夜黑无光，马蹄时时碰出火星，一路上跌跌撞撞，20里路，好像老走不完。偏偏老青马的铁掌又磨掉了。主席爱惜牲口，不肯再骑。还说："骑在马上要打瞌睡！"主席已将近三天三夜没有睡眠，我们恨不得快些赶到地方，好让主席休息。于是破例地打开了随身带的手电，在前头照路。哪知到了朱官寨，号房子的同志说，主席的住处在后沟，离这里还有两里路，那里要清静些。主席忍不住笑了："我现在不需要安静，只需要睡觉呢！"同志们临时腾出一孔窑，可是刚一落脚，首长们却又开会了。亲爱的领袖，为了争取革命的胜利，付出了多少心血啊！在极度的紧张和劳累之后，甚至连片刻的安睡都这样难得。他把全部的精力和智慧，都献给了人民的解放事业！[18]

李银桥回忆说：

毛泽东又是通宵工作，他时而查阅地图，时而凝神默想，时而抓笔圈图。

…………

一个成熟的歼敌计划萌发出来。

毛泽东向周恩来谈了自己想好的一个歼敌计划："钟松自以为援榆有功，狂妄到了横行无忌的程度。他的36师一到镇川堡，立刻分兵两路，派123旅东进乌龙铺，他奔沙家店，企图与刘戡部会合，迫使我军背水一战。敌强我弱，形势对我们似乎很不利。其实不然，我们是有惊无险，他们可是走入绝地。我看，在沙家店给他布个网，36师绝没处逃！"

周恩来完全赞同毛泽东的想法。两个人研究之后，具体作战方案很快便确定下来。电话尚未架设通，毛泽东命令警卫员马汉荣和邵长和将作战方案直接送到了西北野战军司令彭德怀手中。

第二天清晨，起了风，乌云散去，山谷里涌出一股浓雾。毛泽东说，沙家店战役对整个西北战局有着决定性意义，梁家岔距主战场沙家店10公里，他可以在梁家岔就近指挥战役。

梁家岔只有二十来户人家，坐落在靠山顶的东坡。中央机关几百号人马，在数万追兵面前显得敌众我寡。但在这小村子里显得声势浩大，简直挤得无插足之地。勉强给毛泽东和首长们借到两间窑洞，又给工作人员弄了一间小窑，其他人员全部露宿。于是，崖畔下，大树周围，以至于老百姓的牲口圈都住满了人。

不久，司令部与西北野战军总部的电话接通了。毛泽东立即下令："要彭总，我要跟他直接通话。"

很快，电话铃响起来了。电话放在石板锅台上。毛泽东几步走到锅台旁，抓起电话听筒："喂，是呀，我是毛泽东！"

我们这些守在窑洞前的工作人员好似听到一声春雷，都兴奋地跳起来。从1947年3月撤出延安以来的近半年时间里，毛泽东一直使用化名李得胜，今天是第一次公开恢复使用毛泽东的名字！这说明形势发展已经到了一个伟大的转折点，敌人就要走下坡路了！

彭德怀司令员在电话中报告了敌36师被围的情况。毛泽东听后大声说："向全体指战员讲清楚，这是对整个战局有决定意义的一战，要坚决、彻底、干净、全部地消灭敌人，不让一个敌人跑掉！"

彭德怀又汇报了几句，毛泽东仍大声说："要挖壕！侧水侧敌，大意不得！"

过了片刻，毛泽东大概是针对彭德怀的请示，大声说："初战一定要打赢，赢了就争得主动……部队没有粮食了？没有粮食就杀马吃！打完仗再说！"

放下电话，毛泽东回头问我："银桥，我们还有酒吗？"

毛泽东不善饮，即使喝一杯葡萄酒也会脸红，所以极少喝酒。但是有两个例外：一是安眠药用完的时候，他为了睡觉，要喝一杯。喝一杯就会晕，喝三杯肯定躺倒。另一种情况就是打仗或者写作，连续几天不睡觉，也需要喝点酒，以刺激神经兴奋。酒对毛泽东好像既能提神又可以安眠，关键是掌握好用量。

这段时间恰好安眠药告缺，我为他备下了酒。听他问酒，我忙回答："要什么酒？白酒行不行？"

"不要白酒。"毛泽东想了想，摇摇头，风趣地说，"钟松没有那么辣。"

"那就拿葡萄酒？"

毛泽东想了想，又摇头说："这一次敌人有十几万，我们又是侧水侧敌，仗也没有那么好打……嗯，有白兰地吗？"

"有！还是外国货呢。"

"我看就是白兰地吧！"毛泽东的手指头敲在地图上，敲在被红色箭头（表示人民解放军）包围的蓝圈里（表示敌军），敲在钟松的"脑壳"上。看来他把钟松划入白兰地的水平：没有白酒辣，也不像葡萄酒那么柔和。

我拿来白兰地，放在地图旁。酒瓶旁边放着一盒烟，一盒火柴，酒瓶另一边按顺序摆开油灯和蜡烛，锅台旁摆着一张帆布躺椅。

战役打响后，毛泽东便守在电话机旁，一边和前线联系，一边查看地图。前线无大事，就看解放区各战区来的电报，或回到锅台旁写电文。电话铃一响，放下笔，又去抓听筒，听取前线指挥员的汇报，作出各种指示，下达各项命令。脑子疲劳了，就呷点白兰地刺激刺激。烟是一支接一支地吸，茶水更是不断。泡过水的茶叶用手指头一抠便进了嘴，嚼一嚼咽下去。头一天是一包茶叶冲三次水后才吃掉茶叶，到第三天已经是冲一次茶，喝完水就吃掉茶叶。他决不出屋，也不上炕，累到极点就在帆布躺椅上闭目养几分钟神，眼皮一掀就又接着工作。

第三天清晨，天又下起雨，其势凶猛，如注如浇；雷声隆隆，大地颤动。我们看到秘书和作战参谋跑进跑出，便有几个人围上去打探消息。

毛泽东忽然走出窑洞，朝大家喊道："你们到山上听炮声去吧！炮声激烈时，来向我报告！"

哈，原来不是雷声而是炮声！大家都欢呼跳跃着朝山上跑去。

我不能离开主席，守在窑洞里。我军在两小时之内，便将敌36师的一个旅歼灭，活捉了敌旅长刘子奇，实现了毛泽东首战必胜的计划。另一支部队也把企图增援钟松的刘戡部队阻击在葭县一带。

司令部里最热闹的是电台。从收听到的敌台得知，钟松惊恐万状，急于突围。胡宗南在无线电上，指名道姓地骂钟松，命令他"固守待援"。刘戡遭阻击，生怕被我军消灭，在黄河边上打转转。胡宗南又指名道姓大骂刘戡，下令要把刘戡撤职查办。沙家店战役序幕一揭，敌人便乱成一团。乱归乱，却是规规矩矩地照着毛泽东为他们摆下的棋子一步一步走的。

沙家店战役打了三天两夜。毛泽东三天两夜没出屋，不上炕，累了就坐在帆布躺椅上养养神。吸掉五包烟，喝掉几十杯茶。没有大便，小便不计其数。歼灭钟松的36师，俘敌6000余人。这一战役的胜利，标志着西北野战军反攻的开始和国民党军对陕甘宁解放区"重点进攻"的彻底破产。毛泽东很是兴奋，挥毫给彭德怀写了十二个大字："谁敢横刀立马，唯我彭大将军。"

写罢，毛泽东把笔一掷，抓起剩下的大半瓶白兰地酒，晃一晃："拿错酒了。"

我说："什么敌人遇见主席，白酒也得变成葡萄酒，想辣也辣不起来。"

沙家店战役结束后，毛泽东对我说："银桥，你想想办法，帮我搞碗红烧肉来好不好？要肥的。"

我说："打了这么大的胜仗，吃碗红烧肉还不应该？我马上去搞。"

已经三天两夜不曾合眼的毛泽东疲倦地摇摇头："不是那个意思，这段时间用脑子太多，你给我吃点肥肉对我脑子有好处。"

我告诉厨师高经文，他烧了一碗红烧肉，毛泽东先用鼻子深深地吸吮香气，两眼一眯，轻轻赞叹道："啊，真香！"然后，抓起筷子，三下五除二，转眼就吃了个碗底朝天。

他放下碗，发现我目瞪口呆地立在旁边，忽然变得像个孩子一样，不好意思地笑了："有点馋了……打胜仗了，我的要求不高吧？"

我的眼圈一下子红了。俘敌6000余人，他只要求一碗红烧肉！我用力摇头："不高，不高，主席的要求太少了，太低了。"

"不低了。战士们冲锋陷阵也没吃上红烧肉，只能杀马当粮食吃。"

从那天起，我知道毛泽东爱吃红烧肉，吃红烧肉是为了补脑子。此后，每逢大战或者他连续写作几昼夜，我都要千方百计替他搞一碗红烧肉来。

可是，战争岁月，有时粮食都没有一粒，大家常常吃黑豆，到哪里去找红烧肉？

谢天谢地，西北军区司令员贺龙从河东给毛泽东捎来一块腊肉，虽不好红烧，但炒一小碟吃吃也可以补补脑子啊。

谁知腊肉端上桌，毛泽东却叫撤走。他说："你们想叫我吃得好一些，可是我怎能吃得下去呢？"

"这是为了工作，为了补脑，可不是为了享受！"我忍不住叫了起来。

"脑子是要补的，可是也要讲条件。条件不同，补的方法也不同。银桥啊，你给我篦篦头吧。"毛泽东朝椅背上一靠，闭上了眼。我给他篦头，他给我讲黑豆的营养价值，说什么它的蛋白质足够脑子使用了。又讲篦头的好处，说它能促进头部血液循环，把有限的营养首先满足大脑。他不讲还好，我听着听着就掉泪了。

那块腊肉以后再没有人动，一直保存到1948年新年前，才用它款待了由华东赶来开会的华东野战军司令员陈毅。

毛泽东说补脑子要讲条件，可是当后来到了河北平山县西柏坡，特别是全国解放以后，条件好了，毛泽东仍然保持爱吃红烧肉这个习惯。一切山珍海味他都不追求，他曾对我说："我们活在这个世界上，不是为了吃世界，而是为了改造世界。这才叫人，人跟其他动物就有这个区别。"他这句话至今深深地印在我的脑海里。

这天，毛泽东向解放区有关野战军下达命令后，仍然没休息，又与周恩来、任弼时匆匆赶到第一野战军司令部驻地东原村。

第一野战军司令员彭德怀、副司令员张宗逊、副政委习仲勋和其他首长远远迎了出来，原野里立刻响起热烈的喧笑声。

"你们打得好啊！"毛泽东大声夸赞。将领们都抢上来同毛泽东握手。

"主席，您可是瘦了！"王震说。

"瘦点好嘛，走起路来方便。"

"给主席牵马！"彭德怀吩咐卫士，便握了毛泽东的手朝司令部走，"主席，你们几次遇危险，我可是真担心哩。"

"我也替你们担心哩。面对十倍以上敌人打歼灭战，又是侧水侧敌，如吃不掉，他援兵一到就麻烦大了！"

"有主席亲自指挥调度，我才不担这份心哩，料他刘戡也没那个胆！就是便宜了钟松那龟儿子。本来是抓住了，他龟儿子装成马夫，趁天黑下雨又逃了。"

"逃了今天逃不了明天，我看刘戡的日子也不多了。"

"下次一定把刘戡的脑壳拿来献给主席！"

"我不要他的脑壳，我要他的七个旅。"

走进司令部，周恩来和任弼时在锅台旁坐下。毛泽东则朝炕上随随便便一歪，侧躺下来，望着墙上的军用地图说："老总，讲讲吧。"

彭德怀手里拿了个小口袋，朝锅台上一倾，一袋炒黄豆哗地撒了出来。他给毛泽东抓一把，又捏起几颗往自己嘴里丢，这是他们当时能吃到的最好的零食。

彭总嘎嘣嘎嘣地嚼着炒黄豆，走到地图前，一边指点，一边讲述地形选择、兵力配备、火力分配以及战斗经过。他讲话快得像机关枪连射，几乎不容人喘气。毛泽东在炕上举起手摆一摆："慢点慢点，怪不得钟松很快就完蛋了，即使我们几个都吃不消嘛。"

周恩来风趣地说："一枪一枪来，别连射。"

彭德怀略显尴尬地笑笑，放慢了速度，一句一句重新讲。可没讲两句便不耐烦了，把手在面前一攉："嘿，这么讲话我非出汗不可。干脆，我带你们到战场去看看。"

屋里所有人都笑了。

来到战场，彭德怀将望远镜递给毛泽东，一边指点，一边介绍情况。毛泽东频频点头："好，那好。"

随后，毛泽东、周恩来等又看望了伤兵和指战员，并"检阅"了前不见头、后不见尾的6000余名俘虏兵。

彭德怀请毛泽东回窑洞休息。窑洞里的炕上坐满了人，门里门外也都挤满了，大家都在等着听毛泽东讲话。

毛泽东吸着纸烟，用他那浓重的湖南口音抑扬顿挫地说："胡宗南是个没有本事的人，阴险恶毒，可惜志大才疏。他那么多军队，拿我们没有一点儿办法！我们打了这么多次，就没吃过败仗。"

有人插话说："他也有本事呢，他的本事就是一切照毛主席的计划行动，决不走样。"众笑。

毛泽东继续说："陕北战争已经'翻过了山坳坳'，最吃力最困难的时期已经过去了，战争的主动权握在了我们手里。"说到这里，将大手一攉，笑了笑，又迅速张开手扳起手指头，数道，"青化砭、羊马河、蟠龙、沙家店，整个凑起来吃掉他六七个旅。我们打垮了胡宗南自命的常胜将军，活捉了他四大金刚中的三个。他们四座'金缸'被我们搬来三座：何奇、刘子奇、李昆岗。

只剩下一口缸，叫什么……"

"叫李日基！"窑洞一角有人喊。

毛泽东用他那湖南口音将"日"念成"二"，打趣地说："对了，叫李二吉。这次没抓住他，算他一吉；下次还许抓不住，再算一吉；第三次可就跑不了啦！"

毛泽东煞有介事的表情引得会场里又哄声大笑起来，兴奋的将领们有几个用力鼓起掌来。

毛泽东笑着继续说："我看国民党那些有名的人物，像蒋介石、胡宗南之流，也许有个一吉两吉的，但终究是很不吉。不管他逃到哪里，总要缉拿归案、依法惩办的。同志们，有信心没有？"

"有信心！"

接着，毛泽东详细分析了全国战局和西北战场的形势，同将军们讨论了转入外线作战的问题。

回到梁家岔，机关已转移到朱官寨宿营。毛泽东顺河沟徒步10公里来到朱官寨，住在一公里外的后沟，那里环境清静。

连日来没有休息好的毛泽东笑着说："我现在不需要安静，只需要睡觉呢。"

同志们临时腾出一孔窑，让毛泽东先睡一觉。可是毛泽东没有睡，又召集周恩来、任弼时等首长开起了会……

毛泽东庄严地说："辛苦些是应该的，是值得的。我们将要创造崭新的历史！"〔19〕

与人民同在

1947年8月23日，毛泽东来到陕北葭县朱官寨，在这里住了一段时间。从这以后，随着战略进攻阶段的到来，西北战场的压力也日渐减少。毛泽东有了更多的时间集中精力思考重大的战略方针问题，也有更多的机会去调查研究土地改革等政策。

李银桥回忆说：

朱官寨是个小村子。同志们为毛泽东腾出的一间破窑洞，长年被烟熏火燎，窑壁窑顶乌黑，光线很暗，大白天字迹也看不清楚，毛泽东不得不搬着小凳到窑洞门口借着阳光看地图。

就在这个乌黑的窑洞里，毛泽东起草了《解放战争第二年的战略方针》，向我军提出了以主力打到国民党区域的任务。

在朱官寨住了十多天，毛泽东又转到神泉堡。此时，国民党已停止向解放区的进攻，往回收缩，形势变得缓和起来。毛泽东便分出一部分精力在黄河边搞农村社会调查。他帮老乡推碾子、打场、唠家常；转了几个村子，用去了十多天的时间。

有一次，毛泽东蹲在粪堆旁，用手捏开粪肥看了看，问老乡："你们都往地里施什么肥？"

老乡回答："主要是上粪肥，有时也上草肥。"

毛泽东回身指指窑洞，说："我住过好几个窑洞，墙上的土皮都熏黑了，这是很好的肥料，为什么没人用呢？"

老乡憨笑着说："都说这个黑土上地壮，可就是用不习惯。"

毛泽东说："你们试试嘛，你们是重实际的，亲眼见了才信。你们试试之后，看到黑土能多打粮食就向大家宣传推广，好不好？"

老乡不再憨笑，认真想了想，用力点头说："行！这是个好办法。"

毛泽东高兴地说："将来打败了国民党，咱们要过好日子，就要生产更多的粮食，需要更多的肥料。一个窑洞清下的黑土我看够上一亩地，既有利生产，又有益卫生，你们看是不是这个道理？"

"是这个道理！"老乡们纷纷点头。

毛泽东很善于同群众谈心，用最通俗的语言讲明各种道理。他不止一次地对我们说："我们走到哪里，都不要忘记为民兴利除弊。我们共产党的干部战士，都是为人民服务的。"

毛泽东搞农村调查来到葭县南河底村。谢觉哉和王明也从河东来到南河底村，向毛泽东汇报土改和《婚姻法》起草情况。当时中央日常工作由刘少奇主持，在河北平山县西柏坡召开了全国土地会议，通过了《中国土地法大纲》。为了制定正确的土改政策，毛泽东在调查中对农村的地主、富农、中农、贫农各占多少人口，各有多少土地；对农村封建剥削的方式、剥削的程度以及各阶级各阶层对土改的态度都作了科学的研究和分析。

听完谢觉哉和王明的汇报后，毛泽东来到田里帮农民干活儿。这是解放区土改后第一个秋收，农民们喜气洋洋。毛泽东帮老乡刨山药蛋，又到麦场拿起裤枷帮老乡打谷子。我怕他干这活儿太累，劝他休息，他又跑到场角去跟娃娃们掰玉米。显然，毛泽东和分得土地的农民一样高兴。

毛泽东一边掰玉米，一边煞有介事地巡视娃娃们，放粗嗓门儿问："你们谁是地主呀？"

娃娃们认真分辩道："地主都让我们斗倒了，谁也不是地主。"

毛泽东仍然压低粗嗓门儿逗孩子们："不是地主，怎么会有这么多粮食呢？"

有些紧张的娃娃们似乎松了一口气，抢着说："土改了，我们有了地，这是好几家的粮食呢。"

毛泽东笑了："哈，原来是大家的。"

娃娃们立刻又叫又跳地拥了上去："你逗我们，你逗我们呢……"

南河底村在白云山下，山上有座白云寺，规模宏大。毛泽东突然问我："银桥，你到过寺庙吗？"

我说："见过小庙，没见过大庙。"

"我是去过大庙的。"毛泽东垂下眼帘，仿佛沉入遥远的回忆中，"在湖南长沙读书时，我同一个同学徒步走了五个县，作社会调查。我们身上一文不名，有一次到了微山寺，讨得一顿斋。那寺庙好大哟，方丈是个很有学问的人……"

片刻，毛泽东抬起眼皮，问道："想不想去看庙？"

我犹豫道："都是一些迷信……"

"片面，片面！那是文化，懂吗？"毛泽东纠正我说。

我当时只懂写字看书是学文化。

"那是名胜古迹，是历史文化遗产。"毛泽东解释着，并下定决心，"明天我们去看庙！"

第二天早晨，天气晴朗。毛泽东仍是拿着那根柳木棍儿，顺着盘山的松柏林荫道向山上走去。葭县县长闻讯由县城赶来陪毛泽东一道上山。

抵达山顶，毛泽东俯瞰大地，脸上露出惊喜的神色，深深地吸一口清新的空气，说："可惜今天没有云，否则我们就真成了一群腾云驾雾的神仙了！"

话音刚落，从茂密的柏树丛里转出一个老和尚。他虽然不认识毛泽东，但看到是县长作陪，便料到是位首长，忙合掌施礼。

毛泽东与他握手，说："老师父，我们来参观参观你这个大寺庙。"

老和尚躬腰说："欢迎欢迎，首长请。"

毛泽东笑了："你们过去是称'施主'嘛，不要破坏了规矩。"

只此一句话，老和尚便像受到什么触动，显出肃然的表情，重新认真打量了一眼毛泽东。

老和尚把毛泽东引到方丈室，忙着掸桌椅，请客人落座。毛泽东说："不要费事，我们坐下聊聊嘛。"老和尚还是坚持给毛泽东献上一杯香茗，然后才坐下。

"你们现在生活怎么样？"毛泽东问道。

老和尚望一眼县长，含糊其词地说："好，好得很哩。"

"出家人不打诳语。"毛泽东微笑着，诚恳地说，"你们是超脱的，更要讲实话。"

　　老和尚深受感动，实话实说道："不瞒施主，以前信佛的多，出家人也多。布施的人多，收入也多，生活很好。后来信的人少了，出家的人少了，布施的人也少了，生活一时有些困难。"

　　"嗯，"毛泽东点点头，"你能讲实话，这就好。有什么困难你都说说。"

　　"布施的人少，遇到庙会也收不了几个钱，吃穿都有些困难，庙里散去不少人。后来人民政府叫我们自力更生，种点地，搞些农业生产。开头不习惯，现在手脚灵便了，倒也能劳动。"

　　"这不错呀，这是一大改变啊！"毛泽东又问，"现在生活到底怎么样呢？"

　　"现在打的粮食够吃，其他穿衣、治病、修理寺院，一概由政府包下来。再加上收布施香火，生活也蛮好的了。出家人不打诳语，确实好的了。"

　　毛泽东脸上浮现出笑意："你觉得这样安排还妥当吗？"

　　"托毛主席的福，安排很周到。出家人也得随着社会进步啊！"经县长介绍后，老和尚已知道毛泽东的身份。

　　"讲得好！社会变了，人也要变。过去，和尚一不生产人口，二不生产粮食。现在要变，不生产人口可以，不劳动不行。边区是保护宗教信仰的，但是要劳动。参加劳动后，身体好了，也不剥削人了，这就对了。今天我在你这里'取经'了。"

　　老和尚高兴得边笑边点头："不敢不敢。"

　　毛泽东又询问他种多少地，打多少粮食，白云寺建于何时，扩修于何时，鼎盛时期有多少和尚，等等。然后由老和尚领路去参观寺庙。

　　寺庙很大，有五十余座殿、堂、庑、阁。各式各样的佛祖、菩萨、金刚、力士，栩栩如生。毛泽东尤其对那些雕刻、塑像、石碑和牌匾感兴趣，看得很仔细，一字一字读，表情肃穆，不时发出感叹之声。

　　"这些东西，都是历史文化遗产，是我们这个民族的宝贵财富，一定要好好保护，不要把它毁坏了。"

　　老和尚频频点头："主席说得对，主席说得对。"

　　毛泽东似有所动，回忆着说："我在长沙读书时，暑期里走了5个县，搞社会调查。我去了微山寺，和尚们叫我施主，我说我不是施主，我一文不名，我只是讨一顿斋饭……"

　　毛泽东忽然把头转向县长："请县里拨一些经费，把庙修一修。"

　　县长说："我回去马上办。"

毛泽东继续向前走去，脚步似乎轻松了许多。我想，这一定是因为有了了却一桩心事后的愉快之感吧。

告别时，老和尚依依不舍地送出寺庙，殷勤地说："明天这里有庙会，还有大戏，主席也来看看吧，热闹着哩！"

毛泽东笑道："谢谢了，我们就来看看戏。"

第二天一大早，大路上就热闹起来了。老乡们三人一伙，五人一群，喧嚷着去白云山赶庙会。

毛泽东兴致很高，说："走，咱们也去赶庙会，看大戏。"

我说："人这么多，乱糟糟的……"

"你们又怕不安全吧？赶庙会就是赶热闹，人少了还有什么意思？"毛泽东已经拿起了他那根柳木棍，嘴里仍在说，"看庙看文化，看戏看民情；不懂文化，不解民情，革命是搞不好的。老百姓利用庙会去行善做买卖，我们去可以学到很多知识，了解这一带的民情和习俗，这对我们接近群众有很大好处。今天只留两个人看门，大家都去！"，

就这样，我们又随毛泽东上了白云山。

这天是正会，人最多，山上挤挤挨挨，万头攒动。庙里香烟缭绕，还摆了许多吃食挑子。山顶最高一层庙院里搭了戏台，锣鼓震天响，山西梆子开场了。毛泽东在群众后边兴致勃勃地朝台上望，他喜欢京剧，没有京剧，山西梆子他也看。后来接触久了，我发现，凡是中国的民族文艺他都喜欢，对于外国艺术，他兴趣不大。

会场，忽然起了骚动，有人认出了毛泽东。

"毛主席，毛主席来了！"

越来越多的人传递着这句话，老乡们兴奋得连戏也不看了。有人搬来长条凳请毛泽东坐。毛泽东连连摇手："不要不要。大家都站着，我一个人坐着，那不是太孤立了吗？"说着便朝人群里挤。

可是，连台上的演员也停下了演出，都挤出来看毛泽东。

毛泽东悄声招呼群众："看戏吧，老乡们，咱们都是来看戏的。"又朝台上招呼："你们快演吧，我是来看你们演出的，大家是来看戏的，不是来看我的。"

好一阵子，人们才平静下来，演出继续下去。毛泽东始终站在群众中，专心致志地欣赏台上的山西梆子。[20]

1947年9月23日，毛泽东来到陕北葭县神泉堡，在这里住了1个多月。

师哲回忆说：

9月21日，中央离开朱官寨，23日到达离葭县十几里的神泉堡。毛主席在

此先后住了36天，写了《中国人民解放军宣言》《中国人民解放军关于重新颁布三大纪律八项注意的训令》。毛主席在《中国人民解放军宣言》中第一次正式提出"打倒蒋介石，解放全中国"的口号。因为是10月10日发布的，又称为《双十宣言》。

9月25日，毛主席致电杨尚昆："请师哲偕阿兄来葭县西南十五里之神泉堡（我们前日移至此地）。"10月上旬，我和阿洛夫赶到神泉堡。这时，毛主席的健康状况良好，心情舒畅，谈笑风生。毛主席把我党、我军自3月间撤出延安至沙家店战役结束这一段作了个总结。对沙家店战役的开始、战局发展、变化、结局、收获及总形势，以及国内局势的变化作了分析和评价。此外，在谈话中还对若干问题的细节作了介绍和解释。

毛主席和阿洛夫进行了两次谈话，供其参考。这时，毛主席对于米脂沙家店战役虽尚未作出最后的全面评价，但已指出了这次战役本身战略意义的重要性，认为整个战局有了转变，我军已争取到主动权。

此外，毛主席还亲自给斯大林写了一封较长的信，对中国解放战争总的形势以及陕北、山东战况作了总的描述和初步估计。毛主席说，虽然国民党对山东的压力仍然很大，但形势已有很大的变化，已形成对我军比较有利的局面。在陕北，由于我西北野战军在沙家店的胜利，敌人已没有力量进行大规模的进攻了。我军事力量不断扩大和加强。总之，解放战争已有了很大转折，已进入了一个新的阶段。这封信由我译成俄文后用电报发出。

这时，毛主席还忽然记起我在延安时向他提的问题。在给斯大林发电报两天之后，他问我："你把问题都弄清楚了吗？"接着他说，"沙家店战役后，敌人不仅缩回延安，我看他们连延安也守不了多久了。"随后他又说，"从今以后，敌人可能再也无力进行大规模的进攻了。"

我当时对全国的战况不甚了解，只知道一个沙家店大捷，所以一面听，一面犯疑，心想：一个胜利的沙家店战役能有这么大的作用？

毛主席觉察到我内心的疑窦，可是他既不介绍情况，也不再作分析解释，只是说："这只是我的一个看法，稍等等，形势就会明朗化的。"

后来我才知道，那时全国总的形势是：陈毅部队在山东展开全面反攻，并向苏北进展，而那里的敌人也只有招架之功了；刘邓大军已南下进入大别山，直接威胁长江以南地区；陈赓部队挺进豫西，直逼潼关，威胁西安。敌人只能缩短战线，由进攻转入守势，西北战场我军已完全掌握了主动权。所以，事态的发展，正如毛主席所料，沙家店战役之后，延安的敌人再也没有北进，苟延残喘到1948年4月22日便全部撤走了。

在神泉堡期间，毛主席曾外出参观。10月17日到葭县。18日到谭家坪，参观了峪口造纸厂。21日到南白云山脚下黄河边上的村庄南河府住了1周，这里风景气候都好，随后又游了白云山庙会。尽管主席头戴草帽，完全是农民装束，还是被群众认了出来。一时间，"毛主席来了"像春风一样吹遍庙会，人群一窝蜂地拥过来，围住自己心目中的大救星。[21]

师哲还回忆说：

毛主席、周恩来等中央领导同志因忙于指挥全国战争及行军作战，并不很清楚在地方土改中出现的一些"左"的错误。康生在全国土改会议上介绍了他在山西的经验，导致土改中出现了"村村点火、处处冒烟"、"搬大石头"、斗争基层干部、不讲政策，甚至出现乱打乱杀等现象。

9月，毛主席迁到神泉堡后，环境稍为安定，才有时间考虑土改问题。毛主席和葭县县委书记张俊贤谈话，当时张俊贤也住在神泉堡，与我同住一个窑洞。毛主席对他说："平均分配土地就是要平均，公平合理。"

这位县委书记回来对我说："毛主席给我出了一道难题。陕北沟沟岔岔很不平，各地的土质、肥瘦也完全不同，无论如何都做不到如此平均公正。而且已经过土改的群众对此根本不感兴趣，不愿这样做，再有天大的本事也没办法做到。我在乡村搞过土改，知道农民对重新土改不感兴趣，我们宣布召集开会，他们迟迟不来；到了约十点钟才来到会场；来了之后有的躺着，有的一个挨一个靠墙坐下，不一会儿，酣然入睡，根本没有听到我们讲什么。这个教训是深刻的。"

我劝张俊贤："主席的用意是好的，你主要从整体上领会他的精神，他是针对全国情况而言，并没有要求你非这样做不可，有机会可向他多介绍些陕北的实际情况。"

后来中央逐渐发现了晋绥等地土改中"左"的错误。

分管土改工作的任弼时，不仅研究文件，而且还向山西来的干部进一步了解情况。如绥德地委书记张邦英是从晋西北回到陕北的，就认为陕北土改搞右了。任弼时发现了问题，找他谈话，让他写材料，才了解到晋西北按照康生的办法搞得乱七八糟。任弼时还将晋绥的负责人李井泉、林枫等找到杨家沟谈话。

任弼时把了解到的情况向毛主席汇报，引起了中央的重视，决定采取措施纠"左"。毛主席委托弼时研究并起草关于土改工作的指示文件。于是任弼时开始重新修改——实际上是重写《中国土地法大纲》。少奇讲过，1947年秋他主持制定的《中国土地法大纲》是决定彻底平分土地，而且没有规定区别对待大中小地主、地主与富农、旧富农与新富农之间的政策。[22]任弼时身体不好，抱病工作。他从1947年10月在神泉堡时就开始写，中央搬到杨家沟后他继续在写。那时他住在与杨家沟相距10里路的一个小山村——钱家河，我曾去看过他。他住在这里一方面是为了养病，另一方面就是为了聚精会神地搞好这个土改文件。

自11月至12月底，中央在杨家沟召开了一系列会议。毛主席在《目前形势和我们的任务》的书面报告中提出了"我们的方针是依靠贫农、巩固地联合中农，消灭地主阶级和旧式富农的封建的和半封建的剥削制度"。[23]并提出土地改革总路线和在土地改革中必须掌握的两条基本原则，即"第一，必须满足贫农和雇农的要求，这是土地改革的最基本的任务；第二，必须坚决地团结中农，不要损害中农的利益"。[24]在杨家沟，恩来、弼时都对土改中"左"的偏向发表了意见，毛主席都采纳了。

会议最后就关于土地改革和群众运动中几个具体政策问题作出决定：必须避免对中农、中小工商业及一般知识分子采取任何冒险政策，剥削收入占总收入25%以下的应定为中农；对开明绅士应有适当照顾，对地主的大中小恶霸、非恶霸，在斗争策略上应有区别；极少数罪大恶极的要经人民法庭审判判决，坚决不多杀、不乱杀，反对肉刑，不要动手打人。这一决定后来由毛主席总结，写在《关于目前党的政策中的几个重要问题》的决定草案中。这个决定不仅详尽阐明了12月会议的决议，而且指出"贫雇农打江山坐江山"的口号是错误的。[25]

1948年1月12日，弼时受中央委托，在西北野战军前委扩大会议上作了《土地改革中的几个问题》的讲话。在讲话中，弼时对如何划分农村阶级、团结全体中农、对地主富农的斗争方法等问题，以及对工商业政策、对知识分子和开明绅士政策、打人杀人等问题作了系统的阐述。任弼时说："共产党是坚决反对乱打乱杀与对犯罪者采用肉刑的，乱打乱杀与使用肉刑是封建社会的产物。"[26]中央随即公开发表了这个讲话，作为我党指导土改的政策依据。

后来，毛主席等中央领导同志不断征询各地工作人员的意见，认真调查研究，先后发表了《在不同地区实施土地法的不同策略》《新解放区土地改革要点》《新解放区农村工作的策略问题》《1948年的土地改革工作和整党工作》等指示。

所有这些，都对纠正"左"倾错误、将土地改革纳入正轨起了重要作用。

1948年夏秋之交，在西柏坡，有一次，毛主席和贺龙在一起吃饭（我也在座），谈到土改问题。毛主席说："土改中出现过'左'的偏差，不应当提出消灭富农。"

贺龙不假思索地说："这有多少差别？顺便解决了它不好吗？"

毛主席稍停了一下，说："你就那么革命，我就不革命，那么喜欢富农？'左'了就是'左'了，不对就是不对嘛！"过后贺龙认真地想了想，承认他原来的看法不对，而且找主席谈了自己的看法，而主席也的确原谅了他。

这虽然是件小事，却从中可以看出我们的领袖人物敢于正视自己的缺点错误，承认并改正自己的缺点错误的博大胸怀和光明磊落的精神。[27]

在神泉堡期间，毛泽东还特意观看了黄河。李银桥回忆说：

还在葭县神泉堡时，毛泽东起草了《中国人民解放军宣言》，重订了"三大纪律八项注意"。他心潮起伏，带我们去葭县县城看黄河。

葭县县城高高矗立于直陡陡的山顶上。敌人远遁，城里店铺开了张，人来人往很热闹。我们十几个人簇拥着毛泽东走进城，虽然把他护在中间，走过半条街，但还是被一些年轻后生发现了。

"毛主席，毛主席来了！"

这惊喜的喊声立刻像春雷一般滚过全城。霎时间，群众潮水一般从四面八方涌过来，把一条街堵得满满的，似要胀裂一般。后生们举起臂膀，娃娃们欢呼雀跃，老汉们拥挤在人群中擦拭泪花迷离的眼睛，婆姨们站在高处翘首相望。"毛主席万岁！"的欢呼声此起彼落。毛泽东也很激动，挥动着大手向群众致意。

来迎接毛泽东的县长在前面开路，可是沸腾的人群越围越紧，哪里能挤出一条缝？无奈，只好折入一家院落，穿院进了县政府，又绕小胡同，来到东门外。

毛泽东敞开衣服，两手叉腰，迎风而立，俯瞰脚下：黄河就在县城脚下穿过，宛如一条金龙。夕阳西下，余晖洒在河面上，万点碎金。河岸上，柿树林红得像燃起一片大火。毛泽东被眼前的景致陶醉了，不禁叹道："真美啊！"

县长指着山下说："从黄河上葭县城，只有这一条小路可通！"

我们望去，果然脚下只有一条崎岖小路穿过苍郁的树丛，蜿蜒曲折，盘山而走，迤迤逦逦通向黄河岸边。

毛泽东的目光沿小路重新回到黄河水，久久凝视着，若有所思地说："自古道，黄河百害而无一利。这种说法是因为不能站在高处看黄河。站低了，便只看见洪水，不见河流！"

我们咀嚼着毛泽东这段话，只觉得哲理深奥，回味无穷。

"没有黄河，就没有我们这个民族啊！"毛泽东将大手一拂，像是抚摸那条民族的河，无限深情地说，"不谈五千年，只论现在，没有黄河天险，恐怕我们在延安还待不了那么久。抗日战争中，黄河替我们挡住了日本帝国主义，即使有害，只这一条，也该减轻罪过。将来全国解放了，我们还要利用黄河水浇地、发电，为人民造福！那时，对黄河的评价更要改变了！"

我们顿觉眼界开阔。不尽黄河，万里峰峦，尽收眼底。[28]

在陕北，至今仍流传着毛泽东在转战陕北期间与战士同甘共苦的故事：

中央机关移驻米脂县杨家沟[29]以后，不久，毛主席的生日快到了。大家觉得这是个难得的机会：既可以趁此聚聚会，给主席祝个寿，又可以让主席吃好一些，好好休息一下。可是，意见一提上去，就被主席谢绝了。主席讲了三条理由：一是战争时期，许多同志为革命流血牺牲，应该纪念的是他们，为一个人祝寿，太不合情理；二是部队和机关的同志没有粮食吃，搞庆祝活动会造成浪费，脱离群众；三是他才五十多岁，往后的日子还长哩，更用不着祝寿。除了三条理由，主席还作了三条规定：一不许请客吃饭；二不许唱戏，如果有剧团，就演给老乡们看；三不许开大会。同志们谁也没有办法，就这样，这个难得的机会又错过了。

在这以前，贺龙从山西给主席送来一些腊肉，主席一直没有吃。

不几天，陈毅从华东赶到毛主席住地，在米脂县杨家沟参加中央会议。这时候，主席正在办公，听到消息，立即放下工作，赶出窑洞迎接，陈毅已经站在院子里了。主席紧走几步，陈毅连忙上前行了个军礼，双手紧紧握住主席的手。主席仔细端详了一下陈毅，愉快地说："路途这样遥远，你辛苦了！"陈毅紧紧握住主席的手，爽朗地笑着说："还好，路虽然远点，但不是骑马，就是坐车，也不觉得累。"边说边注视着主席，半晌又说，"这一年主席可苦了！"主席也笑着说："没有什么，我身体越来越好！"两人站在院子里热情地谈了半天，陈毅说："还是进屋去吧，当心着凉！"主席这才领着陈毅走进窑洞。坐下以后，主席说："你来得正好，我还给你留着一块腊肉呢！"陈毅见主席这样高兴，心里也十分愉快，连忙笑着说："我还给主席带来几桶罐头呢！"主席一听，便大笑起来，说："好啊！咱们来个会餐！"回头就对警卫员说："把那点腊肉全炒上，款待陈毅同志！"这盘腊肉是主席转战陕北以来头一次吩咐多炒的一个菜。

毛泽东与陕北人民在一起，陕北人民也想方设法保护毛泽东的安全。有这样一个动人的故事：

5月的王家湾，崖畔、沟底一片嫩绿，太阳照在双羊河上，发出闪闪的粼光。

一天下午，天气很热，毛主席、周副主席在紧张的工作之余，到窑外的柳条棚子里乘凉。放在瓮盖上的无线电收音机，正在播送新华广播电台关于蟠龙大捷和真武洞祝捷大会的消息和评论。

女广播员热情奔放、慷慨激昂的声调，深深地吸引着每一个人。毛主席兴奋地听着，连声称赞说："这个女同志真厉害！骂起敌人来义正词严，讲到我们的胜利又是热情洋溢，真是爱憎分明。这样的播音员要多培养几个……"

　　正说着，房东薛如宪老汉光着膀子，笑呵呵地跑来了。薛老汉六十岁开外，是刘志丹领导陕北闹革命时的老赤卫队员。最近他把三个儿子都送去支前了，自己承担起极其繁重的庄稼活儿。即使再忙，他也常抽空来看望毛主席，他觉得这位首长平易近人，可亲可敬。每当和毛主席谈起"跟着老刘闹革命"的事情，老汉对革命的忠诚和热情，都溢于言表。

　　毛主席见薛老汉来了，高兴地向他打招呼，搬凳子让座。老汉从来没有见过收音机，一见这个方匣子里有人说话，惊奇得不得了。老汉半弯着腰，双手按着膝盖，左看右看，半晌才奇怪地说："这是什么东西？里头有人？"

　　这一问，把警卫人员惹得哄然大笑。主席说："不要笑，谁知道这个原理，就给老人讲一讲嘛！"

　　在当时的条件下，收音机还真是个缺物。大家虽然见过听过，但是要讲原理讲不出来。同志们你看看我，我看看你，都不好意思了。

　　主席见大家说不上来，就把小凳子搬过来，请老汉坐下，然后就像聊天似的，讲起收音机是怎么回事。他从山谷的回音，讲到空气的震动，又归结到收音机的构造等各种原理，讲得形象具体，通俗易懂。大家越听越有兴趣，就像上了一堂生动的物理课。

　　薛老汉高兴地说："哎呀，这里真有大学问，今天我算开了眼界，长了见识了！要不在路上绊了跟斗，拾这么个玩意儿回来，还兴许叫我砸了烧火哩！"

　　大家又是一阵哄笑，主席也笑着说："好了，以后拾到这么个东西，可别砸了烧火！"

　　薛老汉连连点头，郑重地说："不能烧，不能烧，留着还要听咱毛主席说话呢！"

　　这句话说得大家又想笑，但谁也没敢笑出声来。因为在转战陕北时期，首长的行动都是保密的。老汉只知道跟他说话的首长叫"李得胜"（毛主席转战陕北时的代号），可不知道这就是伟大领袖毛主席啊！

　　此刻，收音机里广播员以高昂的音调报告了一个振奋人心的消息："毛主席还在陕北！"薛老汉一听高兴得叫喊起来，连连说："毛主席还在陕北！毛主席还在陕北！"这天，他走遍了全村，逢人便说："你们知道吗？毛主席还在陕北，不打败胡儿子他是不走的！"

　　直到毛主席离开了王家湾，薛老汉才听人说，住在他家的那位名叫"李得胜"的首长就是毛主席。这下他更乐了，每天总要把毛主席用过的东西摸几遍，笑得合不拢嘴。

蒋胡的军队占领王家湾后，薛老汉经常下山来侦察敌情。一次，不幸被敌人发现，抓回村子。残暴的敌人对他严刑拷打，逼问毛主席哪里去了。老汉斩钉截铁地说："毛主席还在陕北！"说完闭上双眼，任凭敌人怎样毒打，死也不说一个字。老汉被敌人打得晕过去好几次，但醒来还是那句话："毛主席还在陕北！"

1948年3月23日，毛泽东东渡黄河，结束历时一年的艰苦转战，开始了新的历程。

李银桥回忆说：

1948年春，中国人民解放军西北野战军以主力五个纵队转入外线作战。从2月24日到3月3日，一举攻克宜川城，全歼国民党整编第29军三万余人，并当场击毙敌军长刘戡，从而改变了西北战场的形势。

宜川大捷的第二天，周恩来向中央机关排以上干部庄严宣布："我们的党中央和毛主席准备过黄河到华北去了！"

1948年3月23日，中央机关队伍行军来到了黄河西岸的吴堡县川口渡口，准备从这里登船东渡。为了防备国民党从西安派飞机进行袭扰，毛泽东、周恩来和任弼时决定将渡河时间安排在下午。河滩里、山坡上，站满了欢送的群众。岸边停泊了十几只船，船工都是粗犷剽悍的小伙子。毛泽东上了第一条船，周恩来、任弼时上了第二条船，陆定一和胡乔木等首长上了第三条船。

一上船，毛泽东就和船工们一一握手，说："劳累你们了！"

船工们回答："送毛主席过河，这是我们的光荣任务。"

毛泽东说："谢谢，谢谢。"

木船缓缓离岸，我们几名卫士紧靠毛泽东身后左右站立。我们劝他坐下，他不肯坐，挥动双手向送行的群众致意。

可是，船开始摇晃了，浪花拍打着木船。我忙扶住毛泽东，说："主席，快坐下吧。"

毛泽东推开我的手，望望浊浪滔滔的黄河，望望渐渐远离的西岸和岸上聚集的人群，两眼湿漉漉地放射出异彩。他忽然朝叶子龙说："脚踏黄河，背靠陕北，怎么样？子龙，给我照一张相吧！"

"对，应该照一张！"叶子龙匆匆拿出照相机。

毛泽东倏而敛去笑容，立稳身体，脸上显出庄严肃穆的神色。于是，叶子龙"咔嚓"一声，及时按下了快门。

"好啊，"毛泽东点头笑道，"把陕北的高原和人民，把黄河水照下来，这是很有意义的纪念。"

正是凌汛时期，黄河巨浪滚滚，夹杂着磨盘大的冰块汹涌咆哮着、冲撞着，发出一片轰轰巨响。小木船忽而跃上浪尖，似要腾空飞驰一般；忽而沉落波谷，浊浪像墙壁一样遮住我们的视线；冰块撞击木船发出惊心动魄的砰砰声。可是船工们镇定自若，热烈亢奋，划动木桨，挥动杉篙，船上响彻沸人热血的号子声："嗨哟，嗨哟，嗨哟……"

毛泽东面对此情此景，情绪激荡，深深地吸口气，突然转身望着大家，问道："你们谁敢游过黄河？"

警卫人员中有几名水性很好的。

"马汉荣行，发大水那次他游过黄河汉给彭老总送信，他能游！"有人喊。

"发大水的时候我游过延河。"石国瑞大声说。

一向沉稳的孙勇瓮声瓮气地说："我在枯水季节游过黄河，还可以试一试。"

毛泽东紧接他的话头大声说："那好极了！来，咱俩不用坐船，游过去吧！"

这一声倡议，把船上所有的人都惊呆了。

经过片刻尴尬的沉默，有人小声嘀咕："哎呀，今天不行啊，现在可是凌汛期……"

孙勇好像刚从水底冒出来似的，喘过一口气，忙附和道："是呀，今天河里有大冰块，不能游。"

毛泽东大笑："哈哈，不能游？你们是不敢游啊！"他转而凝望像陕北的小米粥一样浓稠的黄河水，望着那泡沫飞卷的浪花和漩涡，陷入了深思……他毕竟没有下水，长长吁口气，摇摇头说，"你们可以藐视一切，但是不能藐视黄河。藐视黄河，就是藐视我们这个民族……"

行船绕过一片河洲，渐渐靠近东岸。大家都热烈地望着东岸成群结队赶来欢迎的群众，毛泽东却再次回望黄河，长叹一声："唉，遗憾！"

新中国成立后，毛泽东游遍了全国的江海湖河，不管走到哪里，只要有水他就要游，而且总是带着挑战的神情下水，带着征服者的骄傲上岸。

但是，我始终也没有弄明白：为什么他一次也没有游过黄河？〔30〕

注　释

〔1〕〔美〕安娜·路易斯·斯特朗：《一个现时代的伟大真理——忆毛主席谈纸老虎》，《世界知识》1960年第22期。

〔2〕杨步浩是延安著名劳动模范，共产党员，当时是柳树店乡乡长。——原注

〔3〕1942年大生产运动开始，每人每年交一定数量的公粮，毛主席和中央负责同志也无一例外。毛主席和朱总司令的公粮任务，由劳动模范们争相代耕。——原注

〔4〕师哲：《在历史巨人身边》，中央文献出版社1991年12月版，第335—338页。

〔5〕袁学凯：《英明的预见——记毛主席在一九四七年撤离延安前夕的一次谈话》，《解放军文艺》1977年第6期。

〔6〕李银桥：《在毛泽东身边十五年》，河北人民出版社1991年6月版，第5—10页。

〔7〕田为本：《转战陕北是解放战争由防御转入进攻的关键》，载《党史通讯》1986年第4期。

〔8〕李银桥：《在毛泽东身边十五年》，河北人民出版社1991年6月版，第11—13页。

〔9〕师哲：《在历史巨人身边》，中央文献出版社1991年12月版，第339—341页。

〔10〕杨尚昆：《对毛主席的几点回忆》（1986年9月5日）。

〔11〕据《毛泽东年谱》（1893—1949）应为3月31日。

〔12〕李银桥：《在毛泽东身边十五年》，河北人民出版社1991年6月版，第14—17页。

〔13〕阎长林：《胸中自有雄兵百万》，工人出版社1983年12月版，第248—251页。

〔14〕龙飞虎：《同甘共苦》，载《解放军文艺》1977年第6期。

〔15〕阎长林：《胸中自有雄兵百万》，工人出版社1983年12月版，第259—264页。

〔16〕师哲：《在历史巨人身边》，中央文献出版社1991年12月版，第344—347页。

〔17〕李银桥：《在毛泽东身边十五年》，河北人民出版社1991年6月版，第18—30页。

〔18〕阎长林：《胸中自有雄兵百万》，工人出版社1983年12月版，第

269—289页。

〔19〕李银桥：《在毛泽东身边十五年》，河北人民出版社1991年6月版，第31—43页。

〔20〕李银桥：《在毛泽东身边十五年》，河北人民出版社1991年6月版，第43—51页。

〔21〕师哲：《在历史巨人身边》，中央文献出版社1991年12月版，第347—349页。

〔22〕参见《刘少奇选集》第388页。——原注

〔23〕《毛泽东选集》（第2版）第4卷，第1250页。——原注

〔24〕《毛泽东选集》（第2版）第4卷，第1250页。——原注

〔25〕《毛泽东选集》（第2版）第4卷，第1268页。——原注

〔26〕《任弼时选集》第434页。——原注

〔27〕师哲：《在历史巨人身边》，中央文献出版社1991年12月版，第357—360页。

〔28〕李银桥：《在毛泽东身边十五年》，河北人民出版社1991年6月版，第61—63页。

〔29〕据《毛泽东年谱（1893—1949）》，1947年11月21日毛泽东和中共中央机关到达米脂县杨家沟，在这里住了4个月，直至东渡黄河。

〔30〕李银桥：《在毛泽东身边十五年》，河北人民出版社1991年6月版，第64—67页。

三、扭转乾坤的决战

千里跃进大别山

在转战陕北期间，敌我力量对比发生重大变化。敌人总兵力由战争开始的430万人降为373万人，机动兵力只有40个旅。人民解放军则由120万人发展为195万人，正规军发展到100万人以上，武器装备也有大的改观。战争主动权开始转移到人民解放军一边。

毛泽东、周恩来、任弼时在分别同有关大战略区负责人商议后，适时做出实施战略进攻的决策，命令刘邓大军突进中原。为了更好地配合这个战略行动，毛泽东还于1947年7月21日在陕北定边县小河村召开会议，做出刘邓、陈谢、陈粟三军配合，由陈谢、陈粟在左右两翼牵制的战略部署。

阎长林回忆说：

小河村，依山傍水，被一片苍翠的树林包围着。中共中央机关在田次湾留驻了五天，就又回到这里。

麦秋很快就过去了。在那些日子，主席工作特别紧张，几乎天天跟首长们一起开会，研究问题。一天，主席忽然提出，要去村外走走。我们听了，都很高兴。因为自从到了小河村，主席就很少出来活动。我们跟着主席上了后山。

到了山顶，举目远望，一片郁郁苍苍，山深谷幽，青峰入云，景色十分壮丽。山顶上堆着一个个的石头墩子，还有几座倒塌的石窑洞，茅草丛生。主席指着脚下的石头墩子说："你们知道这是什么？"我们几个警卫员看了半天，谁也说不上来。主席走了一圈，然后指点着说，"古时候这一带常打仗，这是战争的遗迹。石头墩子是炮台，这些是房子的根基。这里是古代一个封建地主的庄园。"

这一讲，引起我们很大兴趣，你一言我一语地提出了许多问题，主席都耐心地一一加以讲解。我们就像上了一堂最生动的历史课，长了好多见识。跟着主席，随时随地都是课堂；而我们的领袖，又是那么循循善诱的好教师！

往回走的时候，主席提议去看看饲养员老侯。老侯从长征时就跟随主席，为人忠诚勤劳，主席对他很有感情。我们来到院子里，老侯赶紧把小烟袋往鞋底上磕磕，跑上前来拉着主席的手。主席说："老侯呀，你身体好吗？"老侯笑眯眯地说："主席呀，你咋这么多日子不出来走走哩？马也不骑了，可把我巴望坏了！"主席笑着说："这不是来了？"老侯忙笑着把老青马拉出来，老青马一见主席，立时四蹄蹬起，以为主席要骑它呢。

房东小姑娘，名叫兰兰，长得伶俐，看上去不过十四五岁，却没有山区一般女娃娃那种羞涩之态，穿一件白净净的粗布褂子。她一听我们说话，忙出来打招呼，手里还提着一双专门给主席做的大鞋。

兰兰笑嘻嘻地说："我可是做不好，首长试试合脚不？"说着时，兰兰妈妈也走来了。主席笑着说："谢谢你，我有了鞋穿，打仗走路就方便了。"我们高兴地请他们母女到主席住的窑洞坐坐，她们也不推辞。兰兰的弟弟妹妹也随后跑来，两个小家伙一点儿也不认生，跑到主席跟前，一人拉着主席的一只手，看着主席傻笑。主席亲切地说："跟我去玩吧！"然后几人一路下山。一到院里，主席就请客人坐下，关心地问他们现在生活怎样。兰兰说："家里生活很好，从来不受罪，就是胡宗南来了以后，我们逃到山沟里，不敢回家，才总是挨饿呢！"没等主席说话，兰兰妈赶紧接着说："你这个孩子，只知道现在吃了点苦，你可不知道闹红军以前老辈子过的什么日子！现在胡儿子来了，咱们受点罪，可一回家，还是有吃有喝啊，过去哪儿行呢？"主席说："老大娘说得对，在战争期间，难免要吃点苦，等打败胡宗南就好了。"

兰兰妈说："都是这么想啊！可是什么时候才能把敌人打走呀？"主席说："快啦！最多一年！"兰兰妈说："这可就快啦！别说一年，就是再有十年八年也还会撑下去，老百姓有这个骨气，只要毛主席还在陕北，我们就不怕胡儿子！"

在陕北解放战争期间，每走到一处，我们都听得见这样的话："咱毛主席还在陕北！我们什么也不怕！"这几乎成了所有人精神上的支柱。人民用这样的话互相鼓舞，期望着胜利和未来，纵有天大的困难，也能克服！人们说着这话的时候，仿佛也就看到了自己的领袖，或在荒僻的山野中，或在又破又黑、缺门少窗的窑洞里，谋虑着整个国家民族的前途。

而今天，主席的话特别令人激动，最多一年打败敌人，象征着胜利已经酝酿成熟了。

第二天，主席告诉我们，把东西清理一下，他要搬到周副主席住的地方，因为中央要开一个重要的会议，这里过于狭小，安置不下许多人。

我们按照指示，搬到了河滩上的大院子里。听说要有不少人参加会议，窑洞太小，便连忙赶着在院子里搭盖天棚，再放下几把木头桌椅，因陋就简，权充会场。

贺龙先来了，他是陕甘宁晋绥的联防司令员，我们在延安时常看见他。

主席从窑洞里迎出来，亲切地和他握手。贺龙向主席全身打量了一下说："主席呀！你比在延安时瘦了呢！"主席笑笑说："我觉着比起在延安时更结实了，行军是个好事情，可以锻炼身体，现在走上10里、20里，也不觉得累。"

接着，陈赓也来了。他见了主席，第一句话就说："主席，你可经过不少艰险呢！你带的警卫部队太少了，武器又不好，我们实在担心，旅长们都要求过河来保护你呢！"

主席握着陈赓的手，亲切地说："这次就是叫你们过黄河的，不过可不是来保护我。"说到这里，主席微微一笑，"你们在晋南打得很好，给了敌人致命的打击，好武器应该给你们用，我这里你不用担心。"

开会的首长都陆续来了，一座院子顿时显得热闹起来，十七八位首长说说笑笑，欢聚一堂。

为了让首长们生活过得好些，周副主席指示我们行政人员，多想办法，菜没处买，绥德地委便派人每隔几天，送来一些菜蔬。但天热路远，菜送到的时候，有的已经烂了，没法子，只好又去挖野菜。这种野菜是主席在王家湾散步时发现的，恰好这里也有，端到饭桌上，大家都觉得鲜美可口。陈赓越吃越有味，还不住地夸奖："这菜好吃得很，还有没有？"大家都笑起来。周副主席说："有的是，我们随时可挖。"说着，连忙吩咐再炒一盘。

会议期间，主席差不多每天讲话，大会、小会、找各地来的首长谈话，一天到晚，非常忙碌。经验告诉我们，在一个大的行动开始以前，主席的工作是非常紧张的。这一次会议，看来是研究几个战场的配合作战问题，事情就更多了。

会议一连开了七八天，讨论的问题很多，气氛非常热烈。当谈到陕北战局的时候，决定我军出击榆林，诱敌北上，把敌人拖得筋疲力尽，然后寻找机会，消灭他的有生力量；谈到陈谢大军渡河问题时，又确定出师豫西，威胁西安，支援刘邓大军南下。从讨论的这些问题中，可以预料，胜利已经在望，一个新的大反攻的局面就要到来了！[1]

小河会议之前，刘邓大军4个纵队12万人于1947年6月30日在鲁西南临濮集至张秋镇300里地段上强渡黄河，揭开战略进攻的序幕。接着克服了重重困难，于8月底胜利进入大别山区，完成了千里跃进任务。

刘伯承回忆说：

1947年七八月间，中国人民解放军晋冀鲁豫野战军遵照党中央和毛主席的指示，强渡黄河，千里跃进大别山。我军这一战略行动，恰似一把利剑插进蒋介石反动统治的心脏，它同东北、华北、西北、华东等战略区的反攻和进攻相配合，形成了对敌人全国规模的巨大攻势。从此，中国人民解放军由内线作战转为外线作战，由战略防御转入战略进攻，扭转了整个战争形势，为夺取全国胜利创造了极为有利的条件。

到1947年6月，中国人民第三次国内革命战争已经进行了整整一年。经过一年的战争，敌人虽然受到了很大的削弱，但是，无论在数量或者装备上都还占着优势。蒋介石还在继续获得美国大量的军事和经济援助，还有广大的统治区可供搜刮，以支持其军事进攻。敌人对我解放区的重点进攻还在继续进行：集中了31个旅共20万人压在陕北战场上，集中了56个旅共40万人压在山东战场上。东北战场上的敌人虽已被迫采取"全面防御"，但也还保持着相当大的兵力。解放区的重要城市延安、临沂和张家口等还沦陷在敌人手中。当时，从表面上看，可说是乌云依然弥漫天空，局势依然严重。

但是，毛主席高瞻远瞩，科学地分析了革命形势，指出战略进攻的时机已经到来了。

…………

经过一年来的军事较量，敌人被我军歼灭了正规军97个旅，连同非正规军共110万余人，被迫把全面进攻改为重点进攻，而且重点进攻也遭到了挫折，成了强弩之末。敌人进攻解放区的兵力，除了用于守备外，战略性的机动力量已经大大减少。在后方任守备的只有21个旅，且都分布在新疆、甘肃、四川、西康等省。在湘、桂、黔、闽、浙、赣等六个省的广大地区，只有一些地方保安部队维持秩序，国民党的后备力量已经快用完了。同时，在敌人统治区域的人民运动，已经蓬勃发展起来，迅速地遍及六十多个大中城市，形成了反对蒋介石反动统治的第二条战线。总之，蒋介石无论是在军事上或政治上都打了败仗，"已处在全民的包围中"。而我军则在战争中不断得到锻炼和发展，装备大为改善，士气极为旺盛，广大指战员掌握和运用毛主席战略战术的本领有了很大的提高。广大解放区在"前方打老蒋，后方挖蒋根"的口号下顺利地进行着土地改革，我军的后方更加巩固了。

所有这一切，都显示出中国人民最后推翻国民党反动统治的新的大革命高潮临近了，我军转入战略进攻的时机基本上成熟了。

机不可失，时不再来！毛主席的意图是：在这样的情况下，我们不应等到敌人的进攻被完全粉碎、我军在数量上装备上都超过敌人之后再去展开战略进攻，而应抓住这个有利时机，不让敌人有喘息机会，立即由战略防御转入战略进攻。因而规定我军第二年作战的基本任务是："举行全国性的反攻，即以主力打到外线去，将战争引向国民党区域，在外线大量歼敌，彻底破坏国民党将战争继续引向解放区，进一步破坏和消耗解放区的人力物力，使我军不能持久的反革命战略方针。"

战略进攻的矛头指向哪里？毛主席英明地选定在大别山地区。大别山，雄峙于国民党首都南京与长江中游重镇武汉之间的鄂、豫、皖三省交界处，是敌人战略上最敏感而又最薄弱的地区。这里又曾经是一块老革命根据地，有经过长期革命斗争锻炼的广大群众，多年来一直有我们的游击队坚持斗争，我们容易立足生根。我军占据大别山，就可以东慑南京，西逼武汉，南扼长江，北瞰中原。"卧榻之旁，岂容他人鼾睡？"蒋介石必然会调动其进攻山东、陕北的部队回援，同我们争夺这块战略要地，这就恰恰可以达到我们预期的战略目的。

应当采取怎样的进攻方式？毛主席指示，进军大别山不能像北伐时期那样逐城逐地推进，而必须采取跃进的进攻方式：下决心不要后方，长驱直入，一举插进敌人的战略纵深，先占领广大乡村，建立革命根据地，以乡村包围城市，然后再夺取城市。

党中央和毛主席指定由晋冀鲁豫野战军主力担负进军大别山的光荣任务。以十几万大军远离根据地，一举跃进到敌人的纵深后方去作战，这种独特的进攻方式，是史无前例的。不难设想，要实现这样伟大的战略计划，绝不是轻而易举的。当时，毛主席既估计到跃进大别山的有利条件，又充分估计到了到外线作战的种种困难，提出可能有三个前途：一是付了代价站不住脚，转回来；二是付了代价站不稳脚，在周围打游击；三是付了代价站稳了脚。并告诫我们要作充分的思想准备，从最坏处着想，努力争取最好的前途。

为了实现跃进大别山、夺取中原的战略计划，毛主席作了三军配合、两翼牵制的周密部署。三军配合是：除由晋冀鲁豫野战军主力实施中央突破直趋大别山以外，还由陈毅、粟裕等率华东野战军主力为左后一军，挺进苏鲁豫皖地区，由陈赓等率晋冀鲁豫野战军的两个纵队和一个军为右后一军，自晋南强渡黄河，挺进豫西。三军在江、淮、河、汉之间布成品字形阵势，互为犄角，逐鹿中原，机动歼敌。两翼牵制是：以陕北我军出击榆林，调动进攻陕北的敌人北上；以山东我军在胶东展开攻势，继续把进攻山东的敌人引向海边，便利前述三军的行动。

当时，蒋介石利用黄河从陕北到山东所构成的乙字形天然形势，把主力集中于陕北、山东两翼实施进攻，企图将南线我军压缩到乙字形的弧内，然后聚而歼之。在其联系两翼的战线中央，则凭借黄河天险只以少数兵力实施防御。这种兵力部署，很像一个哑铃，两头粗、中间细，其中央部分就成了要害和薄弱部分，毛主席正是要我们在这里实施中央突破。[2]

在转入战略进攻的新形势下，毛泽东在陕北米脂县杨家沟主持召开中共中央会议，作《目前形势和我们的任务》的重要报告，成为整个推翻蒋介石统治集团、建立新民主主义中国的时期内，在政治、军事、经济各方面具有纲领性的文件。

师哲回忆说：

11月14日，中央离开神泉堡经乌龙铺、阎家峁，于22日到达米脂县杨家沟，在这里住了将近四个月。

我随毛主席一同到了杨家沟，并请米大夫从河东过来，再次为中央负责同志检查身体。主席留我列席12月会议，学习会议文件。

这里的居住、生活条件比较优越，是几家马姓大地主聚居的地方，但他们家族中也出了共产主义战士，例如马玉璋、邻村的马明方等。

毛主席和中央决定在这里休息若干天，并召开几个重要会议。先召开准备会议[3]。会议的秘书长是任弼时，会议先分小组讨论，我和贺龙、林伯渠、张宗逊等在一个小组。

一天，我随毛主席散步。他边走边谈，他往往在此时说出自己正在思考的问题。他说："现在的问题是能不能胜利，敢不敢胜利。"

刘邓、陈粟、陈谢三支大军打到外线后，形势发展很快，沙家店战役后，陕北战局的胜利已成定局。10月，中央不失时机地以人民解放军发表宣言的形式，提出"打倒蒋介石独裁政府，成立民主联合政府"的口号，所以对能不能胜利在党内已没有异议。但是毛主席为什么提出敢不敢胜利，我不解其意，问："既然能胜利，怎么还会不敢胜利？"

主席解释说："我们长期在农村打游击，我们敢不敢进攻大城市？进去之后敢不敢守住它？敢不敢打正规战、攻坚战？我们这么大的国家，这么多的人口，要吃、要穿，面临着这么多的问题，我们共产党敢不敢负起责任来？革命党就是要引导人民前进，争取全面的胜利。"

杨家沟召开的12月会议，重点就是解决敢不敢胜利的问题。毛主席先将他的报告《目前形势和我们的任务》发给大家，让大家分组讨论。我读了文件后才理解了主席的话。

主席的报告开宗明义，第一句就是"中国人民的革命战争，现在已经达到了一个转折点。这即是中国人民解放军已经打退了美国走狗蒋介石的数百万军队的进攻，并使自己转入了进攻"。报告从军事原则、土改政策、党的建设、统一战线各方面阐述了我党的政策，这就是取得胜利的政治保证。报告的最后一段对国际形势作了精辟的分析后，指出："我们自己的命运完全应当由我们自己来掌握。我们应当在自己内部肃清一切软弱无能的思想。一切过高估计敌人力量和过低地估计人民力量的观点，都是错误的。""我们是完全能够超越任何障碍和战胜任何困难的，我们的力量是无敌的。"[4]这些论述极大地鼓舞了全党。

为了进一步说明要敢于胜利，主席特地将他在1946年4月写的《关于目前形势的几点估计》发给会议各组研究。这篇文章实际是回答了1945年8月斯大林的来电，斯大林在电报中认为：中国不能再打内战，要再打内战，就可能把民族引向危险的灭亡。毛主席认为：目前人民民主力量超过了反动的力量，美、英、法同苏联不会破裂，迟早会妥协，他在文章中明确指出"美、英、法同苏联之间的这种妥协，只能是全世界一切民主力量向美、英、法反动力量作了坚决的有效的斗争的结果。这种妥协，并不要求资本主义世界各国人民随之实行国内的妥协"。[5]在会上，毛主席提出加强纪律性，上下团结，革命无不胜。

在12月25至28日举行正式会议时，毛主席仍让大家提意见，他当场回答。由于酝酿充分，大家思想一致，顺利地通过了《目前形势和我们的任务》。随后中共将文件发到全党和全国各个地区，统一了全党的思想，大大推动了革命的进程。

会议期间，毛主席又给斯大林发了一份电报，其主要内容与《目前形势和我们的任务》中的若干基本点相同，其重心是补充说明在神泉堡时发出的那个电报，强调了我国革命战争的进展已经达到了一个转折点，即中国人民解放军已经打退了国民党反动军队的总进攻，并使自己转入了反攻阶段。这是目前中国革命战争中所起的根本变化，这是一个历史性的转折点。

每当历史处于转折的紧要关头时，毛主席都能把握住方向，不失时机地提出新的战略口号，引导革命走向胜利。他是目光远大的战略家，魄力非凡的决策者，才华出众的政治家，当之无愧、令人信服的领袖。

为了具体地指导革命，毛主席在杨家沟共写了21篇党内指示、通报和指导性政策的文件等，召开了军事会议，着重研究了土地改革问题，并委托任弼时草拟关于土改问题的纲要。这21篇文件除上面已提到的《目前形势和我们的任务》外，还有《关于建立报告制度》（1947年1月7日）、《关于目前党的政策中的几个重要问题》（1月18日）、《军队内部的民主运动》（1月30日）、《在不同地区实施土地法的不同策略》（2月3日）、《新解放区土地改革的重点》（2月15日）、《关于工商业政策》（2月27日）、《关于民族资产阶级和开明绅士问题》（3月1日）、《评西北大捷兼评解放军的新式整军》（3月7日）、《关于情况的通报》（3月20日）等，提出了一系列的方针、政策，对指导战争顺利进行、土地改革健康发展起到很大的作用。

虽然陕北环境艰苦，但是主席意气风发、精力充沛、心情愉快、思路敏捷、指挥若定。转战陕北的这一年，也是毛泽东思想大发展的一年。[6]

从城南庄到西柏坡

1948年3月23日，毛泽东东渡黄河后，途经山西兴县蔡家崖村等地，于4月中旬来到河北阜平县城南庄，打算在这里长驻下来。

师哲回忆说：

1948年1月我返回西北局，在边区保安处帮助工作。我决心留在西北局工作。3月19日，毛主席突然来电要我迅速赶回杨家沟。到杨家沟后，毛主席同我谈话，要我东渡黄河。我请求允许我继续留在西北工作。我第一次见到他如此不高兴，他不容置疑地说："不！过河，你先走。"我当然完全听从调遣，先于中央机关一天东渡黄河，并在山西三交等候，以便随同中央一道转移东迁。主席从来做事认真，认真地对待一切。到山西后东进时，他让我坐在他的车上，就这样一直走到代县。

3月21日，中央离开米脂县杨家沟到达吉镇。23日经川口渡过黄河。24日再经碛口、塞门到达临县三交附近的双塔村，这里是中央后委所在地。

3月26日从双塔出发，经临县城到兴县蔡家崖。这里是贺龙领导的晋绥军区司令部所在地。在这里住了一周，毛主席分别作了《在晋绥干部会议上的讲话》和《对晋绥日报编辑人员的谈话》的讲话。

4月4日离开蔡家崖前往岢岚县。5日，继续前进，到达神池，在这里休息一天，看到在日寇占领下县城遭受严重破坏和烧杀的遗痕，及给中国老百姓留下的不幸和苦难，令人心情沉重。次日，乘车前往代县。我的一家人被安排在毛主席的汽车上，沿途所经过的村庄，看不见几个强壮的男子，而赤身裸体的孩子到处乱跑，甚至十六七岁的姑娘也衣不蔽体，有的只穿一件较长的棉背心，勉强遮羞。看到这一切，毛主席万分感慨地说："我们要做的事情太多了！"

车子到了宁武，主席下车走上街头，察看了这座历史上的名城。然而，这座古城要塞只留下了断垣残壁，到处弹痕累累，城里人烟稀少，空空荡荡，满目是日寇侵略暴行的罪证。

出雁门关南下，不久就看见代县城郭。城内高大的钟楼，真有"声闻于天"的气势。中央在这里停留了一天多。毛主席同地委一些领导同志，如侯维煜、郝德青、赖若愚等进行了长谈，后来这些同志都调到了北京工作。

4月7日，经繁峙县城到达五台山北麓的伯强村，遇大雪，暂停前进。8

日，毛主席在这里写了《再克洛阳后给洛阳前线指挥部的电报》。

天气略有好转后，决定于11日由伯强村启程，强行通过五台山。9日提前启程，但是上山后不久，天气骤变，鹅毛大雪压顶而来，道路已无法分辨，山沟、山坡和道路全都被填平了，车子也直向山沟下滑动。于是，毛主席下车步行，直到山之南麓，才乘车下山。由于雪光照耀，有的同志患了雪盲症，两眼红肿，什么也看不见。过了五台山主峰，到了台怀镇，住进中台下的寺院前院。这里十分宽敞，院内整洁，房屋很多，许多屋子都被日本人改造为日式的住房。

4月10日，毛主席用一整天的时间游览了各处。到了中台山下的贮藏室，看见许多经卷和各种贡品，毛主席叮咛当地干部要好好保护这些文物，不可丢失。

在一座大庙后面，毛主席看见中间的一尊菩萨胸前被挖了一个大洞，于是问向导："这是怎么回事？"

向导回答说："这是土改时翻身农民清算寺庙造成的，听人说神像胸腔里藏有黄金，就挖开找金子。"

毛主席听后幽默地说："原来是菩萨得了心脏病，群众来给它施行手术医疗的。你们要把它好好保护起来，原封不动，以便对日后来参观的群众作解释，说它害了什么病，为什么群众给它施行手术。"

下山走了一二里地，到了台怀镇附近的一座龙王庙前，只见庙内灯火辉煌，香烟缭绕，比起其他颇为萧条的庙宇来，甚是隆盛。

毛主席参观了龙王庙，问和尚："为什么这个庙保护得这样好？现在还这样红火？"

和尚回答说："是农民当年派人保护得好。"

毛主席说："龙王和你们祈天求雨，给人民办好事，所以群众才保护，不像山上的佛像脱离群众，只知自己享受，高高在上，不替群众办事。你们看，从这里得到的结论是多么明显，群众就是这样认识问题、这样对待问题的。"

下了五台山，很快进入河北。13日，毛主席同中央同志一道到达河北省阜平县的城南庄，这是晋察冀军区司令部所在地，聂荣臻举行了欢迎仪式。毛主席在这里召开了几次座谈会，并参加了招待会和华北党政领导会议。

在此期间，获悉4月21日延安解放，我以为毛主席会发贺电，便等在一旁，准备执行任务，可是没有。因为我们已经解放了运城、洛阳、石家庄等大中城市，延安的地位已不像1947年那么重要了。

在城南庄，毛主席、周恩来、任弼时商议后，一致同意毛主席的提议，准备主席去苏联的事宜，决定恩来、弼时率中直机关全体人员到西柏坡与中央工委会合。他们于23日启程，而毛主席带着江青、师哲、汪东兴、米大夫等人暂时留在城南庄，并留下阎长林警卫班担任守卫工作。我们一边准备，一边去电征求斯大林的意见：是否同意毛主席去莫斯科同他会见、商议大事？

中央撤离城南庄不久，敌机先后飞临城南庄两次，投了炸弹，但未造成任何伤亡。

为了确保毛主席的安全，5月18日傍晚，主席及随行人员搬到花山居住。花山是深山区，抗战时期晋察冀军区司令部所在地。住房不多，但是有防空洞等设施。我们随同毛主席搬到花山后的第三天清晨，十余架敌机袭击城南庄，从早到晚，轮番轰炸，我们在花山的山头上看得十分清楚。这次轰炸不仅来势很猛，而且目标选得很准，轰炸目标也很集中。后来查明，原来是隐藏在石家庄的一个敌探在提供情报，这个敌探当然得到了应有的可耻下场。敌机袭扰持续到深夜，这天大家都没有得到休息，也未能按时吃饭。

在花山，我们继续作去苏联的准备，并选好了路线：由阜平到绥远——这条路已在我军控制下——再从绥远乘飞机去莫斯科。

不久，接到斯大林的回电。他说："我们欢迎毛泽东同志来访。但是，目前中国革命发展迅猛、进展顺利，解放战争正处在紧要关头，战争还很激烈，形势发展变化很快。在这个时候，你离开指挥岗位，恐对全局有不利影响，是否还是留在国内指挥战争为宜？如果你有重大问题需要商谈，我们准备派遣一位相当有经验的、老练的、信得过的中央政治局委员前往听取你的意见，如何？总之，我们认为在当前这个关键时刻，你离开中央领导岗位是不适宜的，望再三考虑。如何？望电告。"

因此，毛主席取消了苏联之行。5月27日下午，毛主席乘车离开花山，前往西柏坡。一路上汽车一直在太行山脚下行驶，太阳快要落山的时候，毛主席到了西柏坡。[7]

在城南庄，当时任晋察冀军区司令员的聂荣臻高兴地等候毛泽东的到来。他回忆说：

1948年4月11日，中共中央和毛主席来到了阜平县城南庄。

毛泽东来的时候，是从五台山北麓的鸿门岩过来的。听说，中途遇雪，停了两天时间，才上了五台山。

我熟悉那个地方。上鸿门岩，有一条盘山路。山下还没有什么，一上山巅，风疾云驰，气候就有很大不同。不要说路上有雪，就是好天通过它，也得花费一点力气。

毛泽东坐的是中吉普，汽车走在崎岖的山路上，轮子打滑，走得很慢。他看见山路难行，就从中吉普上下来，徒步走在山路上。同他一起来的周恩来、任弼时，也下车走在毛泽东后面。

他们时而乘车，时而步行，用了不少时间，才翻山越岭，过了龙泉关。

4月10日傍晚，在离城南庄五六里远的地方，我们迎上了毛泽东的车队。同毛泽东一起到城南庄的，除了周恩来、任弼时外，还有一些随行工作人员，我把他们迎进了小院。

那时候，毛泽东显得有些疲劳。听说，他从重庆回来时，身体就不太好。前一段，又在陕北拖了一阵子，身体没有得到恢复。但是，看上去精神倒不错，我们希望他在城南庄期间，能够休息一下，恢复健康。

毛泽东住下之后，就忙起来了。按他的老习惯，晚上彻夜办公，直到第二天凌晨。我知道在白天睡眠是睡不踏实的，为了让毛泽东休息好，在他睡眠的时候，我们尽量不去干扰他。

过了两三天，周恩来和任弼时离开了城南庄。因为党中央机关设在西柏坡，他们到那里安排工作去了。

毛泽东同我住在一起，每天都有接触，经常谈一些问题。有一次，他越谈兴致越浓，同我进行了彻夜长谈。

这次谈话的内容，有许多已经记不得了，有些则至今记忆犹新。

看来，毛泽东对晋察冀边区的群众有颇为深刻的印象。他说，一过龙泉关，觉得群众很热情，就好像当年在江西到了兴国一样，群众都是笑逐颜开。他回忆说："在抗日战争开始的时候，我们就是要试一试，在敌后究竟能不能站得住，结果你们在敌后还是站住了。"

我对毛泽东说："我们能不能站住脚，关键是执行党的政策，把一切抗日力量团结起来。"

接着，我们的谈话内容，就集中在过去执行政策上的经验教训。我们回顾了在江西中央革命根据地的时候，由于王明的错误路线，实行了许多"左"的政策，结果在根据地周围，造成了严重的赤白对立，我们每向外走一步都有困难，这是自己孤立了自己，自己捆住了自己的手脚，给革命造成了很大损失。

我对毛泽东说："我们在建立晋察冀抗日根据地的过程中，接受了这个历史教训。我们认真执行了党的抗日民族统一战线政策，广泛地团结了各阶层的群众，再没有出现那种对立情况。所以，我们到处都可以走，自由得很，安全得很。每到一个地方，群众都欢迎我们，工作起来，非常方便。"

关于当时的中心工作土地改革问题，我们也谈了许多。

我向毛泽东汇报了晋察冀的土改情况，和土改中出现的一些问题。我说，在土地改革问题上，有人批评我是右倾，原因就因为我没有搞"左"的那一套。那时候，有的地方出现了消灭地主、富农的现象，这种做法是错误的，不符合中央的土改政策，我们不能那样子搞。过去，在王明路线时期，地主不分田，富农分坏田，甚至侵犯中农利益，这个教训太深刻了，无论如何不能再重复了。根据中央的指示，我们在根据地先平分土地，然后再进行复查，发现了问题，就用"抽肥补瘦，抽多补少"的办法解决，对地主不搞"扫地出门"那一套。因为我们搞土地改革，是要消灭封建的剥削制度，消灭地主阶级是消灭他的剥削，不是从肉体上消灭他们。所以，我们在平分土地的时候，对地主、富农一样看待，该分给他们多少土地，就分给他们多少土地，使他们能够自食其力。

毛泽东对我说："斯大林曾经讲过，苏联当年搞富农吃了亏，我们应该记取这个教训。"

我对毛泽东说："有的人还主张挖浮财，我说不能强调挖浮财。因为经营工商业的，有地主，有富农，甚至还有中农。对此，在工商业上你很难分得清楚。我们党的政策是在土改中不损害工商业，这是从革命利益出发的。尤其是在战争时期，我们可以通过工商业者，从敌占区买回需要的东西，如果我们强调挖浮财，必然损害他们的利益，就把这条渠道挖掉了。"

毛泽东完全同意我上面的意见，批评了那些错误的做法。除了谈土地改革的问题，我们还谈了抗日战争时期实行的减租减息政策。毛泽东充分肯定了这一政策的作用，后来在解放战争的后期，我军打到蒋管区的时候，以及建国初期，还是先实行减租减息政策，然后再进行土改。

谈罢土地改革问题，已经过了午夜时分。可是，毛泽东毫无倦意，他还要我搞一点酒来。

我让警卫员搞来一点酒，又搞来一点菜，同毛泽东继续畅谈。

我陪着毛泽东，边喝边谈。从土地改革问题又谈到王明路线、党内斗争、遵义会议和《关于若干历史问题的决议》……

最后，毛泽东谈了对解放战争的想法。他说："抗日战争打日本，是要持久的；解放战争打蒋介石，不能拖得太久，解决得越快越好，这样对我们有利。第一步，先解决东北、华北。为了引开国民党的力量，让刘、邓大军出大别山，陈、粟大军打过长江去。第二步，一野到西北、西南去。华北除抽调部分兵力增援西北、西南外，其余部队仍留在华北地区，准备在华北搞两三个兵团。那时候，因为华北大部分地区已经解放了，敌人只固守着几个城市据点，部队建制用不着那么大，待解决了东北敌人之后，再解决华北剩下的城市据点。"这就是当时毛泽东对战争进程的一些设想。

我们结束那次谈话的时候，村里已经是鸡鸣报晓了。

关于陈、粟大军打过长江去的问题，后来粟裕同志来见毛泽东，提出过长江有困难。我听了这个意见之后，曾经向毛泽东建议，他们可以先在黄河以南作战，同样可以拖住敌人的力量。毛泽东同意了这个建议。

在这次谈话之后，有一天毛泽东问我，因为他的身体不太好，斯大林要他去苏联休养，他是去好，还是不去好？

我说："斯大林邀请你去莫斯科，这固然是一番好意，如果主席要去的话，我们可以护送到东北。但是，如果主席征求我的意见，我觉得还是不去为好。因为根据现在的情况，护送主席到东北，一般说没有问题，不过处在战争环境，难以有绝对把握。其次是你现在的健康状况已经相当差，再长途跋涉就更不利，请主席三思。"

毛泽东听了我的意见，表示考虑一下再作决定。后来，毛泽东决定不去苏联了。

在城南庄，毛泽东虽然身体不好，但仍然日理万机，精神感人。这年五一，毛泽东亲自起草了召开全国政治协商会议的通知，指示我用电话口述给在西柏坡的周恩来。以后中央将这个通知通电全国，许多爱国民主人士热烈响应，纷纷由蒋管区或国外通过各种渠道来到了解放区。这对扩大统一战线，进一步发展当时的大好形势起了重要作用。

他还回忆说：

党的八届十二中全会刚闭幕，我就因为肺炎发高烧和心脏病复发，住进了解放军总医院。

有一天，陈毅来到我的房间，很愤慨地对我说："聂老总，我看到那个简报，毛骨悚然，心都冷了，真为你捏一把冷汗哟！"

我一时摸不着头脑，问他发生了什么事，他把大致的情形告诉了我。过了两天，我在医院也看到了家里送来的这份简报。

原来，在八届十二中全会上，江青对我没有别的文章可做，就在会后别有用心地补发了一份会议简报。这份简报上登有江青的发言，她竟歪曲事实真相，诬陷我蓄意谋害毛泽东。江青发言的大意是，1948年，毛主席刚到阜平县城南庄，不几天就遭受敌机轰炸，炸死了许多人，毛主席险些遇害。事后查明，这是有人阴谋暗害毛主席，指挥敌机轰炸的特务电台就设在军区司令部，后来又把同此事有关的特务分子处决灭口。

我听陈毅说的时候，心里就很坦然，付之一笑。

我对陈毅说："你放心吧！这件事，毛主席最清楚。那次敌机轰炸城南庄，包括当地人民群众在内，没有伤亡一个人。"

看了那份简报，我觉得江青这个人阴险毒辣，当面不说，背后却来这一手，好在毛泽东最清楚事情的经过，我也就没有理睬她。

那次敌机轰炸城南庄的准确时间，我已经记不清了，大约是1948年5月初。

多年来，我养成一种习惯，每天早晨，按时起床。起床后，第一件事是出去散步，第二件事是收听广播新闻，然后才去吃早饭。

那天早晨，收听完广播，我正在吃早饭，听到有机群的轰鸣声，这时我思想上特别警惕，因为毛泽东住在这里，必须对他的安全绝对负责。

我急忙走到院里，敌机的隆隆声，越来越大了。

我循着声音望去，有一架敌机已经飞来了，在城南庄上空盘旋侦察。接着，后面传来一阵轰鸣，声音很重，不多时又飞来了两架敌机，这时已经看清楚是B-25轰炸机。于是，我快步向毛泽东的房间走去。

由于毛泽东通宵工作，我走到他屋内的时候，见他身穿蓝条毛巾睡衣，正躺在床上休息。我以很轻而又急切的声音说："主席，敌人飞机要来轰炸，请你快到防空洞去！"毛泽东坐起来，若无其事，非常镇静，很风趣地对我说："不要紧，没什么了不起！无非是投下一点钢铁，正好打几把锄头开荒。"

不知什么时候，参谋长赵尔陆也来了，他站在我的身后。我看毛泽东不想进防空洞，心里急了，一连几声地说："主席，敌人的飞机来了，你必须立刻离开这里，我要对你的安全负责。"

可是，毛泽东坐在床上，还是不愿意走。

我想不能再迟延了，就当机立断，让警卫人员去取担架。取来担架以后，我向赵尔陆递了个眼色，便把毛泽东扶上了担架。我们两人抬起担架就走，在场的秘书和警卫人员，七手八脚地接过了担架，一溜小跑，奔向房后的防空洞。

江青害怕，一听到飞机声，早就跑了，等我们抬着毛泽东走进防空洞时，她已经在防空洞里了。

我和毛泽东刚走进防空洞，敌人的飞机就投下了炸弹，只听轰轰几声巨响，我们驻地的小院附近，升起了一团团浓烟。

这次敌机轰炸城南庄，一共投下来五枚炸弹。一枚落到驻地的东南，一枚落到房后山坡上没爆炸，一枚正落到小院里爆炸了。其余的两枚炸弹落到了离驻地较远的地方。

敌机投完炸弹，就飞走了。我出来一看，敌机投下的是杀伤弹，我们小院里别的房子完好无损。但是，毛泽东住的那两间房子，门窗的玻璃震碎了；房里的两个暖水瓶，被飞进去的弹片炸碎了；还有买来的一些鸡蛋，也被弹片崩了个稀烂。看到这些，我心里未免后怕起来，如果不是我们当机立断，事情的后果是不堪设想的。

这件事情发生后，我反复地思考，毛泽东来到城南庄，已经有一段时间了，虽然我们加强了保卫工作，也有可能传出了消息。但是，我们对毛泽东住的地方，进行了严格的控制，除经过审查的服务人员外，一般人不会知道准确位置。而从敌机轰炸的情况来看，敌人不但知道毛泽东来了，还知道毛泽东住的地方，所以，我怀疑内部有奸细。

为了保证毛泽东的安全，应该让他离开城南庄，到一个安全可靠的地方才好。什么地方安全呢？我想起了在抗日战争时期，我们军区曾经住过的一个小村子花山。花山在城南庄以北不远，很隐蔽，我觉得这个地方是很适宜的。

第二天，我吃完早饭，便把这个想法报告了毛泽东，他表示同意。这样，毛泽东搬到花山去住了几天，就转到了西柏坡。

敌机轰炸城南庄这件事，保卫部门查了许久，一直没有解开这个谜，有几个被怀疑的对象，也缺乏应有的真凭实据，只好把这件事搁了下来。直到解放了大同、保定，通过查阅敌伪档案，才把这个案子搞清楚。

原来，当时军区司令部管理处，在王快镇开设了一个烟厂，这个厂的经理孟宪德，不知是在什么时候，被国民党特务收买了，暗中加入了特务组织。以后，他把军区司令部小伙房的司务长刘从文也拉了进去。这两个家伙被任命为上尉谍报员，他们除了向敌人提供情报外，孟宪德还曾经把几包毒药，亲手交给了刘从文，命令他寻找适当时机，把毒药放在我和别的领导同志的饭菜里，企图毒害我们。但他由于害怕被发现，没敢下手，这个阴谋没有得逞。毛泽东来到城南庄之后，我指派专人给毛泽东做饭，采取了比较严密的防范措施，其他人员无法接触，这就保证了毛泽东的安全。

这个案子查清楚了。敌机轰炸城南庄，是孟宪德、刘从文给敌人送的情报。经查对，犯罪证据确凿，罪犯供认不讳，由当时的华北军区政治部副主任张致祥主持，经过正式审判，依法判处了死刑。案件报到我这里，我看一切都符合法律手续，就批准枪毙了这两个特务。[8]

关于毛泽东在城南庄遇险的情况，李银桥也回忆说：

毛泽东带领中央机关乘车离开双塔后，一路视察各解放区的工作。在山西兴县蔡家崖听取西北军区司令员贺龙和政委李井泉的汇报；在晋绥干部会议上作了重要讲话；接见了《晋绥日报》的编辑人员，勉励他们努力办好党报。登雁门关凭吊古迹。在代州府谈土改，风雪之夜上五台山，游览了这里的著名寺庙，终于来到华北军区司令部所在地——河北省阜平县的城南庄。

4月中旬，毛泽东在这里召开了重要的军事会议，与朱德、周恩来、任弼时、陈毅、粟裕、李先念、张际春等同志共商军情大事。

会议开了十天。结束后，送走与会人员，毛泽东很兴奋，没有休息，给挺进大别山创建根据地的刘伯承、邓小平拟了一份长长的电报稿，还起草了召开全国政治协商会议的通知。

写完通知，天已蒙蒙亮。毛泽东到院子里散步，扭扭腰，扩扩胸，做几下深呼吸。回屋将笔砚和文稿收起来，说："银桥，我休息啦。"

我取出两片安眠药，斟水请他服下。

我照顾他躺下，坐在一边替他轻轻按摩两腿。他工作量太大，休息极少，按摩可以帮助他尽快消除疲劳。

他躺下必看一会儿书报。半小时后，他将报纸朝枕边一放，眼睛合上了。我明白，无须再吃第二次安眠药了，便蹑手蹑脚退出屋。

华北军区司令员聂荣臻也起来了，散了一会儿步回来，同江青聊着什么。他们每次见面都要握握手，彼此很客气。但是话不是很多，礼节性地聊过几句，聂荣臻便回自己屋里去了。他过去住的房间腾给了毛泽东和江青，自己搬到了后面一排房。

就在这时，城南庄北边的山顶上，防空警报突然响了起来。我心里"咯噔"一下，紧张得屏住呼吸，睁大眼睛仰视天空。

城南庄和延安不一样：延安是窑洞，石头砌的；城南庄是平房，没有窑洞厚实。在延安时，敌机一进陕甘宁边区，电话就打到延安，延安可以及时拉警报防空袭；城南庄距北平（今北京）很近，而且只能在山头上发现了敌机时才能拉警报，时间已经很紧张，毛泽东的住房距防空洞30多米，动作慢了便有危险。

我心里焦急，徘徊在毛泽东屋前。按理说，有备无患，应叫起他进防空洞，但毛泽东历来日夜工作，休息很少，睡觉尤其困难，有时甚至吃两次安眠药都难以入睡。所以，一旦睡着，谁也不忍心惊醒他。

警卫排长阎长林踮着脚跑过来，急风急火，又是小心翼翼，压低嗓子问："怎么办？怎么办？叫不叫醒老头儿？"跟随毛泽东时间久了，警卫战士之间谈话时，就亲切地称毛泽东为"老头儿"。

正拿不定主意，三架敌机已经临空，就在我们的头上盘旋。我们一个个呆若木鸡，竟不知所措。幸好敌机转了两圈儿，哼哼着朝保定方向飞走了。

但我们马上意识到：这三架敌机是侦察机，轰炸机随后就会袭来。而军区大院建在村东空旷之处，盖的是一排排整齐规矩的平房，目标明显，早被敌机侦察到了！

我们去请示江青，她也不知怎么办。聂荣臻派他的秘书范济生来参加研究，商量的结果是暂不惊扰毛泽东，我们先作好一切防空准备，把人员组织好，守在毛泽东门口，担架放身边，一旦再拉警报，就说明是轰炸机来了，可以抬上毛泽东往防空洞跑。

正是吃早饭的时间，有人来叫我们轮流去吃饭，可谁也不肯去。

8点多钟，北山上的防空警报器又拉响了，那声音如雷一般在我们心中轰鸣。再也不能犹豫！阎长林喊了声："照彭老总说的办！"说时迟，那时快，我已破门而入。

撤离延安时，彭德怀曾对阎长林讲："关键时刻，在危急情况下，不管主席同意不同意，你们把他架起来就跑，到了安全的地方再讲道理，主席会原谅你们的。"

"主席，主席，有情况！"我冲到毛泽东床前，叫道。

"哪个？"毛泽东被惊醒，蒙眬着两眼望着我。阎长林已经不容分说，扶他坐起身，大声报告说："主席，敌机要来轰炸了。刚才已经来过3架侦察机，现在防空警报又响了，肯定来的是轰炸机，请主席赶快到防空洞去！"

阎长林报告的时候，我已匆忙抓来棉袄，给毛泽东披上。

毛泽东终于明白了眼前发生的事情。可是，他竟然毫不在意地说："给我拿烟来。"

"主席，来不及了！"我忍不住大声叫了起来。

毛泽东仍不慌不忙地问道："丢炸弹了吗？"

阎长林急得跺脚，说："刚才是侦察机，没有丢炸弹。这次来的是轰炸机，一来就会丢炸弹，丢下来就跑不及了……"

毛泽东皱起眉头，说："丢炸弹有什么了不起？先给我点一支烟吸。"

"快快快！"江青神色惶惶，上气不接下气冲进来，在门口喊道，"飞机下来了！飞机下来了！"话没喊完，她身子一闪，皮球一样跳出屋，远处继续传来她紧张急迫的叫喊："走走走！"

情况万分紧急！我不管三七二十一，粗鲁地将手一下子插入毛泽东腋窝下，阎长林、石国瑞和孙振国一道搀扶毛泽东向防空洞跑。

聂荣臻司令员催促道："快呀！快呀！飞机要丢炸弹了！飞机要丢炸弹了！"

跑出门几步，头上一阵尖啸，我们本能地一缩脖子，朝后倒步。还没弄清是怎么回事，脚下的黄土地猛然一颤，一声钝响，我们全都惊呆了。

"啊！"江青在远处喊。

天哪，三颗炸弹捆作一束，就落在房前，伸手可及！

冷汗唰地冒出来，我们4名警卫人员不约而同地喊了一声："快跑！"搀扶毛泽东朝防空洞猛冲。

"快呀，快！飞机又丢炸弹了！"聂荣臻在防空洞那边挥手呼唤。

我们的步伐更急了，可毛泽东连连说："放开，我不要跑了。"

这时，我们已跑出军区大院后门。接近山脚的防空洞时，身后轰隆隆一阵巨响，敌机丢下的炸弹在院子里爆炸了。黑烟滚滚，弥漫半个天空。

"不要紧了。"毛泽东说，"它轰炸的目标是房子，我们离开房子就安全了，还慌什么？"

"主席，到里边去吧。"我催促道。

毛泽东站在洞口不往里走，说："给我点支烟吸，我还没吸烟呢。"

敌机飞走后，我们跑回大院，发现落在毛泽东门前的3颗捆在一起的炸弹没有爆炸。毛泽东很想去看看，大家不允许。他争不过我们，只是从院子里走过时，远远望了一眼。

我们都去现场看了，炸弹落在院子里成梅花形，四周围的都炸了，恰好中间那卡在一起落在房前的三颗炸弹没有爆炸。敌机投下的是几颗杀伤弹，屋里飞进了不少齿状弹片，桌椅上落了厚厚一层灰尘土块和砖瓦片。两个暖瓶全震倒打碎了，水流一地。床椅也有损坏。见此情景，我们都有些后怕。要是那三颗炸弹爆炸了，要是我们动作再慢一步，要是朱德、周恩来、任弼时、陈毅、粟裕、李先念等首长再晚走几天，那后果就不堪设想了！

聂荣臻司令员神色严厉地思考着，询问军区保卫部许部长："飞机轰炸时，有没有敌特活动？"

许部长说："现在还没有发现敌特活动。不过，今天飞机来轰炸，肯定有特务告密。主席、朱总司令、周副主席、任弼时等中央首长在这里住了20多天，敌人肯定得到了情报才来轰炸的。"

聂司令员说："肯定是有坏蛋告密，你们要抓紧破案！"

后来，我军解放保定，从敌档案查获，这次敌机轰炸城南庄，果然是有特务告密。

毛泽东在城南庄召集中央工作会议，首长们来了许多。华北军区后勤部所属大丰烟厂的副经理孟宪德是一名国民党潜伏特务。他得知中央开会的消息，就急急忙忙来到军区司令部小伙房司务长刘从文家里。刘从文在毛泽东来城南庄之前刚被孟宪德拉入特务组织，他们密谋往饭菜里下毒，毒死中央首长和聂荣臻司令员。可是聂荣臻派了专门的可靠人员为毛泽东等中央首长做饭，防范很严，特务分子无法接近。何况，凡送毛泽东吃的食品，总要先经我们卫士之手，他们根本无法实现毒死毛泽东等中央首长的阴谋。无奈，他们商量之后便传送情报，让敌人派飞机来轰炸城南庄。

情报送到了保定特务机关，又向蒋介石的保密局做了详细汇报。保定的特务机关转向北平的特务机关作了报告，于是，国民党军队派出了轰炸机轰炸城南庄。

案情大白后，由华北军区政治部副主任张致祥主持召开了公审大会，枪毙了这两个罪大恶极的特务分子。[9]

李银桥还回忆了这样一件事。他说：

还在花山村居住时，一天上午，聂司令员对我们说："除了岗哨，你们都坐车到后勤供给部去，他们要给你们发衣服和鞋袜。"

…………

下午，聂司令员领一个人来到毛泽东房间，说："这位是裁缝师傅，给主席量体裁衣来了。"

毛泽东对聂荣臻说："我听你安排。"

一见也要给毛泽东做新衣，而且还给师哲同志（中共中央办公厅副主任，俄语翻译）量了尺寸，我心中多少有了点底。看来是要跟苏联人打交道了，师哲是俄语翻译嘛。

在这之后的一天，我们随毛泽东去爬山。这是我们同他聊天的时机，上自天文地理，下至鸡毛蒜皮，谈什么都行，提什么问题，毛泽东都会回答，话题自然又扯到做新衣服上了。

警卫排长阎长林说："我猜是要到苏联去。"

"你怎么能想到要去苏联呢？"

"没有特殊行动，主席不会做新衣服，我们警卫排也不会发那么好的衣服。"阎长林分析着，"而且，主席说有些问题要向斯大林解释清楚的呀。"

我也跟着说："主席身上的衣服全是补丁摞补丁，小韩补都补不住，可就是不肯换新的，说节约一件衣服，前线就可以多几颗子弹。这次主席答应做新衣服，肯定是去苏联，在国内，主席才不在意穿什么衣服呢。到苏联可以让斯大林多援助我们一些武器，早点儿打倒蒋介石，建立新中国。"

毛泽东笑了："哈哈，叫斯大林援助武器就不如叫美国多援助蒋介石，蒋介石是我们的运输大队长，给我们送武器不要收条，也不要钱，那多好啊。"

我们都笑了。我说："那也得跟斯大林说说，请他们跟蒋介石断绝关系，不要给蒋介石武器了。援助中国，就直接交给我们……"

阎长林跟着说："对，可别再像抗战时那样，援助中国的武器，蒋介石不但不分给我们一些，还用这些武器打我们。"

现在人们都知道了，毛泽东所开创的中国革命的道路，曾经不被斯大林所相信。为此，他想亲自去苏联说服斯大林。

可是，由于中国革命形势发展迅速，与蒋介石的大决战就要开始，不能没有毛泽东指挥。加之去苏联路途遥遥，困难重重，毛泽东未能成行。

1948年7月1日，王明来找毛泽东。那天正是我值班。

王明个子不高，四方长脸，白净面皮。我在很久以后才听说，他是很受斯大林赏识的。

我在院门口迎住王明，问他有什么事。

他说："我要见主席。"

当时毛泽东没有什么大事缠身，我点点头："请跟我来。"

我对王明礼貌，但是不热情。毛泽东曾经告诉过我："此人曾经想要我的命呢。"后来我又听人说，早在红军时期（1927—1937年），王明他们就整过毛泽东。

毛泽东正在批阅文件，听到响动，抬起头，看见了王明，便从办公桌后站起身，绕出办公桌同王明握手，请王明坐在沙发上，自己坐到那张藤躺椅上。

毛泽东与亲密战友相交是很随便，不拘礼节的。比如朱德、周恩来、刘少奇、彭德怀等人进来，他会继续办他的公，招呼一声即可。只有对疏远的人才会表现出这种客气与礼貌。

两个人寒暄之际，我便出去沏茶。毛泽东待客就是清茶一杯。

送茶进去时，我听王明说："《关于若干历史问题的决议》我还是想不通，有些意见我还要向中央陈述，要跟你谈谈……"

毛泽东面无笑容，严肃倾听。我明白气氛不适合我留下，放下茶水便悄悄退出。

回到值班室不久，他们的谈话声便越来越大。终于，变成了争吵。我跑出值班室去听，是争论《关于若干历史问题的决议》，牵扯到共产国际、苏联和国内许多人许多具体事件。毛泽东用浓重的湖南口音大声说的一句话我记得很清楚："到现在了你还想不通啊？现在快胜利了，你还没有一个反省？"

那时，江青是毛泽东的行政生活秘书。我忙到江青房间向她报告，并提议："要不，请周副主席来？"

江青点点头："那就叫恩来去听听。"

我请来了周恩来，随他一道轻手轻脚走到窗口下。刚听了两句，他就回过身，一边挥手，一边用眼色示意：去，你下去，不要在这儿听。

我又蹑手蹑脚退下来。

周恩来俯身静静地听了很久。后来争吵声低落下来，王明的口气是要告辞了，周恩来迅速敏捷地避到江青的屋里去了。

王明板着面孔离开不久，周恩来便走进了毛泽东的办公室。……[10]

毛泽东在城南庄还召见了第3兵团司令员杨成武。杨成武回忆说：

晋察冀野战军在察南战役后，于4月上旬在蔚县、广灵、阳高集结待命，准备向冀东挺进。4月15日，接到聂司令员电报，指定要我立即到阜平县城南庄军区司令部，说有要事相商。我于4月16日、17日，乘汽车赶到。

…………

一进军区司令部的门，军区参谋长赵尔陆就对我说："毛主席来了，他有事和你商量。"

我立即洗脸、吃饭。之后，聂司令员带着我和赵尔陆同志去见毛主席。

毛主席和聂司令员合住一个院子，中间有一个过厅，毛主席住东房，聂司令员住西房。我跟着聂司令员走进毛主席的卧室。

毛主席当时已经休息，半坐半躺，和我握了手，说："成武，你来了，什么时候到的？"

"刚到。"我一边回答，一边瞅了瞅毛主席。看来，他身体不大好，有些消瘦，但精神很好。看到他，我非常兴奋，我已经11年没有见到他了。在这以前，我最后一次见到他是在红军大学毕业典礼上，那次他出席了毕业典礼，比现在要年轻得多，身体也好得多。……

我坐下后，毛主席问了部队的情况。他谈笑风生，非常兴奋。关于打大同、打集宁、清风店战役和石家庄战役，大的情况他都知道。对于一些具体问题，他也很感兴趣，问得很详细。

我一一作了回答，在汇报部队情况中，着重谈了刚刚结束的出击平绥线和察南战役的实施情况和经验教训。

毛主席听完我的汇报，给我谈了当前的大好形势。他说："解放战争已经转入到一个新的进攻阶段了。南线，刘邓大军强渡黄河，过陇海路；陈粟大军转入鲁西黄河南岸和豫皖苏地区；陈谢大军也渡过黄河进入豫皖鄂地区。北线，东北我军从去年春季攻势以后即转入反攻，经过夏季攻势和秋季攻势，东北敌人被孤立在长春、沈阳、锦州三点；陕北我军在沙家店消灭敌36师以后，也转入了反攻；晋察冀我军取得大清河北的胜利后，又取得清风店、石家庄的胜利，也转入了进攻。如今主动权掌握在我们手里，敌人处于被动地位。"

毛主席说完这些以后，提出了新的具体任务：让我负责，选一个我熟悉的、战斗力最强的师，由我带着，准备护送他到东北去。

在高度兴奋中，不知不觉，已经是夜间12点多钟了，我们这才离开。

我在军区司令部住下，聂司令员、赵参谋长和我连夜商量，挑选执行这项特殊任务的部队，决定调战斗力很强的第二纵队第四旅前往。挑选这支部队护送毛主席，我们是放心的。

接着，我们又研究了行动路线，选择了过平绥铁路的地点。

第二天吃过早饭，我们又到毛主席那里，报告了我们昨夜研究的情况，毛主席表示同意。我问他还有什么指示，他说没有了，我这才离开了城南庄。

我乘坐汽车，经曲阳、唐县、易县、涞源，回到"野司"驻地广灵县暖泉镇，即向"野司"前委汇报了在毛主席那里接受的任务，汇报了毛主席询问的各种情况。我们对护送毛主席的任务进行了慎重、仔细、认真的研究，统一了意见，然后呈报毛主席和聂司令员。

过了十几天，毛主席来了个电报：同我谈的任务撤销。

后来我从聂司令员那里知道，当时毛主席身体不大好，斯大林邀请他去苏联疗养。他原拟由我带一个旅护送他到东北，他从东北转赴莫斯科。关于这件事，毛主席曾与聂司令员商量，征求聂司令员的意见。聂司令员认为斯大林相邀固然是一番好意，但在那时还是不去为好。毛主席经过斟酌，决定不去苏联了。

毛主席在城南庄期间，召开了座谈会，研究、部署了1948年土改和整党工作，还和晋察冀、华东军区负责同志研究了军事形势和作战部署；提出了召开政治协商会议，成立民主联合政府的主张。5月16日，他移居花山村，后来到了西柏坡。

党中央和毛主席的到来，更加强了对华北的领导。毛主席这时作出关于反对无政府、无纪律的指示，号召学习马列主义，反对"左派"幼稚病。这些指示，对部队建设，对夺取解放战争的最后胜利是有着巨大意义的。

从毛主席到晋察冀，到全国革命的最后胜利不过是一年多的时间。这一年，中国历史上发生了史无前例的变化。毛泽东在晋察冀火热的斗争前线，纵观全局，统率全军，与蒋介石展开最后的决战。[11]

在城南庄，毛泽东主持召开了一次重要会议。李明华在《部署夺取全国胜利的一次重要会议》一文中写道：

1948年5月，中共中央在河北省阜平县城南庄召开了一次重要会议，即中央书记处扩大会议。由于这次会议的正式记录尚未发现，所见党史论著中的有关记述未能全面反映会议情况，笔者拟就近年看到的一些档案材料，对这次会议的情况及有关问题，作一述评。

1948年3月21日，毛泽东、周恩来、任弼时率转战陕北的中央机关，从陕北杨家沟出发，东渡黄河，向晋察冀解放区转移。他们在沿途听取了晋绥、晋察冀解放区领导人的工作汇报，并与部分县、区委书记座谈，调查了解各方面的情况。4月13日晚，中央机关到达河北阜平县城南庄。4月23日，周恩来、任弼时等先期前往西柏坡，与刘少奇、朱德领导的中央工委会合。

4月25日，毛泽东致电刘少奇、周恩来、朱德、任弼时，提出召开中央会议，并提出以下主要议题：1.陈粟兵团的行动问题；2.酌量减轻人民负担，大力发展工农业生产问题；3.社会各阶级的划分及区乡民主政权建设问题；4.中原及晋绥解放区的组织问题；5.邀请各民主党派及群众团体代表来解放区商讨召开人民代表大会并成立临时中央政府问题等。刘少奇收电后，又提议会议议题中列入华北、山东和华北财办的组织问题。与此同时，中央先后通知有关战略区领导人来城南庄参加此次会议。

关于会议时间，目前较多的说法是4月30日至5月7日。据周恩来、彭真、黄敬所作的会议笔记，有关人员全体参加的会议时间应是5月3日。至于这段时间内中央领导与各战略区领导之间的个别谈话或小范围会议是有的，亦可看作会议的一部分。

关于与会人员，从周恩来等三人的记录看，有刘少奇、周恩来、朱德、任弼时、李先念、陈毅、粟裕、彭真、聂荣臻、黄敬、罗瑞卿、薄一波等。毛泽东没有参加5月3日的会议。但会议的议题是毛泽东提出的，并且还把它归纳为"军队向前进，生产长一寸，加强纪律性"三条方针，会议正是根据毛泽东提出的这三条方针进行讨论研究的。

一、关于"军队向前进"

1948年初，毛泽东、周恩来、彭德怀、陈毅等根据战争局势的发展研究确定：第一步先派粟裕率华东野战军10万人组成东南野战军第1兵团，由宜昌、沙市一带南渡长江，在南方数省实行宽大机动作战，借以调动敌人回防江南，以减轻我中原战略区的压力，改变中原战局。同时组成以粟裕为书记的中共东南分局，并派干部随队过江，以便开展工作。[12]第二步是一年之后再由华东战略区抽出力量组建东南野战军第2兵团，由陈毅、邓子恢、张鼎丞率领续进东南，在国统区实行更大规模的战略展开。

粟裕在接受中央军委下达的任务后，在积极作南进准备的同时，深思熟虑，提出了我军先不渡江，而留中原作战、集中兵力在中原黄淮地区大量歼敌的意见。4月16日，粟裕首先就此致电刘伯承、邓小平征求意见。刘邓于4月18日复电表示赞同。粟裕又于4月18日致电中央军委，报告了他对战局的认识与建议，同时提出对淮河到长江派遣游击兵团，对江南派出远殖游击队为大部队渡江作准备等具体意见。

中央军委极为重视粟裕的意见，特电召陈毅、粟裕来中央商讨。在城南庄会议上，对渡江与否的问题进行了讨论，粟裕详细说明了自己的意见与建议的依据。经过研究，中央军委决定："目前粟兵团（1、4、6纵）的任务，尚不是立即渡江，而是开辟渡江的通路，即在少则四个月多则八个月内，该兵团加上其他三个纵队，在汴徐线南北地区，以歼灭5军等部为目标，完成准备渡江之任务。在此期内，由该兵团派出十个营附以地方干部，陆续先遣渡江，分布广大地区，发展游击战争。"同时指出："将战争引向长江以南……这是正确的坚定不移的方针。"

在暂不渡江的情况下，如何在中原黄淮地区大量歼敌，就成为向南发展中举足轻重的问题，会议就此问题进行了广泛的讨论。陈毅、粟裕、李先念汇报了我南线三军各方面的情况及目前存在的困难。朱德、周恩来指出："现在总的方针就是继续向南发展，而且是必须向南，目前虽暂不过江，为的是在中原好好地打几个仗，尔后可派更多的大部队过江。"周恩来强调说："不断开辟外线是坚定不移的方针，不管来自哪个方面的困难，都要把这个方针贯彻下去。"刘少奇指出："为发展中原，中央要派大批干部到那里去工作，虽然在那里要遇到很大困难，但应义无反顾。因这些困难是前进中、发展中、胜利中的困难，比失败的困难不知要小多少，困难是不可避免的，又是可以克服的，必须强调克服困难。"毛泽东在会议期间指示说："中原局的困难，是中国革命最大也是最后的困难，因此，中央在干部、兵源、财经等各方面都给予了极大的支持。当中原大局已定时，中国南方战线的战略决战时机便成熟了。"〔13〕

会议经过认真讨论，统一了战略思想，要求"全党全军均面向蒋管区，将战争引向更深远的敌后"。〔14〕在北线，主要是扫除敌人占据的平津、太原、临汾等城市，即拔钉子；在南线的主要任务是消灭敌人主力，用大力向南发展。总之就是要把战争进行到底，打出去，取得新民主主义革命的完全胜利。〔15〕

经过豫东战役到淮海战役的实践，完全证明在长江以北大量歼敌是更有利的，及至渡江战役"百万雄师过大江"的实施，都是城南庄会议关于"军队向前进"战略决策的不断完善和发展，充分证实了毛泽东关于"当中原大局已定时，中国南方战线的战略决战时机便成熟了"的远见卓识。这个战略决策的制定，是我党我军在重大问题的决策上既集中统一又高度发扬民主精神的典范。

二、关于"生产长一寸"

人民解放战争的深入发展，相应地需要人力物力的更大支援。当时解放区已感到物质和兵源的不足，人民负担过重，有的地方兵源已经枯竭，农村缺乏劳动力。毛泽东在对城南庄会议的指示中说："一方面胜利欣喜，一方面担心民力负担不起，胜利不起，值得忧虑，要使后方农业工业上长一寸。"周恩来在传达毛泽东的指示时说："所谓提高一寸，是比较的意思，过去破坏的赶快恢复起来，过去生产好的要搞得更好，今年的生产要比去年好。"

城南庄会议研究了如何用极大的努力发展工农业生产、减轻人民负担、更加巩固解放区、长期支援战争等问题，并就有关组织领导与各种政策及具体做法进行了讨论与部署。

（一）与会者对发展生产的意义、生产与支前的关系及加强领导的问题进行了讨论。任弼时指出："现在有相当数量的干部对生产的重要性认识不足，要好好作一番动员，使大家认识到在消灭封建社会以后，解放区的战略性任务之一就是要发展生产。"周恩来、刘少奇在发言中都讲到："我们搞土改、整党，逐步建立区乡人民代表会议的目的，就是为了促进与发展生产，生产并不是减弱支前，而是更有力的支前，增加生产是解放区一切工作的目标，是夺取胜利的保障。"中央于会后发出的指示中，将加强对生产的领导问题着重提了出来。毛泽东当时亦指出："一切后方党政机关担任领导工作的干部，虽然因支援前线、土改整党、征收公粮等工作十分繁忙，但必须每年拿出六个月以上的时间去组织与指导生产事业。"〔16〕

（二）指出在恢复与发展生产工作中，政策制定与执行的好坏与工作的成败有着直接的关系。会议总结了《五四指示》下发以来，中央及各地党组织在土改与整党等方面的政策措施及实行情况，进而对老区、半老区、新区等不同地区需要实行不同政策的问题进行了讨论。朱德、任弼时着重阐述了制定正确政策的重要性，指出政策制定的好坏，能决定我们倒蒋的快慢，只有正确地制定与执行政策，才能使倾向我们的人越来越多，胜利就有了把握。反之，如果在政策的制定与执行过程中出现这样或那样的失误，就会使胜利的时间推迟，因此必须极端重视这个问题。会议就发展工农业生产的有关政策进行了讨论。

周恩来、刘少奇在发言中，分别就整党工作与加强乡村政权建设中的具体政策问题指出："整党问题原则一般都定了，就是对党内成分不纯估计得高了一些，但大喊一声以提醒各地注意是有必要的。同时又不能过分，强调过分就成了唯成分论。机械地看待成分不对，不强调也不对，要把它摆在适当的位置。在乡村建政问题上，当前农村的中心问题是民主问题，首先要搞好农会、工会、妇女会组织，否则就没有民主制度的基础。在贫农团和农会基础上建立起来的区乡两级人民代表会议制度是一大创造，实行人民代表会议，大力发扬民主的基本目的就是为了发展生产建设。"刘少奇还提出要起草《区乡人民代表大会组织大纲》，从法律上确立这个制度。

会议还结合各方面意见，对中央于2月起草并发给各地讨论的《关于土地改革中社会各阶级的划分及待遇的规定（草案）》作了研究。会议经过讨论认为："这个规定中的基本观点与1933年苏维埃中央政府关于《怎样分析阶级》和《关于土改斗争中一些问题的决定》两个文件及中央《五四指示》以来发出的有关文件精神是一致的。1933年的两个文件除个别处外，于目前是基本适用的，不必再发《关于土地改革中社会各阶级的划分及待遇的规定》。"

关于新区政策和城市政策问题，是党在解放战争进入战略进攻后面临的一个重要课题。陈毅、粟裕、李先念等分别汇报了各个新区的工作情况。毛泽东就此指出，解放战争向前推进靠军事和政策两个方面，"政策对，任何地方可以站住脚，能扩大军事胜利效果"。[17]刘少奇、周恩来都指出："在新区不能和老区一样，老区一切工作的目的是为了生产，而在新区及敌我拉锯状态下的边缘区，土改政策与打破旧秩序的政策就先不必提、不必做，待群众发动起来后再进行，这对维持地方秩序、组织好供给都有必要。对于城市不要破坏，不要把所有为国民党做事的都俘虏起来，只将军人、宪兵俘虏，逮捕罪大恶极的坏分子，坚决镇压搞暴动和破坏活动的坏分子，其他人员应令其维护秩序，为我所用。进入城市要张贴布告，开座谈会，让市民晓谕一切，遵守我们的法令。对于新区和城市的政策，必须采取严肃的态度，对违反政策的行为要实行纪律处分。"任弼时在会上就新区政策的调查研究问题发言说："新区要注意总结经验，发现问题及时研究，领导干部要像渡黄河的舵手那样，善于掌握住方向，发现好的经验就及时推广，及时纠正和避免各种失误。领导干部要善于搞调查研究。"

会议经过讨论认为："在新区必须充分利用抗日时期的经验，在相当长的时期内实行减租减息等社会政策，使农民得到实际利益；实行合理负担的财经政策，使地主富农多出钱，稳定社会秩序。这个阶段是任何新区都不可能少的，否则就要犯错误。只有待群众发动起来，战争已向远处推进，才能进入土改阶段。"[18]

（三）关于工业生产问题。随着人民解放战争的不断胜利，解放区的面积日益扩大，已经有了很多的小城市和中等城市，已经具备了一定的工业生产力量，在解放区还拥有大量的手工业及农村与城市的家庭手工业生产。前方作战所需的军械物资，除了取之于敌外，还靠解放区的工业生产提供。毛泽东当时指出："目前在解放区提高生产，必须是农业生产与工业生产并重，这与以前的农业生产为重心的情况是有所改变的。"会议根据"发展生产、繁荣经济、公私兼顾，劳资两利"的方针，就解放区的工业生产问题进行了讨论。

周恩来在发言中说："目前生产建设的方针是工农业并重，这是整个战略任务的组成部分。我们的干部过去对农村熟悉，今后要好好地学习工业。"刘少奇、彭真都指出："新民主主义的经济是计划性经济，要注意搞好对生产的调查研究，以使经济更有计划性。在工业生产问题上，要注意公营与私营有相当的分工与计划，对小生产也要进行有计划的引导，以减少市场的盲目性。要注意工商业政策的实施问题。"朱德在发言中提出："要提倡自己动手发展工业生产，这是一定可以做得到的，干部应首先带头，并充分利用机关的劳动力。"

（四）关于农业生产问题。周恩来在传达城南庄会议精神时说："土改的目的是生产，如果我们不好好生产，支援战争就会受到影响。今天的战争是农民战争，我们主要依靠农村。粮食、器材、兵源是靠农村，人力、物力、吃穿是靠农村。现在我们的后方（老区、半老区）要好好加油生产。农民土改后翻身了，老靠分浮财不行，如果生产情绪不高，就算土改失败了。"

任弼时、彭真在会上指出："在农业生产的具体问题上，首先是要确定地权，调整或改订农业税（公粮）的负担标准，确定负担力，这样才能使农民安心生产，这是搞好农业生产的前提。其次是在现有基础上提高农业生产力，即通过办训练班、农业学校提高生产技术水平，通过兴修水利等农田基本建设，达到增加生产的目的。"任弼时着重指出："农业生产的增加，水利是主要因素之一，有无水利对农业生产的关系极大。再次，要在农村现有特定的条件下，组织好农业劳动力，提倡妇女劳动，搞好互助合作，并允许特定条件下的租佃关系，用一切力量尽可能增加生产。要认真研究如何使剩余劳动力组织起来，创造财富。"会议经过研究认为：提高农业生产，是土改后的中心工作，"生产长一寸"这个口号必须以许多实际步骤加以实现。会议还具体研究了发展农业生产的步骤和措施问题。

会后不久，5月25日，毛泽东起草了中共中央《关于1948年土改与整党工作的指示》《关于贯彻执行〈1948年土改与整党工作指示〉的指示》，全面阐述了城南庄会议关于"生产长一寸"的精神，布置了为实现这一战略任务而制定的各项措施。

城南庄会议精神的贯彻执行，极大地提高了群众的生产热情，使解放区的农业生产与工业生产得到了迅速恢复与发展。中共中央关于"生产长一寸"战略决策的制定与实施，保证了土改与整党的正确深入发展，极大地促进了解放区生产建设的提高，使人民解放军获得了巩固的后方和源源不断的人力、物力支援。几百万翻身农民走上前线，参加了伟大战略决战的后勤保障和战地服务工作，这在中外战争史上是绝无仅有的。陈毅曾说："淮海战役的胜利是解放区人民用小车推出来的。"

三、关于"加强纪律性"

随着解放战争的胜利发展，人民解放军在各个战场相继转入战略进攻，有些原来被敌人分割的解放区已连成一片。在这种情况下，党需要在政治和组织上向统一化、正规化迈进，以适应领导全国范围的轰轰烈烈的大革命、大战争，这是实现夺取解放战争全面胜利的中心环节。

1947年底，中共中央杨家沟会议讨论提出了建立请示报告制度的要求。1948年1月7日，中央发出了关于建立报告制度的指示。但是，这些措施在各地并没有引起普遍高度的重视。事前不请示、事后不报告的无组织无纪律现象还比较严重地存在着。城南庄会议把反对无组织无纪律状态及酌量缩小地方权力问题作为一项重要议题。

城南庄会议前，毛泽东于4月21日就学习列宁《论共产主义运动中的"左派"幼稚病》一书作了批示："请同志们看此书的第二章，使同志们懂得必须消灭现在我们工作中的某些严重的无纪律状态或无政府状态。"周恩来、任弼时在会议发言中都指出："列宁在《论共产主义运动中的"左派"幼稚病》第二章所论述的布尔什维克成功的基本经验，在我们当前的情况下，应该引起特别的重视。革命形势的发展，使我们逐渐有了大城市和大块地区，这就要求我们必须加强党的集中统一领导，反对各种无组织无纪律状态，以符合夺取全国政权的需要。必须强调反对无纪律无政府状态，同时适当缩小地方权力，包括政治、经济、军事等方面。"周恩来提出："要印发《共产主义运动中的"左派"幼稚病》第二章，使全党全军都注意研读这个问题。"刘少奇、周恩来都强调指出："无政府状态的蔑视政策现象必须消灭，法令规定者必须贯彻执行，自由主义的态度要反对，那种在报告中故意夸大或隐瞒事实的现象必须改正。以后对任何区域严重违反纪律的行为都要给予处分，从组织上加强中央的统一领导。"

会议认为，首先应把政策的制定与宣传的权力集中于中央，对财经工作、军需后勤工作视各地具体情况实行必要的统一。

为了适应政治、军事形势的发展，从组织上保证中央战略决策的贯彻执行，会议根据中央拟议及有关战略区领导的建议，研究决定了中原、华北及晋绥解放区的组织、辖境和干部配备的具体调整方案。

（一）关于中原区组织问题。1948年4月，中原解放区的范围已包括陇海路以南、津浦路以西，长江以北到潼关、商县、洵阳乃至江陵以东广大地区，全区人口有4500多万，战略位置十分重要。3月间，中央与中工委对中原战略区的组织问题作了初步拟议。刘伯承、邓小平亦于4月20日和5月5日两次向中央建议，要求加强中原的领导力量，并具体建议陈毅、邓子恢等同志到中原工作。城南庄会议经过研究，决定调陈毅、邓子恢到中原工作，以邓小平、陈毅、邓子恢为中原局第一、二、三书记，以刘伯承、邓小平、陈毅、邓子恢、李先念、宋任穷、粟裕、陈赓等12人为委员。同时任命刘伯承为中原军区及中原野战军司令员，陈毅、李先念为第一、二副司令员，邓小平为政委，邓子恢、张际春为副政委。会议还决定中原解放区的辖境范围是，除华中解放区现辖境地外，凡陇海路以南、长江以北直至川陕边区，均属中原解放区。

（二）关于华北及晋绥区组织问题。1947年底，王太路、德石路及石家庄、元氏之敌被全歼后，晋察冀、晋冀鲁豫两大解放区已连成一片。如果两区合并，即可成为关内的基本解放区，既有利于统一领导，又可抽出大批高、中级干部去开辟新区工作，同时可以更好地组织和发动该区四千四百万人民进行大规模生产建设，为西北、中原、华东解放区提供更大的支援。因此，无论从哪个方面考虑，两区合并都势在必行。1948年2月，根据刘少奇建议，毛泽东委托中工委召集有关战略区负责人开会，初步拟订了两区合并为华北解放区的方案。

城南庄会议根据中央拟议，对华北区组织问题作了进一步讨论。刘少奇指出："革命形势的发展，要求我们强调统一和正规，在统一化和正规化方面要先从华北做起。"与会者认为中央拟议是适时的、正确的。会议决定，晋察冀与晋冀鲁豫两解放区合并为华北解放区，原隶属于晋冀鲁豫之豫皖苏地区改隶于中原解放区，原属太岳区沿同蒲路自赵城、洪洞（均含）以南直至蒲州以及路西各县，划归晋绥解放区管辖；原属晋绥之太原附近各县划归华北。原两区中央局合并为华北局，以中央书记处书记刘少奇亲自担任华北局第一书记，薄一波、聂荣臻分别为第二、第三书记，以刘少奇、薄一波、聂荣臻、董必武、彭真、叶剑英、徐向前等17人为委员。原两大军区合并为华北军区，以聂荣臻为司令员、薄一波为政委。原两边区政府合并为华北联合行政委员会，以董必武为主席。并准备召集华北临时人民代表大会，正式成立华北人民政府。华北局成立后，受中央委托筹办大党校、大军校、大党报及华北大学，为党培养干部、人才。中央特意安排了许多高级干部参加华北党、政、军组织的领导，为我党我军在政治、军事及政府行政组织方面向统一化和正规化方向迈进作了准备。根据会议精神，于同年8月选举成立的由党内和党外人士组成的华北人民政府，就是行将诞生的新中国中央政府的雏形。正如刘少奇在5月20日华北局成立会上所说："我们在华北的工作是锻炼干部，取得成熟的经验，以为全国取法，进而领导全中国。过去陕北是红军的落脚点，以后从陕北出发，走向华北，今天我们要从华北出发，走向全中国。"

四、关于新政协问题

我党在领导全国人民进行新民主主义革命的过程中，始终把统一战线工作作为战胜敌人的法宝之一。自国民党反动派撕毁旧政协协议，发动全面内战以来，我党在领导人民进行武装斗争的同时，总结了土地革命以来的经验教训，开展了广泛深入的统一战线工作。在人民解放战争即将进入第3个年度，战略决战就要到来的时刻，召开没有反动派参加的新的政治协商会议，商筹新中国建国大计的问题已提到党的议事日程上来。

城南庄会议讨论了召开新的政治协商会议问题。4月30日，中央发出了纪念五一劳动节口号，号召打到南京去，推翻国民党反动统治，联合工农兵学商各被压迫阶级、各人民团体、各民主党派、各少数民族、各地华侨及其他爱国分子，组成民族统一战线，迅速召开新的政治协商会议，讨论并实现召集人民代表大会，成立民主联合政府。周恩来在会上及会后指出："提出召开新政协的口号，从形式上看是恢复1946年1月政协的名称，但性质和内容都不同了。五一口号是行动口号，不是宣传口号，这是今天形势发展的趋势，全国人民的要求。会议召开的时间大致不会超过明年，待北面打成一片后召开。"刘少奇指出："目前，召开新政协的国际国内形势已经成熟，我们先提政协这个口号，可以起号召作用。要争取90%的人，团结一切可以团结的力量。中国共产党在全国人民中取得50%以上的拥护是没有问题的，其他任何政党都没有我们这个地位。"会议还就新政协的阵容、组织形式等问题进行了研究。5月1日、7日，中央致电上海局和香港分局，要求征询在沪、港等地的民主人士对于召开新政协的意见，并邀请冯玉祥、李济深、何香凝、柳亚子、谭平山、沈钧儒、史良、郭沫若、茅盾、陈嘉庚、黄炎培、张澜、许德珩、吴晗、雷洁琼等民主人士来解放区商讨新政协问题。

中共中央五一口号发出之际，在南京由国民党一手包办的所谓"行宪国大"草草收场。各民主党派、人民团体及海外爱国华侨纷纷响应我党五一口号，指斥伪"国大"，形成了声势浩大的新政协运动。

城南庄会议关于召开新政协的安排部署和随之而兴起的新政协运动，使党所领导的革命统一战线更加扩大和巩固，更加孤立了国民党反动营垒，与人民军事斗争相配合，加速了蒋家王朝的土崩瓦解。[19]

城南庄遇险不久，毛泽东迁往西柏坡，与先行到达这里的刘少奇、朱德、周恩来、任弼时会合。

李银桥回忆说：

敌机轰炸城南庄后，聂荣臻司令员安排毛泽东转移到花山村居住。这里山清水秀，环境清幽隐蔽。

1948年5月26日，毛泽东离开花山村，乘车向党中央和解放军总部的所在地西柏坡前进。这是他惜别陕北后长途行军生活的最后一天。汽车一直在太行山脚下奔驰着，太阳快落山的时候，就到了目的地。

西柏坡是一个小山村，滹沱河水从村前急促地流过。沿滹沱河西上，就是巍巍太行山脉，顺河东下是华北大平原。西柏坡地处河北平山县境内，距离石家庄近100公里。

这一带是老革命根据地。1947年3月，胡宗南大举进攻陕甘宁边区时，朱德和刘少奇就率领中央工委来到西柏坡。不久，董必武等也来到了这里。1948年4月下旬，城南庄会议后，周恩来和任弼时等也到了西柏坡，与朱德、刘少奇会合。如今，毛泽东又来到了这里。这样，毛泽东、朱德、周恩来、刘少奇、任弼时五位书记，在西柏坡会面了。

我们没有到达西柏坡以前，周恩来已经把毛泽东住的地方安排好了，并亲自察看了毛泽东的住房和周围的环境。因此，当毛泽东乘汽车一进西柏坡村的大院，中央机关办公处副处长叶子龙就把毛泽东领到了住处。这个院里有两间北房，一间大约16平方米，是卧室，里面放着一张双人木板床、一个小沙发、一个茶几、一个小衣柜。相通的一间房子大一些，约20平方米，是毛泽东的办公室，里面放着一套沙发，还有圆桌、茶几和一张藤躺椅，墙上挂满了地图。

另外，这个院里的两间西屋和两小间南屋，则是毛泽东的书房和江青以及李讷住的地方。前院还有水房和卫士值班的两个房间。

在毛泽东住处的北面，是周恩来和任弼时的住处，南面是朱德和刘少奇住的地方，离这里都很近。

住下以后，叶子龙说："这一带有好几个村子，每个村子里都住着中央机关的工作人员。这里的老百姓非常好，为了解决中央机关的住房问题，老百姓都克服了困难，宁肯自己挤着住，也要把房腾出来。这一带老百姓的觉悟很高，如果有什么事情，只要我们一提出来，他们就坚决去办。他们知道，现在离全国解放的日子不远了，个个都非常高兴，都愿意为最后彻底打败国民党反动派贡献力量。"

毛泽东听后，高兴地说："我们在陕北的时候，陕北的老百姓非常好。我们到了河北，河北的老百姓也非常好，越是这样，我们越要努力工作，争取解放战争早日胜利。等革命成功了，让老百姓都过上好日子。"

农民家庭出身的毛泽东，无论走到哪里，都惦记农村、惦记农民。

来到西柏坡后，一天，我们随毛泽东到村外散步。毛泽东看到这里的麦子和水稻长势很好，非常高兴，对我们说："这里的庄稼比阜平城南庄的庄稼长势更好，看起来这一带可能富裕些。"

在滹沱河边，毛泽东看到河床很宽，流水很浅，河滩里到处是石头和沙土，便关心地问一个正在浇地的中年农民："河里的水这么少，浇地够不够用？"

农民说："够浇地用的。别看现在水少，到了雨季一发大水，河里的水就多了，鱼也多了。"

毛泽东说："这么说，你们这一带不错嘛，有大米吃，有鱼吃，再多种些青菜，就和我们南方差不多了。"

接着，他又问道："你们这里种稻子，每亩地能产几百斤？"

"好年景不缺水，可以产到四五百斤；要是遇上天旱缺水，那就收不了这么多了，二三百斤也有，一二百斤也有。"农民说。

"这地一年能种几季庄稼？"

"只能种一季，割了稻子可以种麦子，第二年就不能再种稻子了。"

"现在种稻子，割了稻子种麦子，在麦田里再插种秋庄稼，这不两年可收三季吗？"

农民说："我们就是这么一块好地，指望它吃饭呢，种其他庄稼没有肥料也长不好。这块地里种稻子，其他庄稼在坡地上种，雨水多了，收成也就好了。"

毛泽东告别了那个农民以后，对我们说："北方种地不像我们南方那样，在南方，是很讲究精耕细作的。"

我们走了一段，回头看时，那农民还在望着我们。他很可能猜出，刚才与他谈话的人是一个大首长，但这个首长是谁，看样子他并没有猜到。

毛泽东来到西柏坡不几天，工作人员就提出要组织一个舞会，想借这个机会，见一见首长们，和首长们在一起娱乐娱乐。这样，经办公处同意后，就确定要举办一次舞会。因为大家都觉得跳舞这种形式比较自由，气氛也显得热烈。过去在延安时，差不多每个星期六都组织舞会。

舞会的时间定下来以后，有关人员就开始选择场地。经过比较，场地确定在毛泽东、周恩来和任弼时的住房门前。这里原来是打谷场，比较宽敞。

就举办舞会的事，警卫排长阎长林特地向毛泽东报告说："我们来到了西柏坡，中央机关的工作人员已经会合了。为了对首长们表示欢迎，庆祝这个大团圆，今天晚上要组织一个舞会，大家都希望主席也参加。"我也在旁表示赞同，因为当时我刚学会跳舞不久，又正在和带毛泽东小女儿李讷的阿姨韩桂馨热恋。

毛泽东当时正忙着看文件，他只说了一句："好嘛，我也想看看机关的同志们。"

这一天吃过午饭，同志们便开始忙了起来，有打扫卫生的，有抬桌子板凳的……很快就把舞场布置好了。

吃过晚饭，中央机关各部门的同志，都陆陆续续地来到了舞场。大家又说又笑，舞场顿时热闹起来。

夜幕降临了。舞场里汽灯亮了，灯光照耀着一张张笑脸，机关业余乐队的同志们在轻轻地弹拨着琴弦。

不久，朱德和夫人康克清、刘少奇和正在热恋中的王光美、任弼时和夫人陈琮英先后来到舞场，大家都使劲儿地鼓掌，抢着跟他们握手，并把他们围了起来，问这问那。等了一会儿，还不见毛泽东和周恩来来，几个性急的小青年催着叶子龙去请毛泽东来跳舞。

叶子龙说："好吧，我先派我的小兵去请主席，她们请不来，我再去。"接着，他就对毛泽东的小女儿李讷和他的孩子燕燕、二娃说："你们回去把毛主席拉出来，叫他到这里来玩一玩。你们就对他说，外边可热闹啦，大家都在跳舞，叫他出来休息休息，他要是不来，你们就拉着他，一定让他出来。"

李讷她们很听指挥，扭头就往毛泽东的住处跑，叶子龙就在后边跟着。叶子龙还没走到毛泽东住处的门口，三个孩子已经拉着毛泽东走了出来，我和卫士们也跟了出来。

叶子龙迎上来对毛泽东说："休息休息吧，机关的同志们都想看看你。"

毛泽东说："我有什么好看的呀？"

叶子龙说："撤离延安以后，到河东来的同志们说，有一年多没见过你了，都想见见你。今天来的人特别多，一些不会跳舞的也都来了。"

毛泽东说："那好吧，今天要听你们的指挥了。走吧，咱们走吧。"

毛泽东已经答应去了，可孩子们还是拉着他不松手。

大家见毛泽东来了，又是一阵热烈的掌声，都抢上前跟他握手并致问候。毛泽东坐下后，一大群青年人又把他围了起来，问这问那。

不一会儿，周恩来和邓大姐也来到舞场上，气氛就更活跃了。周恩来坐下后，又是一群青年人把他围住了。

和大家说一阵话以后，周恩来就对大家说："今天晚上是舞会，不要把这个舞会变成分片座谈会。你们看，主席那里那么多人，少奇同志那里，朱总司令那里，任弼时同志那里，都有好些人。你们快请主席他们跳舞嘛。"

经周恩来这一提醒，勇敢的女青年们，就一个个拉着首长，在音乐的伴奏下，欢快地跳起舞来。

毛泽东是喜欢跳舞的。在延安的时候，他就经常跳舞，还曾经和斯特朗在一起跳。

这次伴奏的不是专门乐队，只是十几个机要处里的小青年。也没有多少乐器，只有胡琴、锣鼓、口琴什么的，还有一个旧手风琴。但他们个个都很认真，也非常卖力气。

舞场因为是沙土石子地，地面疙疙瘩瘩。尽管这样，首长和同志们也不在乎，在"嘣嚓嚓……嘣嚓嚓"的乐声中，跳得兴致很高。

跳了几场之后，周恩来对大家说："我提议把延安晚会的那个热闹劲儿，也带到西柏坡来，会唱歌的多唱几首歌嘛，有的同志表演得不错，也可以在这里表演一下嘛。"

周恩来这么一说，晚会的气氛就更加活跃了。接着，大家就鼓掌，欢迎一些同志出节目。李伯钊（杨尚昆夫人）、李培之（王若飞夫人）、陶大姐（伍云甫夫人）、帅孟奇大姐等都兴致勃勃给大家表演了节目。

节目演完后，接着又跳起舞来。跳着跳着，天空刮起风来。毛泽东仍然跟机要处的一个女青年在跳着。还是在休息时，这个女青年就抢先和毛泽东说好了，这一场她要陪毛泽东跳，因为这个机会是非常难得的。

风越刮越大，汽灯摇晃得很厉害。为了保证大家跳舞，负责组织晚会的警卫科指导员毛崇横就站在舞场中间，用手扶着灯，两只手轮换着一直扶了很长时间。

毛泽东走过去对毛崇横说："你是实心实意地为大家服务。"

因为时间比较晚了，毛泽东、朱德、任弼时便和大家告辞，回到了各自的住处。

接着，刘少奇和周恩来也说该回去工作了。临走之前，他俩还对大家说，很久没有跳舞了，希望大家多玩一会儿。

舞会在继续进行。因为演奏的同志们太累了，后来就改用留声机伴奏，一直跳到晚上11点多钟才结束。

从此以后，西柏坡中央机关的所在地，就经常在星期六晚上举办舞会。

来到西柏坡不久的一天，毛泽东在院外散步，突然对身边的警卫排长阎长林说："阎排长，你给我写份警卫排的名单。"

阎长林问："现在就写？"

"现在就写。"

阎长林回到房间里，一会儿就把名单写了出来。不多不少，整整20个人。阎长林把名单交给毛泽东以后，他一边看名单，一边在上边画圈圈，一共圈了14个人，他们都是在毛泽东身边工作多年的老同志。

毛泽东对阎长林说："现在的形势发展得这么快，你们要抓紧时间学习。如果不抓紧时间学习，就会跟不上形势的发展，就会落后了。我圈的这14个人，要送他们去文化学校学习，等他们学习回来以后，再把你们6个人送去学习。你们留下的也要边工作边学习。"

说到这里，他又问阎长林："你们有意见没有？"

阎长林回答说："没有意见。"

在14个同志要离开毛泽东的前一天，为了欢送他们，毛泽东说要和警卫排的同志合影留念。听说要和毛泽东合影，大家都激动地站在毛泽东住的前院里，等着毛泽东的到来。

毛泽东一出门，就高兴地说："我跟你们照个相送行好吗？"

"欢迎！""欢迎！""这太好了！"大家欢呼着鼓起掌来。

照完相，大家跟着毛泽东来到他的办公室里。在办公室桌上放着几张毛泽东写的"人民日报"4个大字，这是为《人民日报》题的名。毛泽东对大家说："全国就要解放了，我们要办一张《人民日报》。"说完，毛泽东还让大家帮他挑一张，看哪一张写得好。大家挑了一会儿，忽然有人说："主席，你给我们也写几个字吧。我们快要离开你了，给我们留个纪念吧。"

毛泽东立即说："可以，去拿你们的学习本子来。"

14个同志很快跑回住处，都把自己最漂亮的本子拿来了。毛泽东把本子打开，在每个本子上面都写上了"现在努力学习，将来努力工作"这12个字，还签上了自己的名字。

午饭时，毛泽东又和出去学习的同志在一起吃了一顿饭。毛泽东听说有人舍不得离开西柏坡，便一边吃饭，一边跟大家说："你们不愿意走，我也舍不得你们走。咱们在一起多年，你们对我的帮助很大，不管平时还是战时，不管走到哪里，我总是有房子住，能休息、能办公，有饭吃、有水喝。行军的路上，你们照顾我都非常辛苦，我也特别感谢你们。但是我也不能把你们都留在我身边，放一辈子哨呀。那样不是埋没人才了吗？不是把你们耽误了吗？你们现在才20多岁，最大的也只有30岁左右吧？今后的时间还长着呢，你们要好好学习，提高文化水平，一旦工作需要，组织上会交给你们重担子挑的，我对你们是很信任的。将来做什么工作，就看你们学习和锻炼得怎样了，路子是要靠你们自己去走的。我相信，你们将来都会成为党的好干部。"

第二天，学习的同志就乘坐汽车，高高兴兴地到刚刚成立的中央机关文化补习学校报到去了。

7、8、9三个月是西柏坡的雨季。

一天夜里，人们已经熟睡了，只有毛泽东、周恩来等几位首长的屋里还亮着灯。这时，忽然下起了倾盆大雨。就在这个大雨滂沱的深夜里，五位书记住的大院后边山坡上的两个窑洞突然倒塌了。

"快来救人呀！快来救人呀！窑洞塌了！"

人们一听到喊声，就朝窑洞跑去，不一会儿，那里就聚集了许多人。大家都没有带工具，一见用手扒不动，就又跑回去拿工具。一会儿，修缮队的同志把工具都扛来了，有了工具，大家就投入到救人的紧张战斗。

当时，谁也不知道窑洞里究竟压了几个人，有的说四个，有的说五个。不管是几个，一定要把这些同志赶快抢救出来。因为人多工具少，没有工具的也就只好用手扒泥土。

大家正挖的时候，周恩来闻讯急步走了过来，他老远就问："怎么样？人救出来没有？"

有关同志对周恩来说："挖了这么长时间了，还没见到人，土层太厚了。"

一听这样，周恩来把身上穿的雨衣脱下来往后一扔，要了一把铁锹就挖起土来。他一边挖一边高声地说："同志们快挖吧，一定要把我们的同志救出来！"

经过大家的抢救，救出了三名干部和一名民工，理发员曹庆维因被泥土埋得时间太长，抢救无效，不幸牺牲了。

毛泽东听说曹庆维被土压死了，沉默了好久才说："小曹前几天还给我理发来嘛。多么可惜呀！告诉机关领导同志，一定要把曹庆维同志的后事处理好！我要去参加曹庆维同志的追悼会……"

小曹生长在黄河边上，家里很穷。日本侵略军打来后，他离开父母，参加了八路军。以后，组织上把他送到延安，学会了理发，为中央首长服务。

第二天下午，在西柏坡的大会堂里，召开了曹庆维的追悼会。因为毛泽东临时有要事，不能参加追悼会，他便赶写了一副挽联，由我交阎长林送到了追悼会上。毛泽东在那副挽联上亲笔写着"哀悼曹庆维同志"，追悼会上，工作人员挑了一个最大的花圈，挂上这副挽联，放在了灵堂中央。

之后，由王惠负责给毛泽东理发。王惠个儿不高，留着大胡子，他也是河北人，抗战初期参加革命。直到1959年退休，一直在毛泽东身边服务。[20]

九月会议

1948年9月，毛泽东在西柏坡主持召开中共中央政治局会议，为即将开始的战略决战作了部署。

陈恩惠在《一次重要的战略决策会议》中，详细记述了这次会议的情况：

1948年9月8日至13日，中共中央在河北省平山县西柏坡村召开了政治局会议（以下简称"中央九月会议"）。这是中共中央撤离延安后的第一次政治局会议，也是抗战胜利后到会人数最多的一次中央会议。会议听取了毛泽东的报告，刘少奇等在会上作了重要发言，总结了党的七大以来在军事、政治、经济各方面的工作，根据革命形势的发展，作出了在五年左右的时间内（从1946年7月算起），从根本上打倒国民党反动统治的战略决策，并为实现这一战略决策规定了党在一个时期的各项工作任务。

中央九月会议对于解放战争的胜利具有重要的指导意义，在政治上、思想上、组织上为夺取全国政权奠定了基础，并对夺取全国政权后如何建设新中国进行了认真的探索。

…………

中共中央对这次会议十分重视，进行了认真的准备。会前，从8月28日至9月7日，由毛泽东主持中央书记处开会，讨论这次会议的有关事项，草拟文件，为会议作准备。正式会议于9月8日下午3时在西柏坡中央机关小食堂举行，由刘少奇主持，听取毛泽东的报告。9月9日至13日，与会同志讨论毛泽东的报告、通过会议文件，最后毛泽东作会议的结论。这次会议原计划开三天，实际开了六天。出席中央九月会议共31人，其中中央政治局委员七人：毛泽东、刘少奇、周恩来、朱德、任弼时、董必武、彭真；中央委员十人：徐向前、饶漱石、贺龙、邓小平、陆定一、曾山、叶剑英、聂荣臻、滕代远、薄一波；候补中央委员四人：廖承志、陈伯达、邓颖超、刘澜涛；重要工作人员十人：罗迈、杨尚昆、胡乔木、傅钟、李涛、安子文、李克农、冯文彬、黄敬、胡耀邦。

毛泽东的报告，是中央九月会议的主要议题。贯穿毛泽东这篇报告的主导思想，是如何实现我党同国民党斗争的胜利，并提出胜利后我党准备实行的基本方针和政策。与会同志围绕这个主导思想进行了充分、深入的讨论，一致同意这个报告。会议最后通过了《中共中央关于召开党的各级代表大会和代表会议的决议》和《中央关于各中央局、分局、军区、军委分会及前委向中央请示报告制度的决议》。

中央九月会议，依据毛泽东在报告中对于关系到中国命运、前途的解放战争发展的形势，作出的正确估计和提出的党在下一个时期的工作方针、任务，讨论决定了下列问题：

（一）会议对于全国解放战争几年胜利和发展前途的估计问题作了商讨和部署。

我党对这个问题的认识是随着战局的发展逐步深化的。解放战争初期，我党曾估计大打、中打、小打三个前途，结果仗越打越大。战争进行了一年以后，1947年7月，中共中央在陕北靖边县小河村召开前委扩大会议，周恩来报告了我军在战争第一年歼敌112万的伟大战绩。毛泽东在会上首次提出对蒋介石的斗争计划用五年时间（从1946年7月算起）来解决的设想。当战争进入第三年（1948年7月）以后，形势已经明朗，我党对国民党斗争的通盘计划已经成熟。毛泽东在这次会议的报告中明确地提出："我们的战略方针是打倒国民党，战略任务是军队向前进、生产长一寸、加强纪律性，由游击战争过渡到正规战争，建军500万，歼敌正规军500个旅，五年左右（从1946年7月算起）从根本上打倒国民党。"

与会者一致认为，这个战略决策是稳健的、谨慎的、实际的，反映了饱受长期战争苦难的中国人民迫切希望国家走上和平建设的道路，使中国变成一个独立、自由、民主、统一、富强的新中国的愿望，是中国历史发展的必然，是完全能够实现的。邓小平在发言中说，军事胜利是决定性环节，可以在党内、在人民面前宣布毛主席的估计和计划，以兴奋、鼓舞人民群众。刘少奇和周恩来在发言中，都分析了提前胜利的可能性问题。他们认为，我们的估计应该是稳健的，但也要估计到最好的可能性。从战争的第三年起，我军对蒋介石的打击将愈来愈严重，蒋介石可能垮得早些，我们的胜利来得快些。

会议提出，为了实现五年胜利，在党内外都要强调我们现在是为统一全中国而斗争，这个统一是以中国共产党为领导的统一。为了实现五年胜利，要在主要将领中树立起打带决战性的攻坚战和一次消灭敌人两三个兵团的大会战的思想。对这个问题，朱德发言认为，将来我军同国民党军战略决战性的大会战，有最大的可能在徐州进行。为了实现五年胜利，要充分估计今后可能遇到的困难。会议认真讨论了克服各种困难的对策和措施，指出在大发展、打出去、打开了局面的情况下，全党全军要防止骄傲，重视困难，准备克服困难。会议认为，每年歼敌正规军100个旅左右，是保证五年胜利的关键。因此决定人民解放军第三年仍然全部在长江以北和华东、东北作战，以歼灭国民党部署在上述地区的占其现有全部军事力量365万人中70%的第一线部队。

（二）为了保证革命的胜利，会议研究决定了加强纪律性、扩大党内民主生活问题。

中央九月会议高度重视并认真讨论了党的思想建设问题，在要求全党加强纪律性、克服无纪律与无政府状态的同时，又强调扩大和建立党内正常的民主生活，认为这是完成会议提出的各项任务两个不可缺一的相辅相成的重要环节。

会议指出，中国共产党是以马列主义的革命理论和民主集中制为基础建立起来的，从它诞生的那天起就有严格的组织纪律。由于我党我军在过去长时期内处于敌人分割和游击战争环境之下，曾经允许各地方党组织和军事机关保持很大的自治权，这对于发挥各地党组织和军队的主动性和积极性，度过长期严重的困难局面，是有积极意义的。但同时也产生了某些无纪律和无政府状态、地方主义和游击主义，而且这些错误倾向比抗日战争时期又有发展，损害了革命事业。会议认为，为适应目前革命形势发展的需要，保证全党全军所执行的各种政策的完全统一及军事计划的完满实施，全党必须用最大的努力克服这些错误倾向，将一切可能和必须集中的权力集中于中央和中央代表机关手里。邓小平在发言中说，"军队向前进，生产长一寸，加强纪律性"三条方针中，加强纪律性极端重要，是保障革命胜利的重要一环；而加强纪律性与发展党内民主又是相连的，解决这个问题的关键在上级、在区党委、在党的高级干部。薄一波发言认为，加强纪律性是个战略性的问题，全党要充分认识它的重要性和深远意义。毛泽东提出，中央同志要以全力来做这件事，在战争的第三年内，全党全军克服这些错误倾向，以团结全国人民，迅速驱逐美帝国主义侵略势力出中国，打倒国民党的反动统治。

会议同时指出，在我们党内，由于战争环境或处在地下状况，党内的正常民主生活没有获得很好的发展；党的七大党章规定了召开党的各级代表大会和代表会议以后，这种情形仍然没有改变。同时，为了适应过去的特殊环境和斗争的需要，党内的正常民主生活不能不有所限制。党的组织和政府机关中产生了某些严重的脱离人民群众的官僚主义的现象，党内某些错误的主张和不正派的宗派主义作风和无纪律状态，得以暗中流传和滋长，给党和人民的事业以许多损失。会议认为，革命不久将要取得全国胜利，形势需要而且也有条件改变过去时期党内民主生活不足的状况，以提高党的政治素质，增强党的战斗力。

会议还专门讨论通过的《中央关于各中央局、分局、军区、军委分会及前委会向中央请示报告制度的决议》《中共中央关于召开党的各级代表大会和代表会议的决议》和会后毛泽东在9月22日为中共中央起草的《关于健全党委制》的决定等历史文献，当时在全国各地区各部队的迅速传达贯彻实行，提高了全党全军执行纪律的自觉性，有效地克服了无纪律与无政府状态，以及地方主义和游击主义，加强了在党中央领导下的集中统一。

（三）为了迎接革命的胜利，会议探讨了中国新民主主义的经济和由新民主主义社会转变为社会主义社会的途径问题。

鉴于中国革命将要取得全国胜利，党的工作重心将要由乡村转移到城市，全党将要面临着新的经济建设的任务，中央九月会议对构成新民主主义的经济形态、基本经济政策和由新民主主义社会转变为社会主义社会的主要途径问题，进行了认真的讨论和探索。关于新民主主义经济的总方针，毛泽东已经在《新民主主义论》和《论联合政府》中提出来了，但我党具体系统地讨论这个问题，是从中央九月会议开始的。刘少奇作了系统发言。这次讨论和探索，为党的七届二中全会作了必要的准备。

会议经过分析讨论，提出中国新民主主义的经济由国营经济、国家资本主义经济、合作社经济、私营经济四种形态构成。

刘少奇在发言中认为："新民主主义革命的任务已经解决、民主革命阶段已经结束之后，国内的主要矛盾就是无产阶级劳动人民与私人资本家的矛盾。无产阶级与资产阶级的斗争，是社会主义与资本主义两条道路的斗争，资产阶级要来跟我们争领导权，把国家引导到资本主义的道路。在这个斗争中，决定性的东西是小生产者的背向。"毛泽东插话指出："这就是要建立并巩固无产阶级的领导权。"刘少奇还明确地指出："必须严格地说一句，在中国过早地采取社会主义政策是要不得的。"紧接着，毛泽东插话提出："到底何时开始全线进攻？也许全国革命胜利后还要15年。"

中央九月会议认为，提出上述这些问题加以讨论研究，对于避免在新情况下、新问题上又糊涂起来，犯"左"的或右的错误，是十分必要的和有益的。毛泽东在会议的结论中说："少奇同志讲的这些观点，各同志回中央局后可作宣传。至于经济性质的分析还要考虑，由少奇同志考虑，并草拟文件，以便在召开七届二中全会时用。"

（四）中央九月会议还讨论了军队建设问题；恢复和发展解放区的工农业生产，厉行节约、反对浪费、支援战争问题；准备占领全国的各方面工作干部问题；准备召开全国政治协商会议、成立中华人民共和国临时中央政府问题等。

在中央九月会议规定的正确方针指导下，人民解放战争在更大的规模上展开了。从1948年8月至1949年1月，我军同国民党军进行了以辽沈、淮海、平津三大战役为主的大规模的伟大战略决战，从根本上动摇了国民党的统治，为夺取解放战争的彻底胜利，建立新中国，奠定了坚实的基础。

1948年11月初，继济南战役之后，辽沈战役胜利结束，中国的军事形势发生了根本变化，人民解放军不但在质量上早已占有优势，而且在数量上也已经占有优势。据此，毛泽东对于人民解放战争胜利的时间重新作了估计。他在11月11日为祝贺辽沈战役胜利的电报中指出："我全军9、10两月的胜利，特别是东北及济南的胜利，业已从根本上改变了敌我形势。""9月上旬（济南战役前）中央政治局会议时所作的5年左右建军500万、歼敌500个正规师，从根本上打倒国民党的估计及任务，因为9、10两月的伟大胜利，已经显得是落后了。这一任务的完成，只需再有一年左右的时间即可达到了。"后来的时局发展和战争进程，完全证明了毛泽东这个预见的正确性，同时也完全证明了刘少奇、周恩来关于解放战争有可能提前胜利的科学分析。[21]

在1989年第5期《党的文献》上，还全文发表了毛泽东、刘少奇在会议上的发言。

在中央政治局会议上的报告和结论（1948年9月8日、13日）
毛泽东

一、报告

第一，关于国际形势的估计。对国际形势，去年12月会议曾作过估计。当时党内意见不一致，就在中央委员会中意见也不一致。提法是两种：一种是或者和平或者战争；一种是有战争危险，但是不致爆发战争。有战争危险是共同的，或和或战就不一样。前一种提法，认为全世界人民力量尚不足以制止战争。后一种提法，认为苏联及全世界人民能够动员力量制止战争，美英反动派对战争也未准备好，我们可以争取时间制止战争，因此，我们有责任动员全世界人民的力量制止之。第二次世界大战后和第一次大战后不同，制止战争的可能性更大。第二次大战打败了德日法西斯，要把他们再扶起来还不容易，美英反动派的确在准备战争，战争危险确实存在着。但以苏联为首的世界民主力量，已超过反动力量（莫洛托夫、日丹诺夫都这样说了，我们党内有些同志，特别是中间派还看不清楚），而且还在继续发展，所以战争危险必须而且必能克服，其条件就是要努力。时间如能争取十年到十五年就必能制止战争。我们不应提或者妥协或者破裂的问题，我们应该提或者较迟妥协或者较早妥协的问题，最近在柏林问题上就是这样。

我们讲的妥协，不是讲在一切问题上都能妥协（如要决议取消殖民地那就不可能），而是讲在若干问题上可能妥协：是讲国际问题，而不是国内问题，不是一切问题，而是若干问题，包括重要问题在内。1947年苏、美、英等国就同意、罗、匈、保、芬五国订了和约。对德奥、对日的和约，虽然很难订，但也终究会订下来的。英法与苏之间的通商贸易有发展可能，但美苏之间的这种可能会少些。

苏与美英法按民主原则妥协，我们同国民党也来一个妥协吧，中间派就这样想。我看不能这样提。苏联的政策是不干涉各国内政，大西洋宪章也承认各国人民有权选择自己国家的政治制度。中国人民是不选择蒋介石那个制度的。苏联及一切民主力量向反动派力量作斗争，按民主原则妥协就是斗争的结果。是不是各国人民都必须向反动派妥协呢？不能这样提。如能强迫蒋介石照我们的做，解散法西斯组织，不要土豪劣绅，让我们搞军队又搞土地，那有什么不好。但是蒋介石是反动派，他不赞成。从古以来，反动派对民主势力就是两条原则，能消灭者一定消灭之，暂时不能消灭者留待将来消灭之。英国现在先消灭政府内部的共产党，对社会上的共产党就慢慢来。我们对反动派也应采取同样的两条原则，我们今天实行的是第一条。

这是去年12月会议的三点估计。世界和平，苏联不打仗，对世界人民有极大的利益。蒋介石希望打第三次世界大战，我们党内也有人这样想。苏联和东欧各国人民能够和平生产十年到十五年，苏联能提高生产力到年产6000万吨钢，人家就望也不敢望了。时间已过了三年，只差十二年了。国际环境就是如此。

第二，我们的战略方针是打倒国民党，战略任务是军队向前进、生产长一寸、加强纪律性，由游击战争过渡到正规战争，建军500万、歼敌正规军500个旅，五年左右根本上打倒国民党。军队向前进，生产长一寸。不这样就没饭吃。

作战方式要由游击战争逐渐过渡到正规战争。游击战我们是得了益处的。我们有过早正规化的教训。这二年我们集中作战，在这一点上已正规化了，其余各点上还未正规化。现在还是过渡时期，第三年也还不能完全办到，如果不把平津打下，也还不能完全办到。没有铁轨、车头、汽车，就不能组织近代化的正规战争，如东北正规化就搞得比较好。我们现在军队的编制是五个第1纵队、第2纵队、第3纵队……五个地区都是同一番号，碰到一块就发生困难，人数、编制、供给标准也不统一，因此有计划地走向正规化，完全必需，走迟了就要犯错误，和过早正规化犯错误一样。

军队向前进，就要生产长一寸，而要如此，就要加强纪律性，作战方式就要逐渐正规化，这是方针。

建军500万是为了全部打倒国民党，一切角落都扫光。根本上打倒国民党，时间五年左右即可以，军力400万即可以。第三年军队数目上不增加，现在我们的军队280万，加上其他人民武装力量140万，共420万，不足的还要补充起来，如只有1万多的，要补到2万。第四、第五年，还要扩大，到江南后即可以扩大。500万是包括这一切的。

消灭敌人正规军500个旅。第一年97个旅，第二年92个旅，两年已消灭正规军近200个旅。第二年较少的原因是：一、敌军将二团制改成三团制。二、东北和粟裕少打了一个仗。三、刘邓[22]到大别山后减弱了。四、华野主力在第二年前半年，在山东逢水过水，逢田过田，打大仗的神气就不足，所以消灭敌人数目就不多。今年上半年陈粟[23]5个月未打仗，东北半年未打仗，但我们还歼敌92个旅，150万人，可见国民党军队不难消灭。第二年的好处是把临汾打开了，徐[24]兵团变成有战斗力的兵团，许谭[25]兵团加强了，陈粟的情况变了，刘邓已开始壮了，东北虽少打一个仗，但现在壮得厉害。今年还有四个月，再搞36个旅是可能的。把济南、太原搞下来，刘邓搞南阳，彭[26]只要一个月交一个旅就很好。以后各种条件更好，第三、第四、第五年再歼敌正规军300个旅，没理由说不可能。国民党现在有284个旅，有新的，有空的，有强有弱，消灭500个旅，一般的是消灭了两次。根本上打倒国民党，不是说把每一个角落都扫清了，如在济南、太原打下之前，是否可以说在山东根本上打倒了蒋介石，在山西根本上打倒了阎锡山？是可以这样说的，但不是全部打倒。争取五年左右根本上打倒国民党，与公开宣传至少五六年在全国胜利也是符合的。至于夺取城市，扩大解放区人口和面积，我们历来不提，因为把敌人消灭了，城市也来了，解放区也扩大了，人口也增加了。过去两年歼敌200个旅，我们就得到了四平、吉林、运城、临汾、延安、潍县、洛阳等城市。

第三，建立无产阶级领导的以工农联盟为基础的人民民主专政，打倒帝国主义、封建主义和官僚资本主义的反动专政。我们政权的阶级性是这样：无产阶级领导的，以工农联盟为基础，但不是仅仅工农，还有资产阶级民主分子参加的人民民主专政。这个问题的提法在我们党内有一个历史发展过程。1927年我们提的是"联合战线"，当时右的理论是政权归国民党，我们以后再来。以后我们搞土地革命了，六大的规定是工农民主专政，没有估计到资产阶级民主分子在帝国主义压迫下还可以跟无产阶级合作。这是后来发生的，是因为日本的侵略，现在又有美国的侵略，我们又回到1927年的正确时期。现在不是国共合作，但原则上还是"国共合作"，现在不是与蒋介石合作，是与冯玉祥、李济深、民主同盟、平津学生合作，与蒋介石那里分裂出来的资产阶级分子合作。我们是人民民主专政，各级政府都要加上"人民"二字，各种政权机关都要加上"人民"二字，如法院叫人民法院，军队叫人民解放军，以示与蒋介石政权不同。我们有广大的统一战线，我们政权的任务是打倒帝国主义、封建主义和官僚资本主义，要打倒，我们就要打倒他们的国家，建立人民民主专政的国家。

人民民主专政的国家，是以人民代表会议产生的政府来代表它的。中央政府的问题，12月会议只是想到了这个问题，这次会议就必须当议事日程来讨论。

关于建立民主集中制的各级人民代表会议制度。我们政权的制度是采取议会制呢，还是采取民主集中制？过去我们叫苏维埃代表大会制度，"苏维埃"代表大会。我们过去又叫"苏维埃"，又叫"大会"，就成了"大会大会"，这是死搬外国名词，现在我们就用"人民代表会议"这一名词。我们采用民主集中制，而不采用资产阶级议会制。议会制，袁世凯、曹锟都搞过，已臭了。在中国采取民主集中制是很合适的。我们提出开人民代表大会，孙中山遗嘱还写着要开国民会议，国民党天天念遗嘱，他们是不能反对的，蒋介石开过两次"国大"也不能反对，外国资产阶级也不能反对，德国、北朝鲜[27]也是这样搞的。我看我们可以这样决定，不必搞资产阶级的国会制和三权鼎立等。

政协今年下半年或明年上半年是要开一次，今年开始准备，战争第四年要成立中央政府。这个政府叫作什么名字，临时再定，其性质是临时性的中央政府。

第四，关于财经统一，不需要多讲。以华北政府的财委会统一华北、华东及西北三区的经济、财政、贸易、金融、交通和军工的可能的和必要的建设工作和行政工作。不是一切都统，而是可能的又必要的就统一，可能而不必要的不统，必要而不可能的也暂时不统。如农业、小手工业等暂时不统，而金融发行就必须先统。行政上的统一，就是由华北财委会下命令，三区的党政军要保障华北财委会统一命令的执行。

第五，发展党内民主，训练干部，提高理论水平，准备占领全国后的各方面工作干部。实行党内民主的办法，是实行代表大会及代表会议的制度。党内是有民主的，但是不足、缺乏，现在要增加，办法是用代表大会、代表会议代替干部会。干部会的好处是迅速、便利，召集比较容易，代表会要保存干部会的好处，不要太繁杂了。

我党的理论水平，必须承认还是低的，必须提高一步。这样大的党，在许多基本理论问题上或是不了解，或是不巩固，如划阶级就表现了我们党的理论水平之低。党内有许多新知识分子和工农干部，对许多基本观点不知道，对许多问题不会解释。我们在理论上要提高，还要普及。中央委员、政治局委员要当作一个政治任务来注意这个问题，不然就说不服那些犯错误的同志，如一个候补中委见了打人、杀人他不赞成，但是他讲不出一篇道理来，没有那一股神气。

第六，学习工业和做生意。全党要提出这个任务来，还要做宣传写文章，在全党提倡学习工业和做生意。我们已有城市和广大地区，这个任务必须解决。

第七，加强纪律性，克服无纪律与无政府状态。上面说了这许多条，还必须有这一条，没有这一条，那许多条实行起来都不会畅顺。现在无纪律与无政府状态在党内已到了不能忍受的程度。从中央机关、中央代表机关，一直到各地，报喜不报忧，瞒上不瞒下，封锁消息。村有杀人之权，一个干事可以把一个大工厂的厂长（资本家）搞死，九个照顾变成了九个不照顾，搬起石头砸自己的脚。现在他们没有分田，嗷嗷待哺。这种状态必须改变。中央同志要以全力来做这件事，要在战争的第三年内，在全党全军将它克服过来。

第八，关于"新资本主义""农业社会主义"。我们政权的性质已讲过，是无产阶级领导的、以工农联盟为基础的人民民主专政。我们的社会经济呢？外面有人说是"新资本主义"，我看这个名词是不妥当的，因为它没有说明，在我们社会经济中起决定作用的东西是国营经济、公营经济，这个国家是无产阶级领导的，所以这些经济都是社会主义性质的。农村个体经济加城市私人经济在量上是大的，但是不起决定作用。我们国营经济、公营经济，在量上较小，但它是起决定作用的。我们的社会经济名字还是叫新民主主义经济好。

我们反对农业社会主义，所指的是脱离工业、只要农业来搞什么社会主义，这是破坏生产、阻碍生产发展的，是反动的。但不能误解，将来在社会主义体系中农业也要社会化。

二、结论（节录）

新民主主义与社会主义问题，少奇同志的提纲分析得具体，很好，两个阶段的过渡也讲得很好，各同志回中央局后，对这点可作宣传。新民主主义中有社会主义的因素，在政治、经济、文化各方面都是这样，并且是领导的因素，而总的说来是新民主主义的。这个意思"二七"社论写了。现在点明一句话，资产阶级民主革命完成之后，中国内部的主要矛盾就是无产阶级与资产阶级之间的矛盾，外部就是与帝国主义的矛盾。其次，内部还有民族矛盾，如汉族同西藏、新疆少数民族的矛盾，同回民的矛盾，在某一个民族内部也有矛盾，这可以用苏联的办法来解决。拿马列主义的话讲，内部的主要矛盾是无产阶级与资产阶级的矛盾，而工农的矛盾不是对抗性的矛盾，这可以在工农联盟内部通过供给机器、组织合作社、参加国家管理等予以解决。要巩固无产阶级对农民的领导权，分给土地只是建立了领导权，单有这一条还不够。所谓领导权，就是要使被领导者相信，将来在经济建设方面，还要给他机器，组织合作社，使农民富裕起来，集合起来。他们信服了，领导权就巩固了，否则会失去领导权的。这个问题少奇同志讲了。关于完成新民主主义到社会主义的过渡的准备，苏联是帮助我们的，首先帮助我们发展经济。在经济上完成民族独立，还要一二十年时间。我们努力发展国家经济，由发展新民主主义经济过渡到社会主义，这些观点是可以宣传的。至于经济成分的分析还要考虑，由少奇同志考虑，并草拟文件，以便在召开二中全会时用。[28]

关于新民主主义的建设问题[29]（1948年9月13日）
刘少奇

毛主席的报告和同志们讲得都很好，我都同意。

毛主席的报告，对今后战争前途的估计，五年左右根本上打倒国民党，歼敌500个旅。这种估计，是稳健的、谨慎的、实际的估计，不是冒险的估计，有过去两年作根据。过去这两年是敌强我弱，敌优我劣；现在虽然在军队数目上，我们还比较少，但把各方面的优劣总算起来，特别是我军士气旺盛，是国民党万万比不上的；总算起来，现在已是大体持平，并过渡到超过它。敌人现已处于被动，我已取得主动了。另一方面，敌人也学乖了，仗更难打了，可能第3年更困难了。（毛主席插话："今后三年，不一定更顺利，但也并不一定更困难。"）也许我们最困难的时候过去了，如果济南、太原打了胜仗，打下来了，东北也获得大的胜利，那么，就在9、10、11三个月中，可能就过了最困难的一关。

我们估计应该是最稳健的，但也要估计到最好的可能。从第三年起，这两三年内，可能有一种突然事变，对国民党蒋介石不利的突然事变，如西安事变之类，而不是皖南事变，皖南事变是对我们不利的。自卫战争初期，国民党军队有起义的，中期少些，后期可能多些。歼敌500个旅，不一定是那样平均的，每年100个旅，可能后面更快些。我们的计划不摆在这上面，但可以力争，争取缩短痛苦，早日胜利。自然，早日胜利，可能是"胜利逼人"，而多有两年准备，胜利得比较圆满一些，我们应当很好准备。（毛主席插话："全国胜利恐怕还要十年，十年也不一定全国完全完成土改，而是都实行减租减息。"）

我们是为统一全中国而斗争，为党内统一，为国内统一。这是一个长期的斗争。现在是由我们统一全中国。过去十年内战中，我们没有这样提，而现在我们提出统一全中国。统一这个口号在党内党外都应强调，这个统一是以我们为领导的统一。这次战争初期，我们曾估计大、中、小三个前途，结果是按照我们的理想越打越大了。因此，我们提出：打倒国民党，统一全中国。（毛主席插话："我们的口号是民主的统一，所谓统一，就是打倒国民党，蒋介石的国家就是那500个旅，打掉他500个旅，就可能统一。现在已搞掉了他200个旅，所以，统一全中国的问题，提到议事日程上来了。"）以前这是宣传口号，现在是摆在议事日程上来计划了，以"一个县50个干部""10万新兵"来计划了，这个计划是有条件保证胜利的。

自然，要达到胜利，还有些任务要完成，就是这次提出的那些任务。在完成这些任务中间，也有些困难，要重视这些困难，当提出解决具体任务时，是要重视困难的，但总的方面，前途是光明的。自然，要防止骄傲，但也要知道，困难是可以克服的，不会比第一第二两年更困难。（毛主席插话："第一年的困难是敌人进攻，第二年的困难是到大别山。"）而第一第二两年的困难我们已经克服了。（邓小平插话："真正的带决战性的攻坚这一关还没有过。"）还有带决战性的攻坚这一关没有过，大的会战，一次消灭其两三个兵团这一关也没有过，带决战性的攻坚和大的会战常常是联系着的。现在我们正在准备，锦州、济南的会战，如果敌人以大兵来援，那于我是最有利的。（朱总司令插话："将来在徐州有最大的可能。"）过了这两关，那就解决了。这种思想，要在主要将领中大大宣传，解释清楚。（朱总司令插话："这就是围城打援。豫东战役，现在想来，加上许谭兵团就解决了。"）

现在困难虽多，但在毛主席领导下定可克服，定可胜利。列宁说，1905年革命是1917年革命的演习。中国共产党的历史上，第一次国共合作和内战，就是这次的演习，没有第一次的演习，就不能教育人民，也不能教育全党，有了第一次的演习，才会有经验。有了第一次演习，这次有些地方还重复了第一次的错误；不过，领导上有经验了，所以很快就可以克服。第一次合作和内战失败了，就是由于党犯了重大错误。现在可以肯定地说，那样重大的错误是可以避免的了，即使犯了若干原则性的错误，也能很快纠正。只要有了这一条，胜利就有保证了。至于具体困难，中国共产党历来是能够克服的，即使用办蛮的办法，也总算解决了。

全国土地会议，结束了第二次国共合作以来的和平幻想、右倾错误、地主富农思想等等，在某种意义上，相当于历史上的八七会议。今年2月工委召集的会议，在某种意义上相当于历史上的11月扩大会议。[30]但二十年学会了，2月会议未如11月扩大会议去发展"左"倾，而是极力克服和纠正"左"倾错误。土地会议确定两条：平分土地和整党，基本方针是正确的，但有重大缺点。在土地问题上，有《中国土地法大纲》，但没有具体办法，没有1933年文件，也就没有第一行第一条。（毛主席插话："有大法，而无详细说明、分析和具体规定，下面就没有办法。"）整党问题，讨论虽然较多，但偏重于思想，也没有具体办法。土地会议，也提出防止"左"倾，也反对了一些"左"倾错误，如杀人、扫地出门，也不赞成动工商业（但不够坚定）。当时会场上的精神状态是包含许多不健全因素的，但没有注意到，没有予以严厉的批评，也批评了，但批评得不够，惩办主义也批评了，但大家听不进去；有个别人也提出些不正确的口号，如"贫雇农路线""干部路线"等等，作结论时也未加批评或批评得不够。这里的经验是要注意干部的精神状态，还有一个经验，就是要做两条战线的斗争，反对这一方面，要切实注意防止那一面，两面都要分析。譬如，这次写代表会的决定，本是要建立民主制度，却把集中写了很多。这是在以后的工作方法上要学习的。土地会议的缺点和错误，我要负责的，但不是说，各处"左"的偏向错误就是我的主张。（毛主席插话："这次会开得很好，把去年一年的工作也总结了。像土地会议那样的大会，会后应迅速作出决议。这形式上是个技术问题，而实际上是个政治问题。"）在土地会议以前，也有些"左"，有些与我也有些关系，这是反右中所引起的。现在"左"已成过去，右也防止了。这一年来，既反对了右，又反对了"左"，路线已走上了健全的道路，胜利已有保证。

在新的情况下，新的问题上，是否又会发生"左"的或右的偏向呢？我看那是可能的。经济建设问题就是个新的问题，要弄清楚，这次会上已经提出来讨论了，要有系统地搞出点东西来，不然又可能犯"左"倾或右倾错误。总方针在《新民主主义论》《论联合政府》中已经讲过了，具体系统地讨论是在这次会上开始的，要在这个问题上不犯重大错误，就要系统地搞出点东西来。这与革命胜利也密切相关。

中国新民主主义的经济构成：（一）国家经济。银行、铁路、大企业等等，这是整个国民经济的领导成分，但是在数量上是比较小的一部分，其工业生产是在全国胜利后，顶多占国民经济的20%。（毛主席插话："连资本主义工业在内，整个近代机器工业的生产量顶多占20%，光是国家经济还不会有这样多。"）正因为这一部分数量很小，困难就来了，为什么不能实行社会主义革命即由于此。但是这一部分又掌握着经济命脉，数量虽小，但质量很高，这种国家企业是社会主义性质的。（毛主席插话："按企业讲是社会主义的，因为它没有人与人之间的剥削关系；按政权性质讲，按政权的政策性质讲，又不是无产阶级专政的政权，而是工农民主专政的政权，决定的是无产阶级和广大小生产者合作的工农民主专政，陈瑾昆[31]等不是决定的，是新的资产阶级民主主义的，是新民主主义的。关于社会主义成分问题，过去是有所考虑的，现在东北有八千多公里铁路在新民主主义政权手里，政权又是无产阶级领导的，社会主义成分问题就提出来了。二七社论中已讲了这个问题，全国劳动大会的决议中也讲了这个问题，只是没有点明社会主义这几个字。新民主主义的政治、经济、文化中都有社会主义因素，都有社会主义成分。文化中有社会主义文化，就是马列主义，但国民教育方针、小学课本，不是共产主义的，演剧不是演打倒资本家，而是演反帝反封建反官僚资本。"）国家经济就是整个国民经济中的社会主义成分，而整个国民经济是新民主主义经济。机关生产有许多可以归入合作社经济的范畴，又有许多是国营企业的组成部分，基本上机关生产可以属于国营经济一类的。

（二）还有陈伯达同志讲的国家资本主义经济，这个名词不通俗，也可以讲。

（三）合作社经济。现在要系统地建设合作社，主要是商业性质的、消费的、运销的，合作社还可以开办一些工厂和作坊。所以，合作社经济要分别看。像这样系统地搞起来的合作社发展起来，有很大的财产，并在无产阶级领导的国家的领导之下，甚至于有50%以上的资金是国家投资，其方向是照顾劳动人民的，这种合作社，社会主义性质就多了。（毛主席插话："合作社既有退股自由，股票可以转让，就不完全是社会主义的，它是两重性的，小生产者加入了合作社，就带有两重性了。"）合作社发展起来，搞了工厂、煤矿、汽车等类的财产，那么，社员退股就不能影响到合作社了，这种合作社的财产就是社会主义的了。还有一种合作社，是在小生产者的私有财产基础之上组织起来的，如变工互助组，它的基础是私有财产，其等价交换的原则也是资本主义性质的，但它已有社会主义性质的萌芽、集体农场的萌芽。所以，这种合作社基本上还是资本主义的，但已有社会主义的萌芽。

（四）私营经济。私营经济在整个国民经济中是最大量的。其中有的是资本家的，有的是小生产者的。资本家的是资本主义经济。小生产者在国家帮助他以机器的条件下，可以走向合作，走向集体化，走向社会主义；但另一方面，小生产者的发展，也可以走向资本主义，但小生产者本身不是资本主义，而是产生资本主义的基础。

整个国民经济，包含着自然经济、小生产经济、资本主义经济、半社会主义经济、国家资本主义经济以及国营的社会主义经济。国民经济的总体就叫作新民主主义经济。新民主主义经济包含着上述各种成分，并以国营的社会主义经济为其领导成分。（朱总司令插话："还有公私合营经济。"）提倡公私合营时要慎重，不要盲目提倡，私人资本的投资光投一堆纸票子，我们不一定欢迎，可以经过国家银行吸收这些资金转入企业，付以利息即可，何必分以企业经营的利润呢？

分析这些问题，其目的在于发现社会经济中的矛盾。在新民主主义经济中，基本矛盾就是资本主义（资本家和富农）与社会主义的矛盾。在反帝反封建的革命胜利以后，这就是新社会的主要矛盾，农民是无产阶级巩固的同盟军，从反帝反封建的斗争中就已结合起来的同盟军，我们的政策也就应该从这种基本分析中定出来。自然，就全国来说，帝国主义、封建势力和官僚资本主义今天还未打倒，今天主要的矛盾还是人民与帝国主义、封建势力和官僚资本的矛盾，资产阶级与无产阶级的矛盾，是被第一个矛盾掩盖着。等到我们取得全国政权、取得上海和内地省份，民主革命的任务已经解决，民主革命的阶段已经结束了，封建势力没有了，帝国主义势力被赶走了，官僚资本也没有了，人民与这些东西的对立和矛盾也就没有了，这时候，主要的矛盾就是无产阶级劳动人民与私人资本家的矛盾。就解放区来说，今天对外还是反帝反封建反官僚资本，但另一方面，如果把其他因素除外，在解放区内部，主要的矛盾则是无产阶级劳动人民与资产阶级的矛盾。列宁讲过，二月革命后的斗争性质就带有社会主义性质了。在解放区搞经济工作，除对外反国民党反帝国主义外，就要注意与私人资本家的斗争。斗争的方式是经济竞争，经济竞争是长期的，首先就是反对投机资本。这种斗争的性质，是带社会主义性质的，虽然我们还不是实行社会主义的政策。这种竞争是贯穿在各方面的，是和平的竞争。这里就有个"谁战胜谁"的问题。我们竞争赢了，革命就可以和平转变；竞争不赢，社会主义性质的经济，就被资本主义战胜了，政治上也要失败，政权也可能变，那就再需要一次流血革命。因此，和平转变，今天还只是极大的可能性，并未最后确定，并没有解决，如犯重大错误，还是可能失败的。所谓和平转变，是指无须经过政权的推翻而完成一个革命，并不是不要斗争，而要进行各方面的斗争。因此，固然不能过早地采取社会主义政策，但也不要对无产阶级劳动人民与资产阶级的矛盾估计不足，而要清醒地看见这种矛盾。（毛主席插话："斗争有两种形式，竞争和没收，竞争现在就要，没收现在还不要。现在还要联合它反帝国主义、反国民党，联合它发展生产，所以是又联合又斗争，斗争是限制它不利于我们的、不利于国计民生的方面。"）无产阶级与资产阶级的这种斗争，是社会主义与资本主义的两条道路的斗争，资产阶级要来跟我们争领导权，要把国家引导走资本主义的道路。在这个斗争中，决定的东西是小生产者的向背，所以对小生产者必须采取最谨慎的政策。（毛主席插话："这就是建立并巩固无产阶级的领导权，去年下半年有些地方是失去这种领导权的，但尚可恢复，而且已经恢复了。如何恢复？就是向小生产者承认错误。"）小生产者是动摇的，可以跟着资产阶级走，也可以跟着无产阶级走，我们的任务就在于采取谨慎的政策，巩固地团结他们、领导他们。如何去团结他们？主要的形式就是合作社。合作社是团结小生产者最有力的工具，合作社办得好不好，就是决定的关键。合作社搞好了，就巩固了对小生产者的领导权。单是给小生产者以土地，只是建立了领导权，还需进一步使他们成为小康之家，否则，领导权仍不能巩固。

有了合作社，还有一个经营合作社和经营国营经济的路线问题。必须自上而下地组织广泛的合作社网，建立合作社的系统，训练干部，搞好合作社，按照新民主主义的路线去经营合作社。如果不按照新民主主义路线去经营合作社，而按照蒋、宋、孔、陈[32]一样去经营，按照日本人的合作社一样去经营，按照延安妇女合作社一样去经营，那就不是社会主义性质的，而是资本主义性质的。（毛主席插话："这是带着共产党员番号的资产阶级。这是一个严重问题，党内很有一批人是这样的。南汉宸说他自己是做资本主义工作的。贸易公司总不愿起调剂市场的作用，不愿作解放区人民对内对外货物交流的桥梁，不愿为人民服务，而是总想赚人民的钱。这就叫作带着共产党员番号的资产阶级。"）在经济工作中，在这一点上完全清醒的干部是很少很少的，可以说有很大的盲目性。这个问题搞不清，没有清醒的头脑，就是打倒蒋介石，也还是空的，也不能胜利。（毛主席插话："单讲与资本主义竞争，还不能解决问题，还有一个利用它以发展生产的问题。"）有益于国民经济的私人资本主义经济也要发展。在一定的时候，一定的条件之下，就是说，有些企业部门是国家没有经营的，或者是国家虽然也经营了，但尚不能满足人民需要者，也可以帮助私人资本主义企业之发展，现在这里还有很大的真空。但是发展到一定的时候，就要发生矛盾。我们共产党人要高瞻远瞩，看到前途。我们与资产阶级合作要有清醒的头脑，自暂时合作之日起，就要认清总有一天要消灭它，就应时刻注意到资产阶级之叛变，好像抗战初期与阎锡山合作抗日一样，我们才不会上当。（毛主席插话："中国由于经济落后，资本主义是分散的，只有国营经济，银行、铁路、矿山等等，才是集中的。中国资产阶级有地方性，这是很可以利用以发展生产的。”）只有与资产阶级暂时合作之开始，即认清前途，才能够在各方面的实际中坚持又团结又斗争的原则。最后还要严格地说一句，过早地采取社会主义政策是要不得的。（毛主席插话："到底何时开始全线进攻？也许全国胜利后还要十五年。"）问题第一个关键就是要有清醒的头脑。有了清醒的头脑，就不会犯大的错误，加以十几年的准备，那就一定能够保证胜利。胜利的条件是具备的，国家政权、国家经济在无产阶级领导之下，巩固的工农联盟，国际无产阶级的援助。但另一方面也有困难：文化落后、分散的小生产、国营经济数量很小、党员干部不善于经营经济事业、理论水平不高、有些受资产阶级影响的分子钻进党内来，还有国际资产阶级的影响。如果糊涂盲目，犯重大错误，未能成功地争取小生产者，那就要失败。

因此，和平转变有极大可能性，但也有困难条件，仍须经过艰苦的工作，才能取得胜利，如果盲目糊涂，犯重大错误，则仍有失败之可能。

今天提出这些问题，加以讨论研究，找出具体办法，那是很值得的。有些应该广泛宣传，解释清楚，免得在这个问题上又糊涂起来。但也有些不宜过早宣传，以免为帝国主义和封建势力所利用，而不利于打倒蒋介石。[33]

阎长林也详细回忆了九月会议前后的情况：

1948年8月的西柏坡，正当酷暑季节。特别是上午10点到下午3点这段时间，毒花花的阳光，火焰一般炙烤着山坡、田野和房屋。

毛主席住的是一间平房，又矮又小，又没有通风的窗子，靠近房周围的树都很小，不能遮挡阳光。所以屋里不但温度很高，还很憋闷，简直像个小蒸笼。这对主席的休息非常不利，因为他的习惯是夜间工作，白天休息，中午正是他睡觉的时候。过去在延安和在陕北转战途中，住的都是窑洞，而且多在山沟里，夏天也很凉快。现在在这样的房内，这样的中午，哪里睡得成觉？我们看到主席一躺下就浑身汗水淋淋，像刚从水里出来一样，常常睡不了多大一会儿就热醒了。

头几天，主席热醒后，用凉水擦擦汗，就看文件或读书报。每当这时，我们就赶快送上一把扇子，换一盆凉水。但他一忙起来就什么都忘了，根本顾不上扇扇子。有时实在热得不行了，就用凉水洗一洗，或者在屋子里走一走。几天下来，他就明显露出疲倦的神色了。我们心里都很着急和不安，这样下去怎么行呢！

为此，大家想了很多办法，首先保证他吃好。高师傅很有办法：在大米里加上少量小米，使做出的饭又软又有香味；买来滹沱河的鱼和主席最爱吃的青辣椒，做几样湖南风味的菜；有时也做一碗扣肉让他改善生活。他喜欢吃，但医生不让，只能少吃几块。主席白天睡觉，我们就保证环境安静，不让有一点声响惊动他。可是这都解决不了消暑的问题。我们找了几处有树林子的地方，想让主席中午最热的时候到那里去休息一会儿，不过没有敢对他说，怕他不同意。

这天中午，主席又从熟睡中热醒。他烦躁地在屋里走了几步，问："这附近有没有清凉一点的地方呀？"我们立即回答："有。后沟礼堂旁边有片树林子，顺河往东十多里地方的苏家庄和郭苏镇都有树林子。"

主席听了，略为沉思一会儿，用征询的口气说："那咱们现在就到那里去休息休息，好吗？"我们当然没有二话。主席就把桌子上的文件、资料和几本书装进一个帆布包里，我们搬了一个可以半躺的帆布靠椅，拿了个热水瓶，就和主席一起乘车到达苏家庄的树林里。

这里离西柏坡有十多里地，离村子也有一段距离，不远的地方还有个大水塘，很凉爽。主席很高兴，连声说："好！好！这地方很好嘛，以后再热得没办法了，咱们就到这里来。"说着就仰靠到躺椅上，闭起眼睛。

看到这情景，我们很欣慰。前一段他实在太忙，连续开了几个会，最近开会少了些，说明各个战场上的形势都很好，主席可以放心地歇息一下了。可是再看主席，他已经坐起来，从包里取出文件看了起来。这些文件中有各个战场的情况，许多统计数字，还有过去准备召开政治协商会议的文件。他一边看，一边用笔画着，有时站起来轻轻走动，有时又坐下来匆匆写着什么，有时又放下笔静静思考，显然是在想着重大问题。我们给他倒上一杯水，劝他休息一会儿，他只是点点头，连眼睛也不抬。这哪里是来休息啊！

下午4点多钟，天气已不那么热了，我们怕主席在树林子里待久了会着凉感冒，就请他回去。他还有点恋恋不舍，又停了一会儿才起身上车，临走时还说："这个地方很好，明天如果还热，我们再来。"连着几天，主席都外出到几个凉爽的树林子里去办公，还叫我们把饭带上，在外边吃。

一天上午，主席还在睡觉的时候，我们又作了准备，等主席起了床就出发。可是主席起床后就叫开饭，说是今天不出去了。接着就是没日没夜地在屋里看文件，紧张地写着什么。许多首长也从外地赶来了，说是要开会。我恍然大悟，原来前几天他不是休息，而是要找一个凉快的地方为会议作准备呀！

记得会议是9月8日开始，到13日结束的，地点就在机关的小饭堂内。开会时是会场，吃饭时是饭堂。外边来开会的首长，好几个人住在一间房子里，晚上就围在会场的灯下看材料、写材料。条件虽然艰苦，但比起半年多前在陕北米脂县杨家沟开会时，已经好得多了。当时，我并不知道这是一次什么会议，只听到毛主席讲了话，其他首长讨论得很热烈。后来才知道，这是一次政治局会议，检查了前一段的工作，规定了今后时期的任务，非常重要。

李银桥回忆说：

1948年9月8日到13日，毛泽东在机关小食堂里主持召开了一次重要的会议。到会的除政治局委员外，还有十几位中央委员、候补中央委员及华北、华东、中原和西北的党和军队主要负责人。这是日本投降以来到会人数最多的一次中央会议，因为在这以前，绝大多数中央委员都分散在各个解放区从事紧张的解放战争，交通十分困难，不可能举行这样的大会。

这次大会以"军队向前进，生产长一寸，加强纪律性，革命无不胜"为中心议题，实际就是对各战略区打大规模歼灭战下达了动员令，也就是为后来的三大战役及渡江作战下达了动员令。决议要求将一切可能和必须集中的权力集中于中央和中央代表机关手中，加强中央的统一领导，为夺取全国政权创造了思想上和组织上的必要前提。

毛泽东与各战略区的主要领导都作了个别谈话。与邓小平同志谈话时，毛泽东注视着他说："我们每年见一次面，每次见面都有很大变化。明年我们再见面时，应该有一个根本性的变化。"

邓小平说："毛主席、党中央高瞻远瞩。我回去和伯承同志研究一下，我们应该发挥更大的作用。主席给我们的任务，我想一定能够完成。"

周恩来在旁边说："你们的位置太重要了，要靠你们去消灭国民党蒋介石的命根子，消灭他的主力部队，还要去剿蒋介石的老窝呢。"

邓小平点头："希望这一天能早点儿到来。"

九月会议以后，毛泽东把极大精力投向东北战场，因为他心中筹划的几场大战首先在东北大规模地展开了。

本来五大书记分工，由毛泽东在周恩来协助下负责全国的军事指挥。但这一次毛泽东讲了话，他说："现在到了最后决战的阶段，仗要越打越大，都是关系全国全局的大仗。不要还是我一个人说了算，重大决策要集体研究决定。"

此后，书记处几乎天天都开会。

夜里通宵办公是毛泽东养成的习惯，不好改。毛泽东是领袖，其他书记是围绕他的，要随着他改。转战陕北时，周恩来、任弼时都随他改成夜间办公的习惯。现在毛泽东要求集体办公开会，朱德和刘少奇也只好改变习惯。

朱德总司令多年来养成早睡早起的习惯，生活很有规律。每天晚10点洗澡睡觉，清晨起床散步打拳，现在生活习惯全打乱了。他当时已年过花甲，在五大书记中是年龄最大的一位，毛泽东担心他身体，有时劝几句："总司令啊，你年龄大了，可以早一点回去休息。"

朱德摇头说："这么重大的事，我回去也睡不着。"

话是这么讲，连续开会毕竟太疲劳了。有时会开一半，他就打盹儿了。

有人想叫醒朱德，毛泽东轻轻摆手："不要叫了，让他休息一会儿，决定重大问题时再叫也不迟。"

朱德总司令醒后总是抱歉地说："哎呀，糟糕，睡着了！"

首长们都笑了。周恩来说："没关系，你休息一会儿，就能坚持到底了。"

毛泽东关切地说："咱们这一段会议多，为的是彻底打败蒋介石。事情多，又很重大，少数人做主不行，咱们一起打一段疲劳战。总司令开会时稍微休息一会儿，精力更充沛，这是一件好事嘛。"

任弼时同志患有高血压，过度紧张后就头晕，靠在躺椅上闭目养养神。有时大家也劝他早点儿回去休息，他连连摇手说："我比你们都年轻，你们坚持工作，我回去休息怎么行呢？我应该比你们多做点事情才对。"

毛泽东、刘少奇、周恩来身体都很好，精力始终很充沛。特别是周恩来，他是军委总参谋长，要协助毛泽东指挥作战，整夜不离毛泽东左右，白天还有外交、侨务、统战、新闻宣传等方面的大量事情需要他处理。他精力之旺盛、能力之强和办事效率之高都是惊人的。

战时紧张，每天晚8点，刘少奇、周恩来、朱德、任弼时都准时来到毛泽东的办公室，首长的卫士们和警卫人员也都跟来。首长们在办公室里开上层办公会，我们这些卫士和警卫人员就在值班室开下层民主会。首长们谈论的是打大仗、打大城市、打前所未有的歼灭战，我们这些人整天议论的也是包围什么地方了、歼灭多少敌人了等等。〔34〕

九月会议以后，中国革命进入了全面决战的关键时刻。毛泽东在指挥战略决战中，充分展示出高超的胆略和智慧，卓越的军事统帅才能达到了炉火纯青的程度。

辽沈战役

毛泽东把战略决战的突破口放在东北，充分表现出他战略家的胆识和才智。

周宏雁在《辽沈决战方针的确立》一文中说：

我军东北战场的战略决战方针，从提出到完全确立，经历了较长时间。这个方针就是：东北野战军主力南下北宁路，攻占锦州，封闭蒋军在东北加以各个歼灭。这是中央军委和毛泽东主席从全国的和东北的战略利益出发，根据东北战场敌我力量的实际情况而制定的。

就地歼敌最有利

1948年春，东北97%的土地面积和86%以上人口获得解放，东北解放区完全连成一片。东北人民解放军由战争开始时的11万人，发展到100万人，其中野战军70万人，装备改善，士气旺盛，牢牢地掌握了战略主动权。东北国民党军虽然还维持50余万人，但被分割在长春、沈阳、锦州三个互不连接的地区内，长春、沈阳陷于孤立。这时，摆在东北国民党军面前有两个可供选择的方案：一是继续固守，一是撤出东北；在东北人民解放军的面前也有两个可供选择的方案：一是封闭敌人在东北予以各个歼灭，一是将敌人赶出东北。

1948年2月7日，毛泽东分析东北敌人动向时指出："蒋介石曾经考虑过全部撤退东北兵力至华北，后来又决定不撤。"他说，"如果东北野战军再有几次大胜仗，杨得志、罗瑞卿、杨成武又出平绥、出冀东，南线我军又有积极行动，蒋军从东北撤退可能性就将突然增大，其时间可能在夏季或更早一点。"蒋介石如果放弃东北，将在东北的主力部队撤入华北、华中，对我军来说，虽然可以不费大力气就解放全东北，但也让敌人主力完好地转移，则对华北、华中我军作战很不利。因此，在东北冬季攻势尚在进行的时候，毛泽东就提请林（彪）、罗（荣桓）、刘（亚楼）研究下一步作战方向问题。他指出并且强调："对我军战略利益来说，是以封闭蒋军在东北加以各个歼灭为有利。"希望东北野战军务必抓住这批敌人，使其无法从东北撤退。

林彪收到毛泽东2月7日电报时，罗荣桓正在哈尔滨主持政治工作会议，因此林彪以个人名义于2月10日致电毛泽东，说："我们同意与亦认为将敌抑留在东北各个歼灭，并尽量吸引敌人出关增援，这对东北作战及对全局皆更有利，今后一切作战行动当以此为准。"

从准备强攻长春到实行久困长围

既然东北国民党军存在撤与不撤两种可能，中央军委和毛泽东主席主张应防止敌人撤退。因此，要求东北野战军主力向南作战，占领义县至滦县地带，切断北宁路，堵塞东北国民党军的陆上退路，形成关门打狗之势。林彪则主张先打长春，开门打狗。林彪在2月10日电报中说："只要吉林、长春之敌被我抓住和未歼灭前，沈阳的敌人是不会退的。"3月上旬，吉林守军退入长春，长春陷入我军的包围之中。4月18日，林彪等致电毛泽东和朱德、刘少奇，提出"对作战的根本意见"是打长春，计划从5月中旬开始举行长春战役，采取围城打援手段，极力吸引沈阳敌人北援。如敌人增援，则主力南下，在四平附近野战中展开大规模的反击，歼灭援敌；如敌人不敢增援，则集中主力，准备用4万人的伤亡，攻击长春，争取十天半月时间内结束战斗。如打锦州、山海关之敌，或入关作战，"在敌人目前放弃次要据点、集中兵力固守大城市的方针下，则必到处扑空，或遇到四五个师兵力守备的城市。且大军到那些小地区，衣服弹药军费皆无法解决"。同时，"在我主力南下情况下，长春之敌必能乘虚撤至沈阳，打通锦沈线"。如果分兵，"以很多兵力（如3个纵队）入关，沿途仍不易求小仗打，遇大的战斗（又攻城又打援）则又吃不消。而留在东北的部队，既不能打大仗，又无小仗可打，陷于无用之地"。这即是说，向南作战很不利。

中央军委和毛泽东主席十分重视与尊重东北指挥员的意见。鉴于蒋介石当时决定不从东北撤走主力，而东北指挥员又认为长春之敌比较好打，东北野战军有条件攻克长春，因此同意林彪等人"先打长春的意见"。但是，强调指出："你们自己，特别在干部中，只应当说在目前情况下先打长春比较有利，不应当强调南下作战之困难，以免你们自己及干部在精神上处于被动地位。"鲜明地指出这样一条基本原则："打下长春之后，东北解放军仍必须向南作战。"

东北我军攻克长春的有利条件是较多的。守敌只有10万人，新7军与第60军存在矛盾；我军早对60军展开了争取工作，该军有起义可能；守敌内缺粮草，外无救兵（沈阳之敌根据卫立煌的方针就是不出兵北援），士气低落。东北野战军主力均集中于长春、四平之间，兵力雄厚，火力强（重型火炮660余门，炮药充足）；后方支援便利。不利条件：一是长春的防御工事坚固，国民党军曾吹嘘"长春防务坚冠全国"；二是东北我军尚无攻克长春这样城市的经验。

1948年5月，郑洞国集中3个师的兵力向长春西北方向出击，19日占领小合隆，企图把这个方向的解放军赶走，保护大房身飞机场不受炮火威胁，以利空运，同时乘此机会抢掠粮食。林彪等人立即集中两个纵队和7个独立师，采取奔袭动作，包围小合隆之敌，吸引长春敌人大部来援歼灭之，进而攻击长春。郑洞国一看形势不妙，立即将部队撤回市区。

这是一次外围战。6月3日，朱德在看了参加这次作战的第1、第6纵队指挥员的电报后写信给毛泽东，认为"长春还是可能打下的条件多"，主张用坑道爆破和集中炮火相结合的战法，强攻长春。但是，林彪等人却从这次作战中得出长春不好打、不能强攻的结论，建议改变硬攻长春的决心，改为对长春以一部兵力久困长围，主力仍位于长春、四平之间休整，迫使沈阳敌人增援，先歼灭援敌，后夺取长春，时间准备两个月至四个月。秋收后再南下。

6月7日，中央军委和毛泽东主席复电林、罗、刘，基本上同意这个方案，要求林彪等人"精心组织这次战役"，同时提醒他们不要忘了作好向南作战的准备工作，在攻长春期间，"必须同时完成下一步在承德、张家口、大同区域作战，或在冀东、锦州区域作战所必需的粮食、弹药、被服、新兵等项补给的道路运输准备工作"。毛泽东念念不忘向南作战。

决心以最大主力南下作战

在东北野战军围困长春的时候，关内各战场的人民解放军对国民党军发起强大攻势。这种形势要求东北野战军积极行动，钳制东北敌人，使其无法调进关内。这种形势也表明，蒋介石为了保住黄河、长江间腹心区域，有可能从东北实行撤退。但是，自长春陷入重围后，驻沈阳的卫立煌就是不以一兵一卒去增援，结果出现东北野战军主力反被牵制在长春地区，同长春守敌形成对峙的僵局。蒋介石用一座孤城"钳制共军大批主力南下"的企图，一时得逞。因此，东北野战军集中主力继续围困长春，是不妥当的。为了改变被动局面，中共东北局常委开会重新研究了东北作战行动问题，"大家均认为我军仍以南下作战为好，不宜勉强和被动地攻长春"。7月20日，林、罗、刘报告中央军委："我们意见，东北主力待热河秋收前后和东北雨季结束后，即是再等一个月到8月中旬时，我军即以最大主力开始南下作战。"

中央军委和毛泽东主席7月22日复电指出："攻击长春既然没有把握，当然可以和应当停止这个计划，改为提早向南作战的计划。"要求林、罗、刘应向全军指战员首先是干部，充分说明向南作战的有利条件，"以鼓励和坚定他们向南进取的意志和坚定他们的决心"。毛泽东这么早就提醒林彪等人要从思想上坚定向南作战的意志和决心，从现在林彪思想动摇的事实来看，是具有远见卓识的。经过五个多月（从1948年2月7日至7月20日）反复商讨，东北野战军主要指挥员在东北主力是否南下作战的问题上，终于取得了同中央军委相一致的认识。

十个月内打三仗，全歼东北之敌的设想

东北野战军的总任务就是全歼东北敌人于东北境内。毛泽东设想，从1948年9月至1949年6月的10个月内，东北野战军"要准备进行三次大战役，每次准备费去两个月左右时间，共费去六个月左右时间，余4个月作为休息时间"。

关于第一个战役。毛泽东经过分析，在7月30日致电林、罗、刘明确指出："关于你们新的作战计划，我们觉得你们应当首先考虑对锦州、唐山作战，只要有可能，就应攻取锦州、唐山，全部或大部歼灭范汉杰集团，然后再

向承德、张家口打傅作义。"在9月5日电报中又指出："你们秋季作战的重点应放在卫立煌、范汉杰系统。"毛泽东把这个战役叫作"锦榆唐战役",希望首先能够切断东北敌军的入关通路,"封闭蒋军在东北予以各个歼灭"。其次,从北宁路锦唐段打起,是从"东北剿总"与"华北剿总"的结合部开刀,实现中间突破,有利于向两翼机动。再次,如果不打范汉杰集团,而去打承德等地傅作义集团,就会出现东北、华北两敌集中力量夹击我军的态势,而先打范汉杰,傅作义是不会大力出关增援的。

关于第二个战役。毛泽东估计,在第一个战役期间,沈阳卫立煌有极大可能增援锦州。东北野战军便可乘胜进行第二个作战,即"准备去打锦州时歼灭可能由长、沈援锦之敌"。这个战役的规模比第一个战役的规模要大。因为,卫立煌只有以沈阳主力部队来增援方能起作用。这样,东北敌我两军主力将在锦州、沈阳间展开激战。因此,中央军委和毛泽东主席要求林、罗、刘:"应当注意:(一)确立攻占锦、榆、唐三点并全部控制该线的决心。(二)确立打你们前所未有的大歼灭战的决心,即在卫立煌全军来援的时候敢于同他作战。(三)为适应上述两项决心,重新考虑作战计划并筹办全军军需(粮食、弹药、新兵等)和处理俘虏事宜。"

关于第三个战役。在关于辽沈战役的文电里,我们没有看到毛泽东对这个战役的具体设想。我们可以分析,如果东北我军攻击锦州时,长春、沈阳之敌倾巢来援,我军既攻克了锦州,又歼灭了援锦之敌,那么,第三个战役,自然是乘胜夺取沈阳,解放长春。如果我军攻锦州时,沈阳之敌不援,或者增援途中未被歼灭,迅速缩回沈阳,凭坚固守,那么东北野战军就可能实行"完全肃清锦州、塘沽之线,直逼天津城下,迫使国民党用空运方法从沈阳调兵增防平、津"。这个时候,东北野战军休整一个月至多四十天,然后分为两个集团,"以一个集团第一步攻占平承线,第二步攻占平张线;以另一个集团攻沈、长"。

运筹帷幄之中,决胜千里之外。东北战争的进程大体上就是按照毛泽东的上述设想发展的,只是战争时间大大缩短了,只用了五十二天,即全歼东北国民党军,解放东北全境。

"战锦方为大问题"

9月12日,东北野战军攻击义县至滦县一线之敌,被后来称之为"辽沈战役"的作战开始了。至10月1日,先后占领义县、高桥、塔山、兴中、绥中、昌黎,将范汉杰集团分割在锦州、锦西、山海关三个地区,并封锁锦州飞机场,使锦州完全处于孤立。

锦州陷入孤立，蒋介石极端恐慌，9月30日先在北平同傅作义磋商由华北出兵增援东北的问题。经过讨价还价，最后决定从华北抽出第62军三个师、第92军一个师、独立第95师，以及山东烟台的第39军两个师海运葫芦岛，同锦西地区第54军四个师编成"东进兵团"，由第17兵团司令官侯镜如指挥，沿北宁路向锦州推进。10月2日，蒋介石飞到沈阳，不顾卫立煌等人的反对，决定以沈阳地区的主力，新1军两个师、新3军三个师、新6军两个师、第49军两个师、第71军两个师，共五个军十一个师，另加三个骑兵旅，编成"西进兵团"，由第9兵团司令官廖耀湘指挥，企图攻占彰武、新立屯，切断东北野战军的后方补给线，然后西进，会同"东进兵团"夹攻锦州的解放军。另以第八兵团司令官周福成指挥沈阳地区余部守沈阳。长春郑洞国兵团则乘敌我在锦州地区大战之际，突围南下沈阳。

从蒋介石的上述活动看，他摆出同东北我军决战的架势。据廖耀湘《辽西战役纪实》一文回忆说，他问蒋介石现在为什么要下这么大决心同东北解放军决战呢？蒋介石"在考虑了一下之后，最终说出了他内心的图谋。他说：'在撤退东北主力之前，一定要给东北共产党军队一个大打击，一定要来一次决战，否则华北就有问题。'"。

攻克锦州是东北野战军的既定计划。林、罗、刘分析锦州地形敌情时说："锦州敌人虽多，但缺乏坚强骨干，城市房屋及工事皆不很坚固，周围地形对我亦有利。"但是，锦州又是东北敌军的"要害之处"。因此，我军攻击锦州时，"沈敌必大举增援，长春敌亦必乘机撤退。故此次锦州战役可能演成全东北之大决战，可能造成收复锦州、长春和大量歼灭沈阳出援之敌的结果"。他们向中央军委表示："我们将极力争取这一胜利。"

中央军委和毛泽东主席认为林、罗、刘上述决心及其部署"均好"，望"照此贯彻实施，争取大胜"，并且强调指出，必须将作战重心放在锦州、锦西、义县三点上面，"因为这是你们整个战局的关键"，"你们能否取得战役主动权（当然战略主动权是早已有了的），决定于你们是否能迅速攻克三点，尤其是锦州一点"。

10月2日，林彪获悉敌人增兵葫芦岛4个师，遂重新考虑打不打锦州。原来估计打锦州时，主要援敌来自沈阳。对此，林彪以六个纵队对付沈阳援敌。敌在锦西方面只有一个军四个师，增援锦州，至多出动两个师，因此，林彪部署一个纵队、两个独立师是足够的。为防止华北敌军出关增援，林、罗、刘在10月1日致电中央军委，建议以华北杨（得志）、罗（瑞卿）、耿（飚）兵团主力"直向唐山、滦县前进击敌"，牵制这一线的国民党军。中央军委10月2日复电指出，傅作义正以五个步兵师、四个骑兵旅向绥东"寻我杨成武部作战，我杨、罗、耿部虽不能到绥东，但不能不在平张段集全力积极行动，策应杨成武……暂难东调"，"因此，你们应靠自己的力量对付津榆段可能增加或山海关北援之敌，而关键则是迅速攻克锦州。望努力争取十天内打下该城"。现在，锦西方面敌情加重，杨、罗、耿兵团又不能东调配合，林彪感到打锦州时，主要援敌不仅来自沈阳，而且也来自锦西，且锦西距锦州更近，威胁更大，自己手里又没有更多兵力，真所谓"准备的是一桌菜，上来了两桌客，怎么办？"他非常担心也害怕打锦州时陷入沈阳、锦西两面强大援敌的夹击之中。因此，在10月2日22时向中央军委提出两个方案：第一案，锦州如果能迅速打下，则仍攻锦州为好；第二案，回师打长春。林彪在电文最后称："以上两个方案，我们正在考虑中，并请军委同时考虑与指示。"在两个方案中，林彪倾向于回师打长春。

幸好，林、罗、刘经过慎重研究之后，收回回师打长春的方案，在还未收到中央军委批示的情况下，于10月3日，重新向中央表示"决心仍攻锦州"。认为"目前如回头攻长春，则太费时间，即令不攻长春，该敌亦必自动突围，我能收复长春，并能歼敌一部"。

在坚定攻锦州决心的基础上，林、罗、刘重新调整了作战部署：以两个纵队、两个独立师在塔山地区和锦西以南阻击、牵制敌"东进兵团"、以四个纵队在彰武、新立屯和通江口地区准备对付敌"西进兵团"、集中六个纵队（其中以一个纵队两个师为预备队）攻锦州、以九个独立师继续围困长春。形成了集中主力攻克锦州为重点的作战部署。

中央收到林彪10月2日"回师打长春"的电报后，毛泽东立即同周恩来、刘少奇、朱德、任弼时研究，并于10月3日17时和19时连发两电给林、罗、刘，坚持既定打锦州的方针，坚决制止回师打长春。毛泽东在电报里全面深刻地分析了打锦州与回师打长春的利与弊，指出："只要打下锦州，你们就有了战役上的主动权，而打下长春并不能帮助你们取得主动，反而将增加你们下一步的困难。"中央军委希望林、罗、刘"深刻计算到这一点"，"回头打长春那更是绝大的错误想法"，"如果真的回头攻长春，你们将要犯一个大错误"。

中央军委和毛泽东主席接到林、罗、刘10月3日关于决心仍攻锦州的电报后，立即复电指出："甚好，甚慰。""希望你们按照你们3日9时电的部署，大胆放手和坚决地实施。"

经过长时间的研究，在东北战略决战方针问题上，林彪、罗荣桓、刘亚楼逐步地深刻地理解了中央军委的战略意图及其关于决战的方针，并将其变成了东北全军的决心，率领他们夺取了东北决战的胜利。[35]

李银桥回忆说：

辽沈战役开始，毛泽东决定打锦州。这个决心是不好下的，打锦州就是摆出了关门打狗的态势，就是下决心用差不多同样的兵力一举吃掉敌人40余万大军。毛泽东面对的不但是国民党的几十万大军，还必须考虑林彪的意见。

林彪顾虑打锦州会被锦西和沈阳之敌合围攻击，使我军骑虎难下。他更多的是从东北这个战略区考虑问题，仗怎么好打就怎么打，自然是从北往南追着打容易得多。但毛泽东是从全国考虑问题，不能让关外的敌人跑入关内。他需要的不是一般胜仗，而是前所未有的大歼灭战！

为此，毛泽东前后发电报十几封，说服林彪，严令林彪撤离长春，南下北宁线，强攻锦州，以便全歼东北之敌。

首长们对战争的部署是严格保密的，但对胜利的消息是不保密的，随时告诉全体机关人员，让大家一道分享胜利的欢乐。

一天，毛泽东疲倦的脸上出现了笑容："蒋介石飞到沈阳了，这下子我们胜利就更有了把握。"

我怔住了，不明白怎么回事。

周恩来说："蒋介石到哪个地方，哪个地方的仗就好打，他历来就是瞎指挥。"

果然，没多久，那天晚上首长们还不曾开始办公，毛泽东便拿出一封电报大步走出屋。我以为有事，忙迎上去。

"锦州解放了！"毛泽东兴高采烈，站在台阶上对我说，"锦州解放了！要使机关的同志们都知道，解放锦州这是一个大胜利！"

锦州解放，整个辽沈战役也就势如破竹。

沈阳解放那天，几位首长的老厨师在一起做了一顿丰盛的晚餐。毛泽东在大战之后有个习惯，就是吃碗红烧肉，要肥点的，来补补脑子。那天晚上还准备了米粉肉和酸菜炒肉丝，有滹沱河里的鱼，有警卫战士打来的斑鸠。

毛泽东抓起筷子，讲了一句："东北告捷，蒋介石完蛋的日子就不远了。"

我见毛泽东开始吃饭，就用手指指酒瓶，提醒首长们喝口酒庆祝胜利。可是周恩来摆了摆手，表示不喝。

饭后，首长和作战部的有关同志就又接着开会，研究淮海战役。

怪不得不喝酒呢。[36]

根据丰富的文献资料写成的《罗荣桓传》，也对辽沈战役的全过程作了详细叙述：

1948年二三月间，在东北全军政治工作会议上，罗荣桓根据毛泽东提出的"封闭蒋军在东北加以各个歼灭"的战略设想和东北局的决定，提出了"争取全歼敌人进入东北的兵力"的任务，他要求把这一作战任务在部队中广为宣传，使全军树立起一个明确的斗争目标。

但是如何歼灭东北敌军，是由北而南先打长春之敌，再打沈阳、锦州，还是先攻锦州形成"关门打狗"之势，再打沈、长之敌？这个战略方针的确定，却经历了一些反复。

4月18日，东北局和东北军区决定先打长春，以解除后顾之忧。22日，毛泽东复电同意。为了组织围攻长春，5月中旬，根据东北局决定组成了第一前线指挥所，由萧劲光任司令员、肖华任政治委员，以原辽东军区机关组成第一前线指挥所机关[37]。5月下旬，守长春之国民党军两个师出城抢粮。东北人民解放军准备以第1纵队、第6纵队、第12纵队的两个师和5个独立师消灭该敌，然后乘虚攻入长春。5月24日、25日，经多次战斗，歼敌两个团，余敌退回长春。随后，东北局决定对长春采取"长围久困"的方针，并决定在吉林召开师以上干部会议进行具体部署。

吉林会议于6月15日召开，林彪未出席，罗荣桓主持会议。罗荣桓、刘亚楼和萧劲光作了报告。谭政出席了会议。罗荣桓在报告中说："今天我们夺取大城市，有些条件是不够的，兵力上要三倍甚至四五倍，要有很好的供应线，要有许多炮和炮弹，要有一定的技术条件，而这些条件我们是不够的。因此，对付大城市要采取长围久困的办法。"会议决定对长春采取"长围久困，展开政治攻势和经济攻势，使其粮弹俱困，人心动摇时再攻"的方针，并提出要发布"断绝敌人粮柴，禁止行人出入"的命令。

在会上，有人问，如果老百姓出城怎么办？刘亚楼不假思索地说："那就睁一只眼闭一只眼。"他的话引起哄堂大笑。大家都把目光转向在战争中已眇一目的李作鹏和周纯全。罗荣桓示意让大家安静，然后坚定地说："对群众要收容、安置。"会议决定主要阵地不让群众通过，个别情况个别处理，缓冲地带要疏散。

不久，长春在东北人民解放军围困下，已是粮源断绝。国民党军只得依靠空投，杯水车薪，无济于事，于是在市内到处搜刮老百姓的存粮，市内饿死人很多，老百姓纷纷外逃。到8月间，林、罗、刘决定，分批放出饥饿群众。

7月，东北局常委重新讨论了东北战场形势和东北解放军作战行动问题，准备在雨季结束以后，即8月中旬南下作战。7月20日，林、罗、刘向军委报告了这一打算。7月22日，毛泽东复电同意，7月30日又来电明确指出："应当首先考虑对锦州、唐山作战。"

经过反复酝酿，南下作战，先打锦州的决心终于下定。为了适应这一形势需要，8月14日，军委决定，东北军区和东北野战军正式分开，林彪任东北军区司令员兼政治委员、东北野战军司令员，罗荣桓任东北军区第一副政治委员、东北野战军政治委员，刘亚楼任东北军区兼东北野战军参谋长，谭政任东北军区兼东北野战军政治部主任。

为了加强作战行动前的政治动员工作，罗荣桓和谭政主持起草了《政治动员指示》，号召全军指战员从思想上动员起来，发挥高度的英勇精神，不怕疲劳、不怕伤亡、不怕小的挫折和忍受异常困难的精神，以适应大规模连续作战的需要……争取全歼东北敌军，解放全东北。

兵马未动，粮草先行。在部队南下之前，罗荣桓重点抓了后勤运输工作。他派后勤部副部长周纯全到热河，检查粮草筹集工作的情况。周到热河后来电说，粮食正在筹集。但又反映当地群众生活很困难，有些地区一家几口人只有一条裤子。罗荣桓不放心，又派后勤部参谋长谷广善带电台到热河去，谷去后了解到山区人民生活确实困苦，但各兵站已筹集到3000万斤小米，还准备从后方调来10余万斤大米，罗荣桓这才放心。他又找后勤部负责人李富春、钟赤兵和军工部部长何长工等专门商讨了如何把尚未换装的3个纵队的冬装和参战的15辆坦克、几百辆汽车需用的油料按时安全地运送到前方的问题，决定：为了保密和防敌空袭，运输车队在战斗打响前夜行昼伏，战斗打响后，白天也可以行动，把车距拉长，两辆装冬装的汽车后跟一辆油料车，减少遇敌空袭时彼此延烧的机会。罗荣桓还说："一定要准时送到战地，保证供给，时间就是胜利！"

东北局进一步动员各地方党组织克服一切困难，领导东北人民支援战争，并且具体布置了各项工作。如动员和组织二线兵团按期开赴前线，准备接收大批俘虏，扩大伤病员收容量，组织民工、担架队参战等。总计参战民工160万人，担架1.3万余副，大车3.6万余辆；由省、专区、县负责人率领的在火线参战的民工有9.6万余人，形成了空前热烈的支前高潮。

这时，敌人在东北的总兵力约55万人，其中卫立煌率30万人守沈阳，郑洞国率10万人守长春，范汉杰率15万人守义县至秦皇岛一线，重点在锦州、锦西地区。而东北人民解放军已有105万人，超过了敌人一倍。

9月7日，毛泽东来电，提出了"置长、沈两敌于不顾，专顾锦、榆、唐一头"的方针。遵照毛泽东的指示，东北野战军陆续向各部队下达了进军命令：以6个纵队、3个独立师、1个骑兵师和炮兵纵队的主力，夜行晓伏，长途奔袭，包围锦州及北宁线上各点；以4个纵队及1个骑兵师位于锦州以北的新民县西北，监视沈阳敌人；以1个纵队在开原地区准备阻击长春敌人突围或沈阳敌人北援长春；以1个纵队、6个独立师和炮纵一部继续围困长春。

为了充分发动各级指挥员和战斗员的主观能动性，罗荣桓在下达进军命令以前，便十分注意做好纵队一级干部的思想工作，向他们阐明先打锦州的战略意义，然后再动员他们向下级宣讲。第3纵队副司令员曾克林调第7纵队工作，途经哈尔滨时，罗荣桓打电话对他说："东北敌人的态势从地图上看是个人字形。长春是头，沈阳是肚子，北宁线是一条腿，从沈阳经辽阳到营口的中长路南段是另一条腿。现在如果打长春、沈阳，敌人拔腿就跑。砍掉敌人两条腿，它光剩下头和肚子，就只能束手就擒。毛主席坚决主张先打下锦州，同时把长春围起来，沈阳的问题就好解决了。"

9月12日，辽沈战役打响了。到29日，东北解放军先后攻克河北省的昌黎、北戴河和辽宁省的绥中、兴城，切断了辽西走廊，将锦州、义县之敌分割包围。

战事总的说进展比较顺利，但也出现了一些问题。9月25日，东北野战军总部得悉敌人正从沈阳空运第49军增援锦州，乃命令第8纵队用炮火监视锦州机场。26日，第8纵队报告：锦州有两个机场，东郊机场已几年未用，西郊机场正在使用，请示应封锁哪一个机场。由于第8纵队延误了时间，总部改派第9纵队控制机场。两天后，第9纵队一个炮营用炮火轰击西郊机场，击毁敌机五架，终于迫使敌人停止空运部队到锦州。毛泽东得悉后于9月30日来电："歼敌两万，毁机五架，甚慰。望传令嘉奖。"毛泽东的电报同时也批评了延误两天封锁机场的部队，指出："大军作战，军令应加严。"

这一事件说明，由于战场情况瞬息万变，指挥机关不应远离战场。9月30日，林彪终于下决心将指挥部迁到前线去。这一天，他和刘亚楼、谭政及由野司、野政组成的前线指挥所人员乘火车从双城出发。为了保密，火车先北开哈尔滨，罗荣桓在一个货站上了车。由于在道里江桥畔发现国民党特务的潜伏电台，火车又朝东南开到拉林站，然后突然掉头北返，过三棵树江桥，经由江北联络线转向滨州线经昂昂溪南下。

10月1日，东北解放军攻克义县，全歼守敌1万余人。在战斗即将结束的时候，炮兵司令员朱瑞观察义县县城突破口时，不幸踩中地雷，光荣牺牲。

在开赴锦州前线的火车上，罗荣桓听到同自己一起工作多年的朱瑞牺牲的消息，十分悲痛。他对大家说："朱瑞同志懂得炮兵，他亲自组建部队，训练干部，对炮兵事业是有建树的。"他又专门打电报给在通辽的后勤部政委陈沂，嘱咐他回哈尔滨协助治丧委员会正副主任张闻天、林枫料理朱瑞的丧事，安抚他的家属。为了纪念朱瑞，中央军委批准将东北人民解放军炮兵学校命名为"朱瑞炮兵学校"。

东北野战军总部的列车夜行昼停，10月2日清晨到达郑家屯[38]以西。

正准备吃早饭的时候，值班参谋报告说，在正东方发现一架飞机。刘亚楼命令所有人员立即下车分散隐蔽。人未下完，敌机已经临空，原来是架侦察机，飞得高高的，盘旋了几圈，扫射了一阵，就飞走了。

"是不是继续前进？"作战科长尹健请示刘亚楼。

"我已经请示过'101'[39]，他决定暂时不走，要机关人员在附近村落分散隐蔽防空。你告诉他们架好电台与军委和各纵队联络，看看有没有什么新的情况。"

此时，列车车厢已散置于几条铁道上，机关人员分散到野地里隐蔽待命。电台人员架起天线，摇动马达，报务员熟练地揿动电键，译电员紧张地翻译电报，秘书、参谋们忙碌地在司令部和几位领导人的临时办公处出出进进。

晚上10点，尹健估计可以行动了，又去请示参谋长，刘亚楼低声说："有新情况，要等军委回电再说。"接着又补充一句，"告诉电台，注意收听军委的来电！"

有情况？什么样的重要情况致使总部指挥机关都不能前进呢？尹健十分纳闷。后来，他问刘亚楼，才知道原来电台收到一份电报，在葫芦岛，敌人新来了四个师。这份电报立即送给了林彪。本来，在酝酿南下时，林彪就迟迟下不了决心，他主要的顾虑是：一、缺粮缺油，汽车只带了从后方南下单程的汽油；二、后方运输线太长；三、怕傅作义由关内北上，锦州攻不下，大量汽车、坦克、重炮会因无汽油而撤不出来。在罗荣桓、李富春、钟赤兵等过细地安排了后勤运输后，林彪南下的决心增强了。但他一听说敌人在葫芦岛增兵四个师，担心被沈阳、锦西、葫芦岛之敌所夹击，又犹豫起来，命令暂停前进。22时，他以林、罗、刘的名义向中央军委发去特级电报：

"得到新5军及95师海运葫芦岛的消息后，本晚我们在研究情况和考虑行动问题。估计攻锦州时，守敌八个师虽战力不强，但亦须相当时间才能完全解决战斗。在战斗未解决以前，敌必在锦西葫芦岛地区留下一两个师守备。抽出54军、95师等五六个师的兵力，采取集团行动向锦州推进。我阻援部队不一定能堵住该敌，则该敌可能与守敌会合。在两锦间，敌阵地间隙不过五六十里，无隙可图。锦州如能迅速攻下，则仍以攻锦州为好，省得部队往返拖延时间。长春之敌数月来经我围困，我已收容逃兵1.8万人左右，外围战斗歼敌5000余人。估计长春守敌现约8万人，士气必甚低。我军经数月整补，数量质量均大大加强，故目前如攻长春，则较6月间准备攻长春时的把握大为增加。但须多迟延半月到二十天时间。以上两个行动方案，我们正在考虑中，并请军委同时考虑与指示。"

林彪签发这一电报后，攻锦部队仍按原部署继续向锦州推进，东总列车亦于深夜继续前开。

10月3日清晨，罗荣桓和刘亚楼一同去找林彪，罗荣桓建议林彪仍然执行打锦州的决定。林彪征求刘亚楼的意见，刘亚楼同意罗荣桓的建议。林彪想了一会儿，叫秘书告诉机要处，追回那份电报，但是电报已经在凌晨4点多钟发出去了。

罗荣桓建议不要等军委回电，重新表态，说明我们仍然要打锦州，林彪同意。于是三人研究后又重新写了电报。

电报说："我们拟仍攻锦州。只要我军经过充分准备，然后发起总攻，仍有歼灭锦敌的可能，至少能歼灭敌之一部或大部。目前如回头攻长春，则太费时间，即令不攻长春，该敌亦必自动突围，我能收复长春，并能歼敌一部……此次战斗目的，拟主要放在歼灭敌人上。锦州有可能在夺取之后，像开封一样[40]，两面援敌重占锦州，因我打援力量仅能迟滞敌人，而无歼灭敌人的可能。敌宁可放弃沈阳，而必保持和恢复锦州。"

这封电报于10月3日9时签发。此时，东总的列车已经到达彰武以北的冯家窝棚。军委电台收到此电报的时间是20时15分，译成电文抄送到军委负责人那里已是4日凌晨1时30分。在这以前，军委于3日17时和19时接连发来两封由毛泽东拟稿的电报，批评回师打长春的错误想法。

17时的来电说："（一）你们应利用长春之敌尚未出动、沈阳之敌不敢单独援锦的目前紧要时机，集中主力，迅速打下锦州，对此计划不应再改……你们可于攻锦州之同时，部署必要兵力于两锦交通线上，首先歼灭由锦西增援锦州之四个师，然后打下锦州。在五个月前（即4月、5月间），长春之敌本来好打，你们不敢打；在两个月前（即7月间），长春之敌同样好打，你们又不敢打。现在攻锦部署业已完毕，锦西、滦县线之第8第9两军亦已调走，你们却又因新5军从山海关、95师从天津调至葫芦岛一项并不很大的敌情变化，又不敢打锦州，又想回去打长春，我们认为这是很不妥当的。（二）你们指挥所现到何处？你们指挥所本应在部队运动之先（即8月初旬），即到锦州地区，早日部署攻锦。现在部队到达为时甚久，你们尚未到达。望你们迅速移至锦州前线，部署攻锦，以期迅速攻克锦州。迁延过久，你们有处于被动地位之危险。"[41]

19时的来电说："本日17时电发出后，我们再考虑你们的攻击方向问题，我们坚持认为你们完全不应该动摇既定方针，丢了锦州不打，去打长春，除了前电所述之理由外，假定你们改变方针，打下了长春，你们下一步还是要打两锦。那时，第一，两锦敌军不但决不会减少，还可能增加一部，这样将增加你们打两锦的困难。第二，目前沈阳之敌因为有长春存在，不敢将长春置之不顾而专力援锦，你们可利用长春敌人的存在，在目前十天至二十天时间（这个时间很重要），牵制全部、至少一部分沈阳之敌。如你们先打下长春，下一步打两锦时，不但两锦情况变得较现在更难打些，而且沈敌可能倾巢援锦，对于你们攻锦及打援的威胁将较现时为大。因此，我们不赞成你们再改计划，而认为你们应集中精力，力争于十天内攻取锦州，并集中必要力量与攻锦州同时歼灭由锦西来援之敌四至五个师。只要打下锦州，你们就有了战役上的主动权，而打下长春并不能帮助你们取得主动，反而将增加你们下一步的困难。望你们深刻计算到这一点，并望见复。"〔42〕

毛泽东发出这两个批评电报后又过了5个多小时，收到了林、罗、刘重新表示攻锦决心的电报，4日晨6时又发出复电表示："你们决心攻锦州，甚好，甚慰。""在此以前我们和你们之间的一切不同意见，现在都没有了。"他还指出："你们决定以4纵和11纵全部及热河两个独立师对付锦西、葫芦岛方面之敌，以1、2、3、7、8、9共六个纵队攻锦州，以5、6、10、12共4个纵队对付沈阳援锦之敌，以9个独立师对付长春之敌，这是完全正确的。你们这样做，方才算是把作战重点放在锦州、锦西方面，纠正了过去长时间内南北平分兵力没有重点的错误（回头打长春那更是绝大的错误想法，因为你们很快就放弃了此项想法，故在事实上未生影响）……从这件事，你们应取得两个教训：第一个教训，是你们的指挥所应先于部队移动到达所欲攻击的方向去（这一点，我们在很早就向你们指出了），由于你们没有这样做，致使你们的眼光长期受到限制；第二个教训，是在通常的情况下，必须集中主力攻击一点，而不要平分兵力。"

毛泽东还指出："关于不应当回头攻长春的理由，不是如你们所说的'太费时间'以及'即令不攻长春，该敌亦必自动突围，我能收复长春，并能歼敌一部'，而是如我们昨日17时及19时两电所说的那些理由，即你们如果真的回头攻长春，你们将要犯一个大错误。就拿突围一点来说，目前该敌突围愈迟愈有利，不突围更有利。"

蒋介石为了挽救其在东北全军覆没的命运，这时飞到了沈阳，对此，毛泽东说："蒋介石已到沈阳，不过是替丧失信心的部下打气。他讲些做些什么，你们完全不要理他，坚决按照你们3日9时电部署做去。"

毛泽东这封电报，肯定了东北解放军攻锦的决心，促进了领导思想迅速统一，坚定了各级指挥员和广大战斗员争取胜利的信心，对迅速打下锦州起到了"一锤定音"的作用。

前方指挥所的列车，于10月4日到达阜新。因南面铁路没有修通，指挥所人员又换乘汽车。

由于守锦州的敌人大部是滇军，为了攻锦，林彪和罗荣桓都想多了解滇军的一些情况，便在阜新发电报，叫跟随第3纵队打义县（守军也是滇军）的野司参谋处长苏静在义县以北的公路上等候前指的车队。见面后，林彪和罗荣桓先问了炮兵司令员朱瑞牺牲的情况，又问了义县敌人的战斗力和特点。苏静说："守义县的暂20师是滇军，特点还没有完全摸得清楚。不过，看来坚守的经验不足，打野战还是蛮行的。我们发起进攻后，他们还出来打反冲击，不像蒋介石的嫡系部队那样龟缩在工事里只是死守。当然，他们每次出来都吃了亏。"

"你谈谈打义县的主要经验。下一步打锦州会用得上的。"罗荣桓说。

"这次攻打义县，第3纵队，他们在总攻之前除了让尖刀连等少数部队休整以养精蓄锐外，90%的兵力都投入近迫作业，挖交通沟、挖地道，一直挖到敌人前沿。这个经验首先产生于2纵5师，他们以95%的兵力搞近迫作业。结果发起总攻时大大减少了伤亡。部队在交通沟里运动，开阔地上见不到人，突然出现在敌人防御工事前沿，搞得敌人措手不及。"

林彪和罗荣桓对苏静的汇报都给予肯定。后来，到10月7日，林彪再次询问了苏静关于2纵和3纵近迫作业的情况，并据此发出了如何挖交通沟的电报。

苏静汇报完后，林彪同罗荣桓商量了一下，叫苏静传达口头命令给第3纵队司令员韩先楚：立即率队向锦州前进。

10月5日，前方指挥所到达锦州西北，距锦州30余里的牤牛屯，这是一个依傍着通向锦州公路的只有几十户人家的小村子。牤牛河由西向东穿村而过，眼下河里只有浅浅的流水，人可以一迈而过。但是有了这条河，东可以运动到公路上，西可以隐蔽进山，是一个可进可退的地方。指挥所到达后，立即架起电台，向中央军委报告了指挥所的位置。6日，收到毛泽东主席电示："你们到锦州附近指挥甚好，但你们不应距城太近，应在距城较远之处，以电话能联络攻城兵团即妥，务求保障安全。另设攻城直接指挥所，委托适当人员，秉承你们意旨，迫近城垣指挥。"〔43〕

野司的观察指挥所（即直接指挥所）设在锦州北"459"高地附近的帽儿山上。

作战科长尹健等几名干部去请刘亚楼看地形，路过罗荣桓住处的时候，被正在散步的罗荣桓叫住。

"你们什么时候去看地形？"

"马上就去。正要去请'103'。"

"我也和你们一同去。你告诉'103'，请他问问'101'去不去。"

罗荣桓要去看地形，把大家难住了。谁都知道，他是一个动过大手术的病人，坐一段汽车不要紧，要骑马，还要翻山越岭，他能挺得了吗？

"山太陡，路也难走，要翻过'459'高地才能到帽儿山呢！"

"那有什么不得了？700多米的五彩山都翻过了，400多米的小山，我就不相信翻不过去！"罗荣桓笑着说。

提到"五彩山"，尹健回想起了往事。那还是1941年冬季沂蒙反"扫荡"的后期，罗荣桓率部在沂源县西南30公里的五彩山与敌人遭遇。罗荣桓率部翻过769米的五彩山，又一次胜利地打破了敌军的合击。当时他虽然患有严重的痔疮，但是身体是健壮的，还能骑马行军。

"我们是骑马去，你多少年没有骑马，大夫也不会同意的，等'103'看了之后，再详细向你汇报可以吗？"

罗荣桓摇摇头，问大家："你们说毛主席最近给我们的电报中，要我们接受的教训是什么？"

尹健低头想了想回答说："一是告诉我们不要平分兵力，一定要集中主力攻击一点；二是批评我们的指挥所没有先于部队到前线。"

罗荣桓听了点点头，说："现在我们既已到了锦州附近，怎么能光靠地图指挥而不亲自去看看地形呢？"接着就用坚定的口气说，"你去告诉'103'，就说我已经决定同你们一起去帽儿山。"

尹健把罗荣桓说的一番话向刘亚楼参谋长作了汇报，请示他怎么办。

"那还有什么办法！你又不是不知道他的脾气，他下了决心，是不会轻易改变的，只好一起去。"刘亚楼说完，就拿起电话向林彪作了报告。林彪表示他也要去看看。

东北的10月，虽然还是秋季，却已经是凉飕飕的，幸喜万里晴空，是一个好天气。

汽车沿公路来到山下第2纵司令部驻地——老虎屯。第2纵司令员刘震、第3纵司令员韩先楚等都在那里等候。大家一面说话，一面等待乘马。恰好，第9纵队政委李中权乘车路过，他下车后，汇报了9纵最近攻打锦州外围的战斗情况。罗荣桓问了他们执行政策和战场纪律情况后说："我过去批评过几个纵队，也包括你们9纵，在作战中执行城市政策不好。在辽南新区，有的部队纪律很坏，走到哪里，就把哪里搞光。"

"你提出批评后，我们回去就开会进行了检查。主要是我们政策观点不强，当时只考虑搞些东西解决部队御寒问题，没有注意掌握城市政策。我们诚心地接受了批评，决心以此为动力，力争打好翻身仗。这次打锦州外围的战斗，打得顽强、机智，战术动作也有进步，战斗情绪也很好，没有发生过违反纪律的事情。"

"那就很好，大的战斗还在后头，你们将来攻打锦州时，要争取当执行城市政策和战场纪律的模范。"罗荣桓满意地对李中权说。

不久，乘马到了，林彪、罗荣桓一行立即纵身上马。在前面带路的干部不敢急驰，只松辔缓行。出乎大家意料，罗荣桓神态自如，毫无倦意，一边走，一边同林彪聊天。到了帽儿山下，马也上不去了，林彪、罗荣桓在大家搀扶下攀上了帽儿山。罗荣桓骋目远望，只见近处几道矮丘起伏，远处便是锦州城，几座烟筒成为明显的目标，他高兴地说："这儿很好，锦州北部及周围主要高地都一目了然。"然后从警卫员手中接过望远镜，仔细观察锦州周围的地形和敌人的城北工事。

林彪、罗荣桓和刘亚楼一面听参谋人员汇报，一面对照地图，用望远镜仔细地观察。

参谋人员汇报完毕，林、罗、刘便在阵地上简单议论了一下，认为原来的部署可以基本不变，只需做个别调整。

"攻城部队战前准备怎么样了？主攻各纵战斗情绪如何？有没有把握？"罗荣桓回过头来对着刘亚楼说。

"攻城准备都在积极地进行，部队情绪很高，攻下锦州城有信心。我们已把攻击义县挖交通沟的经验通报了各纵，为了减少伤亡，要求总攻锦州的部队进入阵地后，抓紧挖交通沟。"

"攻击锦州最重要的保证，是要把锦西方面的敌军挡住。据报告，葫芦岛方面又增加了五个师。我们的饭菜只够请一桌客，现在突然来了两桌客人，两锦相距50多公里，万一堵不住敌人，攻锦部队就要受到很大的威胁。"林彪仍然对锦西葫芦岛方面放心不下。

林彪的担忧也不是没来由的。10月2日，蒋介石飞到沈阳，发现解放军要打锦州，深知这一招厉害。于是，决定挖肉补疮，从山东、华北抽调七个师，加上在锦州葫芦岛的四个师，拼凑一个"东进兵团"，由其第17兵团司令侯镜如指挥；以在沈阳的十一个师和三个骑兵师，组成一个"西进兵团"，由第9兵团司令廖耀湘指挥，准备东西对进，以解锦州之围。由于"西进兵团"远在沈阳，有第5、第6、第10等三个纵队牵制，林彪并不担心。但他对近在咫尺的"东进兵团"这一桌新到的"客人"颇为担心。

"第4纵队在这两天已先后到达塔山地区，已命令他们在打渔山、塔山、白台山部署顽强的攻势防御，现正在积极地构筑工事。那里还有第11纵队，配合4纵防堵。一共两个纵队及两个独立师阻挡敌人，保证我们攻克锦州。我看是没有问题。再说还有总预备队第1纵队摆在高桥，随时可以增援。"刘亚楼用坚定的口气回答。

这时，在他们左侧的炮兵阵地上升起了敌机空袭的信号弹，接着几架战斗机护卫着一群轰炸机到了，绕了一圈后就开始投弹。解放军的高射炮群立即还击。顿时，在万里晴空，升起一簇簇白蘑菇。高射炮的猛烈炮火迫使敌机不敢俯冲投弹。同时，向城里空投物资的运输机也因受炮火威胁，不敢低飞，高高地就扔下东西。不少降落伞悠悠地飘到了解放军的阵地上，一位警卫员高兴地说："运输大队长又派飞机给我们送东西来了。"

突然一架敌机向帽儿山窜来，高高地便扔下一颗炸弹，震得大地抖动，土石崩飞。烟尘散开后，罗荣桓仍拿着望远镜瞭望城北敌人重点设防的几个据点。参谋人员都劝林彪、罗荣桓等离开阵地，林彪答应道："好，我们走吧，具体部署回去再研究。"

离开壕沟后，罗荣桓一面走，一面对参谋们嘱咐道："你们在山上是很辛苦的，要注意轮流休息，有什么情况，要随时报告。"

回到牤牛屯，野司召开了军事会议，拟订了总攻锦州和打援的具体作战方案。由于在锦州北部，解放军所占地势好，利于发挥火力，确定以城北为主要突击重点。城北主攻方向因为有配水池、化工厂两个坚固外围据点，除第2、第3两个纵队负责外，再把6纵的"攻坚老虎"第17师作为预备队，归3纵指挥。炮兵的主力、坦克营全部放在城北支援主要突击方向。7纵、9纵仍由城南向北，配合由北部攻城的2纵、3纵夹击敌人。8纵由东向西突击。攻入城区后，先将敌人分割包围，再逐个歼灭。阻敌援兵的部队，由第2兵团司令员程子华指挥，部署是：4纵、11纵及热河两个独立师位于打渔山、塔山和虹螺岘一线，阻击葫芦岛和锦西方向的援敌；热河独立8师在山海关地区佯动，牵制关内敌人；5纵、10纵、6纵（缺17师）、1纵之第3师、内蒙古军区骑1师和辽南独立第2师，位于新民以西和以北地区，阻击由沈阳出援的廖耀湘兵团。1纵（缺第3师）位于锦州和塔山之间的高桥，作为战役总预备队，既可北攻锦州，也可南援塔山。

蒋介石在葫芦岛这个视如救命稻草的弹丸之地，竟摆了9个师的兵力，并且还准备从山东再海运两个师来。这样，阻击部队将以8个师对付有海空炮火支援的11个师，任务十分艰巨。塔山一线是防线中最敏感的地方，扼守此线的是第4纵队。这个部队原是胶东部队，到东北后打了许多胜仗，但像这样死守阵地的硬仗还打得不多。

为了打好对保证攻击锦州有决定意义的塔山阵地防御战，罗荣桓把苏静找来，开门见山地说："苏静同志，决定派你去4纵，那里将有一场恶战。4纵、11纵和两个独立师的任务就是把敌人隔在塔山以南，以便保证我们能够顺利攻下锦州。你给吴克华和莫文骅说清楚，4纵的任务可能更艰巨。你的任务是给他们当参谋、出主意，协助他们指挥部队坚决死守塔山。要不怕牺牲，不惜代价，任何情况下都不能动摇。总部的战略意图你是清楚的，但部队一时不一定能理解得了。你要向指挥员多次、反复解释总部的意图，一定要顶住敌人，顶住了就是胜利。"

10月10日，苏静抵达4纵，听取了吴克华司令员和莫文骅政委的情况介绍后，发电报告林、罗、刘："4纵对守塔山决心很大，部队急需大量手榴弹。"林、罗、刘立即命令从直属部队抽调一部分手榴弹给4纵济急，同时叫后方迅速补给。

在锦州总攻前，罗荣桓和谭政召集纵队政委、政治部主任开了战前政治工作会议，传达了中央军委和毛泽东主席关于辽沈战役的战略方针和作战部署，要求各部队深入动员，开展立功运动，做好战时政治工作，保证战争胜利。并要求打下锦州后严格执行城市政策和入城纪律，一切缴获要归公。罗荣桓指着院子里结着累累果实的苹果树说："要教育部队保证不吃老百姓一个苹果，无论挂在树上的、收获在家里的、掉在地上的，都不要吃，这一条纪律，要坚决做到。"

他还专程到8纵传达了毛泽东"军令应加严"的指示。

前指到达牤牛屯后，得悉这个纵队除延误封锁锦州西郊机场的时机外，最近又发生了战斗中一度丢失阵地而没有及时报告的事件。

林彪大发脾气。刘亚楼也生气地说："锦州的西郊机场能够使用，东郊机场已不能使用，敌机又正在西郊机场空运，这还要请示吗？应该通报批评！"

罗荣桓听了两人的话，冷静地说："从这两件事来看，问题确实严重。毛主席的批评和指示，我们应该认真执行，不然就会影响整个锦州作战任务。不过，我们应该去亲自检查一下。"

"'101'不能离开指挥所，我去吧。"刘亚楼说。

"你那个急性子，会同人家吵起来的，还是我去一趟吧，同时也检查一下他们的准备工作。部队出了差错，也不能光是简单地批评下面，还应该从我们自己身上找找缺点。"说到这里，罗荣桓停顿了一下，"敌人空运的飞机在西郊机场起落，他们还来电请示，这固然不对。但我们司令部下达命令时如果详尽一点，明确指出是封锁西郊机场，不是就不会出现这一差错了吗？上次冬季攻势中，开原敌人的第130师向西出扰时，我们把特级电报发成A级，结果耽误了第2师的行动，这能光责怪2师吗？司令部起草战斗文书，也要从这件事上吸取教训。"

当夜，罗荣桓就带上秘书人员乘吉普车离开牤牛屯，路上适遇炮纵进入阵地，汽车拖带的大炮塞满了公路，行进困难，40里的路程几乎跑了一宿。大战迫近，时间非常宝贵，罗荣桓说："早知如此，还不如骑马。"

罗荣桓在这个纵队住了两天一夜，听了汇报，仔细检查了作战方案，找纵队司令员和政委谈了话。谈话中，罗荣桓首先表扬他们在扫清锦州外围战斗中打得不错，取得了初步胜利，为攻城创造了条件，然后说："从丢失阵地不及时报告和封锁机场耽误两天这两件事，你们应当很好地吸取教训。你们也打了这么多年的仗了，丢失阵地已经不对了，不及时报告更是错误。你们想夺回阵地再报告，这怎么能行？战争中情况瞬息万变，拖延了时间会贻误战机，影响整个战局的。野司的命令虽然没有指明封锁哪个机场，可是你们为什么不动脑筋想一想？封锁机场的目的就是阻止敌人的空援，当然是要封锁那个能使用的机场。即使你们不晓得哪个机场能使用，也应先行动起来嘛！毛主席来电专门批评了这件事，指出'大军作战，军令应加严'。这不是件小事，你们要作深刻检查。"

　　最后，罗荣桓鼓励他们争取在攻锦州战斗中同兄弟部队密切协同，打好这关键性的一仗。纵队领导表示接受批评，作了检查。罗荣桓离开这一纵队后，还准备去第1纵队，但总部催他，只好回去了。这时战事已日趋激烈。国民党的"东进兵团"从10月10日起，便展开了三至五个师的兵力，在大炮、飞机及军舰炮火的掩护下，连日猛犯锦州西南40公里的塔山。由沈阳出动的廖耀湘"西进兵团"，也于10月11日到13日先后进占了彰武及新立屯以东一线地区，将东北解放军由通辽经彰武到阜新、义县的后方供应线截断。为了保证前方"人不缺粮、枪不缺弹"，东北局、东北人民政府动员大批民工用骆驼、骡马驮载粮食、弹药，由宣传部长肖向荣带队，从通辽通过沙漠地区绕道运往前方。

　　对于廖兵团占领彰武，中共中央军委在10月12日来电指出，这表示卫立煌想用取巧方法引我回援，借此以解锦州之围，"只要你们能于一星期内攻克锦州，则该敌无论如何是不能迫近锦州的。锦州一克，该敌又必立即后撤"。[44] 在蒋介石的严厉监督下，卫立煌不得不采取取巧的办法，想"围魏救赵"，但是他攻彰武，并非解放军之所必救，他这一招也就落了空。

　　阻击国民党"东进兵团"的塔山阻击战，连续进行了7天7夜。蒋介石对进攻塔山、打开援锦的通路十分重视，曾于10月6日亲临葫芦岛进行部署。为了夺取塔山，国民党军队在督战队驱赶下，成连成营，包括用"军官团""敢死队"的名义，轮番向解放军8公里宽的阵地冲击。从飞机上扔下的炸弹，从军舰上和滩头阵地发射的炮弹，几十分钟内就倾泻了几千发，土炸松了好几尺，地表工事全被摧毁。一批敌人被打倒，另一批又冲上来。在许多阵地上，指战员们同敌人进行了激烈的白刃格斗。前沿阵地得而复失，失而复得……敌人遗尸6000余具，始终未能前进一步。

　　从10月9日起，各攻城部队便开始了扫清锦州外围敌人据点的战斗。经过逐一激烈争夺，到13日，攻城各部全部扫清了包括被国民党吹嘘为"第二凡尔登"的配水池等外围阵地。

塔山阻击战进行到第四天，10月14日，总攻锦州开始。上午10时，炮火准备。几百门大炮同时怒吼，一时间地动山摇，惊心动魄，这是解放军第一次在同一时间同一地点使用如此大量而又密集的炮火。它既标志着解放军的战斗力空前提高，也是对为解放军的炮兵事业作出卓越贡献，不久前牺牲的炮兵司令员朱瑞和成千上万为新中国的建立流尽了鲜血的先烈的最好的悼念。在炮火覆盖下，守军阵地成为一片火海和废墟。攻城部队利用交通壕的掩护，迅速向前运动。11时，各突击队发起冲击，迅速撕开突破口，迂回穿插，分割包围，到15日拂晓，各攻城部队先后在中央大街、白云公园、中央银行、邮局等地会师。残敌退入老城负隅顽抗，解放军乘胜追击。18时，结束战斗。经过31个小时的激战，全歼守敌12万人，生俘东北"剿总"副司令范汉杰以下9万余人。

在牤牛屯，林彪和罗荣桓接见了范汉杰。当林、罗询问范对此战看法时，范沮丧地说："打锦州这一招，非雄才大略是下不了这个决心的。锦州好比是一根扁担，一头挑东北，一头挑华北，现在扁担断了。"他又说，"贵军炮火猛烈，出乎意料，我们的炮火全被压制住了。贵军近迫挖壕作业很熟练，我们在地面上看不到部队运动，无法实施阻击。贵军冲起锋来，实难抵挡。"

9月16日，蒋介石乘飞机又一次来到葫芦岛。当他得知锦州已失、范汉杰下落不明后，气急败坏地要枪毙负责攻打塔山的国民党第54军军长，并指着他的鼻子骂道："你不是黄埔生，你是蝗虫，你是蝗虫！"他要求部下继续攻打塔山。但是，将不用命，他们看到援锦无望，逐渐停止进攻。林彪和罗荣桓将苏静召回牤牛屯，让他汇报4纵扼守塔山的战况。林、罗、刘听完苏静的汇报，都很兴奋，称赞4纵打得很好，胜利之大出乎预料。罗荣桓高兴地说："塔山这个仗，锦州这个仗，的确带有一定的冒险性。因为打到了敌人真正的要害处，敌人必然要垂死挣扎，集中其一切可能出动的兵力与我决战。我们在历史上还没有打过这么大的仗，任务是光荣而又艰巨，胜利是来之不易啊！好在战前部队经过一段较长时间的新式整军运动和大练兵，打了个好基础，它的威力在这次战斗中充分体现出来了。"

部队进城后，严格遵守"三大纪律八项注意"和《入城纪律守则》，城内私人工商业及公共机关受到保护。被俘官兵的私人财物包括高级军官的黄金、银元、首饰等分文未动。某部驻扎住在苹果园，正值苹果熟透，树上硕果累累，地上也有坠落的苹果，战士们没吃一个苹果，一时传为佳话。毛泽东后来曾称赞道："在这个问题上，战士自觉地认为：不吃是很高尚的，而吃了是很卑鄙的，因为这是人民的苹果。我们的纪律就建筑在这个自觉性上面。"

但是，少数单位仍有违犯纪律的现象，对缴获的物资私自留下，不愿上交。

战火刚停，罗荣桓就进城视察。当时还没有来得及打扫战场，锦州城内到处是敌人的尸体，还有不少没有爆炸的炮弹和敌人埋下的地雷，很不安全。刘亚楼几次对罗荣桓进行劝阻，罗荣桓还是去了。视察中，他发现有些步兵部队收集了很多坦克零件和器材，自己用不上，又不肯上交，非常生气地说："《入城守则》已有明确规定，打锦州一开始我们就指出'战斗当前，缴获不争'，怎么还这样做呢？"

他立即口述一个命令，叫陪同视察的尹健记录下来："凡一切机关、部队所看管的坦克、装甲车及附属零件、武器等，应立即交战车团接收，不得有误。此令锦州各机关部队。"

这份命令是在锦州市一条大街上，垫在公文包上写的。尹健说："我的字写得不好，歪歪扭扭的，等打印后再发吧！"

"这是战时，不能用平时那样的机关作风办事，那样会误事的。你用'一〇一'、我和'一〇三'的名义马上发下去！"

这个命令的原件，至今还在军事博物馆陈列着。

锦州一解放，东北敌人全线动摇。在长春，17日，军长曾泽生率第60军起义。19日晨，新7军军长李鸿同东北解放军达成投降协议。上午10时，解放军入城。21日凌晨，东北"剿总"副总司令郑洞国自动放下武器，长春解放，歼敌10万。与此同时，蒋介石再次飞到沈阳，继续策划廖耀湘的"西进兵团"与锦西、葫芦岛的"东进兵团"，东西对进，要重占锦州；并令第52军占营口，准备接应东北残敌撤退。东北解放军决定，除留两个纵队继续在塔山阻击"东进兵团"外，其余部队立即北上，准备在野战中歼灭廖耀湘的"西进兵团"。

为此，10月20日，罗荣桓授意野战军政治部起草了《全歼东北敌人的政治动员令》，要求各部树立连续打大胜仗，"一口气吃掉敌人七八个师至十数个师，一次俘虏敌人七八万至十数万"的雄心，"以勇猛果敢、前赴后继的精神，不怕困难、不怕疲劳的精神，争取大胜，争取全歼东北蒋匪军，解放沈阳，解放东北全境"。

10月21日，第10纵队和第1纵队第3师转移到黑山、打虎山一线，构筑工事，准备阻击西窜的廖耀湘兵团，同时5纵、6纵由阜新、彰武地区南下，切断廖部退回沈阳之路，以掩护从锦州前线北进的主力部队多路展开，将廖耀湘兵团合围。23日，黑山阻击战打响，揭开了解放军历史上前所未有的大兵团围歼战——辽西会战的序幕。敌军在飞机、大炮掩护下，成营、成团地轮番向黑山猛扑。10纵和1纵3师以与阵地共存亡的决心,英勇顽强,浴血奋战。

25日,从锦州前线赶来的解放军各个纵队完成了对廖耀湘兵团的合围。翌日,蒋介石看到廖兵团突围无望,在日记中写道:"东北全军,似将陷于尽墨之命运。寸中焦虑,诚不知所止矣。"[45]至28日拂晓,廖兵团10余万人包括国民党的主力新1军、新6军和新3军、第71军、第49军悉数就歼,廖耀湘被俘。国民党的"五大主力"五丧其二[46]。11月2日,沈阳守军13万余人被歼,沈阳解放。与此同时,收复营口,歼敌1.4万人,还有万余人乘船逃脱。至此,辽沈战役胜利结束。11月9日,东北全境解放。东北野战军于是成为中国人民革命武装力量的战略预备队,随时待命进关。

辽沈战役结束后,野司总部迁至沈阳。罗荣桓召集几位工作人员起草给党中央、毛主席的《九、十两月份作战情况综合报告》。报告涉及了林彪对打锦州犹豫的问题,口气十分婉转,报告说:"……后由蒋介石飞沈亲自指挥,从华北抽调独95师、62军全部、92军之21师陆续经海运葫芦岛登陆,加上锦葫原有之4个师共计9个师,企图由锦西向北驰援锦州,这曾使我们攻击锦州之决心一度发生顾虑。但这一过程共两三小时即确定仍坚持原来之决心不变……"

报告稿刚起草好,恰巧林彪进了屋。罗荣桓将报告稿递给他看后,指着上面的一段文字说:"这一段,写我们在打锦州问题上曾一度有顾虑,很快就纠正了,你看怎么样?"

林彪正因辽沈战役的胜利而兴高采烈,听了罗荣桓的话,又看了看罗所指的那段文字,一声不吭,把稿子往桌上一放,转身走了。后来,这份综合报告以"林、罗、刘"的名义,于11月8日签发上报。

这份报告是一个历史见证,证明罗荣桓在打不打锦州这个重要问题上是坚持原则的。他对毛泽东军事思想的深刻领会,他的高度的组织纪律观念,都给当时知道此事的干部留下了深刻的印象。[47]

淮海战役

淮海战役是三大战役中规模最大的一次战役。华东野战军和中原野战军密切配合,协同作战,胜利完成了这场对解放战争进程起了重要推动作用的决战。

促使毛泽东下决心在淮海地区聚歼国民党军重兵集团的,是粟裕的建议。

《陈毅传》写道:

毛泽东1948年4月13日深夜,到达晋察冀军区所在地——河北省阜平县城南庄。

还在东行途中，毛泽东已电告中工委，要通知陈毅、粟裕到中央来研究战略行动问题。

毛泽东收到粟裕的电报后，亲自拟电文："为商量行动问题"，请陈、粟于4月25日至4月30日数日内，同来平山中工委开会。4月21日发出此电。

陈毅当时正主持华野一兵团高干会议反军阀主义倾向，要作报告，并组织下一步的政策讨论。事关华野全部队，不能无人主持，故陈、粟于4月22日急电中央，请求由粟裕于4月24日作完报告后即北来，陈毅不北上。

但是中央军委于同日（22日）电陈、粟："请你们两人提前于4月27日赶到中工委会晤。"

于是，陈毅、粟裕于23日电复中央："拟于明晚及后天白天作一天半报告，传达中央指示及政策，并布置分组讨论，使会议不间断。我们两人于25日晚即动身北来。"

陈毅并不知道此次毛泽东一定要他去，还因为要调动他的工作。他也不知道中原对他的"企图"。

早在1948年2月，刘、邓鉴于中原广大地区的财政经济问题严重，如豫皖苏地区，"至今毫无建树，也没有干部，对今后大军供应已无办法。而沙河北岸已有灾民200余万"。国民党的"法币"不断贬值，而解放区发行的钞票与"法币"的比值还不断下降，农民损失惨重。部队的供给纷乱，浪费严重。如不迅速纠正，"则军队供应与人民生活均将产生严重危机"。因此，刘、邓希望中共中央调一位对土地改革与财经工作富有经验的大员到中原。"建议邓子恢同志统一主持中原各区，首先是三部分野战军的财经事宜"。并于4月2日再度报中央并致陈、粟："仍切望子恢同志来加强中原局领导，主持地方工作和财经工作。"

在得知毛泽东已到阜平，陈毅已回华野，特别是同意了粟裕率部迟出留中原作战的建议后，刘、邓来了一相应的大动作：发电中央，请调陈毅到中原工作。刘、邓称："中原局辖区甚大，领导力量极嫌薄弱，三部分野战军在20万人以上，如粟裕迟出，则达30万。军区武装约为20万人，亦须统一指挥及供应。"因此，建议："（一）以陈毅同志为中原局第一副书记；（二）组织中原军区。"刘、邓对陈毅到中原后的军职，提出三个方案："一、以陈毅为中原军区副司令员兼中原野战军司令员；二、陈毅为军区与野战军第二政委；三、陈毅作军区第二政委兼野战军政委。"刘、邓还建议："不管哪种形式，陈毅同志华野职务不变。"

在此电报中，刘、邓还表示："小平必以极大精力主持党政，刘、陈主持军事，子恢能来任第二副书记颇好，主持运购，对许多困难问题更易解决。"

毛泽东接到电报后立即批示："朱、刘、周与陈、粟、薄（一波）、李（先念）商复。"中央也电告刘、邓："陈、粟二人日内可到阜平和我们会商行动问题及你们提出的中原机构组织问题。"

毛泽东、周恩来、刘少奇、朱德、任弼时会合一起，中央会议有许多重大问题要研究。如关于召开人民代表大会并成立临时中央政府问题，关于在今年冬季召开二中全会问题……华野一兵团的行动问题也列在议程。讨论时，陈、粟、薄、李参加。

敢于实事求是地提出与中央战略行动方案不同的意见的将领是大智大勇的，而善于实事求是地采纳部属不同意见的最高统帅更是大智大勇的。毛泽东采纳了粟裕的意见正说明当时党内军内的高度民主，这是革命战争得以迅速胜利的重要保证。

会议在倾听粟裕的意见后，决定：华野应继续依托中原、华东两解放区，会同中野作战；同意一兵团在整训结束以后，四到八个月内，暂不向江南作战略机动，先加入中原作战，以便集中力量，歼灭敌人，粉碎敌人在中原的防御体系。5月5日，中央把这一决定电告了刘、邓和华东局。在讨论的过程中，刘、邓向中央表示支持粟裕意见的4月18日电当然也起了作用。后来，彭德怀曾在5月21日电毛泽东，对全军各战场的作战提出建议，其中指出，从目前情况看，粟裕部按原计划渡江问题值得考虑。不如先不渡江，而集中五六个纵队出中原作战以求打开豫鄂皖局面。

经过后来战役的实践，证明"歼敌主力于长江以北"是更有利的，而渡江也就成为"百万雄师"从江阴到武汉全线渡江了。[48]

当年曾对毛泽东下决心举行淮海战役提出过重要建议，并且率领华东野战军参加淮海战役的粟裕大将，回顾这段历史过程，有过下面一篇精彩的谈话。

一、当有人请粟裕谈淮海战役时，粟裕说：

淮海战役是在中央军委和总前委直接领导和指挥下取得胜利的。淮海战役这个大题目要请小平同志来讲。

毛主席对淮海战役有一句精辟的概括："一锅夹生饭，硬是被你们一口一口地吃下去了。"我的理解，是指淮海战役发展成为南线战略决战并取得胜利的条件，不是一开始就成熟的，形势的发展变化多端，中央军委、总前委审时度势，统一筹划，集中集体的智慧，正确指导了战役全过程，充分发挥了主观能动性，还乘敌之隙，充分利用了敌人的错误，终于取得了伟大的胜利。所以，必须从战局变化中、从发展阶段中来研究淮海战役，这是应该注意的。

二、有人请粟裕谈谈向中央军委提出举行淮海战役建议时的考虑，粟裕说：

谈这个问题要从豫东战役说起。在豫东战役之前，1947年第四季度，我三支大军已经在中原成品字形，完成了战略展开。但蒋介石在中原还能集中较大的机动兵力。敌人利用优越的运输条件，又常临机变动建制，采取避实击虚的战法，以集中或分散对付我军。我兵力分散时则集中进犯，我兵力集中时则后缩，敌我兵力相当时则与我纠缠，一段时间里，敌我形成拉锯状态。为改变中原战局，发起战略进攻，我反复考虑了我军的作战方针，认为面对敌人的新情况，我军必须把歼灭战发展到更大规模。如果我军不能集中更大兵力，打更大规模的歼灭战，而是打中、小规模的歼灭战，战机就很难寻找。当时三支大军各自对付当面敌人均显不足。从华野外线兵团的兵力来看，彻底歼灭敌人一路的力量是够的，但必须邻区协助打援或钳制。我估计，只要我军能打两三个大歼灭战，形势必将改观。为此，我于1948年1月22日向中央军委建议，三支大军采取忽集忽分的作战方针，以集中更大兵力，寻歼敌人重兵集团，兼顾开辟新区工作。1948年4月18日，我向中央建议华野1、4、6纵队暂不渡江，会同3、8、10等纵队，并在中原野战军配合下，集中于黄淮地区打大歼灭战，也是基于上述考虑出发的。

豫东战役歼敌9万多人，证明打大歼灭战的想法符合实际。解放战争以来，随着敌我力量的消长和战略战术的变化，我军歼灭战不断向更大规模发展是个客观规律。这种大歼灭战发展下去，势将成为同敌人的战略决战。而要进行这种大规模的决战，必须考虑时机，还要考虑战场条件和后勤供应条件。对于战场和后勤供应条件，我考虑在长江以北决战比在长江以南决战有利得多，而在长江以北决战，又以在徐蚌地区最为有利。因为徐蚌地区不仅地形宽阔、通道多，适宜于大兵团运动，而且大部地区是老解放区和半老解放区，群众条件好。背靠山东和冀鲁豫老根据地，地处华东、中原结合部，距华北也不远，能得到各方面的人力、物力支援。还可以利用蒋桂之间的矛盾，集中兵力打蒋系的徐州集团。如兵出中原，我军将处于白崇禧的武汉集团与刘峙的徐州集团之间，桂系可能参战。为此，在济南战役前，我就考虑到打下济南以后华野向何处出动？1948年8月23日，我们在上报军委的一个电报中提出："两个月以后，我们即可举全力沿运河及津浦南下，以一个兵团攻占两淮及高邮、宝应，则苏北局势即可大大开展。"当时就是想以这一作战行动为下一个作战和渡江创造条件。济南战役，敌人援兵没有来，我们有必要，也有足够的力量同敌人在江北再作大的较量。所以，我在济南战役即将结束时，1948年9月24日早晨向中央军委提出举行淮海战役的建议。

1948年9月25日，中央军委复示："我们认为举行淮海战役，甚为必要。"

所以说，提出举行淮海战役的建议，我是经过较长时间考虑的。

三、有人请粟裕谈谈在淮海战役演变为南线战略决战过程中个人的考虑，粟裕说：

淮海战役演变为南线战略决战，是中央军委审时度势、不失时机作出的战略决策。

我9月24日向中央军委的建议是："战役可分为两个阶段，攻占两淮，并乘胜收复宝应、高邮，而以全军主力位于宿迁至运河车站沿线两岸，以歼灭可能来援之敌，如敌不援或被阻，即行战役第二步，以三个纵队攻占海州、连云港。"中央军委在9月25日复电中指示："黄百韬兵团将回至新安镇、运河车站地区，你们第一个作战应以歼灭黄兵团于新安、运河之线为目标，歼灭两淮、高宝地区之敌为第二个作战，歼灭海州、连云港、灌云地区之敌为第三个作战。"

先打黄百韬，加重了我们的任务，我们预计第一仗打黄百韬是个大仗、硬仗。

但是，这时的淮海战役计划，还只是由华野在中野的战略配合下来进行的。中央军委在10月11日指示中提到："孙元良三个师将东进，望刘伯承、陈毅、邓小平即速部署攻击郑徐线牵制孙兵团。"这个指示，估计淮海战役结束"将是开辟了苏北战场，山东、苏北打成一片，邱、李两兵团固守徐蚌一线及其周围，使我难以歼击"。

这时，刘伯承同志率中野两个纵队在豫西作战，把敌人引向桐柏山区；陈毅、邓小平同志率中野主力于10月22日晚攻克郑州，24日收复开封。25日，陈毅、邓小平同志向中央军委建议所部下一步不去淮南，而是集结于永城、亳州地区，无论出宿蚌线或打孙元良都更方便。中央军委同意了他们的建议，并于30日指示陈、邓进至萧县地区，对徐宿（县）、徐砀（山）两线相机行动。这样，中野、华野便将在战役上协同作战了。我于10月31日电报中央军委："此次战役规模很大，请陈军长、邓政委统一指挥。"中央军委于11月1日复示："整个战役受陈邓统一指挥。"这就从组织领导上明确了两大野战军在一个战场进行战役协同，这是淮海战役演变为南线决战的一个重要条件。

演变为南线决战的第二个重要条件是辽沈战役的胜利结束，没有辽沈战役的胜利，我们也不敢下那样的决心。11月2日，辽沈战役胜利结束，1个多月，东北野战军歼敌45万，全国敌我力量对比发生了根本变化，我军已在全国范围内，在数量上、质量上、技术上都占优势了。

这时，敌情也发生了重要变化。11月7日，我们得知敌44军已在6日撤离海州，向黄百韬兵团靠拢，我军立即进占海州、连云港，原定攻打海州已无须进行。当时东北之敌只剩下锦西葫芦岛一处，中央军委几次通知我们这处敌人的动向。海州、连云港被我攻占后，如蒋介石将该处敌人经海路南调徐州战场，也只能绕道上海、浦口，再转运到蚌埠，将失去及时支援的时机。同时，长期隐蔽在国民党军中的何基沣、张克侠两位将军即将率部在台儿庄、贾汪地区起义，一旦起义成功，华野可以通过其防区迅速切断黄百韬的退路，全歼黄百韬兵团已更有把握。此外，我们又得到敌人有撤退徐州，以淮河为第一线防御之说。

有了上述这些条件和情况，我觉得淮海战役发展为南线决战的时机已经成熟。于是我们对战役发起后及下一步作战形势作了估计，我和陈士榘、张震于11月7日午时联名发电谭震林、王建安，并报中央军委、陈邓，建议中野主力直出徐蚌段，切断徐敌退路，使邱、李不能南撤；华野主力于歼灭黄百韬后，协同中野攻击徐蚌段，孤立徐州；下一步或继歼黄维兵团，或歼灭孙元良兵团，或夺取徐州。当时我们认为，不论如何发展，孤立徐州，截断徐敌陆上退路，甚为必要。

11月7日夜，陈士榘同志已赴前指，我进一步就争取在长江以北与敌人决战的问题与张震同志商谈。我们多方分析后，于11月8日辰时发电报告中央军委、陈邓并报华东局、中原局。在这份电报中，我们估计了蒋介石可能采取的两种方针：第一，以现在江北之部队再加上由葫芦岛撤退之部队，继续在江北与我周旋，以争取时间，加强其沿江及江南、华南防御。第二，立即放弃徐州、蚌埠、信阳、两淮等地，将江北部队撤守沿江，迅速巩固江防，防我南渡，并争取时间整理其部队，以图与我分江而治，伺机反攻。接着我们分析了蒋介石若采取这两种方针对我之利弊。认为蒋如采取第一方针，使我在江北仍有大量歼敌的机会。如能在江北大量歼敌，则造成今后渡江的更有利条件，且在我大军渡江后，在苏、浙、皖、赣、闽各省不致有大的战斗，也不致使上述各省受战争之更大破坏，使我军在解放后容易恢复。但如此对江北及华北各老解放区的负担仍将加重，又为不利。如果蒋采取第二方针，可以大大减轻我江北及华北各解放区的负担，使这些解放区迅速得到恢复，但我今后渡江要困难一些（当然困难是完全可以克服的），并且在渡江后，在苏、浙、皖、赣、闽各省尚需进行一些严重的战斗和部分的拉锯战，且在江南大量歼敌的条件比江北差，这又是不利的一面。我们建议如果各老解放区尚能对战争作较大支持，以迫使敌人采取第一方针更为有利。如果认为迫使敌人采取第一方针是对的，则我们在此次战役于歼灭黄百韬后，不必以主力向两淮进攻，即以主力向徐蚌线进击，抑留敌人于徐州及其周围，然后分别削弱与逐渐歼灭之（或歼孙元良兵团，或歼黄维兵团）。

我们的建议电报发出后，先收到中央军委11月7日晚的指示："第一仗如能歼敌21个至22个师（整编旅），包括可能起义者在内，整个形势即将改变，你们及陈、邓即有可能向徐蚌线迫近，那时蒋介石可能将徐州及其附近的兵力撤至蚌埠以南。如果敌人不撤，我们即可打第二仗歼灭黄维、孙元良，使徐州之敌完全孤立起来。"

但是，如果徐州的敌人南撤，我们怎么办？这个电报还未明确。接着收到了军委8日电示："虞（7日）午电悉。估计及部署均很好。"随即又收到军委9日复示："齐（8日）辰电悉。应极力争取在徐州附近歼灭敌人主力，勿使南窜。华东、华北、中原三方面，应用全力保证我军的供给。"这个电报虽短，但是字字千钧。中央已下定决心将徐州之敌就地歼灭，将淮海战役变成南线决战。

后来，刘伯承同志率中野两个纵队由豫西进入淮海战场。中央军委于11月16日决定由刘伯承、陈毅、邓小平、粟裕、谭震林组成总前委，以刘伯承、陈毅、邓小平为常委，邓小平为书记。

四、有人请粟裕谈谈歼灭黄百韬的作战，粟裕说：

华野围歼黄百韬兵团是一个大仗、硬仗，是由运动战转为村落阵地攻坚战。打黄百韬有许多值得谈的问题，我只讲讲几个特点。

第一，黄百韬兵团辖四个军，后来敌44军从海州西撤也归他指挥。黄百韬兵团的战斗力虽不算一等强，但也不弱，在敌徐州集团中算中等偏上的。在作战中，一定数量的增减有时反映了一定质量的变化，这次战役的第一个阶段就要歼灭敌人五个军，这样规模的仗我们过去没有打过。这一数量的增长必然带来兵力使用和战术、技术等一系列的新问题，增加指挥与作战过程中的难度。这是打黄百韬兵团的第一个特点。

第二，解放战争，我们打了一系列的运动战。随着战争规模的发展，在大兵团作战中，当我们以野战方式对敌人达成包围后，由于敌人有强大的后援力量，加之敌人积二十年作战经验，构筑工事的效率和守备技术已有大的提高，在被包围后，迅速构筑工事顽强抵抗，作战方式就转换为阵地战了。例如孟良崮战役就是先为运动战，后为阵地战。打黄百韬，这个特点表现得更为显著。孟良崮敌人是以山岩巨石为依托，居高临下，进行固守和反冲击，还不能算是一个完整的防御体系。碾庄一带的地形、工事情况与孟良崮不同。碾庄周围共有十几个村庄，每个村庄都有二三尺高的土围子，土围子周围为洼地、水塘，地形开阔，该地有原敌李弥兵团构筑的完整的防御阵地。黄百韬退守到这里后，利用这里的地形和原有阵地，构筑堑壕、交通壕，形成环形阵地，每个村庄都可以独立防守，村与村之间又可以火力互相支援。起初，我们力争在运动中急袭歼灭之，强调动作勇猛迅速，但也考虑到用野战急袭难以达到全歼的目的。所以我们在11月9日致各兵团的电报中就指出，如敌已固守村落据点，我应完成包围，严密组织火力，应将对运动之敌与驻止之敌的打法严格分开。但是，我们是从迅猛的追击状态转换为攻坚，许多攻坚准备难以在运动中完成。这一点又不同于打济南，打济南我们是在充分准备的条件下攻坚的。所以，完成对黄百韬的包围后，开始三天进展不快。我们即于11月14日晚召开担任主攻的6个纵队首长会议，调整部署，明确作战方式应由野战攻击转为近迫作业。要求利用暗夜把交通壕挖到敌占村庄附近，距敌前沿阵地50米至30米处。要逐个争夺敌人的火力点及所占村庄。在逐点争夺中，要集中炮火。在选择攻击村落时，要采取先打弱敌、后打强敌，攻其首脑、乱其部署的方法。同时增调炮弹、炸药，加强攻击力量。在战役指挥上重视和掌握作战方式的转换以及由之引起的战术、技术上的变化，是一条重要经验。

第三，从11月14日对黄百韬转入阵地攻坚战到22日将其全部歼灭，历时八天。在华野围歼黄百韬兵团的过程中，中野担负钳制、阻击，11月16日凌晨攻克宿县，以一部阻击由蚌埠北进的李延年、刘汝明兵团，另一部阻击黄维兵团。两大野战军的协同作战，使淮海战役第一阶段完成了全歼黄百韬兵团和切断徐蚌线、孤立徐州的任务，为同敌人决战于长江以北，夺取全战役的胜利奠定了很好的基础。这里就可以看出，如果不是两个野战军共同作战，是打不成淮海战役这样的大仗的。在研究淮海战役和大兵团作战时，必须把主攻战场和钳制、阻击战场结合起来看，必须把战役的各个阶段联系起来看。

五、有人请粟裕谈谈华野第二阶段的作战任务，粟裕说：

中央军委随着战场形势的不断变化，对淮海战役第二阶段作战任务曾作过多次设想和调整。

我们于11月8日依据全国及当时形势建议淮海战役下一阶段不攻两淮（海州之敌已撤退），而以主力协同中野攻击徐蚌段，孤立徐州；下一步或歼黄维，或歼孙元良。

11月11日，中央军委设想战役第二阶段歼灭邱、李，夺取徐州。鉴于情况多变，中央军委又于11月15日指出："下一步作战方针，须待黄百韬兵团被歼后，依据邱清泉、李弥、黄维三部的情况最后决定，唯目前华野仍应争取在歼灭黄百韬后再打邱、李。"我们根据军委的指示，部署在邱清泉、李弥兵团积极东援的情况下，首先分割包围歼其一部，然后再看形势。但是邱、李兵团惧我围歼，虽我军主动撤出部分阵地，但东援仍不积极。这一情况我们在11月15日到18日的电报中作了反映。在碾庄即将被我攻克时，邱、李进一步调整部署，重点收缩至大许家以西加筑工事，原设想的邱、李积极东援的情况并未出现。

11月19日，刘伯承、陈毅、邓小平同志于研究敌我双方情况后认为，华东野战军打黄百韬兵团已相当疲劳，完成歼灭黄百韬任务后，如不休整，接着又歼邱、李兵团，不易达成预期目的；同时中野以现有兵力阻击黄维及李延年、刘汝明兵团，困难较大。建议第二阶段华野以主力一部钳制徐州之敌，争取休整，以主力另一部协同中野歼击黄维兵团并担负阻击李延年、刘汝明兵团任务。我们在收到刘、陈、邓首长的电报后，立即于11月20日发电报告刘、陈、邓及军委：“完全同意刘、陈、邓指示。华野可抽出四至五个纵队，必要时还可增加3个纵队，协同中野歼击黄维、李延年，建议首先求得彻底歼灭黄维兵团。同时建议对华野部署进行调整，以原负责歼灭邱、李的华野北线部队，大弧形包围徐州，继续监视钳制徐州之敌，阻其南援。如果徐州、蚌埠、蒙城的敌人，以宿县为中点对进，打通南北联系，我们负责阻击，以全力保证歼灭黄维的胜利。”并且决定当晚派两个纵队南下。

这时我们收到中央军委11月19日19时的电示：“刘、陈、邓主力歼击黄维，以一个纵队对付刘汝明，无力顾及李延年。在此种情况下，华野必须将对邱、李之作战，在目前短时期内只限制于四五个师的范围，以便抽出必要兵力对付李延年。”21日5时，军委再次电示：“华野今后一个时期内的主要任务是歼灭李延年。”23日辰时，刘、陈、邓首长也发来电报指出：“战役第一步由中野全力对黄维，华野全力歼灭李延年、刘汝明（宿县城由华野控制），然后再视战况发展，实行调整。”按照这时的设想，战役第二阶段，除阻击徐州杜聿明集团外，围歼的对象同时有两个，一是黄维兵团，一是李延年和刘汝明兵团。

情况仍在变化。11月23日，刘、陈、邓首长来电指出，歼击黄维之时机甚好，李延年、刘汝明仍迟迟不进，要我们以两三个纵队对李、刘防御，至少以四个纵队参加歼击黄维的作战。11月24日15时，中央军委电示：“完全同意先打黄维。”这样，第二阶段歼击对象为黄维最后定下来了。华野第二阶段的作战任务也就变换为钳制、阻击徐州杜聿明集团及南线之李延年、刘汝明兵团，同时以必要兵力直接参加打黄维。后来杜聿明突围，钳制、阻击杜聿明的任务发展为追击、合围。

在第二阶段中，徐州敌人的动向一直是我最关注的问题，当时我特别关心围歼黄维兵团的时间。依据我们打黄百韬的体会，估计黄维被合围后，我军难于以野战手段迅速达成全歼，势将转入以近迫作业为主的阵地攻坚战。因此对围歼黄维兵团的时间要作足够的估计，我把这一点作为部署华野钳制、阻击作战的出发点。我分析杜集团下一步的动向有两个可能：一是固守徐州，一是突围。敌人突围对我并非不利，因为如敌人固守徐州，以坚固设防的大城市为依托，将加大我军歼击该敌时的难度。问题是如果敌人突围，我们必须把敌人围死在一定的地域，以求全歼。我们决定不把敌人堵死在徐州，而准备对付敌人突围。

对于杜聿明突围的方向，分析有三个可能：一是沿陇海路向东，经连云港海运南逃，但要迅速解决装载三个兵团的船只、码头是困难的。二是直奔东南走两淮，经苏中转向京沪，但这一路河川纵横，要经过水网地区，不便于大兵团、重装备行动。三是沿津浦路西侧绕过山区南下，这一带地形开阔，道路平坦，距黄维兵团又近，可以同李延年、刘汝明两兵团呼应，南北对进，既解黄维之围，又可集中兵力防守淮河，敌人极有可能走这一路。一旦杜聿明与黄维会合，战场形势将发生不利于我的大变化，所以这也是对我们威胁最大的一招。正在这时，我们收到军委发来的军情通报说，杜聿明将从两淮方向撤退。这使我左右为难。我虽认为敌人不会由此方向逃窜，但又有情报，万一敌人由此方向逃窜，而我军部署失当，个人贻误军机且不说，势将影响同敌人进行战略决战；相信这个情报吧，如果杜聿明不从这边走，而是向西南，与黄维会合，后果更不堪设想。我再三分析，认为敌人走两淮的可能性不大。我们将北线七个纵队部署于徐州以南津浦路的东西两侧，注意力的重心放在西南，如杜聿明三个兵团向两淮方向突围，要经过水网地区，速度不会快，我们也可以赶得上。

但是，我在指挥上的难处还不仅于此，还有南线一头。南线的敌人有李延年、刘汝明两个兵团。黄维兵团被合围后，估计三天可以全歼。中央军委于11月27日电示我们，当黄维兵团快要歼灭，但尚未能歼灭之际，对李延年正面阻击兵力后退一步，引其前进，以主力从侧后打去，求得歼其一部。这使我极度紧张，我担心我们打上了李延年，而围歼黄维兵团的作战未能迅速结束，杜聿明又跑出来了，不仅不能再增调兵力打黄维，而且只靠北线七个纵队，也难于完成追击合围杜聿明的任务，杜聿明集团可能跑掉（当然完全跑掉也不可能），如果杜、黄会合，战场形势将起重大变化。当时我日夜守候，注视着情况的变化，设想着临机处置的方案。

军委28日还发来电报，要我们在歼灭固镇、曹老集之敌以后，考虑以2、6、7、11、13等五个纵队乘胜渡淮南进，切断蚌浦线，合围并相机夺取蚌埠。但29日军委取消了这个决定。

李延年这个人动作不积极，我们一动，他就向后缩，我们没有打上。幸好没有打上，当杜聿明突围时，我们才得以从南线又抽出三个纵队，和北线的七个纵队，以及刚南下的渤海纵队，共十一个纵队，一起参加兜围。

杜聿明于12月1日率30万人全部撤离徐州，我们以多路多层尾追、平行追击、迂回截击、超越拦截相结合，尽全力追击。实际上我们对杜聿明是网开三面，你向西去也好，向北去也好，向东去也好，就是不让你向南。其他方向都唱空城计，说明我们的力量也差不多用尽了。12月4日拂晓，我们将杜聿明集团全部合围于陈官庄地区，并于12月6日全歼了向西南方向突围的孙元良兵团，仅孙元良化装逃脱。杜聿明被我们"夹"住了，这时我才松了一口气。

我们密切注视着形势。这时有消息称："敌宋希濂兵团已到浦口，向蚌埠前进；蒋纬国也到蚌埠指挥北犯；杜聿明曾建议从西安、台湾及甘肃抽调几个军空运蚌埠，组成一个兵团，与李延年、刘汝明、宋希濂合股北援。"我们分析："歼灭杜聿明的作战估计还需半月至二十天，中野及华野已分成三个战场作战，兵力均感不足，尤其南线阻击李、刘兵力不足；不论杜聿明的建议是否能实现，即使宋希濂兵团赶到，我南线阻击部队必更吃紧，万一出乱子，势必影响对黄维的作战。"为此，我们立即于12月10日晨发电刘、陈、邓并报军委、华东局，报告了上述情况和分析，建议再由华野抽出一部兵力，以求先解决黄维。对杜、邱、李暂采取大部守势、局部攻势。然后中野负责阻击李、刘、宋，我们再集中力量解决杜、邱、李集团。当即得到总前委电话复示同意，又经中央军委同意，决定集中足够兵力，首先歼灭黄维兵团。后来刘帅把这形容为"吃一个（黄维），夹一个（杜聿明），看一个（李延年、刘汝明）"。

12月15日，黄维被全歼。华野也已全歼了孙元良兵团，并将李弥兵团歼灭近半，将邱清泉兵团歼灭了三分之一。

华野第二阶段作战任务的变换，并不意味着任务的减轻。我在解放战争的战役指挥中有三个最紧张的战役：宿北、豫东和淮海。而淮海战役中最紧张的是第二阶段。我曾经连续七昼夜没有睡觉，后来发作了美尼尔氏综合征，带病指挥。战役结束后，这个病大发作起来了，连七届二中全会也没有能参加。

我在第二阶段特别紧张主要有以下原因：

首先，第二阶段是承前启后的阶段，全战役的关键，我必须把注意力的重心放在这一阶段，以争取全战役的转折早日实现。淮海战役的转折是在杜聿明集团被围死，李延年、刘汝明兵团被阻住，我军已能集中足够兵力全歼黄维兵团的时候。因为，在此以前，战场形势还有很大的不确定性；在此以后，我们已有把握夺取全战役的胜利了。

其次，在大兵团作战中，钳制、阻击方向集中相当大的兵力，有时大于主攻战场，淮海战役第二阶段就是这样。钳制、阻击战场不仅直接保障主攻战场，而且关系到战役下一阶段的发展，稍有失误，便会给全局带来难以预料的结果。淮海战役第二阶段，我钳制、阻击敌人一个剿总指挥部、五个兵团，兵力40余万人，距主攻战场最近只有五六十公里，其对全局的影响是可以想见的。

第三，我们要在几个方向作战，加之情况复杂多变，特别是徐州的敌人全力突围，作战方式立即由钳制、阻击转换为追击、合围，这些都大大加重了指挥员临机处置的难度。

在第二阶段，华野部队因部署多次调整及转移使用兵力，作战行动很紧张。华野共十六个纵队，先后归中野直接指挥参加歼击黄维兵团的有第7、第13、第3、鲁中南纵队及特纵主力共五个纵队；另以五个纵队担负阻击李延年、刘汝明，保障中野侧背安全，并作为战役预备队；而追击合围杜聿明时最大使用兵力为十一个纵队。这不仅可以看出转移使用兵力之频繁，还可以看出当时兵力使用已达到极限了，我各纵队都很出色地完成了任务。

六、当有人问到战役第三阶段情况时，粟裕说：

战役到了第三阶段，形势就完全明朗了。我军已占绝对优势，杜聿明成了瓮中之鳖，绝对逃不脱被全歼的命运。问题是从全局来看，什么时候发动总攻为有利。中央一度要我们围而不攻，目的是为了稳住傅作义，不使其海运南撤；再就是对饥寒交困中被围之敌，进行瓦解工作，以尽可能地减少我军的伤亡，以最小的代价来换取总攻的胜利，这对我军保存更多的骨干，使之在渡江南下作战中发挥作用也有重要意义。

杜聿明被围后，开始突击了三天，我们顽强阻击，紧缩包围。大约到了第四天，他就软下来，第五天就更软了，第六、第七天就没有劲了。坦克也用尽汽油了。他们同我们对峙起来，我们把敌人的包围圈越缩越紧。敌人靠空投汽油，空投馒头、大饼、大米，可是敌人的战场越来越缩小，开始大部分物资空投在敌人范围内，以后是一部分物资空投到敌人那里，最后只是一小部分投到敌人那里，大部分投到我们的阵地范围来了。敌人饥寒交迫，把麦苗、树皮、马皮等一切可以吃的东西都吃光了，为了争抢空投物资，竟致互相残杀。

我们的形势越来越有利。敌人的士兵在他们那儿士气十分低落，可是一到我们这边，马上可以打仗。我们实行即俘即补即教即战的政策，非常成功。淮海战役开始，华野为36.9万人，战役过程中伤亡10.5万人，战役结束时达到55.1万人，这中间除整补了几个地方团外，补进的主要是解放战士。我们有完善的后勤保障。后方党政军民全力以赴，使战争支持了两个月。我曾经说过，华东的解放，特别是淮海战役的胜利，离不开山东民工的小推车和大连生产的大炮弹。淮海战役时，我们不仅自己有吃的，还可送给敌人去吃。敌人被包围了，我们每天晚上送大米饭、馍馍，送到阵地前面，第二天早上喊话。开始敌人不敢来吃，怕我们打枪，后来见我们并不打枪，就来了。每天早晨来抢饭吃，越来越多了。就这样被我们从政治上瓦解了不少。我军包围敌人一个多月，毙伤、瓦解了敌人十来万人。

最后，我们对杜聿明的包围圈越来越小了，到了1月6日那天总攻击的时候，他还有十几万人，我们只用了四天就全部解决了。

解放战争以来，敌人突围没有一次突好过，每次突围都是失败。一突，士气就突掉了。这次杜聿明也不例外，30万人突围也是失败了。

七、粟裕还顺便谈到敌方的指挥，他说：

敌人犯错误是淮海战役取得胜利的客观因素。战役开始前，敌人对我军的战略意图并无所知，对我军主力的攻击矛头指向何方，模糊一片，曾一度想撤离徐州。战役开始后，敌人没有估计到我们会同他们决战，仍然以旧眼光看我们，以为打一仗就会停一停，敌人并不是一开始就有同我军进行战略决战的打算的。战役开始后，敌人着着被动，部署错乱，终至完全失败。

从敌人的失败，我们可以看出蒋介石这个人很"小气"。他有一个怪脾气：你要他一点，他连半点也不给你；如果你拿下了他大的呢？他连小的也不要了。这次淮海战役，他又很小气。开始舍不得丢44军，黄百韬在新安镇等待连云港撤来的44军，结果，黄百韬陷入重围。黄百韬陷入重围以后，他又舍不得丢黄百韬，不但派邱清泉、李弥来救，还派黄维来救，结果，黄百韬没有得救，黄维又被包围了。他又让杜聿明来救黄维，结果黄维没有得救，又丢了杜聿明的三个兵团。

杜聿明只能打胜仗，不能打败仗；只能在有利条件下打仗，不能在不利条件下打仗。他在印缅作战时，有美国的供应，出过风头。在东北时，有火车、轮船、飞机源源供应。但这次被我们包围在永城地区，突不出、守不住，被我们全部歼灭。

第5军邱清泉，一直是华野寻歼的对象。5军战斗力比74师稍差，与18军不相上下，各有所长。邱清泉好打滑头仗，跟友邻关系不好。这次解决他没有遇到多大的困难。[49]

李达曾经撰文回忆淮海战役的全过程。他写道：

淮海战役，是解放战争时期人民解放军在南线对国民党军进行的一次战略决战。其规模之大，战斗之激烈，我军斩获之众，在中国革命战争史上是罕见的。淮海战役连同辽沈、平津战役的伟大胜利，从根本上动摇了国民党的反动统治，大大加速了全中国解放的进程。

这次战役，是党中央、中央军委、毛泽东主席的领导决策，以邓小平为书记的总前委统筹指挥，广大人民群众全力支持，由华东、中原野战军和华北、华东、中原地方部队并肩作战，而共同完成的。当时我任中原野战军参谋长，作为此次战役的参加者，仅就中原野战军在战役中的行动作一回顾，以供研究探讨。

一、作战方针和战役准备

1948年9月召开的中共中央政治局会议，根据过去两年我军的作战成绩和整个敌我形势，确定了人民解放军第三年仍然在长江以北和华北、东北地区歼敌的任务。中央军委要求全军应歼灭国民党正规军115个旅左右，其中要求中原野战军歼敌十四个旅左右，并攻占鄂豫皖三省若干城市；指示全国各战场发起秋季攻势，中野协同华野作战，歼灭中原敌人，解放全中原；然后协同各兄弟野战军，继续把战争引向国民党统治区之深远后方。9月6日，正在中央开会的邓小平政委写信给中原局和中原野战军，传达了会议精神，特别强调提高纪律性，克服全党严重存在的无政府无纪律状况，是保障革命胜利的中心环节。

人民解放军转入战略进攻，是1947年7月、8月间开始的。我中野部队跃进大别山，在华东野战军协同下，以品字形展开于江、淮、河、汉之间，转战中原一年中，主力一部地方化，发展地方武装21万，创建了皖西、鄂豫、桐柏、江汉、豫西、陕南、豫皖苏等有3000万人口的七个解放区，把敌人赖以进攻我军的后方，变成我军继续大量歼灭敌人、发展战略进攻的前进基地。

1948年7月底至8月初，中原局和中原军区在豫西宝丰召开了团以上干部会议，传达了党中央和毛主席关于准备夺取全国胜利的指示，决定在过去半年作战和整党、新式整军的基础上，再以两个月时间进行整党整军。八九月间，中野部队深入进行形势与方针任务和加强纪律性的教育，发扬民主，树立全局观念，增强团结，激励斗志，掀起以提高大兵团作战和攻坚作战的战术技术为重点的大练兵运动，增强了打更大胜仗，解放全中原的决心和信心。

打郑州

发起淮海战役，是华东野战军代司令员粟裕在1948年9月24日首先向中央军委及华东局、中原局建议的。刘伯承、陈毅司令员接此电后，在河南宝丰大张庄研究了差不多一天，我也在场。9月25日上午，刘、陈首长和我电告军委并华野："粟24日7时电悉。济南攻克后，我们同意乘胜进行淮海战役，以第1方案攻两淮，并吸打援敌为最好。"

1948年10月11日，中央军委下达了毛主席拟定的《关于淮海战役的作战方针》，指出战役第一阶段的重心，是集中兵力歼灭黄百韬兵团，完成中间突破，并指示"刘伯承、陈毅、邓小平即速部署攻击郑徐线牵制孙兵团"。同日，中央军委又电刘、陈、邓、李（达）："你们应即速部署以攻击郑徐歼敌一部之方法牵制孙兵团，否则孙兵团加到徐州方面，将极大妨碍华野的新作战。"

刘、陈、邓首长遵循中央军委的上述指示，研究拟订了攻击郑州的作战计划。10月13日，中央军委即予批准，同意"按你们所规定的时间，攻击郑州并部署阻援打援"。同一天，邓小平政委在军区直属队连以上干部会上，传达了中央政治局九月会议精神。旋即，中野首长召集第1、3、4、9纵队领导干部在郑州西南的宝丰县皂角树村开会，专门研究部署攻打郑州的方案。18日，颁发了郑州作战的基本命令，杨勇、苏振华、陈锡联、阎红彦、陈赓、谢富治、秦基伟、李春芳等分率各纵进入指定地点，在华北军区14纵及附近地方部队的配合下，准备发起郑州战役。陈毅、邓小平和张际春于19日下午，从皂角树出发，驰往郑州前线4纵司令部指挥。至21日夜，我军实施对郑州之敌的包围。22日拂晓，郑州守敌12绥靖区40军106师、99军268师和郑州警备司令部等万余人弃城北逃，被我9纵全歼于郑州以北之老鸦陈地区，生俘敌少将参谋长余辉廷，郑州宣告解放。

开封敌慑于我军之威力，24日弃城东撤，我豫皖苏军区部队收复开封。

中央军委和毛泽东主席对解放郑州极为关注，连电嘉勉："占领郑州甚慰。""济南、锦州、长春解放之后，郑州又告解放，陇海、平汉两大铁路的枢纽为我掌握，对于整个战局极为有利。特此祝贺。"开封收复后，中央军委指出："中原三大名城，洛阳、郑州、开封均入人民解放军掌握，对于今后战局，极为有利。"

从打郑州开始，淮海战役即成为华野、中野两支大军共同执行的任务了。正如邓小平政委引用毛泽东主席说过的一句话："两个野战军联合在一起，就不是增加一倍力量，而是增加了好几倍的力量。"

拖住张淦、黄维兵团

拖住在武汉方面的白崇禧集团，使其不能抽兵东援，保障华野顺利投入围歼黄百韬兵团作战，是中野的又一个作战任务。

在陈、邓、张指挥中野主力发起郑州作战的同时，刘伯承司令员率中野第2、6纵队，陕南第12旅及江汉、桐柏两军区主力，把张淦、黄维两个兵团引向平汉路西大洪山与桐柏山。郑州解放的当天，刘司令员、邓子恢副政委和我曾就摆脱白崇禧集团包围，抑留张淦、黄维兵团的部署问题，报告中央军委："我们已令纵、桐柏、江汉主力于20日夜转移至随县以南之尚家店、古城畈、三阳店地区，拟南下钟祥地区，寻歼弱敌，以拉张淦向南；令6纵于21日夜转移新野西南之新店、桓铺南北地区，捕歼向邓县地区之15军部队，目的是抑留黄维在西。"

10月22日13时，中央军委电示华野："目前极好的形势是白部黄张两兵团被我2、6、10纵吸引到桐柏山区，在相当长时间内不可能回头进到黄泛区，威胁东北面我军之行动，有利于我陈邓在攻郑胜利后，以一部或大部或全部向东行动，协同三、广两纵[50]，不但牵制孙、刘全部，而且可能牵制邱、李一部。"

在此期间，当敌人分路向随县、枣阳、桐柏、唐河地区进犯时，我28旅随同2纵又进到随县以南地区，配合江汉军区部队于10月25日攻克应城、安陆，歼敌28军军部等4000余人，副军长顾心衡被俘，将张淦兵团吸引在大洪山区。同时，我鄂豫、桐柏军区主力结合群众，破击平汉路南段，威胁武汉；我6纵、陕南12旅围攻在南阳以南下薛集的敌20军134师，把黄维兵团拖在桐柏山区。

10月24日，蒋介石令黄维兵团进至周家口地区机动。由于我中野的上述行动，该敌迟至10月底才得以向平汉线上集结，旋即由确山东进。

不出淮南　佯攻徐州

中央军委曾于10月22日电示陈、邓："攻克郑州休息数日后，迅即东进。"复于25日3时，指示陈、邓率中野主力到蒙城地区集结，然后直取蚌埠，并准备渡淮南进，占领蚌浦段铁路。陈、邓根据敌我态势，进行了反复研究，于当天下午急电军委，建议把集结地点"改为永城、亳州、涡阳中间地区，无论出宿蚌线或打孙元良均更方便"。10月26日，中央军委采纳了这个建议，毛主席拟电复示："同意你们25日申电，以十天行程于11月4日集结永城、亳州、涡阳中间地区部署。"28日进一步指示："我们同意你们不出淮南……"并指出："你们在徐蚌线以西地区出现，对整个敌人威胁极大，这种威胁作用，胜过在汴徐线上打一胜仗。"

华野代司令员粟裕得知中野不出淮南，于10月31日23时向中央军委建议，淮海战役即将发起，这次战役规模很大，请已到达前线的陈毅司令员、邓小平政委统一指挥。

同一天，陈、邓向军委提出了配合华野作战的三个方案，表示"当动员部队用一切努力，不顾伤亡，达成钳制邱、孙两敌之任务"，代表了中野全体指战员坚决完成任务的决心。

11月1日，中央军委电复陈、邓、粟，同意"整个战役统一受陈、邓指挥"，"徐州西南方面我军之动作，依情况在三个方案中选择一个，由陈、邓临机决定"。

此时，华野正在部署割裂、围歼黄百韬兵团，佯攻徐州。刘伯承司令员则指挥6、6两纵（包括陕南部队4个团、1纵的20旅、豫西1个团），分别经由西平、驻马店中间地区和花园、宣化店，向息县方向侧击、尾击黄维兵团，造成与华野合攻徐州的态势，以迷惑敌军。

至此，淮海战役第1阶段的部署和准备已告完成。

二、切断徐蚌线，协同华野围歼黄百韬兵团

中央军委在部署围歼黄百韬兵团时，于10月22日13时指示中野"举行徐州、蚌埠作战，相机攻取宿县、蚌埠，坚决彻底干净全部地破坏津浦路，使敌交通断绝，陷刘峙全军于孤立地位"，这一行动"对于保证淮海战役取得大胜，将有极大作用"。

正在前线指挥作战的陈毅、邓小平当天复电军委，完全同意中野"直出徐蚌，牵制孙刘，协同华野作战"。

11月2日，陈、邓根据孙元良、刘汝明、邱清泉位置的变化，又提出三个新方案。其第二方案为："如邱已缩徐州，刘在砀山、黄口，孙在宿县南北，我则以华野三、广两纵及赵健民部割断徐州与刘汝明联系，并积极由西向东攻击徐州。我以1个纵队以上兵力攻占宿县、徐州中间地区，并由南向北攻击徐州。主力位于铁路西侧，吸引孙兵团北援所部歼灭之。"

11月3日，刘伯承司令员、邓子恢副政委和我在豫西研究落实军委指示时，着重讨论了截断徐宿线的时机问题，向军委及陈、邓建议："陈邓主力似应力求首先斩断徐、宿铁路，造成隔断孙兵团、会攻徐州之形势。""盖如此，则不仅孙兵团可能北援，便于我在运动中给以歼击，即邱兵团亦可能被迫南顾，减轻其东援之压力，对整个战役帮助较大。"陈、邓首长当天正在拓城西北的刘楼，于深夜进至亳县。军委、毛主席于5日电示陈、邓："第一方案你们到永城后不停留，继续东进，完成对宿县的包围，然后看情况，好打则攻歼之，如敌援甚快不好打，则打援敌。"

11月5日，中野主动进入商丘东南地区，发现敌第4绥靖区部队停留在商丘及马牧集地区，陈、邓首长当即决定举行汴（开封）徐（州）段作战，先歼该敌，吸引邱兵团西援，配合华野作战。在华野发起围歼黄百韬兵团作战的第2天，即11月7日，中野1、3、4纵队，华野三、广两纵和冀鲁豫军区部队，开始攻击。敌东撤，我一纵在兄弟纵队的配合下，追至张公店地区，全歼敌181师5000余人，俘4绥区中将副司令官米文和。8日，我4纵在陇海沿路歼灭正向徐州收缩的邱兵团2000余人，解放砀山，威逼徐州。

整个战局的发展很快。淮海战役将发起时，辽沈战役已胜利结束，敌我军事力量对比，已发生根本变化，华北、西北我军已全面展开攻势，平津战役也在部署。在淮海战场，中野主力在解放砀山之后，向徐蚌线逼近，两大野战军已经靠拢。敌黄百韬兵团遭华野分割追堵之际，国民党第3绥靖区何基沣、张克侠两位将军率部在贾汪、台儿庄防地起义，开放了台儿庄一带的运河通道，使徐州东北大门洞开，刘峙之邱、李、孙3个兵团慌忙向徐州收缩。军委和毛主席当机立断，于11月9日作出"应极力争取在徐州附近歼灭敌人主力，勿使南窜"的

重要决策。又于9日、10日、11日连续多次致电陈、邓："务须不顾一切，集中4个纵队全力攻取宿县，歼灭孙元良等部，切断徐蚌路。""应集全力（包括三、广两纵）攻取宿县，歼灭孙元良，控制徐蚌段，断敌退路，愈快愈好，至要至盼。"并指出："此战胜利，即完成了包围徐州的战略任务。"足见攻取宿县、控制徐蚌段，完成对徐州的包围，对于争取淮海战役全胜的重要性和迫切性。

11月10日，刘司令员率中野前指从豫西东进淮海前线，同陈司令员、邓政委会合。他们着重研究和部署了攻打宿县和切断徐蚌线的问题，并决定于12日发起徐蚌作战。

我4纵和华野第3、两广纵队在徐州以南的夹沟地区，追歼从宿县北撤的孙元良兵团41军军部及所属122师，俘敌3000余人。军委、毛主席13日指出："刘陈、邓，已抓住孙元良歼击甚好，此点关系全局。"14日，该部在三堡地区又歼3绥区残部77军军部和37师4000余人，并逼近徐州。我3纵于12日包围敌交通补给基地宿县城，守敌恃高厚的城墙、坚固的永久工事和宽深的护城河进行防御。15日17时，我3纵在9纵一部协同下，发起攻击，经数次强行架桥，连续爆破，突入城内。击退敌人多次反扑，逐街争夺，激战至16日凌晨，终克宿县。计歼敌第25军之148师、交警16总队等1.2万余人，俘敌津浦护路副司令兼宿县最高指挥官张绩武。豫皖苏独立旅、军分区部队和豫西两个团，攻占蚌埠以北的固镇，破击了曹村至固镇间的铁路200华里。

这样，以宿县为中心的广大地区已控制在我军手中，斩断了徐蚌间敌人北援南逃的通道，完成了对徐州的战略包围任务，保障了华野围歼黄百韬兵团，并使原定在淮阴、淮安、海州地区展开的会战，发展为在以徐州为中心，陇海、津浦线两侧广阔地域内进行的大规模南线决战。

徐州告急，黄维兵团奉命于11月8日由确山东援。中野已部署2纵经宣化店、息县向涡阳、蒙城方向急进，沿途侧击敌人；6纵和陕南12旅附豫西一个团，经方城、周口，尾击、侧击敌人。该两部于15日超过黄维兵团，在涡阳、蒙城地区阻敌东进。豫皖苏军区部队和1纵20旅，在人民群众配合下，积极破坏敌人必经的道路、桥梁、渡口，并沿洪河、泉河、颍河，阻击、迟滞和消耗敌人，各部指战员忍饥冒雨，不分昼夜，不顾疲劳，紧紧咬住敌人，完成了钳制黄维兵团东援徐州的任务。

15日，刘汝明兵团（即第8兵团）重占固镇，李延年兵团（即第6兵团）亦积极北援，黄维兵团也进至阜阳西南。为确保华野作战，刘、陈、邓首长指挥中野9纵及豫皖苏独立旅、豫西两个团，在任桥一线向固镇方向布防，阻击刘、李两兵团北进。1纵开赴蒙城，沿涡河、浍河布防，准备阻击黄维兵团。2纵、6纵进至蒙城、涡阳地区，以一部沿河布防。3、4纵则进至宿县西南地区待机。

18日，李延年兵团由蚌埠经固镇、大店之线向褚兰，刘汝明兵团由固镇向宿县，向我9纵、豫皖苏独立旅进攻，我军顽强阻击，阻敌于任桥、花庄一线。至22日，黄维兵团被我军阻于浍河上游的赵集地区，四天只推进了60华里。

11月22日，淮海战役第一阶段结束，华野全歼黄百韬兵团，解放徐州东、北广大地区；中野攻占宿县，斩断徐蚌联系，解放徐州西、南广大地区。从而陷徐州之敌于孤城，使援敌黄、刘、李兵团不能靠拢徐州，为淮海战役顺利发展，各个歼灭敌人，创造了重要条件。

三、总前委统筹全局

随着战局的发展，华野、中野并肩战斗，战役规模战区范围越打越大，后勤支前任务十分繁重，中央军委和毛主席于11月14日、16日电示华野、中野，鉴于徐州集团是个大敌，"此战役为我南线空前大战役"，"此战胜利，不但长江以北局面大定，即全国局面亦可基本上解决。望从这个观点出发，统筹一切。统筹的领导，由刘伯承、陈毅、邓小平、粟裕、谭震林五同志组成一个总前委，可能时，开五人会议讨论重要问题，经常由刘伯承、陈毅、邓小平三人为常委，临机处置一切。小平同志为总前委书记"。并指示，后勤保障和支前等事宜，"必须由你们会同华东局、苏北工委、中原局、豫皖苏分局、冀鲁豫区党委统筹解决"。

总前委的成立，对及时贯彻中央军委的战略意图，协调华东、中原两大野战军的作战行动，统筹战区党政军民全力支前，争取淮海战役的全胜，从组织上提供了保证。总前委临机处置了许多重大问题。我在这里介绍确定打黄维兵团的经过、领导后勤支前和指挥活动的一些情况。

淮海战役第1阶段作战中，敌军主力被分割在三个地方：邱、李（弥）、孙3个兵团在徐州及其以东，李（延年）、刘两兵团在蚌埠及其以北，黄维兵团进到南坪集以南。总前委根据这一态势，曾提出下一步作战设想，将中野和华野一部转用于南线，打击黄维或李延年、刘汝明兵团。11月14日，刘、陈、邓电呈军委，如敌出永城或宿县，我以集中中野六个纵队及华野两个纵队"歼击黄维为上策"。因黄维兵团"在远道疲惫、脱离后方之运动中"。19日9时和17时，总前委又两次电呈军委，阐述决心先打黄维的理由。认为华野六个较能攻坚的纵队，十二昼夜尚未歼灭黄百韬，"如再以其余部队，其中只有两三个较能攻坚纵队"，且"相当疲惫，刀锋似已略形钝挫，以之歼击较黄为强的邱、李诚非易事"。而以中野"现有六个纵队，单独对付两路大军困难颇多"，"如果实行钳制黄维打李延年五个军，至少须五个纵队，但以一至二个纵队防御黄维均无把握"。因之，建议在"李延年、黄维北进的条件下，最好力争迅速歼灭黄百韬，而后即将主力集中于徐东、徐南，监视邱、李、孙三兵团，争取休息十天、半月，同时以尚未使用之五个纵队或三个纵队用于南线，协同我们歼击黄维、李延年，这个步骤最为稳当"。

11月21日，中央军委和华野首长均表示同意刘、陈、邓关于集中打黄维、李延年的提议。

当时，邱、李、孙三兵团紧缩于徐州一线，不易割裂，李、刘两兵团到达任桥、花庄集后迟迟不前，向宿县冒进的黄维兵团，被阻于浍河以南的赵集地区，距徐州尚有200里之遥，与李、刘两兵团也有40里之隔。且黄维兵团被我军辗转牵引桐柏山区近20天，已相当疲惫；又孤军东援，连续行军500里，沿途遭我军不断打击，消耗较大，处于运动之中。再加上黄百韬兵团全军覆没的消息传来，部队士气，必受影响。这些，都构成了我军围歼黄维兵团的有利条件。

基于此，刘、陈、邓首长于黄百韬兵团被歼的当晚，即11月22日晚，在总前委指挥所驻地周殷圩，召开了中野各纵队领导干部会议，研究了打黄维的部署，预定23日、24日正面阻敌两天，以后伺机出击。23日，中央军委在祝贺战役第1阶段胜利的电报中指出："对于我们，最有利的是以现态势各个歼灭当面之敌，我们应力争这一招。如果我们能在第二阶段中，大量歼灭南面敌人，即使敌人这样做，我们亦有可能实现原定计划。"刘、陈、邓即于当夜请示军委，现在"歼击黄维之时机甚好"，"只要黄维全部或大部被歼，较之歼灭刘、李更属有利。如果军委批准，我们即照此实行"。

11月24日15时，军委、毛主席电复总前委："（一）完全同意先打黄维。（二）望粟陈张遵刘陈邓部署，派必要兵力参加打黄维。（三）情况紧急时机，一切由刘陈邓临机处置，不要请示。"

军委、毛主席善于采纳前线指挥员的建议，及时修改计划，适应已经变化的情况，并再次重申给予总前委刘、陈、邓"临机处置"之权，这是淮海战役能顺利发展并取得全胜的一个重要原因。

总前委很重视统筹领导后勤保障和支前工作。以中野为例，邓小平政委在淮海战役打响前就指出："大战迫近，现在我们面临的一个重要问题，就是尽大力把弹药、粮食运到前线。"并指定我协助邓子恢副政委，组织后勤支前工作。郑、汴解放之前，华北的弹药运到中野部队，须几经辗转：先从豫北运抵洛阳，再通过洛河水运至黑石关，最后还要靠汽车和人力才能送到部队。秋冬之季，多阴雨天气，运输更无保证。当时中野弹药亟待补充，拿野炮来说，只四纵有两门；山炮总共42门，炮弹200余发；步兵炮4门，炮弹10余发；207门迫击炮，每门炮只有1发炮弹；至于步马枪、轻重机枪的弹药，则不足一个基数。这种状况如不改变，是很难投入大规模作战的。郑、汴解放，陇海、平汉两大铁路干线的枢纽为我军掌握，我们在组建郑州警备司令部和郑州铁路管理局之后，于1948年11月19日呈请总前委并报中央军委，拟组织一个交通司令部，以专司铁道、汽车、船舶、车马和人力运输诸事宜。交通司令部直辖：兵站；辎重第1、第2两团（以缴获的200辆汽车装备组成）和第3团（以胶轮大车200至300辆组成）；交通警备团（由豫皖苏和豫西两军区抽调1500人组成）；技术修理部门。调文建武任交通司令部司令员兼政治委员（文到职前暂由我兼任），杨国宇任副政治委员。11月30日，军委和总前委批复同意，并增调李静宜为副司令员。同时指示我们在郑州设立军区办事处，以刘岱峰为主任、赵增益为副主任。

华北地区支前的装备和中原的粮草供应，均由火车直运前方，不仅及时解决了中野参战的一个至关重要的问题，而且对支援华野作战，也起了一定作用。1948年12月12日，邓子恢副政委和我曾电告粟裕、陈士榘、张震："我们从郑州送中钞两亿到商丘，请华野派人接收使用。12月8日知华野可在砀山车站接收粮食，即令刘岱峰于12月10日从郑、汴搜集现粮65万斤，车运砀山；又令豫西一、四、五分区赶运小米700万斤，小麦300万斤，共1000万斤，送郑、洛、巩（县）等处上火车东运，小米直运砀山，小麦则在郑州磨成面粉再送。"

由于战争条件的限制，总前委五位成员只在战役第二阶段结束时，于12月17日在萧县东南蔡洼，即华野前指驻地，召开过一次研究向中央汇报情况的会议。总前委对战役的指挥通常由三位常委酝酿决定，以电报、电话同粟、谭磋商实施。战况紧急时由常委临机处置，重大问题报告军委。每项作战计划决定之后，邓政委就承担起组织实施和前敌指挥的大量日常工作。刘、陈司令员年事稍长，因此，也大多由邓政委担任夜间值班，掌握和处理攻歼作战的情况。加之分工我在后勤司令部协助邓子恢副政委组织支前工作，属于中野司令部掌管的战斗保障工作，亦须邓政委亲自过问，这就更加重了他的负担。

为便于指挥，总前委指挥所11月22日从周殷圩移驻临涣集以东的小李家村（23日），并向华野和中野3纵、1纵延架了电话线。中野各纵队互相架线，把双堆集围绕起来，周长约130到140华里。总前委通过电话指挥，极为便利。

小李家村位于徐宿铁路与徐（州）阜（阳）公路之间，是敌3路大军南北对进的预定会合地，每天均有几批敌机临空侦察或过往。总前委指挥所设在这里，是敌人意料不到的。战役指挥员靠近前沿，对于适时掌握敌情我情，临机处置，非常重要。12月上旬，杜聿明集团被华野合围于永城东北之陈官庄地区，总前委常委指挥所12月3日迁至纪家，7日复返小李家村，距南北两个被围的敌重兵集团仅几十华里。到12月23日，前指又转移到周殷圩。刘、陈、邓首长常常在黄昏时乘车前往部队视察，直接掌握战场情况的演变。由于他们在部队中享有崇高的威望，指挥所又紧靠前线，使指战员受到很大鼓舞。

12月30日下午1时15分，刘、陈、邓率前指出发，于当晚7时到宿县兵站宿营。31日凌晨1时20分由宿县搭火车北上，7时许达徐州车站，当日下午1时又专车西进，晚6时到宋集车站，宿朱集营房。1949年元旦，由朱集迁至阎集东北的张菜园，在此指挥了围歼杜聿明部作战，直到淮海战役结束。

四、在华野协同下围歼黄维兵团

黄维所率第12兵团是蒋介石的精锐部队，辖有第10、14、18、85军（含第4快速纵队），共12万余人。其中18军为陈诚一手培植，美械装备，军官都是军校毕业生，是国民党军"五大主力"之一。

我中野参战部队有七个纵队和两个旅。部队自转战大别山后，未能得到及时补充。如第一批南下大别山的四个纵队和野直共11.5万人，三个月后即减员三万余人。还有一部分富有战斗经验的纵队、旅、团干部，被调到新开辟的军区和地方上工作。到淮海战役打响时，以兵力来说，除1、4两纵各有九个团外，其余均只有六个团，9纵只有五个团，平均每个纵队仅有1.5万至1.6万人，其中2纵、11纵不过1.2万至1.3万人。可参战的总兵力在12万人左右，与黄维兵团相当。再说武器，因部队减员很多，有些武器不得不埋在大别山。为了轻装，我们还忍痛炸掉了一些重炮。战前，除了有限的几十门野炮、山炮、步兵炮和200多门迫击炮外，基本作战武器是轻重机枪、步马枪和手榴弹，而且弹药不足。因此，武器装备处于明显的劣势。中野要歼灭蒋介石的这支"王牌"军队，的确是很吃力的。

但是，为了实现中央军委歼敌主力于淮河以北的意图，遵照总前委指示，中野毅然决心不惜一切代价，在华野协同下，与黄维兵团进行决战。邓政委说："只要歼灭了南线敌军主力，中野就是打光了，全国各路解放军还可以取得全国胜利，这代价是值得的。"这种为了全局而知难犯险的胆略，极大地感染了部队全体将士。各级领导在动员中，反复强调战役的重要性、整体性、持久性、连续性，和顾大局、识大体的精神。首长带头，自上而下纷纷表示，坚决响应党的号召，全力以赴，不怕一切困难，不惜最大牺牲，为歼灭黄维兵团、解放全中原，贡献全部力量。

包围黄维兵团

围歼黄维兵团的作战，于11月23日发起，至12月15日结束，历时二十三个昼夜，分为三个阶段。

11月23日至24日为阻击作战阶段。黄维兵团进至蒙城地区后，遭我军连续、顽强的阻击、尾击，已有相当损耗。23日清晨，黄维为协同李、刘两兵团接应徐州之敌南移，以10军在左、14军在右、18军居中、85军殿后，在空军和坦克掩护下，向我南坪集4纵阵地猛烈进攻。我军顽强阻击，予敌以沉重打击。当晚，刘、陈、邓首长作了大胆部署：令4纵放弃南坪集，转至徐家桥、朱口、伍家湖、半埠店一线，在浍河北岸让出一块地方，诱黄维兵团进入预设在宿县西南的袋形阵地。24日上午，敌先头部队18军强渡浍河，进入我袋形阵地时，发觉其处于不利态势，下午即向南岸退缩。我1、2、3、4、6、9、11等七个纵队和陕南12旅、豫皖苏独立旅，于当日黄昏乘机全线出击，激战至25日晨，歼敌数千，将其包围在宿县西南的忠义集、王朱庄、马家楼、双堆集地区。

11月25日至12月2日为紧缩包围、准备攻击阶段。25日晨，我4、9、11纵队及豫皖苏独立旅在任家以北、东坪集、沈寨、邵围子地区；6纵、陕南12旅在周庄、小张庄以西地区；1、2、3纵在小张庄、马庄、任家地区，构成了对敌军的包围。

6纵18旅在豫皖苏军区部队配合下，在大营集地区歼灭了合围圈外向东南逃窜的敌人18军49师。26日下午，刘、陈、邓报告军委："截至现时止，我已将敌压缩在东西不到20里，南北10里左右，六七个小村中（这是当时的估计，实际不止此数）。敌人始终企图向东南突围，当日在大量飞机坦克掩护下，多次攻我阵地，均未得逞。其粮食已极困难，且无宿营地，但仍逐村顽抗。我们采取稳扎稳打、逐步压缩、利用炮击、最后歼灭的战术。""全歼该敌，已大致肯定。"

中央军委和毛主席当日20时复电："黄维被围，有歼灭希望，极好极慰。但请你们用极大注意力对付黄维的最后挣扎。"军委提醒我们"用极大注意力对付黄维的最后挣扎"，是非常及时和重要的。在头两天的战斗中，我军从运动战仓促转入阵地攻坚战，对敌人防御能力估计不足，部队有急躁情绪，受到一些挫折，已引起刘、陈、邓首长的警惕。果然，黄维自恃重兵，于27日集中18军的11师、118师，10军的18师，85军的110师四个主力师为第一梯队，在飞机、坦克、炮兵掩护下，向双堆集东南我6纵、陕南12旅阵地发起持续猛烈的攻势，顽强突围。第110师师长廖运周乘突围之机，率部起义。

在反击黄维突围作战中，部队打得非常英勇。如12旅35团1营扼守小李庄阵地，打退敌军十多次冲锋，毙敌千余，保住了阵地。但该营的200多人只剩下40多个。又如28日，敌18军以三个团的兵力，配以12辆坦克，在飞机、大炮掩护下，向我17旅50团3营马小庄阵地强攻，发射炮弹数千发，摧毁了地堡和前沿工事，把村内房屋几乎打平。我49团、51团主动增援，终将顽敌击退，付出代价亦不小。

邓政委总结这几天的战况时曾说："对付敌人每一次的出击，我们都要付出相当的代价。"对付敌人步、炮、空、坦克的联合进攻，实属艰苦。

28日，国民党军参谋总长顾祝同曾乘机飞临双堆集阵地上空视察，并和黄维通话，要他"站稳脚，就地固守，并把所占地区加以扩大"，还许诺"空投粮弹补给"。黄维连续突围无望后，于29日再次调整部署，采取环形防御，固守待援。其部署为：18军守平谷堆、尖谷堆，作纵深防御；85军守腰周围、李庄地区，向西防御；14军守张围子、杨四麻子地区，向东防御；10军守马围子至杨庄、李庄间，向北、南防御；兵团部位于小马庄，并在双堆集与金庄之间构筑了临时机场。他还下令将所有的汽车装满土，同被打坏的坦克一起排成一字长蛇，构成如城墙般坚固的防御工事，并采取以攻为守的战法，每天抽调一至三个有力团配以战车和炮兵的火力，向解放军阵地突击。

中野首长重新估量了敌我双方的作战能力，认为全歼该敌确有把握，但应把作战时间延长为十天左右。中央军委认为还可以把时间打宽裕些，"从敌人固守着眼，集中火力，各个分割歼击，准备以十天或更多时间解决此敌，此种计划是稳当和可靠的"。还指出，"解决黄维兵团，是解决徐、蚌全敌六十六个师的关键。必须估计敌人的最后挣扎，必须使自己手里保有余力，足以应付意外情况"。据此，中野首长提出"坚决持久围歼敌人"的方针，稳扎稳打，逐点攻击，攻占一村，巩固一村，构筑纵深坚强的攻防阵地，利用敌军突围或出击之时，予以重大杀伤。这样，经我指战员艰苦围攻，至12月2日，迫使黄维兵团缩到以双堆集为中心的狭小的"死亡圈"中。此时，敌军人乏弹缺粮绝，被歼及起义者达三万多人，全兵团的机动突击力量只有七八个团了。

我军在总攻准备中，普遍推广了两项卓有成效的战术和技术。这是各部队发扬军事民主，集中群众智慧的结晶，它弥补了我军炮火不足的弱点。一是推广11旅和22旅在战前试制成功的"飞雷"（也叫"土飞机"），即炸药抛掷筒。就是把20公斤左右的炸药制成状如西瓜的"飞雷"，以抛掷筒射击，射程可达150米，威力相当大。敌人称之为"特大威力炮"。一是"以地堡对地堡"，"以战壕对战壕"，进行工程浩大的近迫土工作业，逐步向敌阵地延伸工事。这是减少我军在开阔地冲锋时被敌杀伤的一个有效办法。每当夜幕降临，指战员带上工具，隐蔽地向我军前沿运动，在距敌阵地60至70米时，卧倒排成一条"人龙"，瞬间就挖成许多卧姿散兵坑。接着，由卧姿挖成跪姿、立姿，再挖成能隐蔽和运动部队的交通壕。几天之内，各纵队即完成了纵横交织的、从四面八方伸向敌阵地的交通壕及散兵坑，构成了完整的攻防阵地。为防敌人坦克、大炮、飞机破坏，我军采取多路沟壕同时并进的方法，以步、炮相互支援，冒着敌人的炮火，日夜不停地进行艰苦作业。

12月1日，陈毅通过电话对粟裕说："我们这里正在收拾黄维这个冤家。你们北边要把杜聿明抓住，南边要把李（延年）、刘（汝明）看好。"刘伯承则风趣地把这一战役部署比喻为胃口很好的人上酒席，嘴里吃着一块，筷子上夹着一块，眼睛又盯着碗里的一块，说我们现在的打法，就是"吃一个（黄维兵团），夹一个（杜聿明集团），看一个（李延年、刘汝明两兵团）"。

在此期间，为保障中野围歼黄维兵团作战，华野组成两个阻击兵团：主力北阻由徐州南犯的邱清泉、孙元良两兵团；一个纵队力挡由蚌埠北援的李延年、刘汝明两兵团。他们勇猛奋战，粉碎了敌人援救黄维的企图。当杜聿明集团放弃徐州向西南方向撤退时，华野全力猛追逃敌，于12月4日将杜聿明集团合围在永城东北的陈官庄、青龙集、李石林地区。6日，孙元良兵团在向西南突围中被华野歼灭。

总攻双堆集

黄维兵团与杜聿明集团被围后，由蚌埠北援的李延年、刘汝明两兵团向双堆集方向增援，蒋介石又从武汉方向抽调两个军进至浦口。总前委决定首先歼灭黄维兵团，然后再歼杜聿明集团。遂调集战役总预备队，即华野7纵、13纵和特种兵纵队炮兵一部，加强总攻力量。同时，令中野2纵加入阻击李延年的作战。

从12月3日到15日夜，为围歼黄维兵团的第三阶段，即阵地歼灭战阶段。12月5日，中野首长下达了"对黄维兵团总攻击命令"。根据黄维兵团的防御态势，我总攻部队分为三个集团：以中野4、9、11纵及豫皖苏独立旅、华野特纵炮兵一部等为东集团，由陈赓、谢富治指挥，先歼灭位于双堆集以东的沈庄、李围子、张围子和杨庄的敌14军残部及10军之75、114师；以华野13纵、中野1、3纵组成西集团，由陈锡联指挥，歼击双堆集以西之后周庄、小马庄、马围子、三官庙、葛庄、许庄的敌10军之18师、85军各一部；以中野6纵、华野7纵和陕南12旅组成南集团，由王近山、杜义德指挥，歼击双堆集以南之敌。

各部队虽经连续战斗，伤亡较大，但士气愈战愈高，战斗力愈战愈强。许多部队的连排干部伤亡后，由班长、战士，甚至司号员、卫生员自动代理。总攻前，各部队又进一步动员，实行火线整编，教育争取解放战士，开展军事民主，研究歼敌战术，加强通信联络、后勤支前等各项保证工作。各部队普遍提出，哪怕一个旅编成一个营，也要为全歼黄维兵团战斗到底！

12月5日，我和邓子恢副政委又将截获的一份电报报给刘、陈、邓和军委并粟、陈、张："谍息：杜聿明4日午决不顾状况如何恶劣，采逐次闪进战法，装甲车掩护部队向东楔形突进以与黄维会师，并要求李延年向北采积极行动。同时请求空军协同作战，空投粮弹。"

12月6日下午4时30分，刘、陈、邓首长命令发起总攻。各集团以优势兵力和火力，实施有重点、多方向的连续突击。至7日晨，攻占了李围子、李土楼、小周庄、宋庄、东马围子等地。此后，我军昼夜不停地对敌猛攻，不让其喘息。我军愈战愈勇，攻坚能力不断提高，伤亡逐日减少，战果日益增大。

敌军在我连续猛攻下，以村舍为核心，以地堡群为骨干，作困兽斗。他们每天以一个营至两个团的兵力在坦克、炮兵和空军掩护下，向我反击。我军则依托纵横交织的交通壕和散兵坑，从四面八方同时攻击前进。每晚以"两点攻击，一点成功"，或"三点攻击，两点成功""四点攻击，两点成功"的战法，压缩敌阵地，进展显著。

正当黄维兵团遇到我军猛攻之际，蒋介石于8日给黄维及所属各军长写了亲笔信，签署了给12兵团全体官兵的"嘉奖令"，连同早已准备好的毒气弹使用说明书，分别空投给该兵团。然而，黄维兵团官兵却把蒋介石的"嘉奖令"看成是"催命符"，一见这道"催命符"就知道"快完了"。蒋介石给黄维的信中说："决用空军全力拯救你的突围，可径行同空军总部联络。"黄遵此于9日致空军副总司令官王叔铭电被我方截获，我们即上报总前委和军委："谍息：黄维12月9日致王叔铭谓：南兵团如两日内可会师，渠则仍勉力固守，否则有要求派飞机降落双堆集接其逃命之意。"可见，黄维这时再也维持不下去了。

我各集团越攻越猛。中央军委10日3时致电总前委："各电均悉。对黄维的攻击逐步奏效，对李延年的钳制亦有办法，甚慰。尚望鼓励全军全歼该敌。"

激战至13日，我东集团占领沈庄、杨围子、杨庄，西集团攻克东西马围子、周庄、腰周圈、小马庄，南集团拿下李土楼、小周庄、大小王庄等地。歼敌14军全部，85军、18军一部，将敌人压缩在不到3里的狭小地域内。

敌军死伤枕藉，饥寒交迫。早在12月5日，黄维曾向蒋介石发出求援电，被我截获。该电说："黄维5日以竟日惨战粮弹尽绝，过去几日所投粮不足所需1/10，弹不足1/3，官兵日食一餐尚不得饱。须急速空投以维士气。"到了此时，其官兵更是饥饿难挨，竟然为争夺空投粮食而互相残杀。我军抓紧政治攻势，敌人纷纷携械来降，整连整营整团，以至于85军23师师长黄子华率师部及两个团向我投诚。刘伯承、陈毅两位将军于12日发出《促黄维立即投降书》。但黄维拒绝投降，希图在弹丸之地顽抗到底，并于12日、13日两次呈请顾祝同准其向我军施放甲、乙两种毒气弹，以封锁我军。

总前委为速歼黄维兵团，13日又调整部署：以南集团为主，东西集团配合，并调华野3纵和13纵加入南集团作战，南集团改由华野参谋长陈士榘指挥，鲁中南纵队为战役预备队，对拒绝投降的敌军发起了最后的总攻。14日夜，南集团攻占敌人临时机场南端及尖谷堆，东集团攻占杨老五庄、杨子全庄，使敌军核心阵地完全暴露。15日黄昏，敌军残部向西突围。我各部立即堵截、追击，于当夜12时全歼黄维兵团，生俘兵团司令官黄维、副司令官吴绍周，仅副司令官胡琏等率少数人逃脱。

与此同时，华野6纵和渤海纵队11师、中野2纵和豫皖苏军区五个团，在固镇、新桥、曹老集一带阻击李、刘兵团。敌人以八个步兵师、一个战车大队，昼夜向我军猛攻。我军顽强阻击十二天，歼敌万余。

至此，淮海战役第二阶段作战胜利结束。我军歼灭国民党军1个兵团部（不含孙元良兵团）、四个军部、十一个整师（其中一个师起义），共10万余人；阻击并部分歼灭南北援敌，将杜聿明集团围困在陈官庄地区。我中野部队也付出了伤亡3万余人的代价。

12月16日，我军开始淮海战役第三阶段的作战。李延年、刘汝明兵团已于16日夜撤向淮河以南地区；陈官庄地区的杜聿明集团，处于内缺粮弹、外无援兵的绝境。总前委指示，在华野战场休整期间，中野集结于宿县、蒙城、涡阳地区休整，并担任围歼杜聿明集团的总预备队。华野于1949年1月6日发起总攻，经4昼夜激战，至10日全歼杜聿明集团。

伟大的淮海战役取得完全胜利，我军全歼国民党军徐州"剿总"前进指挥部、五个兵团部、一个绥靖区司令部、二十二个军和五十六个师（其中四个半师起义），共55.5万余人。[51]

毛泽东对淮海战役的胜利给予很高的评价。李银桥回忆说：

毛泽东说，淮海战役粟裕立了第一功。这是因为中央书记处在华北军区司令部所在地城南庄开会时，粟裕首先提出集中三个纵队兵力歼灭长江以北国民党的主力部队。毛泽东和书记处采纳了粟裕的意见，现在保证了淮海战役在很短时间里取得了彻底胜利。

淮海战役胜利后，毛泽东会见刘伯承和邓小平。

上午毛泽东一般不会客，刘邓首长是下午4点多钟来的。两位首长问我："主席干什么呢？"

我说："等你们呢。"说罢便领他们来到毛泽东的办公室。

毛泽东的住室与办公室相通。刘邓首长在沙发上坐稳，我便出去沏茶。端茶水进屋时，刘伯承正在汇报淮海战役经过。他说的话我至今记得很清楚："淮海战役，我们像嘴里含了个核桃一样，咬也咬不碎，吞也吞不进去。"

邓小平政委说："打得坚决，也很残酷。"

刘伯承接着又说："最后到底还是咬碎了！"

那次谈话谈了两个多小时，毛泽东没留客人吃饭。来过那么多客人，只要是党内同志，他几乎从没留人吃过饭。他待客就是清茶一杯。[52]

平津战役

还在辽沈战役即将进行之际，傅作义曾导演了一出偷袭西柏坡的闹剧，却被毛泽东轻而易举地挫败了。

李银桥回忆说：

1948年8月，国民党华北"剿总"总司令傅作义率大军从北平、保定出发南进，扬言要夺回早已被我们解放了的石家庄，袭击党中央和解放军总部所在地西柏坡。

北平以南至石家庄，我军从来没有主力部队，傅作义的骑兵部队又是很有些名声，行动迅猛，形势顿时变得险峻。

周恩来派汪东兴和中央警卫团干部带两个步兵连和一个骑兵排赴东北方向行唐一带警戒，遇敌人进攻要坚决抵抗，掩护毛泽东和党中央安全转移，同时安排中央各机关开始准备疏散。

毛泽东仍然以主要精力对付东北之敌，对傅作义的袭击似乎根本没放在心上。当形势已经非常危急时，他叫我收起东北地图，备好纸笔。

"给他点颜色看看。"毛泽东拿起笔时，说了这么一句。

他为新华社写了一篇述评，命令电台要全文广播，马上广播。

毛泽东在述评里轻松幽默地警告敌方："我们已经有了充分准备，你来对你没有好处，你还是老实一点为好。"

毛泽东又用尖锐辛辣的语气讥嘲："这里发生一个问题，究竟他们要不要北平？现在北平是这样的空虚，只有一个青年军208师在那里。通州也空了，平绥东段也只稀稀拉拉几个兵了。总之，整个蒋介石的北方战线，整个傅作义系统，大概只有几个月就要完蛋，他们却还在那里做石家庄的梦！……"

述评广播之后，傅作义的兵一枪未放便惊惶地撤回北平。不久，连保定驻军也撤回了北平。

一纸书吓退傅作义的大军，毛泽东唱了一嗓子京剧《空城计》。他的湖南腔唱京剧很有些意思："我正在城楼观山景，忽听得城外乱纷纷，旌旗招展空翻影，原来是司马发来的兵……"

唱罢，意犹未尽，又加了一段《三顾茅庐》中诸葛亮的唱段："我本是卧龙岗……"[53]

几个月之后，傅作义集团终于也面临灭顶之灾。

参加指挥平津战役的聂荣臻元帅回忆说：

1948年12月中旬，中央军委通知，要我立即赶往平津战役指挥部工作。这之后，于1949年1月10日，中央军委决定由林彪、罗荣桓和我组成中共平津战役总前线委员会。

我接到去平津战役指挥部工作的通知后，交代了军区的工作，带着几个工作人员，由军区驻地平山县孙庄乘车出发，日夜兼程，奔向北平东面的孟家楼。平津战役指挥部就设在这里。

辽沈战役结束不久，毛泽东就要东北野战军迅速隐蔽入关，准备发起平津战役，与华北部队一起，共同歼灭华北的敌人。1948年12月11日，毛泽东发出关于平津战役作战方针的指示，这个指示与辽沈战役、淮海战役作战方针的指示一样，充分体现了毛泽东卓越的军事指挥艺术，为平津战役的胜利奠定了基础。

我出发以前，就曾到西柏坡受领任务，见到了毛泽东、周恩来、朱德等中央领导同志。毛泽东十分精辟地分析了平津战役的全面形势，又十分正确地制定了我军的任务和部署。我觉得，平津战役这篇大文章，毛泽东是从西线做起的。

那时候，淮海战役正在进行。华北战场上的敌人，屡遭我军沉重打击之后，又失去了南北两面的依托，军心动摇，孤立无援，已经到了山穷水尽的地步。

傅作义指挥的部队，还有六十万余人。他的主力部队四个兵团十二个军五十二个师，部署在东起北宁线的滦县，西至平绥线的柴沟堡，1200多里的狭长地带，以北平、天津、张家口、塘沽、唐山为重点，摆成了一字长蛇阵。

在具体兵力部署上，傅作义是煞费苦心的。他有意把蒋系部队摆在北宁线，把傅系部队摆在平绥线，一旦东北我军入关，蒋系部队首当其冲，而傅系部队在不利情况下，可以向绥远逃之夭夭。

从这一点可以看出，敌人在平津固守，还是从平津撤退，在蒋介石、傅作义和美帝国主义三者之间，同床异梦，各怀鬼胎。蒋介石是既想让傅作义固守华北，迟滞我大军南下，又想把华北兵力全部南撤，巩固江南防务，举棋不定；傅作义也脚踩两只船，想看看形势变化，平津能守就守，不能守就西逃绥远，不得已时就向南逃跑，但又摆出固守的架势，想捞取美援，扩充实力；美帝国主义看到蒋介石大势已去，从援蒋武器中拿出一部分，直接供给傅系部队使用，好让傅作义固守平津，维护美帝国主义的利益。

毛泽东分析了敌人的心理状态，认为傅作义虽有西逃、南窜两种可能性，但西逃的可能性较大，因为绥远是他的老窝。

这时候，东北我军主力尚未入关，如何在他们入关之前，将敌人抑留在华北，不使其南窜或西逃绥远，这是当时中央军委和毛泽东主席考虑的中心问题。经过一再分析、研究，决定从20兵团包围张家口、宣化入手。毛泽东指示杨成武、李井泉主动撤围归绥，不使傅作义感到太紧张，随后又迅速包围张家口、宣化，诱使傅作义派兵西援，以便掩护东北我军秘密入关。我们积极地执行了毛泽东的这个战略决策，早在12月上旬平津战役正式发起前，从11月29日夜开始，华北我军就在平绥线上作战了。所以说，毛泽东发起平津战役，文章是从西线做起的。因此，华北的同志有时也把平津战役称之为平津张战役。

由杨成武率领的20兵团，以三个军的兵力进入张家口附近地区，形成对张家口、宣化敌人的包围态势。毛泽东的这一招很灵，傅作义果然着了急，立即令驻守北平附近的第35军，驻守怀来的第104军，分别乘火车、汽车增援张家口，以便形势不利时能够保住逃往绥远的通路。

这样，傅作义的大部分嫡系部队共约10万人，已被我军钳制在平绥线上，实现了抓住傅系、拖住蒋系，掩护东北我军入关的第一步计划。

这时候，东北野战军主力，经过长途行军，分别经喜峰口、冷口，越过长城，陆续隐蔽入关，先后到达迁安、丰润、遵化、玉田、蓟县地区集结。

东北我军主力一入关，傅作义又作了错误判断，他认为我军会直取北平，遂急令第35军撤回北平。为打通张家口与宣化的联系，敌人从东西两个方面，倾全力向沙岭子猛攻，然后向新保安方向撤退，企图缩回北平。

在这紧急时刻，毛泽东一面令杨得志等率领第19兵团主力，由易县经涿鹿迅速向宣化、下花园地区开进，以隔断怀来与宣化的联系，一面令东北野战军第13兵团由蓟县经密云向怀来、南口急进，以隔断怀来与北平的联系。这一步，我军总的意图是将傅作义的西线兵力分割包围，既不让第35军缩回北平，也不能让北平的敌人接应第35军，然后，待机将他们分别歼灭。

经过激战，我第19、20兵团和东北野战军第13兵团出色地完成了任务。12月8日，我第19兵团将敌人第35军严密包围在新保安，使其动弹不得。12月9日、10日，第13兵团先后歼灭了企图救援第35军的第16军和第104军。我第20兵团也多次击退了张家口敌人突围的企图。

第35军被我军包围在新保安之后，前线指挥员都想早日动手消灭它，这个军是傅作义的所谓"王牌"军，是摩托化部队，运动速度比较快，战斗力比较强。它多次与我军交战，可以说是冤家对头，广大指战员恨之入骨，恨不得一口把它吃掉，这种心情是可以理解的。但毛泽东指示暂缓攻击，两个星期内"围而不打"。因为东北入关的部队，正在进行战役展开，对于平、津、塘的敌人，尚未完全隔断、包围，如果先攻击新保安的敌人，不但会使张家口的敌人向西突围，还会使张家口以东的敌人决策逃跑。所以，不仅西线部队"围而不打"，对平、津、塘的敌人也"隔而不围"，以便在敌人难以觉察之中，完成整个平津战役部署。

毛泽东还指示中原和华东野战军，在两个星期时间内，淮海战场不作最后歼敌部署，使蒋介石难下从海上撤退平津敌人的决心。中央又命令山东部队集中若干兵力，控制济南附近一段黄河，在胶济线事先作好准备，防止敌人可能从青岛方向逃跑。

按照毛泽东的意图，华北军区所属的冀中、冀南等军区，也动员部队和广大民兵，分别在平南、津南、沧县、德州等地区，迅速构筑起数道阻击阵地，以防敌人从陆地上逃跑。当然，从那时候的情况来看，这种可能性是很小的，甚至不可能出现这种情况，防止万一罢了！

这样，我军就撒开了天罗地网，使平津的敌人插翅难逃。

我作为华北军区的负责人，对毛泽东的这些战略部署，以及许多具体指示，真是由衷地感到敬佩。我告诉华北部队，必须坚决执行毛泽东同志的指示。实践证明，华北我军没有辜负党中央和毛主席的希望。

…………

那时候，我在平津战役指挥部，不断询问战役进展情况。

12月22日晨，我军向新保安发起总攻。第19兵团的指战员，打得非常英勇顽强，尽管第35军进行疯狂的垂死挣扎，但经过一天的激战，我军全歼了第35军1.9万多人。傅作义赖以起家的"王牌"军，在新保安找到了自己的坟墓。

全歼新保安敌人之后，我第20兵团3个军，北岳军区的部队、骑兵第3师和东北野战军的第41军，紧接着向张家口发起了攻击。

在此之前，毛泽东就指出，敌人第35军被歼之后，张家口的敌人有向绥远逃跑的可能。所以，我军在完成包围张家口之后，在周围四五十里内，构筑了3至4道阻击阵地。

不出毛泽东所料，我军全歼新保安35军之后，张家口的敌人惊恐万状，决心突破我军包围，妄图向绥远方向逃跑。12月23日夜，他们先朝西南方向佯攻，主力却偷偷地从西北方向突围，但很快被我军截断了去路。敌5万余众，被我军包围在张家口以北名叫朝天洼的一道大沟里，步兵、骑兵、骡马、大车，乱成一团。第二天拂晓，敌人倾全力向西北方向冲击，由于遭到我军顽强堵击，突围企图落空，经我军一昼夜奋勇冲杀，全歼了敌人11兵团部、105军全部、104军的一个师、两个骑兵旅和两个保安团共5.4万多人。只有第11兵团司令孙兰峰漏网，带领少数护卫侥幸逃往商都去了。

…………

新保安、张家口之战，斩断了傅作义的西逃之路，但增大了敌人从海上东逃或南窜的可能性，我军下一步的任务，是迅速攻克天津，切断他们东逃之路，进一步孤立北平，最后解放北平。

为此，华北第19兵团和第20兵团，结束新保安、张家口之战以后，于1948年12月29日，满怀着胜利的喜悦心情，又奉命踏上了新的征途，迅速开进到北平外围，与东北第12兵团和第13兵团会师，严严实实地包围了北平，积极进行攻取北平的各种准备。

同时，我东北野战军集中了五个军二十二个师的兵力，由刘亚楼负责指挥，准备从速歼灭天津的敌人。

北平的地下党组织，在刘仁领导下，为了配合当时的军事斗争和政治斗争，正积极进行着各种活动。他们利用各种关系，获取了大量的情报，源源不断地供给平津战役指挥部，使我们对敌情基本上做到了一清二楚。他们甚至通过傅作义的女儿、我地下党员傅冬了解掌握傅作义的各方面动态，劝她父亲不要跟蒋介石走。

傅作义的神态、言谈、情绪变化，傅冬都能及时、准确地了解清楚，然后，每天通过地下电台，向平津战役指挥部报告。当时，敌人在东单修建了临时飞机场，由于我地下党电台的报告和指示目标，我军对这个机场进行了严密的封锁。

几十年来，我打过许多仗，能够如此及时了解对方最高指挥官的动态，还是不多的。这对我们作出正确判断，下定正确决心，进行正确部署，具有重要的作用。……

在接到北平地下党同志发来的大量情报之后，我脑子里转着一个问题：如果我军歼灭了天津的敌人，把傅作义的退路堵死，能不能和平解放北平？我这个想法，萌生在新保安、张家口歼灭战之后。在此之前，我们与傅作义的代表在石家庄就有所接触，我知道党中央和毛主席已经有用军政两手解决北平问题的打算。现在，傅作义赖以起家的王牌第35军已经被我军歼灭了，这对傅作义的打击和震撼是极不寻常的。如果我军再把天津攻下来，彻底打掉他逃跑的幻想，逼着他走上谈判的道路，我认为，和平解放北平的前景是存在的，而且时机越来越成熟了。

我先同罗荣桓谈了这个想法。我说，我们应该努力争取和平解放北平，使北平这个文化古都免遭战火的破坏，使人民的生命财产免遭损失。罗荣桓听了以后，表示同意我的意见，在不放弃以战争解决问题的同时，争取通过和平方式解放北平。

林彪是不是同意这样做？有一次，我们三人都在作战室，研究完如何攻打天津之后，我谈了争取和平解放北平的想法。我说，只要我军能够打下天津，傅作义的逃跑道路就全部切断了，这样就有可能迫使傅作义和平解决北平问题。我还用北平地下党提供的情况，说明这种可能性是很大的，我们应该把这种可能性，通过不断努力变成现实。

林彪听了我的意见，脸上没有任何表情。他说我的想法很好，但这只是幻想，不可能实现，还是要靠打来解决问题。

我说，在平津地区，我军占绝对优势，打下天津不成问题，要打北平也很容易，北平工事不强，敌人又是惊弓之鸟，如果在进行了大量工作以后，傅作义仍然拒绝和平解决，我们掌握着主动权，随时可以下命令去打。不过，从党和人民的利益出发，应尽力把这个文化古都保全下来。因为枪炮一响，准得把北平打个稀巴烂。何况对胜利以后建都的问题，党中央已经初步选定了北平。

我又说了许多，林彪还是摇头，表示他有不同看法。但因我和罗荣桓意见一致，林彪也就没有再说什么。

我认为，对北平是争取和平解放，还是动枪动炮解决，事关重大。我觉得，林彪听不进去意见，我和他再争执下去，也无助于问题的解决，只好以自己的名义，单独向毛泽东发了电报，提出建议：在打下天津以后，争取和平解放北平。

毛泽东以及其他中央领导同志，看了我发去的电报以后，回电表示完全同意。

林彪看了这个回电，没有再表示反对。但是，他把争取和平解放北平的问题，推给了我和罗荣桓同志处理，很少主动过问。我们随即根据党中央的指示，通过北平地下党的关系，向傅作义提出双方谈判和平解决北平的问题。

这时候，平津战役指挥部移到了蓟县的一个村子，选定离这个村子不远的八里庄，作为与傅作义代表的谈判地点。

1949年1月上旬，准确时间记不清了，从八里庄打来电话说，傅作义的代表张东荪先生，已经到达了那里。

我到八里庄见了张东荪。从张东荪的态度看，对和平解决北平问题，傅作义并未下定决心，对方只是为进一步摸底而来，摸清底细好回去汇报，以便由傅作义作出抉择。针对这个情况，我在这次谈判中，着重讲了形势和政策，指出傅作义除了放下武器，还能为人民做件好事而外，别无出路。希望张东荪回去以后，转告傅作义早下决心。

在张东荪临行前，我还特意告诉他，下次来，请傅作义派他的全权代表来，我们可以谈得具体一些。

1月10日，淮海战役胜利结束，我军歼灭国民党军队55万多人。傅作义由陆上南逃之路已经被切断了。

1月15日，东北野战军迅速解放了天津，仗打得干脆痛快，守敌13万多人被全部歼灭。这对尚在犹豫中的傅作义来说，又受到了致命的一击。突围南逃的幻想彻底破灭了，他不得不接受和平解放北平的条件。

…………

1月16日，我军向傅作义发出最后通牒，并限期作出答复。

随后，傅作义的全权代表邓宝珊来了。这时我们平津战役指挥部，由蓟县移到了通县。

邓宝珊早就同我党有一些接触。傅作义知道这层关系，这次就派他来谈判了。

在第二次谈判当中，比上次谈得具体一些，对所规定的条件，商定了实施办法，作为初步协议，双方都在上面签了字。

邓宝珊临走的时候，我们交给他一封信，请他交给傅作义。并派东北野战军作战处长苏静，作为我方具体工作人员同他一起进城。

这封信的具体内容，是经过集体讨论决定，报党中央和毛主席批准的。但是，由于中间人觉得措辞严厉，没有及时交给傅作义。

邓宝珊回去以后，很快有了回音。他们同意我方派代表进城谈判、研究和平接管北平的具体事宜。于是，我方派了东北野战军政治部副主任陶铸同志进城谈判。

1月20日，傅作义接受了我方提出的条件，令其所属的两个兵团部八个军部二十五个师，共20多万人，于1月22日起陆续出城，到达指定地点，接受我军改编。1月31日改编工作完成，我军先头部队随即进入北平，对国民党军政机关进行接管和维护社会秩序。

2月1日，刚过完农历年，我和罗荣桓以及林彪乘车进入北平，先到了北京饭店。我国的文化古都北平宣告解放了。……

至此，持续六十四天的平津战役，在党中央和毛主席的直接指挥下，以军事打击和政治争取并举赢得了最后胜利，歼灭与改编国民党军队共52万余人。[54]

平津战役胜利后，毛泽东在西柏坡会见了深明大义的傅作义。这是他们之间友谊的起点。

李银桥回忆说：

在解放战争节节胜利的形势下，基于爱祖国、爱民族的热忱，以保护北平200万人民的生命财产和古都文物为重，傅作义接受了我党关于和平解放北平的条件。平津战役又取得了伟大的胜利。

他提出一个请求：亲自拜见毛泽东。

中央同意了这个请求。

傅作义到达西柏坡招待所，受到周恩来欢迎。傅作义说："我戎马半生，除抗日战争外，我是罪恶累累，罪该万死。今后我要在共产党领导下，立功赎罪，以求得人民宽恕。"

下午，毛泽东起床后，周恩来把傅作义的态度说了一遍。毛泽东很高兴，说："我去看他。"

招待所在后沟，毛泽东乘吉普车来到后沟，傅作义在周恩来陪同下等候在门口。车刚停，傅作义连忙迈着大步迎上去，伸出两只手，一把握住了毛泽东的手。

"我有罪！"傅作义的第一句话这样说。

"你有功！"毛泽东第一句话却这样说，"谢谢你，你做了一件大好事。人民是永远不会忘掉你的！"

傅作义在国民党将领中是比较能打仗的一个。抗日战争中他与八路军相处很好，在敌后站住了脚。但日本投降后，他受蒋介石的重用提拔，大举进攻解放区，占领了不少地方。据说攻占张家口后，他夸口说："如果中共在中国真能够取得胜利，我甘愿给毛泽东当个小小的秘书。"

这话传得很广。阎长林便问毛泽东："主席，傅作义真是这么讲的吗？"

毛泽东笑道："当个秘书太小了，他还应当留在政府里做官。他对水利工作感兴趣，将来可以当个水利部长。"

毛泽东说话算数，傅作义后来真的当了水利部长。

从辽沈战役、淮海战役到平津战役，历时四个多月。首长们一直在毛泽东那间不到20平方米的办公室里度过，取得了三大战役的伟大胜利。

毛泽东喜欢篦头，他说是一种很好的按摩，可以促进血液循环，消除疲劳。他指挥三大战役时是五十五岁，身体极健，满头黑发。篦齿从头发间篦过，沙沙作响。

忽然我眼前闪了一下亮。仔细看，是一根白头发。

"哎呀，主席，你有白头发了。"我叫出声。

毛泽东眉梢动了动，没作声。

我小声问："拔下来吧？"

毛泽东停了停才说："拔吧。"

我小心翼翼挑出那根头发，捏紧了，猛地一揪。拿眼前看看，连根拔出来了。

"主席，你看。"我将白发拿到毛泽东面前。毛泽东没有接，只是用眼睛凝望着。

"噢——"他轻轻呵出一声，用略带沙哑的声音慢慢道，"白一根头发，胜了三大战役，值得。"〔55〕

关于毛泽东在三大战役期间的情况，阎长林回忆说：

9月会议以后，毛主席和其他中央首长更忙了。以前，毛主席也经常召开书记处会议，虽然有时也开长会，甚至连续开，但次数毕竟不太多。这时就多了，几乎天天都开。

每天晚上8点左右，少奇同志、朱总司令、周副主席、任弼时都准时来到毛主席的办公室，有时作战部、宣传部有关的同志也来参加。而且这些会还有个特点：都是通宵达旦。夜里是毛主席的工作时间，周副主席为了工作方便，从陕北转战时起，也改为夜间办公。不过他兼着军委总参谋长，尽管夜里不睡觉，白天还得开会布置工作，还有外交、侨务、统战、新闻宣传等事情要他处理。好像有着用不完的精力。少奇那时五十岁，精力旺盛。朱总司令一则因为年过花甲，平时又有早睡早起的习惯，对夜间开会不适应。由于开的都是关于打仗的会，他就坚持参加。有的首长劝他回去休息，他就说："这么高兴的事，我回去也睡不着。"话是这么说，但连续开会毕竟太疲劳，有时开着开着他就睡着了，其他首长也不惊动他，等到要决定问题才叫醒他。他抱歉地说："哎呀，我睡着了！"周副主席关心地说："没关系，你休息一会儿，就能坚持到底了。"毛主席也说："咱们这一段会议多，总司令在开会时寻机睡一会儿，精力更充沛，是一件好事嘛。"又指了指周副主席和弼时说："我们三人打疲劳战惯了，在陕北打了一年多，打败了蒋介石妄想消灭我们的野心。现在咱们再一起打一段疲劳战，彻底打败蒋介石，解放全中国。不然，事情这么多，又这么重要，少数人做不了主呀！"

…………

辽沈战役胜利结束的那天晚上，首长们照常在主席的办公室里开会。大家想，今晚首长们一定要庆贺一下，说不定还要喝点酒呢，今夜的夜餐要做得特别好。于是，高师傅来了，周师傅来了，做湖南风味菜的赵师傅也来了。这3人都是经过长征的老同志，在延安时都给主席做过饭，今晚都想来露一手。他们做了饭，做了菜，有干有稀，有荤有素，有热菜，也有下酒的凉菜，品种众多，花样好看，数量也适当。饭菜都做好了，可首长们还不说吃，几次去催问，都是周副主席说："再等一会儿。"事后才知道，他们乘着辽沈战役的胜利，又在部署淮海战役和平津战役了。

这次夜餐准备得最早最丰盛，吃得却比往日晚，直到夜很深了才开饭。工作人员和厨师把做好的饭菜一齐端了上去。以往，饭菜稍为好一点，首长们总说做得太好了，再三追问有没有超过标准。这次，我们开始也担心会挨批评，可是端上来后，他们什么也没说，立即吃了起来，胃口也特别好。他们边吃边说，谈笑风生，沉浸在欢乐之中。看到自己运筹的战役胜利进行，革命事业迅猛发展，怎能不高兴呢！

不久，又传来了淮海战役胜利的消息，歼敌55万多人，基本上解放了长江以北的华东、中原地区。紧接着，平津战役也打响了，张家口、新保安的敌人被歼灭，天津也获得解放，傅作义宣布起义。至此，三大战役胜利结束，共消灭敌人154万多，国民党军队基本上土崩瓦解。后来周副主席说："毛主席在一个最小的司令部里指挥了世界上最大的战役！"这是千真万确的。

北平和平解放后的一天，傅作义来到了西柏坡。我们知道，傅作义不听蒋介石的指挥，以人民利益为重，和平解决北平问题，使北平古城避免了一场战火的灾难，是为人民做了好事的，所以周副主席专程到石家庄机场去迎接他，并陪同来到西柏坡。下午，毛主席、朱总司令就乘中型吉普车前往后沟去会见傅作义。当时是2月，天气还很冷，毛主席穿着皮大衣，戴着皮帽子。车到后沟时，周副主席已陪傅作义等在门口。傅作义着装整齐，身体健壮，满面红光。还没等毛主席脱下大衣，他就急步向前，双手握住毛主席的手说："主席，我有罪！"毛主席高兴地说："谢谢你为人民做了一件大好事，人民是永远不会忘掉你的。"随后，他们一起走进会客室，进行了长时间亲切友好的谈话。最后傅作义送毛主席、朱总司令出来时还表示，要在共产党的领导下，把工作做好，在有生之年多做一些对人民和国家有益的事情，以弥补过去的过错。〔56〕

注　释

〔1〕阎长林：《胸中自有雄兵百万》，工人出版社1983年12月版，第265—269页。

〔2〕刘伯承：《千里跃进大别山》，载《伟大的历程——回忆战争年代的毛主席》，人民出版社1977年8月版，第291—302页。

〔3〕准备会议于1947年12月7日召开。——原注

〔4〕《毛泽东选集》（第2版）第4卷，第1243页。——原注

〔5〕《毛泽东选集》（第2版）第4卷，第1185页。——原注

〔6〕师哲：《在历史巨人身边》，中央文献出版社1991年12月版，第349—352页。

〔7〕师哲：《在历史巨人身边》，中央文献出版社1991年12月版，第363—367页。

〔8〕聂荣臻：《在城南庄和毛泽东同志相处的日子里》，载《难忘的回忆——怀念毛泽东同志》，中国青年出版社1985年1月版，第1—9页。

〔9〕李银桥：《在毛泽东身边十五年》，河北人民出版社1991年6月版，第73—79页。

〔10〕李银桥:《在毛泽东身边十五年》,河北人民出版社1991年6月版,第91—94页。

〔11〕《杨成武回忆录》,解放军出版社1990年8月版,第150—154页。

〔12〕1948年1月27日中央军委致粟裕电,1948年2月7日中央致华东局等电。——原注

〔13〕1948年5月14日陈毅、粟裕致刘伯承、邓小平电。——原注

〔14〕1948年5月9日中央军委致刘伯承、邓小平等电。——原注

〔15〕1948年5月21日周恩来在中直机关工作人员会议上的讲话。——原注

〔16〕1948年7月25日新华社社论:《把解放区的农业生产提高一步》。——原注

〔17〕1948年5月14日陈毅传达毛泽东关于时局与工作方针的报告。——原注

〔18〕1948年5月24日毛泽东致邓小平并备战略区电。——原注

〔19〕李明华:《部署夺取全国胜利的一次重要会议》,载《党的文献》1991年第5期,第84—90页。

〔20〕李银桥:《在毛泽东身边十五年》,河北人民出版社1991年6月版,第80—99页。

〔21〕陈恩惠:《一次重要的战略决策会议》,载《党的文献》1989年第5期,第12—15页。

〔22〕刘邓,指刘伯承、邓小平。——原注

〔23〕陈粟,指陈毅、粟裕。——原注

〔24〕徐,指徐向前。——原注

〔25〕许谭,指许世友、谭震林。——原注

〔26〕彭,指彭德怀。——原注

〔27〕德国、北朝鲜,指德意志民主共和国、朝鲜人民民主共和国。——原注

〔28〕《党的文献》1989年第5期,第3—7页。

〔29〕这是刘少奇1948年9月13日在中央政治局会议上的讲话,根据中央档案馆提供的记录整理稿发表,标题是编者加的。——原注

〔30〕指1927年11月9日至10日中共中央临时政治局在上海召开的扩大会议。——原注

〔31〕陈瑾昆(1887—1959),湖南常德人,法学家,1946年到延安,后任中共中央法律委员会委员、华北人民法院院长。——原注

〔32〕蒋、宋、孔、陈,即蒋介石、宋子文、孔祥熙、陈立夫、陈果

夫。——原注

〔33〕载《党的文献》1989年第5期，第7—11页。

〔34〕李银桥：《在毛泽东身边十五年》，河北人民出版社1991年6月版，第112—115页。

〔35〕周宏雁：《辽沈决战方针的确立》，载《党的文献》1989年第5期，第55—59页。

〔36〕李银桥：《在毛泽东身边十五年》，河北人民出版社1991年6月版，第115—116页。

〔37〕第二前线指挥所由冀察热辽军区和机关组成。第一和第二前线指挥所，是后来在8月间组建的东北第1兵团和第2兵团机关的前身。——原注

〔38〕今吉林省双辽县。——原注

〔39〕"101"是林彪的代号，罗荣桓的代号是"102"，刘亚楼的代号是"103"，谭政的代号是"104"。——原注

〔40〕1948年6月17日，华东野战军以两个纵队向开封发起攻击，激战至22日，攻克开封，歼敌3.9万人。蒋介石急调3个兵团和1个整编军分路进攻开封，解放军为保持主动，于6月26日撤出开封。之后，华东、中原野战军以6个纵队阻击援敌，以5个纵队围歼区寿年兵团共9万余人于睢县、杞县地区，生俘区寿年。——原注

〔41〕《毛泽东军事文选》（内部本），战士出版社1981年12月第1版，第476—477页。——原注

〔42〕《毛泽东军事文选》（内部本），战士出版社1981年12月第1版，第477—478页。——原注

〔43〕《毛泽东军事文选》（内部本），战士出版社1981年12月第1版，第480页。——原注

〔44〕《毛泽东军事文选》（内部本），战士出版社1981年12月第1版，第482—483页。——原注

〔45〕《蒋介石秘录》，广西人民出版社1989年1月第1版，第603页。——原注

〔46〕国民党另三支主力，整编74师1947年5月被歼于孟良崮，第5军和整编11师1948年底被歼于淮海战役。——原注

〔47〕《罗荣桓传》，当代中国出版社1991年12月版，第450—474页。

〔48〕《陈毅传》，当代中国出版社1991年8月版，第414—417页。

〔49〕楚青整理：《粟裕谈淮海战役》，载《党的文献》1989年第6期。

〔50〕三、广两纵，即华野第3纵队和两广纵队。——原注

〔51〕李达：《回顾淮海战役中的中原野战军》，中国人民解放军历史资料丛书编审委员会《淮海战役回忆史料》，解放军出版社1988年12月版。第1—17页。

〔52〕李银桥：《在毛泽东身边十五年》，河北人民出版社1991年6月版，第117页。

〔53〕李银桥：《在毛泽东身边十五年》，河北人民出版社1991年6月版，第118—119页。

〔54〕《聂荣臻回忆录》，解放军出版社1948年12月版，第692—706页。

〔55〕李银桥：《在毛泽东身边十五年》，河北人民出版社1991年6月版，第119—121页。

〔56〕阎长林：《为了建立新中国——回忆毛泽东同志进北京前后》，载《难忘的回忆——怀念毛泽东同志》，中国青年出版社1985年1月版，第34—36页。

四、将革命进行到底

会见米高扬

三大战役后，斯大林派米高扬来到西柏坡。毛泽东热情地接待了他，详细介绍了战争进展情况，以及筹建新中国的计划。

担任翻译工作的师哲回忆说：

会见米高扬是毛主席、党中央在西柏坡的一件大事。

1948年5月，斯大林致电毛泽东，准备派一位有威望的苏共中央政治局委员前来听取我方的意见。这位代表于1949年1月31日到达平山县西柏坡中共中央所在地，就是我们早已知其名的阿纳斯塔斯·伊凡诺维奇·米高扬。

…………

米高扬在西柏坡逗留了一周，住在后沟。当时朱老总也住在后沟。后沟和西柏坡有一山洞相连。米高扬同我党中央书记处的毛泽东、刘少奇、周恩来、朱德、任弼时五位同志一共会谈了三个整天，其余时间或是个人会晤、个别交谈，或是休息、游览。

米高扬一行于1949年31日午后1时许抵达西柏坡。毛主席在门口迎接了他们——米高扬和随员伊万·瓦西利基·柯瓦廖夫、叶夫根尼·尼古拉维奇·柯瓦廖夫两人及其警卫员。伊万·瓦西利基·柯瓦廖夫是苏联铁道部副部长，在我东北帮助铁路恢复工作；叶夫根尼·尼古拉维奇·柯瓦廖夫是研究中国问题的汉学家，担任米高扬的翻译，我们称他为小柯瓦廖夫。他们到达西柏坡后，毛主席在会客室接见了他们，并把他们介绍给其他几位书记。

首先，米高扬转达了斯大林和苏共中央全体政治局委员的问候，祝愿我们尽快取得胜利，彻底解放全中国，接着呈上斯大林赠送毛主席的礼品——一块毛料。

米高扬介绍了自己的来意，他说："中国革命形势发展迅猛异常，在这关键的时候，毛泽东不能离开指挥岗位；再者，中国境内交通不便，还要通过敌人的封锁线，也要考虑到安全问题；到苏联往返的时间太长，怕影响毛泽东同志的身体健康。因而，斯大林不主张毛泽东到苏联去。斯大林十分关心中国革命形势的发展，派我代表他到中国来听取你们的意见。你们所讲的话我回国后向斯大林汇报，任何事都由斯大林决定。"

然后，双方开始各自介绍本国的一般情况和世界各大洲的局势，并对国际形势的发展变化进行分析和估计，彼此交换了看法。

…………

第二天，双方举行正式会谈，主要是毛主席一人讲话。恩来、弼时偶尔插几句话，作些解释。主席一连谈了三个整天，即2月1日、2日、3日。主席说：

"到目前为止，中国革命发展较为迅速，军事进展也较快，可能用不了太多的时间，就是说，比过去我们预计的时间会要短些，就能过长江，并向南推进。估计渡过长江后，用不了多少时间，就可以攻克南京，占领上海等大城市和主要市镇。在江南拿下几个重要城镇后，就不会再遇到实力特别强的敌人了。

"我们军队的斗志是坚强的，士气是旺盛的。我们军队的主要特点是成分好、觉悟高，战士和指挥员都比较年轻，精力充沛，战斗力强，不仅能吃苦耐劳，而且善于发挥自己的特长、主动性和灵活性。只要指挥得当，在战略、策略和战术上都不犯重大错误，我们取得完全胜利是有把握的。

"我们的口号、政策都是符合广大人民群众利益和要求的，颇得人民的拥戴，全国工农群众和先进知识阶层是同我们站在一起的。知识阶层中的反动分子大多会跟着国民党走，或到台湾，或出国。对于我们，目前可以说是人心所向，民心所归，这是我们彻底打败蒋介石、国民党的有利条件和良好机会，'时乎，时乎，不再来！'这个时机不能失去。其实在1947年蒋军占领延安后，我们在陕北于10月就提出了'打到南京去，活捉蒋介石'的口号。后来还提出过'打过长江去，解放全中国！'这都是我们战略性的指导口号，而且将要在实际行动中逐步实现的。我们撤出延安时就说过，蒋军一打进边区来，我们就可以在蒋管区作战；他们占领延安，我们就可以进攻南京。我们对他们的办法是：针锋相对，寸土不让。

"现在我们还面临一些问题。

"第一，胜利后建立新政权的问题。它的性质、形式、组成、名义等的明确化，已提到日程上来了。这个问题，我党已思考过。

"首先，这个政权的性质简括地讲就是：在工农联盟基础上的人民民主专政，而究其实质就是无产阶级专政。不过对我们这个国家来说，称为人民民主专政更为合适，更为合情合理。

"其次，是它的组成、它的成员问题。我们认为，它必须是个联合政府。

名义上不这样叫，而实际上必须是联合政府。现在中国除共产党外，还有好几个民主党派，有的已同我们合作多年了。虽然他们的力量都不算强大，人数也不多，他们在工农群众中或武装力量中没有什么联系和影响，但他们在知识界、海外侨胞中有一定的影响。我们准备继续团结他们，给他们在政府部门的各个岗位上留下一定的位置，但国家政权的领导权是在中国共产党手里的。这是确定不移的，丝毫不能动摇的。

"这样的一种联合性质的政权，能合得来、能步调一致吗？这是一个实际问题，工作方法与制度问题。一方面，制度、秩序可以逐渐建立、完善、健全起来，工作方法也可在工作中逐渐协调和改进。工作中的矛盾、摩擦一定会有的，但也一定可以克服和改善。总之，将来政府的组成大概就是这样的，中国共产党是核心，是骨干。这样的新政权建立后，需要不断加强和扩展统战工作。

"第二，我们一取得胜利、国家一解放，接踵而来的任务就是恢复生产和经济建设。中国连年战争，经济遭到破坏，人民生活痛苦。战争一旦结束，我们不但要恢复生产，而且要建设崭新的、现代化的、强大的国民经济。这不是发出几个口号、几次号召，或作出几项决定就可以完成任务的，必须要有正确的政策。我们正在研究苏联所经历的两次（指十月革命成功后与二次世界大战后）经济恢复工作的经验，为的是参考和借鉴其中成功的、对我们有益的经验。

"今后对我们最严峻、最重大的考验是群众工作。这不只是发动、组织群众或发起某种运动的问题，我指的是组织、安排群众的生活、就业、教育等各方面的问题。中国五亿多人口，对他们的发动、组织、安排谈何容易。当前摆在我们面前的迫切任务是解决人民的衣食住问题和安排生产建设问题。

"国家建设这个课题对我们来说是生疏的，但是可以学会的。有苏联走过的道路可资借鉴，中国革命成功后的生产建设工作的进展可能会快些。因为中国的处境要比1917—1918年的苏联好些，敌人是无法围困我们的。

"人民群众拥有最强大、最可靠的战无不胜的雄厚力量。我们的工、青、妇组织在战争年代发挥了巨大的作用，在生产建设中也将会发挥更充分、更伟大的作用。目前，在全国范围内，群众还没有完全组织起来，这也是摆在我们面前的一项艰巨任务。至于现成的组织形式，工人阶级有职工代表大会；妇女有妇女联合会；而青年，这个几乎占全国近半数人口的群众，除青年团那样的组织形式外，恐怕还得建立发展其他类型的组织，如学生联合会或其他青年组织形式等。"

谈到这里，米高扬插话了，他说："成立几个不同的青年组织是否会分散甚至分裂青年层的力量？是否会引起青年工作中的矛盾和摩擦？为了便于对青年们的组织、安排和领导，是否只要一个共青团组织就行了？"

毛主席听了米高扬插话，不高兴地说："中国青年人口总数有1亿多，怎么可以用一个组织把他们圈起来？圈起来怎么做工作？对青年工作的形式和方法应该是恰当的、灵活的，自然，也要保证他们能发挥出自己应有的作用。"

米高扬急忙声明，他只是带耳朵来的，没有权力发表意见。自此以后，米高扬再也没有插过话，也没有提出过什么新的问题，而只是静听而已。

"第三，军队问题。目前我们的军事力量发展得较快，在不断取得战争胜利的条件下，这大概是合乎规律的。在目前，青年们踊跃参军，加上大批大批地收容和改造俘虏，部队力量的扩充很容易、很快。我军不但俘虏的人员很多，而且缴获的武器、物资也是不少的，现在的战争就是靠缴获的武器来进行的。

"目前解放军中的若干部分，主要是起义部队，须要大力改编改造。这是需要采取适当方式，在一定的时间内，经过逐步整理、调整、改造、改编等一系列工作程序来完成的，这需要花费数年的时间。

"此外，解放军本身也需要逐步改编、改造和现代化。将来中国无须维持过于庞大的军力，而应实行寓兵于民的方针。"

接着，谈了国际关系问题和中国对外政策的总方针问题。毛主席说：

"我们这个国家，如果形象地把它比作一个家庭来讲，它的屋内太脏了，柴草、垃圾、尘土、跳蚤、臭虫、虱子，什么都有。解放后，我们必须认真清理我们的屋子，从内到外，从各个角落以至于门窗缝里，把那些脏东西通通打扫一番，好好加以整顿。等屋内打扫清洁、干净，有了秩序，陈设好了，再请客人进来。我们的真正朋友可以早点儿进屋子来，也可以帮助我们做点清理工作，但别的客人得等一等，暂时还不能让他们进门。

"我想，打扫干净，陈设好了，再请客人进门，这也是一种礼貌，不好吗？我们的屋里本来就够脏的，因为帝国主义分子的铁蹄践踏过，而某些不客气、不讲礼貌的客人再有意地带些脏东西进来，那就不好办了。因为他们会说：'你们的屋子里本来就是脏的嘛，还抗议什么？'这样我们就无话可说啦。我想，朋友们走进我们的门，建立友好关系，这是正常的，也是需要的。如果他们又肯伸手援助我们，那岂不更好吗！关于这方面的问题，目前只能讲到这里。但我们知道，对我们探头探脑，想把他们的脚踏进我们屋子里的人是有的，不过我们暂时还不能理睬他们。至于帝国主义分子，他们抱着不可告人的目的，一方面想进来自己抓几把，同时也是为了搅浑水。浑水便于摸鱼。我们不欢迎这样的人进来。

"这样办，我们会不会遇到一些困难呢？会的，现在就遇到某些物资短缺的困难。例如，医药和医疗器材的短缺、铁路建筑器材的不足等等。可以设想，在恢复和生产建设过程中会遇到更多的困难，如技术的落后、物资的短缺等。目前，我们已经感觉到了这个问题的存在，一待江南得到解放，那就更会成为迫不及待要解决的问题了。恢复和建设工作，只能在大陆基本上解放后，才能作出全面的规划和安排。现在还只能是修修补补，同时工作的重点仍是为战争服务。

"目前，还有一半的领土尚未解放。大陆上的事情比较好办，把军队开去就行了。海岛上的事情就比较复杂，需要采取另一种较灵活的方式去解决，或者采用和平过渡的方式，这就要花较多的时间了。在这种情况下，急于解决香港、澳门的问题，也就没有多大意义了。相反，恐怕利用这两地的原来地位，特别是香港，对我们发展海外关系、进出口贸易更为有利些。总之，要看形势的发展再作最后决定。

"比较麻烦的有两处：台湾和西藏。其实，西藏问题也并不难解决，只是不能太快，不能过于鲁莽，因为：（1）交通困难，大军不便行动，给养供应麻烦也较多；（2）民族问题，尤其是受宗教控制的地区，解决它更需要时间，须要稳步前进，不应操之过急。

"台湾是中国的领土，这是无可争辩的。现在估计国民党的残余力量大概全要撤到那里去，以后同我们隔海相望，不相往来。那里还有一个美国问题，台湾实际上就在美帝国主义的保护下。这样，台湾问题比西藏问题更复杂，解决它更需要时间。

"我们的解放战争正在胜利声中向前发展，到目前为止，尚未遇到帝国主义的严重干涉和阻拦。小的冲突是有过好几次的，例如：在天津城外某地、山东青岛市附近都发生过冲突。那都是他们出来试探的，一遭到我方的抵制和打击，就龟缩回去了，接着就逃之夭夭，索性撤走了。在长江以南会遇到什么情况，还不知道。

"到现在为止的经验是：美军并不想直接卷入中国内战，只是间接干预，把军火、军用物资（第二次世界大战后剩余物资）大量供应给蒋军，指望这些饭桶发生作用。但这些可怜虫实现不了其美国主子的愿望，只能起运输队的作用。其他帝国主义目前是泥菩萨过河——自身难保，各自苟且偷安，保全自身，谁也不愿冒险，实际上也没有能力出来冒险。目前，我们面临的国际形势就是这样的，这也是有利于我们把解放战争进行到最后胜利的条件之一。这个形势，在往昔，中国是难以得到的。我们绝对不会放过这个机会。

"帝国主义同我们国家之间是有几笔大账要算的。第一是它们在我国的一切特权必须全部彻底废除。第二是它们欠我国的一切债务和款项必须偿还。第三是帝国主义的武装部队、警察等必须全部撤离中国。至于侨民居留问题，则按一般外侨居留办法和国际惯例来处理。帝国主义分子历来是看不起中国人的，对它们也得教训教训，使它们的头脑清醒过来。

"中国有大批侨胞留居世界各地，特别在东南亚各国、日本、美国都有相当数量的华侨，他们当中有相当数量的进步分子、爱国主义者，如陈嘉庚这样的人。他们不仅关心祖国的命运，而且在实际行动中也想给祖国作出自己的贡献。在这类人中间，我们党也享有一定的威望，今后要注意加强这方面的工作，并保护他们的利益。

"我们的国家和人民长期遭受内部和外部敌人的压迫、剥削、蹂躏、摧残，弄得十室九空，民不聊生，朝不保夕。各地区一经解放，首先出现的就是衣、食、住与工作问题。要在城市与交通要道上恢复生产与解决就业问题，同时还有一个救济问题。因为在目前条件下，失业不是职工自己造成的，而是由于厂矿停业停工的原因。在城市中的临时救济和安排，以维持职工及其家属的生活，就是一个大问题。在农村，由于战争，农业生产也遭到严重的破坏，缺吃少穿的人也是不少的。不过在农村，随着战争的向前推进和我们紧跟着进行土改和粮食调剂，使农民较易维持生活。要注意照顾的是参军入伍的战士、目前尚在前线作战的战士家属生活问题。对这方面的工作，我们的基层干部已积累了相当丰富的经验，由他们带头在新解放区工作，已是有相当成绩的。

"要注意的是土改工作不能同时在所有地区同样地展开。一是要随军事形势的发展而展开，二是要按地区、分阶段来进行。看来，大致要分几个阶段，用数年工夫来完成。先在黄河两岸、中原地区完成土改，再在长江两岸地区进行，然后要在华南及边远地区进行。因为这不仅要把群众发动起来、组织起来，使他们对这个问题有正确的理解，而且还要训练相当数量能掌握政策的干部来领导。不可以（即使在我们的政权领导下）用振臂一呼、万众皆起的方式做这件事，土改同时又是一项严肃的政治工作，所以必须把经济与政治这两方面的工作同时都做好。我们较老的干部在这方面有较丰富的经验，他们能够较好地完成任务。同时由他们带领、帮助和教育新的工作人员，对其加以训练培育，是可以顺利地完成土改工作任务的。"

在停会休息期间，米高扬给大家讲了他在十月革命后初期，1918年至1919年，号召农民进行土改的故事。他说："我读了列宁的土地纲领，十分兴奋，立即写了许多号召的标语和传单，散发张贴出去，以为这样就执行了政策，完成了任务。结果，一天、两天过去了，农民群众还是一动也不动。诧异之余，深入下去了解情况，我才弄明白本来是一件翻天覆地的革命创举，想要无组织、无领导地乱搞，各自为政来进行是不行的。后来还是由政府出面组织推行才完成。"

休息结束后，毛主席接着说：

"中国民族资产阶级是很软弱的，只有不多的几家像点样子，其余许多连中等资产阶级都够不上，更谈不上亿万富翁了。他们虽然属于剥削阶层，但同时也受外国资本的压迫和剥削，而且在政治上软弱无力，甚至受到压抑和排挤。我们对这部分人采取联合、利用、改造的方针，使其为祖国建设服务。这个政策他们是乐于接受的。我们利用了他们的积极性，也给了他们以施展才能的机会、参与国事的权利和应有的社会地位。为发展生产建设，应使人尽其才、物尽其用。总之，在恢复和发展生产中，必须发挥和利用民族资产阶级的积极性。对资产阶级分子的使用，也可能出现某些消极方面的现象，我们也应注意、防止和纠正。我们准备成立一个工商联组织，这可以把工商业方面的活动人物组织起来，其主要任务：一是使他们较有组织地发挥自己的积极性，二是使他们有监督地自我改造。这样，不仅使他们的思想可逐渐得到改造，也使他们的行为受到监督，不敢过于放肆地违法乱纪。

"中国是多民族的国家，有几十个民族，汉族人数最多。其他如蒙、回、藏、维吾尔等民族大多居住在边远地区，比起汉族来，都属于少数民族。人们习惯地把汉族人称中国人，但中国人并非只指汉族，居住在我国版图内的所有民族都是中国人。例如：今天称你们苏联人，这可以包括苏联所有各民族在内，但如果说你们都是俄罗斯人，显然就不对了。试看在座的三位：一个是亚美尼亚人（指米高扬），一个俄罗斯人（指伊万·柯瓦廖夫），一个犹太人（指叶夫根尼·柯瓦廖夫），三个人属于三个不同的民族，不是吗？在民族政策上主要是反对大汉族主义。在目前是这样。但从历史上讲，汉族也多次被异族奴役过、统治过，虽然汉族是个大族。总而言之，民族政策必须是端正的，民族压迫必须取缔，民族间的纠纷必须妥善排解。我们提倡民族互相团结、互相友爱、互相合作，共同建国。民族间出现某些摩擦或纠纷，甚至是矛盾或冲突是难免的，但是今天可以比较容易解决。目前主要的是防止和反对大汉族主义，同时也要反对地方民族主义，这两者是妨碍和破坏民族团结、共同发展的祸根子。我军向前发展，很快就要进入少数民族聚居的地区了。因此，关于民族问题将会在最近制定出一套相应的方针、政策。"

毛泽东还介绍了我党内的状况，其中谈到我党对犯错误干部的政策。如王明、李立三这些犯有路线错误，给党造成巨大损失的同志被选入中央委员会，这点给米高扬留下深刻的印象。1956年米高扬来华参加八大时，专门提到当他向斯大林汇报到这点时，斯大林没有表态。

一天晚上，七八点钟时，毛主席到米高扬的住处拜会他，在闲聊时讲了下面一段话：

"我们党在抗日战争与解放战争的各个阶段执行了独立自主、自力更生的方针政策。事实证明我们的方针政策是正确的，步骤是牢靠的，虽然遇到的困难不少，而且在前进的道路上将要遇到的坎坷不平或许还会更多。尽管如此，我们仍是充满信心，稳步地朝着我们的既定目标前进，不达胜利，誓不罢休。这是我们党的决心和信心，也是全国人民的决心和信心，这是绝对不可动摇的。

"我们认为我们的解放战争越胜利地向前发展，也就越需要更多的朋友，这里说的是真正的朋友，同时也更需要朋友对我们的同情和支持。朋友是有真朋友和假朋友之分的。真的朋友对我们是同情、支持和帮助的，是真心诚意的友好。假朋友是表面上的友好，他们口是心非或者还出些坏主意，使人上当受骗，然后他们幸灾乐祸。我们会警惕这点的。"

当时米高扬在注意地听，好似忐忑不安，对主席的话似乎觉得高深莫测，不明所以。他没有插话，也没有表态。

在和我的闲谈中，米高扬认为毛主席有远大的眼光、高明的策略，是很了不起的领袖人物。

米高扬离开西柏坡的前一天（2月6日）中午时分，毛主席又到米高扬的住处去了一次。这回完全是为了告别、送行，也是为了驱散前一段的某些窘迫或不和谐的气氛。他们泛泛地高谈阔论了一番，天上地下，不着边际，但双方都感到轻松愉快。[1]

师哲还回忆起发生在三大战役前夕的一件往事：

大约八九月间，我各解放区发动秋季攻势，准备在战争的第三年内完成歼敌128个旅（师）的任务。国民党处于大崩溃的前夕，美国人也想以李宗仁替代蒋介石，转而实施"和平"阴谋。

这时，我们收到苏方转来的一封信，这是国民党政府给苏联政府的一封信，其主要内容系国民政府请求苏联居中调解国共之争，要求首先停止内战。信中说，国共应立即停止内争，同心协力共商国是。国家连遭战祸，决不应再起内讧。当今应息事宁人，共同建国为重，决不可再次掀起内战，危害国计民生。其次，说兄弟阋墙，犹外御其侮。所以决不可同室操戈，致使两败俱伤。更令人痛心者，鹬蚌相争，使渔人得利。这样，对上有负于天，对下有愧于地，我们将成为中华民族的不肖子孙，亦将遗臭万年。况且我中国人民已处于水深火热之中，所以我们应立即消除私恨，相互联合，共商国是，解人民倒悬之苦，切不可继续内争，置生灵涂炭于不顾。如若此，既有愧于祖先，又对不起全国父老兄弟姊妹……信是用文言文写成后译成俄文的，仍然不失文言文风，可以听其痛哭，观其流涕。苏方只说"这封信是国民政府给苏联政府的，现将原信转给你们，供你们参考"，未作任何其他说明。

当时，五位书记都在一起，大家传阅后都没有表态，甚至也没有说什么话，只是恩来看完信后说了一句："一看这信，便知是王世杰的手笔，文绉绉的。"大家之所以没有发言，显然因为此信不值一提。事情也就这样过去了。

过了几个月的时间，米高扬于1949年1月底来到了西柏坡。他在这里逗留期间，始终没有人提到过有关苏联转来国民政府给苏方那封信的事情。如果那封信多少有值得注意的地方，或任何一方对它多少有点重视或感兴趣的话，那总是会提及的。看来，大家都早已把它遗忘了。

国民党政府之所以要给苏联政府写那封信，是由于我军部队已包围徐州一带的国民党部队，正在组织辽沈、淮海两大战役。为了稳住人心，甚至只是为了缓和一下形势，获得喘息之机，于是便以欺骗手段利用苏联，求其居中调解。即使无法达到停火，只要争取到缓息时间，以便策划新的阴谋，以应付局面，国民党政府认为这是对它们有利的。无奈，我们根本不买国民党的账，连理也不理。至于苏方如何向国民政府回答、解释，就不得而知了。

9月、10月间的一天午后，毛主席邀阿洛夫到他的住处来。他们在院中一棵大树下坐定后，主席向阿洛夫介绍了前方各主要战场的情况，谈了当时战争进展情况和各主要战场上的发展变化，以及今后进展的趋势。主席兴致勃勃地介绍了军事方面的重大收获，同时也指出还有某些难以预料的失误，等等。谈话正在展开中，阿洛夫为了安慰主席，急急忙忙地插了话，说："我们苏联有一句谚语——砍伐树木时，难免有木屑飞溅，就是说在胜利中也难免会有小的损失的意思。"但不知道为什么，阿洛夫的这两句话，反倒堵塞了主席的言路，使交谈冷场，以致无趣无味地结束了。

当时我想，如果是孙平，就不会像阿洛夫那样讲出如此扫兴的话，相反，他会设法引逗主席的谈兴。阿洛夫不像孙平那样虚心，那样虚怀若谷。他听不得别人的不同意见，因而我也无能为力。不然，他也许有可能、有机会聆听到主席对时局更多更有趣味的介绍。

10月25日，傅作义从保定派兵准备袭击石家庄，这个情报中央通过北平地下党很快掌握了。当时，我们在石家庄的兵力空虚，毛主席决定一方面命令部队火速赶到石家庄，另一方面在报纸上公布傅作义企图袭击石家庄的计划，指出我们严阵以待，使傅作义不敢贸然行动。但是，真正迫使傅作义退兵而不敢轻举妄动的，还是另外一着棋：毛主席命令东北野战军火速南下入关，11月2日攻下沈阳后，东北野战军由刘亚楼率领先入关，近逼、包围天津，威胁北京，傅作义慌了手脚，急忙收兵，坚守北京，自己住在中南海，有时住在钓鱼台。

傅作义声言要派骑兵袭击石家庄期间，毛主席命令在西柏坡作好转移准备。中直各机关因此很忙了一阵子，准备随时疏散和搬迁。但是，一切工作仍然照常进行。

东北野战军入关后，党中央采取"围而不打、隔而不围"的方针，同时与傅作义进行谈判，力争和平解放北平。同傅作义的谈判是艰苦的、曲折的。我军在新保安消灭傅作义的主力35军，堵死了傅西逃之路，又打下天津，特别是炮兵部队集结到北平周围之时，傅作义才明白大势已去，已到了山穷水尽的地步。党中央不失时机，经过多方努力，终于打消了傅作义的种种顾虑，使他接受了我方的条件，于1949年1月21日达成协议，和平解放了北平，保护了这座古城及城里的珍贵文物。这里自然有傅作义一份功劳。后来傅作义曾对我说："蒋介石和阎锡山都曾拉我的后腿，对蒋介石的纠缠，我只要摆脱就是了，也容易摆脱；而对阎锡山则不是摆脱，而是想拉他一起倒戈，一道转到解放军方面来。但阎锡山给我的最后回答是，他这一生已经嫁过四五次人了，时至今日，不想再'改嫁'了。他已死心了。"

1948年底，毛主席曾致电斯大林，介绍了当时中国国内形势以及同国民党谈判的问题。毛主席说："和平谈判我们一定要进行，但我们不同国民党政府谈判，我们只是分别同有实力的地方政府和部队的代表谈判，同他们或者是谈判停战，或者是谈判起义的条件，我们正在同北平的、军事力量雄厚的傅作义进行谈判，而且有希望得到和平解决。如果能和平解决，那么在华北就没有国民党的势力了。"

这里顺便提一下所谓南北朝的问题。

"南北朝"的提出是在1949年4月间我们已进入北京一个多月以后，国民党政府的谈判代表在北京谈判时，才提出所谓建立南北朝的问题。

我们的回答是："首先必须交出首要战犯（指蒋介石等），在和谈期间，人民解放军暂不渡过长江，但是和谈后，谈成了，解放军要渡江；谈不成，也要渡江。"毛主席给正在渡江南进的解放军部队赠了一首诗，其中两句是："宜将剩勇追穷寇，不可沽名学霸王。"表达了我们的决心。

南京政府得知我党的回答后则说："中共在谈判中的条件每次都在加码，逼人太甚！简直要我们跪下求饶。不干了！"这就是谈判的最后结局——破裂。

有人说，斯大林让我们搞"南北朝"，这是没有根据的说法。苏联人，包括斯大林，有几个人懂得"南北朝"这个词？既然他们连这个词都不懂，怎么会提出搞"南北朝"呢？

在平山县西柏坡共住了十个月。这期间，毛主席接见了许多民主人士和各地来的干部，并应各国共产党情报局机关刊物《争取持久和平，争取人民民主》之约，写了一篇纪念十月革命的文章，即《全世界革命力量团结起来，反对帝国主义的侵略》。

在这里，毛主席、党中央指挥人民解放军同国民党反动派进行了殊死的决斗，组织了辽沈、淮海、平津三大战略性战役，歼敌150余万，摧毁了国民党赖以维持其反动统治的军事力量，奠定了解放战争全面胜利的牢固基础。[2]

李银桥也是米高扬来访的见证人。他回忆说：

1949年1月31日，天亮之前，一架苏联军用飞机降落在河北省石家庄机场。苏共中央政治局委员米高扬和苏联在东北铁路局的格瓦洛夫，以及翻译格瓦廖夫、警卫员共四位客人走下飞机。他们是秘密来访，由师哲和汪东兴迎接，并一同前往西柏坡。

吉普车驶到毛泽东住的大院门口，毛泽东热情地迎上去："欢迎！欢迎！"

米高扬与毛泽东握手寒暄，然后在院子里洗了脸，走进毛泽东的办公室，坐下来喝茶休息。

朱德、周恩来、刘少奇、任弼时都来了。工作翻译是师哲，生活翻译是毛岸英。

米高扬说："斯大林同志讲，毛泽东同志和中共中央的其他领导同志在残酷的战争中，亲临前线指挥作战，两三年的时间打了这么多大胜仗，解放了大半个中国，真为你们的胜利高兴。向你们祝贺，向你们致敬。"

毛泽东笑着说："谢谢斯大林同志的关心，谢谢斯大林同志派你们来和我们一起研究我们的意见。"

米高扬说："我们是受斯大林同志委托，来听取中共中央和毛泽东同志意见的，回去向斯大林同志汇报。我们只带了两个耳朵来听，不参加讨论决定性的意见，希望中国同志们原谅。"

毛泽东说："我是想要到苏联去，同苏联同志谈谈，以便你们能很好地了解我们的情况。我等斯大林同志的答复，现在斯大林同志派你们到中国来听取意见，这样安排也很好。"

米高扬解释："斯大林同志很关心中国革命形势的发展。经过研究，认为中国人民解放战争正处在关键时刻，毛泽东同志不能离开指挥作战岗位。同时，中国境内交通不便，还要通过敌人的封锁线，往返苏联的时间会很长，不安全，恐怕影响毛泽东同志的身体健康。所以斯大林决定派我们来这里听取意见。"

就这样，中共中央的五大书记同斯大林派来的代表，在一周左右的时间里，举行了三次正式会谈。其间，毛泽东及其他中央书记，还分别到米高扬的住处探望过，米高扬也来看望过毛泽东。

会谈中，毛泽东反复重点地解释了中国革命的特点，强调中国有自己的国情，一切要从中国实际出发。毛泽东一再请米高扬转告斯大林，关于这一点希望兄弟党的同志们了解和支持，不必有什么疑虑。

米高扬委婉地表示，把没收来的地主和富农的土地又分给农民太可惜了，照马列主义的观点，集中起来搞集体农庄才好。

毛泽东又解释了中国的实际情况，强调了中国的农业经济是落后分散的自然经济，农民分到土地才会感到是真正翻身得到了解放，才会踊跃参军参战。中国人民的解放战争，就是因为有两百万农民参军、几百万农民支援前线，战争才取得今天的胜利，才有可能夺取最后的彻底胜利。

苏联方面又流露了"停止内战"，以长江为界与国民党南北分治的意向，担心再打下去美国会卷入。

毛泽东不容置疑地断然表示，一定要把革命进行到底。敌人不投降，就要命令人民解放军奋勇前进，坚决、彻底、干净、全部地歼灭中国境内一切敢于顽抗的国民党反动派。一定要解放全中国，保卫中国领土主权的完整。

毛泽东又阐述了他的关于"一切反动派都是纸老虎"的著名观点。举例说："我们攻打济南，已经进入青岛等地的美国第7舰队就没敢动。我们打天津，驻在塘沽的美国舰队没等我们打就逃跑了。请斯大林放心，如果他们和我们作战，我们会毫不客气地消灭他们。"

后来的历史证明，毛泽东和中国共产党制定的路线、方针、政策是正确的，得到了全国人民的拥护和支持。

在这一星期里，中共中央的五大书记招待米高扬一行喝过三次酒。

苏联人带来许多罐头食品，还有酒，拿出来摆了一桌子，挺洋气，挺花哨。米高扬穿戴也很好，圆领皮大衣，圆筒皮帽子，威风得很。中国共产党的五大书记都穿着没棱没角的旧棉军衣，毛泽东的衣袖上还赫然补了块补丁（因未去苏联，新衣也没做）。小山村的西柏坡能有什么高级食品？无非是自己养的猪和鸡，还有滹沱河里捕来的鱼，用鲜鱼做了红烧鱼、熘鱼片款待客人。

苏联人很能喝酒。米高扬用玻璃杯喝汾酒，就像喝凉水一样，大半杯子一口气就能灌下去。中共五大书记中，为首的毛泽东是沾酒脸就红，朱德有喉炎，不能喝酒，任弼时高血压严重，更不能喝，刘少奇只能用小盅喝一点白酒。周恩来算是中国人里能喝酒的了，却哪里敢与玻璃杯子端起来咕咚咕咚灌的米高扬比？饭桌上的气氛是愉快的。但是我想，毛泽东不喜欢看苏联人大出风头，哪怕是在喝酒的问题上。工夫不大，他就招呼盛饭："吃饭了，吃饭了，尝尝我们滹沱河里的鱼。"

米高扬夸赞地说："谁都说中国的饭菜好吃，我们就是不会做。将来中国革命胜利了，我们要派人来学习中国的菜肴，增加西餐的花样。"

毛泽东很高兴，笑着说："我相信，一个中药，一个中国菜，这将是中国对世界的两大贡献。"

苏联翻译指着红烧鱼问："这是新捞的活鱼吗？"

他们得到了肯定的答复，然后才吃。我估计大概与此有关，一年后毛泽东出访莫斯科，向随行的中餐厨师严格下令："你们只能给我做活鱼吃，他们要是送来死鱼，就给他们扔回去。"

果然，苏联人送鱼来了，是特别警卫队的一名上校带人送来的，是死鱼。厨师遵照毛泽东"扔回去"的命令，拒绝接收。这位上校慌了，语言又不通，忙从克里姆林宫找来了翻译。这才明白毛泽东只要活鱼，不收死鱼。

"我们马上逮一条活鱼来。"上校向中国客人郑重保证。

于是，克里姆林宫的大小人物都知道了，毛泽东吃鱼很讲究，不是活鱼他不吃。

其实毛泽东在国内时，死鱼剩鱼都吃，从不讲究，他只是讲究给苏联人看。到1957年我们随毛泽东第二次访苏时，莫斯科早早就准备好了活鲤鱼。据说赫鲁晓夫特意警告下边："毛泽东这个人难对付，他是不吃死鱼的。"[3]

"宜将剩勇追穷寇"

1949年3月5日至13日，毛泽东在西柏坡主持召开中共七届二中全会。这次全会最具有历史意义的决定，就是明确提出全党的工作重心从现在起由乡村转移到了城市。毛泽东在政治报告中，还提出了使中国由农业国变为工业国、由新民主主义社会转变为社会主义社会的宏伟纲领。他告诫全党，务必保持谦虚、谨慎、不骄、不躁的作风，警惕资产阶级"糖衣炮弹"的侵袭。这些都充分体现出毛泽东作为伟大战略家的预见性和非凡的洞察力。

李银桥回忆说：

1949年3月5日到13日，中共中央在西柏坡举行了七届二中全会。这次会议是在中国人民革命全国胜利的前夜召开的，是一次极其重要的会议。

会议开幕的那天，毛泽东作了一个重要报告。毛泽东在这个报告中，提出了促进革命迅速取得全国胜利和组织这个胜利的各项方针；说明了在全国胜利的局面下，党的工作重心必须由乡村转移到城市；规定了党在全国胜利后，在政治、经济、外交方面应当采取的基本政策，以及使中国由农业国转变为工业国、由新民主主义社会转变为社会主义社会的总任务和主要途径。

毛泽东在这个报告中，特别警告全党，全国革命胜利以后，资产阶级的"糖衣炮弹"将成为我们所面临的主要危险。他说："可能有这样一些共产党员，他们是不曾被拿枪的敌人征服过的，他们在这些敌人面前不愧英雄的称号；但是经不起人们用糖衣裹着的炮弹的攻击，他们在糖弹面前要打败仗。我们必须预防这种情况。夺取全国胜利，这只是万里长征走完了第一步。"

七届二中全会以后，西柏坡的中央机关便开始作进城的准备工作了。

有一天，毛泽东问我："银桥，要进城了，你准备得怎么样啊？"

"东西都收拾好了，随时可以行动。"我满有把握地回答。

"这里呢？"毛泽东指了指我的太阳穴，见我不解其意，便又说，"小心，不要中了资产阶级的糖衣炮弹，不要当李自成。"

我像听到警钟一样肃然了。

毛泽东十分重视李自成的教训，早在1944年，他就把郭沫若写的《甲申三百年祭》列为整风学习文件，要全党引以为鉴。

郭老的《甲申三百年祭》发表在1944年3月19日至22日的《新华日报》（重庆）上，是一篇史学论文。文中阐述的是明末李自成领导的农民起义军攻入北京后，部分首领腐化，内部发生宗派斗争，最后导致彻底失败的过程。

现在全国胜利在即，中央机关要进城了，而且恰恰也是进北京，所以毛泽东又想起了李自成的历史教训。

1949年3月23日凌晨3点，毛泽东才上床睡觉。

"9点以前叫我起床。"临睡前，毛泽东吩咐道。

可是，周恩来怕毛泽东休息不好，去北平的路上太疲劳，直到10点钟才让我叫醒毛泽东。

"让你们9点以前叫我，为什么现在才叫呢？"毛泽东醒来后有点不高兴了。当得知是周恩来的吩咐时，他也就不再说什么了。

要出发了，汽车马达已经轰鸣。

"今天是进京的日子，不睡觉也高兴啊。今天是进京赶考嘛，进京赶考去，精神不好怎么行呀？"毛泽东几句诙谐的话，把几个领导人都说笑了。

周恩来笑着说："我们应当都能考试及格，不要退回来。"

"退回来就失败了，我们决不当李自成，我们都希望考个好成绩。"毛泽东信心十足地上了汽车。

这是一支由十一辆小汽车、十辆卡车组成的车队，走在最前面的是带路的小吉普，第二辆是毛泽东乘坐的中吉普。

沿途都是土路，尘土很大，我们不得不让毛泽东戴上了眼镜、口罩，还披上了大衣。

车子进入华北大平原，大家的情绪活跃起来，毛泽东的话也多了起来。

"现在又是3月份，为什么老在3月份咱们有所行动呢？你们记得这几次行动的时间吗？你们说说。"毛泽东问我们。

"1947年3月18日撤离延安啊！"

"去年3月份呢？"

"去年3月22日，由陕西米脂县的杨家沟出发，向华北前进啊！"

"今天是3月23日，与去年3月22日只差一天，我们又出发向北平前进了。"毛泽东说，"三年三次大行动都是3月份，明年3月份应该解放全中国了。等全中国解放了，我们再也不搬家了。"最后一句，毛泽东说得特别认真，认真到带有几分稚气的程度，逗得全车人都笑了。[4]

毛泽东进驻北平，标志着一个以革命战争为中心任务的时代即将结束。然而，革命的任务仍很艰巨。蒋介石集团还凭借长江天险统治着中国的半壁江山，反动统治的象征——南京还在蒋氏的控制之下。同时，蒋介石又放出"和谈"烟幕，麻痹革命阵营的斗志，企图重整旗鼓，伺机东山再起。

毛泽东全局在胸，在1949年元旦献词中，响亮地提出"将革命进行到底"的口号。在进驻北平之后，他又在周恩来的协助下，展开了挫败蒋介石"和谈"阴谋的政治斗争。

李银桥回忆说：

入城仪式结束后，毛泽东乘车来到香山，住进双清别墅。

双清别墅地处香山西南的山坡上，据说当年孙中山住过这里。院子比较大，院内有一排坐北朝南的平房，房子高大漂亮，会客厅能坐二十多人。

院子里还有个泉水池，水池北边有一个六角形凉亭。池子南边，靠近山脚的地方，有个防空洞。这是在毛泽东到来之前，华北军区工兵部队特地来挖的。他们还在两个洞口分别刻上："毛主席万岁！" "朱总司令万岁！"

朱德、刘少奇、周恩来、任弼时等中央领导人都住在双清别墅北面的一个大院里。那个院子里房子多，所以住得也比较集中。两院之间只有二三百米距离，有一条石头铺的路相连，各种车辆都可以通行。

毛泽东在香山双清别墅集中精力抓了两件大事。

第一件大事，指挥人民解放军继续前进，打过长江，打到南京去，解放全中国。

当时，以张治中为首的国民党政府和平谈判代表团已经到了北平。毛泽东明确提出了谈判八项条件。国民党内主张和谈的人认为，可以承认这八条为谈判基础，但仍然讨价还价。幕后的蒋介石则加紧扩军，准备作战。

那段时间，毛泽东常常带着深沉的思考散步，他常常将他与首长们谈论的话题以及与民主人士讨论的问题拿出来问我。

一次，我跟在他身后散步，他忽然立住脚，回身望着我问："你敢相信蒋介石吗？"

"不相信！"我立刻回答。

"这就对了。"毛泽东点头，"这个人尽耍手腕，从来说话不算数！"

说罢，毛泽东继续散步，仍是带着深沉的思考。

毛泽东喜欢看京剧，不同时期喜欢点不同的戏看，那段时间，他喜欢看《霸王别姬》。看到西楚霸王项羽同他的虞姬生离死别一幕，毛泽东睫毛颤抖着，眼里湿漉漉的。回来路上，他对我说："不要学西楚霸王。我不要学，你也不要学，大家都不要学！"

他号召所有的领导干部都要看看《霸王别姬》。

还有一次，毛泽东睡不安稳，起来散步，眉头紧锁。我小心翼翼随在身后，走了很久，他用沉重的声音问我："有人劝我们不要打过长江去，你说要不要打过长江去？"

"要！到手的胜利哪能不要？对国民党蒋介石还有什么好客气的！"

毛泽东以手抚我后背，点头说："还是我们的战士聪明哟！"

4月20日，南京政府拒绝了中共的和平协定。4月21日，毛泽东主席、朱德总司令向中国人民解放军发布了向全国进军的命令。

4月22日下午，我服侍毛泽东起床。我军已经顺利渡江，毛泽东很高兴，边朝衣袖里伸胳膊边说："蒋介石想拖延时间，重整军队，卷土重来。他以为我们还是好欺骗呢，他可不知道我们也需要这段时间调动军队，修船造船呢。他在那边修防线，我们在这边架大炮，谁也没闲着。结果呢，他只落得个拖延时间、破坏和平协定的恶名，什么便宜也没沾上。我们利用夜色，利用炮火掩护，一下子就过去30万军队。他们的军队垮台了，我们的军队就要打到南京去了！"

捷报频传，毛泽东也睡得安稳。4月23日下午，毛泽东起床后，来到凉亭里看报纸，是《人民日报》关于人民解放军占领南京的号外。摄影师徐肖冰、侯波夫妇给毛泽东拍了一张照。毛泽东站起身，看到我们几名工作人员便走出凉亭说："解放南京了，不要我一个人高兴，大家都该高兴嘛！来，照相也要一起照。"

就这样，毛泽东又同我们这些工作人员合了一张影。

为纪念南京解放这一历史性的胜利，毛泽东于4月写出了那首著名的《七律·人民解放军占领南京》。[5]

1949年4月1日下午3时，以张治中为首的南京政府和平商谈代表团飞抵北平，揭开北平和谈的序幕。

毛泽东始终关注着和谈的进展，关注着这历史性的一幕。以下是南京政府首席代表张治中的机要秘书余湛邦的回忆：

1949年北平和谈时，张治中由南京飞到北平，毛泽东在香山双清别墅设宴接待。毛一见面就爽朗地说："1945年到重庆时，承你热情接待，感激得很呢！""你在重庆时用上好的酒席招待我，可是你到延安时，我只能以小米招待你，抱歉得很呢！"毛的话，热情而自然、亲切，是对待老朋友的态度。

从4月2日至7日，双方代表继续个别对话交换意见。在此基础上，毛泽东主席在香山分别会见了国民党的六位代表和秘书长，第一天，张治中；第二天，邵力子与章士钊；第三天，黄绍竑与刘斐；第四天，李蒸与卢郁文。事后张治中曾两次向我谈到他会见毛主席的情形。

毛泽东一见到张治中，就满面笑容地同他握手说："谢谢你1945年到重庆时的热情接待。"然后问到张的身体和家人可好。张治中告诉我，那天谈的话很多，他根据"和谈腹案"以及在溪口同蒋介石谈话的内容谈了一些意见，涉及以下几点：

1.关于战犯问题，张一再说蒋介石已经下台，一切交由李宗仁主持，并且明确表示愿意和平，愿意终老故乡，终身不担任国家职务，为了便于和谈进行，希望战犯问题不要写入和平协定条文。毛泽东表示可予考虑宽大处理。

2.关于组建联合政府问题，张提到重庆政协的政治民主化原则及当时达成协议的具体方案，如按此办理，国民政府当将权力移交给新政府。毛泽东表示：联合政府还不知何时成立，或许要两三个月都说不定。在这段时间，南京政府应当照常行使职权，不要散掉了，不要大家都跑了。

3.关于今后建设问题，张表示："国民党执政二十多年，没能遵循孙中山先生遗教进行建设，我们愧对国家人民。今后是你们执政了，你们怎样做，责任是重大的。"毛泽东说："今后，我们大家来做的，大家合作做的，当然最重要的是共同一致来结束战争，恢复和平，以利在全国范围开展伟大的生产建设，使国家人民稳定地进入富强康乐之境。"

末了，毛泽东问张治中对今后建国有何意见。张详细地阐述了他的关于外交政策上的美苏并重主张，大意是：

1.抗日战争胜利后，在国民党政权中占统治地位的是亲美派集团。他们一面倒地亲美、死硬反苏的错误外交政策，是一个致命的赌注，给国家民族带来严重的灾难，不仅危及国家民族的命运，而且影响到远东的和平。因此，我坚决反对一面倒地亲美，主张美苏并重，就是亲美也亲苏，不反苏也不反美，平时美苏并重，战时善意中立。概括地说，就是国共合作，美苏协调。实现国共团结以促成美苏协调，通过美苏协调以促成国共合作。中国在东方处在很好的地位，我们要善于利用这种地位来促进美苏在远东的合作关系，来保证远东和平，促进世界和平。

2.中国太大了，在未来国家建设中，光靠苏联不够，还得从美英等国去争取援助。光靠任何一个国家都不行。

3.现在世界交通日益发达，各国人民贸易往来，有无相通，是正常的事，我们要和所有国家做生意，而不能像清朝那样闭关自守，一律排斥外来的东西。

这里应该指出的是：张治中这种外交上平时美苏并重、战时善意中立，不愿因中国关系使美苏关系复杂拖美苏下水，并通过中国的缓冲，使美苏关系缓和，以促进远东和平以至世界和平的主张，是一种独立自主的外交主张。他主张外交上美苏并重，而不是政治上美苏并重。政治上美苏并重是一种中间路线，外交上美苏并重是一种策略，是为了达到政治上的目的而采取的一种策略，这中间是有显著区别的。

从4月1日至12日，是双方代表不断对话商谈的阶段，在这段时间里，还有三件比较重要的事。

第一件是李宗仁和毛泽东来往电报。李电4月8日发出，经张治中转送毛泽东，主要用意三点：（1）表示谦和的诚意，自称"排除万难，决心谋和"，"今日所冀，唯化干戈为玉帛，登斯民于衽席，耿耿此心，有如白水"。（2）关于战犯问题，"宗仁凛于战祸之残酷，苍生之憔悴，更鉴于人类历史演成之错误，因以虑及和谈困难之焦点，原秉已饥已溺之怀，更作进一步之表示：凡所谓历史错误足以妨碍和平为所谓战犯也者，虽有汤镬之刑，宗仁一身欣然受之而不辞"。一句话，希望取消八项和谈条件中的第一条。（3）针对八项条件的二至八条说："至立国大计，愿遵先总理之不朽遗嘱，与贵党携手，并与各民主人士共负努力建设新中国之使命。况复世界风云，日益诡谲，国共合作，尤为迫切。为彼此同守此义，其他问题自可迎刃而解。"一句话，如果国共合作，遵守孙中山遗教，一切问题都可不提。

毛泽东的复电，主要内容也是三项：（1）强调八项条件，"双方既然同意八项条件为谈判基础，则根据原则以求实现，自不难获得正确之解决。战犯问题，亦是如此"，这是原则性。（2）是灵活性，"总以是否有利于中国人民解放事业之推进，是否有利于以和平方法解决国内问题为标准，在此标准下，我们准备采取宽大的政策"。（3）建议"早日成立和平协定"。

从上述电文看，内容针锋相对，距离甚远，但并未关闭谈判大门。

第二件是国民党反动派继续为和平设置障碍。何应钦转来国民党中常会三次会议的要求："（1）双方军队立即停战，各守原防，静候整编。（2）国民党的外交政策符合独立自主、促进国际合作、维护世界和平的原则，不能改变。（3）中共应停止暴力行为，尊重人民的自由权利、生命财产。（4）政府之组织及其构成，应以能实行上述要求为条件。"从上述电文看，可以看出反动派昏聩无知，垂死挣扎，李宗仁、何应钦亦无力决定和谈条件。

第三件是张治中到北平后，综合各方情况，认为李宗仁虽别有用心，但确有求和之意，而蒋介石在溪口幕后操纵，则即使和平达成协议，李亦无法采取行动。蒋留在国内，终属和平的最大障碍，因此反复琢磨之后，给蒋去信，详细分析蒋介石出国的利弊，劝他下大决心，早日成行，勿作和谈的障碍。信由屈武带南京托由吴忠信转呈，蒋介石未予置理。[6]

毛泽东在香山还会见了第四野战军师以上干部，勉励他们打过长江去，解放全中国。

李天佑回忆说：

平津解放后，党中央的首长在北平西郊的香山，接见了我们第四野战军师以上干部。

毛主席来了。

刘少奇、周恩来、朱德、任弼时、林彪、董必武等中央首长都来了。

我们几百个干部坐在小礼堂里。

毛主席进来的时候，林彪司令员向全场发出口令："起立！"

毛主席满面春风，带着笑容，亲切地同前两排的同志一一握手。是他，英明地指挥着全国各个战场，在东北、华北、华东、中原、西北战场，都取得了伟大胜利！是他，正确地指出了中国的政治方向，使中国革命从胜利走向胜利！

刘亚楼陪同着中央首长，他走到毛主席跟前，恳求地说："主席，给我们讲讲话吧！"

话音未落，礼堂里响起了一片热烈的欢迎掌声。

毛主席微笑着说："大家要我讲，我就简单地讲几句吧！"

他说："在两年半的解放战争过程中，我们歼灭了国民党反动政府的主要力量和一切精锐师团……全部国民党反动统治机构即将土崩瓦解，归于消灭……"

毛主席强调说："你们丝毫也不应当松懈你们的战斗力……应该粉碎敌人的政治阴谋，把伟大的人民解放战争进行到底……"

毛主席还富有风趣地、意味深长地说："当年，曹操83万人马下江南。今天，我们200多万人马、三路大军下江南，一路陈粟大军，一路刘邓大军，一路林罗大军，浩浩荡荡，声势大得很，气魄大得很。同志们，下江南去！我们一定要赢得全国的胜利！"

毛主席的话鼓舞着每一个人的心，充沛的革命激情，沁入每个人的心里。

暴风雨一般的掌声，响彻礼堂。

夜里，我们驱车从香山回到北平城内。一盏盏的汽车灯光，划破了郊野的黑暗。

我们的道路并没有终结。我们只走了万里长征的第一步，艰苦、光荣的任务还在后边。

我们紧接着便开始了向江南进军，越黄河，跨长江，前进，前进，前进！……[7]

在新中国成立前后，毛泽东以很大精力领导了追歼残敌的作战。

当时任代总参谋长职务的聂荣臻元帅回忆说：

中华人民共和国成立的时候，蒋介石几百万大军已经被我们基本上消灭了，但在大陆各地和沿海岛屿上还残留约有150万军队和100多万武装土匪。很明显，解放战争的后期作战，任务还相当繁重。

歼灭这些蒋介石的残余武装力量，是各野战军在中央军委和毛泽东主席的指挥下，互相配合进行的。作为总参谋部，我们协助中央军委和毛泽东主席密切注意战争的进展情况，审定作战部署方案，传达作战意图，起着中间环节的作用。

1949年10月1日，中华人民共和国成立时，大陆国土上的相当一部分还没有掌握在我们手里。蒋介石军队仍然控制着广东、广西、四川、贵州、云南、西康诸省的全部地区或大部地区。在陕西、湖南、湖北三省，他们也控制着相当大的一部分地区。从军事上来讲，他们还保持着白崇禧、胡宗南两股主力。

广州解放前夕，蒋介石"迁都"重庆，妄图凭借西南一隅，作最后顽抗。

为了解放全部国土，朱德总司令在开国大典上宣读了人民解放军总部命令，要求全军指战员迅速肃清蒋介石残余武装。接着，毛泽东在军委会议上进一步肯定了用战略迂回包围的措施，来解决西南、华南的敌人。此后解放西南、华南的作战进程，再一次证明了毛泽东杰出的军事指挥才能，和我军广大指战员的大无畏精神。

当时蒋介石的部署是：以胡宗南主力30多万人扼守秦岭及其以南地区，以抗拒我军由北部进入四川，他把我军由北部进攻四川，看作是主要方向；以宋希濂集团10多万人部署在川鄂边地区，以保障四川的东部和南部免受我军威胁。白崇禧主力则部署在湖南衡阳到宝庆（即邵阳）一线，意在阻止我军向广西等地进军。此外，在广州方向有余汉谋的几万军队。以上胡宗南、宋希濂、白崇禧、余汉谋各部，还有一些杂牌部队，大体上处在由西北到东南横贯川鄂湘桂粤五省的一条轴线上，总兵力120多万人，以确保四川为中心目标，妄图遥相呼应，凭借这些地区崇山峻岭的险阻地形，与我们作最后的抗争。

毛泽东给我各野战军确定的作战任务是，以第一野战军的一个军和原华北野战军第18兵团（此时已隶属第一野战军）向秦岭地区挺进，先实施佯攻，造成使蒋介石确信我军要在北部入川的错觉，拖住胡宗南主力，待南边战略包围态势完成后再向四川腹地进攻；以第二和第四野战军交叉配合，向华南和云、贵地区进攻，完成对全部敌人的战略包围，其中以第4、第5兵团在突破敌人防线后分别直插昆明、贵阳，堵死四川之敌南逃国外的退路。这就是毛泽东对白崇禧和四川敌人采取大迂回，直插敌后，先完成包围，然后再歼灭敌人的战略部署。

…………

从中华人民共和国成立，到1950年6月，我军共歼灭蒋介石正规军130多万，加上消灭的武装土匪，共歼敌190多万，解放了大陆全部国土。[8]

陈赓大将在《在祖国南部边疆的三次追歼战》一文中回忆说：

1949年冬至1950年初，中国人民解放军第二野战军第四兵团，在第四野战军的指挥下，配合第四野战军主力进行了广东作战、广西作战，然后归还2野建制，又进行了滇南作战。在这三次作战中，第四兵团部队都曾以长距离的追歼作战，配合兄弟部队歼灭了敌人。

记述这三次长距离追歼战的情况，必须首先说明党中央、毛主席为歼灭华南、西南的敌人所确定的作战方针和作战计划。

1949年五六月间，中国人民解放军不仅已经夺取了国民党统治的都城南京，并且已经解放了上海、杭州、南昌、武汉、西安等主要城市。我党中央一方面筹备召开新的政治协商会议，将要成立中华人民共和国；一方面指示第一、第二、第三、第四野战军，在1949年下半年，继续向西北、西南、东南、华南进军，全部歼灭祖国大陆上的国民党残余军队。

当时在祖国大陆上的国民党残余军队，绝大部分在华南和西南。据守广东的是余汉谋集团，据守湖南、广西的是白崇禧集团，据守西南的是胡宗南集团和川、云、贵等省的地方军阀。这几个集团的军队总数还在100万以上，并且互相勾结，组织所谓湘粤联防和西南防线，企图建都广州、重庆，进行顽抗。

必须迅速地歼灭这些残余的敌人。但是怎样去歼灭这些敌人呢？毛主席在进军的指示中指出，必须采取大迂回动作，插至敌后，先完成包围，然后再回打之方针。对西南的作战，又强调指出："非从南面进军，断其退路不可。"这是一个大迂回、大包围、大歼灭的作战方针，是一个极为英明的决策。这个方针，和那种赶着敌人、放走敌人，使敌人逃至海外或云贵地区得以负隅顽抗的办法完全不同。因为，这些残余的敌人虽然还有100万以上，但是，整个国民党的统治已经土崩瓦解，他们是抵抗不了强大的人民解放军的进攻的；在强大的人民解放军的进攻下，他们很可能逃往海南岛或云贵；这样，就会增加以后解放海南岛和云贵地区的困难。采取大迂回的作战方针，先切断敌人的逃路，才能全部彻底地消灭这些敌人，免遗后患。

怎样来实现这个作战方针呢？毛主席还精心规划了整个作战计划。根据我们当时接到的一些电报来看，毛主席所规划的这个作战计划的概要是：首先以第二野战军第四兵团和第四野战军第十五兵团等部，由江西入广东，争取于10月下半月占领广州，歼灭敌余汉谋集团。然后，在11月，第四兵团由广东进入广西南部，迂回白崇禧集团的右侧背，第四野战军主力则进至柳州、桂林地区，形成对白崇禧集团的大包围；同时，第二野战军主力进入贵州，占领贵阳，既切断白崇禧集团和胡宗南集团的联系，防止两敌逃入云贵，又和在陕南的十八兵团形成对胡宗南集团的大包围。最后，在12月，第四野战军的主力在第四兵团的配合下，歼灭白崇禧集团；第二野战军主力由贵州迂回川南，在第十八兵团的配合下，歼灭胡宗南集团；而第四兵团则在歼灭白崇禧集团以后，再由广西进军云南，解放云南。

毛主席所规划的这个作战计划，是一个非常英明的、周密的大迂回、大包围、大歼灭的作战计划，以后战争的发展完全是按照这个计划的顺序、时间和预想进行的。

…………

第四兵团执行党中央、毛主席确定的大迂回的作战任务，经过广东作战、广西作战、滇南作战，胜利结束。有的同志曾作了粗略的统计，从1949年10月初到1950年2月初，在四个月中，部队行程约8000里，歼敌总数约15万人，俘虏敌人的将校级军官即达1000人以上。这是我们在解放战争后期所取得的重大胜利。

毛主席在解放战争后期为歼灭华南、西南的敌人所确定的大迂回、大包围、大歼灭的作战方针和作战计划是非常英明的。第四兵团的行动只不过是执行这个方针和计划的一个较小的部分，但是从这个较小的部分中也已经显示了这个方针和计划的伟大。如果不是采取这个方针，就不可能这样迅速地歼灭敌人。如果余汉谋集团的主力、白崇禧集团的主力逃到海南岛，就会大大地增加解放海南岛的困难；如果白崇禧集团或胡宗南集团逃入云南，也会大大增加解放云南的困难；就是滇南的敌26军、第8军，如果大部跑到台湾或国外，也会造成许多不利影响。毛主席的大迂回、大包围、大歼灭的作战方针和作战计划，使得这些敌人被歼在大陆，这是人民解放战争后期的伟大胜利。我们由于在江西出动前，进行了深入的政治动员，以后又不断地传达了毛主席的指示，鼓舞部队，胜利的实践也有力地进行着教育，因此，指战员在作战过程中越来越认识到毛主席这个方针的伟大意义，而随着这种认识的加深，也就越来越发扬了顽强奋战的精神，取得了胜利。从这里，我们又一次地体会到贯彻党中央、毛主席的方针的重大意义。这是发动群众的积极性的源泉，这是胜利的源泉。[9]

解放海南岛，是人民解放军跨海作战的第一个成功范例。参与战役指挥的韩先楚上将回忆说：

1949年12月，两广战役胜利结束，中南地区大陆全部解放，我们正准备北上整训，忽然接到毛主席发来的命令：准备解放琼崖。毛主席特别指示我们，要在春夏之交解决海南岛问题。当时，毛主席正在国外访问，但他仍然关心着祖国解放战争的彻底胜利，关怀着祖国的一山一水，惦记着处在水深火热之中的300万海南同胞，使我们受到深刻的教育和极大的鼓舞。

海南岛是南中国的门户，战略地位十分重要。龟缩到台湾的蒋匪帮妄图以舟山、金门、万山、海南诸岛互为犄角，构成一道防卫台湾的海上屏障，作为"反攻大陆"的跳板。蒋介石任命薛岳为"海南防御总司令"，纠集残敌约十万人，仗着五十多艘军舰、三十多架飞机，加紧巩固其所谓陆海空立体防御，不断派军舰到大陆沿海骚扰破坏，派飞机窜入广州、武汉等地狂轰滥炸，严重地威胁着中国南部的安全。

毛主席发出及早解放海南岛的命令，这是一个英明的战略决策。早日发起海南战役，可以乘敌立足未稳，打烂其妄图赖以"反攻大陆"的海上部署，确保我国南方的安全。这对于巩固国防，保卫新生的红色政权，医治战争创伤，恢复国民经济，具有十分重大的意义。相反，如不及早解放海南，给敌人以喘息之机，敌人必进一步加强防御，加紧对我琼崖纵队的"清剿"，甚至还可能勾结其主子——美帝国主义插手海南，招致无穷后患。[10]

揭开崭新的时代

早在三大战役开始之前，1948年4月30日，中共中央在五一口号中，就提出迅速召开政治协商会议的号召。进入北平后，毛泽东立即抓紧时间，同民主人士认真磋商筹备召开新政协，筹建新中国。1949年6月15日，新政治协商会议筹备会举行首次会议，创建新中国的具体准备工作正式开始。

李银桥回忆说：

这期间，毛泽东抓的一件大事就是约会各民主党派和人民团体的领导人，约会无党派知名人士，讨论召开新的政治协商会议，建立中央人民政府。

毛泽东在周恩来陪同下，进城看望过张澜、李济深、沈钧儒、郭沫若和陈叔通等。

以后，毛泽东又在双清别墅接待过张澜、李济深、沈钧儒、陈叔通、何香凝、马叙伦、柳亚子等民主人士。

毛泽东对党内的同志是不拘礼节的，但是对这些民主人士十分亲切有礼，每次都是走出屋门在院子里等候，汽车一到便亲自走到汽车跟前，搀扶他们下车、上台阶。当时，这些民主革命的老前辈见到毛泽东，都习惯做一个动作，竖起大拇指，轻轻晃动着，夸奖毛泽东。那时听到的最多的话是"真伟大""最伟大的人物""真了不起""打遍全国无敌手的军事家""我们都是经历过几个朝代的人，没有哪一个朝代的人能跟毛泽东比"……

那时，毛泽东对这些夸奖的话总是表现出不安和谦虚。他曾对李济深说："我们都是老朋友了，互相都了解，不要多夸奖，那样就不好相处了。"有一位知名人士是毛泽东的同乡，散步时追着毛泽东竖大拇指，侧仰着脸望着毛泽东说："毛主席呀，你真伟大啊，真伟大！"毛泽东皱起眉头拂了一下手："不要这个样子，我们是私交，这个样子不好嘛。"

毛泽东接见张澜之前，吩咐我："张澜先生为中国人民的解放事业作了不少贡献，在民主人士当中享有很高威望，我们要尊重老先生，你帮我找件好些的衣服换换。"

我在毛泽东的"存货"里翻了又翻，选了又选，竟挑不出一件不破或者没有补丁的衣服，这就是毛泽东进京时的全部家当——没有一件像样的新衣服。因为他说过进京赶考的话，我便诉苦："主席，咱们真是穷秀才进京赶考了，一件好衣服都没有。"

毛泽东说："历来纨绔子弟考不出好成绩。安贫者能成事，嚼得菜根百事可做，我们会考出好成绩！"

我说："现在做衣服也来不及了，要不先找人借一件穿？"

"不要借了，补丁不要紧，整齐干净就行。张老先生是贤达之士，不会怪我们的。"

这样，毛泽东只好穿了补丁衣服见张澜，此后又穿这件衣服见了许多民主人士。看到客人们穿得都很好，唯独毛泽东是旧衣服，我心里很不是滋味。我们共产党打了天下，共产党的主席竟连一件没有补丁的衣服都没有……

不过，我相信毛泽东的话："我们会考出好成绩！"

在筹建中央人民政府的过程中，有一件事要特别提到的，就是毛泽东邀请宋庆龄北上共商国家大事。

1949年4月，邓颖超受党中央的委托，携带毛泽东的亲笔信和廖梦醒一道，专程赶到上海，邀请宋庆龄参加中国人民政治协商会议。

毛泽东在信中满怀激情地告诉宋庆龄："兹者全国革命胜利在即，建设大计，亟待商筹。"并诚挚恳切地说，"特派邓颖超同志趋前致候，专程欢迎先生北上，敬希命驾莅平，以便就近请教，至祈勿却为盼！"字里行间洋溢着对宋庆龄的敬佩、信任和期待。

这封信给宋庆龄带来莫大的喜悦和鼓舞。她不顾身体不适，欣然同意北上，到北平来参加中国人民政治协商会议。8月28日，当宋庆龄在邓颖超、廖梦醒的陪同下抵达北平时，毛泽东、朱德、周恩来、刘少奇等党中央领导人早已在前门车站站台上迎候她。当晚，毛泽东设宴为宋庆龄洗尘，热烈欢迎她前来共商国家大事。毛泽东的信任和热忱，使宋庆龄深为感动。

毛泽东是很尊敬宋庆龄的，以后他到上海视察时，曾亲自到宋庆龄家里探望她。

宋庆龄也非常关心毛泽东等领导同志的健康，每次从上海来到北京都要亲自问候，并送些礼品。毛泽东有躺靠床栏办公的习惯，宋庆龄送给毛泽东一个长枕头，很大，花布条，没套子，很软和，像是鸭绒的，由宋庆龄的卫士长隋学芳交给我。毛泽东习惯了荞麦皮枕头，享受不了鸭绒枕头，摆了一段时间便收入储藏室了。

宋庆龄每年都要给毛泽东寄贺年片。1956年元旦，毛泽东收到了宋庆龄寄来的贺年片，十分高兴，提笔给宋庆龄写了一封既生动有趣又热情洋溢的信。在信中，毛泽东亲切地称宋庆龄为"亲爱的大姐"，对她送来贺年片深表感谢。接着，毛泽东以幽默的口吻，关心而风趣地写道："你好吗？睡眠尚好吧。我仍如旧，十分能吃，七分能睡。最近几年大概还不至于要见上帝，然而甚矣吾衰矣。望你好生保养身体。"短短数语，表达了毛泽东的革命乐观主义精神和对战友的诚挚情意。

搬到双清别墅住不久，毛泽东便开始进城办公了。作为临时休息的地方，毛泽东、周恩来到中南海的菊香书屋。

北平解放后，住进菊香书屋的第一位中共领导人是林伯渠。当时，林伯渠住在北屋，毛泽东和周恩来就在东屋和南屋里临时休息。

临时进城主要是会见民主党派和人民团体的负责人，召开一些小型座谈会，地点是在颐年堂，座谈的中心仍旧是广泛听取各界对召开新政协的意见。

毛泽东一般在下午进城，晚上12点多钟再返回香山住处。

为减少路途中来往的时间，7月份，毛泽东从香山搬到中南海，住进了丰泽园里面的菊香书屋。

林伯渠从这座古老的四合院里搬出去了。

这是一个四方形的四合院，四面各有三间。北房三间，正中一间是门厅。江青就住在西头一间屋里，毛泽东住在东头一间。北房高大，跨度大，很宽敞。在毛泽东住的那间房里，放一张大木板床、一套沙发、一张写字台和一些书架。这间屋里后来虽有一些调整，但基本格局变化不大。现在中南海毛泽东故居保持了原样，只是西头那间屋，后来改作藏书室了。

东房三间，中间一间是门厅。毛泽东在这里吃饭，也是他全家的餐厅，毛泽东及来宾的衣服也挂在这里。靠北头的一间是办公室，书记处的五大书记经常在这里开会。靠南头的一间，是毛泽东的会客室。

南房三间，正中是穿堂，其余分别是毛岸青、李敏、李讷住的地方。

西房三间，正中一间是穿堂过道，也是当时从菊香书屋院里外出的主要通道。西房的南头那间，是江青的会客室，后来改为乒乓球室。北头那间，是毛泽东的书房。

菊香书屋四面房子形成一个封闭的小院。院内南北、东西两条小路交叉成十字形，把草坪对称分开，整个草坪又构成一个田字形状。几株百年松树，又使院里添了几分幽雅。夏天，五大书记常在树下开会。

1949年6月5日下午，新的政治协商会议的筹备会议，在中南海勤政殿的大厅里开幕了。

勤政殿是一座古老的建筑，听说，这是过去的皇帝处理朝政和休息的地方。它的规模很大，进了大门，通过一个小院子，就到了过厅。这个过厅约有50米长、10米宽，是木板地，中间铺的是地毯，两边摆了许多名贵的鲜花、古物和工艺品。大厅有两三层楼高，是中南海里的最高建筑，在北海公园、景山公园里都可以看到它。大厅里摆着一排一排的条桌和软椅。四周的大、中、小型会议室、宴会厅、卫生间也很配套。所以，新的政协的筹备会就选在这里举行。

那天，毛泽东穿了一身新做的灰蓝布衣服，手里拿着文件袋，走出菊香书屋院北门，来到了勤政殿。

毛泽东走进大厅，会场里的全体代表起立，热烈鼓掌。毛泽东在主席台前向大家招手、鼓掌，他先在中国共产党代表团的席位上坐下，大会通过主席团人选之后，毛泽东等会议领导人走上主席台入座。随后，会议秘书长林伯渠就请毛泽东讲话。

毛泽东在热烈的掌声中走到了麦克风前，他微笑着向大家招手致意。

毛泽东高兴地说："我们的新政治协商会议的筹备会今天开幕了。这个筹备会议的任务就是：完成各项必要的准备工作，迅速召开新的政治协商会议，成立民主联合政府，以便领导全国人民，以最快的速度肃清国民党反动派的残余力量，统一全中国，有系统和有步骤地在全国范围内进行政治的、经济的、文化的和国防的建设工作。全国人民希望我们这样做，我们就应当这样做。"

讲到这里，会场里响起了经久不息的热烈掌声。

毛泽东在讲话中还说："全国人民拥护自己的人民解放军，取得了战争的胜利。这一次伟大的人民解放战争，是从1946年7月开始，到现在，业已3年多了。这一次战争是由国民党反动派在获得外国帝国主义的援助之下发动的，国民党反动派背信弃义，撕毁了1946年1月停战协定和政治协商会议决议，发动了这一次反人民的国内战争。可是，仅仅三年时间，即被英勇的人民解放军所打败。不久前，在国民党和平阴谋被揭穿以后，人民解放军已奋勇前进，横渡长江。国民党反动派的都城南京，已被夺取，上海、杭州、南昌、武汉、西安，已被解放。现在，人民解放军的各路野战军，正向南方和西北各省，举行着自有中国历史以来未曾有过的大进军。三个年头中，人民解放军共已消灭反动派的国民党军队559万人。截至目前，残余的国民党军，包括它的正规部队、非正规部队和后方军事机关学校在内，只有150万人左右了。肃清这一部分残余敌军，还需要一些时间，但已为期不远了。"

全场又是一阵热烈的掌声。

毛泽东最后说："中国人民将会看见，中国的命运一经操在人民自己的手里，中国就将如太阳升起在东方那样，以自己的辉煌光焰普照大地，迅速地荡涤反动政府留下来的污泥浊水，治好战争的创伤，建设起一个崭新的、强盛的、名副其实的人民共和国。"

毛泽东讲完了话，全体代表起立，以热烈的掌声向毛泽东表示敬意。

为了庆祝大会的胜利召开，当晚，全体代表在宴会厅会餐。吃的饭菜，都是北京饭店送来的。毛泽东高举酒杯，向全体代表敬酒，祝大会成功。他还特意走到几位老人跟前，向他们敬酒。

筹备会议从6月15日至19日，一共开了五天。会议通过了《新政治协商会议筹备会组织条例》和《关于参加新政治协商会议的单位及其代表名额的规定》，选出了以毛泽东为首的常务委员会。

连日来，毛泽东的心情特别好。

1949年9月，中国人民政治协商会议举行第一届全体会议，代行全国人民代表大会的职权，制定了《中国人民政治协商会议共同纲领》，选举了以毛泽东为首的中央人民政府委员会，宣告了中华人民共和国的成立。[11]

在筹备召开新政协的过程中，毛泽东还以各种方式广泛接触民主人士和各界人士，同他们结下了深厚的友谊。

李银桥回忆说：

1949年4月里的一天，戏剧界组织晚会，欢迎毛泽东及中共中央迁来北平。

"几点钟出发？"毛泽东问道。

"路不好走，在路上估计需要一个小时，我们6点半出发，就可以按时到达。"我答道。

毛泽东慢慢地踱着步子，若有所思地说："看戏也是工作啊。梅兰芳这位戏剧界的名人可不简单哪，日本帝国主义侵略中国以后，他就留须隐居，再也不演戏了。他不顾日本侵略者和国民党反动派的威逼利诱，罢歌罢舞。这位艺术家的民族气节是多么可贵啊！我们今天去看梅兰芳的演出，就是提倡这种民族感、正义感，号召人们向他学习。"

毛泽东乘车来到长安大戏院，朱德、周恩来、刘少奇、任弼时等领导人已经到了。毛泽东被安排在二楼正中间的一个包厢里，现在，环境已不允许他再当普通观众了。

这天晚上的压轴戏是梅兰芳的《霸王别姬》。梅兰芳一出场，台下就报以热烈的掌声。

五十四岁的梅兰芳演的是虞姬，刘连荣演霸王项羽。两人都是京剧界名流，唱做俱佳，不断赢得观众的喝彩。

演出结束时，梅兰芳和全体演员出来谢幕，全场一阵暴风雨般的热烈掌声，毛泽东也使劲儿地鼓掌。

"是啊，这真是一次高水平的艺术表演！这些人都是新中国的戏剧家，在政治上将要有地位了，将要受人尊敬了。"毛泽东满怀信心地说，"新中国成立以后，肯定我国的戏剧能很好地发展起来，能够在新中国的建设中发挥更大作用。"

回到双清别墅大院时，毛泽东说："我再告诉你们一个好消息，明天晚上还在长安戏院看程砚秋先生演戏。"

接着，毛泽东又把程砚秋介绍了一番："他和梅兰芳先生一样，都是京剧界名流，他也是在抗日战争中隐居农村不给敌人演出。像这样有名望的艺人，我们不仅是看他的艺术表演，更重要的是尊敬他的民族气节和正义感，号召人们向他们学习。"

第二天晚饭后，又是6点半从香山乘车出发。

这天晚上，毛泽东还是坐在二楼正中的那个包厢里。

第一出演的是《法门寺》。程砚秋演的《荒山泪》，放在最后作压轴戏。整个演出过程中，毛泽东特别高兴，他跟观众一起，经常鼓掌，看到高兴处，也笑出声来。程砚秋演出时，他还不时地夸赞。

在参加了长安大戏院的京剧晚会之后，没过几天，叶剑英和彭真同志又为中央领导人安排了一场文艺晚会。他们希望借这个机会，让毛泽东和市委、市政府的工作人员见见面。

晚会在东交民巷的市委机关礼堂举行。最精彩的节目是侯宝林和郭启儒合说的相声《婚姻与迷信》。他们二人往台上一站，观众们就鼓起掌来。侯宝林的逗哏，逗得全场哈哈大笑，毛泽东也是笑声不断，薄一波笑声最大。

"侯宝林是个人才，是个语言研究家。"毛泽东边看边称赞。

彭真接上说："侯宝林学艺很刻苦，在这一方面很有研究，这真是行行出状元，他也是这一行的状元了。"

毛泽东点头表示赞成，又接着说："这一行很好，能促使人们欢乐，能促使人们从反面中吸取教训，能促使人们鼓起革命的精神，做好工作……"

演出结束后，毛泽东等领导人还与侯宝林握了手，盛赞他的表演。

以后，侯宝林曾多次到中南海去说相声，常常逗得毛泽东发笑。

1949年5月1日，毛泽东约柳亚子同游颐和园。当毛泽东乘坐的汽车来到颐和园东门时，柳亚子已在那里等候。

毛泽东一下汽车，就走到柳亚子面前，两人高兴地握手。

当时，百万雄师冲破长江天堑，解放了国民党政府的首府南京，人们正为此而兴奋，欢欣鼓舞。

"共产党伟大！毛主席伟大！人民解放军伟大！"柳亚子半举着拳头，兴奋地说。

"人民伟大，包括你，也包括我。"毛泽东立即接上。

两人边交谈着，边朝颐和园里走去。

看过大戏楼，游了谐趣园，又爬坡至益寿堂。

在益寿堂喝茶休息后，毛泽东提议说："咱们今天都很高兴，走，游园去。"

"好，游园去。"

从益寿堂下来，直接进入了长廊。

柳亚子感叹："慈禧太后腐败无能，屈服于帝国主义的压力，签订了许多不平等的条约，给中国人民带来了极大的痛苦和灾难。她把中国人民的血汗，搜刮起来，奉献给帝国主义，建造她的乐园，真可耻。"

毛泽东说："她用建设海军的钱，建了一个颐和园，当时来说，这也是犯罪。现在看来，就是建立了海军，也还是要送给帝国主义的。建了颐和园，帝国主义拿不走，今天人民也可以享受，总比他们挥霍了要好呀。"

柳亚子被这种辩证的妙论折服了。

看了慈禧太后买的那个小火轮、石舫之后，登上游船，泛舟昆明湖。

船快到湖心时，柳亚子又挑起了话题。他说："今天胜利了，这是我们盼望已久的。共产党要胜利，这是肯定的。共产党的路线和政策正确，合乎民意，人民拥护支持，这就是胜利的基础。但是，我们没有想到胜利会这么快，人民解放军很快渡江成功，并且占领了南京，我们不知道毛主席用的是什么妙计。"

毛泽东笑了笑说："打仗没有什么妙计，如果说有妙计的话，那就是知己知彼，根据实际情况，作出正确的决策。还有，就是先生说的，人民的支持是最大的妙计。一百万军队要渡江，又没有兵舰、轮船，如果没有人民的大力支持，是不能成功的。靠人民用土办法造木船、木排划子，在漫长的江面上，几万只木船一齐出动，直奔对岸，加上我们有很多大炮掩护，很快就过去了30万军队。你能说这是妙计吗？这是一般的常识。但是，像这样一个普通的常识，蒋介石是不知道的。他想的是长江天险，是美帝国主义的援助……"

游船绕过湖心岛，又穿过十七孔桥，在东岸靠岸。

毛泽东上岸后，与柳亚子一起步出大门。在门口握别后，毛泽东乘车回香山双清别墅。[12]

毛泽东还特别注意做张治中的工作。余湛邦回忆说：

1949年和谈破裂时，张治中发表《对时局声明》，留居北平。毛每次为张介绍给初会的朋友时总爱说："他是三到延安的好朋友！"使张内心感到暖烘烘的。是好朋友，不是一般的朋友。这话既是高度的评价，又表露了无限的深情。

是年6月，全国政协酝酿筹备，中央人民政府准备成立。有一天，毛泽东当着朱老总和好些中共领导人的面，提出请张治中参加人民政府并担任职务，张说："过去的阶段，我是负责人之一，这一阶段已经过去了，我这个人当然也就成为过去了。"毛恳切地说："过去的阶段等于过了年三十，今后还应从大年初一做起！"这话多么诚挚亲切，含义又多么深刻！对张来说，既是热情的期待，又是严格的要求，他的后半生是牢牢记住这话，作为鞭策自己的座右铭的。

新疆和平解放后，军政事务百端待理，至为复杂重要。张治中写成数千字的书面意见给毛泽东，除介绍一般新疆情况外，并就今后长治久安之计提出六项重要意见。毛主席很重视，并说："请你和彭总一同到新疆去就地具体解决。"不久，西北设置军政委员会，彭德怀任主席，张治中被任命为副主席。

张治中在北平是安顿下来了，虽然由于西北兼职不得不经常来往于西安北平之间，但主要活动在北平。不知是否由于毛泽东、周恩来曾借住桂园的关系，张一决定留居北平，毛、周就交代主管单位为张解决寓所问题。

我是陪同张治中夫妇一起去挑选房子的。先看方巾巷的一栋小洋房，张嫌房间太少，又是楼房，上下不便。再看东总布胡同的一座，三个大院子，气派不小，张夫人又嫌门槛太多，迈步出入困难。看了好几处都有缺点，最后选中了北总布14号，以前是孙连仲的官邸，宫殿式的高大宽敞、富丽堂皇的房舍，餐厅能摆四五十桌，舞厅能容十来个人。

毛主席和周总理对张治中生活起居的照顾可谓无微不至。淮河根治工程开始，张是中央慰问团团长。动身前，张病倒了，毛泽东特派他的夫人江青持亲笔函到张家慰问。张有腿神经痛宿疾，周恩来、邓颖超不时馈赠药品。毛泽东有一回收到山东农民送来特大的大白菜四棵，即派人送一棵到张家。菜重二十七八斤，张夫妇舍不得吃，把它用大花盆栽下，陈列在客厅里，菜抽苗开花，花足有二三尺高，人见皆称奇。

…………

1949年，全国政协召开前，曾酝酿和讨论国家名号问题。毛在中南海邀集一些党外人士包括张治中等座谈，听取大家意见。最后毛提出，中央意见拟用"中华人民民主共和国"。大家有同意的，也有不同意的。张治中说："'共和'这个词的本身就包含了'民主'的意思，何必重复？不如就干脆叫'中华人民共和国'？"毛觉得此话有理，建议大家采纳。

同时还酝酿国旗图案。全国征集图案两千多幅，审阅小组通过党中央提出了三幅。讨论时，毛泽东手持两幅：一幅是红底，左上方一颗大五角星，中间三横杠。说明是：红底象征革命，五角星代表共产党的领导，三横杠代表长江、黄河、珠江。手中的另一幅是现在的五星红旗。征询大家意见，多数人倾向三横杠的一幅。张治中表示不同意见：（1）杠子向来不能代表河流，中间三横杠容易被认为分裂国家，分裂革命；（2）杠子在中国人的传统观念中是金箍棒，国旗当中摆上三根金箍棒干吗？因此不如用这一幅五星红旗。毛泽东觉得张治中所言有理，建议大家一致同意采用五星红旗。

中央人民政府委员会成立并举行第一次全体会议后，要发表公告。中央拿出来的稿子只列举主席、副主席姓名，56位委员就未列姓名。张治中站起来说："这是正式公告，关系国内外观感，应该把56位委员的姓名也列上。"毛泽东说："这意见很好，这样可以表现我们中央人民政府的强大阵容。"〔13〕

这期间，毛泽东还会见了苏联朋友，确定了"一边倒"的外交格局。

师哲回忆说：

中央机关进驻香山不多几天，苏联铁道部副部长、中长路〔14〕苏方负责人柯瓦廖夫等人就从东北来到了北平。柯瓦廖夫是在北平的苏联人中职务最高的政府官员。苏联驻华大使罗申已随国民党政府迁到广州去了，只在北京留下领事齐赫文。

．．．．．．．．．．．．

柯瓦廖夫搬到香山后不几天就把苏联领事齐赫文带到香山来拜会毛主席。一天傍晚，毛主席在双清别墅接见了他们。

坐定后，齐赫文自我介绍说，他是苏联驻北平总领事馆的负责人。然后，他祝贺中国共产党和解放军已经取得的胜利，以及前线正在节节胜利的进展。接着他请毛主席给他们介绍一下我军各个战场上的情况，即我军的战略部署、进军计划，以及对战局的展望和对结局的评价；并希望在许可的条件下，把我党的各项基本政策、方针说明一下，同时也把敌人的情况和处境作一些分析和评价。一句话，敌人还能支持多久？

毛主席讲话不多，他极其辽阔、抽象地介绍、说明了一般形势，但明确、肯定地指出胜利是属于我们的。他说："很快你们就可以看见淮海战役胜利的战果。下一步就是渡江南下，解放江南的任务。只要不出现意外变化，或意料不到复杂的形势，胜利是有把握的。至今为止，尚看不出会发生什么特殊的意外。例如：我们不允许美军在秦皇岛登陆，也不许他们的舰队靠岸，结果他们溜走了；在天津郊区，美军出城试探了一下，与我们的武装力量发生了一点冲突，打了几下，他们就缩回城里去了；在青岛郊外，美军也出来过几次，但一受冲击，就龟缩到城里去，而且也很快把他们的兵舰撤离了青岛。至于在其他港口，如烟台、威海等地就没有遇见美舰。所以，到现在为止，还未看出美军有想同我们交锋的意图，也未看出他们有阻挡我们前进的征兆或试探。我们比较有把握地进行着战争，推行着我们的政策。胜利终归是属于我们的！"

几天后，齐赫文打来电话，要求到卧佛寺的休养所住几天，说他们曾经付了款，但后因解放军进城，中共中央警卫团部分单位住进了卧佛寺，休养人员便不能进出了。他要求我们给他们的家属出入疗养所提供方便，这件事我立即替他办了。

在香山期间，毛、刘、周、朱还多次同柯瓦廖夫见面、谈话。其中毛主席、刘少奇同柯瓦廖夫谈的次数较多，涉及内容也较广泛，主要是介绍、解释中国当时存在的问题或新出现的某些情况，帮助他了解中国现实中的一些问题，使他对中国革命的性质、特点、意义，以及若干重大政策都有所了解和有比较正确的认识。谈话中，毛主席特别指出，中国革命现阶段的性质任务与十月革命不尽相同，但是中国革命不会停止在目前阶段，而是要继续深化、向前发展的。

不久，中央决定刘少奇出访苏联，由柯瓦廖夫陪同前往，原定于7月1日出发。出发前，毛主席、刘少奇在中南海特意约见柯瓦廖夫，并同他进行了较长时间的谈话。其主要内容是：（1）关于解放战争当前发展变化的大概形势；（2）中国革命现阶段的基本特点和主要任务；（3）解放战争一定要进行到彻底胜利。尽管发展的道路总是曲折的、迂回的，革命还是要分阶段地进行。这是一条较长、较远的路程：由人民民主阶段的各项革命走向社会主义建设阶段。同时这是要有条件的，即人力与物力，这两者缺一不可，我们目前所要准备的和要争取的就是这两条。

毛主席对柯瓦廖夫说："这次你陪同代表团出国走远路，会辛苦的，不过你也顺便可以同家人团聚一番，也是一次好机会。"最后，毛主席问柯瓦廖夫个人有什么要求，或需要我们帮助解决的问题。后来，不知柯瓦廖夫通过什么渠道弄到一罐子水银，足有三四十公斤重，和其他一些东西一起带回苏联去了。

会见结束后，柯瓦廖夫和我先乘车从中南海出来，准备返回香山，再于傍晚出发去东北。车子刚走出中南海的大门，他就说，7月1日本不应该出远门（凡属1日的日子，俄罗斯人依旧俗认为是不吉利的日子），不吉祥。话音刚落，车子走到西四拐弯处就撞倒了一个骑自行车的青年，轧伤了他的腰腿，撞坏了自行车，同时将车上的玻璃也碰破了。闯下了车祸，只得停下来处理。中南海派人把受伤的青年送到北大医院门诊部检查治疗，我们耽误了几个小时，傍晚时分才回到香山，结果只好于7月2日从清华园坐火车离开北京。

我们离开中南海后，毛主席将刘少奇留下长谈，面授机宜。谈话时间很长，少奇也不可能在1日出发了。当时，党中央刚刚进城，百废待兴，铁路交通运输刚刚恢复，一切都不那么正规。

在香山期间，毛主席还批转过若干份电报、文件译给柯瓦廖夫看。也许他都发回苏联国内去了，但他对这些问题并不感兴趣。斯大林对他的评价是："柯瓦廖夫是一个铁路工程技术人员，不懂政治，也没有政治经验，或许在政治上完全是个门外汉。他如果钻到政治里，就会像老鼠钻进风箱里一样。"这是1950年1月间斯大林对毛泽东说的话。他的意思是向毛主席道歉、赔礼，并希望得到谅解。[15]

师哲还回忆说：

1949年9月末，为参加中华人民共和国开国大典，苏联派来了以苏联作家协会总书记、著名作家法捷耶夫，副总书记西蒙诺夫为首的文化艺术科学工作者代表团，共43人。团内有不少著名艺术家及高级干部，如苏联人民教育部副部长杜布罗维娜。他们于9月28日到达哈尔滨，在哈尔滨、沈阳、天津均受到热烈欢迎。10月1日上午到达北京，受到中苏友好协会会长宋庆龄、副会长刘少奇及总理周恩来的欢迎。

国庆典礼后的一天中午，大约是10月2日或3日，毛主席会见代表团全体成员。在接见期间，毛主席除寒暄、问好、祝愿外，还作了长篇精彩的讲话。他的讲话生动活泼、有声有色。讲话不仅吸引住了听众，而且团员中许多人，如杜布罗维娜等在聆听中，因极受感动，激动得流了热泪。座谈延续了两个多小时。

毛主席说："人家一直叫我'土匪'，前一个时期才不这么叫了。人家一直叫'剿匪'，现在也不这么叫了。我这个'土匪'的名字丢的时间并不长。"

他回顾了中国革命的历程，中国人民劳动大众、中国革命在近百年来所走过的艰苦道路，所进行的轰轰烈烈、前仆后继、顽强不屈、坚持到底的革命斗争精神。

他说："这是一条坎坷不平、曲曲折折的道路。自第一次鸦片战争到1949年的彻底解放，走了一百多年。中国的劳动人民、革命的进步分子、先驱者，抛头颅、洒鲜血，终于找到了真正有力的战斗武器——马列主义，吸取了十月革命的经验，推翻了压在自己头上的三座大山：帝国主义、封建主义、买办资本家势力。中国人民在解放斗争中所遇到的既有外来侵略者，也有中国统治者。

"20世纪以来世界爆发的革命事件很多，几乎是一波未平，一波又起。但最重要的、震撼世界的大事件，一是1917年的十月社会主义革命，二是1949年的中国革命胜利。后者解放了五亿人民，并与两亿起先锋队作用的人民相结合，使世界两个阵营的力量对比发生了很大变化。"

他说："20世纪在我国发生的革命事件——辛亥革命推翻了清王朝的统治，但民族未获得解放，未摆脱外国帝国主义的侵略、奴役和压迫；国内的封建势力、官僚豪绅、地主恶霸、买办阶层，仍然爬在人民头上为所欲为、作威作福。中国人民为了摆脱帝国主义的侵略、压迫，在20世纪20年代初期，进行了轰轰烈烈的解放运动，即1925年至1927年的大革命，取得了很大的胜利。但资产阶级买办阶层、土豪劣绅不喜欢，他们同帝国主义勾结起来，把革命人民一巴掌打倒在地，把人民浸泡在血泊中。千千万万的人牺牲了，留在人间的同志从地上爬起来，除去自己身上的泥土和血污，擦干脸上的血泪，埋葬了已牺牲的同志和亲人，又重整旗鼓，找寻、联合自己的同志，建立自己能站足之地，这就是上山，建立革命根据地。经过数年的浴血奋战，走了二万五千里，爬雪山、过草地，冲出层层围困，进行了无数次的战斗，终于又找到了立足之点。这前后共历时十年。

"我们终于学会了战略战术。紧接着就是抗击外来侵略者，进行了八年的抗日战争。须知，这是在毫无外援，完全依靠自力更生坚持下来的。外国侵略者被打倒了，人民还未得到喘息，甚至还未来得及伸伸腰，蒋介石国民党又在美帝国主义的怂恿和支持下，打响了内战，企图一举消灭人民革命力量，竭力设法巩固反动统治，独霸中国。可是这回，人民由于已经有了以往数十年的经验和教训，决心依靠自己的力量进行斗争，解放自己；决心不再受敌人的欺骗、愚弄、出卖，而一定要依靠自力更生，根据独立自主的原则，坚定不移地与敌人进行一次最后的较量，作一次你死我活的决战，把革命进行到底。这是共产党人的决心，也是全国广大劳动人民的意志和决心。

"这个坚定不移的决心实现了，中国革命胜利了，才有了今天的中国。但这仅仅是我国人民在长征道路上迈出的第一步，而摆在我们面前的任务和应做的事情还是很多很多的。只要不骄傲自满，不丧失信心，集中精力、团结一致、努力前进，为共同目标而奋斗，中国的发展进步将会是较快的。中国具有的优势之一，就是它有一个好近邻，所以中国不是孤立无援的。"

客人们不仅屏住呼吸、聚精会神地倾听毛主席的讲话，而且全神贯注地思考、体味每句话的含义。总之，主席的话引起了他们极大的注意，激发了他们的感情，深深触动了他们的灵魂，以至于多数人掉下了眼泪，出现了罕见的动人场面。

谈话快结束时，主席建议他们同我们的劳苦群众作些接触和了解，如果作家们能随军到前方去看看，了解了解我们军队的生活、战斗能力、战地实况、军民关系，那就更好了。最好是能随同渡江南下的部队一道前行，既可看见旧时劳苦大众的生活情况，又可观察部分战役，甚至前线作战过程。随四野向中南区行军前进，或许还可能遇到一两次像样的战役，但特大规模的战役不会有了。

法捷耶夫因工作关系，要早日回国，故未能成行。后经协商，他们决定，西蒙诺夫留下来并随四野南下。为此，主席专门作了安排。林彪为保障西蒙诺夫的安全，没有让他到前沿部队去。西蒙诺夫后来完成的作品《战斗着的中国》，就是描述他随军南下的所见所闻和体会。[16]

1949年9月21日至30日，中国人民政治协商会议第一届全体会议在北平隆重举行，毛泽东主持会议，并致开幕词，庄严宣告："占人类总数四分之一的中国人从此站立起来了。"在最后一天的会议上，毛泽东当选为中华人民共和国中央人民政府主席。

1949年10月1日，这是值得永远纪念的日子。毛泽东健步登上天安门，揭开了中国历史上充满无限光明的新纪元。

卫士阎长林回忆说：

1949年10月1日早晨6点，东方天边已露出橘红色的曙光，主席才缓缓走出他的办公室，来到院子里，点起一支烟，边抽边轻轻踱起步来，神色显得有些疲倦。

他太累了！这些天连续开会，非常紧张。昨天晚上没有召开会议，主席本来要早休息，以便次日有充沛的精力上天安门参加开国大典。但他仍然没休息成，在办公室一直工作到深夜。我几次去提醒他，他只答应，却不离开桌子。周副主席也几次来电话，催促主席早点儿休息，要保证上天安门的时间，他才停止工作，兴奋地站起身来。

是啊，今天是个大喜的日子。几十年来，我们在党和毛主席的领导下，英勇奋战，流血牺牲，不就是为了这一天吗？记得1947年3月18日晚上离开延安时，主席语气肯定地说："延安还是我们的，全中国都是我们的！"时间才过去两年多一点，这个伟大的预言就实现了，谁能不兴奋呢？主席大概也是这样想的吧？

平时，主席是下午3点起床，今天要参加开国大典，大典前还要开一个会，所以要在下午1点起床。时针指到了1点，我们心里很矛盾。想让他多睡一会儿，又不得不把他叫醒。我轻轻喊了一声："主席，到1点了。"他听到喊声，一下折起身子，坐在床上，揉揉眼睛说："这么快呀？"说着下了床，很快刷牙洗脸，吃了饭，穿上那件绿呢军装。在此之前，我们劝主席做一套新衣服，他没有同意，说："这一套不是很好吗？就穿它吧，不要再做。"现在他将要穿着这套军装去参加开国大典了。

下午2点50分，毛主席走出大门，其他中央首长：少奇、朱总司令、周副主席、弼时等已等在丰泽园门前了。主席见了这些战友，立即上前一一握手。周副主席问："主席今天睡好了吗？"主席摇摇头，风趣地说："我们打了这么多年疲劳战，打出了一个中华人民共和国，今天是建国第一天，又是一个疲劳战。我一直没怎么睡，吃了药也睡不着。上天安门又要站几个小时，咱们的一生就是打疲劳战吧？"其他首长都笑起来，主席自己也笑了。

毛主席和首长们登上天安门城楼时，正是下午3点整，五十四门礼炮齐鸣了二十八响，在庄严嘹亮的国歌声中，毛主席轻轻按动电钮，巨大鲜艳的五星红旗在广场上冉冉升起。在这万众欢腾的时刻，毛主席用浑厚洪亮的声音宣布："中华人民共和国中央人民政府今天成立了！"

这高昂的声音，透露出主席的兴奋心情。几十万人的欢呼声，一浪高过一浪，显示着站起来了的中国人民的巨大力量。

随后是检阅。毛主席目光炯炯，伟岸地站在城楼上。最先走过的是陆、海、空军，接着是群众队伍、文艺大军、体育大军。时间太长了，我们担心主席太累，就请他进了休息室。他还没有来得及喝水，就和在那里的程潜先生说起话来。主席刚点起一支烟，周副主席就匆匆走进来，对主席说："你预料得对，要在天安门上站几个小时。"原来群众队伍到天安门前，见不到毛主席不愿往前走。毛主席对程潜先生抱歉地笑笑，放下刚抽了几口的烟，又回到了城楼上，对游行的群众招手致意，直到大典结束。

这天夜里，主席办公室的灯又亮到很晚很晚，他又在为新中国的建设绞脑汁了！〔17〕

李银桥回忆说：

1949年10月1日清晨6点，周恩来已经是第三次把电话打到我们卫士值班室。

"主席睡觉了吗？"

"还没有啊。"

"你们要催促他休息嘛，下午两点还要开会，3点钟还要上天安门，你们要想办法劝他早些休息。"

我走进毛泽东办公室，屋子里烟味不小。毛泽东仍在伏案办公。

"主席，休息吧。"我小声劝着，把周恩来讲的话报告给他。

毛泽东不作声，继续看着写着，直到写完，才立起身，走到院子里散步。这是睡觉前的活动，10分钟后，他说："银桥，我睡觉吧。"

我服侍他洗澡，上床。那天没有替他按摩。他说："没事了，你去吧。下午1点钟叫我起床。"

我退出来，在值班室坐守。毛泽东床头有电铃按钮，直通值班室。值班室有桌椅，有个床铺。卫士值班分正班副班两名。正班负责毛泽东的休息，通宵不能睡觉；副班负责江青的休息，晚上可以睡觉。

那天我是正班，一上午没敢合眼。毛泽东虽然破例早睡，但凭我的经验推测，他不会很早入睡的，辗转反侧，思绪不断，很可能到午前才能入睡。所以，我不能等他按铃召唤，须主动去叫醒他，误了开国大典可是"历史性错误"。

下午1点，电铃没响，我就径直走进毛泽东卧室。

"主席，主席。"我叫了两声。

"嗯？"毛泽东睁开眼，看见了我，"嗯！"他又哼一声，发出声响地做了一个深呼吸。

"1点了。"我将毛毯搭在床栏上，枕头垫在毯子下，扶他依栏而坐。

我将一杯热茶放在床头柜上，他左手端茶呷一口，右手照例一伸，抓起放在床上的报纸，浏览起来。

毛泽东历来起床后都不会马上下地，总要在床上待一个小时左右，喝茶读书。今天要参加开国大典，他也不改这一习惯。

我轻手轻脚地为他准备参加盛典的"礼服"。

这是一套中山制服，料子是生活秘书叶子龙送来的黄色美国将校呢，我拿到王府井请王子清师傅做的。王子清从法国留学回来，专门剪裁服装。他工作的那个服装店就是王府井雷蒙服装店的前身。毛泽东和江青的衣服都是由王子清师傅裁剪缝制，我也曾带李敏、李讷去那里做过衣服。

"主席，1点半了。"我卡着时间，打断他读报，将这套专为参加开国大典缝制的制服帮他穿好，然后照顾他下地。我围绕他转着打量，将衣服抻平理顺，请他去吃饭。

毛泽东吃饭很快，不一会儿便放了筷子。稍事休息，两点钟步行至勤政殿。

朱德、刘少奇、周恩来、任弼时、张澜、李济深、宋庆龄等国家领导人已在这里集合，他们召开了中央人民政府委员会第一次会议，委员们宣布就职，并宣布中央人民政府即于本日成立。

会后，大家都很兴奋，愉快地交谈起来。

两点50分，领导人分别上车，车队从勤政殿的门口出发，出中南海东门，5分钟后便到天安门城楼的后边。大家互相招呼着集合好，毛泽东在前，其他领导人顺序跟上。

那时，没有电梯，我便搀扶毛泽东从城楼西头的楼梯，一步一级，上了100个台阶，登上了天安门。途中，毛泽东不时停下来，等后边年纪比他更大的领导人。3点钟，准时出现在天安门城楼上。我听到广播员激动的喊声：

"毛主席来啦！毛主席健步登上天安门城楼！"

那时的天安门广场是个十字形，东西从太庙到中山公园、南北从中华门到天安门的一个大十字，可容纳20万到30万人。从天安门城楼上远远望去，无数面翻卷的红旗汇成一片波浪起伏的大海。红旗下面，一片片穿了各种颜色服装的队伍五彩缤纷，像精工规划的花圃。天安门城楼下，金水桥两边搭起两座台：一座是指挥台，一座是苏联代表的观礼台。

林伯渠秘书长宣布大典开始。毛泽东走到麦克风前，庄严宣布：

"中华人民共和国中央人民政府今天成立了！"

刹那间，广场上欢声如雷，呼声如潮，与城楼上遥相呼应。毛泽东这时的表情庄严神圣，按照预定程序，他按动装在城楼上的电钮，将中华人民共和国的第一面五星红旗升了起来。

毛泽东望着广场上徐徐升起的五星红旗，情不自禁地大声喊了一句："升得好！"

话音才落，礼炮在军乐声中惊天动地地鸣响了。那是由54尊大炮同时发出28响，将那伟大、庄严、团结的气氛推向了高峰。据说54尊大炮代表了全国54

个民族（现为56个），象征全国各族人民坚如钢铁的团结力量；那28响则代表28年，即中国共产党从1921年诞生，领导全国人民经过28年奋斗，到1949年终于建立了新中国。

礼炮响过，毛泽东向全世界宣读了政府第一号公告，明确指出中央人民政府是代表中国人民的唯一合法政府，它愿意与任何遵守平等、互利及互相尊重领土主权等项原则的外国政府建立外交关系。

接着，阅兵式开始了，由朱德担任检阅司令员，聂荣臻担任总指挥。

朱总司令驱车检阅各兵种部队以后，回到天安门城楼上，下达阅兵令。他的左右站了四位野战军将领：贺龙、刘伯承、陈毅、罗荣桓。受阅部队由聂荣臻站在指挥车上率领，四个师的部队以连为单位列成方阵，从东向西入场。步兵、骑兵、坦克、大炮、汽车，都是整齐的一字形，在《人民解放军进行曲》的军乐声中，一阵接一阵由主席台前的金水桥边走过。

由十几架飞机组成的编队飞临上空时，30万人的广场沸腾了。人们挥动帽子、手帕，一个劲儿地欢呼、跳跃。

阅兵式进行三个小时，直到黄昏。天安门广场上忽地一下子灯火齐亮，花炮竞响。在热烈的气氛中，欢呼的群众开始游行。当群众队伍经过天安门时，都高兴得手舞足蹈，万岁声一阵高过一阵：

"中华人民共和国万岁！"

"毛主席万岁！"

毛泽东已经站了好几个小时，周恩来再三劝说，让他休息一下，他才走进休息室坐下来，一边吸烟，一边跟程潜先生交谈。可是，周恩来又走进来了，说："主席，游行的群众看不见你，他们都停下来不肯前进了，看来你还得站下去。"

毛泽东起身说："好吧，疲劳也得去啊！"他把香烟熄在烟缸中，向程潜先生抱歉地笑了笑，又回到主席台上。

晚上，城楼下遍地点起灯笼，紫红、大红、桃红、金黄、橙黄、明黄……像人民的希望在广场上跳跃闪烁。群众举着灯笼蜿蜿蜒蜒，交互环绕，就像一幅巨大无比的活动起来的织锦。歌声口号声海潮一样起伏不停，最响亮的声音始终是"毛主席万岁！"

面对群众的欢呼，毛泽东脸上始终焕发着庄严慈祥的光辉。服务员搬来一张椅子，我请毛泽东坐下，他不肯坐。从午后3点到晚上10点（除吃饭外），始终与人民在一起，始终举着一只手，时而庄严地停在空中，时而迅速有力地挥动几下。右手举累了就换左手，左手累了又换右手。当万岁声越响越高时，毛泽东情不自禁探身栏杆外，去伸手招呼群众。终于，他面对麦克风高呼：

"同志们万岁！""人民万岁！"

退场群众发现领袖仍在他们中间，并且通过广播高声和他们讲着亲切的话，便改变了原来向东西分走的路线，潮水一般涌向天安门，挤在金水桥上，拼命喊："毛主席万岁！""毛主席万岁！"

毛泽东也在城楼上激动地呼喊："同志们万岁！""人民万岁！"

城楼上下一呼一应，群众沸腾了！跳跃舞蹈，沉浸在狂欢的热烈气氛之中。

陈毅同志激动地放开大嗓门："看了这，总算此生不虚度！"

大典结束后，毛泽东乘车回到菊香书屋，激动地说："人民喊我万岁，我也喊人民万岁，这才对得起人民哪。"

那时，人民解放军的军衣还没制定统一式样，人们对军装的概念似乎只是以黄色为标准。所以，毛泽东对他那套开国大典的黄呢子制服也视为"军衣"。参加大典之后，因为叶子龙送来的黄呢子料还有不少，我又请王子清师傅为毛泽东做了三套相同式样的制服。

朝鲜战争停战协定签订之后，毛泽东对我们卫士说："我们可以脱军衣了，我脱，你们也脱。"

此后，我们卫士都脱下军衣，再不曾穿过。毛泽东也再不曾穿过那套开国大典穿的"军衣"。[18]

参加开国大典阅兵式指挥工作的杨成武回忆说：

10月1日下午2时，中南海内开始举行中央人民政府委员会第一次会议，正、副主席宣布就职，并选举林伯渠为秘书长，任命周恩来为政务院总理兼外交部长，毛泽东兼中央人民政府军事委员会主席，朱德兼人民解放军总司令，沈钧儒为最高人民法院院长，罗荣桓为最高人民检察署检察长。

在此前一天，毛泽东同志为人民英雄纪念碑起草了碑文。碑文是："三年以来，在人民解放战争和人民革命中牺牲的人民英雄永垂不朽！""三十年以来，在人民解放战争和人民革命中牺牲的人民英雄永垂不朽！""由此上溯到一千八百四十年，从那时起，为了反对内外敌人，争取民族独立和人民自由幸福，在历次斗争中牺牲的人民英雄们永垂不朽！"由周恩来同志写在人民英雄纪念碑上。

在国歌的乐曲声中，毛泽东同志亲自开动有电线通往天安门广场中央国旗杆的电钮，升起了中华人民共和国第一面五星红旗。在那第一面国旗冉冉升起的时候，礼炮轰鸣，54门礼炮齐放28响，如报春惊雷回荡天地间。

升旗之后，毛泽东主席宣读中华人民共和国中央人民政府公告："自蒋介石国民党反动政府背叛祖国，勾结帝国主义，发动反革命战争以来，全国人民处于水深火热的情况之中。幸赖我人民解放军在全国人民援助之下，为保卫祖国的领土主权，为保卫人民的生命财产，为解除人民的痛苦和争取人民的权利奋不顾身，英勇作战，得以消灭反动军队，推翻国民政府的反动统治。现在人民解放战争业已取得基本的胜利，全国大多数人民业已获得解放。在此基础之上，由全国各民主党派、各人民团体、人民解放军、各地区、各民族、国外华侨及其他爱国民主分子的代表们所组成的中国人民政治协商会议第一届全体会议业已集会，代表全国人民的意志，制定了《中华人民共和国中央人民政府组织法》……组成中央人民政府委员会，宣告中华人民共和国的成立，并决定北京为中华人民共和国的首都……"最后他说，中央人民政府是"代表中华人民共和国全国人民的唯一合法政府"[19]。公告宣读完毕，林伯渠秘书长宣布阅兵开始。阅兵司令员朱德身着戎装，走下天安门城楼，乘敞篷汽车通过金水桥，迎候在桥南的阅兵总指挥聂荣臻即致军礼并高声报告："受检阅的陆海空代表部队均已准备完毕，请总司令检阅！"

在《三大纪律八项注意》《军队老百姓》《保卫胜利果实》等军乐乐曲的连续鸣奏中，朱德总司令由聂荣臻总指挥同车陪同，检阅了肃立受阅的三军部队。当朱总司令向指战员问好时，指战员齐声响亮地回答："祝总司令健康！"

接着，朱总司令重登天安门城楼，宣读《中国人民解放军总部命令》：

"……我们中华人民共和国的武装部队，在反对美国帝国主义所援助的蒋介石反动政府的革命战争中，已经取得了伟大的胜利。敌人的大部分已经被歼灭，全国的大部分国土已经解放。这是我们全体战斗员、指挥员、政治工作人员和后勤工作人员一致努力英勇奋斗的结果。我向你们表示热烈的庆祝和感谢。

"但是现在我们的战斗任务还没有最后完成，残余的敌人还在继续勾结外国侵略者，进行反抗中华人民共和国的反革命活动。我们必须继续努力，实现人民解放战争的最后目的。

"我命令中国人民解放军全体指战员、工作员，坚决执行中央人民政府和伟大的人民领袖毛主席的一切命令，迅速肃清国民党反动军队的残余，解放一切尚未解放的国土，同时肃清土匪和其他一切反革命匪徒，镇压他们的一切反抗和捣乱行为……"[20]

检阅式完毕便是分列式。于是，我用电话向东三座门外的指挥分所发出相应的命令。那是最幸福的也是最紧张的时刻，党和国家领导人、各界民主人士都在注视我们，30万人民群众都在注视我们。我们将要把人民军队20多年的战斗历程，在短暂时间内的行进中显示出来，将要把整个人民军队的风貌，通过有限的行动反映出来。

最先通过天安门主席台前的是代表人民海军的水兵分队，他们身着崭新的水兵服，以八一军旗为前导，由东向西行进。当这支年轻的、英姿勃勃的队伍通过天安门主席台前时，欢呼声陡然高涨，使人想到澎湃的波涛声，这些沿海岛屿的解放者从此也就是中华人民共和国的保卫者。

紧接着的就是多兵种的陆军代表部队。步兵师的战士们经过千锤百炼的磨炼，踏着《八路军进行曲》的节奏，雄赳赳地走过来了。在《军队进行曲》和《坦克进行曲》的伴奏声中，炮兵师、战车师的队伍也相继隆隆地开过来了。战车师包括摩托化步兵团，轻、中型坦克团各一个，这支钢铁的队伍是在中国人民解放军"大反攻"中建立起来的。

当战车师行进在长安街中段时，人民空军的飞机分别以三机和双机编队，一批又一批地飞经天安门广场的上空。在天安门前，天上地上，浑然一体，形成雄伟的立体武装阵容。万众仰望，毛泽东、朱德、刘少奇、周恩来等中央领导人也兴奋地昂首注视祖国领空的保卫者。

机影还未完全消失，激越的《骑兵进行曲》引出了壮观的骑兵师队伍。三个骑兵团，后面还有一个炮兵营，共1920匹战马，以6路纵队前进。各梯队装备整齐划一，军马的毛色或全红，或全白，或全黑；骑手们身着草绿色军服，握枪挎刀，威风凛凛。

检阅式和分列式历经两个多小时。两个多小时，浓缩了我军以往的漫长战斗历程，也预示了未来的征途。我一分钟也未敢离开自己的指挥联络位置，而我的心神又似乎在随同分列式的队伍行进。

阅兵仪式之后，欢腾的群众游行队伍通过天安门前，向新的中央人民政府领导人致意，向高高飘扬的五星红旗致意。是啊，我们胜利了，这是人民的胜利。这个胜利是多么来之不易！为了迎来这一天，我们的党、我们的军队和我们的人民艰苦奋斗了几十年！无数的革命先烈也都是为了这一天的到来，献出了宝贵的生命！我注意到，这一天天气并不是很晴朗，日光不强，云影朦胧，然而，自古以来，中华民族又何曾有过如此光明辉煌的日子？入夜，火树银花，载歌载舞，首都北京的军民在尽情地欢度中华人民共和国的第一个夜晚。

开国大典和开国大典阅兵式，给我留下了莫能淡忘的壮观图景，也给我留下了军人的光荣，当然还有军人的新的使命。的确，中华人民共和国成立了，这只是万里长征走完了第一步，我们要把新中国建设得更加繁荣、富强，不仅要珍惜革命胜利果实，还要保卫革命胜利果实！[21]

中国的历史从此又掀开新的一页。毛泽东，这位永不满足、不断进取和探索的革命家、战略家，又开始了新的思索。

注　释

〔1〕师哲：《在历史巨人身边》，中央文献出版社1991年12月版，第372—387页。

〔2〕师哲：《在历史巨人身边》，中央文献出版社1991年12月版，第367—371页。

〔3〕李银桥：《在毛泽东身边十五年》，河北人民出版社1991年6月版，第95—99页。

〔4〕李银桥：《在毛泽东身边十五年》，河北人民出版社1991年6月版，第122—125页。

〔5〕李银桥：《在毛泽东身边十五年》，河北人民出版社1991年6月版，第128—131页。

〔6〕余湛邦：《张治中与中国共产党》，中共中央党校出版社1991年10月版，第96—100页、163页。

〔7〕李天佑：《回忆天津战役》，载《红旗飘飘》第15集，中国青年出版社1961年3月版，第192—194页。

〔8〕《聂荣臻回忆录》，解放军出版社1984年12月版，第715—720页。

〔9〕陈赓：《在祖国南部边疆的三次追歼战》，载《人民日报》1977年9月14日。

〔10〕韩先楚：《逐鹿南海　直捣"天涯"——毛主席指挥我们解放海南岛》，载《解放军报》1977年9月15日。

〔11〕李银桥：《在毛泽东身边十五年》，河北人民出版社1991年6月版，第131—144页。

〔12〕李银桥：《在毛泽东身边十五年》，河北人民出版社1991年6月版，第135—139页。

〔13〕余湛邦：《张治中与中国共产党》，中共中央党校出版社1991年10月版，第163—164页、187—188页。

〔14〕中长路即中国长春路，指满洲里至绥芬河及由哈尔滨至大连旅顺的铁路干线。——原注

〔15〕师哲：《在历史巨人身边》，中央文献出版社1991年12月版，第388—393页。

〔16〕师哲：《在历史巨人身边》，中央文献出版社1991年12月版，第427—429页。

〔17〕阎长林：《为了建立新中国——回忆毛泽东同志进北京前后》，载《难忘的回忆——怀念毛泽东同志》，中国青年出版社1985年1月版，第187—

188页。

〔18〕李银桥：《在毛泽东身边十五年》，河北人民出版社1991年6月版，第145—152页。

〔19〕见《人民日报》1949年10月2日第1版。——原注

〔20〕见《人民日报》1949年10月2日第1版。——原注

〔21〕《杨成武回忆录》，解放军出版社1990年8月版，第315—329页。

第六编
"一唱雄鸡天下白"

一、出访苏联

"一边倒"格局

1949年10月1日，中华人民共和国中央人民政府成立。毛泽东主席在开国大典上庄严宣告："本政府为代表中华人民共和国全国人民唯一合法政府。凡愿遵守平等、互利及互相尊重领土主权等项原则的任何外国政府，本政府均愿与之建立外交关系。"同日，周恩来总理兼外交部长致函各国政府。10月2日，苏联政府决定与新中国建交，并互派大使，成为承认中华人民共和国的第一友邦。10月20日，毛泽东致电斯大林，介绍王稼祥出任驻苏大使，并以中共中央代表资格接洽两党事务。同时，中共中央决定毛泽东主席出访苏联。

毛泽东毕生只出过两次国，而且去的都是苏联。一次是在新中国成立初，一次是在1957年。作为中国共产党的主席、刚刚诞生的中华人民共和国中央人民政府主席的毛泽东，在开国大典举行后不久，历时近三个月访问苏联，其意义极其重大。这是对"一边倒"外交战略方针的切实贯彻。

关于"一边倒"外交格局的形成过程，薄一波回忆说：

"一边倒"的外交格局，有一个逐步形成的过程，它是历史的产物，并不是哪一个人心血来潮所决定的。在第二次世界大战结束和中国抗日战争胜利后，国际上存在着以苏联为首的社会主义阵营与以美国为首的资本主义阵营的尖锐对立和斗争；国内存在着共产党领导的革命武装集团与国民党领导的反动武装集团的尖锐对立和斗争。蒋介石国民党要内战、独裁，就要卖国，就要投靠美帝国主义；而美国为了企图控制中国，也必然支持蒋介石，反对中国共产党。我们党要取得革命胜利，主要靠自力更生，也离不开国际的援助，首先是苏联为首的社会主义阵营的援助。苏联政府宣布对日作战，苏军出兵东北，对中国取得抗日战争的胜利起了重要的推进作用，同时对我们党反对国民党的斗争也是有利的。国共双方，犹如两个人打架，苏联这个巨人站在我们背后，这就极大地鼓舞了我们的士气，大杀了国民党的威风。"一边倒"的外交格局，就是在这种国际大背景下形成的。

一、新中国成立前夕，刘少奇同志率中共代表团访苏，就新中国成立大计和增进两党关系听取斯大林的意见

在1948年9月的政治局会议上，毛主席指出："关于完成新民主主义到社会主义的过渡的准备，苏联是帮助我们的，首先帮助我们发展经济。"会后，9月28日，毛主席关于九月会议向斯大林的通报中提到，有许多问题要向斯大林和联共中央通报，准备11月末赴莫斯科。10月16日，毛主席致电斯大林："召开政协，成立临时中央政府，待我11月到你那儿商定。"（虽然共产国际已取消，我们还是把苏联看成老大哥，有大事还是和它商量——作者注）12月30日，毛主席又电告斯大林，正召集高岗、饶漱石、薄一波、刘伯承、陈毅、罗荣桓、林伯渠诸同志来中央所在地开会，讨论1949年整个战略方针问题和准备召开七届二中全会（1949年春季）。这个会开完即去莫斯科，然后回来开二中全会。后因交通不便，接着毛主席又要指挥淮海、平津战役而未能成行。斯大林委派苏共中央政治局委员米高扬于1949年1月31日飞抵西柏坡，听取我党中央的意见。毛主席和少奇、恩来、朱德、弼时同志，就战略方针、军事部署、和平谈判及其发展前途、政治协商会议、联合政府及其纲领、建都问题、经济政策及建设计划、外交根本政策及目前策略，以及中苏关系、两党关系等问题，同米高扬交换了意见。3月25日，中央机关进驻北平之后，新中国成立问题已迫在眉睫。党中央和毛主席决定由少奇同志率中共代表团（团员有高岗、王稼祥）访苏，6月26日，代表团抵达莫斯科。28日晚，斯大林和莫洛托夫、马林科夫、米高扬会见刘、高、王，祝贺中国革命的胜利。7月4日和6日，中共代表团提出须向斯大林商谈的问题，其中包括：贷款和专家问题、关于国际形势的估计、在莫斯科向苏联学习的内容、请苏联帮助办一个培养建设管理人才的专门学校（即中国人民大学），以及中苏交通问题、文化交流问题、贸易问题，等等。7月11日，中共代表团参加苏共中央政治局会议，商谈增进两党关系问题。15日至26日，代表团与苏联国家计委、财政部、商业部、国家银行负责同志会谈，并参观工厂、集体农庄。27日，刘、高、王与斯大林、布尔加宁、华西列夫斯基商谈军事计划。30日，少奇同志与马林科夫在克里姆林宫签订贷款协定。同日，高岗回国。8月2日，毛主席电请少奇同志回国，参加人民政协和新中国的组建工作。9日，刘亚楼、张学思同志抵莫斯科，与苏商谈帮助我建设航校、海校等事宜。14日，少奇同志圆满地完成了出访任务，乘专列离莫斯科回国（近百名苏联援华专家同行）。

二、主动提出"一边倒"的外交政策

为了澄清某些党外人士的模糊认识，同时，也为了奠定新中国外交政策的基础，1949年6月30日，毛主席在《论人民民主专政》一文中指出："一边

倒，是孙中山的40年经验和共产党的28年经验教给我们的，深知欲达到胜利和巩固胜利，必须一边倒。积四十年和二十八年的经验，中国人不是倒向帝国主义一边，就是倒向社会主义一边，绝无例外。骑墙是不行的，第三条道路是没有的。我们反对倒向帝国主义一边的蒋介石反动派，我们也反对第三条道路的幻想。""我们在国际上是属于以苏联为首的反帝国主义战线一方面的，真正的友谊的援助只能向这一方面去找，而不能向帝国主义战线一方面去找。"为什么当时要提出这样的外交战略方针？它的背景和针对性是什么？有何深远意义？当时正在华东指挥作战的邓小平同志于7月19日致华东局诸同志的信中，作了精辟的阐述。这些论述今天仍然可以帮助我们，尤其是青年同志加深对这一问题的理解，特转录如下：

"帝国主义的各种花样直到封锁，其目的在于迫我就范，我们的斗争也在于迫使帝国主义就范。我们绝不会就帝国主义之范，而一个多月的经验看出，帝国主义就我之范亦非易事。这一时期双方斗争实际上都是试探的性质，直到英美摊出封锁的牌。封锁，在目前说来，虽增加我们不少困难，但对我仍属有利，即使不封锁，我们许多困难也是不能解决的。但封锁太久了，对我则是极不利的。打破封锁之道，毛主席强调从军事上迅速占领两广云贵川康青宁诸省，尽量求得早日占领沿海各岛及台湾。同时我们提出的外交政策的一面倒，愈早表现于行动则对我愈有利（毛主席说，这样是主动的倒，免得将来被动的倒）；内部政策强调认真地从自力更生打算，不但叫，而且认真着手做（毛主席说，更主要的从长远的新民主主义建设着眼来提出这个问题），毛主席说这两条很好，与中央精神一致。我们这样做，即占领全国、一面倒和自力更生，不但可以立于坚固的基础之上，而且才有可能迫使帝国主义就我之范。"

三、新中国成立初期，毛主席访苏和《中苏友好同盟互助条约》的签订

1949年10月1日，中华人民共和国中央人民政府成立。毛主席在开国大典上庄严宣告："本政府为代表中华人民共和国全国人民唯一合法政府。凡愿遵守平等、互利及互相尊重领土主权等项原则的任何外国政府，本政府均愿与之建立外交关系。"（不言而喻，这也包括西方国家在内——作者注）同日，周恩来外长致函各国政府。2日，苏联政府决定中苏建交，并互派大使，成为承认中华人民共和国的第一友邦。20日，毛主席致电斯大林，介绍王稼祥同志出任驻苏大使，同时以中共中央代表资格接洽两党事务。当时，刚刚诞生的人民共和国面临着打破帝国主义封锁的严重斗争，因而巩固和发展中苏两大国的友谊和合作，就显得格外重要。11月12日，毛主席电谢斯大林："感谢你欢迎我到莫斯科去。"12月16日，毛主席抵达莫斯科，受到苏联党和政府的盛大欢迎。21日，毛主席在庆祝斯大林70寿辰大会上致词，全场3次起立。22日，毛主席电告中央："在准备对苏贸易条约时应从统筹全局的观点出发，苏联当然是第一位的，但同时要准备和波、捷、德、英、日、美等国做生意。"并告"已与斯大林约好23日或24日谈一次"。恰在这时（1949年12月24日），陪同毛主席赴苏的苏联驻华总顾问柯瓦廖夫向斯大林作了《关于中共中央若干政策与实际问题》的书面报告。报告中说，在中共党内，在中央委员中，有些人过去是亲美的、反苏的，中央的领导现在支持他们；刘少奇组织和领导了对高岗无根据的批评；中央人民政府的组成，民主人士占的比例很大，实际上变成了各党派的联合会，等等。据说，这个报告是根据高岗提供的材料在东北起草的（这说明，高岗从那时起，就在制造党内纠纷了——作者注）。这份报告，对我党高层的政治生活作了不真实的反映，甚至可以说是对我党中央进行挑拨离间，起了很恶劣的作用。毛主席到苏联后，一段时间内，苏方不够主动，毛主席闭门不出，可能与此有关。毛主席在苏联接待人员面前发了脾气，说："我来苏联并非专来祝寿，还有两国双边关系等重要问题要商量。"斯大林得知后，很快就同毛主席谈判，并将柯瓦廖夫总顾问的那份报告交给了毛主席，从而增进了相互的了解（但仍有些猜疑尚未完全解开）。1950年1月2日，毛主席致电中央："最近两日，这里的工作有一个重要发展。斯大林同志已同意周恩来同志来莫斯科，并签订新的《中苏友好同盟条约》及贷款、通商、民航等项协定。"14日至16日，毛主席访问了列宁格勒。20日，周总理和李富春同志等抵达莫斯科。22日，毛主席、周总理同斯大林、莫洛托夫会谈。23日，周总理和王稼祥、李富春同志同米高扬、维辛斯基、罗申会谈。在毛主席主持下，由周总理起草《中苏友好同盟互助条约》草案。25日，电请中央讨论。2月14日，《中苏友好同盟互助条约》《关于中国长春铁路、旅顺口及大连的协定》《关于贷款给中华人民共和国的协定》在莫斯科签字。同时，还签订了由苏联帮助中国建设与改造50个企业的协定。毛主席访苏获得了巨大成功。2月17日，毛主席、周总理离开莫斯科回国。

记得毛主席回国后，在中央书记处的会议上，曾谈到在苏期间向斯大林汇报了我们工作的情况，并传达了斯大林的三点意见：一是强调在土改中，不能侵犯富农的利益，否则是危险的；二是建议我们召开全国人民代表大会和制定宪法；三是建议把毛泽东同志的著作编成集子，以便党内学习，也便于国际上了解。随后，4月11日，毛主席又主持了中央人民政府委员会第六次会议，周总理在会上作了《关于中苏条约的报告》的报告。会议批准了这个条约。毛主席在讲话中指出："我们是处在一种什么情况之下来订这个条约呢？就是说，我们打胜了一个敌人，就是国内的反动派，把国外反动派所扶助的蒋介石反动派打倒了。国外反动派，在我们中国境内，也赶出去了，基本上赶出去了。但是世界上还有反动派，就是我们国外的帝国主义。国内呢，还很困难。……在这种情况下，我们需要有朋友。……我们同苏联的关系，我们同苏联的友谊，应该在一种法律上，就是说在条约上，把它固定下来，用条约把中苏两国友谊固定下来，建立同盟关系。……帝国主义者如果准备打我们的时候，我们就请好了一个帮手。"

在谈到条约和协定的重大意义时，毛主席指出："这次缔结的中苏条约和协定，使中苏两大国家的友谊用法律形式固定下来，使得我们有了一个可靠的同盟军，这样就便利我们放手进行国内的建设工作和共同对付可能的帝国主义侵略，争取世界的和平。"总之，"这一行动将使人民共和国处于更有利的地位，使资本主义各国不能不就我范，有利于迫使各国无条件承认中国……使各资本主义国家不敢妄动"。

我想，了解了这些，就会懂得在当时的历史环境下，我们党为什么要奉行"一边倒"的外交政策，为什么要跟社会主义的苏联结盟，为什么说这些战略方针都是正确的。[1]

关于决定毛泽东访苏的任务及准备工作，师哲作了如下叙述：

建国伊始，全国人民投入紧张而热烈的经济建设工作。与此同时，中央决定毛主席出访苏联。其主要任务是：参加斯大林七十寿辰庆祝活动；就两党两国之间所关心的问题交换意见；商谈和签订两国之间的有关条约、协定等，并商议与解决有关两国利益的若干具体问题。

开国大典后不久，即着手进行出国准备工作，中央指定党政各有关部门准备和编写有关的资料，并委托中共中央办公厅选定和筹集赠送给斯大林的祝寿礼品。

前者是在毛主席、周总理亲自过问和指导下完成的，后者江青经常插手。她一而再、再而三地向毛主席建议要带些能表明国情的礼品去，而且最好只带农产品和手工艺品。她提出首先要送的是山东的大白菜、大葱，潍坊的大白萝卜，其次是湘绣的斯大林像、景德镇的陶瓷、浙江的龙井茶、安徽的祁门红茶、江西的竹笋、福建的漆器、杭州的纺织品与刺绣等。这些礼品来不及随车带走，而是陆续运到莫斯科的。原因是订货者一而再地改变主意，审查货物的人又无休止地挑剔，致使一拖再拖，耽误了时间。

为什么这次江青胆敢干扰、瞎指挥呢？原因是她于1949年夏季曾去过一次莫斯科，并受到斯大林的礼遇和夸奖，于是昏昏然，不可一世了。她似乎一下子成了里手，左出主意，右提意见，俨然以"参谋长"自居了。[2]

中共中央在作出毛泽东访苏的决定后，就请在华苏联专家负责人柯瓦廖夫通知斯大林，让斯大林决定毛泽东去莫斯科的时间等。1949年11月9日，毛泽东以中央名义致电王稼祥：

稼祥同志：

我们已请柯瓦廖夫通知斯大林同志请他决定毛主席去莫斯科的时间。我们认为毛主席可于12月初动身去莫斯科。至于恩来同志是否应随毛主席一道去莫斯科，或于毛主席到莫后再定恩来是否去及何时去，此点亦请斯大林酌定。

中　央
11月9日

11月12日，毛泽东致电斯大林：

菲里波夫[3]同志：

感谢你欢迎我到莫斯科去。我准备于12月初旬动身。同时请你允许柯瓦廖夫同志与我一道同去，他已对苏联专家的工作作了安排，他去不会影响工作。

中共中央、毛泽东对访苏准备工作是非常重视的。对斯大林寿礼的准备也作了细致安排。为此，毛泽东以中央名义专门给山东分局发了电报：

山东分局：

斯大林同志今年12月21日七十大寿，中央决定送山东出产的大黄芽白菜大萝卜大葱大梨子作寿礼。请你们接电后于3日内（即12月4日以前）购买每样5000斤共两万斤，由中央派飞机到济南接运。飞机于12月4日到济南，请注意时间。你们采购上列各项物品（大黄芽白菜大葱大梨大萝卜）时请注意选择最好的。

中　央
12月1日下午5时

两个巨人的会晤

大约是1949年12月6日，毛泽东偕陈伯达（以教授身份）、师哲（翻译）等乘坐的专列从北京出发。苏联驻华大使罗申、苏联专家总负责人柯瓦廖夫陪同前往。专列沿途警戒是十分严密的。列车经过天津时，因在铁路线上发现一颗手榴弹（实际上已破旧了），公安部长罗瑞卿在此下车去调查。当时任东北军区参谋长的伍修权（不久调外交部任苏联东欧司司长，并随周恩来访苏）回忆了他负责的东北沿线警戒情形：

1949年底，我又接受了一项特殊任务。毛主席坐火车赴苏联，参加斯大林七十诞辰的庆祝活动和进行中苏会谈，我负责东北境内自山海关到满洲里铁路全线的警戒工作。由东北军区和铁道部共同组织，在沿线每隔100米距离设一哨兵，互相都能看到。这样，每1公里10人，100公里就1000人，全线共有几万人参加警卫，以免发生意外。如果专车发生了问题，那可不得了。12月6日，毛主席启程离京，首次出国访苏。我亲自守候在东北地区与华北地区的铁路交接点——山海关车站，在这进入东北的第一站上，准备迎接由此通过的毛主席乘坐的专列。

不久，毛主席的出国列车终于来到了。我上车向毛主席报告了铁路沿线的警卫安全工作，他也向我们表示了赞许和慰问。列车经过沈阳时，高岗等东北局领导人也上车迎接毛主席。毛主席在车厢里同他们作了简短的交谈后，列车又继续前进。最后得到报告，毛主席的出国专列已经安全通过东北地区，进入苏联国境，苏联已派高级领导人在那里欢迎并接待了他。这时，我们才完全放了心。[4]

师哲回忆了专列在苏联境内行驶时毛泽东的活动：

专列进入苏联境内的第一站奥特堡尔时，苏联外交部副部长拉夫伦捷夫已专程前来迎接，并在车站举行了简短的欢迎仪式。毛主席检阅了仪仗队，但因冰天雪地，寒风凛冽，气温甚低，只得迅速回到车上。列车一路每至一个大站都有当地主要领导干部出面迎接。

行至新西伯利亚城时，苏联外交部打来电话，询问毛主席的健康状况，并问有什么特殊要求或愿望，以便满足路上的需要，护理好毛主席的健康，安排和照顾好毛主席的生活。

列车行至斯维尔德洛夫斯克车站时，毛主席下车在月台上散步，但几分钟后，他忽然头昏目眩，满头大汗，站立不稳，我急忙上前扶住他，并把他搀回了列车上。几个钟头后，他恢复了正常。这种情况在国内时也曾有发生。

从此，主席不再到月台上散步。在雅罗斯拉夫，王稼祥大使登车迎接[5]，并陪同至莫斯科。[6]

1949年12月16日中午，在苏方精心安排下，毛泽东专列到达莫斯科北站（雅罗斯拉夫车站）时，车站的大钟正打了12下。首任驻苏大使王稼祥的夫人朱仲丽在回顾这一情景时写道：

雅罗斯拉夫车站悬挂着中苏两国国旗。车站的大自鸣钟敲打了12下，毛主席坐的专列到达了。穿着皮大衣、戴着皮帽的毛主席从车厢里走下来。走上去迎接的有：苏联部长会议副主席莫洛托夫、苏联部长会议副主席布尔加宁元帅、对外贸易部部长孟希科夫、外交部副部长葛罗米柯、莫斯科市卫戍司令官西尼洛夫中将以及其他有关领导人。朝鲜、蒙古、波兰、捷克斯洛伐克、匈牙利、罗马尼亚、保加利亚、阿尔巴尼亚、民主德国的大使、公使等外交官都来迎接。我使馆全体人员也前来迎接。仪仗队已排列在站台上，先演奏了中苏两国国歌，毛主席检阅了仪仗队后，站在麦克风前发表简短的演说，博得暴风雨般的掌声。[7]

　　毛泽东在演说中说：

亲爱的同志们和朋友们：

　　我这次有机会访问世界上第一个伟大社会主义国家苏联的首都，是生平很愉快的事。中苏两大国人民是有深厚友谊的。十月社会主义革命之后，苏维埃政府根据列宁斯大林的政策首先废除了帝俄时代对于中国的不平等条约。在差不多三十年的时间内，苏联人民和苏联政府又曾几次援助了中国人民的解放事业。中国人民在患难中，得到苏联人民和苏联政府这种兄弟般的友谊，是永远不会忘记的。

　　目前的重要任务，是巩固以苏联为首的世界和平阵线，反对战争挑拨者，巩固中苏两大国家的邦交，和发展中苏人民的友谊。我相信，由于中国人民革命的胜利，和中华人民共和国的成立，由于新民主国家及世界爱好和平人民的共同努力，由于中苏两大国的共同愿望和亲密合作，特别是由于斯大林大元帅正确的国际政策，这些任务必将会充分实现并获得良好的结果。

　　中苏友好与合作万岁！[8]

　　欢迎仪式结束后，毛泽东一行前往姐妹河斯大林的第二别墅下榻。这是斯大林在卫国战争期间的住所，不但有华丽的会客室、饭厅和卧室，还有一个很大的地下指挥部。毛泽东、机要室主任叶子龙和师哲住在一层，陈伯达、汪东兴住在二层。

　　毛泽东吃过中饭稍休息，王稼祥向他汇报了大使馆建馆以来的情况，请示了这次访苏的计划和安排。

　　当天下午莫斯科时间6时，毛泽东在克里姆林宫会见了斯大林。邱静在《毛泽东与斯大林的会晤》一文里，叙述了两位伟人首次会谈的情景：

　　为了事先摸清苏方的底牌，奠定好中苏新关系的基础，党中央和毛泽东曾经在新中国成立前夕派刘少奇去莫斯科同斯大林进行商谈。在同斯大林的会谈中，刘少奇介绍了中国革命胜利的经验和中国当时的具体情况，全面地阐明了即将成立的新中国的内外大政方针，提出了中苏新关系亟须解决的问题，其中包括处理旧的中苏条约问题，并表达了毛泽东在中苏建交后以公开的身份访问苏联的意向。

　　当时，斯大林对刘少奇的情况介绍表示满意，认为中国新政府将采取的各项方针政策都是正确的，答应中国新政府一成立，苏联将立即予以承认，并给新中国以援助。他还说："由于不了解情况，我们过去曾经给中国的革命出了一些不好的主意，给你们带来困难，干扰了你们。"他还表示学生一定会超过先生，世界革命的中心正向东方转移……斯大林在回答中苏旧约这一实质问题时说："我们承认这个条约是不平等的。那个时候不得不采取那样的政策，对日和约未签字，美国不从日本撤兵，苏联在旅大驻军是为了抵制美蒋的进攻；如中共愿意苏联撤兵，我们就马上撤出。""中国新政府成立后请毛泽东同志马上来，如不便来，我们可派代表团去中国。"

明眼人会发现：斯大林对中苏旧约问题的表态是在为他自己承认条约的不平等性质辩护。考虑到中共没有海军，需要仰仗苏联，他才表示苏联可以从旅顺撤军。但斯大林显然是不愿废旧约、订新约的，不愿放弃苏联在东北的利益和特权，特别是决不同意改变外蒙古独立的既成事实。

刘少奇访苏，斯大林显出少有的热情，作出对新中国给予援助的承诺，然而，他对中苏条约的意见，却加重了毛泽东处理中苏关系问题的难度。

1949年12月16日当晚10时（北京时间），苏方安排毛泽东在克里姆林宫会见斯大林。斯大林一见到毛泽东便说："你真年轻，很健康。"毛泽东一方面很敬重斯大林，另一方面对斯大林在中国革命关键时刻指导上的失误很不满，所以"情不由己"地说："我是长期受打击排挤的人，有话无处讲。"斯大林说："胜利者是不受谴责的，这是一般的公理。"接着斯大林对中国革命胜利的意义和对毛泽东作出的巨大贡献，说了一些赞扬的话。然后两位领导人就国际形势和中苏关系交换了意见。由于对处理中苏旧约问题坦率地提出不同的意见，双方发生了分歧。

第一次会晤后，毛泽东于10月18日是这样电告刘少奇的：（一）16日到莫斯科，下午10时与斯大林谈了两小时，情意恳切。谈了和平的可能性、条约、借款、台湾及毛选出版等问题。（二）斯大林说，美国人很怕打仗。美国人叫别人打，而别人也怕打。看他这种说法，仗是很难打起来的，和我们的估计一样。（三）关于条约问题，斯大林说，因雅尔塔协议的缘故，目前不宜改变原有中苏条约的合法性，如果改变原有的，重新订新约，会牵涉到千岛群岛的问题，美国就有理由要拿千岛群岛。因此，旅顺为苏联租界三十年这一点，目前在形式上不能改变。但在实质上，苏联实行撤兵，由中国军队进驻。我说撤得太早也不利。他说可想办法使苏联撤兵不成为袖手不管，让中国同志独当其冲。他的意见是签一个声明，照上述内容解决旅大问题，如此即可使中共取得政治资本。我说，照顾雅尔塔协议合法性是必要的，唯中国社会舆论有一种想法，认为原条约是和国民党订的，国民党既然倒了，原条约就失去了意义。他说，原条约是要修改的，大约两年以后，并且须作相当大的修改。（四）斯大林说，签个声明，外长不必飞来。我说，我考虑一下，想将商务、借款、航空等协定一起签，总理还是去。条约问题如何解决，请政治局讨论并提意见。

刘少奇接电后，召集了政治局会议进行讨论。21日，刘少奇、朱德、周恩来联名电复毛泽东称："今日政治局会议，大家赞成如果苏联方面并不准备现在签订关于借款、航空、通商诸协定，只准备就旅顺驻兵问题及对一般政治问题发表一个声明，则恩来同志去莫（斯科）似无必要。政治局请你就此问题加以考虑，并给予指示。"毛泽东22日致电党中央，已与斯大林约好23日或24日谈一次，在这次谈话后可以确定方针电告你们。[9]

关于毛泽东赴苏前期的活动情况，伍修权也回忆说：

毛主席和周总理的这次出国访苏，是新中国成立以来与苏联的第一次最重要的会谈，不仅将讨论和决定中苏两国之间的一系列重大问题，还将对世界形势特别是远东形势发生重大的影响。所以我国派出了庞大的代表团赴苏参加谈判。我作为外交部苏联东欧司司长参加代表团的工作，代表团成员有当时的东北人民政府副主席李富春、中央贸易部部长叶季壮、东北工业部副部长吕东、东北贸易部副部长张化东、外交部办公厅副主任赖亚力，还有何谦、沈鸿、苏农官和当时旅大市市长欧阳钦等有关人士和工作人员。后来又增加了从新疆来的赛福鼎和邓力群等同志，驻苏大使王稼祥、武官边章五和参赞戈宝权等同志，都参加了会谈或有关的工作。

我们是乘火车出国的，在路上走了整整十天，列车穿过了我所熟悉而又久违的茫茫西伯利亚。1月20日，周总理率领我国代表团到达莫斯科。毛主席是1949年12月16日到达莫斯科的，我们在他到后的一个多月时到达。为什么中间隔了这么长的时间，又由周总理等赴苏会谈，我当时和事后逐步了解到这样一些情况：

毛主席这次赴苏，是他第一次出国和会见斯大林同志，苏联方面也十分重视这次访问，给予了很高的礼遇和最好的接待。据当时为毛主席做翻译的师哲同志说，苏联将毛主席所乘专列到达莫斯科的时间巧妙地安排在中午12点整，列车刚一停靠月台，克里姆林宫的大钟就"当当"地敲响了。除斯大林以外的苏联最高党政军领导人，几乎全体到车站欢迎。莫洛托夫担心毛主席不适应莫斯科的寒冷气候，关照把欢迎仪式予以简化，尽量缩短在车站停留的时间。照例要进行的同各国外交使节和欢迎行列的握手见面，全都免了。只检阅了一下仪仗队，发表了一个早已准备好的简短演说，很快就上了车，送往特别为毛主席安排的休息地点——斯大林在第二次世界大战期间使用的一处郊外别墅。这个地方无论是生活设备还是安全设施，在苏联都是最高水平的。同时在莫斯科市内，又为毛主席安排了另一处住所。

毛主席到达的当天，略为休息后，下午6时，斯大林率领苏共全体政治局委员会见了毛泽东同志。斯大林的态度是热情的，他一见毛泽东同志，不等介绍就上前紧紧握手，高兴地说："想不到你是这么的年轻和健壮！"人所共知，斯大林在中国革命的问题上，出过一些不正确的主意，中国革命取得胜利的道路，是中国共产党人把马列主义普遍真理同中国革命的具体实践相结合，是自己探索和选择的，在某些方面是违反斯大林的意志的。事实已经证明，中国革命的道路是正确的。斯大林本人自然也是心中有数，所以他同毛主席见面不久就说："你们已经取得了伟大的胜利，而胜利者是不受指责的。"在此以前，即1949年7月，刘少奇同志代表我党赴苏与斯大林商谈我国建国问题时，斯大林就向中国同志表示，他们过去不适当地干涉了中国革命，他曾说："我们干扰过、妨碍过你们，我为此感到内疚。"

斯大林能作这样的自我批评，虽然是在内部的谈话，在他来说却是很不容易的。当时他对中国同志的态度，确是热情诚恳的。在我国国内革命战争时期，受共产国际和苏联支持的王明"左"倾教条主义者们，曾经打击压制过毛泽东同志和其他坚持正确意见的同志。对这些不愉快的往事，双方都心中有数，所以斯大林似乎想以自己的热情和高规格的接待来弥补这一点。在为斯大林祝寿的大会上，斯大林让毛泽东同志居于各国兄弟党领导人之先，紧挨自己并肩站在一起。在整个会谈过程中，也尽量不对我们率先提出什么要求，以免再有强加于人之感，想把主动权让给我们。

可是，毛主席却自有主张，他也不马上说出自己有什么想法和要求。有一次，斯大林同毛主席会见时，莫洛托夫等苏共主要领导人都在座，他们很委婉地问毛泽东同志这次访苏有些什么打算，想办点什么事情。其实，毛主席当时已有搞一个中苏条约的想法，但是他不明白地说出来，只含蓄地用幽默的语言说，想搞点什么"既好看又好吃"的东西，弄得几个苏联领导人都莫名其妙。当时新中国成立才两个多月，苏联对我国的情况特别是某些方针政策还不太了解，例如我们的政府中有不少民主党派和无党派民主人士的代表，他们会不会使我国走亲西方的路线？过去我们不是那么听共产国际和斯大林的话，坚持自己独立的做法，我国会不会走南斯拉夫的道路？因此苏联同志对我国的内外政策，不免存在某些疑虑和误会。在毛主席访苏时，双方都采取了一种试探的态度。[10]

柳暗花明

斯大林七十寿辰即将到来，毛泽东于12月19日就致电斯大林表示祝贺。12月21日，是斯大林的生日，盛大祝寿会在莫斯科大剧院举行。师哲对这一活动回忆说：

12月21日，斯大林七十大寿，在莫斯科大剧院举行庆祝大会。到会的都是苏联的高级干部。斯大林和各兄弟党的代表都在主席台就座。毛主席挨着斯大林和匈牙利的拉科西，我在毛主席身边担任翻译。

毛主席的祝词是费德林代读的，高度评价了斯大林对国际共产主义运动的贡献，反响很大。[11]

毛泽东在12月21日24时给中央的电报中写道："本（21）日庆祝会除苏联各共和国代表讲话外，有13个国家的代表讲话，在这13个国家中由我代表中国第一个致词，受到盛大欢迎，三次全场起立，长时间鼓掌。"

在祝寿词中毛泽东说：

亲爱的同志们，朋友们：

我这次能参加庆祝斯大林同志七十寿辰的盛会，至为愉快。

斯大林同志是世界人民的导师和朋友，也是中国人民的导师和朋友。他发展了马克思列宁主义的革命理论，并对于世界共产主义运动的事业作了极其杰出和极其宽广的贡献。中国人民在反抗压迫者的艰苦斗争中，深切地感觉到斯大林同志的友谊的重要性。

在这个盛会上，我谨以中国人民和中国共产党的名义庆祝斯大林同志的七十寿辰，祝福他的健康与长寿，祝福我们伟大友邦苏联在斯大林同志领导下的幸福与强盛，并欢呼世界工人阶级在斯大林同志领导下的空前大团结。

世界工人阶级和国际共产主义运动的领袖——伟大的斯大林万岁！

世界和平与民主的堡垒苏联万岁！[12]

师哲对祝寿大会的若干细节，也作了意味深长的回忆：

在大会进行过程中，斯大林一再侧过脸来同毛主席说话。但无论斯大林和拉科西怎样引逗，都未激起毛主席的一丝微笑，他一直沉默寡言，庄严静思。

大会以后，举行宴会并观看了文艺演出。斯大林和毛主席坐在一个包厢，这是旧时沙皇的专用包厢。演出结束后，观众全都回过头来欢呼："斯大林！毛泽东！""毛泽东！斯大林！"毛主席举手向群众致意，并呼口号："斯大林万岁！""光荣归于斯大林！"全场口号声、欢呼声、鼓掌声响成一片，持续了好几分钟。

祝寿之后，欧洲各国党的代表团都回去了，我们仍留在莫斯科。[13]

关于斯大林对中国送的寿礼的反应，朱仲丽写道：

世界各国共产党、团体、政府、有关人士和劳动人民，送给斯大林的寿礼很多。毛主席和中国共产党、中国政府也向斯大林送了寿礼，有斯大林绣像、斯大林著作中译本、用象牙雕刻的宝塔和古瓶等。听苏联外交部的同志说，斯大林非常喜欢中国送给他的这些寿礼。苏联按斯大林的指示，把各国送来的寿礼，在莫斯科普希金美术博物馆展览。我们大使馆人员也都参加了这个展览的开幕式。进门处，首先是中国展览室，那五星红旗下面就是中国礼品和寿堂。寿堂上有毛主席亲笔写的"福如东海，寿比南山"八个大字。

驻莫斯科的各兄弟国家大使还向斯大林致送了贺词。中国大使的贺词是用中文和俄文书写的字。在苏联找不到中国书法家，中文是稼祥亲自挥笔写的。由稼祥和戈宝权文化参赞一块儿送到苏联外交部，呈送给苏联外交部长维辛斯基。[14]

热闹非凡的祝寿活动过后，毛泽东立即考虑与苏联订立条约之事。他于22日凌晨3时就准备对苏贸易条约问题，给中央发了一封电报。电文如下：

中央：

（一）据稼祥说，波兰、捷克、德国都想和我们做生意。似此，除苏联外又有这三个国家即将发生通商贸易关系。此外，英国、日本、美国、印度等国或已有生意或即将做生意。因此，你们在准备对苏贸易条约时应从筹统全局的观点出发，苏联当然是第一位，但同时要准备和波、捷、德、英、日、美等国做生意，其范围和数量要有一个大概的计算。（二）21日来电已收到，已与斯大林约好23日或24日谈一次。在这次谈话后可以确定方针电告你们。

12月24日，斯大林与毛泽东第二次会谈。斯大林根本不提签订中苏条约的问题，这使毛泽东非常失望。这以后，斯大林再也没有约毛泽东会谈。因此，毛泽东非常焦急，有一次对看他的苏联人发了火。师哲对此有生动的描述：

柯瓦廖夫和使馆参赞、中文翻译费德林是陪代表团一起来莫斯科的，他们有时来看看主席。有一次他们来到别墅交谈时，毛主席对柯瓦廖夫发了一通脾气，说："你们把我叫到莫斯科来，什么事也不办，我是干什么来的？难道我来这里就是为天天吃饭、拉屎、睡觉吗？"

其实他们是难得见到，甚至是见不到斯大林的。柯瓦廖夫当年随少奇见过一次斯大林，斯大林问他话时，他十分紧张，像小学生一样，站得笔直，立正回答问题。主席发脾气一事，他们怎敢向上汇报呢？

柯瓦廖夫和费德林离开时，我送他们出门，发现柯瓦廖夫的表情不正常。

他们走后，我去见主席。他情绪很好，高兴地对我说，他如此教训一番柯瓦廖夫，其目的是为了使他向斯大林反映情况（即反映我们的不满）。

我向主席解释说："柯瓦廖夫不会见到斯大林的，也不会反映他受到的训斥。他不能这样说，也不敢这样说。如果他这样说了，他就会受到指斥或处分的。柯瓦廖夫将采取什么办法摆脱窘境，还得等等看。"

不出所料，柯瓦廖夫回去之后写了一封污蔑中国的长信。斯大林收到信后，即刻转交给我们，并说："这是柯瓦廖夫自己写的，不是我们授意的。须知，他不是搞政治的，只是一个技术员，却往政治里钻，这是很不适当的。"[15]

薄一波在回忆录中专门提到了柯瓦廖夫的这封"长信"，并认为此信对毛泽东与斯大林之间已有的误解，可能起了加剧的不良作用：

　　恰在这时（1949年12月24日），陪同毛主席赴苏的苏联驻华总顾问柯瓦廖夫向斯大林作了《关于中共中央若干政策与实际问题》的书面报告。报告中说，在中共党内，在中央委员中，有些人过去是亲美的、反苏的，中央的领导现在支持他们；刘少奇组织和领导了对高岗无根据的批评，中央人民政府的组成，民主人士占的比例很大，实际上变成了各党派的联合会，等等。据说，这个报告是根据高岗提供的材料在东北起草的（这说明，高岗从那时起，就在制造党内纠纷了——作者注）。这份报告，对我党高层的政治生活作了不真实的反映，甚至可以说是对我党中央进行挑拨离间，起了很恶劣的作用。毛主席到苏联后，一段时间内，苏方不够主动，毛主席闭门不出，可能与此有关。毛主席在苏联接待人员面前发了脾气，说："我来苏联并非专来祝寿，还有两国双边关系等重要问题要商量。"斯大林得知后，很快就同毛主席谈判，并将柯瓦廖夫总顾问的那份报告交给了毛主席，从而增进了相互的了解（但仍有些猜疑尚未完全解开）。[16]

　　当事人之一的朱仲丽也回忆了这场僵局，并讲述了王稼祥大使对打破僵局所起的作用：

　　中苏之间的谈判出现了僵局，斯大林不见了，把毛主席冷落在郊外的别墅里。对此，稼祥非常焦急。

　　有一天，稼祥突然叫我："仲丽，你来。"

　　我放下手中的《俄华字典》，忙走到他的身边，问："稼祥，有什么事叫我做？"

　　他表情严肃，悄悄地对我说："谈判进展的情况你是知道的。处在这种情况下，我们使馆的同志更要关心毛主席。你是医生，责任更大。主席在苏期间，你就放弃学习吧，每天到别墅去照料他。苏方虽有医生，但可靠的医生还是你。"

　　"好，我马上就可以执行这个任务，下午上课，我向教授请假。"我说，"毛主席到皇宫医院作体格检查，不知结果如何？"

　　"派了五位各科的第一流教授详细检查了毛主席的身体，说各脏器正常，只是精神疲劳些，要禁烟、禁酒、禁肥肉，还要多活动，防止肥胖，只开了一个药方。医学教授们为毛主席吃茶而惊奇。"

　　"惊奇？"

　　"那么浓的龙井茶，有时连茶叶也嚼烂吞下，这使教授们皱眉头，他们把龙井拿去化验。"

"化验？"

"结果使这些教授转为羡慕。"

"羡慕？"

"说化验的结果是绿茶内含有大量的维生素C、咖啡素以及其他人们需要的元素，是长寿的好饮料。苏联产茶少，尤其绿茶。所以，他们非常羡慕中国人有好茶喝。"

"看来，可以送些给斯大林啰。"

"斯大林不随便吃外国人送他的食品。"

"为什么？"

"为了他的安全。你知道，饮食中是可以放毒的……"

第二天吃过早点，我就驱车来到了斯大林别墅。

"给你准备好了一间休息房子，就在楼上，希望你时常下楼来陪陪毛主席。"叶子龙说。

"好的！"我上了楼，又抱着医学书和字典安静地读着。因为这时毛主席还没有起来。

过了一会儿，叶子龙上来征求我的意见："我们上街买药去，行吗？"

"好。"我穿上大衣，"走吧！"

"到哪个药房？"叶子龙问，"你看都是什么药？"

"一进城就有。"我接过苏联医生给毛主席开的药方，"一共有三种药，无非是维生素C、维生素B_1和B_2，还有安眠药眠尔通。"

我们乘车到莫斯科热闹大街买了药。回到别墅不久，毛主席起来了。我忙找了一个小小的玻璃杯，放进饭后服用的四粒维生素C，在工作人员的房间里等待。

不到五分钟，我见一辆小卧车开到餐厅门前停下，下来的是苏联远东司司长费德林。来莫斯科后，大使馆人员和他接触最多了。他是一个高个子潇洒的年轻人，一头黑发，黑色的眉毛，无论是眼睛还是皮肤，都像东方人。他的中国话讲得很标准，深知中国的历史。斯大林很器重他，称他是"中国通"。毛主席来莫斯科访问期间，作为斯大林翻译的费德林每天来别墅陪伴毛主席。

我见毛主席和费德林一起到餐厅共同进餐，便拿着小小玻璃杯，走到毛主席和费德林坐的餐桌边，说："主席，这是药，请你吃完饭就服用。"然后，我礼貌地向费德林道声好。

"这是我们的大使夫人，又是我们的医生。"毛主席指着我说。

"我早就认识夫人了。"费德林说。

"请坐下来，和我一起进餐。"毛主席笑着对我说。

费德林向招待员示意，招待员马上又摆上一份餐具。

我回道："不，主席，我已经吃过了。"说完，准备要走。费德林目瞪口呆地望着我，又回头侦察毛主席的神态。大概他认为，一位大使夫人，竟敢不听国家元首的命令，可能要吃苦头吧？可我还是离开了，回到了工作人员的房间。

"请朱大夫来和我们一起再吃一点儿。"毛主席向身边站着的工作人员说。

"请你去吃早饭。"工作人员来传话了。

"不，我已经吃过了，不陪了！"我执拗地回答。

工作人员回去又返回来，说："朱大夫，主席第三次叫你了！快去吧！"

我勉强地走了过来。毛主席用不寻常的眼光看着我，我对毛主席说："我已经吃饱了。"

"你这个人，真是闺房里的小姐，三催四请、千呼万唤不肯走出绣楼。"

毛主席这番话，使得费德林一阵大笑。他恭维毛主席说："毛主席，你真是出口成章，宽宏大量。"

"我就是宽宏大量，大量又宽宏，宰相肚里能撑船嘛。"毛主席见我坐下，立即夹了一块火腿放在我的盘子里，又挑了一点儿黑鱼子，放在我面前的一块面包上。

我吃了一口，看一眼毛主席。毛主席也意味深长地看着我，我点了点头。是啊，我明白了，毛主席明在说我，实际上醉翁之意不在酒。毛主席到莫斯科后，除了一些参观活动、检查身体，再就是费德林陪着吃饭。中苏两党两国会谈陷入僵局，斯大林干脆不照面，把毛主席冷落在这里。毛主席心中焦急，但表面上不露声色，这正是他方才说的"宽宏大量"，而斯大林则是"三催四请，千呼万唤，不肯走出克里姆林宫"。费德林是聪明的，他看着我们的表情，大概心中也明白了。

我一边吃着，一边想着。是啊，中苏两党之间的关系，冰冻三尺非一日之寒。长征之后，中国共产党在实际革命斗争中形成了自己的领袖，中国共产党在自己的领袖领导下，在根据中国的实际进行革命斗争，不那么听话了。抗日战争结束后，斯大林由于过高地估计美国和国民党的力量，过低地估计中国共产党和中国人民的力量，惧怕中国发生内战，惧怕爆发新的世界战争，片面地强调了各国人民同国内外反动派实行妥协，不敢向美帝国主义和各国反动派进行坚决斗争。苏联在同国民党政府签订的《中苏友好同盟条约》中，还明确表示支持中国在蒋介石领导下的统一。中国共产党希望和平，但并不怕蒋介石打内战。蒋介石在美帝国主义支持下向解放区大举进攻，企图消灭共产党。但是，中国共产党和人民军队，针锋相对，经过三大战役，歼敌154万人，使蒋介石集团在长江以北全线溃败。这时斯大林派米高扬到西柏坡，劝阻中国共产党就此止步，不要打过长江，实行南北分治。实际上，斯大林是怕美国干涉，爆发新的世界战争。毛泽东同志和中国共产党是当然不会听这一套的，提出了"将革命进行到底"的口号，终于取得了全国的胜利。是啊，何止这些呢？斯大林为什么架子这样大？是大国沙文主义吗？是因为红军时代、抗战时期、解放战争时期发生的种种龃龉吗？共产国际派去的李德、"左"倾路线的代表人物王明给中国共产党造成了那么严重的损失，斯大林为什么避而不提，不加责备？对中国共产党新中国成立后的政策，斯大林为什么存有疑虑？这种种疑问，在当时，虽然我说不太清楚，但的确问号在脑海里画了一大堆。想到这些，我觉得稼祥派我来照料毛主席，的确想得周全，因为两方的僵局打不破，就等于谈判失败；双方需要疏通，需要打破僵持状态，这是需要时间的啊！

有人说，稼祥是"摇羽毛扇"的人，无非说他是"智囊"，当然，这出自不同人的口，各有褒贬。单就中苏谈判来说，稼祥这个"智囊"还是解决问题的。我知道，作为大使，他比毛主席还着急。他还是提出了办法，向毛主席进言，和苏方协商，先发一则新闻公告，谈三点双方一致同意的内容。经毛主席同意，公报发出了，缓解了僵持状态，搞活了关系，打开了局面。然后他建议毛主席不要在莫斯科等待，可以出访列宁格勒，请周恩来总理来莫斯科进行谈判，研究缔结《中苏友好互助同盟条约》和各项协定的有关事宜。于是，周恩来总理一行，于1950年1月20日来到莫斯科。[17]

这时，一个意外的事情发生了。由于毛泽东到苏后除参加祝寿大会外，在一段时间没有进行什么公开活动，西方新闻界作了种种猜测。英国通讯社造谣说，斯大林把毛泽东软禁起来了。这一事件对于促使中苏双方打破僵局，起了某种作用。毛泽东采纳王稼祥的建议，在1950年1月1日发表答塔斯社记者问，1月2日见报。全文如下：

（新华社北京2日电）塔斯社莫斯科2日电：塔斯社记者对中华人民共和国中央人民政府主席毛泽东先生的访问记。

记者问：中国目前的情势如何？

答：中国的军事正在顺利进行中。目前，中国共产党和中华人民共和国中央人民政府正在转入和平的经济建设。

问：毛泽东先生，您在苏联将逗留多久？

答：我打算住几个星期。我逗留苏联时间的长短，部分地决定于解决有关中华人民共和国利益的各项问题所需的时间。

问：您所在考虑的是哪些问题，可否见告？

答：在这些问题当中，首先是现有的中苏友好同盟条约问题、苏联对中华人民共和国贷款问题、贵我两国贸易和贸易协定问题，以及其他问题。

此外，我还打算访问苏联的几个地方和城市，以便更加了解苏维埃国家的经济与文化建设。[18]

《答记者问》发表后，震动很大，谣言不攻自破。斯大林的态度也发生了变化。他不再坚持原有的要与毛泽东一道签约的想法，同意周恩来到莫斯科来。1月2日（即《答记者问》见报那天）晚上8点，斯大林派莫洛托夫和米高扬到别墅来与毛泽东会谈，询问毛泽东对签订中苏条约等事的意见。毛泽东向他们提出了三个签约方案，苏方同意了让周恩来来签约的方案。毛泽东对这次会谈取得的实质性进展很满意，马上于当晚11点发电报给中央，通报会谈成果，并安排周恩来访苏事宜。

僵局打破，周恩来赴苏事宜安排妥帖后，毛泽东开始了外出游览等活动。师哲回忆道：

1月11日，毛主席谒列宁墓并敬献花圈；会见苏联最高苏维埃主席团主席什维尔尼克，会见什维尔尼克是纯礼节性的。

…………

毛主席得知周总理从北京启程的确切日期后，就准备外出旅游，1月14日乘火车离开莫斯科北上。

15日，毛主席在王稼祥、陈伯达等陪同下抵达列宁格勒。在火车站，受到当地领导的隆重迎接。当地领导原计划安排主席到斯莫尔尼宫休息，但是毛主席要直接乘车去波罗的海。遵照毛主席的愿望，汽车直奔波罗的海芬兰湾。大海和陆地已被冰冻连在一起，分不出陆地与海洋的界限了。

汽车在海面的冰层上行驶了一个多小时。

十月革命时，工人发起暴动的要地——喀琅施达特要塞与我们遥遥相望。毛主席走下汽车，在冰层上来回踱步，举目眺望，满怀激情地说："这里真是千里冰封啊！"

苏联同志介绍说："我们此刻正站在波罗的海海面的冰层上，冰的下面就是海水，冰层的厚度有一米至一米五。"

毛主席说："我的愿望是要从海参崴——太平洋的西岸走到波罗的海——大西洋的东岸，然后再从黑海边走到北极圈。那时，才可以说我把苏联的东西南北都走遍了。"

陪同人员顿时都活跃起来，欢腾、鼓掌，苏方人员尤其为毛主席的豪情和开阔的胸怀深深感动。

在列宁格勒，毛主席下榻于斯莫尔尼宫，即以前日丹诺夫的办公大厦。在市苏维埃主席库兹涅佐夫、书记利亚诺夫的陪同下，首先参观了基洛夫机器制造厂。机器震动得地面抖动，隆隆机器声震耳欲聋。这个工厂是十月革命时布尔什维克的重要据点，工人们作出了很大的贡献。

参观后，毛主席在该厂文化宫接受青少年的献礼、致敬，场面十分热烈欢快。主席兴致勃勃，笑逐颜开，愉快地度过了这段美好的时光。在莫斯科，除在园内散步外，活动极少，使人感到拘束紧张和乏味。

接着，毛主席参观了艺术馆，即冬宫展览厅及沙皇的寝室、办公室、休息室、客厅、藏书室等。

主人告诉我们，本来还有一间中国厅可以参观，但目前正在整修，很遗憾。

毛主席侧过脸对我说："其实是不便对我们开放，不好意思让我们看，因为沙俄盗窃中国的东西太多了。"

在列宁格勒郊区，毛主席参观了保留下来的卫国战争时期的防御工事及战场残迹。军区的一位上校参谋向毛主席介绍当年战斗情况，他讲了一段后停了下来，问是否需要继续讲下去。

毛主席回答说："可以了。"主席回过头来对我说："听那些背熟了的一套应酬话有什么意思？"

的确，那位上校把列宁格勒这座英雄城当年残酷激烈、千变万化的战斗经过，讲得非常枯燥无味，简直是背诵经书。

毛主席参观了十月革命时炮击冬宫的阿芙乐尔号巡洋舰。

晚上，主席到基洛夫歌舞剧院观看列别杰娃主演的一场芭蕾舞《巴亚捷尔卡》。在演出后，毛主席派代表团成员登台给列别杰娃献花篮，台上台下的鼓掌和欢呼声融合在一起。列别杰娃谢幕五六次之多，观众仍不散场。列别杰娃意识到掌声如此热烈非凡的原因之所在，于是面向毛主席鼓掌，用手送吻三四次。由此可见苏联人民对中国革命之热爱，对中国革命领袖的爱戴。毛主席也甚为感动，露出真挚的笑容，不停地向大家招手还礼。

主席在列宁格勒短暂停留，16日启程，翌日回到莫斯科，仍住在姐妹河斯大林别墅。[19]

这时，毛泽东的心情豁然开朗，轻松了许多。但他清楚地知道，要想使苏联放弃在华特权，绝非易事，谈判桌上还会有一番斗争。但他相信周恩来不辱使命，对前景始终充满信心。

满载而归

1950年2月14日，《中苏友好同盟互助条约》正式签字，这是毛泽东第一次访苏期间取得的重要外交成果。

师哲在回忆录中，对谈判签约的过程作了详细的叙述：

1月10日，周恩来率领中华人民共和国政府代表团离开北京前往莫斯科。这是一个颇为壮观的代表团，除随同毛泽东已先期到达的陈伯达及主席身边工作人员汪东兴、叶子龙等以外，随同周恩来的代表团成员有东北人民政府副主席李富春、中央贸易部部长叶季壮、东北工业部副部长吕东、东北贸易部副部长张化东、外交部苏联东欧司司长伍修权、外交部办公厅副主任赖亚力、大连市委书记欧阳钦、工业部计划处长柴树藩、东北电业局局长程明陞、东北外贸部处长常彦卿、中央财经计划局处长沈鸿、外贸部机要秘书苏农官、鞍钢公司副经理王勋、东北机械局副局长聂春荣、东北煤矿局计划处长罗维和警卫参谋何谦等同志。

毛主席返回莫斯科的第二天，周总理从新西比尔斯克打来电话。他们谈了一会儿，因传音不良，毛主席听不清楚，改为到了乌拉尔的斯维德洛夫斯克再通话。这次毛主席同周总理在电话上讲了一个多小时。毛主席把自己的活动、愿望以及将要签订的条约内容都讲了，也征求了周总理的意见。这样，周总理心中有了数，一到莫斯科立即投入了工作。

王稼祥到200公里以外的雅罗斯拉夫尔去迎接周总理一行。1月20日，周总理到达莫斯科，车站也有仪仗队迎接，比迎接毛主席规模小些。

周总理在车站发表演说："我这次奉了中华人民共和国中央人民政府毛泽东主席的指示，来到莫斯科，参加关于巩固中苏两大国邦交的会商。"

周总理住在单独一座别墅里，离毛主席住处较远。周总理一到莫斯科，就来见毛主席，商量如何开展工作。过了一天，周总理索性搬到毛主席二楼的一间房子里住，这样更便于同主席商量问题。

由于事先已有充分准备，在周总理到达莫斯科的第三天，1月22日，毛泽东、周恩来与斯大林举行会谈，维辛斯基、李富春、王稼祥等也在座。

毛泽东首先发言，阐述了在新情况下中苏两国的合作关系应以条约形式固定下来的意见。他认为，条约的内容应是密切两国的政治、军事、经济、文化、外交的合作，以共同制止日本帝国主义或与日本勾结的其他国家的重新侵略。

斯大林同意这一意见，并谈了签订条约问题，即同盟条约问题、中长路问题、旅大问题、贸易及贸易协定问题、借款问题、民航合作问题等。

毛主席提议中长路、旅顺及大连三个问题写在一个协定中。

斯大林说："中苏条约应是一个新的条约，对《雅尔塔协定》问题可以不管它。旅顺口问题的解决办法，一个是限定归还，在对日和约缔结后撤兵；一个是现在撤兵，但过去的条约形式暂不变更。"

毛主席同意前一个办法。

谈到大连的问题时，斯大林说："可由中国自己处理。"

关于中长路，因为我们原无变更中苏共同经营之意，所以只提出缩短年限，改变资本比例，由现在的中苏各占一半，改为51：49和由中国同志任局长等三项意见。苏方同意缩短年限，但不同意改变资本比例，仍主张资本各半（50：50），并提出双方人员改为按期轮换制，轮流担任正副局长。

关于贸易问题，毛主席说，我们准备的出入口货单，并不十分准确，因此与贸易有关的问题只能作出大概的规定。

斯大林还提出不允许第三国居民进入和在中国东北、新疆地区居留的问题。由于这个问题提得突然，谈话有些冷场。

周总理随即反问道："东北住有很多朝鲜民族的居民，他们算不算第三国公民？更不用说外来的蒙古人了。"

斯大林对这一反问措手不及，一时哑口无言，后来说明他们的本意是禁止美、日、英等帝国主义国家的人进入东北活动。

在这个问题上曾出现不愉快的气氛，因为苏方提出的这个问题，干涉了我国的内政。

关于聘请苏联专家的问题，斯大林提出了一些苛刻的条件。这些条件既不符合中苏友好的原则，又带有明显的不平等性质，这些条件对苏联专家待遇的要求过高（后来连专家们自己也承认这一点）。还规定苏联专家在中国犯了错误时，中方不能处理，而应交由苏方审理和处理。在这个问题上，斯大林沿袭了西方帝国主义国家在对外援助方面所执行的方针、政策，同时也表现出了大国沙文主义。他这样做，其实在很大程度上是为了讨好俄罗斯民族，使国内的人们看到他是在为俄罗斯人民的利益着想，为俄罗斯人民办了一件有利可图的好事。所以，包括俄罗斯族在内的人们都说："斯大林的大俄罗斯主义精神表现得比俄罗斯族还要强烈，列宁过去在这个问题上对斯大林的批评，看来是十分准确的。"

大国沙文主义不仅表现于此，还表现在于3月27日中苏两国签订的《关于在新疆创办中苏石油股份公司协定》《关于在新疆创办中苏有色及稀有金属股份公司协定》和两国互设领事馆的问题上，可以说苏方承袭了沙皇政府的老政策。所以在斯大林去世后，1954年赫鲁晓夫第一次访华时，主动提出取消所有的四个中苏合股的公司。

在后来的谈判过程中，苏方提出在我国的哈尔滨、沈阳、大连、上海、广州等城市设立领事馆，中国相应地在苏联的海参崴、伯力、赤塔等地设立领事馆；在西部地区，苏方在我国的乌鲁木齐、伊宁、喀什设领事馆，中国相应地在苏联的塔什干、阿拉木图、斋桑设立领事馆。

在这个问题上，双方的实际做法有很大的差距。苏联非常积极地、争先恐后地按协定设立了他们的领事馆，并立即开展了活动，而中方除了在赤塔、海参崴两处勉强设立和维持了不长时间的领事馆外，在其他几个地方根本没有开设领事馆。曾提任驻赤塔中国总领事的徐介藩说："苏方按老习惯，把一切外交人员都当作外国情报人员看待，处处提防，行动极不自由。"所以他只在赤塔工作了不长的时间，就不愿返任了。

毛主席对苏联的这些做法是有意见的。

在1月22日的会谈中，双方决定委托恩来与米高扬、维辛斯基进行具体会谈。后来在会谈时，我方加入了王稼祥、李富春，苏方加入了外交部副部长葛罗米柯、罗申。

从1月23日起，周恩来、李富春、王稼祥同米高扬、维辛斯基、葛罗米柯、罗申开始就条约和协定的内容进行会谈。有时，毛主席也参加会谈。

在协商《中苏友好同盟互助条约》时，周总理强调，"友好同盟"的具体内容自然就包括互助合作在内了，而后者也应该是条约的具体内容。苏联方面对周总理的解释很感兴趣，也相当重视，因此把这次会谈情况向斯大林作了汇报。以后，周总理的这个意思在条约中得到了充分的反映。

开始，苏方按周总理的基本思想和大体内容，写了一个草案给我方看。

周总理看后说："不对，我说得很多，内容没有全包括进去，要修改。"当即把王稼祥、陈伯达叫来商量，同时向毛主席作了汇报，毛主席说："我们自己重搞一个吧。"

于是，周总理花了两天多时间草拟了条约文本，我把它译成俄文交给苏方修改。苏方没有改动多少，表示满意。看来，这是出乎他们意料的，他们没有想到我方会提出内容这么充实的条约。所以说，条约文本实际上是我方起草的。

《中苏友好同盟互助条约》规定："缔约国双方保证共同尽力采取一切必要的措施，以期制止日本或其他直接间接在侵略行为上与日本相勾结的任何国家之重新侵略与破坏和平。""亟愿依据联合国组织的目标和原则，巩固远东和世界的持久和平与普遍安全。"

《关于中国长春铁路、旅顺口及大连的协定》规定："苏联政府将共同管理中国长春铁路的一切权利以及属于该路的全部财产无偿地移交中华人民共和国政府。此项移交一俟对日和约缔结后立即实现，但不迟于1952年末。""不迟于1952年末，苏联军队即自共同使用的旅顺口海军根据地撤退，并将该地区的设备移交中华人民共和国政府，而由中华人民共和国政府偿付苏联自1945年起对上述设备之恢复与建设的费用。"以上两项在苏联未移交之前均由中苏共管。

《关于贷款协定》规定:"苏联以年利百分之一的优惠条件给中国3亿美元的贷款,规定中国于1954年12月31日至1963年12月31日10年内分批还清。"

另外还发表了《公告》。《公告》指出,1945年8月14日中苏签订的条约、协定均失去效力,"双方政府确认蒙古人民共和国之独立地位,已因其1945年的公民投票及中华人民共和国业已与其建立外交关系而获得了充分保证"。

苏联经济机关在东北自日本所有者手中所获得之财产无偿地移交中华人民共和国。(其实在苏军从东北撤退时,已搬走了大量的装备。)

《公告》之所以提到蒙古人民共和国的地位问题,是因为1945年8月国民党政府和苏联政府互换了《关于外蒙古问题的照会》,同意外蒙古独立。夏天,刘少奇访苏时已表明:"蒙古人民要求独立,根据各民族自治的原则,我们应当承认蒙古独立。"

一次,毛主席、周恩来和斯大林会谈,在交谈了若干问题后,周总理提出:"关于蒙古人民共和国的独立地位,中国准备发表一项声明。"

斯大林一听立刻就紧张起来,愣了一下,说:"蒙古问题不是早已解决了吗?并不存在问题,有什么要声明的?再说,蒙古同志不在,我们谈蒙古问题干什么?我们有什么权力谈论人家的命运。"

总理耐心地解释:"我们政府必须有个声明。中华人民共和国成立时,我们宣布旧中国的一切国际协定、条约一概不予承认。蒙古独立是国民党经手办的。国内的民主人士提出来,既然国民党签订的一切国际协定、条约都不予承认,那蒙古独立的问题,你们承认不承认?我们必须表明态度。"

斯大林好似放下一块大石头,大大地松了一口气,说:"我们两国都可以发表声明,还是中国政府先发表,苏联政府支持中国的声明,蒙古政府也表个态。"

最后以两国公告的形式解决了这个问题。会谈中提出了如何对待苏联在中国(主要是东北和新疆)的侨民问题,主要是关于他们的国籍问题和居留条件。苏侨中有人既不愿加入中国国籍,也不愿要苏联国籍,这样就成为无国籍公民,而无国籍公民在中国居住,中国则不能答应。苏方对年轻的苏侨,愿意承认他们的苏联国籍,而对年龄较大、原系革命时期逃离苏联的人则不乐意承认并抱有怀疑态度。这些问题大概到1955年才彻底解决。

在一次谈话中,斯大林主动地提出,在盛世时代,他们帮助新疆人民建立武装力量,训练干部,以对抗国民党的势力,并在那里建立有相当大的军火库，储存了一部分武器弹药。现在决定将这部分物资全部转交中方，望中方指定专人负责接洽、接收。主席当即委托周总理办理。

我还记得《条约》的有效年限开始谈定是二十年，不知后来怎么变成三十年。翻译时，我曾问主席，他说："原来是二十年，不知什么时候改为三十年。"看来，他并不看重年限。

周总理的工作很紧张，一方面要在克里姆林宫谈判条约、协定，一方面还要到李富春率领的那批人的住处，即莫斯科"苏维埃"大旅社指导工作。这时，孙维世从欧洲参加戏剧表演活动回国，途经莫斯科，来看望周总理。孙维世是周总理的养女，我建议把孙维世留下来做些生活方面的翻译工作，周总理同意了，她住在了姐妹河别墅的三楼。

一次会谈时，斯大林将毛、周、王稼祥单独请到另外一个房间里，可能斯大林想谈谈心里话。

主席又一次向斯大林讲起他曾在中国十年内战期间受过错误路线的打击、排挤，斯大林认真地听着。

突然，毛主席指着王稼祥说："就是他们打击我，他就是在苏区犯错误的一个。"弄得王、周十分紧张。

斯大林接着话茬儿说："啊，王大使，你还这么厉害？你也是犯错误的一员？"

毛立即接着说："他早改正了，而且现在还是得力的干部。"

可是，话刚开一个头，就被别的插话引开了，未能尽所欲言。毛主席始终未能在斯大林面前一倾衷肠，吐出胸中的冤枉和怨气，而斯大林将精力集中于当前的事务，如谈判、条约、协定上，也许他不想再提中国十年内战期间苏联和共产国际对中国革命有什么错误意见，或者认为关于错误一事，在刘少奇访苏时已谈清了。

在此期间，斯大林给毛主席打了第三次电话，也是最后一次。因我正陪周总理在克里姆林宫谈判，电话是孙维世接的，她一听讲话者是斯大林，就说"我听不懂，听不懂"，吓得把话筒给丢了。于是斯大林把我从会场叫到他的办公室，他说："我在电话上讲，你译给毛主席听。"

斯大林问："你最近生活和身体健康状况如何？"

毛泽东答："还好。"

斯大林又问："你还有些什么考虑、愿望和要求？我们还应该再进一步做些什么？"

毛泽东答："周恩来今天已进城去了，正在克里姆林宫商谈呢。"

斯大林说："我是想征求你的意见，看你是否还有什么新的意见或想法。"

毛泽东说："我没有什么新的意见，一切由周恩来商谈办理。"从此，斯大林再也没有来过电话。[20]

自始至终参与中苏谈判的伍修权回忆说：

斯大林主动提出，最好由他同毛泽东同志两个人来联名签署这一新的中苏同盟条约。可是毛主席又另有想法，他说订立条约是政府间的事，应该让我国总理周恩来同志来办。这样，才决定周总理率领各方面有关人员组成的代表团到莫斯科来。

周总理得到毛主席的指示后，出发前对我们说，此行要把中苏的合作往前推进一步，使我国的外交气象一新，取得更好的条件来对付帝国主义。赴莫斯科的途中，他又同毛主席通了电话，就即将举行的缔结中苏条约的工作，交换了意见。在火车上，周总理还把他准备到达莫斯科时在车站发表的演说稿，交给我事先翻译成俄文。在长途旅行中，大家都相当疲乏，可是周总理一直在进行着各项准备工作。

由于毛主席到苏联后，有一段时间没有进行什么公开活动，为了消除西方新闻界的种种猜测，苏联就用塔斯社记者访问的方式，公布了毛主席在苏联的活动计划，其中主要是准备缔结中苏同盟条约。苏联报纸也陆续发表了毛主席在列宁格勒一些地方参观访问的消息。周总理及我们一行到达莫斯科时，毛主席也从列宁格勒回来了。

周总理率领我们于1月20日到达莫斯科，苏联部长会议副主席米高扬、外交部长维辛斯基、驻华大使罗申及我国大使王稼祥同志等都到车站欢迎。周总理在车站发表了简短演说，我为他作了俄语口译。……车站的欢迎仪式结束后，苏联方面安排我们下榻在莫斯科郊区的一所高级别墅里。我们到达后的第三天，即1月22日，斯大林在维辛斯基陪同下，会见了周总理和王稼祥大使，会谈工作很快就开始了。起初周总理也同我们住在一起，因为他每天都要向毛主席去汇报和商谈问题，来去太费时间，后来就索性搬到毛主席那儿去住了。

由于毛主席不直接参加会谈，只由周总理以外长身份出面与对方谈判，按照外交上的对等原则，苏联也由外长维辛斯基出面参加会谈。我国正式参加会谈的还有王稼祥、李富春、叶季壮等同志，师哲同志担任翻译。我和其他一些同志在会下为会谈和将要签订的条约准备各种文件和有关资料。

我参加了条约的一部分文字翻译工作，也提出过一些技术性的意见。……正式签订条约时，苏联人用他们惯用的钢笔、墨水，我们则用自己民族的"文房四宝"。这一套纸墨笔砚还是由我从大使馆送到克里姆林宫，交给师哲安排到签字桌上的。

1950年2月14日，《中苏友好同盟互助条约》正式签订，在克里姆林宫举行了隆重的签字仪式。斯大林、莫洛托夫、伏罗希洛夫等苏联主要领导人和毛主席、周总理、王稼祥等中国同志出席了仪式。周总理同维辛斯基代表本国政府，分别在两份条约上签了字。条约的核心内容是缔约双方不得参加反对其中一方的任何同盟、集团、行动和其他措施，缔约一方如果受到第三国的侵略，另一方"即尽其全力给予军事及其他援助"。当时正是第二次世界大战结束不久，在战争中未受损伤的美帝国主义正在扶植日本军国主义，对中苏两国的安全造成了很大威胁。所以中苏两国作出这样的条约保证，不仅对于缔约双方，对于当时的远东及世界形势，也是有着重大意义的。在签字仪式上，周总理兼外长和维辛斯基外长先后讲了话。……

　　与同盟条约同时签订的还有《关于中国长春铁路、旅顺口及大连的协定》。中长铁路和旅大都是沙皇俄国逼迫中国清朝政府同意，由俄国修筑、经营和租借的，这原是帝国主义列强瓜分中国的结果。至新中国成立后，中长铁路还由苏联为主、中国参加管理着；旅大驻有苏联军队，建有军事设施等。按照新的协定，苏联应将中长铁路的经营管理权、旅大的苏军根据地及其他设备，全部移交给中华人民共和国政府。只是鉴于当时远东及世界的形势，双方协议在对日和约缔结后，预计在1952年底以前才实现这一移交。同时签订的第二个协定是《关于贷款给中华人民共和国的协定》。据此协定，苏联将向中国提供总数为三亿美元的贷款，每年利息为1%。中国利用此款购买建设所需之机器设备及其他器材，等等，并在十年以内，即1963年底以前，用原料、茶、现金及美元等偿还付清上述贷款及利息。除这两项协定外，双方还协议将苏联在东北从日本获得的财产及苏联过去在北京的兵营房产等（也是沙俄留下的）全部无偿移交给中国。这些协定和协议对于维护我国的独立主权及促进我国的经济建设都是十分必要的，都由周总理和维辛斯基分别代表两国政府签了字。上述条约及协定签字后，两国又共同声明，1945年8月苏联与中国原国民党政府缔结的各项条约与协定均失去效力。

　　除了以上主要的协定与协议，此外还有些具体的和未予公布的甚至有过扯皮的协议，例如关于原外蒙古即蒙古人民共和国的地位问题。苏联对我们这一点原来也不大放心，怕我们不承认外蒙古的独立，我们国内也确实有一部分人对此有不同的看法。所以周总理去后，主动向苏联表明了承认蒙古人民共和国独立地位的态度，并在公报中予以宣布，这就避免了可能引起的误会和疑虑。关于中长铁路问题，其实在日本占领东北期间，已经向苏联付款买下了铁路的主权，虽然钱少了点，但是总算给过钱了。苏军进入东北和日本投降后，苏联重新占有了中长铁路主权。我国政府建立后，苏联本应无保留地移交铁路主权，但是因为他们经过中长铁路到海参崴等远东城市，比走苏联本国的远东铁路还要近许多。所以苏联要求在一定时期内共同享有中长路的主权与利益，苏联实际上是多占了便宜。不过当时我国尚无足够的经营管理经验和技术能力，在此情况下暂时由两国共管共用，对我国还是有好处的，所以也就同意中长路暂时由两国共享权益。协议中还说苏联应将在我国东北从日本手中获得的财产，也就是一批工厂、矿山及其机器设备等无偿地移交中国。但是实际上苏联军队在撤离东北时，已将所有能拆卸运走的机器设备和器材物资等等，大部分搬到苏联去了。鞍山钢铁厂、沈阳兵工厂和小丰满发电厂等地方，只是"无偿地"移交了一些空房子，连日本高级官员和军官家里的高级家具，都被他们搬回苏联去了。在这方面，他们的风格是不高的，暴露了民族利己主义的倾向，同他们口头上宣称的并不是一回事。不过当时我们还是以大局为重，从大处着眼，没有在这些具体问题上同他们计较争执。在总的方面，斯大林等苏共领导人，对我们的态度还是相当热情的，对我国的援助也是很大的。因此，整个会谈过程和条约的签订，还是十分顺利和圆满的。

2月14日签字仪式后，由王稼祥大使夫妇出面，举行了盛大的鸡尾酒会，庆贺中苏条约签订和毛主席、周总理访苏成功。斯大林出席了这次酒会，什维尔尼克、莫洛托夫、马林科夫、伏罗希洛夫、米高扬、卡冈诺维奇、布尔加宁、赫鲁晓夫、布琼尼等苏联党政军最高领导人及各部部长、各界代表、各国使节共500余人参加了酒会。毛主席、周总理和王稼祥夫妇亲自迎接和招待客人，我国代表团全部人员出席作陪。隔了一天，即2月16日，斯大林在克里姆林宫又盛宴招待毛主席、周总理和我国代表团全体人员，苏联党政军领导人等几乎又全体参加了。在这两次酒宴中，斯大林情绪很好，席间不断同客人说话，甚至开玩笑。当时越南领袖胡志明同志正在莫斯科，他也参加了宴会。席间，他向斯大林说起对他有什么指示时，斯大林笑道："我怎么能指示你？你是'总统'，官比我还大呢！"胡志明又向斯大林半开玩笑地说："你们同中国同志订了个条约，趁我在这里，咱们也订个条约吧！"但是因为胡志明这次来苏联是秘密的，斯大林说："那人家要问你是从哪儿突然冒出来的呢？"胡志明道："那好办，你派架飞机把我送到天上转一圈，然后再找些人到机场欢迎我，在报上发个消息不就行了？"斯大林笑道："这倒是你们东方人特有的想象力。"这时的斯大林，确是和蔼可亲的。

…………

至于说斯大林担心我们会走铁托的道路，同他们闹独立性，看来也是事出有因。1948年，南斯拉夫坚持自己独立的立场，不听从斯大林的意见，结果触怒了他，就由欧洲共产党情报局通过了一项决议，将南共开除出情报局，并与南斯拉夫中断了正常的外交关系。这一问题对苏联和东欧的影响很大，他们对此特别敏感和警惕。毛泽东同志在新中国成立前夕，提出"向苏联一边倒"的国策，就是针对他们的这种疑虑。通过这次中苏会谈，包括建国以前我党与苏共领导人的多次秘密会谈和接触，双方的主要观点基本上是一致的，并未出现什么原则性的分歧。从上面提到的两次宴会上看，双方的感情确实是融洽的，气氛是十分热烈的，席间不断地互祝两国领袖的健康，不断高呼"中苏友好万岁"，宴会的时间也较长，很晚才散席。

…………

2月27日，毛主席、周总理和欧阳钦、师哲等先期回国，李富春、叶季壮和我们一些人，则留在莫斯科继续进行经济性的会谈和订立一些单项协定。毛主席、周总理离开莫斯科时，苏联方面在车站举行了隆重的欢送仪式，苏联方面有莫洛托夫、米高扬、布尔加宁、维辛斯基等苏联党政军领导人，王稼祥等我国大使馆全体人员，李富春等中国代表团留下的全体人员，还有各国使节等，都到车站送行。毛主席检阅了苏军仪仗队，发表了告别演说。他说中苏两国人民的深厚友谊，是以两国人民根本利益一致为基础的。中苏两国人民的团结，不仅要影响两国本身的繁荣，还将影响到世界和平和人类的将来。表示新中国的建设将以苏联为榜样，并感谢苏联政府、苏联人民及其领袖斯大林的热情接待。最后在高呼"中苏友好万岁！""斯大林万岁！"的口号声中，登上了归国的列车。胡志明也与毛主席同车经中国返回越南。他们离开莫斯科以后，沿途又参观了乌拉尔、斯维尔德洛夫斯克、鄂木斯克、新西伯利亚等地的工厂、农村和其他企业。苏联外交部派了一位副部长和一位司长陪送中国客人到达苏联边境。专车到达中国境内时，毛主席等又在东北几个城市停留几日，参观和视察，直到3月上旬，他们才回到北京。

毛主席这次访苏，用了近三个月时间，是他一生中仅有的两次出国旅行中的第一次，也是时间最久的一次出访。[21]

签约的当晚，中方举行盛大宴会招待斯大林等。朱仲丽在回忆录中描述了当时的盛况：

为了毛主席和周总理访问苏联，我驻苏大使馆在2月14日这天晚上，在莫斯科的"大都会"饭店举行盛大宴会，招待苏联党政和各界人士。为这个宴会，早在两天前，大使馆就忙得不可开交。在稼祥领导下，要草拟名单、印发请柬、安排菜谱，要布置接待人员，而且还必须做得十分细致。稼祥觉得这次宴会很重要，最好斯大林能参加。但斯大林从来不出席外国大使馆举行的招待会，除了在本国大站台上迎接过一次美国总统罗斯福，也从未迎送过外国元首。如果斯大林能出席这个宴会，这标志着中华人民共和国国际地位的提高，同时也是为祖国争得荣誉。

稼祥对毛主席说："这次宴会，斯大林应该参加，我们已送了请柬。"

"当然，就看他来不来了。"毛主席心中也没有把握。

"那么，我设法争取。"稼祥回答。

于是，在这天上午，稼祥亲自到克里姆林宫拜会了莫洛托夫，又带上了一张请柬，代表毛主席把请柬交给莫洛托夫，然后诚恳地说："莫洛托夫同志，我代表毛主席，代表5亿中国人民（按：那时称5亿人口），请您将请柬亲自转交给尊敬的斯大林同志。今天晚上大使馆举行的盛大宴会，务必请斯大林同志莅临。因为这是我们中苏两国人民的心愿，也是世界工人阶级所盼望的，我个人也希望斯大林同志在百忙之中赴宴。谢谢莫洛托夫同志，请您一定将请柬亲自转交给斯大林同志。"当然，莫洛托夫也没有十足的把握，他倒是希望斯大林能参加中国同志这次宴会的。

"今晚的宴会很重要，我俩是主人，而且女主人在这种场合更引人注意。你要注意装饰与礼节，一定要中国民族式的。"在宴会前，稼祥又一次嘱咐我。

"放心，我今天穿旗袍，一切都是民族式的。"我说。

参加宴会的有五百余人，除了苏联党政军机关最高领导人，还有各部门负责人、与我国建交的外交使节和苏联社会各界和文学艺术知名人士，如著名作家和诗人法捷耶夫、西蒙诺夫、爱伦堡、米哈尔科夫、特瓦尔多夫斯基以及歌唱家、舞蹈家、艺术家、科学家、汉学家等。

我和稼祥率领使馆人员在宴会厅的门口迎接来宾。按礼节，得女主人首先向来宾说"您好"，然后握手，还要庄重、不卑不亢、面带微笑，显示出热情。当时，我对自我情绪控制得良好，没有出现纰漏。

毛主席和周总理早在8点钟就到了，苏联各方面人已陆续到齐了。离宴会正式开始还有5分钟，这时，苏联的最高领导人接踵而来，但不见斯大林。只有两分钟了，突然，宴会厅门前一阵骚动，骤然响起掌声。我和稼祥心里一块石头落了地，因为斯大林就站在我面前，我和他在握手。斯大林和稼祥握完手，迅速走进宴会厅，毛主席迎上来，和斯大林握手拥抱。

这时，整个宴会厅响起了鼓掌声和欢呼声。

斯大林向人们招手，毛泽东向人们招手。

一群艺术家向斯大林和毛主席这边涌来。

席间，毛主席首先举杯祝斯大林健康，斯大林也几次举杯祝毛主席和周总理健康。

这次盛大宴会是非常成功的，一直持续到午夜方散。[22]

2月16日晚，斯大林在克里姆林宫又盛宴招待毛泽东、周恩来等中方客人，为毛泽东饯行。

2月17日，毛泽东、周恩来一行圆满完成访苏签约任务后登程回国。在莫斯科的基辅车站，苏方举行了欢送仪式。毛泽东发表告别讲话如下：

亲爱的同志们，朋友们：

我和中国代表团同人周恩来同志等这次在莫斯科会见了斯大林大元帅以及苏联政府其他负责同志，我们相互间在中苏两大国人民根本利益的基础上所建立起来的充分了解与深厚友谊，是难以用言语来形容的。人们可以看得见：业已经过条约固定下来的中苏两大国人民的团结将是永久的，不可破坏的，没有人能够分离的。而这种团结，不但必然要影响中苏两大国的繁荣，而且必然要影响到人类的将来，影响到全世界和平与正义的胜利。

留在苏联的时期内，我们曾经参观了许多工厂和农场等，看见了苏联工人、农民和知识分子从事社会主义建设的伟大成就，看见了苏联人民在斯大林同志和联共党的教育之下所养成的革命精神与实际精神相互结合的作风，证实了中国共产党人历来的信念，即：苏联经济文化及其他各项重要的建设经验，将成为新中国建设的榜样。

我们在苏联首都莫斯科以及在十月革命策源地的列宁城，受到了热烈的招待，当我们离开这伟大的社会主义首都的时候，特向斯大林大元帅、苏联政府和苏联人民致以衷心的谢意。

中苏永久友好和永久合作万岁！

苏联人民万岁！

世界革命导师与中国人民的挚友——斯大林同志万岁！〔23〕

对于毛泽东一行归国途中的各种活动，当事人师哲作了如下回忆：

莫洛托夫到别墅把毛主席送上汽车，又先赶到火车站，在那里等候迎接。

汽车驶进城里后，离火车开动的时间还早，于是车队沿着高尔基大街驶至市中心区，并绕了几个广场，才到达基辅车站。在车站举行了欢送仪式，毛泽东发表告别讲话。

这时，车厢里挤满了中苏双方的保卫人员，莫洛托夫想和毛主席再讲几句话，我们好不容易硬挤进去。

他向毛泽东转达了斯大林的话，大意是，望你注意身体健康，多加保重。在路上、在国内都要注意保护身体，切勿大意。另外，要注意搞好保卫工作，不要轻视敌人，更不能麻痹大意。你们的道路是遥远的，行程是漫长的。只有有了健康的体格，才能继续自己的行程。我们祝愿你一路福星，平安到达目的地。

莫洛托夫最后说："回国的路途很远，在苏联如同在家里一样，你如果愿意在苏联境内的某地休息或游览参观，我们都可以按照你的意愿安排好。"

和我们同行的还有胡志明。毛主席、周总理、胡志明各一个车厢。负责送行的苏联外交部副部长和工作人员是一个车厢，中方人员有陈伯达、欧阳钦、叶子龙、汪东兴等人。李富春、叶季壮、李强等均留在莫斯科继续谈判。

列车启动了，毛主席、周总理踏上了归程。在车上，毛主席研究了铁路沿线各地的情况，决定每到一个大站，不论白天黑夜，都下车参观。报纸上公布了中苏条约签字的消息，两个社会主义国家的结盟，大大改变了社会主义和帝国主义两大阵营的力量对比。苏联人民对此欢欣鼓舞，毛主席所到之处都受到了隆重的欢迎和热情的款待。

列车到达斯维尔德洛夫斯克城时，已是午夜11点多钟。主人建议在这里参观一家机械制造厂，但到那里时，厂里的工人早已下班了，只有汽锤车间尚有几个工人在操作，大概是专门为了让毛主席一行看看六吨级的大型汽锤工作的情形。我们还参观了联合电力与热力厂，及斯维尔德洛夫大学。这所大学的学生们都睡了，学校领导及教授们在乌拉尔地质博物馆专候中国贵宾。这所大学主要是研究乌拉尔地区的矿藏。学校领导赠送给毛主席一个精致的乌拉尔山模型，在这个模型上用宝石标明了乌拉尔山的矿产品种和位置，整个模型五颜六色，非常漂亮。毛主席把它带回北京后，曾陈列在中南海里。

在鄂木斯克，毛主席游览了市容，参观了机器工具制造厂。厂领导特意引导中国客人参观了正在加工中方订货的车间，并说："工人们特别热情地精心赶制这批订货，部分成品正装箱出厂，陆续运往中国。"

我们到达新西伯利亚时，已是黄昏。在这里，毛主席参观了契卡洛夫飞机工厂和制造枪炮的兵工厂。这两个厂都是国防工厂，平常从未对外国人开放过。

午夜时分，毛主席、周总理到大戏院观看演出。热情的演员们几乎等了一夜，晚上演出结束后一直没有卸妆。毛主席到后，他们立即演出了芭蕾舞剧《伊戈尔王子》的一个片段，苏方安排毛主席一行到大戏院不仅是看戏，而且也让客人们看看大戏院的建筑，这座大戏院前后用了二十多年才建成。

当车队返回火车站时，主人又邀请毛主席参观车站的新型调度室。这时在调度室值班的是一位二十多岁的姑娘，她的头饰、胸饰明光闪闪，灿烂异常，在强烈的灯光下，耀眼刺目，使人无法睁眼。毛主席走进屋子，女值班员立即热情地起身迎接，和毛主席握手，但未来得及谈话，毛主席就转身退出了房间。他低声对我说，光线太刺眼了。

莫斯科人常常说西伯利亚荒凉无比，只有狼。西伯利亚人如此安排，就是要让世人看看，这里不仅有狼，更有年轻漂亮的姑娘。

22日，专列抵达克拉斯诺亚尔斯克城，受到当地党政军领导的欢迎。毛泽东一行参观了生产自动推进联合收割机的工厂，晚上观看了俄罗斯歌曲合唱队的演出。其中有一组新编的歌曲，内容是赞颂斯大林、毛泽东和中苏友好的，给我留下了较深的印象。这组节目是专门为迎接毛主席的到来而赶排的。

23日，毛主席在旅途中致电斯大林元帅，祝贺苏联红军建军节。

24日，毛主席在伊尔库茨克逗留了数小时，游览了市容，并参观了茶叶包装厂。当地负责干部向毛主席详细介绍了这家工厂的情况和生产程序，并再三说明该厂是完全依靠中国而存在的，因为它的原料——茶叶全部从中国进口，产品行销全苏。

当专车经过布利亚特蒙古自治共和国的首府乌兰乌德时，当地党政军领导登车看望毛主席，恭请中国客人进城憩息，但毛主席婉言谢绝了。这使他们很失望。上乌金斯克原是中国领土，当地居民基本是蒙古族人。中国历史上著名的"苏武牧羊"的故事就发生在这里。毛主席不在此停留也许有更深一层的考虑。

25日，毛主席一行在赤塔停留时，参观了一所幼儿园，并欣赏了孩子们的演出，他们的舞蹈和歌唱都是赞扬中苏两国友谊和伟大领袖的。由于赤塔可供参观的地方不多，所以中国贵宾们很快又登上列车，继续赶路了。

专列离开苏联边城赤塔后，大家再也没有休息。毛主席一直坐在餐室里眺望外景。那天的天气虽然很冷，但阳光明媚。我和陈伯达坐在旁边陪着毛主席。由于无事可做，陈伯达开始说东道西，我也在一旁打趣助兴。毛主席不耐烦地说："你们在胡说什么呢？"这样，才打破了无聊的气氛，开辟了同他交谈的途径。毛主席侃侃而谈，从历史、文化、战争和自己的往事一直谈到今天新的世界。

列车到了边界终点站——奥特堡尔。苏联副外长拉夫伦捷夫登上主席的车厢作最后话别。苏方陪同的其他人员把列车护送到中国境内的满洲里车站，并帮助中方人员做完了换车、装车等全部工作后，才离开了工作岗位。这时，毛主席再三吩咐我们要把苏联同志招待好。

在莫斯科时，斯大林曾送给毛主席、周总理各一辆吉斯小轿车。在满洲里换车时发现送给毛主席的那辆车，由于没有放水，水箱被冻裂了。

一进入国境内，毛主席就轻松了许多，我们也轻松了许多。毛主席、周总理在哈尔滨、长春稍事停留，接见地方干部后，在沈阳大和旅社住了几天。毛主席因身体疲劳，只开了一次干部会，也没有在市内参观游览。一天早饭后，毛主席说要出去走走，叶子龙立即要了三辆车，毛主席站在旅社的门口等车，我劝主席回屋等候，以防着凉。其实是怕出意外。上汽车后，我才知道毛主席是去看望苏联专家。可专家们大部分都去工作了，临时只找回少数几人。

到苏联专家住所后，毛主席对他们说："现在，我们头上的问题已经解决了，而脚下的问题还没有解决。"

苏联专家们对东方人这种特有的机敏和幽默一时没有理解，他们以为毛主席所说的"头上的问题"是指思想和理论，"脚下的问题"是指实践和实际。

我向他们解释："'头上的问题'，是指我们推翻了压在我们头上的三座大山，打倒了蒋介石国民党的反动统治；'脚下的问题'是指要建设好我们的国家，造福于人民。"

3月4日晚，毛主席、周总理安抵北京，受到政府和各党派负责人的热烈迎接和慰劳。这次访苏，从12月初到3月初，前后近三个月的时间，是毛主席出国访问时间最长的一次。[24]

毛泽东访苏以后，还派遣总参谋长徐向前赴苏谈判。

徐向前回忆说：

1951年5月间，毛主席通知我去中南海，交代任务。我到主席住处，他正和李维汉同志谈统一战线工作。毛主席见到我后，首先问了我的身体状况，知道我已能工作，很高兴。他简要分析了抗美援朝的战场形势，向我交代了去苏联谈判的任务：一是购买武器装备；二是多搞点技术项目，发展自己的兵工生产。他说："帝国主义如此欺负我们，我们没有自己的兵工工业，不解决部队的武器装备问题，是不行的。要学习苏联，把先进技术拿到手，自力更生，建设一支强大的国防力量。"他还说，"这次去谈判，代表团去哪些人，谈哪些项目，还有些什么困难，可以找政务院和彭德怀同志商量。"我说："请毛主席放心，交给我的任务，我一定尽一切力量完成。"告别毛主席和李维汉同志后，我便去彭德怀同志住处商谈此事，并初步拟定了代表团的主要成员名单和谈判内容。

经政务院和军委批准，代表团定名为"中华人民共和国中央人民政府兵工代表团"。我任团长，成员为空军副司令员王秉璋，重工业部副部长刘鼎，科技专家钱志道，炮兵参谋长贾涛，总参作战局副局长张清化，我驻苏使馆商务参赞柴泽民、武官吉合。另有三名工作人员。代表团的主要任务有两项：（一）购买六十个师的武器装备；（二）援助我国兵工工厂的建设及统一步兵武器制式和生产152口径以下各种火炮的有关技术资料转让问题。这次谈判是秘密的，对外不公布。

5月25日，代表团乘公务车由北京出发，经满洲里走北线，路过赤塔、奥木斯塔、新西伯利亚、克山等地，于6月4日抵莫斯科，走了九天九夜。陪同我们前往的有苏联驻中国使馆武官、军事总顾问柯道夫中将及夫人。他们夫妇待人亲切、敦厚，对我国人民怀有国际主义情谊。从闲谈中得知，他们的两个儿子已在反法西斯战争中不幸牺牲，只剩下两个女儿留在莫斯科。我们在莫斯科谈判期间，他经常陪代表团参观、看戏。有一次还带上夫人和两个女儿，邀我去莫斯科郊外野游。他们的纪律很严格，谈话从不涉及内部事务，我们也不打听。与柯道夫相处的那段日子里，他给我和代表团的成员，留下了良好的印象。

我兵工代表团抵莫斯科时，在车站迎接我们的是苏军总参谋长什捷缅科大将等人。寒暄一番后，送我们去莫斯科大旅馆下榻。第二天我回访了什捷缅科。他仪表堂堂，有标准的军人风度。第二次世界大战期间，曾在苏联红军总参谋部任作战部长、副总参谋长等职，颇受斯大林的器重和信任。我向他说明中国兵工代表团来苏谈判的主要任务和事项，希望苏方大力协助，以便早日达成协议。他表示欢迎我们的到来，具体项目可由双方代表团（苏方亦组成一个谈判代表团，共有八人）的专家们磋商，然后再举行高一级的谈判。我表示同意。接着，双方即开始举行专家会谈。那时苏联是社会主义阵营的头头，我们又缺乏现代化建设和外交工作经验，故谈判的程序和项目等，基本上是人家包办。我们原来想简单了些，认为谈判不会费时太久。其实不然，马拉松式的，从6月上旬开始会谈，断断续续，直至10月中旬才达成协议，花了整整四个月的时间。

双方总参谋长一级的谈判，有三四次。先是什捷缅科出席，后来他去休假，委托马兰金和我们打交道。我印象比较深的是，什捷缅科曾说："斯大林给苏军总参谋部的任务，是要帮助中国把军队建设好。这个任务，主要由我负责，一定要办好。"他十分重视军队的编制问题，强调合理编制在现代战争中具有重要作用，并结合苏联卫国战争的经验，说明健全后勤组织及编制步兵、炮兵、坦克、骑兵师团的必要性。他认为，根据朝鲜战场和中国的情况，人民解放军师的编制不应等同一律，也不宜过大。装备现在还不可能达到完全机械化的程度，师的火炮以汽车牵引，团以下的火炮以骡马牵引即可。但是，坦克团必不可少，宁肯少编几个军，也要把师的坦克团编制配备起来。关于军事订货问题，因苏联的运输能力有限，今年只能解决十六个师的装备，其余四十四个师按每年运送1/3计算，至1954年完成。关于转让兵器技术资料问题，第一批包括步骑枪、轻重机枪、冲锋枪等7种，第二批以后再说。关于援建兵工工厂问题，几次谈判中，什捷缅科都避而不谈，持无可奉告的态度。

根据上述情况，我们陆续向中央和军委建议：第一，能否参照苏方对我军步兵师的编制意见，初步确定我们的编制方案，以便通盘考虑购置装备的问题。第二，今年十六个师的装备订货，可否根据朝鲜战场的急需，多订些高射武器、战防武器，步兵武器则不订或少订。第三，明后年的订货项目应视兵工生产谈判的结果而定。原则上我们能生产者不订货，生产不足者根据需要多少订货，不能生产者可全部订货。6月下旬，党中央派高岗来莫斯科，带来了六十个师的装备订货单，由我代表团正式转交苏方。因朝鲜战场急需的东西甚多，国内经常来电要求增加或变更订货项目，我们就不断出面交涉，弄得人家颇为头痛。兵工生产问题迟迟不见答复，我着急得很，左催右催，没有结果。人家办事就是这种样子，你急也没办法。我发电报向毛主席反映，他复电说："不管怎样，耐心等待，要把技术学到手。"

后两个月没有多少谈判任务，苏方就安排我们去各处参观。在莫斯科参观了冬宫，参加了苏联航空节；在外地曾到过列宁格勒、斯大林格勒、斯维尔德洛夫斯克及中亚细亚海边，参观过钢铁厂、拖拉机厂、兵工厂、军事院校、部队驻地等。布尔加宁还在莫斯科接见了高岗和我。我们去的时候，金日成首相已在那里。布尔加宁谈话的大意是，苏联卫国战争结束后，一直忙于恢复经济建设。对于中朝两国人民的抗美斗争，他们愿意提供援助。可以援助的，应当援助的，一定会援助。言外之意是他们也有实际困难，不可能满足中朝方面的要求，希望我们谅解。不久，苏方通知我们，原定今年提供十六个师的装备订货，减为十个师。我和高岗商量，请他出面去找布尔加宁，要求仍维持原计划不变，但也没有结果。10月间，苏方正式答复我代表团：同意转让几种兵工生产的技术资料，帮助建设一些工厂。至此，双方算是达成了谈判协议。

我兵工代表团在苏活动期间，总的说来，苏方还是友好的。他们对中国革命的胜利和我国人民的抗美援朝行动，持钦佩态度，愿意提供某些援助，加速我军的正规化、现代化建设。但是，他们也有顾虑。我看主要是怕和美国打仗；斯大林又怕中国变成第二个南斯拉夫，有些事情吞吞吐吐，缩手缩脚，办得很不痛快。

苏联人民的确是热情而友好的人民，他们的实际困难，我们完全应当体谅。人所共知，第二次世界大战期间，苏联人民为战胜德国法西斯的野蛮侵略，付出的代价是极为惨重的。牺牲了两千万人，大部分重要城市和工厂，遭到毁灭性的破坏，民族元气大受损伤。我们去的时候，离战争结束仅五年的时光，人家正忙于医治战争创伤，恢复民族元气，度过战争造成的巨大困难。我们的宣传工作，当时只注意强调苏联如何强大，对他们的困难极少涉及。如果不是我们亲身去看一看，那是很难想象的。莫斯科的房舍、街道，仍是战前的，新建筑很少。男人牺牲很多，据说男女的比例是1比8。旅馆里的招待人员，多为残疾人。斯大林格勒到处是断垣残壁，工厂刚开始兴建，没有几个。物资缺乏，商场里的货架子上没有多少东西，群众购买黑面包和生活日用品，要排长队。至于远东和新西伯利亚等偏远地区，更是贫困不堪，并不比中国的情形好多少。人家当时也是勒紧裤腰带，医治战争创伤，很不容易，所以有些东西不能满足我们的要求，完全可以理解。苏联人民长期支持中国革命，对中国人民怀有深切的国际主义感情。我们的代表团不论走到哪里，都受到热情的欢迎和招待。住的旅馆是上等的，吃饭、住房、看戏不要钱。他们吃黑面包，给我们吃白面包；他们用纸条卷烟丝抽，招待我们的香烟则是七八个卢布一盒的。我们参观工厂时，送给看门的一支香烟，他就千恩万谢。有的地方听说中国客人来了，忙着包饺子，皮很厚，里面全是肉，还拌上酥油，怎么吃呀？可盛情难却，吃不惯也得吃。中苏两国人民的深情厚谊，是在长期革命斗争中形成的。这一点十分宝贵，我们永远不会忘记。

苏联是第一个革命成功的社会主义国家，在第二次世界大战中又打垮德国法西斯和日本关东军，对人类和平作出了重大贡献。但是，这也容易使他们骄傲，搞大国主义。我们对苏方的情况了解不够，提出的某些项目、要求，难免有过高、过急的地方，谈判中只要加以详细说明，就不难取得一致看法。但对方有时表现得极不耐烦，简单粗暴，令人难以容忍。有一次谈判，他们看到我们购买货物的单子，竟然说："假如按照你们的要求，我们要修第二条西伯利亚铁路了！"讽刺我们要的东西多。其实，我们并不是白要，而是购买，要照价付钱的。还有一次，什捷缅科向我们的空军副司令王秉璋问情况，王的答复不太完满，他竟然大发脾气，把王秉璋狠狠地训了一顿。我当时不好同他吵，心里真窝火。觉得我们是来谈判的，你有什么资格训人呀！回到住地，我就把总顾问柯道夫找来，责备他反映情况不真实，严肃批评了他两个多小时，让他回去向上级报告。他们的大国主义不是一天形成的，很难消灭。另外，那时他们怕得罪美国，招来麻烦，所以对支援中国武器装备，缩手缩脚。谈妥的订货，运回一些来，多是旧家伙，拿到朝鲜战场上，有些枪栓拉不开，简直没法用。

10月下旬，莫斯科已是初冬景象，代表团启程回国。我们都没带大衣，火车进入满洲里后，供暖停止，我突患感冒，引起肋膜炎并发症，高烧40摄氏度。我在长春下车，住进了空军医院。周总理得知后，马上派卫生部傅连暲同志率医疗小组前来，不几天，接我回北京医院治疗。这一次病情很重，休养的时间较长。[25]

注　释

〔1〕薄一波：《若干重大决策与事件的回顾》上卷，中共中央党校出版社1991年5月版，第35—42页。

〔2〕师哲：《在历史巨人身边》，中央文献出版社1991年12月版，第

431—432页。

〔3〕菲里波夫是斯大林的代号。

〔4〕伍修权：《回忆与怀念》，中共中央党校出版社1991年5月版，第227—228页。

〔5〕据王稼祥夫人朱仲丽回忆，按惯例，王稼祥必须回国陪同毛主席一块儿赴苏，但途中来回要费时20天，使馆的事情实在脱不开身。和中央商量的结果，王稼祥早一天抵达位于莫斯科东北的基洛夫车站，登上毛泽东的专列一起到莫斯科。

〔6〕师哲：《在历史巨人身边》，中央文献出版社1991年12月版，第432—433页。

〔7〕朱仲丽：《彩霞伴我》，北方妇女儿童出版社1989年7月版，第29页。

〔8〕1949年12月18日《人民日报》。

〔9〕邱静：《毛泽东与斯大林的会晤》，载《党的文献》1996年第2期。

〔10〕伍修权：《回忆与怀念》，中共中央党校出版社1991年5月版，第232—245页。

〔11〕师哲：《在历史巨人身边》，中央文献出版社1991年12月版，第441页。

〔12〕1949年12月23日《人民日报》。

〔13〕师哲：《在历史巨人身边》，中央文献出版社1991年12月版，第441页。

〔14〕朱仲丽：《彩霞伴我》，北方妇女儿童出版社1989年7月版，第30—31页。

〔15〕师哲：《在历史巨人身边》，中央文献出版社1991年12月版，第437—438页。

〔16〕薄一波：《若干重大决策与事件的回顾》（上卷），中共中央党校出版社1991年5月版，第40—41页。

〔17〕朱仲丽：《彩霞伴我》，北方妇女儿童出版社1989年7月版，第34—39页。

〔18〕1950年1月3日《人民日报》。

〔19〕师哲：《在历史巨人身边》，中央文献出版社1991年12月版，第440、442—444页。

〔20〕师哲：《在历史巨人身边》，中央文献出版社1991年12月版，第444—452页。

〔21〕伍修权：《回忆与怀念》，中共中央党校出版社1991年5月版，第

239—245页。

〔22〕朱仲丽：《彩霞伴我》，北方妇女儿童出版社1989年7月版，第42—44页。

〔23〕1950年2月20日《人民日报》。

〔24〕师哲：《在历史巨人身边》，中央文献出版社1991年12月版，第468—472页。

〔25〕徐向前：《历史的回顾》，解放军出版社1984年7月版，第797—805页。

二、"谈笑凯歌还"

又一场"淮海战役"

开国之初，毛泽东面临新的考验。经济上，新中国继承的是一个饱受战争创伤的烂摊子，工厂停工，生产萎缩，交通梗阻，民生困苦，失业众多，物价飞涨。一些投机分子乘机兴风作浪，囤货居奇，更加重了通货膨胀。能否迅速平抑物价，不仅关系新中国的政治稳定，还考验着中国共产党人的治国能力。一些资产阶级人士认为，共产党军事上能得100分，经济上要吃零分。

然而，毛泽东采取果断措施，在最短的时间里，取得了平抑物价、统一财经的重大胜利，为迅速恢复国民经济打下了良好的基础，被那些持怀疑态度的人叹为奇迹。事后，毛泽东高度评价这场斗争，称它"不下于淮海战役"。

亲自参加领导这场斗争的薄一波回忆说：

新中国成立前后，党中央和毛主席在指挥人民解放军继续向全国进军的同时，抓的另一件大事，就是建立经济工作的领导机构，着手统一全国财经管理，努力制止持续多年的通货膨胀，实现社会经济的稳定。这是我们党从推翻国民党政府到掌握全国政权过程中所面临的新课题，也是对我们党执政能力的一次考验。国内外的敌对势力总是盼望我们失败，说"共产党马上得天下，不能马上治天下"。我们的朋友中也有人对我们的治国能力表示怀疑，说"共产党打天下容易，治天下难"。就我们自己来说，过去的二十八年，主要是从事革命战争，对于经济工作不很熟悉，这也是事实。但是，二十八年奋斗的历史说明，在我们党面前没有什么现实的困难不可以克服。记得，毛主席曾经针对上面这些说法乐观地回答："打天下也并不容易，治天下也不是难得没有办法。"果然，不出一年时间，我们就把通货膨胀基本上制止住了，把经济也初步稳定下来了，并奠定了新中国经济管理体制的基础，把国民经济引上了逐步恢复和发展的道路。这个事实向国内外表明：我们有能力领导人民夺取政权，也有能力领导人民治国安邦。为什么？道理很简单，就是因为我们党按照人民的利益和要求进行决策；按照唯物辩证法办事，采取的政策和措施符合各个时期的具体实际情况；我们党依靠全党的统一思想、统一行动和全国人民的广泛支持、积极参与工作。只要我们是这样做的，我们的斗争就一定能够胜利。

新中国成立后最初几年，我们曾经在中央和县以上各级政府，设立过统一的财政经济工作的领导机构——中央及各级政府的财政经济委员会，具体领导和管理各种经济事业。建立这样统一的财经领导机构，是鉴于长期革命战争形成的不统一状况而采取的重大措施。早在1948年9月召开的中央政治局会议上，就考虑到各个解放区财经工作的分散状态将不适应夺取全国政权的需要，曾经作出决定，首先采取过渡性的步骤，由华北财经委员会将华北、华东、西北三大区的财经工作统一起来，然后再统一东北和中原两大区的财经工作。10月成立了华北财经委员会，由董必武同志（中央财经工作部部长）任主任，我和黄敬同志任副主任。由于辽沈、平津、淮海三大战役正在紧张进行，由华北财委来组织和协调三个大区的财经工作存在实际困难，在统一财经方面虽然做了一些工作，例如发行统一的货币、调剂若干财力和物力等等，但总的看进展不大。

1949年元旦，中央召开了一次财经座谈会，出席的有朱德、董必武同志和各大区的负责人刘伯承、陈毅、林彪、饶漱石、高岗、罗荣桓和我。大家都不满意财经统一工作进展缓慢的状况，要求建立统一的财经领导机构。毛主席审阅了这次座谈会的纪要。同年3月召开的七届二中全会，在决定进城后财经工作大政方针的同时，决定建立中央财经委员会来统一领导全国的财经工作。会后，中央进驻北平。5月31日，中央发出《关于建立中央财政经济机构大纲（草案）》的文件。这个文件是刘少奇同志起草、毛主席审定的。《大纲》指出："由于人民革命战争正在取得全国范围的胜利，为了尽可能迅速地和有计划地恢复与发展人民经济，借以供给目前人民革命战争的需要及改善人民生活之目的，应即建立有工作能力的中央的财政经济机构，并使各地方的财政经济机构和中央财政经济机构建立正确的关系。"《大纲》要求："（1）在中国人民革命军事委员会之下，立即建立中央财政经济委员会，并陆续建立若干中央财政经济部门，作为目前中央的财政经济机构。这些机构，在召开新的政治协商会议、成立民主联合政府以前的几个月内，由中国人民革命军事委员会以命令建立之，并受中国人民革命军事委员会之委托，计划并领导国家的财政经济工作，中央各财政经济部门在财政经济计划方面应服从中央财政经济委员会的决议，各部门的主要负责人应加入中央财政经济委员会为委员。（2）中央财政经济委员会应陆续设立中央计划局、中央财经人事局、中央技术管理局、私营企业中央事务局、合作事业中央管理局、外资企业中央事务局等工作机构。此外，以现在华北人民政府各财经部门为基础，应即陆续建立中央财政处，中国人民银行，海关总署，中央商业处、交通处、燃料处、金属处、纺织处、工业处、农业处、林业处、水利处和中央铁道部等各中央财政经济部门。（3）在东北、西北、华中、华东等区域及各省各大中城市，均应建立财政经济委员会及各级人民政府委员会的若干财政经济部门，并在中央与上级财政经济机关的领导之下进行工作。这就确定了中财委作为党在经济战线的统一领导机构的地位。新中国建立后，它成为中央人民政府政务院的财政经济委员会，统一领导全国的财经工作。"

党中央和毛主席在决定建立统一的财经领导机构的过程中，最重要的一招是从东北调回陈云同志主持中财委。陈云同志是新中国财经工作的卓越领导人，1942年，他主持的陕甘宁晋绥五省联防财经办事处，工作很出色。解放战争时期，他主持东北财经委员会的工作，顺利实现了东北全区财经工作的统一管理，较早地把经济稳定下来。党中央和毛主席任命他为中财委主任，是再合适不过了。

在组建中财委时，毛主席找我谈话，要我到中财委任副主任，协助陈云同志工作。我说："中央要我到财委协助陈云同志工作，从内心讲是很愿意的，可以多学习一些东西；但我还有华北局的工作，也是一个重头，一身二任要误事的。"毛主席说："那你就把华北局搬到财委去办公嘛！"从这以后，我的主要精力就转到了中财委。

中财委是在原中共中央财政经济工作部和华北财政经济委员会合并的基础上组建起来的，中央其他的一些财经部门也主要是以华北人民政府的有关财经部门为基础组建的。这样做，有利于较快地展开工作。1949年7月，中财委组建完成，当时有干部300多人。新中国成立后，陈云同志仍任主任，我为副主任，还增加了党外著名的经济学家马寅初先生为副主任，以后又陆续增加了李富春、曾山、贾拓夫、叶季壮同志为副主任。委员中有民主党派领导人黄炎培等。

中财委为稳定金融物价，统一财经管理，调整工商业，完成国民经济恢复时期的任务，拟订和准备实施第一个五年计划，做了大量工作。四十年后回头来看，这个时期的经济工作，大政方针都是由党中央和毛主席决定的，而中财委作为党中央的财经参谋部和具体作战的指挥机构，在陈云同志的领导下，工作得也很出色。

经济恢复时期结束后，开始执行发展国民经济的第一个五年计划，财经工作的担子更重了。党中央、毛主席下决心把大区的几位主要领导同志调回中央，分担任务。办法就是把中财委领导的二十一个部和直属局按性质划作五摊来管。高岗任中央人民政府计划委员会主席（当时的计委有"经济内阁"之称，不属政务院），分管工业，李富春、贾拓夫同志协助；邓小平任政务院副总理，兼管交通运输；邓子恢任国家计委副主席，分管农业、林业、水利；

饶漱石任中央组织部长，分管劳动部的工作；财政、金融、贸易，仍由陈云主管，我和曾山、叶季壮等几位原中财委的同志协助。五个方面的工作，对外都用中财委的名义，但每个方面的工作是相对独立的，带共同性的问题举行联席会议解决，当时大家把它称为"五口通商"。这种经济管理体制，在当时条件下，对加强经济工作各个方面的统一协调、防止扯皮现象、提高决策和办事效率等等，曾经显示过它的优势，对于迅速实现财政经济状况的根本好转，起过重要的作用，这是应该历史地予以肯定的。

中财委成立后抓的头一件重要工作，是在刚刚解放不久的上海召开金融贸易会议，研究、部署以稳定金融物价为中心的经济工作。近代以来，中国长期遭受殖民主义、帝国主义的奴役掠夺，加上国民党蒋介石20多年的反动统治，财政枯竭，通货膨胀达到了惊人的程度。国民党从大陆败退前夕，上海主要商品批发物价指数比战前上涨了二百多万倍。恶性通货膨胀使投机活动十分猖獗，正常的生产经营活动难以进行。人民共和国建立时，国民党政府给我们留下的是经济破敝不堪的烂摊子，财政经济状况十分困难。所以，中财委成立后的首要任务，就是整治金融市场，把物价初步稳下来。稳定了物价，就稳定了人心，这才能谈到恢复秩序、恢复经济。

当时，选择在上海召开这样全国性的经济工作会议，有重大意义。上海是最大的城市，全国的经济中心。中央在决定这个问题的时候，认真考虑到需要和可能两个方面，区别不同情况，统一必须统一和有可能统一的方面，不需要统一或者暂时没有条件统一的就不统一，对于分散管理比集中统一管理效果更好的则继续维持原来的分散管理的办法。例如，对于农业生产，在中央的统一政策和方针下面，仍然主要由地方组织领导；对于国家所有的企业，划分为三种：一种是属于中央各部直接管理的企业，再一种是属于中央所有、委托地方管理的企业，第三种是划归地方管理的企业。在收入方面，地方附加粮和关税、盐税、货物税、工商税以外的地方税，照旧归地方支配。如此等等。这就是说，在财经工作的主要方面实现统一后，将继续存在分散管理的部分。所不同的是：过去是以分散管理为主，统一是次要的方面；现在则是统一管理为主，分散管理是第二位的。

财经统一有没有副作用？过去各个解放区自己管理收支，担子在自己身上，权力也在自己手里，各自核算，自求平衡，没有别的依赖，只能自己去努力开源节流。现在主要的方面统一了，弄不好，有可能助长依赖思想，不再去积极想办法，也有可能使地方感到被束缚了手脚，想有所作为而无能为力。这些问题都有可能发生，我们也并不是一点没有预计到。但是，从大局考虑，当时亟待解决的首先是把财经统一起来，如果顾虑太多，就什么事情也办不成了。陈云同志那时常说，世界上从来不会有十全十美的办法，能做到九全九美就不错了。其实，九全九美的办法也并不很多，大抵一件事利多于弊就是不错了。当然，有些问题应该有所防范，事后看注意得不够，或者来不及考虑；有些问题即使考虑了，也还是估计不足。例如，统一管理以后，发挥地方积极性的问题，如果工作做好了，把道理讲清楚，是可以解决的。实践证明，当初想得有些简单，因为这不完全是认识问题、觉悟问题。必须承认，地方、部门、单位的责任心、主动性和创造精神，在不同的管理体制下，可能发挥的程度是不同的。但是，这个道理，只是在经过了一段实践后，毛泽东同志在1956年听取工业部门汇报的过程中，大家才有了新的认识。

统一财经后，时间不长，有些方面集中统一过多的缺点就开始暴露出来了。中财委打算在1951年作些调整，分一点权给地方。就在这个时候，在湖南工作的黄克诚同志1951年2月16日给毛主席和中财委写信，批评了中南地区出现的随意上收企业、限制地方经济发展的做法，提出了应当发挥地方办工业的积极性的问题。毛主席认为黄的意见是对的，指示中财委解决。不久，政务院通过了中财委提出的《关于1951年度财政收支系统划分的决定》《国营工业生产建设的决定》和《划分中央与地方在财政经济工作上管理职权的决定》等几个文件，提出在继续保持国家财政经济工作统一领导、统一计划和统一管理的原则下，把一部分适宜于由地方政府管理的职权交给地方政府。其中包括：把一部分国营企业、一部分财经业务划归地方管理；地方的工业、财政、贸易、交通等经济事业，除保证政策、方针、重要计划和重要制度的全国统一以外，经营管理工作和政治工作都由地方负责；对地方工业，要采取积极发展的方针，鼓励和支持各级政府办工业的积极性。与此相适应，在财政体制上，实行统一领导下的中央、大区和省市三级分级管理的体制；除已经规定的地方税外，货物税、工商税等一部分税种和烟酒专卖利润实行中央和地方按比例留成的制度，依率计征的农业税超过部分也实行分成；地方工业利润在一定时期解除上缴国库的任务，用来发展地方工业；地方按年向国家交纳的折旧费，也可酌情作为国家对地方工业的投资。

关于发挥地方积极性的问题，一般说我们还是重视的。从根据地时期起，我们就有一条规矩，叫作统一领导、分级管理。建国后统一财经时，总的精神还是这个原则。当然，具体内容和权责的划分，已经因时因地有所不同。后来，毛主席又提出了发挥中央和地方两个积极性的问题，要求把统一性和独立性这两个方面结合起来。原则是有了，问题是在实际工作中并没有把这个问题解决得很好。今天看，也还有一些问题需要继续去解决。但是，有一点我想是可以而且是应该充分肯定的，那就是中央和地方两个方面的积极性必须很好地结合，不能只顾一头，这是从几十年工作中得到的一条需要经常加以注意的重要经验。

关于发挥企业积极性的问题，那时我们提出的口号是管理企业化，逐步过渡到实行独立的经济核算制。1951年5月，第一次全国工业会议专门讨论了这个问题。按照经济核算制的要求，国家在对企业规定若干生产指标与核定资金的基础上，由企业实行独立的会计制度，自负盈亏；在完成国家平衡计划的条件下，企业有权自行销售产品与收购原料，有权提取最多为30%的超计划利润作为奖励基金，以此促使企业的领导者和职工关心企业的经营状况，挖掘潜力，增加生产。这也是试图从责、权、利的结合上来调动企业的积极性。由于认识的局限，我们在这个问题上的努力是不够的。拿一个最基本也是最简单的关于企业折旧基金的归属问题，多少年来就没有得到很好的解决，还是前几年才解决的。

总的说，那时管理全国经济，我们还缺少经验。战争时期，有一些局部的经验，虽然宝贵，但照搬也不行。学习苏联的经验，新中国成立一开始就是重视的，中财委就请了苏联顾问。但是，我们也体会到不能依样画葫芦，因为两国的情况差别很大。中财委曾经专门讨论过如何对待苏联专家意见的问题，陈云同志很强调既要尊重，又不是什么都听；如果发生苏联专家的意见和中国的情况不符合，首先应当检查我们自己是否充分地向他们提供了有关情况。我们那时决定财经统一，实行以集中统一为基础的财经管理办法，老实说，是中国的情况使然。虽然不能说没有受到一些外来因素的影响，但是把它说成是照搬了某一种模式的结果，这至少是缺乏对当时历史事实的全面研究、缺乏具体分析的。我总觉得，在总结历史经验时，首先要弄清事情的全貌，弄清事情发生发展的来龙去脉、内在外在的各种联系，然后放到当时的历史环境中进行实事求是的分析，一是一，二是二。只有采取这种科学的严肃的态度，得出的经验才是最可靠的，也才是于推进现实实践最有益的。

1950年3月统一财经，同年4月财政状况开始好转，出现收支接近平衡，市场进一步稳定的可喜现象。货币的流通速度减慢了，物价稳中有降，私营企业的成交价格甚至降到国营牌价以下。与此同时，人民币的信用提高了，银行的存款大量增加，存放款利率也有所下降。上海市1950年4月1日到15日的半个月时间里，银行存款余额增加了20%，折实存款反而减少了36%，并出现了半年期的长期存款。人们终于松了一口气，因饱尝物价波动之苦形成的抢购心理开始有了变化，这是多少年不曾有过的情况。至此，新中国成立初期平抑物价、统一财经的斗争初战告捷。毛主席曾经高度评价它的意义，"不下于淮海战役"，并极为称道陈云同志的理财能力。记得有一次我在他那里谈完工作，说到陈云同志主持中财委的工作很得力，凡看准了的事是很有勇气去干的，平抑物价、统一财经就是他力主要做的，结果很快成功了。毛主席听后说："陈云同志有这样的能力，我在延安时期还没有看得出来，可称之为能。"接着，他顺手在纸上写下了一个"能"字。毛主席善于用典故抒发思想和情感。在这里，他是借用诸葛亮在《前出师表》里叙述刘备夸奖向宠的用语（"将军向宠，性行淑均，晓畅军事，试用于昔日，先帝称之曰能"），来赞扬陈云同志的理财之能。

平抑物价、统一财经初战告捷，全党、全国人民为之振奋，国内外对我党治国能力抱有怀疑的人们也不能不在事实面前刮目相看。当时，新中国的各项工作尚未走上轨道，经济尤其脆弱。在这种情况下，我们能够这样快地把金融和市场稳定下来，使恢复经济能够顺利起步，靠的是什么？主要是依靠党中央和毛主席的正确领导、全党认识与步调的一致、财政经济的统一管理，从而使政治优势加上它所转化的经济优势得到充分发挥，使我们的力量得到不断壮大。1949年10月的那次物价斗争结束后，中财委曾经在总结里指出，在市场物价问题上同资产阶级的较量，不但需要统一的指挥，而且要有保证实施这种统一指挥意图的能力。就是说，要能做到集中使用力量，灵活调度物资，全面指导物价。而要做到这些，建立全国性的贸易公司，首先是棉花、纱布、粮食等专业公司，掌握足以影响市场的物资力量，是非常重要的。四十年来，我们看过来看过去，在中国这样一个人口众多又还不富裕的大国里，要长期保持金融物价的基本稳定、经济的基本稳定，维护中央的权威、保证政治与经济必要的集中统一是不可缺少的。中央有力量，各个地区都会得到益处。旧中国一盘散沙，大家受害，这是有目共睹的。

平抑物价、统一财经的斗争也说明，中国要恢复和发展经济，决不能走通货膨胀的道路。实行通货膨胀的政策，只能使少数投机者渔利，而使绝大多数人吃亏，使从事正当生产经营活动的人吃亏。在1950年春节前后那次平抑物价的斗争中，上海的资本家吃亏比较大，叫得厉害。毛主席曾为这件事询问我们，工商业会不会出问题。银根抽紧以后，上海的资本家虽然有故意多叫苦的一面，但也确实遇到困难？对资产阶级不斗不行，斗过头也不行。收缩银根以求金融物价的稳定是必要的，但是适量投入货币以利工商业的恢复也是必需的，而且从长远看，后一方面尤其重要。因为解决财政经济问题最终还是要靠发展生产。所以，这两个方面都应同时考虑，不能顾此失彼。当时，金融市场不稳定的主要因素是货币的财政性发行。要稳定物价，就得紧缩通货；紧缩通货，工商企业必然受影响。掌握适度，不会有大问题。银根抽得过紧，就会适得其反。工商企业不能恢复生产，财政困难就会继续下去，还得靠印钞票过日子。毛主席关心这件事是有理由的。问题是在实践中，这两方面都掌握得恰到好处，很不容易。经济生活很复杂，不可能有理想化的时候。金融物价不稳定，一向是中国经济的大祸害，不认真对待，是解决不了的。当然，后来的情况说明，我们的银根抽得过紧了一些，投放货币的决断也迟了几天。从指导思想上说，中财委当时还是注意到了这两个方面。应该说，我们从新中国成立初期的实践中已开始认识到这一条经济规律，就是在中国的条件下，无论如何都能靠通货膨胀的办法搞经济。当然这种认识不可能一次完成，需要结合经济发展的新情况不断加以深化。

1949年12月19日，中财委第八次委务会议讨论弥补赤字的办法，究竟是多发票子还是多收税？权衡的结果，都不赞成多发票子，主张用多收税的办法争取收支的平衡。陈云同志风趣地说："世上没有点金术，也没有摇钱树，又要养活五亿人吃饭，所以路只有两条，印钞票和增税。靠印钞票的路我们不能走，稳妥的办法是在税收上多想办法、打主意。"新中国成立初期，党内外在税收问题上一度流行所谓施仁政的观点，似乎收税越少越好。我们过去反对国民党的苛捐杂税，现在有些同志自己也不敢收税了。为了整理税收，力求多收一些，我们不得不耐心地做解释工作，给税务干部撑腰打气。中央还规定，在一个县里配干部，除县委书记和县长外，还要配备一个强的干部去当税务局长，把税收工作抓起来。1950年2月，中财委在给党中央、毛主席的报告里进一步申述了这个看法。报告说："现在问题的中心是，多收税少发钞票，还是少收税多发钞票？路子只有两条。少收必得多发，想少发必得多收；不是多收便要多发，此外别无出路。有人要求少收，而又要物价稳，这办不到。收税和发钞票这两者比较，在可能限度内，多收一点税，比多发钞票，危害较小。这样做，工商业负担虽稍重，但物价平稳，对正当的工商业有好处。反之，物价波动大，任何人也不愿拿出钱去经营工商业，资金都囤积在物资上，或放在家中不用，劳动者也跟着没有活儿干了。这样，势必造成资金和劳动力的浪费，使生产受到严重影响。有人说，'温和的'物价上涨可以刺激生产，这种说法我们认为是不妥当的。物价的波动，只能打击生产，使经济停滞，这是后退的办法。少发行多收税，负担是重了些，但物价平稳，经济逐渐发展，则不失为一种前进的办法。"我们在随后几十年的经济工作中，基本上坚持了这样的指导方针，不走依靠通货膨胀的道路。事实证明，这符合我国的国情。[1]

七届三中全会

初战胜利，并不等于全面胜利。毛泽东深知这一点，陷入新的沉思。

早在建国前夕，毛泽东就提出过城市经济工作政策的"十六字方针"，也叫"四面八方"政策，有力地推动了国民经济的恢复工作。

陶鲁笳回忆"四面八方"政策提出过程，说：

1949年4月，获得和平解放已经两个多月的北平，春寒料峭，人民群众仍然沉浸在欢庆胜利的巨大喜悦之中，处处洋溢着热气腾腾、欣欣向荣的青春活力。此时此地，我作为太行区党委书记正同前任书记冷楚、宣传部长周璧参加中共中央华北局召开的会议，听取传达和学习党的七届二中全会文件。冷、周二同志早在1月即已受命带领大批干部随军到新区福建工作，眼下正待机南下。

从4月6日至14日的八天会议生活，是在极为热烈、兴奋、舒畅的气氛中度过的，这是与会同志的共同感觉。而使我们三人感到格外兴奋的事是会议进行中的一天，华北局书记薄一波向我们透露了毛主席同意接见我们三人的消息，并告诉了接见的日期。这是我们三人向一波同志表达过的共同夙愿。如此特大的喜讯，怎能不使我们欣喜若狂呢！

这个至今镂刻心中、终生难忘的日子到来了。4月15日，即华北局会议结束后的次日，我们三人带着一波同志的介绍信，驱车前往毛主席当时的住地——北平香山的双清别墅。那天，晴空万里，万物复苏。我们满怀激情，向着香山那峻拔雄巍的山峰奔驰。车到双清别墅，工作人员热情地接待我们在客厅里稍候。客厅里流水潺潺的假山、绚丽多彩的盆景、幽静清新的氛围，使人油然感到春的温暖。

不一会儿，毛主席和朱总司令面带笑容走进了客厅，我们三人站起来迎上前去同主席、总司令亲切握手。

…………

谈话一开头，毛主席一一询问了我们的姓名、籍贯、年龄、学历、职务等等。后来我才知道，这是毛主席同干部、工人、农民、知识分子初次接触时特有的谈话方式。这种拉家常式的谈话，可以使人感到放松亲切。紧接着毛主席询问了太行区农民生产、生活的情况，朱总司令还询问了手工业恢复发展的情况，我们分别作了简要汇报。本来我们期望毛主席能给我们讲讲当前的政治、军事形势，但出乎我们的期望，他没有讲这方面的问题，却兴致勃勃地畅谈了"四面八方"的经济政策。

毛主席的这次重要谈话，我于1949年5月3日在太行区党委会议上作了口头传达。现在根据查找到的会议记录稿摘录如下：

我们的经济政策可以概括为一句话，叫作"四面八方"。什么叫"四面八方"？"四面"即公私、劳资、城乡、内外。其中每一面都包括两方，所以合起来就是"四面八方"。这里所说的内外，不仅包括中国与外国，在目前，解放区与上海也应包括在内。我们的经济政策就是要处理好"四面八方"的关系，实行公私兼顾、劳资两利、城乡互助、内外交流的政策。

关于劳资两利，许多同志只注意到其中的一方，而不注意另一方。你们看二中全会决议中讲到我们同自由资产阶级之间有限制和反限制的斗争。目前的侧重点，不在于限制而在于联合自由资产阶级。那种怕和资本家来往的思想是不对的。如果劳资双方不是两利而是一利，那就是不利。为什么呢？只有劳利而资不利，工厂就要关门；如果只有资利而劳不利，就不能发展生产。公私兼顾也是如此，只能兼顾，不能偏顾。偏顾的结果就是不顾，不顾的结果就要垮台。四个方面的关系中，公私关系、劳资关系是最基本的。二中全会决议中提出要利用城乡资本主义的积极性，不这样就不行。新富农是农村的资产阶级，要发挥他们的积极性，现在他们要求发展生产，是适合我们需要的。

"四面八方"缺一面，缺一方，就是路线错误、原则的错误。世界上除了"四面八方"之外，再没有什么"五面十方"。照顾到"四面八方"，这就叫全面领导。在工厂开展生产运动，不但要召集工人开会，把工人群众发动起来；而且也要召集资本家开会，和他们说通，把他们也发动起来。合作社也要公私兼顾，只顾公的方面，不顾私的方面，就要垮台。

实行"四面八方"的经济政策，要注意到，我们现在是工人阶级、农民阶级、小资产阶级和自由资产阶级的联盟，这四个阶级联合起来反对封建主义、帝国主义、官僚资本主义。国民党就是这三个反动势力的代表。全国胜利以后，还要集中力量对付帝国主义。

当然，在实行"四面八方"的经济政策时，对投机商业不加限制是不对的。应当在政策上加以限制，但限制不是打击，而是要慢慢引导他们走上正当的途径。我们要团结资本家，许多同志都不敢讲这个话。要了解，现在没有资本家是不行的。

上面所引的毛主席的五段话，篇幅不足千字，却是当时在经济政策问题上，统一全党的思想认识、迅速恢复和发展生产、巩固新生的人民政权的锐利思想武器。[2]

为了全面分析新中国成立以来，特别是统一财经、稳定物价以后的形势，总结前一段的工作，明确以后的任务，统一认识，统一行动，中共中央于1950年6月6日至9日在北京召开了七届三中全会。毛泽东在会上作了题为《为争取国家财政经济状况的基本好转而斗争》的报告和题为《不要四面出击》的讲话。

毛泽东在书面报告中首先分析了国际国内形势：

目前的国际情况对于我们是有利的。以苏联为首的世界和平民主阵线比去年更为壮大。世界各国争取和平反对战争的人民运动有了发展。欲挣脱帝国主义压迫的民族解放运动有了广大的发展，其中特别值得注意的是日本人民和德国人民反对美国占领的群众运动已经起来，东方各被压迫民族的人民解放斗争有了发展。同时，帝国主义国家之间的矛盾，主要的是美国和英国之间的矛盾也发展了。美国资产阶级内部各派之间的争吵和英国资产阶级内部各派之间的争吵也增多了。与此相反，苏联及各人民民主国家相互之间的关系则是很团结的。具有伟大历史意义的新的中苏条约，巩固了两国的友好关系，一方面使我们能够放手地和较快地进行国内的建设工作，一方面又正在推动着全世界人民争取和平和民主反对战争和压迫的伟大斗争。帝国主义阵营的战争威胁依然存在，第三次世界大战可能性依然存在。但是，制止战争危险，使第三次世界大战避免爆发的斗争力量发展得很快，全世界大多数人民的觉悟程度正在提高。只要全世界共产党能够继续团结一切可能的和平民主力量，并使之获得更大的发展，新的世界战争是能够制止的。国民党反动派所散布的战争谣言是欺骗人民的，是没有根据的。

目前我们国家的情况是：中华人民共和国中央人民政府及各级地方人民政府已经成立。苏联、各人民民主国家及若干资本主义国家已经先后和我国建立了外交关系。战争已在大陆上基本结束，只有台湾和西藏还待解放，还是一个严重的斗争任务。国民党反动派在大陆若干地区内采取了土匪游击战争的方式，煽动了一部分落后分子，和人民政府作斗争。国民党反动派又组织许多秘密的特务分子和间谍分子反对人民政府，在人民中散布谣言，企图破坏共产党和人民政府的威信，企图离间各民族、各民主阶级、各民主党派、各人民团体的团结和合作。特务和间谍们又进行了破坏人民经济事业的活动，对于共产党和人民政府的工作人员采取暗杀手段，为帝国主义和国民党反动派收集情报。所有这些反革命活动，都有帝国主义特别是美帝国主义在背后策动。这些土匪、特务和间谍，都是帝国主义的走狗。人民解放军自从1948年冬季取得辽沈、淮海、平津三大战役的决定性胜利以后，从1949年4月21日开始渡江作战起至现在为止的十三个半月内，占领了除西藏、台湾及若干其他海岛以外的一切国土，消灭了183万国民党反动派的军队和98万土匪游击队，人民公安机关则破获了大批的反动特务组织和特务分子。现在人民解放军在新解放区仍有继续剿灭残余土匪的任务，人民公安机关则有继续打击敌人特务组织的任务。全国大多数人民热烈地拥护共产党、人民政府和人民解放军。人民政府在最近几个月内实现了全国范围的财政经济工作的统一管理和统一领导，争取了财政的收支平衡，制止了通货膨胀，稳定了物价。全国人民用交粮、纳税、买公债的行动支持了人民政府。我们国家去年有广大的灾荒，约有一亿二千亩耕地和四千万人民受到轻重不同的水灾和旱灾。人民政府组织了对灾民的大规模的救济工作，在许多地方进行了大规模的水利建筑工作。今年年成比去年好，夏收看来一般是好的。如果秋收也是好的，那就可以想象，明年的光景会比今年要好些。帝国主义和国民党反动派的长期统治，造成了社会经济的不正常状态，造成了广大的失业群。革命胜利以后，整个旧的社会经济结构在各种不同的程度上正在重新改组，失业人员又有增多。这是一件大事，人民政府业已开始着手采取救济和安置失业人员的办法，以期有步骤地解决这个问题。人民政府进行了广大的文化教育工作，有广大的知识分子和青年学生参加了新知识的学习，或者参加了革命工作。人民政府对于合理地调整工商业，改善公私关系和劳资关系，已经做了一些工作，现正用大力继续做此项工作。

中国是一个大国，情况极为复杂，革命是在部分地区首先取得胜利，然后取得全国的胜利。符合于此种情况，凡在老解放区（约有1.6亿人口），土地改革已经完成，社会秩序已经安定，经济建设工作已经开始走上轨道，大多数劳动人民的生活已经有所改善，失业工人和失业知识分子的问题已经解决（东北），或者接近于解决（华北及山东）。特别是在东北，已经开始了有计划的经济建设。在新解放区（约有3.1亿人口），则因为解放的时间还只有几个月、半年，或者一年，还有四十余万分散在各个偏僻地方的土匪待我们去剿灭，土地问题还没有解决，工商业还没有获得合理的调整，失业现象还是严重地存在，社会秩序还没有安定。一句话，还没有获得有计划地进行经济建设的条件。因此，我曾说过："我们现在在经济战线上已经取得的一批胜利，例如财政收支接近平衡、通货停止膨胀和物价趋向稳定等等，表现了财政经济情况的开始好转，但这还不是根本的好转。"

根据以上对形势全面客观的分析，毛泽东提出了用三年左右时间争取国家财政经济状况根本好转，为有计划进行经济建设创造条件，并认为要获得财经情况的根本好转，需要3个条件，必须做好8项工作：

要获得财政经济情况的根本好转，需要三个条件，即：（一）土地改革的完成；（二）现有工商业的合理调整；（三）国家机构所需经费的大量节减。要争取这三个条件，需要相当的时间，大约需要三年时间，或者还要多一点。全党和全国人民均应为创造这三个条件而努力奋斗。我和大家都相信，这些条件是完全有把握地能够在三年左右的时间内争取实现的。到了那时，我们就可以看见我们国家整个财政经济状况的根本好转了。

为此目的，全党和全国人民必须一致团结起来，做好下列各项工作：

（一）有步骤有秩序地进行土地改革工作。因为战争已经在大陆上基本结束，和1946年至1948年的情况（人民解放军和国民党反动派进行着生死斗争，胜负未分）完全不同了，国家可以用贷款方法去帮助贫农解决困难，以补贫农少得一部分土地的缺陷。因此，我们对待富农的政策应有所改变，即由征收富农多余土地财产的政策改变为保存富农经济的政策，以利于早日恢复农村生产，又利于孤立地主，保护中农和保护小土地出租者。

（二）巩固财政经济工作的统一管理和统一领导，巩固财政收支的平衡和物价的稳定。在此方针下，调整税收，酌量减轻民负。在统筹兼顾的方针下，逐步地消灭经济中的盲目性和无政府状态，合理地调整现有工商业，切实而妥善地改善公私关系和劳资关系，使各种社会经济成分，在具有社会主义性质的国营经济领导之下，分工合作，各得其所，以促进整个社会经济的恢复和发展。有些人认为可以提早消灭资本主义，实行社会主义，这种思想是错误的，是不适合我们国家情况的。

（三）在保障有足够力量用于解放台湾、西藏，巩固国防和镇压反革命的条件之下，人民解放军应在1950年复员一部分，保存主力。必须谨慎地进行此项复员工作，使复员军人回到家乡安心生产。行政系统的整编工作是必要的，亦须适当地处理编余人员，使他们获得工作和学习的机会。

（四）有步骤地谨慎地进行旧有学校教育事业和旧有社会文化事业的改革工作，争取一切爱国的知识分子为人民服务。在这个问题上，拖延时间不愿改革的思想是不对的，过于性急，企图用粗暴方法进行改革的思想也是不对的。

（五）必须认真地进行对于失业工人和失业知识分子的救济工作，有步骤地帮助失业者就业。必须继续认真地进行对于灾民的救济工作。

（六）必须认真地团结各界民主人士，帮助他们解决工作问题和学习问题，克服统一战线工作中的关门主义倾向和迁就主义倾向。必须认真地开好足以团结各界人民共同进行工作的各界人民代表会议。人民政府的一切重要工作都应交人民代表会议讨论，并作出决定。必须使出席人民代表会议的代表们有充分的发言权，任何压制人民代表发言的行动都是错误的。

（七）必须坚决地肃清一切危害人民的土匪、特务、恶霸及其他反革命分子。在这个问题上，必须实行镇压与宽大相结合的政策，即首恶者必办，胁从者不问，立功者受奖的政策，不可偏废。全党和全国人民对于反革命分子的阴谋活动，必须提高警惕性。

（八）坚决地执行中央关于巩固和发展党的组织的指示，关于加强党和人民群众联系的指示，关于开展批评和自我批评的指示，关于全党整风的指示。鉴于我们的党已经发展到450万人，今后必须采取谨慎地发展党的组织的方针，必须坚决地阻止投机分子入党，妥善地洗刷投机分子出党。必须注意有步骤地吸收觉悟工人入党，扩大党组织的工人成分。在老解放区，一般应停止在农村中吸收党员。在新解放区，在土地改革完成以前，一般不应在农村中发展党的组织，以免投机分子乘机混入党内。全党应在1950年的夏秋冬三季，在和各项工作任务密切地相结合而不是相分离的条件之下，进行一次大规模的整风运动，用阅读若干指定文件，总结工作，分析情况，展开批评和自我批评等方法，提高干部和一般党员的思想水平和政治水平，克服工作中所犯的错误，克服以功臣自居的骄傲自满情绪，克服官僚主义和命令主义，改善党和人民的关系。[3]

毛泽东在会上又作了《不要四面出击》的讲话。这个讲话对他在七届三中全会上的书面报告作了进一步的说明，并在分析当前各阶级关系、统一战线形势的基础上，提出了正确的策略方针和具体措施。

在讲话中，毛泽东清醒地估计了胜利面前的困难和敌友状况，尤其是与民族资产阶级的紧张关系：

在伟大胜利的形势下，我们面前还有很复杂的斗争，还有许多困难。

我们已经在北方约有1.6亿人口的地区完成了土地改革，要肯定这个伟大的成绩。我们的解放战争，主要就是靠这1.6亿人民打胜的。有了土地改革这个胜利，才有了打倒蒋介石的胜利。今年秋季，我们就要在约有3.1亿人口这样广大的地区开始土地改革，推翻整个地主阶级。在土地改革中，我们的敌人是够大够多的。第一，帝国主义反对我们；第二，台湾、西藏的反动派反对我们；第三，国民党残余、特务、土匪反对我们；第四，地主阶级反对我们；第五，帝国主义在我国设立的教会学校和宗教界中的反动势力，以及我们接收的国民党的文化教育机构中的反动势力，反对我们。这些都是我们的敌人。我们要同这些敌人作斗争，在比过去广大得多的地区完成土地改革，这场斗争是很激烈的，是历史上没有过的。

同时，革命胜利引起了社会经济改组。这种改组是必要的，但暂时也给我们带来很重的负担。由于社会经济改组和战争带来的工商业的某些破坏，许多人对我们不满。现在我们跟民族资产阶级的关系搞得很紧张，他们惶惶不可终日，很不满。失业的知识分子和失业的工人不满意我们，还有一批小手工业者也不满意我们。在大部分农村，由于还没有实行土地改革，又要收公粮，农民也有意见。

针对上述状况，毛泽东提出了孤立和打击当前敌人，把人民中间不满意我们的人变成拥护我们的策略总方针，以及改善与各同盟阶级尤其与民族资产阶级关系的具体办法：

我们当前总的方针是什么呢？就是肃清国民党残余、特务、土匪，推翻地主阶级，解放台湾、西藏，跟帝国主义斗争到底。为了孤立和打击当前的敌人，就要把人民中间不满意我们的人变成拥护我们的人。这件事虽然现在有困难，但是我们总要想各种办法来解决。

我们要合理地调整工商业，使工厂开工，解决失业问题，并且拿出二十亿斤粮食解决失业工人的吃饭问题，使失业工人拥护我们。我们实行减租减息、剿匪反霸、土地改革，广大农民就会拥护我们。我们也要给小手工业者找出路，维持他们的生活。对民族资产阶级，我们要通过合理调整工商业，调整税收，改善同他们的关系，不要搞得太紧张了。对知识分子，要办各种训练班，办军政大学、革命大学，要使用他们，同时对他们进行教育和改造。要让他们学社会发展史、历史唯物论等几门课程。就是那些唯心论者，我们也有办法使他们不反对我们。他们讲上帝造人，我们讲从猿到人。有些知识分子老了，七十几岁了，只要他们拥护党和人民政府，就把他们养起来。

全党都要认真地、谨慎地做好统一战线工作。要在工人阶级领导下，以工农联盟为基础，把小资产阶级、民族资产阶级团结起来。民族资产阶级将来是要消灭的，但是现在要把他们团结在我们身边，不要把他们推开。我们一方面要同他们作斗争，另一方面要团结他们。要向干部讲明这个道理，并且拿事实证明，团结民族资产阶级、民主党派、民主人士和知识分子是对的，是必要的。这些人中间有许多人过去是我们的敌人，现在他们从敌人方面分化出来，到我们这边来了，对这种多少有点可能团结的人，我们也要团结。团结他们，有利于劳动人民。现在我们需要采取这个策略。

团结少数民族很重要。全国少数民族大约有三千万人。少数民族地区的社会改革，是一件重大的事情，必须谨慎对待。我们无论如何都不能急躁，急了会出毛病。条件不成熟，不能进行改革。一个条件成熟了，其他条件不成熟，也不要进行重大的改革。当然，这并不是说不要改革。按照《共同纲领》的规定，少数民族地区的风俗习惯是可以改革的。但是，这种改革必须由少数民族自己来解决。没有群众条件，没有人民武装，没有少数民族自己的干部，就不要进行任何带群众性的改革工作。我们一定要帮助少数民族训练他们自己的干部，团结少数民族的广大群众。

总之，我们不要四面出击。四面出击，全国紧张，很不好。我们绝不可树敌太多，必须在一个方面有所让步、有所缓和，集中力量向另一方面进攻。我们一定要做好工作，使工人、农民、小手工业者都拥护我们，使民族资产阶级和知识分子中的绝大多数人不反对我们。这样一来，国民党残余、特务、土匪就孤立了，地主阶级就孤立了，台湾、西藏的反动派就孤立了，帝国主义在我国人民中间就孤立了。我们的政策就是这样，我们的战略策略方针就是这样，三中全会的路线就是这样。[4]

七届三中全会是新中国成立初期党中央的一次最重要的会议。毛泽东在会上作的报告和讲话，为三年经济恢复时期党的工作规定了明确的战略目标和策略路线，成为国民经济恢复时期的行动纲领。整个国民经济恢复时期，党和政府的工作基本上是按照毛泽东在报告和讲话中所指明的方向和步骤前进的。尽管七届三中全会结束不久就发生了朝鲜战争，新中国不得不付出重大代价投入到抗美援朝的伟大斗争中，但毛泽东在七届三中全会上提出的历史任务——争取国家财政经济状况的基本好转，仍然在1952年得到了圆满的完成。

调整工商业

稳定物价也带来一些副作用。1950年春夏之交，全国经济生活中出现了市场萧条，私营工商业经营困难，部分私营工商户关门、歇业，造成新的失业现象。这些困难从根本上说，在剧烈的社会变革中是很难避免的。同时，政府工作中也确实存在一些缺点和问题。一是平抑物价的措施有些过猛，对于正常的工商经营活动产生了一些副作用；二是有些同志滋生了对民族资产阶级的"左"的情绪，企图挤垮一些私营工商业。

为了克服私营工商业遇到的困难，稳定他们的生产情绪，1950年春夏，中共中央多次召开会议进行研究，毛泽东发表不少重要言论，对决定调整工商业起了很大作用。

薄一波回顾毛泽东在一次中央会议上的讲话说：

1950年3月、4月份，中央先后召开了有各大区负责人参加的工作会议和政治局会议，为七届三中全会作准备。毛主席在政治局会议上说："中央人民政府成立以后，主要是抓了一个财政问题。目前财政经济的好转还只是财政的好转，并不是经济的好转；财政的好转也只能说是开始好转，根本好转需要完成土地制度的改革。目前财政上已经打了一个胜仗，现在的问题要转到搞经济上，要调整工商业。"会议明确指出，调整工商业的原则是公私兼顾、劳资两利，要纠正一些干部中存在的想挤垮私营工商业的不正确思想和做法。毛主席说："和资产阶级合作是肯定了的，不然《共同纲领》就成了一纸空文，政治上不利，经济上也吃亏。'不看僧面看佛面'，维持了私营工商业，第一，维持了生产；第二，维持了工人；第三，工人还可以得些福利。当然中间也给资本家一定的利润。但比较而言，目前发展私营工商业，与其说对资本家有利，不如说对工人有利，对人民有利。"[5]

1950年3月，中共中央统战部召开了第一次全国统战工作会议。当时任中央统战部部长的李维汉，事后回忆了一些同志在这次会上暴露出的"左"的思想，以及毛泽东对此的看法：

为着统一和提高党内对统一战线工作的认识，研究新中国成立初期统战工作的方针任务和各方面统战工作的基本政策，经中央批准，我们在1950年3月召开了第一次全国统战工作会议。会前，经过部里集体讨论研究，我起草了题为《人民民主统一战线的新的形势与任务》的报告提纲，经中央和毛泽东同志审阅同意，提交全国统战工作会议讨论。这个报告提纲对建国初期统一战线的形势和任务以及各方面的基本政策作了明确的阐述。

…………

这个报告提纲提交全国统战工作会议讨论后，争论较多的主要是两个问题，集中地反映出当时党内严重存在的"左"的思想倾向。

第一是对民族资产阶级的方针问题，是"团结为主"还是"斗争为主"？是节制资本还是搞垮资本？有的同志在会上发言提出，"今天的斗争对象，主要是资产阶级"。资本家要求划分国营和私营的经营范围，"我们不允许"。国营经济要"无限制地发展"。国营经济"越发展，就越要排挤私营，例如火柴工业是有利于国计民生的，国营生产很多，对私营即可不必扶持，甚至禁止"。对于资本家提出不要与民（即民族资产阶级）争利的问题，说我们就是要"与民争利"，我们就是"只许州官放火，不准百姓点灯。大资本家要停工，就让他停工"，等等。按照这种思想搞下去，对私人资本主义经济就不是党的七届二中全会所确定的利用和限制的政策，而是要排挤掉；对民族资产阶级就不是采取统一战线政策，继续团结它们，而是要立即消灭资产阶级。

第二是关于民主党派的性质、作用和党对民主党派的方针问题。有的同志说，"民主党派应是我党的外围，应是一个进步分子的团体，应由大到小，由多到少，由政治上的复杂到统一，由与我党有距离到无差别，不应在政治上去抬高他们，在组织上去扩大他们，为我们找下麻烦"。有的同志认为，革命已经胜利了，民主党派"任务已尽"，认为"民主党派是包袱""可有可无"。这种思想实际上就是要取消民主党派。

毛泽东同志听取了会议的汇报，针对会议中反映出来的问题，作了重要指示。

对于民主党派问题，毛泽东强调指出，要充分看到民主党派的作用。有人认为民主党派只是一根头发的功劳，一根头发拔去不拔去都没有什么关系。这种说法是不对的。民主党派和民主人士是联系资产阶级、小资产阶级的，从他们背后的联系看，就不是一根头发，而是一把头发，就不可藐视。其实，他们起的作用很大，从整体看，从长远看，必须要民主党派。对民主党派的经费问题，干部学习和失业问题，都要帮助解决，要把他们的干部看成跟我们的干部一样。要搞好同党外人士工作的关系，要照顾他们的生活。我们对民主党派在抗战时有"团结、抗战、进步"的口号，今天应该是"团结、建设、进步"。

毛泽东同志还针对党内严重存在的"左"倾关门主义倾向，强调要在党内广泛开展对统一战线政策的宣传教育。他指出，《共产党宣言》1883年德文版序言中说，"被剥削与被压迫的阶级（无产阶级）如果不同时使整个社会永远摆脱剥削、压迫和阶级斗争，就不再能使自己从剥削它压迫它的那个阶级（资产阶级）下解放出来"。整个《宣言》的基本思想，就是：工人阶级只有解放全人类才能最后解放自己。中国工人阶级只要求得自己的解放不行，必须求得4个阶级的共同解放，对地主也要改造他们，否则，工人阶级自己就不能得到解放。毛泽东同志的这段话，把统战工作提高到无产阶级解放全人类的战略需要的高度，这样就把统一战线的重要性给彻底说透了。[6]

毛泽东对这次统战会议工商组讨论会的一份发言记录稿，作了重要批语。关于毛泽东这个批语的来历，薄一波写道：

在1950年4月政治局会议上，毛主席说："我们是一个大党，策略上要特别注意。尤其是我们现在胜利了，要巩固胜利，更要注意，要反对'左'的思想和'左'的做法。"在这次会议上，周总理提到了中国人民银行总行主要负责同志在统战工作会议上的发言（以下简称"发言"，这个发言反映了对民族资产阶级的"左"的情绪）。他当时认为可能只是个别人的看法。会后，他发现中南区有一位参加中央财政会议的同志回去传达时，也是这样讲的，才引起警觉，把那份"发言"打印出来，送给了毛主席和少奇同志，也给了我一份。毛主席看到这个材料，很重视，作了许多批注，送给少奇、朱德、恩来、陈云以及彭德怀、林彪、彭真、胡乔木和我看，也送给发言者本人一份。[7]

在这份发言稿上，毛泽东批注如下：

在发言记录稿谈到"今天斗争对象，主要是资产阶级"处，毛泽东批："今天的斗争对象主要是帝国主义、封建主义及其走狗国民党反动派残余，而不是民族资产阶级。对于民族资产阶级是有斗争的，但必须团结它，是采用既团结又斗争的政策以达团结它共同发展国民经济之目的。"

在发言记录稿谈到对私营工商业的限制和排挤处，毛泽东批："应限制和排挤的是那些不利于国计民生的工商业，即投机商业、奢侈品和迷信品工商业，而不是正当的有利于国计民生的工商业，对这些工商业，当它们困难时，应给以扶助使之发展。"

在发言记录稿谈到私营工商业"要求划分阵地，要河水不犯井水，我们不允许"处，毛泽东批："应当划分阵地，即划分经营范围。讲得很幼稚。"

在发言记录稿谈到"我们的政策，是要'与民争利'。但他们所谓的

'民'，是资产阶级。我们则要争于人民有利的事情。我们说，我们就是'只许州官放火，不许老百姓点灯'。但这里的'州官'是人民，我们放火可以，你们点灯就违反群众利益"处，毛泽东批："完全错误的说法。"

在发言记录稿谈到"国营经济是无限制地发展"处，毛泽东批："这是长远的事，在目前阶段不可能无限制地发展，必须同时利用私人资本。"

在发言记录稿谈到"'与民争利'，表现在粮食、花纱布、火柴、百货、盐的控制"处，毛泽东批："除盐外，应当划定范围，不要垄断一切。""只能控制几种主要商品（粮布油煤）的一定数量，例如粮食的三分之一等。"

在发言记录稿谈到"百货公司必须建立，不然即不能稳定物价"处，毛泽东批："建立百货公司，并不是代替全部商业。"

在发言记录稿谈到"大资本家要停工，我们就让他停工。我们有钱，就接收过来"处，毛泽东批："这是不对的。"

1950年4月13日，毛泽东在中央人民政府委员会第七次会议上发表讲话，强调政府财经领导机关今后一段时间的工作重点，是调整工商业。当时的《人民日报》作了如下报道：

毛泽东主席就陈云主任的报告说："政务院财政经济委员会过去6个月在整理收支、稳定物价方面的工作有了很大的成绩。财经委员会的方针是正确的。工作中还有一些缺点，应当注意改正。"毛主席说，"我们国家的财政情况已开始好转，这是很好的现象。但整个财政经济情况的根本好转需要有三个条件，即：土地改革的完成、现有工商业的合理调整和国家军政费用的大量节减，这些应当争取逐步实现，也是完全可以实现的，那时就可以出现根本的好转。今后几个月内政府财经领导机关的工作重点，应当放在调整公营企业与私营企业以及公私企业各个部门的相互关系方面，极力克服无政府状态。"毛主席说，《共同纲领》的规定，"在经营范围、原料供给、销售市场、劳动条件、技术设备、财政政策、金融政策等方面，调剂各种社会经济成分在国营经济领导之下，分工合作，各得其所"，必须充分实现，方有利于整个人民经济的恢复和发展。现在已经发生的在这方面的某些混乱思想，必须澄清。[8]

在纠正急于排挤私人资本主义企业的倾向，谨慎地调整工商业的过程中，毛泽东1950年4月16日给陈毅的复电里，肯定了上海市在处理税收问题和失业问题时采取征得各方同意后妥善进行的正确做法，并从原则上提出了这样一个重要思想："目前处在转变的紧张时期，力争使此种转变进行得好一些，不应当破坏的事物，力争不要破坏，或破坏得少一些，你们把握了这一点，就可以减少阻力，就有了主动权。"

在七届三中全会上的报告和讲话中，毛泽东把合理调整工商业，正确对待民族资产阶级，作为一项主要政策规定下来。

从1950年4月以后，陈云领导的中央财经委员会采取了一系列措施，调整工商业，处理公私关系和劳资关系，取得了一些成绩。但由于抗美援朝开始，调整工商业工作未能坚持到底，还遗留下了一些问题没有得到解决。

指导新区土地改革

为了解放农村生产力，实现"耕者有其田"的目标，早在第二次国内革命战争时期，中共就提出和实行了彻底的土地革命纲领，到1949年10月，华北、东北等老解放区和半老解放区（约占全国面积的1/3）已经完成了土地改革。但是，在其他广大的新解放区（简称新区），主要是华东、中南、西南、西北等地区（约占全国面积的2/3）土地改革还没有进行，封建土地剥削制度尚未废除。

指导新区土地改革，是毛泽东领导恢复国民经济的主要内容之一。1949年底至1950年上半年，毛泽东集中精力于新区土改的路线政策制定和调整工作。1950年冬新区土改展开后，他又针对新情况新问题作出具体的指示，以保证土改沿着正确的轨道进行。

在苏联访问期间，毛泽东就开始督促新区领导机关作土改准备工作。接到1950年1月9日华东局第一书记饶漱石的报告后，毛泽东于1月13日致电饶漱石，作出关于土改准备工作的指示：

土改准备工作中改造区乡政权极为重要，并须如期完成，否则不可能进行土改。为了在今年冬季进行土改，必须在今年春夏秋三季完成土改的各项准备工作，时间颇紧，必须十分抓紧督促才能有成。华东军政委员会似宜早成立执行任务。

同日，毛泽东就中南地区土改工作等问题致电林彪：

（一）中南全区要在今年冬季进行土改，则今年春夏秋三季必须完成土改的各项准备工作，时间颇紧，必须妥为计划督促，才能有成。饶漱石1月9日给中央的报告中，提到在今年1、2、3月农闲时间华东各省普遍开一两次区乡农民代表会议完成区乡政权的改造，作为土改先决条件之一，这是极重要的，否则即不能进行土改。你们是否已令各省进行此项工作。（二）饶漱石又说，华东全区多数市县已开了各界人民代表会议，未开的今年1、2、3月内可以普遍开一次。中南各省情形如何，是否可以于今年1、2、3月内普遍开一次市的及县的各界人民代表会议。（三）中南局对华南分局的工作指导是否已密切抓紧，如同你们对湘鄂赣豫各省委那样。以上几点请加注意并电告为盼。

1月17日，毛泽东又发出关于陕甘宁三省土改部署的电报。他指出："陕甘宁三省今冬只在部分地区进行土改，取得经验，推迟至明冬普遍进行土改，是比较妥当的。"

访苏回国不久，毛泽东在给南方及西北几个中央局的电报（3月12日）中指出，现在"需要修改土地法及其他有关土改的文件，并颁布出去，以利新区各省土改干部的学习，方有利于今年秋后开始土改，否则将错过时机，陷于被动"。

4月28日，毛泽东就起草土地法草案、整训参加土改的干部等问题，致电华东、中南、西南、西北各中央局负责同志。电报说：

漱石、子恢、小平、德怀同志：

下列各点请予电复：（一）目前春耕状况如何，所属各省区党委是否已集中主要注意力从事春耕生产的组织和领导，农民缺乏种子肥料及食粮的问题是否可以得到解决，今年是否有争取一个丰收年成的希望，此事关系极为重大，务望注意。（二）华东局、中南局各担任起草一个土地法草案，是否已在着手，我们希望你们能于5月10日起草完成，5月15日以前送到中央，是否能做到。除一个一般的土地法外，是否还需要发一个关于土改工作的指示，规定土改工作中的许多具体办法，你们是否正在准备起草此项指示。再则，此项指示由各区军政委员会各自发布为好，还是由政务院统一发布为好。总之，不论土地法或土改指示，均希望你们能于5月15日以前送到中央，以便中央及政务院能于5月下半月加以决定，6月1日公布。再则，华东局已经准备了为着土改目的而使用的72 000个干部，并准备于土地法令公布后的几个月内加以集中整训及学习土改，中南局及西北局关于此项干部的准备情况如何？（三）整训干部已经成了极端迫切的任务，各阶层人民相当普遍地不满意我们许多干部的强迫命令主义的恶劣作风，尤其是表现于征粮收税和催缴公债等项工作中的上述作风，如不及时加以整顿，即将脱离群众。你们对于此项整训工作是否正在筹划，有无关于整干的计划（步骤）及指示。

毛泽东
4月28日

在指导、督促新区各中央局做好土改各项准备工作的同时，毛泽东集中精力考虑土改政策，主要是对富农政策的调整问题。

1949年11月，在政治局会议上讨论新区农村政策时，毛泽东正式提出："江南土改时，要慎重对待富农。"意即要转变党以前的富农政策（打击或消灭富农）。

访苏期间，毛泽东就新解放区土改中对待富农政策问题，向斯大林通报了中共中央的初步考虑。1950年2月17日，毛泽东、周恩来联名致电在国内主持工作的刘少奇，就送审的政务院《关于新解放区土地改革和征收公粮的指示》草案作复时，转达了斯大林的意见。电报说：

少奇同志：

关于新区土改征粮指示草案电收到。一般甚好，而且亟须适时发出。唯第四部分因涉及分配土地问题本身，可否暂缓发表。因斯大林同志曾在我向其报告土改政策时，提议将分配地主土地与分配富农土地分成两个较长的阶段来做，即使目前农民要求分配富农多余的土地，我们固不禁止，但也不要在法令上预作肯定。我们虽对中国半封建富农作了解释，并说明对资本主义富农并不没收，他仍举十月革命后的苏联为例，要我们把反富农看成是严重斗争。他的中心思想是在打倒地主阶级时，中立富农并使生产不受影响。去年11月政治局会议时关于江南土改应慎重对待富农的问题亦曾提到过，因此事不但关系富农而且关系民族资产阶级，江南土改的法令必须和北方土改有些不同，对于1933年文件及1947年土地法等，亦必须有所修改。故我们主张目前政务院只发表新区土改征粮指示的前三部分，而将第四部分留待我们归后讨论。如须修改，则可推迟至4月再行发表另一关于土改本身的文件。如同意，可向党外民主人士解释第四部分为今年秋后方始实行的政策，不妨从长计议，待毛主席归后再行决定及发表。

毛泽东

周恩来

2月17日7时

薄一波在回忆录中还提到：

3月12日，毛主席致电邓子恢（中南局），并告林彪（中南局）、饶漱石（华东局）、叶剑英（华南分局）、彭德怀（西北局）、邓小平（西南局），除同意邓子恢同志不随林彪来京开会外，重点是请他们就正在召开的各省负责同志会议，征询对待富农政策的意见电告中央。电报说：

"在今冬开始的南方几省及西北某些地区的土地改革运动中，不但不动资本主义富农，而且不动半封建富农，待到几年之后再去解决半封建富农问题。请你们考虑这样做是否有利些。这样做的理由：第一是土改规模空前伟大，容易发生过"左"偏向，如果我们只动地主不动富农，则更能孤立地主，保护中农，并防止乱打乱杀，否则很难防止；第二是过去北方土改是在战争中进行的，战争空气掩盖了土改空气，现在基本上已无战争，土改就显得特别突出，给予社会的震动特别显得重大，地主叫唤的声音将特别显得尖锐，如果我们暂时不动半封建富农，待到几年之后再去动他们，则将显得我们更加有理由，即是说更加有政治上的主动权；第三是我们和民族资产阶级的统一战线，现在已经在政治上、经济上和组织上都形成了，而民族资产阶级是与土地问题密切联系的，为了稳定民族资产阶级起见，暂时不动半封建富农似较妥当的。

关于暂时不动富农的问题，去年11月政治局会议中，我曾提出过，唯未作详细的分析和未作出决定，现在已到需要作决定的时机了。决定之后，需要修改土地法及其他有关土改的文件，并颁布出去，以利新区各省土改干部的学习，方有利于今年秋后开始土改，否则将错过时机，陷于被动。因此，不但请中南局，而且请华东局、华南分局、西南局、西北局的同志们对此问题加以讨论，并请将此电转发所属各省省委、各市市委加以讨论，将赞成和反对的意见收集起来，迅速电告中央，以凭考虑决策，是为至要。"〔9〕

3月30日，中央致电各中央局，就《中国土地法大纲》中若干（14个）问题征询各中央局的意见。

各级党委一致拥护毛泽东关于保存富农经济，在政治上中立富农的政策。但是，还存在一个争论：不动富农的土地，是否包括富农的出租地？薄一波回顾了争论的起因及毛泽东对它的处理过程：

各级党委在一致拥护毛主席、党中央提出的保存富农经济基本政策的前提下，有一个争论：不动富农的土地，是否包括富农的出租地？这个问题，同毛主席提出的暂时不动半封建富农，待几年之后再去解决半封建富农问题，有着密切的联系。因为富农半封建性土地关系的主要特征是：一方面自己参加主要劳动，另一方面又有部分土地出租。因此，如果规定出租土地要动，那么半封建富农的土地关系一下子就消灭了，无须再等几年才去解决。

从现在保存下来的五个中央局（缺西南局）和一些分局、省委、区党委给中央的复电看：华东局、西北局、华北局认为，不动富农的土地财产，应当包括旧式富农的出租地；中南局和东北局认为，旧式富农的出租地还是要动。在省委、区党委中，也是两种意见。在中南、华东两个大区中，主张富农出租地要动的，有江西、湖北、湖南、浙江省委，山东分局，苏北、皖北区党委；不赞成动的有广西省委和皖南区党委。西北地区，陕南区党委认为出租地要动，其他省委和大市委、区党委不赞成动。李立三同志也写信给毛主席，认为佃富农的土地和半封建富农的出租地不能不动。关于佃富农问题，他说，佃富农的土地一般是从地主那里租来的，地主土地要没收，就不能不从佃富农那里抽出土地了。

所有主张动富农出租地的电报和信件，都有一个共同理由：不动富农出租地，光靠没收地主的土地和公地，不能满足贫雇农的土地要求。不赞成动富农出租地的理由，则多是：动了，社会震动大，也解决不了大问题；贫雇农的困难，可从发放贷款、扶持生产、社会救济等方面解决。华北局4月22日复电中央，提出的理由是："根据过去华北的经验，富农出租土地数量不大，动了得不偿失。土改后，可鼓励其自耕或雇人耕种，逐渐改变其封建剥削，中间亦不抽补变动。直至到了社会主义时期，再去彻底解决富农问题。"这封电报说明：华北局是既不赞成动富农出租地，又不赞成过几年再"割一次韭菜"的。毛主席将华北局的电报转发给各中央局研究，新解放区一直发到县委。宁夏省委4月21日致西北局的电报，介绍了宁夏的特殊情况：除国民党将领马鸿逵独占了近10万亩土地外，一般地主很少，富农更少。有些地方还有富农租种贫农土地的。因此，对宁夏来说，富农出租地动不动，对贫雇农分配土地多少影响甚微。

在两种不同的意见中，毛主席特别重视中南局邓子恢和华东局饶漱石的意见（1950年秋后，第一批土改的新解放区大部分在中南、华东）。

邓子恢同志3月16日、3月25日、4月25日三次致电毛主席，主张富农的出租土地应该拿出来分配，实行新的"中间不动两头平"的土地分配原则，即中农、富裕中农的土地和新式富农、旧式富农的自耕地不动，而由贫雇农和农村手工业者将地主土地、公地和富农的出租地加以平分，地主也分一份。邓子恢同志在这里之所以把他的意见叫作"新的中间不动两头平"的原则，是因为1949年夏由他主持的华中局曾提出过一个"中间不动两头平"的原则。那时所讲的"中间"，只指中农，包括富裕中农；"两头"，一头是贫雇农，一头是地主富农。此项分配原则，于1949年8月10日中央批复同意。

邓子恢同志4月25日的电报，对他的新的"中间不动两头平"的原则，即富农出租地也应拿出来分配的主张，详细申述了五条理由：（1）江南各省土地集中情形，已不如大革命前，特别是老苏区及其周围更加分散。在这里，地主富农土地只占1/3左右，自己不劳动，单靠收租吃饭的地主很少。许多地主在苏维埃革命失败后，对反革命无信心，在反攻倒算中抓到一把钱后，即转到城市做投机买卖。这类地区土地分散是很自然的。（2）因为土地分散，如不动富农出租地，则贫雇农所得，比之按人口平分标准要少20%以上，湖北调查要少30%。同时，由于阶级界限难划，富农出租地不动，许多中小地主可能混到富农、中农中来，使可分配的土地更加减少。（3）由于可分土地太少，不能满足贫雇农要求，其结果会使贫雇农积极性降低，有些地方甚至土改运动都搞不起来。这不仅政治上不利，将来在生产上也有极大不利。（4）中立富农及稳定富农的生产情绪，单从经济上很难达到。除经济上适当照顾外，还要加上政治条件，如贫雇农充分发动，中贫农紧密团结，对恶霸地主适当惩办等。如富农出租地不动，一方面贫农议论纷纷，另一方面富农也不会相信我们让他长期保持这份非分之财，从而怀着不安情绪，这对中立富农反而不利。（5）现在不动，过一两年再动，会使中农产生"割韭菜"的疑虑，对生产不利；法令规定不动，农民起来要动才动，容易被动，不如法令明确规定动富农出租地为好。

4月30日，毛主席将邓子恢同志4月25日的电报转发给饶漱石，征求饶的意见。5月1日，毛主席电复邓子恢同志，并告饶漱石："鉴于富农出租地数量不大，暂时不动这点土地，影响贫雇农所得土地的数量也不会大，现在我的意见仍以为暂时不动较为适宜。""但你们可根据你们自己的各项意见起草一个土改法令草案。""如华东局是赞成暂时不动富农出租土地的，则请华东局起草一个和华中不相同的土改法令草案，以便在中央会议上对照讨论。"

5月3日，饶漱石电复毛主席："不动富农出租土地对贫雇农所得土地数量影响不大，但对团结多数、巩固政权、发展生产、避免搅乱，益处很多，因此，我赞成不动富农出租土地。"他还说，富农出租土地在减租与公粮累进条件下，估计数年内可能大部廉价转到佃农手中，故对内对外似应宣传不动富农土地财产为有利。如果宣传暂时不动，一两年后再动，则不但领导上可能被动，而且对生产亦可能产生若干不良影响（即发生"割韭菜"的顾虑）。根据毛主席批示，中央将饶漱石复电转发中南局、西南局、西北局、华南分局研究。

从邓子恢同志4月25日复电和饶漱石5月3日复电看出，尽管他们对动不动富农出租地持不同意见，但都不同意毛主席提出的富农出租地暂时不动，过几年再动的意见。

中南局、华东局各拟一个土地法草案是3月间提出的。中南局拟定的《中华人民共和国土地法草案》于5月13日报送到中央。草案第八条规定："富农的土地财产不动，对富农土地之出租部分，得按减租办法减租。如某些地区贫苦农民所得土地太少，不足维持最低生活者，得经省人民政府批准，酌情征购富农出租土地的一部或全部（但征购后，应保持富农所有土地不低于当地中农水平）。"随草案附送了中南局的一份说明。关于第八条，说明文写道："中南有占人口2/5的地区土地较为集中，不动富农出租地，贫雇农所得土地可达全村平均数85%～95%，有的还可超过全村水平；另有占总人口2/5的地区，土地虽较分散，但富农出租地也不多，即使动了，贫雇农所得土地也增加不了多少。这两类地区都可以不动富农出租地。但有局部地区情况特殊：一种是富农占地太多，甚至超过地主，不动富农出租地，贫雇农每人每年要差三四个月口粮；一种是乡村没有地主，公田也少，不动不能解决贫雇农生活问题。因此，这些特殊地区富农出租地就需要动一动。"华东局拟定的《土地改革条例草案》是

5月15日经由中央政策研究室副主任廖鲁言同志带回上报中央的。草案第七条关于富农政策，只有一句话："不动富农的土地财产。"饶漱石还就财经工作和土改的一系列问题，托廖鲁言向毛主席捎来口信。其中关于富农问题，他建议："可否对富农土地财产明确宣布不动，而不说暂时不动？"

5月底6月初，中央召开土改工作会议，讨论中央政策研究室提出的《中华人民共和国土地改革法（草案）》。关于对富农的政策，多数同志同意基本采纳中南局的意见，只是将"酌情征购富农出租地"中的"征购"改为"征收"，文字也略加变动。华东局参加会议的刘瑞龙、谭启龙两同志表示，富农出租地还是不动为好，但也同意基本按中南局的方案写，因为那样写，并不是一定要动富农出租地。

6月6日到9日，党的七届三中全会开会。8日，邓子恢同志发言，表示完全拥护党中央改变过去征收富农多余土地的政策，"过去我个人在这一点上还没有想得太通"，现在完全理解了。但是，他认为对富农出租的土地还要有条件地动一动，全部不动，在土改进行当中还有困难。同一天，饶漱石发言，仍然不同意在不动富农土地财产后边加一个尾巴。他说，根据华东情况，不动富农出租土地，贫雇农所得土地占全村平均数的60%到70%；如果动，也不过只占70%到75%。他认为发展工业才是解决贫雇农困难的基本方法，不能过多地在土地分配上打主意。刘少奇同志在发言中提出一个问题：如富农大量出租土地，那还算不算富农？他认为，如果大量出租土地，自己也种50亩，那就是半富农半地主。还有这样的情况：假设有一个人，40亩地完全出租，这就是小地主，土地要没收；可是，另一个人，他有90亩地，出租40亩，自种50亩，如果后者这40亩地不动，那同前一个人比较，就有些不公平。如果法令规定不动富农土地，而有些尾子又要调整，这样，富农土地不动的规定就很难站得住了。因此，他认为，不动富农土地，不要说得太死。

经过党的七届三中全会、政协全国委员会第二次会议的讨论，最后由中央人民政府公布的《中华人民共和国土地改革法》第六条，分三段表述了党和政府对富农采取的新的政策。全文如下：

"保护富农所有自耕和雇人耕种的土地及其他财产，不得侵犯。

"富农所有之出租小量土地，亦予保留不动；但在某些特殊地区，经省以上人民政府的批准，得征收其出租土地的一部或全部。

"半地主式的富农出租大量土地，超过其自耕和雇人耕种的土地数量者，应征收其出租的土地。富农租入的土地应与其出租的土地相抵计算。"

毛主席在七届三中全会的报告、发言和总结，关于土改问题，中心是讲了对《五四指示》以来，特别是1947年以来各根据地土改的评价。他认为，那时的错误，包括对富农"扫地出门"等"左"的做法，都是由于没有经验，不会划阶级造成的，不要再拿到三中全会上来打屁股了。不要因为今天对富农实行新的政策就否定过去在战争条件下实行平分富农土地政策的正确性。[10]

七届三中全会前，看完刘少奇将于6月14日向政协全国委员会作的《关于土地改革问题的报告》草稿后，毛泽东于6月4日下午就修改这个报告给刘少奇写了一封信。信中说：

此件看过，很好，很有用。有些修改，请再酌。说富农的部分长了，反而不清楚，有些则说得不大适当，故删去一大部。加上1946年以后一段经验，借以纠正一部分同志已经有了的一种错觉，说过去的"左"倾错误是1947年10月10日《中国土地法大纲》上规定了没收富农多余土地财产的缘故。如果没有这段说明，则不能纠正此种错觉。

所谓生产力，是指劳动者和生产资料（亦称生产手段）两部分。所谓生产资料，在农村中，首先是土地，其次是农具、牲畜、房屋等。粮食是农民利用生产资料生产出来的生活资料。我们将从地主手里没收的粮食亦和其他被没收的东西列在一起称为生产资料也是可以的。因为这种粮食具有资金的性质。所谓生产关系，是指人们对生产资料的所有关系，即财产的所有权关系。生产资料的使用，例如农民使用（租用）地主的土地，只是地主对于土地的所有关系的结果，这种所有关系表现为佃农对地主的隶属关系（人与人的关系），即是生产关系。过去许多同志在这个问题上犯了二元论（甚至是多元论）的错误，将生产关系和使用关系并列，又将生产资料与生活资料并列，作为划分阶级的标准，把问题弄得很糊涂，划错了许多人的阶级成分。曾于1947年冬季叫乔木写了一个文件，题为《中国各社会阶级及其待遇的规定》，其前面两章是我写的，说明了这个问题，可以参看。

七届三中全会后，在审查刘少奇《关于土地改革问题的报告》时，毛泽东作了重要修改。在关于对待地主政策部分，毛泽东加的话是：

除对极少数犯了重大罪行的地主，即罪大恶极的土豪劣绅及坚决反抗土地改革的犯罪分子，应由法庭判处死刑或徒刑而外，对于一般地主只是废除他们封建的土地所有制，废除他们这一个社会阶级，而不是要消灭他们的肉体。

针对当时已经出现的一种错觉，在关于保存富农经济一节，毛泽东加了一大段文字：

在1946年7月至1947年10月这一时期内，华北、山东及东北许多地区的农民群众和我们的农村工作人员，在实施土地改革中，没有能够按照中共中央在1946年5月4日颁发的基本上不动富农土地财产的指示，而按照他们自己的意志行动，将富农的土地财产和地主的一样没收了。这是可以理解的。因为这一时期，是中国人民和国民党反动派双方斗争最紧张最残酷的时期，土地改革中发生偏差，也以这一时期为最多，侵犯了一部分中农的利益，破坏了一部分农村中的工商业，并在一些地方发生了乱打乱杀的现象。发生这些现象的原因，主要是由于当时紧张的政治形势和军事形势，同时，也由于我们的大多数农村工作人员没有土地改革的经验，他们不知道正确地划分农村阶级成分的方法，划错了一部分人的阶级成分，将某些富农当成了地主，将某些中农当成了富农。鉴于此种情况，中共中央乃于1947年10月10日颁发了《中国土地法大纲》，将富农和地主加以区别，但允许征收富农多余的土地财产。同年冬季，中共中央颁发了划分农村阶级成分的文件，毛泽东发表了《关于目前形势与任务》的文告，任弼时同志也发表了关于土地改革问题的演说。从这时起，农村中发生的某些混乱现象就停止了，土地改革走上了正轨。为了使我们的同志今后在各新解放区进行土地改革工作中不要重复过去的错误，指出过去的经验是有必要的。我们现在是处在完全新的情况下，我们建议的土地改革法，采取了消灭封建制度保存富农经济的方针，也是完全必要的。

毛泽东加的另外一段文字是：

各级农民协会的领导成分应该是纯洁的，不纯洁的地方应该发动群众加以改选。这里所谓纯洁，不是说对雇农、贫农、中农中之犯有某些错误者采取关门态度，拒绝他们入会。相反，应当欢迎他们入会，加以教育，团结他们。这里所谓纯洁，是指不要让地主富农及其代理人加入农会，更不要让他们充当农民协会的领导人员。

在毛泽东的精心指导下，从1950年2月至七届三中全会，党中央总结历史经验，经过上下反复讨论，提出了一条新解放区土改的正确路线：依靠贫雇农，团结中农，中立富农，有步骤有分别地消灭封建剥削制度，发展农业生产。

1950年6月14日至23日全国政协一届二次全会召开，中心议题是讨论和通过中共中央提出的土地改革法案。刘少奇在会上作了《关于土地改革问题的报告》。经过大会、小会以及各种形式会议的协商讨论和辩论，开展批评和自我批评，人们分清了是非，统一了认识。这次政协会议通过了《土地改革法》。毛泽东在会上致了开幕词和闭幕词。

他在开幕词中说：

诸位委员、诸位同志、诸位朋友们：

人民政治协商会议的全国委员会第二次会议现在开会。在这个会议上，有会务工作、土地改革工作、经济和财政工作、税收工作、外交和统一战线工作、文化和教育工作、军事工作、法院工作等项报告，希望予以讨论。其中，以土地改革问题为此次会议的中心议题。我们希望在此次会议上通过一个土地改革法案，经中央人民政府批准后付诸实施，首先使十余万正在准备进行土地改革工作的干部早日学习这个法案，以便在今年秋后大约有一万万农业人口的地区能够顺利地进行土地制度的改革工作。自然，其他各项报告都是重要的，凡有意见都可发表，凡有提案都可付审议，只要能行者都应采纳。我们有伟大而正确的《共同纲领》以为检查工作讨论问题的准则。《共同纲领》必须充分地付之实行，这是我们国家现时的根本大法。我相信，经过全体同志的努力，我们的会议是会顺利地完成自己的任务的。现在全国人民在中央人民政府领导之下，正在进行巨大的工作，为克服困难，争取经济状况的好转而斗争。我国的一切人民事业均正在循着新的轨道向前发展，每天都可看见进步、看见成绩，任何困难都不能阻止人民事业的前进。人民政治协商会议及其选出的全国委员会，是团结全国各民族、各民主阶级、各民主党派、各人民团体及各界民主人士伟大的统一战线的政治组织，在全国人民中有很高的威信。我们必须巩固这种团结，巩固我们的统一战线，领导全国人民稳步地达到自己的目的。〔11〕

这次政协会议后，中央人民政府于1950年6月28日发布《中华人民共和国土地改革法》。

经过夏秋季土改干部的整训和土改试点等，从1950年冬至1953年春，新区土改分三批完成：第一批是在1950年冬到1951年春，在大约包括1.2亿农业人口的地区进行；第二批是在1951年冬到1952年春，在大约1.1亿农业人口的地区进行；剩约3000万农业人口的地区，是在1952年冬到1953年春作为第三批完成的。各地的土地改革，大体分三个阶段进行，即发动群众、划分阶级、没收和分配土地。

在新区土改过程中，毛泽东分析新的形势，针对新出现的问题，作了许多具体的指导。

随着土改的深入发展，有些地区出现了侵犯工商业的倾向。1951年1月，罗瑞卿就这个情况向党中央写了报告，毛泽东十分重视，当即批转各地注意，同时还推荐了中南地区为合理解决退押纠纷和保护工商业而设立城乡联络委员会的做法。

2月中旬，中共中央召开政治局扩大会议，讨论各项重要问题。毛泽东于2月18日为中央起草党内通报，概述这次会议的要点。关于土改问题，他概括为8点：

1. 农忙时一律停一下，总结经验。

2. 争取今年丰收。

3. 依靠县农民代表会及训练班。

4. 积极造成条件。凡条件不成熟者，无论何时何地，都不要勉强去做。

5. 土改完成，立即转入生产、教育两大工作。

6. 同意华东分期退押的办法。

7. 劝告农民以采非刑拷打为有利。

8. 土改后，增划区乡，缩小区乡行政范围。

针对土改运动在全国发展不平衡的状况，毛泽东及时进行了正确的指导。对于已经完成土改的地区，毛泽东指示要及时把领导工作的重点放到工农业生产上来，在农村领导农民逐步组织和发展各种农业生产互助合作组织。

这年12月15日，中共中央制订出《关于农业生产互助合作的决议（草案）》（10月份已经发出过一个草案）。毛泽东审阅这个草案时加了两句话：

其一，在决议谈到"必须在农村中提出爱国的口号，使农民的生产和国家的要求结合起来"处，毛泽东加了"片面地提出'发家致富'的口号，是错误的"一句；其二，在决议谈到"国营农场应当推广，以发挥它的示范作用，并给互助组和合作社以技术上的援助和指导"处，毛泽东加了"在农民完全同意并有机器条件的地方，亦可试办少数社会主义性质的集体农庄，例如每省有一个至几个，以便取得经验，并为农民示范"一句。

中央制订出这个决议草案的当天，毛泽东为中共中央起草了《关于印发农业生产互助合作决议（草案）》的通知。《通知》说：

各中央局，并转分局，省市区党委：

（一）兹将《关于农业生产互助合作的决议（草案）》一件发给你们，请印发到县委和区委。请即照此草案在党内外进行解释，并组织实行。这是在一切已经完成了土地改革的地区都要解释和实行的，请你们当作一件大事去做。这个决议草案可以在党内刊物上发表，但不要在党外报刊上发表，因为还是草案。

（二）这个草案比10月间发给一些同志带回去的草案有了一些修改，请将10月草案收回作废。

在指导已经完成土改任务地区明确下一步工作重心的同时，毛泽东又很重视新区另一半尚未完成土改地区已产生的急躁松劲现象。1951年12月13日，毛泽东在为中央转发中南局关于土改工作报告写的批语中说：

中央认为，在目前这种时机，在全国各新区的土地改革大约已完成了一半，但尚有一半必须集中大力去做才能完成（已分配完毕者尚有复查问题），如果只顾赶急图快，就有流于形式，不能切实解决问题的危险这种时机，中南局同志们提出这一分析，是适时的和完全必要的。请各中央局和各省区党委不要因为中央提出依土改完成情况适时地转移省级以上的主要领导方向到城市和工业方面的方针，而放松了对于1952年土改工作的领导，如果这样做，那就会犯错误。中央指出：关于农村和城市、土改和工业的领导上注意力的分配和领导重点的转移问题具体解决，请各中央局各省委区党委精密地掌握着，不要分配不适当和转移不适时。

毛泽东与许多著名民主人士关系密切，他热情鼓励他们参观新解放区土改。当时担任政务院副总理的民建领导人黄炎培，1951年初准备去华东地区考察土改情况。行前，黄炎培去毛泽东处，谈及南行之事时，毛泽东建议："苏南已土改地区，可择好者、坏者各一二处考察之。"随后，黄炎培去苏南上海参观考察二十天，并写成《访察苏南土改报告》。

梁漱溟是新中国成立初毛泽东家中的座上客。毛泽东多次劝说梁参观农村新气象，梁接受毛泽东的建议，于1950年4月至9月参观考察华北和东北农村（及城市），又于1952年5月至8月参观南方土改。

汪东林在《梁漱溟与毛泽东》一书中对此详述如下：

1950年1月，梁漱溟应毛泽东、周恩来之邀，离开重庆，经由武汉到达北京。其时毛泽东、周恩来皆在莫斯科。3月4日，是毛主席和周总理由莫斯科返抵北京的日子，许多人到火车站迎接。可能因为梁漱溟是新近才到北京的缘故吧，统战部把梁漱溟排在迎候队伍中民主党派、无党派民主人士的头一个。毛主席立刻发现了他，大声说："梁先生，您也到了北京？我们又见面了！您身体可好？家眷都来了吗？改日来我家做客，长谈，再来一个通宵也成！"毛主席如视老朋友般和蔼可亲的态度，使梁漱溟除了紧紧握手，竟答不上话来。11日晚公宴，梁漱溟应邀出席。席间，毛主席走到梁的座席，见梁吃素餐，又不饮酒，便笑着说："梁先生坚持食素，清心寡欲，定长寿也！"并当场约梁漱溟于次日（12日）晚去中南海颐年堂毛主席居家做客，梁漱溟欣然允诺。

12日下午5点钟左右，毛主席派汽车来到梁漱溟当时居住的西城辟才胡同南宽街接梁，十多分钟后便进了中南海。梁漱溟进了颐年堂的院门，毛主席已在院里迎梁了。同在的还有林伯渠，他是中央人民政府秘书长，梁漱溟1938年初赴延安途经西安时即认识，后来又在重庆旧政协会上交往过多次。

在会客室彼此一番寒暄之后，毛主席即询问梁漱溟对国事有何意见。梁随口说："如今中共得了天下，上下一片欢腾。但得天下易而治天下难，这也可算是中国的古训吧？尤其是本世纪以来的中国，要长治久安，不容易啊。"毛主席摆摆手，笑着说："治天下固然难，得天下也不容易啊！"毛主席抽了一口烟，又接着说，"众人拾柴火焰高。共产党靠大家，大家为国家齐心协力，治天下也就不难了。梁先生这次到了北京，可以参加我们政府的工作了吧？"毛主席最后提出的问题，却难住了梁漱溟。说不同意吧，颇有清高之嫌；说同意吧，又违背梁漱溟当时的真实思想。梁漱溟认为，新中国成立了，但全国的大局能不能从此稳定统一下去呢？他有怀疑。梁漱溟想到自己曾经是以第三方面的身份为国事奔走过的人，如果今后大局一旦发生变化，仍需要他这样的人站出来为国事奔走，而自己要是参加了新政府，便失去了为各方说话的身份。这就是梁漱溟当时的真实思想，却又不便说出。因此梁漱溟迟疑了片刻，才答复说："主席，像我这样的人，如果先把我摆在政府外边，不是更好吗？"

梁漱溟的答复显然出乎毛泽东的意料，他的脸上显露出不悦之色，但彼此并未形成僵局。说话间已到了开晚饭的时候，毛主席传话开饭，梁漱溟忙说："我是食素的，有一两样菜就成，但你们吃什么自便，不碍我的事。"毛主席接过话头大声说："我们也统统吃素食，因为今天是统一战线嘛！"开饭时，除毛、梁、林三人外，还多了一个江青。但梁漱溟只同她点点头，彼此没有说话。

晚饭以后，毛泽东和梁漱溟又继续谈话。毛主席对梁漱溟说："梁先生从前在山东、河南搞过乡村建设，你可以去看看那些地方解放后有何变化。旧地重返，会有得益的。然后你再去东北老解放区看看，比较比较。梁先生如同意，具体行程由李维汉、徐冰安排，他们会通知地方政府接待您的。"

梁漱溟接受了毛主席的建议，于1950年4月至9月间，带随员先后参观考察了河南、山东、平原三省农村及东北广大地区的城市、农村。梁漱溟所到之处，受到很高的礼遇和盛情的接待。河南的吴芝圃和山东的谭启龙都会见过梁漱溟，东北的高岗、林枫等领导人也会见了他，并征求梁对城市、农村工作的意见。

9月中旬，梁漱溟返回北京。9月23日晚，毛主席约梁漱溟谈话。这一天梁另有约请，当毛主席派车来接时，梁已用过晚饭了，梁一进门，毛就让人上菜吃饭，并说已准备了素食，梁说已用过饭了，请毛主席先吃。于是，江青亲自给梁端出水果，是很大的水蜜桃，梁边吃边奇怪，这桃子何以能保存到9月间？毛主席同江青边进餐边说话，并没避着梁漱溟。主席问江青要求去南方参加土改的事情怎么样了，江青说总有人处处设障碍，摆出种种理由劝阻她不要下去。主席大声说："那就看你自己的决心有多大了，有志者事竟成，别人是挡不住的。"晚饭后，主席就转过头问梁漱溟在外地参观考察的情况，梁一一作了汇报。末了主席说："梁先生，你看了新解放区，又看了老解放区，但都在北方，还没有看到南方，你还可以再到广东看看。趁热打铁，你的收获会更大的。"梁漱溟面有难色地说："我今年外出的时间长了，想休息一下，挤时间写些参观华北、东北的见闻观感，访问广东就且暂缓吧。"毛主席说："那也好。"毛主席又转问梁漱溟居住条件如何，梁答："住西城辟才胡同南宽街一本家亲戚处，不是独院。"毛主席即说："为使您生活、写作更清静些，我已让人安排您到颐和园里边暂住，您就在家等信儿吧。"不久，中央统战部徐冰即派车接梁漱溟先生住进颐和园内石舫附近一座小巧而精致的四合院里，一直住了两年多，直到后来搬到积水潭边的小铜井一号定居为止。

1951年春，梁漱溟省悟毛主席要他看南方新解放区，意即要他看土改也。正值中央有土改工作团赴西南之举，梁漱溟便自动向统战部报告参加，得到批准。梁所在的那个分团有二十多人，由章乃器任团长，于5月上旬抵四川，8月30日返京，历时四个月。

9月3日晚，即梁漱溟返京后的第四天，毛主席即约梁谈话，派车从颐和园接梁到中南海，还是在颐年堂。梁进门时，正遇章乃器与主席告辞。章走后，毛主席即说："土改团总的情况，刚才章乃器来讲过了，我们不用多谈，还是先开饭吧。"仍然是素食，只有毛、梁两个人共餐。饭后毛主席问："对土改，对四川，你个人印象如何？随便聊聊。"梁漱溟略加考虑，便说："我亲眼看到贫苦农民对土地的渴望和要求，土地改革是深得民心之举，很必要，也很及时。但毛病也不是没有。比如政策规定不许打地主，但我亲眼看到在斗争会上打得很凶，有一对地主夫妇，因为受到体罚，一块儿跳河自杀。这个问题应引起注意，不然地主感到自己没有活路，不是反抗，就是自杀，那都不好。"梁说到此，毛主席笑着插话说："你说的情况，别的地方也有发生，但我们总的政策是斗倒地主，分田分财，给他出路。大多数地主有活路，不会自杀，也不会反抗。问题是贫雇农受苦受压多少年了，怒火一点着，就难以控制，于是对地主非打即骂。我们应该认真贯彻执行政策，努力说服教育农民，关键是土改工作队的干部。只要他们能执行好土改政策，就出不了大的偏差。"梁漱溟接着说："说到对四川的印象，解放不过两年，四川能出现这样安定的情势，不容易。解放前我在四川若干年，那是一个很乱很复杂的地方。变化这么快，出乎我意料。四川这一局面的取得，首先得推刘、邓治下有方，他们是当地的执政者，军政大员。特别是邓小平年轻、能干，所见所闻，印象深刻。如解决袍哥问题，这在四川历史甚久，范围很广，影响很大。邓小平掌握的政策是对大多数袍哥不予追究，这桩事办得稳妥。大多数不予追究，他们自然也就慢慢散开了；相反，如果一一追究，却正好促使他们聚拢起来与新政府对抗。前因后果，利弊得失，十分清楚。邓小平之才干，就表现在这些方面。"毛主席听着笑出声来，大声插话说："梁先生看得蛮准，无论是政治，还是军事，论文论武，邓小平都是一把好手。"[12]

到1952年底，新解放区的土地改革除新疆、西藏和某些边远少数民族地区外基本完成。

新疆的土地改革从1952年秋开始，到1953年底胜利结束。西藏的农奴制度改革直到1959年平定叛乱后才开始。但是，毛泽东在指导新区土改的同时，也关注和考虑着西藏和新疆少数民族地区的社会改革。他反复强调，进行社会改革要从这些民族地区的实际情况出发，反对不顾民族地区的特殊性而急于改革的想法和做法。1952年4月，他在有关西藏问题的三份电报中指出，在西藏，"我们在政治上必须采取极端谨慎的态度，稳步前进，以待公路修通、生产自给，并对藏民物质利益有所改善之后，方能谈得上某些较大的改革"。他分析了西藏和新疆不同的情况，提出，"西藏至少在两年内不能实行减租，不能实行土改"，"目前不要改编藏军，也不要在形式上成立军分区，也不要成立军政委员会。暂时一切仍旧，拖下去，以待一年或两年后我军确能生产自给并获得群众拥护的时候，再谈这些问题"。目前则依靠精打细算，生产自给和打通贸易关系，平衡出入口，使藏民生活有所改善这两条基本政策，争取群众，使自己立于不败之地。10月8日，他在接见西藏致敬团代表时，重申党对宗教采取保护政策，进一步阐述了党对这些民族地区社会改革的政策。他说："少数民族地区分不分土地，由少数民族自己决定。西藏地区现在谈不上分地，将来分不分，由你们自己决定，并且由你们自己去分，我们不代你们分。"他还说，"成立军政委员会和改编藏军是协议上规定了的，因为你们害怕，我通知在西藏工作的同志，要他们慢点执行。协议是要执行的，但你们害怕，只好慢点执行，今年害怕，就待明年执行，如果明年还害怕，就等后年执行。"他还明确表示，一定要帮助少数民族地区发展经济和文化。

汪锋在回忆文章中记述了毛泽东关于西藏革命分步走及和平改革的战略方针和政策：

毛泽东对西藏的社会改革问题始终采取十分慎重的态度。早在人民解放军入藏前后，毛泽东就指出西藏的革命要分两步走："第一步走民主的道路，第二步是走社会主义道路。"并且还指出，要把民主革命的任务也分作两步解决，首先团结一切可以团结的反帝爱国力量，集中打击帝国主义及其忠实走狗——亲帝分裂分子，然后再逐步地改革封建农奴制度。1952年，毛泽东在接见西藏致敬团时就指出："少数民族地区分不分地，由少数民族自己决定。西藏地区，现在谈不上分地，将来分不分，由你们自己决定，并且由你们自己去分，我们不代你们分。"1956年，在毛泽东主持下，又作出了西藏地区在第二个五年计划期间不实行民主改革的决定。1957年，毛泽东指出："西藏由于条件还不成熟，还没有进行民主改革。按照中央和西藏地方政府的17条协议，社会制度的改革必须实行，但是何时实行，要待西藏大多数人民群众和领袖人物认为可行的时候，才能作出决定，不能性急。"我们知道，一个民族的解放，归根到底，是作为民族主体的广大劳动人民的解放。只有实行彻底的社会改革，才能解放劳动人民，解放生产力，从而为民族的发展繁荣扫清道路。但是，少数民族的社会改革，必须由少数民族的广大劳动人民和同人民有联系的公众领袖自己去进行。在民族宗教上层人士还没有这种觉悟时，耐心等待和让步是必要的。毛泽东在西藏社会改革问题上的决策，就包含着对民族宗教上层人士的让步，这是一种积极的让步。

但是，上层反动集团把这种让步视为软弱可欺，于1959年3月10日悍然发动了反革命武装叛乱，激起了西藏广大劳动人民和爱国进步的上层人士的极大义愤，他们要求迅速平息叛乱，实行民主改革。毛泽东及时提出"边平叛边改革"的方针，并指出在实行民主改革时，仍然坚持和平改革，直接发动群众为主，同时做好上层统战工作，把自下而上的发动群众和自上而下的同上层爱国人士协商紧密地结合起来。对没有叛乱的农奴主，实行保护过关，他们所占有的生产资料由国家出钱赎过来，分配给群众；对于叛乱的农奴主的生产资料则没收后分给群众。在这一方针引导下，群众的热情高涨起来，一个翻天覆地的民主改革运动在西藏广大地区迅速兴起。在这百万农奴奋起埋葬农奴制度的关键时刻，毛泽东为了更加准确地掌握西藏情况，指导西藏的民主改革，于1959年4月7日向我发来电报，提出有关西藏民族、宗教等方面的问题的调查提纲。

现综述如下：

（一）藏族人口、土地面积方面

①金沙江以西，构成西藏本部昌都、前藏、后藏（包括阿里）的人口（据说有120万，对否？）面积有多少平方公里？②云南、四川、甘肃、青海四省各有多少藏人（据说共有200多万至300万，对否？），他们住地面积有多少平方公里？

（二）西藏封建农奴制度方面

①农奴与农奴主（贵族）的关系？产品双方各得多少？有人说二八开，有人说形式上全部归贵族，实际上则瞒产私分度日，对否？②贵族对农奴的政治关系，贵族是否有杀人权？是否私立审判，使用私刑？③西藏各级政府及藏军每年的庞大经费从何而来？从农奴还是从贵族来的？

（三）宗教方面

①西藏共有喇嘛多少？有人说8万，对否？②喇嘛庙对所属农奴的剥削压迫情形？③喇嘛庙内部的剥削压迫情形？有人说对反抗的喇嘛剥皮、抽筋，有无其事？

（四）其他

①西藏整个剥削阶级中，左、中、右分子的百分比各有多少？左派有无三分之一，或者还要少些？中间派有多少？②叛乱者占总人口的百分比，有无百

分之五？或者还要多些，或者少些，只有百分之一、二、三，何者为是？③青海、甘肃、四川喇嘛庙诉苦运动所表现的情形如何？

从上面所列各项内容，可以看出毛泽东在处理西藏民主改革的时候，总是力图在了解和研究整个藏族的全面情况（其中包括西藏的基本和特殊情况）的基础上，根据实际情况，从藏族的全局出发，来指导西藏的工作。当时，地处边疆的西藏，他不能亲自调查，但要弄清真实情况后才作决策。这种从客观实际出发，制定方针政策的实事求是的思想方法和工作作风，是马克思主义思想路线的生动体现，我们应该永远学习和发扬。

收到电报第二天，我即由西安返回北京向主席作了汇报，并听取了主席的重要指示。

此后不久，毛泽东和邓小平又指示我赴西藏同西藏工委负责同志一起研究西藏的基本情况和民主改革中的有关政策问题。毛泽东提出的调查提纲给我们这次调查指明了方向，在深入农牧区进行调查过程中，遵照毛泽东的指示，着重研究了对于上层的赎买政策。确定了赎买的对象和范围，即未叛乱的农奴主及其代理人所占有的土地、耕畜、农具和多余的房屋，予以赎买，并初步确定以上各项的赎买金额和支付办法。同时还确定了民主改革的阶级路线，即依靠劳动人民，团结一切可以团结的力量，有步骤有分别地消灭封建的农奴制度。在这条阶级路线的指导下，采取一系列相应的步骤和措施，集中打击了叛乱的农奴主及其代理人，依靠了大多数，团结了大多数，在短短的两年中，顺利地完成了西藏的民主改革，推翻了西藏的封建农奴制度，建立了人民民主的新西藏。平叛改革的胜利是党的民族政策的又一重大胜利，是毛泽东同志对西藏问题的一系列重大决策的胜利。[13]

在毛泽东的精心指导下，到1953年春，全国基本完成了土地改革。经过这场空前规模的土地改革，广大农村发生了深刻的变化，延续几千年封建制度的根基被彻底铲除，农民的生产热情空前高涨。在这场社会变革中，农村社会生产力不但没有遭到破坏，反而有力地推动了农村经济和整个国民经济的恢复发展，为下一步的农业合作化奠定了良好的基础。这不能不说是一个奇迹。

抗美援朝

七届三中全会以后，以恢复国民经济为中心的各项工作有声有色地开展起来。几十年的战争创伤正得到迅速医治。但是，1950年6月下旬，爆发了朝鲜战争。不久，美国侵占我国领土台湾省。同年10月7日，美国侵略军悍然越过三八线，向朝鲜民主主义人民共和国大举进攻，并向我东北边境的鸭绿江、图们江边逼近，还以空军侵袭我国东北地区。这样，美国侵略者就把战争强加在了中国人民头上。对于这样一场战争，中国打不打，是否出兵援朝抗击侵略者，作出这个决策非常不易，要冒极大风险。但最后，中共中央和毛泽东主席还是下决心出兵朝鲜，并且最终取得了战争的胜利，迫使头号帝国主义强国——美国不得不在停战协定上签字。

1950年6月25日，朝鲜内战爆发。杜鲁门总统于6月27日公开宣布美国武装干涉朝鲜内政，并命令其海军第7舰队侵入台湾海峡，对我国领土进行武装侵略。6月28日，毛泽东主席在中央人民政府委员会第八次会议上发表讲话，表明我国的严正立场：

中国人民早已声明，全世界各国的事务应由各国人民自己来管，亚洲的事务应由亚洲人民自己来管，而不应由美国来管。美国对亚洲的侵略，只能引起亚洲人民广泛和坚决的反抗。杜鲁门在今年1月5日还声明说美国不干涉台湾，现在他自己证明了那是假的，并且同时撕毁了美国关于不干涉中国内政的一切国际协议。美国这样地暴露了自己的帝国主义面目，这对于中国和亚洲人民很有利。美国对朝鲜、菲律宾、越南等国内政的干涉，是完全没有道理的，全中国人民的同情和全世界广大人民的同情都将站在被侵略者方面，而决不会站在美帝国主义方面。他们将既不受帝国主义的利诱，也不怕帝国主义的威胁。帝国主义是外强中干的，因为它没有人民的支持。全国和全世界的人民团结起来，进行充分的准备，打败美帝国主义的任何挑衅。[14]

朝鲜内战的爆发，是第二次世界大战结束以后，朝鲜半岛紧张局势长期发展的结果，并由于美国的干涉变得复杂化了。中国当时正忙于恢复国民经济。朝鲜半岛发生的这场战争，是中国政府不愿意发生，并且极力避免的。

青石在《1950年解放台湾计划搁浅的幕后》一文中，写道：

朝鲜局势日趋紧张　中苏力主避免冲突

1945年8月，苏军解放了北朝鲜。然后，金日成在苏联人的帮助下，在北朝鲜建立了劳动党领导下的政府。由于在美军占领下的南朝鲜也建立了反共的李承晚政权，南北朝鲜之间形成了严重的对立。1948年底，为迫使美军撤离，苏军首先撤出了北朝鲜。然而，苏军撤走之后，半岛的局势却日趋紧张，从1949年1月1日到4月15日，南朝鲜军队就37次在三八线挑起军事摩擦，并且秘密向三八线附近调集了多达41 000人的军队，给北朝鲜政府造成了极大的压力。

出于安全的需要，在1948年12月和1949年1月，金日成就两次向苏联方面要求缔结朝苏友好互助条约，并要求提供武器援助。考虑到美国可能会以此为借口攻击苏联有意永久分裂南北朝鲜，苏联没有同意金日成的要求。但根据苏联驻朝鲜大使史蒂科夫的报告，斯大林批准了由苏联远东军向朝鲜提供军事援助的计划。只不过，这一援助主要还只是些轻型武器。

1949年3月，金日成率朝鲜党政代表团对苏联进行访问期间，与斯大林直接讨论了有关北朝鲜的安全问题。为此，根据苏联大使和在朝鲜的军事人员的报告，斯大林明确表示，加强北朝鲜的军队是必要的，但是，没有必要害怕南朝鲜人。

然而，1949年4月中旬，即金日成回国之后，一份来自北朝鲜的情报称，美军准备在5月全部撤出南朝鲜，南朝鲜人决定，一旦美军撤出，就于6月对北朝鲜发动一次大规模的进攻，两个月结束战斗。为此，斯大林非常担心，毕竟金日成这时只有三个步兵师，武器装备还十分欠缺，而李承晚则有六个全部经过美军训练的全副武装的师。因此，苏联方面提议，与北京协商，将中国人民解放军中的朝鲜族官兵编入朝鲜人民军部队。据此，金日成一方面向斯大林求援，要求苏联方面于5月底之前帮助朝鲜人民军实现机械化，于9月底以前转让航空技术；一方面向刚刚打过长江的中国共产党请求在兵员上提供帮助。

5月，金日成的特使秘密访问了已经成为中共中央所在地的北平，向毛泽东说明了北朝鲜面临的严重局势，突出强调了南北朝鲜难以并存的情况，并转交了金日成给毛泽东的求援信。毛泽东显然赞同平壤的看法。他承认，北朝鲜与南朝鲜的冲突在所难免，"既可能是闪电战，也可能是持久战。对你们来说，持久战是不利的，因为到时候即使美国不干涉，也会唆使日本向南朝鲜提供援助"。但毛泽东认为，"没有必要为此担心，苏联和中国都站在你们一边，一旦情况需要，中国就会派兵与你们并肩作战"。他强调，金日成应当坚定不移地争取实现统一朝鲜的目标，但近期还没有必要采取行动，因为国际形势还不利，而且目前中国共产党还不能有效地和大规模地支援北朝鲜，一旦完成了统一中国的任务，情况就不同了。

北朝鲜人此行的最大收获，就是得到了中共领导人关于在北朝鲜受到进攻时将给予实际援助的具体保证。毛泽东甚至还明确承诺，布防在东北地区的两个朝鲜族师可以很快编入人民军，一旦中国共产党统一中国的战争基本告一段落，人民解放军中的其他朝鲜族士兵和军官，也都可以编入人民军，以便加强北朝鲜军队的实力。

随着南朝鲜李承晚政权对北朝鲜表现出越来越强烈的敌视态度，南北朝鲜之间的关系也越来越紧张，双方之间边界冲突的次数到6月间更加频繁。6月11日，李承晚甚至公开宣布，南朝鲜人正在准备给共产党人一个毁灭性的打击。在这种情况下，平壤的不安情绪更加明显，苏联方面这时也开始考虑如何从根本上解决朝鲜问题了。他们一方面坚持平壤应当极力发动和平统一攻势，另一方面则认为，在应付南朝鲜方面进攻的同时，北朝鲜人有必要作反攻的准备。到了这一年的9月份，包括重型武器在内的大批苏联军事装备运抵北朝鲜，人民军也迅速扩展到九万人，北朝鲜领导人第一次开始提出，应当对南朝鲜的挑衅采取进攻行动。据苏联大使向莫斯科的报告说，在金日成看来，如果国际形势允许，"他们能够在两个星期之内占领南朝鲜，最多是两个月"。因此，他们希望能够得到莫斯科的支持。他们不了解的是，还在他们之前两个月，中共中央就已经在请斯大林帮助解放台湾了。

毛泽东计划进攻台湾　莫斯科对此态度含混

1949年4月下旬，中国人民解放军势如破竹般地跨过长江天险，开始以排山倒海之势横扫企图盘踞中国南部的国民党残余势力。但是，由于解放军既没有空军也没有海军，对国民党控制的沿海诸岛一时鞭长莫及，无可奈何。蒋介石也正是看准了这一点，早早就把自己的大本营移到了台湾。在这种情况下，共产党要完成统一中国的计划，就不能不考虑进攻台湾的问题。

对国民党的巨大军事优势，使毛泽东最初对进攻台湾的艰巨性缺少足够的估计。他虽然知道进攻台湾必须跨海作战，没有海军，困难极大，但他相信，既然自己依靠"小米加步枪"打败了全副美式武装的国民党军队，即使没有海军和空军，他靠步兵和渔船也能占领台湾，长江天堑不就是这么渡过来的吗？当然，毛泽东表示，如果到时候自己的空军能够初步形成，有空军掩护并协助攻击，则"把握更大"。

7月中旬，以刘少奇为首的中共代表团准备秘密访苏。出发之前，中共中央政治局讨论了关于是否向苏联提出协助中共准备进攻台湾的技术手段的问题，会议同时建议刘少奇在代表政治局给斯大林的信中，试着提出请苏联出动空军和海军援助的问题，但是，根据多年与苏联打交道的经验，并不对此抱太多希望。随后，在访苏期间，刘少奇即根据政治局关于必须立即开始准备进攻台湾的技术条件的建议，向斯大林说明了中国共产党准备在1950年进攻台湾的设想，要求苏方提供200架左右的飞机并请代训飞行员，争取赶上在进攻台湾的战役中使用。斯大林非常痛快地答应了中共的请求。不过，对于刘少奇带去的中共中央政治局所提议的请苏联在作战时提供空军和海军援助的要求，斯大林明确表示难以赞同，说是这样做的结果，必定会引起美国的介入，从而诱发美苏之间的冲突乃至战争。而苏联人民已经遭受过巨大的战争灾难，他们很难理解为什么要这么做。

毛泽东能够理解斯大林的顾虑，他多少年就是自力更生走过来的，他这时并不十分介意苏联的援助问题。但他的看法很快就发生了改变。因为，人民解放军在10月下旬和11月初先后发动了夺取福建沿海金门岛和浙江沿海登步岛的战斗，两场仗打下来，部队损失惨重，跨海作战的难度终于使毛泽东了解到准备技术条件的极端必要性。直到这时，他才比较深切地感到需要再度向苏联求援。很显然，这两次作战失利都是因为渡海工具过于简陋。沿海作战、近岛作战尚且如此，跨海进攻台湾更非充分准备不可。

　　1949年12月，毛泽东第一次访问苏联。在16日见到斯大林的当天，他就委婉地向斯大林提出："国民党的支持者在台湾建立了一个海空军基地，海军和空军的缺乏，使人民解放军占领这个岛屿更加困难。考虑到这种情况，我们的一些将领一直在提议，请苏联援助，比如可以派志愿飞行人员或秘密军事特遣舰队协助夺取台湾。"

　　对于中共领导人再度提出的援助请求，斯大林没有一口回绝，而是含糊其词地表示："这样的援助不是没有可能的，本来是应当考虑这样做的，问题是不能给美国一个干涉的借口。如果是指挥人员或军事教员，我们随时都可以派给你们，但其他的形式还需要考虑。"

　　用苏联的飞机和军舰，即使是只用志愿人员和只出动潜艇来帮助中共跨海作战，也难免会被美国人发现，结果是可以想象的。斯大林在会谈中再三提到他在1945年与美国总统罗斯福达成的那个《雅尔塔协定》，称破坏这个由苏、美、英三个大国对远东政治格局所作出的共同承诺，未必是明智的。联想到斯大林这时因为担心与美国在远东发生直接冲突，甚至连是否应当根本废除旧的中苏条约，另订新条约一事都犹豫不决，可知他这时是不可能真正提供军事援助的。他建议毛泽东采取更策略些的方式来解放台湾，比如，是否可以先向台湾空投伞兵、组织暴动，然后再去进攻呢？

　　斯大林不了解毛泽东，甚至不能确定是否应当帮助毛泽东。就在他始终不知道究竟应当怎样对待毛泽东，把毛泽东搁在莫斯科坐冷板凳的时候，一个十分意外的情况戏剧般地改变了斯大林的态度。

　　1950年1月5日和12日，美国总统杜鲁门和国务卿艾奇逊分别发表声明和讲话，声称"美国目前无意在台湾获取特别权利或特权，或建立军事基地"，并且宣称美国的安全线既不包括台湾，也不包括南朝鲜，美国不会为了保护这些地方采取直接的军事行动。美国政府的这种公开声明使斯大林的胆子壮了许多，原来不想签的条约同意签了，原来犹豫的军事援助不犹豫了。既然美国自己放弃了《雅尔塔协定》划定的势力范围，把中国和朝鲜划在自己的防御圈之外，这就等于把它们交给了苏联。因此，斯大林同意毛泽东就适当时机解放台湾进行必要的准备，同意将苏联给中国的3亿美元贷款，一半用于购买进攻台湾最需要的海军装备。不过，直到最后，斯大林还是小心翼翼地没有同意利用苏联的飞机和军舰来进攻台湾。

苏联人能够提供必要的军事装备和军事顾问（包括军事技术人员），这在毛泽东看来已经足够了。所以，解放台湾的准备工作作为1950年中共军事工作的首要任务，紧锣密鼓地进行起来。苏联人也加紧协助中国军队进行各种装备和技术的改进工作，人民解放军的空军和海军也迅速地成形。

金日成决定先发制人　斯大林倾向统一朝鲜

与长期同莫斯科存在隔阂的毛泽东比较起来，金日成和相当一批北朝鲜领导人都曾在苏联远东的军营中度过相当多的日子，因此，在中朝两国之间，斯大林显然更加相信北朝鲜的领导人。但是，斯大林也不会因此就愿意为金日成的设想冒险。对于金日成1949年9月的提议，他同样表示了拒绝的态度。苏共中央明确答复，"美国在中国失败之后，可能会比在中国更直接地干预朝鲜事务"，更何况北方的军队也还没有强大到足以对南方发动一场成功的速决战的程度。战争一旦形成相持局面，"就给美国提供了在各方面干涉朝鲜事务的理由"。

然而，金日成不会放弃统一朝鲜的设想。南北朝鲜的关系一直十分紧张，要根本上消除战争阴云就必须铲除南朝鲜反共政权。而作为朝鲜共产党人，自然要以解放全民族为己任。眼看着毛泽东一举统一了中国，而朝鲜还有半壁江山和一多半人民没有解放，金日成心焦如焚。因此，艾奇逊声明刚刚发表了5天，金日成就不失时机地重新向苏联外交官提出了加速统一南北朝鲜的问题。

1月17日，在为北朝鲜驻中国大使赴任举行的午餐会上，金日成拿着酒杯走到苏联驻朝鲜顾问的跟前，有些激动地说："目前中国正在完成它的解放事业，下一个问题就是如何完成统一朝鲜的问题了。"他宣称，毛泽东已经保证过，当中国统一完成之后，朝鲜统一就是最迫切的任务。中共将支持他完成这一任务。斯大林也曾经亲口答应他，一旦南朝鲜发动进攻，他可以进行反攻，结果，南朝鲜没有发动进攻，朝鲜的统一问题就这样拖延下来了。金日成说："一想到不应辜负人民的热切希望，我就夜不能寐。"他明确要求再次会晤斯大林，以便说明局势。

斯大林最担心美国干涉。但是，他也无法解释，为什么美国没有干涉毛泽东统一中国？如果连中国大陆都不愿干涉的话，美国又怎么会去干涉一个小小的朝鲜呢？如今，杜鲁门和艾奇逊又公开声明朝鲜和台湾不在美国的防御圈内，自然就更加没有必要为美国的干涉忧心忡忡了。既然如此，斯大林第一想到的也是朝鲜问题。这是因为，日本从来都是苏联人的心腹之患。与对苏联安全无关轻重的台湾比较起来，朝鲜的统一会极大地巩固苏联远东的边防，并使日本直接处于苏联的威慑之下，斯大林对此可谓梦寐以求。在比较了金日成和毛泽东的要求之后，斯大林明确认为支持北朝鲜要比支持中国人划算得多，这不仅仅是因为他更看重朝鲜的战略地位，而且也是因为帮助金日成几乎不需要一个苏联士兵。毕竟，美国对远东保持不干涉政策很可能是有限度的，那就是苏联也必须严格地采取守势。一旦美国政府发现有苏联人秘密加入到远东地区的战争中去，杜鲁门和艾奇逊未必还会遵守他们的声明。

经过了将近两周时间的考虑之后，斯大林终于在1950年1月底开始倾向于接受金日成的援助要求了。他在1月8日给苏联驻朝鲜大使的电报中，明确表示："我理解金日成同志的不满情绪，但他必须懂得，诸如他想要着手解决的关于南朝鲜这样一件大事，需要有周密的准备。事情必须要组织得没有太大的风险。如果他想要与我讨论这件事，那么我将随时准备接见他，并与他进行讨论。把这些转告金日成，并告诉他我准备在这件事上帮助他。"

这封电报清楚地表明，斯大林已经决心要帮助金日成了，这时离毛泽东离开莫斯科至少还有半个月的时间，但斯大林没有向毛泽东透露半个字，他们之间只是偶尔提到过朝鲜问题。当双方谈到中共中央1950年1月关于按照1949年4月毛泽东对金日成所作的承诺，把人民解放军中的其余12 000名朝鲜族官兵，连同配备的武器，全部移交给北朝鲜人民军的决定时，他们才提到了朝鲜问题。而毛泽东仍然在说，现在还不是北方如何进攻南方的问题，而是北方如何防御南方的问题。在他看来，更现实的还是中国解放台湾的战斗。

苏联人秘密施援手　中国人意外担责任

根据斯大林的提议，苏联方面很快就与金日成商定，苏联对北朝鲜的军事援助将采取有偿的方式来进行。北朝鲜以9吨黄金、40吨白银和1.5万吨其他矿石来换取价值1.38亿卢布，足够装备三个师的苏联的武器弹药。根据金日成的要求，苏方还同意，北朝鲜可以提前使用原定要于1951年才提供的7000万卢布的国家贷款来装备自己的军队。

在北朝鲜为统一事业加速装备军队的同时，中国方面也在为解放台湾作积极准备。双方都投入了大量的人力、物力和金钱，只不过，毛泽东不了解，金日成投入的力量比他大得多。斯大林是唯一了解双方情况的人，他显然认为，金日成有必要就他的计划与毛泽东进行必要的沟通。正因为如此，在他批准金日成访问苏联的同时，他特别要求他的大使提醒金日成，在朝鲜统一问题上，金日成应当听听毛泽东的意见。

南北朝鲜之间的关系一直剑拔弩张，李承晚不时地发出战争叫嚣，北朝鲜经常有南朝鲜计划进攻北方的情报。这些情况，无论莫斯科还是北京，都知道得一清二楚。何况，毛泽东就是以武力方式统一中国的。因此，金日成确信毛泽东不会反对他的计划。在他出访莫斯科之前，他经过北朝鲜驻中国大使通知毛泽东，他希望就统一朝鲜问题对中国进行一次访问，与毛泽东交换意见。对此，毛泽东欣然表示同意，他告诉朝鲜大使，他欢迎金日成的来访，如果金日成对朝鲜统一已经有了具体计划，这种访问可以是秘密的；如果还没有具体计划，最好进行一次正式的访问。由于这时北京在平壤既没有大使，也没有军事观察人员，因此，毛泽东丝毫也不了解北朝鲜统一工作的进程。他一面肯定以武力统一南方的必要性，一面仍旧提醒北朝鲜应当加强警惕，说北朝鲜目前应当首先作好一切军事上的准备工作，加强自身的力量，以应付可能的战争。

3月30日，金日成等人秘密访问了莫斯科。这次访问一直持续到4月25日才结束。在与斯大林的谈话中，金日成介绍，由于苏联的帮助，朝鲜人民军事实上已经取得了对南朝鲜的优势，再加上南朝鲜人民的支持，他现在应当说已经有了足够的力量来统一朝鲜了。由于苏联情报系统这时得到了麦克阿瑟将军给华盛顿的一份秘密报告，其中主张美国不要干预南北朝鲜之间发生的冲突，因此，斯大林也对形势感到乐观，相信现在是统一朝鲜的机会。

斯大林在这次会见中第一次对金日成的统一计划表示了肯定的态度，并称，如果说他在一年以前认为金日成的这个计划行不通的话，那么今天这样的计划就是可行的了。因为无论是朝鲜国内还是整个国际的局势都发生了重要的变化，帝国主义目前不会对朝鲜内部的冲突问题进行直接的干涉。当然，他仍旧强调，统一朝鲜的作战应当建立在对南朝鲜的进攻发动反攻的形式上。他最后没有忘记提醒金日成，他的计划必须通报给毛泽东，如果毛泽东也同意的话，他不会有反对意见。

斯大林之所以始终向毛泽东封锁消息，直到最后才要求金日成去征求毛泽东的同意，很大程度上恐怕并不是一种精心策划的计谋。考虑到中共中央早就提出了请苏联帮助解放台湾的要求，毛泽东又亲自向斯大林本人提出请求，不难想象，斯大林很难摆平毛泽东与金日成的关系。与其从一开始就向毛泽东去解释这样选择的必要性，与毛泽东争论孰轻孰重，倒不如造成一个既成事实，使毛泽东无话可说。毕竟早在1949年7月刘少奇率团访苏时，双方就已经商量好，朝鲜问题仍由苏联方面负责，因而在朝鲜问题上，不事先与中方商量，也在情理之中。当然，即使这样做了，他也必须还给毛泽东一个形式上的"公平"，尽管这种"公平"并不是毛泽东所希望的，但至少，在斯大林看来，让金日成去请求毛泽东的"同意"，在心理上可以或多或少地给毛泽东以安慰。何况，朝鲜半岛的动荡对中国的影响最为直接，一旦出现任何意外，中国的态度都是最为重要的。如果毛泽东反对，那么，采取进攻行动无论如何都是冒险的。

斯大林的再三叮嘱，促使金日成从莫斯科返回平壤之后不久，就再次与毛泽东联系，要求访问北京。

毛泽东颇多疑虑　金日成信心百倍

5月13日，金日成出现在北京中南海的怀仁堂。在当晚的会谈中，金日成首先通报了他与斯大林会谈的结果。他解释，南朝鲜的侵略意图已经非常明显，南北朝鲜的紧张关系已经到了非解决不可的地步，南朝鲜人民急切地盼望着祖国的统一，现在统一朝鲜的机会已经到了。关于这一点，斯大林也明确地给予了肯定，并以为统一朝鲜现在是可行的。只是，斯大林同志强调，有关这个问题的最后决定，必须取得毛泽东同志的同意，这就是他此行访问的主要目的。

毛泽东不是没有想到金日成会有一个统一计划，但他还是对金日成通报的情况深感意外。因为，在斯大林已经明确表示同意中国进行解放台湾的军事准备，解放军进攻台湾的各项先期工作也已经按部就班地迅速展开的情况下，他怎么也想不到斯大林会突然间转而赞成首先统一朝鲜。

毛泽东很委婉地对金日成表示："你们的大使已经几次来同我谈过这个问题，我都告诉他现在还不可以。"金日成则解释："苏联已经帮助我们做了许多准备，斯大林也同意了，只要中国同意，我们不要任何帮助。"不得已，毛泽东告诉金日成，这是一个很重大的问题，他需要请苏联大使立即向斯大林核实一下。毛泽东随后中止了会谈，紧急约见苏联驻华大使罗申，要求立即给斯大林发电证实金日成的说法。

第二天晚上，苏联大使拿着斯大林的电报来见毛泽东。电报说：

毛泽东同志：

在与朝鲜同志的谈话中，菲利波夫（斯大林使用的化名）和他的朋友们表示如下意见：由于国际形势已经发生了变化，他们同意朝鲜人着手重新统一的建议。但有个附带条件，即问题最终应该由中国同志和朝鲜同志共同来决定。如果中国同志有不同意见，那么对问题的解决就应延迟，直到进行一次新的讨论。会谈中的细节，朝鲜同志可能会向您转述。

鉴于斯大林已经明确表态，毛泽东自然无法持反对态度。他对苏联大使说，他已经注意到朝鲜半岛的情况，他完全同意朝鲜同志的估计，即由于美国势力逐渐退出南朝鲜，朝鲜的局势已经发生了很大的改变。不过，他认为，恐怕有必要像中苏条约那样，在中国和朝鲜之间迅速签订一个友好互助同盟条约。毛泽东显然对金日成的计划可能带来的后果有些担心，因而想到中国需要为直接援助北朝鲜作好准备。

在与苏联大使会晤后，毛泽东立即在他的办公室召集周恩来等中央政治局在京的重要领导人开了会，讨论这一重要的情况变化。毛泽东显然对斯大林和金日成没有事先与他商量这件事相当不满意。几年之后，他在与苏联大使，以及与米高扬、赫鲁晓夫等人的谈话中，曾经多次重提这件事，认为自己实际上是被蒙在鼓里，直到金日成跑来告诉他斯大林已经同意，他才知道有这么一回事。但不论他是不是感到窝火，中共中央却只能同意斯大林的意见。这是因为，斯大林1945年以来几度干预中共，"不许革命"，曾经引起过毛泽东和中共领导人的强烈不满，事实也已证明这种外来的干预是极其错误的。在这些事情记忆犹新的情况下，毛泽东和他的同事们又怎么会去扮演斯大林过去扮演过的那种角色呢？因此，中共中央最终决定接受既成事实。

5月15日，毛泽东再度与金日成等会谈。他告诉金日成，原来他考虑的是应当首先解放台湾，在此之后再解决朝鲜问题，那样中国将会更充分地援助北朝鲜。但既然统一朝鲜的问题已经在莫斯科得到批准，他同意首先统一朝鲜。金日成向毛泽东详细介绍了他们的三阶段计划，即：第一步进一步加强兵力；第二步公开向南方提出和平统一方案；第三步，在和平统一方案遭到南朝鲜拒绝后则准备诉诸武力。毛泽东对此表示了肯定的意见。他强调，作战计划要有充分的准备，部队行动要迅速，包围主要城市，但不要为占领城市而延误时间，要集中兵力消灭敌人。不过，毛泽东还是对美国驱使日本军队或直接干预的可能性有所担心。他告诉金日成，一旦有两三万日本军队投入战争，整个战争的过程就可能延长。当然，如果美国军队参加战争，中国会派出军队支援北朝鲜的，因为到那时，苏联出兵是不方便的，它受到与美国签订的协定的限制，而中国则不受这样的限制。

金日成认为，日本军队参战的可能性不大，即使美国人派个两三万日本军队来，也不能改变战局，人民军的士兵将战斗得更加坚决。至于美国参战的可能性，他断言，"那几乎不可能"，斯大林已经告诉过他们，帝国主义不会干涉，因而不必加以考虑。但毛泽东还是提出："帝国主义的事，我们做不了主，我们不是他们的参谋长，不能知道他们心里想的是什么。不过准备一下总是必要的。我们打算在鸭绿江边摆上三个军，帝国主义如果不干涉，没有妨碍。帝国主义如果干涉，不过三八线，我们也不管；如果过了三八线，我们一定打过去。金日成对此一面表示感谢，一面则婉言谢绝。在5月16日，即毛泽东与金日成会谈的最后一天，他收到了莫斯科的电报，电报表示同意毛泽东所提议的中朝缔结一个友好互助同盟条约的建议，只是，莫斯科以为，这不应当是在战争发动之前，而应当是在朝鲜已经成功地统一之后。

随着朝鲜战争的爆发已经箭在弦上，金日成此时的兴奋心情可想而知。相比之下，鉴于台湾问题的解决将受到严重影响，毛泽东的沮丧也不言而喻。几乎就在金日成访苏之前不久，中共还特别就武力统一台湾的一些具体作战设想与苏联军事当局进行过深入的讨论。而由于这时空军和海军的装备正在陆续到达，进攻台湾的技术条件问题正在通过各方面的努力而逐渐得到解决，中共中央已经重新开始有了依靠自己的力量夺取台湾的决心，并初步考虑在1951年条件基本具备后，选择适当时机实施作战行动。毛泽东无论如何都没有想到朝鲜战争会排在他解放台湾行动的前面。他最担心的显然是，一旦朝鲜战争爆发，无论胜负，美国政府都可能会改变对台湾的政策，从而使自己解放台湾的计划面临巨大的困难。

美国干涉横生枝节　解放台湾被迫搁浅

5月29日，金日成通知苏联大使，他已经收到了斯大林答应提供的武器和装备的主要部分，他们准备在6月发起进攻，6月10日前，部队将全部集中到预定的进攻地点。按照既定方案，随着北朝鲜提出的和平统一主张在6月11日遭到南朝鲜当局的拒绝，第三阶段，即军事进攻阶段开始进入了倒计时。根据苏联瓦西里耶夫中将和苏军顾问组协助制订的"先发制人的进攻作战计划"，人民军应当在22天到27天内分三个阶段实现解放南朝鲜的战略。6月19日，作战计划下达到人民军部署在三八线沿线的各个部队。25日，受命参加进攻的7个师随着反击南朝鲜军挑衅的一声枪响，大举越过了三八线。朝鲜战争爆发了。

面对朝鲜战争的爆发，中国领导人不能不在一定程度上感到不安，他们焦虑地注视着国际上，特别是美国的反应。两天之后，一个最让毛泽东担心的局面随之出现了。美国总统杜鲁门于6月27日宣布台湾未来地位尚未确定，因此他已命令第7舰队阻止任何对台湾的进攻，确保台湾及台湾海峡的中立化，防止战争蔓延。在毛泽东看来，美国的这一行动，显然无异于救了国民党的命。

对于美国的行动，毛泽东立即作出强烈反应，号召"打败美帝国主义的任何挑衅"。但在内部指示中，中共中央不能不承认：自己没有与美国现代化的海军进行海上较量的可能，"形势的变化给我们打台湾添了麻烦，因为有美国在台湾海峡挡着"，只好把"打台湾的时间往后推延"。与此同时，由于6月27

日美国总统又同时宣布美国将出兵南朝鲜，中国东北边防以及可能的增援朝鲜的问题日益紧迫，中国的战略重点也被迫转向东北地区。至此，进攻台湾的准备工作逐渐停顿下来，以至于最终不得不在事实上放弃了这一作战计划。

这是一件让毛泽东感到极其不满的事情。7月2日，周恩来约见苏联大使，在讨论如何应付联合国卷入朝鲜战争的外交问题后，他极为反感地告诉大使："早在5月与金日成的会谈中，中国领导人就已经提醒他美国可能干涉的问题，而金日成当时不相信。事实证明我们当时的估计是对的。"与此同时，通过给苏联方面的一份综合反映外国人对朝鲜战争看法的报告，中国领导人也曲折地表达了对苏联选择这个时候支持统一朝鲜行动的疑惑。在报告中写道，一位英国代表对中国领导人说，苏联鼓励朝鲜内战的目的，就是要阻止中华人民共和国夺取台湾。

毛泽东不希望在这个时候进行朝鲜战争，是再明显不过的了。他本来想首先解决台湾问题，然后再寻找适当时机协助金日成解决朝鲜统一问题，但究竟什么时候可以武装进攻南朝鲜，既需要通盘考虑，也需要合适的机会。而且，他始终认为，在苏联红军帮助下建立起来的朝鲜人民军，实际上还很少经受真正的全过程的战争考验，因而很难在这么短的时间里成熟起来，卓有成效地进行这场统一朝鲜的速决战，更不可能对付可能直接参战的具有优势的美国军队。因此，从一开始他就对这个计划的可行性有所怀疑。只是，斯大林的支持使他失去了反对的可能。到9月中旬美国军队在仁川登陆，轻而易举地围歼了人民军进攻部队，毛泽东更加相信自己的估计是正确的了。但越如此也就越遗憾，所以，斯大林逝世后，毛泽东不止一次地在这个问题上埋怨斯大林。他肯定地说，斯大林关于朝鲜战争的决定，是一个"极大的错误"，"是百分之百的错了"。但毛泽东心里想的多半是，如果当初斯大林不是盲目地支持在朝鲜采取行动，那么不仅不会犯这样大的错误，而且也不会使台湾问题陷入如此困难的局面。当然，中国共产党人也用不着付出在朝鲜战争中那么大的代价，就能够解放台湾。[15]

7月7日和10日，根据毛泽东主席的提议，中央军委召开了两次会议，由中央军委副主席周恩来主持讨论组建东北边防军问题，并作出了第一步部署。7月7日24时，毛泽东致信代总参谋长聂荣臻，表示同意当日军委会议决议事项。7月13日，中央军委正式作出关于保卫东北边防的决定，分别从数省调兵25.5万余人组成东北边防军，以保卫我国东北地区安全和在必要时刻支援朝鲜人民的反侵略战争。在8月4日召开的政治局会上，毛泽东指出："如美帝得胜，就会得意，就会威胁我。对朝不能不帮，必须帮助，用志愿军形式，时机当然还要选择，我们不能不有所准备。"周恩来说："如果美帝将北朝鲜压下去，则对和平不利，其气焰就会高涨起来。要争取胜利，一定要加上中国的因素，中国的因素加上去后，可能引起国际上的变化。我们不能不有此远大设想。"实践证明，这是富有远见的正确决策。

聂荣臻对毛泽东当时下决心的过程回忆如下：

当美军还没有越过三八线的时候，中央军委就决定由邓华率领的战略预备队和42军，由河南北上，开赴与朝鲜接壤的鸭绿江边，以为防范。在此之前，我们加紧对据守沿海一些岛屿的国民党残余部队发起进攻，解放了除台澎金马以外的所有岛屿，这为我们放手进行抗美援朝战争，创造了很有利的条件。

8月份，朝鲜人民军的反击战已经进到洛东江边，解放了大部分国土，正向大丘、釜山进军。这时候，毛泽东和党中央分析研究后认为，美帝国主义决不会甘心失败，它有海空军优势，可能会反扑，朝鲜人民军孤军突击，后方薄弱，朝鲜战局很可能出现曲折和反复。所以8月5日，我根据军委决定，向战略预备队发出电令："本月内完成一切准备工作，待命出动作战。"但是由于准备工作过于繁重和急迫，难以在8月份内就绪。8月18日，我再次电告邓华："请加紧督促，务于9月30日以前完成一切准备工作。"

果然，9月15日，美军在仁川登陆，接着就大举北进，迅速向我国边境地区逼近。由于我军已有所准备，所以10月份我志愿军部队能及时北上，进入朝鲜，制止了美帝国主义妄图吞并朝鲜侵略中国的阴谋。如果不是毛泽东和党中央预见到战局会出现曲折，及时组建战略预备队，我们就很可能措手不及，贻误战机。[16]

毛泽东早在1950年8月左右，就看到朝鲜战局潜伏着危机。

雷英夫回忆说：

就在毛泽东于中南海勤政殿召见我的第二天，即1950年6月25日，朝鲜战争爆发了。当时朝鲜人民军进行战争准备的情况，我们并不清楚。

朝鲜人民军英勇作战，一开始打得非常顺利，6月28日便解放了汉城。受美国人扶植的南朝鲜李承晚伪政权眼看摇摇欲坠，美国人坐不住了，他们唯恐南朝鲜伪政权一旦垮台，会在整个亚洲引起连锁反应。

6月27日，美国出动海、空军对朝鲜进行武装干涉，同时又占领了我国的领土台湾，并派第7舰队到台湾海峡，阻止我们解放台湾。三天以后，美国又派陆军第8集团军直接参加朝鲜地面作战，随后美国又操纵联合国，要挟英、法、加拿大、土耳其、澳大利亚等十六个国家出兵，组成联合国军，另加李承晚的军队，由美军五星上将麦克阿瑟任总司令。这时候，由于朝鲜人民军的英勇作战，到1950年8月初已经解放了朝鲜90%以上的领土，迫使美军和李承晚伪军退守洛东江以东的大丘、釜山一隅。人们都处于高度的兴奋之中，等待着朝鲜实现统一的那一天到来。

一位苏联军事代表眉飞色舞地在北京对周恩来说："人民军稳操胜券，要不了几天，李承晚伪军便土崩瓦解，朝鲜全境统一指日可待。"记得周恩来对这位苏联人的话没发表任何意见，只说了一句"那好"。

毛泽东对形势的估计并不像苏联人那样乐观，显得冷静而镇定，我们常见他在一幅军用地图前踱步。他曾这样说过："现在朝鲜人民军应该作短暂休整，调整军队部署，然后再接再厉，最后一鼓作气，解放整个朝鲜。越是在这时候，越是要预防不测。"

对麦克阿瑟指挥的联合国军，毛泽东给予了足够的注意。

就在毛泽东的目光紧盯着风云变幻的朝鲜半岛的时候，我作为周恩来的军事秘书、总参作战室的主任，和作战室的参谋们根据毛主席、周总理的指示，常常彻夜不眠地关注着朝鲜战事的发展。总参作战室位于中南海居仁堂的一排平房内，平时戒备极严，人们戏称是"白虎节堂"。此时正是酷暑8月，参谋们冒着酷热翻阅资料，研究军事形势，气氛显得肃穆紧张。

各种各样的情报资料已经证实：朝鲜人民军已经打到了洛东江，釜山似乎指日可下。金日成的文告宣布："1950年的8月将是朝鲜人民取得最后胜利的一个月份。"或许出于军人的本能，在这一派大好形势下，我却生出莫名的疑虑和隐忧来。

"主力全调到釜山三角洲，后方不全空了吗？"不知是谁半带惊讶地冒出了一句。随之，大家你一言我一语，各抒己见。

"美国驻日本的两个师显然是作为预备队部署的，可这两个师至今未动啊！"

"朝鲜的地形很像一个长长的冬瓜，这地形可潜伏着危险啊！"说话人拦腰在朝鲜半岛的军事地图上切了一下，那意思很明确，敌人会不会抄人民军的后路？

这一句话一下子提醒了我，情报部门提供的资料已完全证实，美国总统杜鲁门的顾问艾夫里尔·哈里曼及军事助手弗农·沃尔特斯已到达东京，这将预示着美军将会有较大的行动。我立即提议，大家解放思想，畅所欲言，并分两组对抗作业，然后将大家的意见加以归纳整理，提供给中央首长决策参考。

讨论从下午一直持续到晚上9点多钟，意见共归纳出六条，但集中到一点：美军很可能要在仁川登陆，将朝鲜半岛拦腰截断，处于南部的朝鲜人民军将处在被包围的危险中。对美军可能登陆的时间，我们也作了预测，9月15日是大潮，美军选择这一天登陆的可能性极大。当然，这些意见绝非主观臆测，而是在对大量资料和客观事实的周密研究后得出的。

以后的事实证明，我们的判断是正确的。

……………

经过再三考虑，我决定把六条意见首先报给主持军委日常工作的周恩来同志。于是当天晚上10点左右我回到西华厅对周恩来说："总理，我们作战室的同志对朝鲜战争作了研究，认为眼下潜伏着很大危险。"

周恩来放下手中的文件，以略带惊疑的目光看着我："怎么，有什么重要发现吗？"

我说："美军很可能要在朝鲜半岛实行登陆作战，登陆地点最大可能是在仁川。具体我们研究了六条理由。"

周恩来以审慎的目光看着我："详细说说看。"

我指着墙上的巨幅地图，非常认真地汇报："麦克阿瑟眼下把美伪主力十几个师都摆在了釜山三角洲的滩头阵地上，我们计算了一下，平均每八平方公里摆一个师，他的一个师差不多两万人。现在李承晚伪军龟缩在洛东江以东地区，釜山解放指日可待。可美伪的这二十几万部队既不撤退，也不往一线增援，固守这一片滩头，到底要干什么？从战略上看，我们认为这是为了把朝鲜人民军的全部主力吸引到南线来。如果这种判断能够成立的话，这其中便隐藏着极为险恶的战略意图。"

周恩来点头示意我继续说下去。

"第二，美国驻日本的两个师，是作为预备队部署的，战斗力很强。眼下南朝鲜部队处在险境，可据情报证实，这两个师却没有任何去南朝鲜增援的迹象，而这两个师中，一个师就是海军陆战队。"

周恩来站起来，走到地图前，他的目光瞄向仁川当面的那片海域。不论从美伪军的兵力部署，还是从朝鲜整个地理地形看，仁川都将是敌人登陆地点的最佳选择。这里东西海岸的距离很小，一旦登陆完成，便很容易将南北朝鲜拦腰切断，而处于南部一线的朝鲜人民军主力，将完全被置于孤立无援的地步。

周恩来的眉毛拧紧了，他自言自语地说："麦克阿瑟这个冒险将军看来确实要在仁川再显身手了。"

我继续汇报："第三，麦克阿瑟和他的第八集团军在第二次世界大战是以善于登陆作战而著称的，日本军队在太平洋曾吃了他不少苦头。就麦克阿瑟本人来讲，素来是敢冒险的，为此他与总统杜鲁门曾多次有过口角。比如，当年他搞登陆作战，攻占尼多罗岛、吕宋岛以及其他岛屿时，五角大楼都说风险太大，但他每次都力陈己见，最终都实现了计划，完成了登陆。"

周恩来双臂抱在胸前，微微点着头说："现在麦克阿瑟作为联合国军总司令，位高权重，按照他的禀性，要冒一个让全世界震惊的风险，恐怕更有可能了。"

我说："第四条便是我们对朝鲜地形的分析。朝鲜半岛南北长约1000公里，而东西最窄处仅有200公里，最有利于分割。而且可供登陆的地点很多，比如元山、镇南浦、仁川、群山。"

我略作沉思，对登陆地点的回答显得异常慎重："第五，现在朝鲜人民军主力已经全部投入到釜山一带，后方很空虚，我们分析：西海岸的仁川是美军的最佳登陆地点。"

"为什么？"周恩来问。

"因为这里人民军部队少；这里既是汉城的外港，又是战略要地；这里的潮水落差大，地势危险且复杂，很可能因这样一个原因被朝鲜人民军所忽视。而麦克阿瑟恰恰又是一个善于冒险且善搞出人意料的惊人之举的人物，那么选择仁川便完全符合麦克阿瑟的个性。"

周恩来点头示意我说完。

"这第六条也同样是很重要的因素。眼下无论是朝鲜还是苏联，似乎都沉浸在一片迎接胜利的气氛中，好像明天早上朝鲜就会统一了。报纸发社论，金日成发文告，表面看形势一派大好，其实在这大好形势之下，潜藏着极大的危险。一旦人民军被切断退路，就可能陷入绝境。对苏联和朝鲜目前的心态，美国人是很清楚的。美英最近在地中海和太平洋等地又抽调海空军到朝鲜海峡来，又是登陆作战的一个明显征候。所以，我们认为，美军极有可能正在筹划更大的阴谋……"

我话未说完，只见周恩来大步走向电话机。恰在这时，电话铃声响了。"我是周恩来。啊，主席。"周恩来手握听筒，看了我一眼说，"刚才雷英夫同志到我这儿来，讲了他们总参作战室对朝鲜战争的一些预测和判断，他们认为美军很有可能在朝鲜西海岸的仁川登陆。是的，我认为很有道理。好，我马上带他去见你。"

"英夫同志，你跟我马上去见毛主席。"周恩来放下听筒，马上带我朝屋外走去。

事后我才知道，美军的这步险棋已在毛泽东的预料之中了。当朝鲜人民军打到洛东江的时候，他没有被当时的胜利所陶醉，而是提出朝鲜人民军应该休整，对战局作个客观准确的估计。当金日成的文告及朝鲜报纸的社论在大张旗鼓地宣传即将到来的胜利的时候，他却说："现在根本不是谈胜利的时候，朝鲜领导人及人民军应立即冷静下来。"当美伪军队陈兵釜山一线，引而不发，杜鲁门又亲派顾问到了东京的时候，他预测战争很可能会发生出人意料的变化。作为伟大的战略家，毛泽东未雨绸缪，早在半个多月前，他就对今日的朝鲜战局有所估计。因战场情况瞬息万变，不好轻易下结论，但有些工作毛泽东已经在做了。1950年8月5日，他命令东北边防军务必在8月份完成战争准备，以防不测。8月18日，他再次要求："务于9月30日前完成一切准备。"

此时已是8月23日，毛泽东正在菊香书屋仔细研究关于美军最新动态的一大摞电报。他打电话给周恩来，是想彼此交换一下关于朝鲜战局的意见，没想到周恩来几句关于作战室见解的话，正是他数日来在反复琢磨思考的问题。

在菊香书屋，毛泽东一边抽烟，一边听我汇报关于朝鲜战局的六条意见，他还不时用铅笔在面前的稿笺上写上几笔。

我一口气汇报完毕，毛泽东只是不住点头，没有插话，两眼一直在看着我，末了郑重地讲了六个字："有道理，很重要。"

周恩来表示了自己相同的看法后，毛泽东起身在屋内踱步。他一边抽烟一边说："据报告，美、英舰队正在向朝鲜海峡调动，飞机也在调动，看来美军如有大的行动，很可能就是最近。"说完，毛泽东把征询的目光投向我。

我鼓足勇气谈了自己的意见："主席，对美军的登陆时间我们也作了预测。9月15日是大潮日，美军很有可能就在这一天实施仁川登陆。"

"啊，如此精确。能不能谈得更具体点？"毛泽东对这个登陆时间似乎很有兴趣。

我说："我们对9月至11月的朝鲜西海岸海潮作了研究，发现有三个最佳日期可供选择：9月15日、10月11日和11月3日。在这三个最佳日期内，各有二至三天的好时机。仁川海岸可供靠岸利用的时间，每十二小时内只有三小时，如果以9月15日为登陆日，那天的涨潮最高时间共两次，一次是早上6时59分，另一次是晚上的19时19分。9月15日比另外两次时间相对更为可能，所以，我们认为美军极有可能把登陆的时间选定在9月15日。"说完，我顿时觉得有点忐忑不安。在最高统帅即将实施重大决策的时候，我用如此精确的时间判断为统帅部提供参考意见，一旦有误，我知道这将负有多么重大的责任。

毛泽东又点燃一支烟，深深地吸了一口。

当他缓缓吐出憋在胸中的烟团时，紧接着便发出一道在心中酝酿已久的命令："立即通知情报部门严密注视朝鲜和美、英、日。立即把我们的看法向斯大林和金日成通报，提供他们参考，希望人民军有后撤和在仁川防守的准备。立即通知东北的13兵团要加紧准备，8、9两个月一旦有事，能立即行动。"

3道命令，由周恩来亲自布置实施。

…………

正当我为在菊香书屋给毛主席的汇报而时时担忧的时候，就在我们预料中的那一天，即1950年9月15日晨5时，对朝鲜人民军最为不利的美军仁川登陆开始实施了。美军以其海军陆战队第1师为前锋，在仁川首先占领了面积0.6平方公里，位于仁川港当面的月尾岛（它被看作是仁川的屏障）；接着在当天下午涨潮时节，美军登岛部队搭梯子爬上三米多高的防波堤，从仁川南部高地登陆；然后，主力部队突破人民军防线，扩大了登陆场；至9月16日下午，控制了整个仁川。

七十岁的司令官、五星上将麦克阿瑟站在麦金莱峰号旗舰上指挥了这场作战。

美军占领仁川后，遂向汉城发起攻击，并以一部兵力南下水原，策应其正面战线上的部队实施反攻。驻汉城的朝鲜人民军在众寡悬殊的情况下与美军血战半个月后撤离，为洛东江地域的主力大撤退赢得了时间。当美军打到三八线时，美国政府为稳住中国，曾传话给我国领导人，只打到三八线。当侵占北朝鲜的行动开始前后又传话给中国，将在距鸭绿江40公里处停止前进。

毛泽东从来没有相信过美国人的谎言。

当苏联人垂头丧气地对中国领导人说："看来金日成只有在中国的东北组织流亡政府了。"周恩来说："我们的毛主席会从战略上考虑这个问题的，朝鲜就在我们身边，美国人占了朝鲜，我们将永无宁日。看着美国人灭亡朝鲜，见死不救，这说不过去嘛！"

据说，这句话传到斯大林那里，他感动得流了泪。

美军仁川登陆之后，毛泽东在周恩来面前表扬了我们。

他说："不要什么都认为美国如何如何，我们的小参谋能预测出麦克阿瑟的登陆时间和地点，而且是那样精确，这可以说在军事历史上都是不多的。美国人没啥了不起，我们的小参谋是可以大有作为的。"他还说，"我们的小参谋懂政治、懂战略，不怕死不要钱，不怕苦不怕累，尽打胜仗。通过这件事，对少数犯'恐美病'的人，是个最有力的教育。"毛泽东在这次谈话中，还特别指出，让我以更多的精力投入作战指挥工作，有什么重要情况和意见，可以随时向总理和他报告，不要有什么顾虑。毛泽东还提出，军队搞正规化、现代化建设，参谋们可以负起职责，参与出谋划策，不要有自卑感。

作为统帅部的参谋，毛泽东的夸奖和鼓励使我们受到极大鼓舞，同时也感到肩头的责任更重了。[17]

9月，朝鲜战局剧变。10月1日，美伪军不顾中国的警告，大举越过三八线，妄图迅速吞并全朝鲜。

形势危急，毛泽东在10月上旬多次主持政治局会议，说服有不同意见的同志，最后作出出兵朝鲜的决策。薄一波回顾这个决策过程时写道：

10月初，毛主席多次主持政治局会议，认真倾听各种意见，充分发扬民主，真正做到了畅所欲言。应该说，当时下决心出兵打这场战争，对于新生的人民共和国来说并不是没有风险的。百废待兴，困难很大。记得毛主席曾跟我谈过："我们确有困难，一些同志不主张出兵，我是理解的，但我们是个大国，不打过去，见死不救，总不行呀！"经过慎重的反复的考虑，党中央和毛主席于10月8日做出了出兵抗美援朝的战略决策。[18]

金牛在《"跨过鸭绿江"的决策过程》一文中写道：

10月1日，朝鲜外相朴宪永携带金日成给毛泽东的亲笔信飞到北京，当面向毛泽东和周恩来恳请中国出兵朝鲜。同一天，李承晚军队越过三八线。第2天，麦克阿瑟向美第8集团军下达命令，指挥其越过三八线，占领平壤。正是在这种万分危急的情况下，毛泽东于国庆之夜主持召开了政治局紧急会议，向中央领导人通报朝鲜的形势。

周恩来介绍了形势以后，毛泽东向到会的领导人说："今天大家要畅所欲言，摆一摆出兵到朝鲜与美国人打仗的困难。"与会的多数人不赞成出兵。他们主要摆了两种意见：一是国内刚打完仗，困难多；再就是我军装备与美军相比太悬殊。毛泽东直到大家差不多都说完了，他才缓缓地说："你们讲得都有道理，可是人家有困难，我们在一旁看着心里不好受呀。"毛泽东习惯地摆了摆手说，"今天就开到这里，散会。"

人们散去后已是2日凌晨了，毛泽东仍然毫无睡意，他像往常一样躺靠在那张堆满了书的大床上，思考着、回忆着。

…………

10月2日下午，中央政治局的常委在颐年堂召开会议。毛泽东说："出兵援助朝鲜人民已经刻不容缓，我们不能再议而不决。"常委们经讨论同意，由彭德怀挂帅，出兵日期定在10月15日。会议快要结束时，毛泽东提议将会议的决定以他的名义电告斯大林。另外对美国人也要先礼后兵，向他们打个招呼，这件事由周恩来去办。

3日凌晨1时，周恩来紧急召见印度驻华大使潘尼迦，请印度政府转达中国对美国的警告："如果美军越过三八线，中国决不能不管！"印度政府当即将周恩来的谈话转告英国方面，英国当晚便通知美国政府。杜鲁门认为潘尼迦有"亲共"的嫌疑，他的话不可信。国务卿艾奇逊声称："周恩来是想用政治讹诈来阻止美军的进攻，我们不必在乎他们说些什么。"他随后授权驻印度大使格罗斯与中国方面联系，说明美国无意进攻中国，并愿为美机误炸给中国造成的损失进行赔偿，但美国决不会放弃它的战争目标。美军参谋长联席会议同时授命麦克阿瑟指挥美军全力向北挺进，即使中国军队介入，也要完成统一朝鲜的使命。

毛泽东从未相信过美国的保证。10月5日，中央政治局在颐年堂召开关键性的会议。毛泽东在会上作出最后决定："现在是美国人逼我们打这一仗，我们面前只有一条路，不管冒多大的风险，有多大的困难，都要立刻出兵！"10月8日，毛泽东正式发布命令："为了援助朝鲜人民的解放战争，反对美帝国主义及其走狗的进攻，借以保卫朝鲜人民、中国人民及东方各国人民的利益，将东北边防军改为中国人民志愿军，迅即向朝鲜境内出动，协同朝鲜同志向侵略者作战并争取光荣的胜利。"

同一天，彭德怀飞赴沈阳部署第13兵团入朝。周恩来乘飞机前往苏联会见斯大林，购买武器装备和争取苏联空军支援志愿军入朝作战。毛泽东很快接到周恩来从苏联发回的电报，周恩来报告说，经与斯大林会谈，苏方表示尽快向志愿军提供二十个师的装备，但不能在朝鲜战场提供空中掩护，如中国出兵有困难，可让金日成到东北组织流亡政府。周恩来在电报中请中央根据这种情况对出兵问题再作考虑。毛泽东读着电报，立即明白了斯大林不肯提供空中支援就是怕与美国发生直接的军事冲突。他既震惊又气愤，难道美国人就真的是老虎的屁股摸不得？怎么有的人总是不相信人民的力量呢？如果几十万志愿军战士在没有空中掩护的条件下入朝作战，中国人民要承受多大的牺牲啊！毛泽东转向站在一旁的代总参谋长聂荣臻："要老彭立即回北京，令13兵团就地训练，暂不出动。"

12日下午，毛泽东又一次主持召开了中央政治局会议，讨论出兵问题。毛泽东在会议上全面分析了出兵的利弊得失，他说："我们已经向美国发出警告，敌人也向我们发出了'哀的美敦书'（最后通牒）。现在我们与美国已经是短兵相接，狭路相逢。如果让敌人压到鸭绿江边而我们表现得无能为力，软弱可欺，国内国际反动气焰高涨，对各方都不利，首先是对东北更不利。我的意见是即使没有苏联的空中支援，也要立即出兵。"到会的同志一致同意毛泽东的分析，会议决定志愿军26万人马于10月19日开始进入朝鲜。会后毛泽东打电报坚定地告诉尚在苏联的周恩来："我们认为应当参战，必须参战，参战利益极大，不参战损害极大。"当周恩来将毛泽东的决定通知斯大林时，斯大林感到一阵巨大的震动，直到这时，他似乎才真正理解了中国共产党人，理解了毛泽东。

18日下午，毛泽东首先听取了周恩来关于和斯大林会谈的报告，然后又听取了彭德怀和高岗关于出兵准备工作的报告。直到这时，他终于作出了最后的决断：“哪怕有天大的困难，志愿军也要按原计划渡江，时间决不能再推迟了。”晚9时，毛泽东发出特急绝密电报，命令志愿军自19日起渡过鸭绿江，新中国成立后与世界头号强国——美国的第一次军事较量就这样拉开了序幕。[19]

在由谁挂帅指挥志愿军的问题上，曾经费过一番周折。毛泽东原来考虑让林彪去，但最后派彭德怀。聂荣臻在回忆录中写了这一过程，他说：

林彪是反对出兵朝鲜的。毛泽东原先决定让林彪去朝鲜指挥志愿军，可他害怕，托辞有病，硬是不肯去。奇怪得很，过去我们在一起共事，还没有看到他怕死到这个程度。后来，毛泽东决定调彭德怀去。他当时在西安，10月4日来到北京，第二天参加了在中南海召开的政治局会议。彭德怀历来勇敢果断，中央决定他去指挥志愿军，他表示坚决执行命令。在会上，他坚决支持毛泽东出兵朝鲜的主张。他说：“我们跟美国打，大不了美国打进中国来，最多也就是等于中国晚解放几年就是了。”彭德怀在会上的坚定态度，给我以深刻印象。[20]

彭德怀本人也回忆了这一情景，他写道：

1950年10月1日国庆节后，4日午，北京突然派来飞机，令我立即上飞机去北京开会，一分钟也不准停留。当日午后4点左右到达北京中南海，中央正在开会，讨论出兵援助朝鲜问题。听别的同志告诉我，当毛主席让大家着重摆摆出兵的不利情况以后，主席讲了这样一段话：“你们说得都有理由，但是别人处于国家危急时刻，我们站在旁边看，不论怎样说，心里都难过。”我刚到，未发言，内心想是应该出兵，救援朝鲜……第二天下午，中央又在颐年堂开会，在其他同志发言后，我讲了几句：“出兵援朝是必要的，打烂了，等于解放战争晚胜利几年。如美军摆在鸭绿江岸和台湾，他要发动侵略战争，随时都可以找到借口。”主席决定我去朝鲜，我也没有推诿。[21]

彭德怀传记组根据大量的文献资料和回忆史料，详细叙述了毛泽东委以彭德怀重任的过程。《彭德怀传》写道：

1950年10月4日近午时分，彭德怀正在西北军政委员会办公室内埋头审阅西北地区三年经济恢复计划，准备赴京向中央汇报。中央派来的两名干部进来报告说：“毛主席请您立即乘飞机去北京开会。”彭德怀一愣，问：“我已接到北京的电话，是原先通知的汇报会吗？”来人回答：“不清楚。周总理交代，飞机一到西安，就马上接彭老总来，一刻也不能耽误，还要严格保密。”彭德怀说：“那我总要给其他同志打个招呼吧？”马上把西北局秘书长常黎夫找来，让常分头转告西北局其他负责干部。此时，遇事沉着的彭德怀也感到不解，难道向中央汇报三年经济恢复计划还这么紧张吗？不管开什么会，他还是叫秘书把西北地区各单位报来的经济规划方案、调查报告统统带上。

下午4时，专机飞抵北京西郊机场。彭德怀快步走下舷梯，几辆小汽车早在等候着。前来迎候的人传达毛泽东的交代，要彭德怀先到北京饭店休息一下，彭德怀说："不是说不能耽搁吗？先去中南海！"[22]

车到中南海丰泽园，周恩来迎出来与彭德怀握手，解释说："会议在下午3点就开始了，来不及等你。"彭德怀随周恩来进入颐年堂会议厅。毛泽东首先发话："你来得正好，美军已开始越过三八线了，现在正在讨论出兵援朝问题，请你准备谈谈你的看法。"彭德怀坐定，发现会议的气氛很不寻常。他来京前，脑子里装的是如何建设开发大西北，这时只好侧耳静听。从几个同志的发言中，他才知道对支援朝鲜有不同意见。有的主张不出兵，或暂不出兵，理由主要是：国内战争创伤亟待医治，部分地区尚未解放，新解放区尚未进行土地改革；我军的武器装备远远落后于美军，更无制空制海权；经过长期战争，有些干部和战士有和平厌战思想；等等。基于上述情况，参加会议的多数人认为出兵问题应慎重从事。时任中国人民解放军代总参谋长的聂荣臻元帅，后来回忆这次会议中大家发言的倾向是："不到万不得已的时候，最好不打这一仗。"[23]毛泽东在会议最后讲了一段话："你们说的都有理由，但是别人处于国家危急时刻，我们站在旁边看，不论怎么说，心里都难过。"[24]

第二天上午9时左右，邓小平受毛泽东委托来到北京饭店，约彭德怀同车去中南海。因4日下午政治局会议上彭德怀未发言，毛泽东想听听他的意见。

彭德怀来到毛泽东的办公室，两人在沙发上坐下，毛泽东说："老彭，昨天你没来得及发言。我们确实存在严重困难，但是我们还有哪些有利条件呢？"彭德怀说："主席，昨天晚上我反复考虑，赞成你出兵援朝的决策。"毛泽东又问："你看，出兵援朝谁挂帅合适？"彭德怀问："中央不是已决定派林彪同志去吗？"毛泽东谈了林彪的情况后说："我们的意见，这担子，还得你来挑，你思想上没这个准备吧？"彭德怀沉默片刻，说："我服从中央的决定。"毛泽东略带感慨地讲："这我就放心了。现在美军已分路向三八线北冒进，我们要尽快出兵，争取主动。今天下午政治局继续开会，请你摆摆你的看法。"[25]

10月5日下午，中央政治局在颐年堂对是否出兵援朝问题再次进行讨论。发言中，仍有两种意见，彭德怀讲了自己的观点，即：出兵援朝是必要的，打烂了，最多就等于解放战争晚胜利几年。可是，如让美军摆在鸭绿江岸和台湾，他要发动侵略战争，随时都可以找到借口。如让美国占领了朝鲜半岛，将来的问题更复杂，所以迟打不如早打。聂荣臻元帅在其回忆录中写道："彭德怀10月4日到北京，第二天参加了政治局会议。彭德怀同志历来勇敢果断，中央决定他去指挥志愿军，他表示坚决执行命令。""彭德怀在会上的坚决态度，给我以深刻印象。"[26]

政治局会议结束后，毛泽东对彭德怀说："给你十天作准备，出兵时间初步预定10月15日。"

10月6日上午，彭德怀到中南海去参加中央军委周恩来副主席主持召开的军委会议，讨论志愿军入朝方案和更换武器装备、后勤供应及组建指挥所等问题。朱德总司令参加会议并讲了话。

关于彭德怀指挥所设立的位置，毛泽东的意见，为保证安全，免遭敌机轰炸，可设在鸭绿江北岸一个隐蔽位置。但彭德怀不同意，他主张过江入朝，与金日成在一起，以便协调两军，统一指挥作战。对于志愿军出国前后的宣传报道问题，彭德怀向主席建议："在战斗打响之前，应绝对保密。打响之后，新华社在报道和广播方面也应注意分寸。要设法转移敌人的视线，使其产生判断上的错觉，以便我军各路部队迅速隐蔽过江，取得战斗的主动权，力争初战的胜利，以提高士气，稳定人心，扭转被动局面。"〔27〕

10月8日，中国人民革命军事委员会主席毛泽东发布命令："将东北边防军改为中国人民志愿军，迅即向朝鲜境内出动，协同朝鲜向侵略者作战，并争取光荣的胜利；中国人民志愿军辖13兵团及所属之38军、39军、40军、42军及炮兵1师、2师、8师，须立即准备完毕，待命出动；任命彭德怀同志为中国人民志愿军司令员兼政治委员；中国人民志愿军以东北行政区为总后方基地，统由东北军区司令员兼政治委员高岗指挥并负责保证之。"同一天，毛泽东将中国人民志愿军即将出国援朝的事项致电中国驻朝大使倪志亮转告金日成，请他派人立即前往沈阳与高岗、彭德怀会晤。

1950年10月8日上午，彭德怀根据毛泽东的命令与高岗率临时指挥所人员乘飞机到沈阳。同日，中共中央根据事先与苏联方面的协商，派周恩来秘密飞往莫斯科会见苏联部长会议主席斯大林，商谈购买苏方武器装备和苏联出动空军支援中国人民志愿军入朝作战问题。

10月8日黄昏，金日成派朝鲜内务相朴一禹来到沈阳与高岗、彭德怀会谈，朴一禹转达了金日成首相要求志愿军迅速出动，首先控制咸兴和新安州的意见。9日上午，彭德怀和高岗在沈阳召集志愿军军以上干部开会，宣布中央出兵援朝的决定。彭德怀在会上讲话："我们的敌人不是'宋襄公'，他不会愚蠢到等待我们摆好阵势才来。敌人是机械化部队，有空军和海军的支援，进攻速度很快，我们要和敌人抢时间。中央派我到这里来，也只是三天前才决定的。"彭德怀要求各军克服困难，在十天之内，完成一切出国作战的准备工作。

在会议上，各军干部最担心的是在出国作战时有无空军支援。于是，会议还在进行中，9日11时，彭德怀和高岗就急电毛泽东询问："我军出国作战时，军委能派出多少战斗机和轰炸机掩护？何时能出动并由何人负责指挥？盼速示。"

这时，以美国为首的"联合国军"和南朝鲜军总兵力达40万，拥有各类飞机1000多架（海军飞机除外），各类军舰300多艘。其先头部队13万余人越过三八线，继而分兵多路向中朝边境推进。麦克阿瑟再次向朝鲜人民军发出最后通牒，要求人民军立即放下武器，停止作战。10月10日下午4时，印度驻中国大使潘尼迦转交了英国外交大臣贝文致中国外交部部长周恩来的电报，称："如果北朝鲜不愿放下武器，那么联合国军统帅将无他途可循。"当日深夜，金日成紧急召见中国驻朝鲜大使馆临时代办柴军武（后改名柴成文）表示："我们绝不会放下武器，绝不会投降，我们要抵抗到底。"

彭德怀面对危局心急如焚。为使志愿军在地面兵力上占绝对优势，以保初战获胜，当日，他在和13兵团领导人邓华、洪学智等详细研究了志愿军入朝部署方案后，致电毛泽东："原拟先出动两个军、两个炮师。恐鸭绿江铁桥被炸毁，不易集中优势兵力，失去战机。故决定将四个军三个炮兵师全部集结江南待机歼敌，改变原定计划，妥否盼示。"毛泽东回电同意。彭德怀又深感8日在沈阳与朴一禹的匆匆会谈，内容不够详细具体，于10日20时，再电请示毛泽东，他拟于11日渡江赴德川与金日成面商。

10月11日，彭德怀率领临时指挥所人员抵达安东，不顾连日疲劳，翌日即前往鸭绿江北岸察看渡江地点，听取驻军领导汇报部队渡江准备情况。晚上突然接到聂荣臻电话，说情况又发生了变化，苏联方面表示空军未准备好，暂无法支援中国志愿军入朝作战，要彭德怀火速回京开会。紧接着毛泽东来电指示13兵团各部就原地进行训练，不要出动；要高岗、彭德怀翌日回京。于是，彭德怀12日深夜又乘火车由安东返沈阳。

10月13日中午，彭德怀和高岗回到北京。下午，毛泽东在颐年堂主持中央政治局紧急会议，对出兵和不出兵的利害关系再次展开讨论，会议最后决定，即使没有苏联空军的支援，在美军大举北进的情况下，不论有多大困难，都必须立即出兵援朝，迎击向北冒犯之敌。聂荣臻元帅在回忆录中写道："对于打不打的问题，毛泽东同志也是左思右想，想了很久。毛泽东同志对这件事确实是思之再三，煞费心血的，最后才下了决心。"[28]中央作出最后决定后，彭德怀为防止部队对出兵援朝产生怀疑和松懈情绪，当天即给志愿军参谋长解方发急电，要求志愿军各部继续作好出国准备。14日，毛泽东与彭德怀、高岗详细研究了志愿军出兵后的作战方案。最后，确定已集结在鸭绿江北岸的志愿军四个军十二个步兵师、三个炮兵师及汽车团、高炮团、工兵团等，于10月18日或19日分批渡江，先在平壤至元山线以北适当山岳地区组织防御，待机歼敌。

15日，朝鲜民主主义人民共和国首都平壤告急。金日成派外务相朴宪永来沈阳会见刚从北京飞回的彭德怀，要求中国尽快出兵，并希望与彭德怀早日会面。彭德怀告诉朴："我们中央已最后决定，预定自10月18日或19日部队分批渡江，希望人民军继续阻击敌人进攻，迟滞敌人。"16日上午，彭德怀和高岗赶到安东，召开志愿军师以上干部大会，宣布中央的决定。他根据朝鲜北部山高林密、地形狭窄、东西临海的特点，指出："过去我们在国内战争中所采取的大踏步前进和大踏步后退的运动作战方式，在今天的朝鲜战场上不一定适用。志愿军在战术上要采取阵地战与运动战相结合的形式，如敌人来攻，我们要把敌人顶住；一旦发现敌人的弱点，即迅速出击，插入敌后，坚决包围歼灭之。我们的战术是灵活的，不是死守某一阵地；但在必要时，又必须坚守阵地。"他针对出国作战的新情况，特别强调，"我们进入朝鲜后，千万不要骄傲，不要以大国援助者的身份自居。对朝鲜的党、人民政府、人民军队和广大人民群众要切实尊重。"彭德怀最后强调，对入朝作战要作相当长期艰苦的打算，要发扬人民解放军的光荣传统，严格遵守"三大纪律八项注意"。

会议结束后，彭德怀到13兵团司令部研究渡江方案，说："麦克阿瑟越猖狂，对我们越有利，我们可以利用敌人的错误判断，隐蔽渡江，对敌人进行突然反击。"

10月17日，彭德怀和高岗飞回沈阳，正与东北局、东北军区领导人研究志愿军出国作战准备问题，又接到毛泽东急电，要他和高岗于18日火速回京，并说："对出兵时间，以待周（恩来）18日回京向中央报告后确定为宜。"10月18日清晨，彭德怀、高岗再次乘专机返回北京。

此时敌进甚速，平壤被困，危在旦夕。在当天召开的中央会议上，由周恩来和彭德怀各自汇报了情况。毛泽东最终决断："现在敌人已围攻平壤，再过几天，敌人就进到鸭绿江了。我们哪怕有天大的困难，志愿军渡江援朝不能再变，时间也不能再推迟，仍按原计划渡江。"〔29〕随后，彭德怀奉毛泽东指示，以毛泽东的名义，拟发了给13兵团司令员邓华，副司令员洪学智、韩先楚，参谋长解方及东北军区副司令贺晋年的特急绝密电报。电文如下："四个军及三个炮师决定按预定计划进入朝北作战。自明（19日）晚从安东和辑安线开始渡鸭绿江。为严格保守秘密，渡江部队每日黄昏开始到翌晨4时即停止，5时以前隐蔽完毕，并须切实检查。为取得经验，第一晚（19日晚）准备渡两个至三个师，第二晚再增加或减少，再行斟酌情形。余由高岗、德怀面告。毛泽东，10月18日21时。"〔30〕

10月19日黄昏，中国人民志愿军神不知鬼不觉地跨过鸭绿江，揭开了抗美援朝战争的序幕。

从1950年10月19日至1951年6月，中国人民志愿军协同朝鲜人民军进行了五次大规模的反击战役，迫使敌人退到三八线以南，转入战略防御，并接受了停战谈判。

毛泽东精心指导了第一、第二次战役，并制定了后三次战役的战略方针。

在两次战役取得重大胜利的情况下，部队中开始滋长速胜思想。针对这种不正确倾向，毛泽东正确分析战争形势，阐述了长期作战方针。《中国人民志愿军抗美援朝战史》对此作了较好的叙述：

我军连续取得两次战役的胜利，扭转了朝鲜战局，但尚未大量地歼灭敌人有生力量。因此，尽管敌人已遭到严重失败，而我军要赢得战争胜利还需要作很大的努力，任务仍然是艰巨的。这是当时战争的基本形势。

中央军委、毛泽东主席和志愿军首长早在敌人向平壤和三八线撤退时，即正确地分析了这一基本形势，并依此对战争的发展前途作了实事求是的估计，对我之战略设想和应取的方针也作了充分考虑。12月4日，中共中央向志愿军首长转达了毛泽东主席对朝鲜战争发展前途的看法和意见。毛泽东主席指出："战争有可能迅速解决，但也可能拖长，我们准备至少打一年。"还指出，"敌人有可能要求停战"，但是，美帝国主义"必须承认撤出朝鲜，而首先撤到三八线以南，才能谈判停战。最好我们不仅拿下平壤，而且拿下汉城，主要的〔要〕消灭敌人，首先是全歼伪军，对促进美帝撤兵会更有力量。美帝如承认撤兵，联合国有可能在同意中、苏参加的条件下，主张全朝鲜人民在联合国监督下，选举自己的政府。但美帝和蒋介石一样，诺言、协定都是不可靠的，故应从最坏方面着想"。

当时，战场形势的发展，正如毛泽东主席的分析。敌退守三八线以后，便为争取喘息，开始玩弄"先停火，后谈判"的阴谋，以便卷土重来。毛泽东主席考虑到政治上的需要，和为了打破敌人这一阴谋，于12月13日致电彭德怀司令员，指出："目前美英各国正要求我军停止于三八线以北，以利其整军再战。因此，我军必须越过三八线。如到三八线以北即停止，将给我政治上以很大的不利。"并提出"此次南进，希望在开城南北地区，即离汉城不远的一带地区寻歼几部分敌人"。然后看情况，如敌人固守汉城，我军则准备攻击汉城的条件；如敌人放弃汉城，我军则在汉城至平壤间休整一个时期，然后再战。12月15日，志愿军首长根据毛泽东主席这一指示，为粉碎敌人企图利用三八线重整部队，准备再战的阴谋，向各部下达了向三八线以南挺进的预定部署，确定在汉城、原州、平昌线以北地区歼灭美、伪军各一部，第1步以三八线以北市边里、涟川为目标攻击前进。12月19日，彭德怀司令员根据当时战争形势和部队速胜思想滋长等情况，致电毛泽东主席，提出了"目前仍应采取稳进"的建议。他说："据我看，朝鲜战争仍是相当长期的、艰苦的。敌人由进攻转入防御，战线缩短，兵力集中，正面狭小，自然加强了纵深，对联合兵种作战有利。美伪军士气虽然较前低落，但现还有26万左右兵力。政治上，敌人马上放弃朝鲜，对于帝国主义阵营说来是很不利的，英法也不要求美国这样做。如再吃一两个败仗，再被消灭两三个师，可能退守几个桥头阵地（釜山、仁川、群山），也不会马上全部撤出朝鲜。〔所以〕我军目前仍应采取稳进。"据此，他提出"为避免意外过失，拟集中四个军（50军、66军在两翼牵制敌人）首先歼灭伪第1师，后相机打伪6师。如果战役发展顺利时，再打春川之伪3军团，如不顺畅即适时收兵。能否控制三八线，亦须看当时具体情况再行决定"。

12月21日，毛泽东主席同意了彭德怀司令员的意见，复电说，"你对敌情估计是正确的，必须作长期打算……速胜观点是有害的"，"美英正在利用三八线在人们中存在的旧印象进行其政治宣传，并企图诱我停战，故我军此时越过三八线再打一仗然后休整，是必要的"，"打法完全同意你的意见，即目前美、英军集中于汉城地区不利攻击，我应专寻伪军打。就总的方面说，只要能歼灭伪军全部或大部，美军即陷于孤立，不可能长期留于朝鲜。如能再歼灭美军几个师，朝鲜问题更好解决"。

之后，毛泽东主席根据伪军及美军一部已在37°线至三八线之间站住脚跟，组成防线，可使我军不用走很远的路便能寻敌作战的情况，又电告志愿军首长改变原先和人民军商定的，以人民军第2、第5军团深入敌后分散敌人兵力的计划，指出："伪军集中于我有利，分散则于我不利。如果人民军第2、第5军团现在插入朝鲜南部，威胁敌人后方，就有分散敌人，使敌人变更部署，不敢在37°线以北地区建立防线的可能；而汉城美军则有放弃汉城，集结大田、大邱一带的可能。这样，将使我军作战发生很大困难，不易各个歼灭敌人。因此，不但人民军2、5军团现在不要深入南部，而且全军主力（包括人民军）在此次战役后亦应当后退几十公里进行休整，以使美伪军感到安全，恢复其防线，利我军春季歼敌。"

根据毛泽东主席的以上指示，志愿军首长最后定下了如下决心：集中志愿军六个军，在人民军三个军团协同下，实施进攻，粉碎敌人在三八线的防御，"歼灭临津江东岸迄北汉江西岸地区第一线布防之伪1师、伪6师、伪2师及伪5师一部"。如发展顺利，即相机占领汉城和春川、洪川、襄阳、江陵一线；然后再进行休整，准备春季攻势。部署为：以五个军（军团）向东豆川、汉城方向实施主要突击，以两个军分别向济宁里、加平及春川方向实施突击，以人民军两个军团向自隐里、洪川方向实施突击。〔31〕

在12月26日致彭德怀及金日成等的电报中，毛泽东强调："战争仍然要作长期打算，要估计到今后许多困难情况。要懂得不经过严重的斗争，不歼灭伪军全部至少是其大部，不再歼灭美英军至少4万人，朝鲜问题是不能解决的，速胜的观点是有害的。"因此，他主张第2次战役结束后全军主力后撤休整1个月至2个月。但是，毛泽东又迅速改变想法，指示彭德怀迅速发起第3次战役。在12月29日的电报中，他对彭德怀说：

12月28日20时电悉，同意你的计划。此次战役如发展顺利，以66军或42军占领春川洪川，以人民军一部占领襄阳江陵，分储粮弹，准备春季攻势。其他各军，于战役完全结束敌人新部署亦已明了之后，即分置于粮运较为便利地区（不论三八线南北），部署休整两个月。所谓三八线在人们脑子中存在的旧印象，经过这一仗，也就不存在了。我军在三八线以南或以北休整，均无关系。但如不打这一仗，从12月初起，整个冬季我军都在休整，没有动作，则必引起资本主义各国甚多揣测，民主阵线各国亦必有些人不以为然，发生许多议论。如我军能照你们目前部署，于1月上半月打一个胜仗，争取歼灭伪军几个师及美军一部，然后休整两个月，准备春季攻势，则对民主阵线及资本主义各国人民大众影响甚好，对帝国主义则给以新的一击，加重其悲观失败情绪。

对毛泽东改变休整计划，发起第三次战役的原因等，聂荣臻写道：

第二次战役以后，为了配合我国代表伍修权在联合国大会上控诉美国武装侵占我领土台湾的斗争，扩大政治影响，毛泽东指示我军接着就发起第三次战役。当时彭德怀从前线报告，部队经两个多月连续作战，非常疲劳，物资装备损耗也大，亟须休整补充。又据敌情报告，在第一线兵力上，我军不占绝对优势（只比敌人多二到五个师），因此，我也建议，战役推迟两个月打为好。但毛泽东同志为配合政治斗争，仍决心要打。于是，1950年12月31日，我军不给敌人以喘息机会，乘胜发起第三次战役，经过九天连续作战，将敌人赶到了三七线以南，解放了汉城，又歼敌1.9万多人。[32]

毛泽东在第三次战役胜利后继续批评轻敌速胜思想，并且进一步要求志愿军与朝鲜党、军队和人民建立密切关系。《中国人民志愿军抗美援朝战史》写道：

当时，虽然敌人由于连续失败正在议论着自朝鲜撤退问题，但是，中央军委、毛泽东主席和彭德怀司令员对朝鲜战争发展前途的估计，仍如第三次战役前所指出的那样：敌人在其主力未被击破之前，是不会自动撤出朝鲜的。因为美国侵略者要维持其在远东和世界的政治地位，要保护他们在朝鲜所掠夺的财富，并且他们还相信装备上的优势可以帮助他们守住朝鲜南部的阵地。所以我们还必须在各方面作充分准备，进行几次激烈的大规模作战，才能达到完全解放朝鲜的目的。1月14日，毛泽东主席在给彭德怀司令员的电报中又明确指出了这一点，并且还对敌人可能采取的决策作了如下的估计："（一）在中朝两大军队压迫下，略作抵抗即退出南朝鲜。如果是这样，那就是我们充分准备工作的结果，因为敌人知道我们作了充分的准备工作，我们的军事力量更加强大了，敌人才知难而退。（二）敌人在大邱、釜山地区作顽强抵抗，要待我们打得他们无法再打下去了，方才退出南朝鲜。如果是这样，我们必须作充分准备才能再战。"还"有一种可能，即客观形势迫使我们在2月间就要打一仗，打了再休整"。志愿军首长根据毛泽东主席这一指示精神和我军实际情况，计划用两个月时间进行休整，于3月间发动春季攻势，并立即着手进行准备。

为了统一思想，总结经验，在春季攻势作战中夺取更大的胜利，联司于1月25日至29日在成川郡之君子里（成川西南五公里）召开了中、朝两军高级干部会议。金日成首相出席了会议并讲了话，彭德怀司令员作了报告。会议总结了前三个战役的经验，分析了形势，提出了下一步作战任务和作战方针。会议指出："三次战役的经验证明，敌军的装备虽占优势，但只要我军依靠机动灵活的战略战术、灵活的战役指挥和勇敢顽强的作战相结合，是可以胜利的；在装备悬殊的条件下，我军在作战指导思想上必须是有重点地集中绝对优势的兵力和火力，逐个地歼灭敌人；在战术运用上，应力求夜战（在渗入敌人纵深或迂回敌后，或追击溃敌的条件下，白日作战仍是可能和必要的）、近战，力求实施大胆的迂回包围、穿插分割，勇敢地渗入敌之纵深和后方，同时，组织精锐勇敢的小部队，袭击敌炮兵阵地和指挥所，混乱敌之部署，以造成我军在运动中各个歼敌的条件。会议还传达了毛泽东主席给志愿军的指示，毛泽东主席在指示中要求中国人民志愿军要努力向朝鲜劳动党和朝鲜人民军学习；要全心全意地拥护朝鲜人民，拥护朝鲜民主主义人民共和国政府，拥护朝鲜劳动党，拥护朝鲜人民领袖金日成；要爱护朝鲜的一山一水一草一木，不拿朝鲜人民的一针一线。并指出，这是取得战争胜利的政治基础。这次会议，统一了作战思想，增强了中朝军队的团结，鼓舞了斗志。[33]

1951年1月27日至4月21日，我军进行了第四次战役，共歼敌7.8万余人。此次战役期间，毛泽东作出了志愿军在朝鲜战场轮番作战的正确决策。在1951年2月7日给周恩来的信中，毛泽东将当时在国内的杨得志兵团、杨成武兵团、董其武兵团等十一个军编为第二番作战兵力，令其立即开始出境作战的各项教育并授予任务；以现任第一番作战兵力中的第13兵团六个军撤至后方补充休整3个月至4个月，改为第三番作战兵力；9兵团全部撤回华东任守备。1951年3月1日，毛泽东就朝鲜战局和我军采取轮番作战方针致电斯大林，电报说：

从目前朝鲜战场最近进行的战役中可以看出，敌人不被大部消灭，是不会退出朝鲜的，而要大部消灭这些敌人，则需要时间。因此，朝鲜战争有长期化的可能，至少我应作两年的准备。目前敌人的作战意图是企图与我进行消耗战……为粉碎敌人意图，坚持长期作战，达到逐步歼灭敌人之目的，我中国志愿军拟采取轮番作战的方针。中国志愿军已决定编组三番轮流的部队，即将现在朝鲜作战的九个军三十个师作为第一番志愿部队；将正从国内调去的六个军及现在朝鲜即将补充的三个军，共九个军二十七个师作为第二番志愿部队，约4月上旬可全部到达三八线地区，接替现在汉江前线的六个军的任务；将准备从国内调去的六个军及第一番志愿部队中的四个军，共十个军三十个师作为第三番志愿部队，准备6月中调用。

毛泽东最后总结说：

在美国坚持继续作战，美军继续获得大量补充并准备和我军作长期消耗战的形势下，我军必须准备长期作战，以几年时间，消耗美国几十万人，使其知难而退，才能解决朝鲜问题。

轮番作战方针妥善地解决了我军休整补充问题，是坚持长期作战的有力保证。

1951年4月22日至5月21日，我军对转入防御之敌发起了第五次战役，歼敌8万余人，迫使美伪军重新退到了汉城及其以南地区，放弃了侧后登陆计划，并于7月接受停战谈判。

在第五次战役结束不久，毛泽东总结这几次战役经验，对我军同美英军作战的战略战术问题作了进一步论述。5月16日，他在给彭德怀的电报中说：

历次战役证明，我军实行战略或战役性的大迂回，一次包围美军几个师，或一个整师，甚至一个整团，都难达到歼灭任务。这是因为美军在现时还有颇强的战斗意志和自信心。为了打落敌人的这种自信心以达最后大围歼的目的，似宜每次作战野心不要太大，只要求我军每一个军在一次作战中歼灭美、英、土军一个整营至多两个整营也就够了。现在我第一线有八个军，每个军歼敌一个整营，共有八个整营，这就给敌以很大的打击了。假如每次每军能歼敌两个整营，共有十六个整营，那对敌人打击就更大了。如果这样做办不到，则还是要求每次每军只歼敌一个整营为适宜。这就是说，打美军、英军和打伪军不同。打伪军可以实行战略或战役的大包围，打美军、英军则在几个月内还不要实行这种大包围，只实行战术的小包围，即每军每次只精心选择敌军一个营或略多一点为对象而全部地包围歼灭之。这样，再打三四个战役，即每个美、英师都再有三四个整营被干净歼灭，则其士气非降低不可，其信心非动摇不可，那时就可以作一次歼敌1个整师，或两三个整师的计划了。过去我们打蒋介石的新1军、新6军、5军、18军和桂系的第7军，就是经过这种小歼灭到大歼灭的过程的。我军入朝以来五次战役，已完成这种小歼灭战的一段路程，但是还不够，还须经过几次战役才能完成小歼灭战的阶段，进到大歼灭战的阶段。至于打的地点，只要敌人肯进，越在北面一些越好，只要不超过平壤元山线就行了。

毛泽东还对第五次战役的不足之处作了概括，说此次战役打得"急了一些""大了一些""远了一些"。[34]

正因为战役指导上的这些不足，使得第五次战役的胜利不圆满，突出地表现在180师突围失败上。

5月下旬，毛泽东接见陈赓、解方和邓华，提出了"零敲牛皮糖"的战法，并谈了抗美援朝的指导方针。杜平叙述此事时写道：

5月26日，志愿军党委拟于6月中旬召开一次高干会的报告会报中央核定。第二天，即收到了解方从北京发来的电报，说毛主席在北京召见了他和陈赓，重点指示了如下几个问题：

打法上同意不断轮番、各个歼灭敌人的方针，即"零敲牛皮糖"的办法。

应加强政治工作。对朝鲜战局长期性、艰苦性有充分认识与准备。同时应指出胜利条件，强调克服困难，战胜困难。

组织上完全同意"统一集中、减少层次，精干组织、提高效率"的原则，兵团最好取消，加强志愿军司令部与各军。

这就是说，毛主席肯定了我们志愿军党委确定的三项会议议题。看完解方来电，彭总特别对"零敲牛皮糖"的比喻感兴趣。解方回京前，彭总曾有交代：根据前五次战役的经验，在集中优势兵力把敌人包围后，必须在当夜把敌人消灭。不然，到了第二天，敌人有大量空军支援，敌我力量对比就要起变化，我们就无法吃掉敌人。意思是让解方向毛主席汇报：打歼灭战不能张口太大。现在毛主席形象地归结为"零敲牛皮糖"，彭总当然高兴。他笑着说："主席还没忘了家乡的牛皮糖啊。"说罢，当即将解方的来电批转3兵团王近山、王蕴瑞，9兵团宋时轮、陶勇，19兵团杨得志、李志民诸同志阅。因此电机密性大，特别指出要他们阅后焚烧，不要保存。

会议召开前夕，邓华去北京向毛主席当面汇报朝鲜战况，毛主席又向他传达了中共中央决定的关于抗美援朝的指导方针，总的方针是"充分准备持久作战和争取和谈达到结束战争"，战略方针是"持久作战、积极防御"，这是综合分析双方军事实力和国际政治形势后而采取的正确决策。

6月25日，酝酿已久的高干会在空寺洞总部驻地开幕。在此之前，第67、第68军在第20兵团司令员杨成武、副政委张南生率领下从安东、长甸河口入朝参战。6月会议，杨成武、张南生都参加了。

会议开始，先由邓华传达了去北京见毛主席的情况和毛主席关于持久作战、积极防御和准备同敌人进行谈判的指示，然后大家分组围绕战略指导思想转变这一主题进行讨论。[35]

在抗美援朝期间，毛泽东的长子毛岸英不幸牺牲。李银桥在回忆录中生动地描述了毛泽东送子赴朝参战，以及得知爱子死讯时的情景。他写道：

毛泽东决定送儿子出国参战。江青和其他一些同志都曾劝阻毛泽东，说岸英在单位里负有重要责任，离不开，不要去参战了。毛泽东讲了应该去的道理，给我印象最深的仍然是那一句话：

"谁叫他是毛泽东的儿子！他不去谁还去？"

毛岸英告别结婚刚一年的妻子，跨过鸭绿江，奔赴朝鲜前线，在志愿军总部充当俄语翻译兼机要秘书。

1950年11月25日，志愿军打响第二次战役的第一天，志愿军总部遭到敌机轰炸，毛岸英不幸牺牲。彭德怀给毛泽东、党中央发来了电报。

机要主任叶子龙拿到电报后，忙同周恩来、江青研究一番，没有告诉毛泽东。后来，毛泽东办完公，到万寿路新六所一号楼休息时，叶子龙和江青才把消息报告了毛泽东。

当时，毛泽东正坐在沙发里。听到消息，先是一怔，盯着江青和叶子龙一声不响。

江青和叶子龙不敢说第二遍，也不好说什么劝慰的话，不约而同垂下了头。

于是，毛泽东眨了一下眼，目光开始缓缓移动，望着茶几上的烟盒。

他去拿烟，两次都没将烟从烟盒里抽出来。我忙帮他抽出一支烟，再帮他点燃。

屋里静了很长时间，谁也没说一句话。能够听到的只有毛泽东"嘶嘶"的牙缝往里吸烟的声响，陕北农民吸烟都喜欢发出这种"嘶嘶"声。

大概烟雾熏了毛泽东的眼睛，大概他想起了儿子许许多多的往事，我见到毛泽东眼圈陡然一红，湿润了。

叶子龙一声不响地退了出去。

又沉默了很久，毛泽东吸完第二支烟，把烟头熄灭在烟缸里，用略带沙哑的声音，发出催人泪下的一声叹息："唉，谁叫他是毛泽东的儿子呢……"

我顿时泪溢眼眶。

毛泽东没有哭，又点燃一支烟，开始听江青汇报儿子牺牲的经过。大意是敌机轰炸，扔燃烧弹，被烧死了。

毛泽东最后只交代一句："这个不要急着告诉思齐了。"

此后不久，彭德怀回国向毛泽东当面汇报志愿军入朝作战情况时，心情沉重地谈了毛岸英的牺牲。

毛泽东点燃了香烟抽着，沉默了好一会儿，才缓慢地说道："革命战争，总是要付出代价的。岸英是一名普通战士，为国际共产主义事业献出了年轻的生命，他尽了一个共产党员应尽的责任。不能因为他是我的儿子，就不应该为中朝两国人民共同事业而牺牲。世上哪有这样的道理呀！哪个战士的血肉之躯不是父母所生？"

同普通的志愿军战士一样，毛岸英的忠骨被安葬在朝鲜平安南道桧仓郡志愿军烈士陵园里。

这就是伟大领袖毛泽东的胸怀！[36]

1951年2月下旬，彭德怀在回北京向毛泽东及中共中央汇报朝鲜战局时，曾当面向毛泽东说明毛岸英牺牲的经过。

《彭德怀传》写道：

中朝联军第一线兵团连续作战，大量减员，而第二番轮换兵团还远在鸭绿江边。前线部队衣鞋粮弹均未补充，很多战士赤脚作战，这使彭德怀对当前的严重局势和中朝军队的处境愈加焦虑和担忧，他深感战场情况用电报说不清楚，1951年2月16日急电毛泽东，要求回京向中央面报，毛泽东复电同意。彭德怀即于18日先赴平壤附近，与金日成商谈拟订了中朝联军在三八线以南的作战方案：西线汉城方面，力争沿汉江北岸抗击时间越久越好；东线横城方面，集中39军、40军力争在运动中歼灭南朝鲜两个师和美军一部，以推迟敌人进到三八线的时间。19日，彭德怀致电邓华速回，主持全面工作。

2月20日晚，彭德怀带两名参谋、两名警卫员，乘两辆吉普车，冒着敌机的轰炸，连夜向北疾驰，21日晨到达安东，聂荣臻派来的专机已在机场等候。11时，飞机降落在沈阳机场加油，时任东北军区司令部办公室主任的郭瑞乐在回忆录中写道："我们看到彭总很疲劳，请他在机场休息室休息一会儿，他说：'我不累，你们别管我！'他不进休息室，既不吃饭，也不喝水，就一直站在飞机旁，等着飞机加完油，即刻向北京飞去了。"

21日午后，彭德怀在西郊机场下了飞机就乘车赶赴中南海，不巧毛泽东当时住在西郊玉泉山静明园，彭德怀又命车折返西郊。当他急急进入静明园时，毛泽东正睡午觉。秘书和警卫人员劝他等一等，彭德怀面色严肃，大声说："我有急事要向毛主席汇报！"他不顾警卫的拦阻，推门而进，将毛泽东唤醒。

毛泽东事先已收到彭德怀要回京的电报。立即起床，一面穿衣，一面打趣说："只有你老彭才会在人家睡觉的时候闯进来提意见。"毛泽东得知他还没吃午饭，说："你必须先吃饭，你若不吃饭，我就不听汇报。"彭德怀只好到食堂匆匆吃了几口，回来即向毛泽东详细汇报，说明从敌我现实情况分析，朝鲜战争不能速胜。彭德怀说："我军现在是出国作战，与在国内作战突出的不同之处：一是兵员补充不能取之于敌。抓到的敌人俘虏不能补充自己，也不能就地动员朝鲜青年参加志愿军。现志愿军伤亡很大，得不到及时补充，战斗力已越来越削弱。二是敌机轰炸，道路、车辆毁坏严重，物资得不到及时补充。即使缴获了敌人的装备，因缺乏技术人员，不能使用，几乎全部被敌机炸毁。三是部队越过三八线作战，正是严冬季节，朝鲜东西两面是海，寒风袭人，东线更冷，战士衣服单薄破烂，有的连鞋袜都没有，大量生病和冻伤。四是几十万志愿军既得不到充足的粮食供应，更得不到新鲜蔬菜，断炊现象经常发生。指战员靠的是一把炒面、一把雪坚持作战，营养不良，体力下降，许多人得了夜盲症，严重影响作战行动。我们现在一无空军掩护，二无足够的高射火炮，运输车辆大部分被中途炸毁。第一次和第二次战役，一个多月共损失汽车780多辆，真正能够送到前方的物资粮食为数很少。我们如不能有效地保障后方的交通运输，是无法坚持长期作战的。"毛泽东听后沉思了一会儿说："中央对志愿军在朝鲜前线的困难处境很关心，根据现在的情况来看，朝鲜战争能速胜则速胜，不能速胜则缓胜，不要急于求成。"彭德怀在追述这次谈话时写道："这次主席给了抗美援朝战争一个明确的指示，即'能速胜则速胜，不能速胜则缓胜'，这就有了一个机动而又明确的方针。"[37]

最后，彭德怀十分不安地向毛泽东详细汇报了毛岸英在朝鲜牺牲的经过和处理情况。在毛岸英牺牲的当天（1950年11月25日），志司（志愿军司令部）即将这次不幸事件电告中央军委。其时，毛泽东身体欠佳，又忙于国内外重大事务，周恩来把电报暂时搁下，直到1951年1月2日，才将毛岸英牺牲的电报送给毛泽东和江青看，并附一信安慰说："毛岸英的牺牲是光荣的，当时因你们都在感冒中，未将此电送阅……胜利之后，当在大榆洞立纪念志愿军烈士墓碑。"

彭德怀十分内疚地对毛泽东说："主席，你让岸英随我到朝鲜前线后，他工作很积极。可我对你和恩来几次督促志司注意防空的指示不重视，致岸英和高参谋不幸牺牲，我应承担责任，我和志司的同志们至今还很悲痛。"毛泽东沉默一阵，慢慢抬起头来，反而宽慰彭德怀："打仗总是要死人的嘛！中国人民志愿军已经献出了那么多指战员的生命，他们的牺牲是光荣的。岸英是一个普通的战士，不要因为是我的儿子，就当成一件大事。现在美国已使用在朝鲜战场上的各类飞机一千多架，你们千万不能疏忽大意，要采取一切措施保证司令部的安全。"

2月24日，根据毛泽东的指示，中央军委副主席周恩来和彭德怀一起召集军委各总部负责人在总参谋部开会，讨论各大军区部队轮番入朝和如何保障志愿军物资供应的问题。彭德怀介绍了志愿军面临的严重困难，要求国内各方面想办法大力支援前线。讨论到具体问题时，有些人强调国内机构刚刚建立，许多问题难以落实。彭德怀本来就为前线的供应不继焦急不满，会前苏联军事顾问表示不能派空军掩护志愿军的交通线，更使彭德怀十分失望。此时，会议又出现这个情况，彭德怀十分恼怒，猛地站起来，把桌子一拍，说："这也困难，那也困难，就是你们爱国，难道志愿军不爱国！你们去前线看看，战士吃的什么，穿的什么！伤亡那么多人，他们为谁牺牲？现在既没有飞机，火炮又很少，后方运输根本没保障，粮食服装运不上去，饿死、冻死了很多战士，难道国内就不能克服困难吗？"彭德怀火冒三丈，会场气氛骤然紧张，主持会议的周恩来，虽大度维持，会议还是不欢而散。[38]会后，周恩来连续主持召开中央军委会议，对加强志愿军第一线兵力和后方供应作出了一系列重要决定，即凡国内的部队，都要轮番到朝鲜作战。一则替换第一线部队休整，二则锻炼部队，提高全军现代化作战指挥能力。会议决定，将刚改装的空军和高射炮部队调到朝鲜北部掩护后方交通线，再向苏联购买几十个师的武器装备；调用国内各种物资大力支援前线，由几个大城市为志愿军制作炒面和罐头食品；号召国内各行各业增产节约和捐款购买飞机大炮。这些措施对减少志愿军的困难，增强战斗力起了巨大作用。

彭德怀在北京停留的一周内，除和毛泽东、周恩来商谈决策重大问题外，又和军委各总部负责人研究具体实施办法。日夜奔跑，十分紧张，本来已经消瘦的身体更显疲劳消瘦，毛泽东见状，要他在北京休息几天。因前线正紧张，彭德怀仍于3月1日匆忙离京。当天，毛泽东致电斯大林，说明志愿军在朝鲜作战中所面临的严重困难，要求苏联方面尽快派空军掩护中朝军队后方运输线。3月5日，斯大林复电同意派两个驱逐机师和3个高炮师参战，并同意给中国增供6000辆汽车的合同。[39]

五次战役以后，敌方迫于军事上和舆论上的压力，不得不同意举行停战谈判。中共中央在这种情况下举行会议，研究下一步战略方针。聂荣臻在回忆录中写了这次会议：

第五次战役以后，中央开会研究下一步怎么办，会上多数同志主张我军宜停在三八线附近，边打边谈，争取谈判解决问题。我当时也是同意这个意见的。我认为，把敌人赶出朝鲜北部的政治目的已经达到，停在三八线，也就是恢复战前状态，这样各方面都好接受。如果战争继续下去，我们不怕，而且会越打越强，但是，也不是没有困难。会议在毛泽东同志主持下，最后确定了边打边谈的方针。我们认真地贯彻了这一方针。[40]

就和谈问题，毛泽东从1951年7月起拍发了大量电报，予以具体指导。

1952年8月4日，毛泽东在全国政协常委会第三十八次会议上论及抗美援朝的战略方针问题，他指出，从1951年7月以来，"我们是边打，边谈，边稳"。他还说：

去年抗美援朝战争的费用，和国内建设的费用大体相等，一半一半。今年不同，战争费用估计只要用去年的一半。现在我们的部队减少了，但是装备加强了。我们过去打了二十几年仗，从来没有空军，只有人家炸我们。现在空军也有了，高射炮、大炮、坦克都有了。抗美援朝战争是个大学校，我们在那里实行大演习，这个演习比办军事学校好。如果明年再打一年，全部陆军都可以轮流去训练一回。

这次战争，我们本来存在三个问题：一、能不能打；二、能不能守；三、有没有东西吃。

能不能打，这个问题两三个月就解决了。敌人大炮比我们多，但士气低，是铁多气少。

能不能守，这个问题去年也解决了。办法是钻洞子，我们挖两层工事，敌人攻上来，我们就进地道。有时敌人占领了上面，但下面还是属于我们的。等敌人进入阵地，我们就反攻，给他极大的杀伤。我们就是用这种土办法捡洋炮。敌人对我们很没有办法。

吃的问题，也就是保证给养的问题，很久不能解决。当时就不晓得挖洞子，把粮食放在洞子里，现在晓得了。每个师都有三个月粮食，都有仓库，还有礼堂，生活很好。

现在是方针明确，阵地巩固，供给有保证，每个战士都懂得要坚持到底。

究竟打到哪一年为止？谈判到什么时候？我说，谈还是要谈，打还是要打，和还是要和。

为什么和还是要和呢？三十年战争、百年战争是不会有的，因为长期打下去对美国很不利。

一、要死人。他们为扣留一万多个俘虏奋斗，就死掉了三万多人。他们的人总比我们少得多。

二、要用钱。他们一年要用一百多亿美元。我们用的钱比他们少得多，今年比去年又减少一半。"三反""五反"清理出来的钱，可以打一年半。增产节约出来的钱，就可以完全用在国内建设上。

三、他们国际国内都有难以克服的矛盾。

四、还有一个战略问题。美国的战略重点是欧洲。他们出兵侵略朝鲜，没有料到我们出兵援助朝鲜。

我们的事情比较好办，国内的事我们可以完全做主。但是，我们不是美国的参谋长，美国的参谋长是他们自己的人。所以，朝鲜战争是否打下去，我们和朝鲜一方只能做一半主。

　　总之，对美国来说，大势所趋，不和不利。

　　1952年10月8日，美方突然宣布停战谈判无限期休会，企图以军事和政治高压迫使中、朝方面就范。在遭受了重大打击之后，才于1953年4月重开谈判。

　　在此期间，毛泽东指示志愿军部队一面在三八线附近坚决打击美军，一面在西海岸集中力量作好反登陆作战的充分准备。同时，又抓住时机，争取早日重开谈判。

　　杜平回忆1953年春毛泽东同他谈话的情景说：

　　过了不几天，彭总让秘书打来电话，说毛主席要见我。我不知彭总同毛主席说得怎样，怀着忐忑不安的心情到中南海去见毛主席。

　　进了丰泽园，穿过一座庭院，便是毛主席的会客室。公务员送来一杯清茶。我等了一会儿，秘书便来招呼，说主席请我进去。我进去时，主席正伏在宽大的写字台上批阅文件，见我进来，忙招呼："杜平同志，坐吧！"

　　我向主席敬礼后，在桌子一侧坐了下来。

　　主席亲切地望着我说："坐近点，坐近点。"

　　主席首先询问了朝鲜西海岸抗登陆的备战工作。

　　我向毛主席汇报了西海岸防御的准备情况后，主席脸上露出满意的神色。他点着头说："你们辛苦了！"他还说，"我们有了准备，敌人就不敢来，即使来了，我们也不怕。艾森豪威尔现在是骑虎难下，欲打力不从心，欲和于心不甘。所以我们现在是一动不如一静。让现状拖下去，拖到美国愿意妥协并由他采取行动为止。"

　　我静静地听着主席的分析，估摸着板门店谈判有可能重开。这时，反而不好意思提自己不想当大使的事了。

　　我正犹豫着，主席倒先开了口："彭德怀同志对我说，你不想去朝鲜当大使？"

　　我急忙说不是不想，而是怕当不好。接着又把向彭总说的理由对毛主席重新说了一遍。主席听后，沉思一会儿，问我："你今年多大年龄了？"

　　"45岁。"我回答。

　　"不大，不大，还可以学嘛！"主席笑着说。

　　说实在的，我并非对工作挑肥拣瘦，而是出于对革命事业的考虑。有的同志半开玩笑地对我说，外交，外交，无非是喝酒跳舞，"无可奉告"。我却认为不这简单。大使是一个国家的代表，干不好会直接损害国家的形象。

中朝两国是1949年10月间建立外交关系的。我国驻朝首任大使是倪志亮。1952年初，倪大使因病卸任回国，使馆的工作一直由甘野陶代办负责。甘代办在朝的工作是卓有成绩的，我觉得由他继任驻朝大使要比我合适得多。

我把这个意见同主席谈了。主席沉思片刻说："好吧，既然这样，我给金首相写封信，你带给他。回朝鲜后，你仍到开城代表团工作。金首相什么时候有事要找你，你就随请随去。没事，就在开城工作，也很方便。怎么样？"

我一听，如释重负，高兴地说："服从主席命令。"

从主席那儿回来，我又去看望了总政罗荣桓主任，副主任肖华、傅钟和陈奇涵等在京的老同志。

3月中旬，我离京返朝。在平壤以西人民军总部驻地，我将毛主席的信交给了金首相。他看完信，望着我笑了笑说："好哇！就按毛泽东主席的意见办吧！"又热情地留我吃了饭。

在北京逗留期间，有消息表明，美国新当选的总统艾森豪威尔正为摆脱进退两难的处境而寻找出路，朝鲜停战谈判僵持的局面正在悄悄解冻。

艾森豪威尔对待朝鲜战争的态度，走的是一个之字形的道路，即停止战争—扩大战争—停止战争的道路。还在竞选期间，他利用美国人民强烈要求早日结束朝鲜战争的愿望，曾向选民许下诺言，如果他当选，他打算前去朝鲜，亲自判断那个国家的情况，并设法结束战争。这个诺言使他获得了大量选票，当选为美国总统。

就职十天以后，艾森豪威尔却来了一个180度的大转弯，主张不惜冒扩大战争的风险，来赢得这场战争。他在2月2日发表的第一个"国情咨文"中宣布，解除"台湾中立化"，妄图动用蒋介石的武装威胁中国大陆，说什么"我们确实没有责任去保护一个在朝鲜同我们作战的国家"。2月3日，他又同出兵朝鲜的各国代表协商对中国实行封锁的问题。从外电透露，他扩大战争的内容还有轰炸中国本土，直至包括在战术上使用原子弹。

艾森豪威尔这一套对中朝人民来说，并不新鲜，更没有什么威胁作用。毛泽东主席2月7日在全国政协一届四次会议上针锋相对地提出："只要美帝国主义一天不放弃它那种蛮横无理的要求和扩大侵略的阴谋，中国人民的决心就是只有同朝鲜人民一起，一直战斗下去。这不是因为我们好战，我们愿意立即停战，剩下的问题待将来去解决。但美帝国主义不愿意这样做，那么好吧，就打下去，美帝国主义愿意打多少年，我们也就准备跟它打多少年，一直打到美帝国主义愿意罢手的时候为止，一直打到中朝人民完全胜利的时候为止。"

艾森豪威尔继续扩大战争的冒险政策，在统治集团内部也遭到了反对。许多人主张在战俘问题上寻求妥协，以求实现停战，激烈指责艾森豪威尔在朝鲜扩大战争会削弱美国在欧洲的实力；更多的人指责他自食其言，言而无信。美国的主要盟友英国也表示，不同意使用蒋介石的武装而导致朝鲜战争扩大。英国外交大臣在下院发表演说："封锁中国是一种错误。"

朝鲜战场上的形势对艾森豪威尔来说也并不妙。1月29日结束的"丁字山"战斗，敌我伤亡比例是九比一。艾森豪威尔西点军校时的同学范弗里特哀叹说："共军阵地十分坚固。"美国的一些国会议员也惶惶不安地说："不管采取什么方法，美国的死亡名单必定更长。"2月10日，在朝鲜待了22个月之久的范弗里特垂头丧气地被退役回国，接替他职位的是美国陆军部主管作战和行政的副参谋长泰勒中将。

泰勒也没有起死回生的灵丹妙药，等待他的是更惨痛的失败。仅三四月间，我军就胜利出击100余次，歼敌3万人以上。其中一次歼敌1000到2000多的战斗就有四次。例如3月3日夜，我军在周密准备之后，仅4分钟就占领了涟川西北上浦防东山（老秃山）的主峰，两个半小时就全歼了守敌两个连。在以后四天四夜的激烈战斗中，我军共歼美军及哥伦比亚军2000多人。被俘的美军第7师士兵悲哀地说："金化前线的秋天是可怕的，'老秃山'前线的春天也是可怕的！"

更叫艾森豪威尔头痛的是，中朝军队在朝鲜东西海岸作了充分的抗登陆准备，美军利用其海军优势，再演仁川登陆的如意算盘，也难以实现了。

毛泽东主席同意我们代表团对艾森豪威尔政府动向的分析。他说，根据最近情况，大体可以肯定："美国在战场上要不出什么花样来。解除台湾中立化，只是自欺欺人的拙劣把戏；封锁搞不起来；两栖登陆困难更大。艾森豪威尔本欲借以吓人，殊不知人未吓倒，反倒吓倒了自己。但面孔既已板起，要就此转弯，尚非其时，特别是他的亚洲人打亚洲人的政策行通与否，还要看看。"

艾森豪威尔要想法子使自己下台阶了。

我来北京之前，收到了美侵朝军总司令克拉克给金日成、彭德怀的信件，建议在战争期间先行交换病伤战俘。很明显，这是美国方面发来的恢复谈判的试探信号。我们没有立即答复，先把它晾了一个月。因为，据我们分析，联合国大会决定2月24日复会，在联大复会前的前两天，美国方面发来这样一个信件，是否诚心诚意，尚有待事实证明。鉴于美国在联大尚未死心，对战场亦未完全绝望，如果我们正式在板门店通知对方无条件复会，美国态度将是拒绝的居多。结论是一动不如一静，让现状拖下去，观察一段时间再说。

一个月过去了，美国没有再玩什么新花样。金日成和彭德怀复函克拉克，同意交换病伤战俘，并建议立即恢复在板门店的谈判。克拉克马上响应，表示愿意恢复谈判和交换病伤战俘。

六个月僵持的局面终于打破了。艾森豪威尔被迫放弃了扩大战争的道路，令其代表团再回到谈判桌前。[41]

1953年4月19日，谈判双方在联络组会议上同意双方代表团大会复会，时间定于4月26日。谈判恢复前两天，毛泽东给我方谈判代表团发来指示。杜平回忆了指示内容以及我代表团根据毛泽东规定的谈判策略，打赢最后一个回合的过程：

谈判恢复前两天，毛泽东主席给我们谈判代表团发来指示，为准备我方建议的具体实施方案，有如下三个关键问题需要加以考虑：

一、未被直接遣返的其余战俘交给中立国，是送到中立国去，还是由中立国在朝鲜接收和看管？

二、这批战俘在中立国管理下的时间上有无限制？

三、这批战俘经过有关方面解释后，仍未得到解决的，应如何安排？

对以上三种情况，毛主席提出了下列两个方案：

第一方案：将不直接遣返的战俘，送到几个亚洲的中立国去，在规定的时间内（譬如半年或者三个月），派人前往解释，使之各回祖国。在规定期满后如尚有在中立国看管下的战俘，其处理办法应由停战协定草案中规定的政治会议协商解决。

第二方案：将不直接遣返的战俘转移到经双方协议的地点，交给停战协定草案中规定的四个中立国委员会接收和看管。在规定时间内（半年或者三个月）派人前往解释，使之各回祖国。在规定期满后如尚有在中立国委员会看管下的战俘，其处理办法应由停战协定草案中规定的政治会议协商解决。

两个方案最关键的不同点，在于将不直接遣返战俘送中立国看管，还是由中立国在朝鲜看管这一条。

毛主席说："在这两个方案中，我们倾向于第二方案，因为这一方案较第一方案简便易行，且易为中立国所接受。但是，为了在谈判桌上有进退余地，在谈判恢复后，先行提出第一方案，估计对方接受这个方案的可能性较小，在弄清对方全部意图后，可准备以第二方案与之妥协。"

4月26日，朝鲜停战谈判双方代表团大会复会。根据毛泽东主席的谈判策略，在这次会议一开始，我代表团就先打出了第一方案。不出所料，哈里逊对我们的建议采取拒绝协商的态度，反对将不直接遣返战俘送往中立国，并且拒绝以亚洲国家作为中立国。

此时，李克农同志从国内回到开城代表团，仍任党委书记。

经过近两个星期的唇枪舌剑，我们认为打出第二方案的时机已成熟。报经毛主席同意后，在5月7日的谈判会议上提了出来。

对我们的第二方案，正像我们所预料的那样，美国方面没有断然拒绝，而只是提出一连串的询问。这说明美国方面有可能接受我第二方案。

但是，美国方面误认为我方谈判立场有所改变，于13日提出了一个冗长的长达26个段落的"反建议"，无理要求将35 000名朝鲜籍战俘于停战日在南部朝鲜"就地释放"，只将非朝鲜籍战俘移交中立国委员会看管和"解释"。

美国这个方案中的大部分建议都不符合关于由中立国看管未遣返战俘这一基本原则，而正是这个原则才是停战谈判得以恢复的基础。当哈里逊刚读完这份包藏祸心的冗长文件，我方代表马上站起来将其驳回。美国方面顽固地坚持了三天，但他们理屈心虚，只好宣布休会4天，以后要求延长休会五天。5月25日复会后，他们终于被迫撤回他们的建议，并要求谈判转入秘密行政会议。但是5月25日那天的大会，南朝鲜的谈判代表崔德新却没有出席，这为李承晚后来破坏停战埋下了伏笔。

总的说来，谈判恢复后，进展比前一段顺利些。哈里逊不再像过去那样蛮不讲理，加上国际和战场形势均对我方有利，因而代表团同志的情绪也随之高涨，日常生活中也不乏情趣。李克农住的院内，栽种着几棵桃树，被乔冠华戏为"桃花园"。我见乔冠华院内长满了凌霄花，也送了他个"凌霄斋"的别号。我的院子里因有一棵茂盛的古树，被乔称为"大树庭"。

6月8日，双方就第四项议程终于达成协议，并且签订了《中立国遣返委员会的职权范围》这项文件。

根据协议，双方应在停战协定生效后两个月内遣返一切坚持遣返的战俘。至于未被直接遣返的战俘，应于停战生效后六十天内交给由波兰、捷克斯洛伐克、瑞士、瑞典、印度五国组成，而以印度为主席和执行人的中立国遣返委员会在朝鲜看管；然后由战俘所属国家在中立国遣返委员会接管那一天起九十天内，派人向战俘进行解释，以消除他们的疑虑。如果九十天后仍有未行使被遣返权利的战俘，则由高一级政治会议在三十天内解决。凡在中立国看管后一百二十天内尚未行使其被遣返的权利，又未经政治会议作出处理的战俘，则由中立国遣返委员会宣布解除他们的战俘身份，使他们成为平民。

至此，阻碍停战谈判的最后一个堡垒被攻克了，停战的曙光在升起。[42]

1953年7月27日，曾经不可一世的美国终于在朝鲜停战协定上签字，朝鲜半岛重新出现了和平。抗美援朝战争的胜利，打破了美国不可战胜的神话，为中国国内的经济恢复和大规模建设创造了和平的外部环境，也证明毛泽东的决策是正确的。对此，连斯大林也不能不表示赞赏。

镇压反革命运动

为了在政治上给全面恢复国民经济创造一个良好的环境，保证争取国家财政经济状况根本好转的各项工作顺利进行，毛泽东从1950年下半年以后又领导全国人民开展了轰轰烈烈的镇压反革命运动。毛泽东当时称土地改革、抗美援朝和镇压反革命为三大革命运动，他把这三大运动相互结合，"三套锣鼓一齐敲"，搞得有声有色。

镇压反革命运动大体经历了四个阶段，即发动阶段（1950年下半年），大张旗鼓镇压反革命阶段（1951年上半年），清理积案阶段（1951年夏秋），扫尾阶段（1951年冬至1953年秋）。毛泽东主要领导了前三阶段，尤其是第二阶段的镇反运动。

1950年下半年，毛泽东在集中主要精力考虑和指挥抗美援朝运动的同时，还用了一定的精力指导国内的剿匪镇反运动。1950年7月18日，他在中央转发公安部政治保卫局关于匪特暗害阴谋及我保卫工作报告上批道：

请你们加以充分注意，指导所属加强保卫工作，彻底粉碎国民党匪特的暗害阴谋，有效地保卫一切党的领导同志、工作干部及党外民主人士，是为至要。

1950年7月23日，政务院和最高人民法院联合发出《关于镇压反革命的指示》。各地按照这一指示进行了镇反工作，但存在右倾情绪。为纠正镇反工作中的右倾情绪，严厉打击反革命破坏活动，中共中央于10月10日向各级党委发出了《关于镇压反革命的指示》。在此之后，毛泽东要求各中央局等定期专门报告镇反进展情况及经验和下一步计划。

11月15日，毛泽东看了西南局镇反活动报告后，十分欣赏，当即向各中央局转发这个报告，并批示：

我们认为西南局11月10日关于西南反革命活动情况的分析及处理计划是很好的，特发给你们参照办理，并可转发给所属省市区党委作参考。

毛泽东还复电西南局说：

11月10日关于西南反革命活动情况的分析及处理计划是很好的，可即照此执行。此项文件应发给所属省市区党委及地委阅读，使他们明了全盘情况及整体计划。

11月22日，毛泽东又批转了北京市委镇压反革命活动报告，认为内容甚好。同时毛泽东又指出：

关于执行中央在10月10日所发镇压反革命活动的指示，有几个中央局已有报告来，尚有几个中央局没有报告来，各分局、省委、大市委、区党委中有几处有报告来，大多数尚无报告。希望一切还没有作报告的中央局、分局、省委、大市委、区党委，均于今年年底以前作一次专题报告。

收阅黄克诚关于湖南省镇反工作报告后，毛泽东于12月19日回电说："你们的方针是正确的。对镇压反革命分子，请注意打得稳、打得准、打得狠，使社会各界没有话说。"在12月30日批转中南局关于镇压反革命的第二次指示时，毛泽东强调干部要弄清楚并严密掌握镇反的策略，否则就有为反革命所利用、为民主人士所不满、为人民所不同意，使我党陷入被动的可能。

1951年上半年，毛泽东把主要精力由指挥抗美援朝转移到指导国内镇反运动上面，仅批发镇反方面的文电就有一百多件。

1951年1月17日，毛泽东致电各中央局说：

如果我们优柔寡断，姑息养奸，则将遗祸人民，脱离群众。华北新区约有两千万人口是在1949及1950年两年内用比较和平的方法分配土地的，匪首恶霸特务杀得太少，至今这些地方的地主威风还有很多没有打下来，贫苦群众不敢抬头。一贯道等会门甚为猖獗，有众两百余万。故现在须重新提出镇压反革命的问题。而在华北老区及东北老区则因对反革命镇压彻底，人民高兴，生产积极，匪患绝迹。当然，我们不应重复华北老区在1946年及1947年许多地方所犯过的乱捉乱杀错误，在华东、中南、西南、西北各新区必须注意这一点。只要不杀错，又注意策略（事先事后向各界人民多做宣传解释工作，注意时间地点，分期分批，分军队地方，等等），对于真正的匪首恶霸及坚决的特务分子，必须在人民群众拥护的基础之上，坚决地处以死刑。特别是那些土匪猖獗、恶霸甚多、特务集中的地方要大杀几批。所谓打得稳，就是要注意策略。打得准，就是不要杀错。打得狠，就是要坚决地杀掉一切应杀的反动分子（不应杀者，当然不杀）。只要我们不杀错，资产阶级虽有叫唤，也就不怕他们叫唤。现当反美土改两个高潮的时机，请你们抓紧此事，善为处理。

1951年2月17日，毛泽东在给黄炎培的信中，继续强调克服宽大无边倾向，同时也提出镇压也应有边。毛泽东写道：

刚才送上广东纠正宽大无边情报一份，现又送上广西的一份，请参阅。这两处是最典型的例子，其他地方不如此两处之甚，但亦大体相去不远，引起群众不满，极为普遍。不杀匪首和惯匪，则匪剿不净，且越剿越多。不杀恶霸，则农会不能组成，农民不敢分田。不杀重要的特务，则破坏暗杀层出不穷。总之，对匪首、恶霸、特务（重要的）必须采取坚决镇压的政策，群众才能翻身，人民政权才能巩固。当然，对可杀可不杀的那一部分人，应当判处徒刑，或交群众监视，用劳动去改造之，不要杀。如同宽大应有边，镇压也应有边，无边是不对的，已经解决了的问题，群众已经满意了的地区，即不应再杀人了。

3月9日，毛泽东在批转罗瑞卿关于浙江省镇反情况报告时仍强调：

目前几个月，各地领导同志在镇压反革命问题上向下面指导的重心，仍然是对那些优柔寡断的市委地委县委给以检查和督促，使他们坚决行动起来，严厉镇压反革命。当然，在那些已经实现了彻底镇压方针的地方，则要停一下，不要多捉多杀了。

1951年2月21日，中央人民政府颁布了惩治反革命条例。毛泽东当即向全党全国人民号召普遍学习贯彻之，掀起镇反运动高潮。他在3月24日的电报中，强调广泛发动群众，电报说：

同意3月15日上海市委的镇反计划。这次计划有具体执行的步骤，有时间、有准备杀关管的数目，比过去大进一步了。在上海这样的大城市，要大捕大杀几批，首先要取得党内思想的一致。关于这一点，可参看沧县地委的经验。其次要取得各界人民的拥护。关于这一点，可参看北京市委的经验。他们是先在各界人民代表会议通过一个一般拥护中央镇压反革命条例的决议，然后进行大逮捕。如果上海各界人民代表会议不久要举行，也可以这样做，否则可以先逮捕。北京市取得各界代表人物拥护的方法主要是一次100多人的小型会议，又一次5000人的大会。前者除说明情况外，还陈列典型的证据和案情给他们看，结果引起群情愤激，一致要求坚决镇反；后者已于3月24日召开，主要由苦主登台控诉，以期争取5000个代表人物的拥护，会后即大杀一批。由北京的经验看来，民主人士和资产阶级是可以取得他们拥护的，只要我们的工作做得好。镇反是一场伟大的斗争，这件事做好了，政权才能巩固。镇反包括：（一）社会上的反革命；（二）隐藏在军政系统旧人员和新知识分子中的反革命；（三）隐藏在党内的反革命。镇压这三方面的反革命，当然要有步骤，不能同时并举，但是对于党政军的某些最重要部门特别是公安部门则须及时清理，将可疑分子预作处置，使这些机关掌握在可靠人员手里，则是完全必要的。

为了广泛发动群众，毛泽东号召粉碎关门主义、神秘主义，扩大镇反宣传，大张旗鼓杀反革命。3月30日，他在批转中南局关于加强镇反宣传工作的指示时说：

对镇反工作宣传不足是普遍现象。对反革命分子的活动，报纸揭露太少。对引导广大人民群众、各界民主人士参加镇反工作，真正与闻其事，各地做得太少。很多地方，畏首畏尾，不敢大张旗鼓杀反革命。这种情况必须立即改变。北京天津两市最近两星期来大有进步，对镇反大张旗鼓，广泛宣传，普遍揭露，利用几十人、百余人、几百人、几千人乃至万余人的会议，利用报纸和广播电台，利用展览会，大肆宣传，使家喻户晓，使全体人民及各界民主人士均参加镇反工作，粉碎了神秘主义、小手小脚、畏首畏尾的作风，收效非常之大。

毛泽东规定镇反包括三层：外层，即土匪、恶霸、反动会道门等社会上的反革命；中层，即隐藏在军政系统的旧人员和新知识分子中的反革命；内层，即隐藏在党内的反革命。开始时，镇反的主要对象是外层反革命。从1951年春开始，毛泽东强调要谨慎地清理中层和内层的反革命，指导各地订出周密计划，并抓典型，促全盘工作。在指导各地清理中层时，毛泽东抓住了华北革命大学和苏南区党委的典型经验，推而广之。

毛泽东还很重视抓城市镇反工作。他首先抓了北京市的镇反运动，以首都带动其他大中城市。他认为，大城市是反革命分子及其领导机关潜藏的最主要的巢穴，必须用很大的力量去对付，必须认真研究，周密布置，大杀几批，才能初步地解决问题。

针对运动发动起来后，有些地方工作粗糙，发生错捕错杀的现象，毛泽东及时作出严格划分具体政策界限、精细审查捕人名单、控制捕人杀人的批准权等决定，以及对多数犯死罪分子实行"判处死刑，缓期执行，强迫劳动，以观后效"的政策。

1951年3月30日，在批转黄克诚关于湖南镇反问题的意见时，毛泽东指出：

镇压反革命无论何时都应当是准确的、精细的、有计划的、有步骤的，并且完全应由上面控制。捕人要仿照天津专区发拘捕证、照证捕人的办法，不能乱捕。

同日批转山东分局关于镇反工作报告时，毛泽东说：

草率从事的倾向，危险最大。因为劲头不足，经过说服教育，劲头总会足起来的，反革命早几天杀，迟几天杀，关系并不甚大。唯独草率从事，错捕错杀了人，则影响很坏。

毛泽东提出了纠正错捕错杀的具体措施。防止错捕的措施之一，是将过去规定的县有捕人权，收回到地委一级来，将杀人批准权一律收回省级。

在1951年4月30日转发西南局关于镇反问题给川北区党委的指示的批语中，毛泽东提出了杀人不能太多，以及判处死缓问题。他认为，杀人太多则丧失社会同情，也损失劳动力。有些应杀之罪者，可判死刑，但缓期一年或两年执行，强迫他们劳动，以观后效，如他们在劳动中能改造，则第二步可改判无期徒刑，第三步可改判有期徒刑。5月8日，毛泽东为中央起草了《关于对犯有死罪的反革命分子应大部采取判处死刑缓期执行政策的决定》。他指出，这个政策是一个慎重的政策，可以避免犯错误，可以获得广大社会人士的同情，可以分化反革命势力，利于彻底消灭反革命，又保存了大批的劳动力，利于国家的建设事业。他认为，判处死缓的人可能占十分之八九。但"人民要求杀的人则必须杀掉，以平民愤而利生产"。

在镇反运动中，毛泽东十分重视团结民主人士，做好统一战线工作。在一个批语中，他指示："凡关涉重要民主人士及其亲友的案件，只收集材料，不忙处理。"同时，他还强调："除抗美援朝工作必须和各民主党派民主人士一起去做不必再说外，土改、镇反两项工作，也必须使各民主党派民主人士参加，越多越好。"

1951年5月16日，中央转发第三次全国公安会议决议，毛泽东对这个决议作了精心修改、审定。决议着重规定纠正镇反运动已开始出现"左"的偏向的措施，并要求运动开始收缩，进入清理积案阶段。

1951年下半年以后，毛泽东把主要精力转向其他工作，但同时还对镇反后期工作予以若干关照。比如，他对全国第四次公安会议决议精心修改。又如，1951年10月他在审阅罗瑞卿的一个报告稿时，加写了两段话，着重强调，我们必须继续提高警惕性，必须继续打击反革命，只要还有反革命分子存在，我们就要彻底消灭他。

在毛泽东的精心指导下，全国规模的镇压反革命运动，到1951年10月基本结束。国民党遗留在大陆的残余势力被基本扫除，猖獗一时的匪患和黑社会势力被基本肃清。中国的社会秩序出现前所未有的稳定，推动了抗美援朝战争和国民经济的迅速恢复。

发动"三反""五反"运动

在取得抗美援朝、土地改革、镇压反革命三大运动胜利的基础上，1951年底到1952年初，毛泽东又发动和领导了"三反"和"五反"运动。"三反"即反贪污、反浪费、反官僚主义，"五反"即反对资产阶级行贿、偷税漏税、盗骗国家财产、偷工减料、盗窃经济情报。

"三反"运动是由增产节约运动引发出来的。薄一波当年受命主持"三反"工作，他在回顾这一运动的发动时写道：

关于"三反"的起因和发动，毛主席在1951年12月13日凌晨给各大区中央局主要负责人的电报中曾经讲到："发现贪污问题的严重性和大规模地惩治贪污分子，从东北开始，是由高岗同志亲自动手的。中央方面委托薄一波同志负总责，北京市由彭真同志负责，现已全体动起来了。"

事情还可以往前追溯。这一年10月召开的政治局扩大会议，集中地分析和研究了朝鲜战局的发展趋势与对策。根据毛主席提出的"战争必须胜利，物价不许波动，生产仍须发展"的战略方针，会议确定了解决财政困难的五条办法：（1）节约兵力，整训部队。全国兵员从610万人减至465万。（2）精简机关，缩编人员。（3）紧缩开支，清理资财。预计1952年财政支大于收，将面临财政困难，要求各地从11月起开展全面增产节约运动。（4）提倡节约，严禁浪费。（5）组训民兵，准备推行义务兵役制。10月23日，毛主席在全国政协一届三次会议上庄严号召："抗美援朝的伟大斗争现在还在继续进行，并且必须继续进行到美国政府愿意和平解决的时候为止。""为了继续坚持这个必要的正义的斗争，我们就需要继续加强抗美援朝的工作，需要增加生产，厉行节约，以支持中国人民志愿军。这是中国人民今天的中心任务。"12月1日，中央进一步指出，实行增产节约这一方针，"不是消极的，而是具有重大积极意义的。它是既保证朝鲜战争能够胜利，又保证国内物价继续稳定的方针，它是积累资金、取得经验、加速国家经济建设的方针，它又是整肃党纪、提高工作效率和转移社会风气的方针。总而言之，它是带动我们国家在政治、军事、经济、文化各方面的全局都将迅速进步，并奠定将来伟大建设基础的方针"。

在党中央和毛主席的号召下，全国各地的爱国增产节约运动蓬勃开展。1951年11月1日，东北局书记高岗向中央作了《关于开展增产节约运动，进一步深入反贪污、反浪费、反官僚主义斗争的报告》。《报告》说，从9月份以来，反贪污蜕化、反官僚主义的运动已先后在东北一级机关和各省市开展起来，并发展成为有领导的民主运动。由于在斗争中揭发、批判和打击了各种贪污蜕化的行为，大大提高了干部、群众的觉悟水平，从而使贪污现象得到遏制，机关开支大为紧缩。沈阳市在部分单位中揭发出3629人有贪污行为。东北贸易部仅检举和坦白的金额就达5亿人民币（旧币，下同）。浪费现象和官僚主义也很严重，仅东北铁路系统就积压了价值上千亿元的材料而不作处理。这个报告引起了毛主席的高度重视。11月20日，毛主席在为中央起草的转发这个报告的批语中，首次提出了"在此次全国规模的增产节约运动中进行坚决的反贪污、反浪费、反官僚主义的斗争"。

稍后，中央又陆续收到了各中央局报来的发现大贪污犯或落实"三反"斗争的报告。11月29日，华北局向毛主席、党中央作了关于天津地委严重贪污浪费情况的书面报告。11月30日，毛主席在为中央起草的转发这一报告的批语中指出："华北天津地委前书记刘青山及现书记张子善均是大贪污犯，已经华北局发现，并着手处理。我们认为华北局的方针是正确的。这件事给中央、中央局、分局、省市区党委提出了警告，必须严密注意干部被资产阶级腐蚀发生严重贪污行为这一事实，注意发现、揭露和惩处，并须当作一场大斗争来处理。"同日，他又在为中央起草的给西南局第一书记邓小平同志并告各中央局的复电中强调："我们认为需要来一次全党的大清理，彻底揭露一切大中小贪污事件，而着重打击大贪污犯，对中小贪污犯则取教育改造不使重犯的方针，才能停止很多党员被资产阶级所腐蚀的极大危险现象，才能克服二中全会所早已料到的这种情况，并实现二中全会防止腐蚀的方针。"12月1日，党中央作出了关于实行精兵简政、增产节约、反对贪污、反对浪费和反对官僚主义的决定，深刻地指出："自从我们占领城市两年至三年以来，严重的贪污案件不断发生，证明1949年春季党的二中全会严重地指出资产阶级对党的侵蚀的必然性和为防止及克服此种巨大危险的必要性，是完全正确的，现在是全党动员切实执行这项决议的紧要时机了。再不切实执行这项决议，我们就会犯大错误。"12月8日，毛主席又为中央起草了《关于"三反"斗争必须大张旗鼓进行》的电报，强调"应把反贪污、反浪费、反官僚主义的斗争看作如同镇压反革命的斗争一样的重要，一样的发动广大群众包括民主党派及社会各界人士去进行，一样的大张旗鼓去进行，一样的首长负责、亲自动手，号召坦白和检举，轻者批评教育，重者撤职、惩办、判处徒刑（劳动改造），直至枪毙一大批最严重的贪污犯……才能解决问题"。[43]

为了加强对增产节约和"三反"运动的领导，中央决定成立各级节约检查委员会来具体负责。12月7日，中央人民政府节约检查委员会（简称中节委）成立，薄一波为主任，彭真等为副主任。中节委每周开三至四次办公会议。从此，全国范围的"三反"斗争，按照毛泽东党中央的指示迅速展开了。薄一波谈到毛泽东亲自到中节委督导的情形时写道：

回忆毛主席当年抓防腐蚀的斗争，真是雷厉风行，至今历历在目。他看准的事情，一旦下决心要抓，就抓得很紧很紧，一抓到底，从不虎头蛇尾，从不走过场。他不仅提出方针，而且亲自督办；不仅提出任务，而且交代办法。在"三反"运动紧张的日子里，他几乎每天晚上都要听取我的汇报，甚至经常坐镇中节委，参加办公会议，亲自指点。毛主席的亲自直接指导、督促和撑腰下，我们的工作也就好做了，而且做得很起劲。[44]

为了推动"三反"运动更加猛烈地开展，毛泽东于1952年1月4日起草了《中央关于立即抓紧"三反"斗争的指示》，《指示》表扬了中央财政部党组1月2日关于"三反"运动的报告，并肯定了中央直属总党委雷厉风行抓"三反"斗争的经验。《指示》说：

中央财政部党组这个报告很好，请你们仿照办理。请你们立即抓紧"三反"斗争，缩短学文件的时间（有四五天就够了），召开干部会，限期（例如10天）展开斗争，送来报告，违者不是官僚主义分子，就是贪污分子，不管什么人，一律撤职查办。在干部会上应指名批评落后的单位及其领导人，指名奖励做得好的单位及其领导人，宣布撤职的名单及理由。中央直属总党委于12月31日下午召开党政军团群部长至处长级的数百人的扩大党委会，由薄一波、安子文等同志宣布中央决定，限期1月1日至1月10日，各院委、部、会、院、署、行、局、处及其下面的一切单位，务须发动群众斗争，实行坦白检举，于1月11日送来报告。违者，不论部长、行长、署长、处长、局长、科长、股长或经理，一律撤职查办。并在会上指名宣布几个部是做得很好的，几个部是中等的，很多部是落后的，并指出部长姓名。同时宣布军委技术部长×××，中央交通部办公室主任×××，重工业部局长××撤职查办。这样一来，全场振奋。当日回去，连夜开会。元旦整日开会，很多部长、副部长到一下团拜会就回去，戏也不看了。至1月3日，差不多所有单位都开动了坦白检举的群众会议，纷纷送来报告。这样的高级干部会议，现规定每十天开一次，除重病不得请假。估计到一月，中央一级可以基本上解决问题。这一经验，供你们参考。此外，中央已指定薄一波同志（他是中央节约检查委员会主任）用电话和各大区负责同志联络，在目前"三反"紧张时期，每三天至五天通话一次，检查各区"三反"进度。

在指导"三反"运动中，毛泽东很重视抓住典型重大案件的处理，以引起全党和全社会的重视。薄一波在回忆录中专门写了毛泽东如何抓审理处决刘青山、张子善案件的过程：

大家都熟悉，在全国胜利前夕召开的党的七届二中全会上，毛主席讲过一段极为深刻的话："敌人的武力是不能征服我们的，这点已经得到证明了。资产阶级的捧场则可能征服我们队伍中的意志薄弱者。可能有这样一些共产党人，他们是不曾被拿枪的敌人征服过的，他们在这些敌人面前不愧英雄的称号；但是经不起人们用糖衣裹着的炮弹的攻击，他们在糖弹面前要打败仗。我们必须预防这种情况。"毛主席的这些话不幸而言中，刘青山、张子善就是这样的典型。在"三反"中，毛主席下决心坚决果断地严惩这两个人，其意义与影响极为深远。

刘青山、张子善分别是1931年和1933年入党，经历过土地革命、抗日战争和解放战争严峻考验的老干部。刘青山参加过1932年高阳、蠡县的农民暴动，曾被国民党逮捕，在敌人的严刑逼供下，坚贞不屈。张子善1934年被国民党逮捕入狱，曾参加狱中的绝食斗争，在敌人面前表现了共产党人的英雄气概。公正地说，他们的确曾经是党的干部队伍中的佼佼者，曾经在不同的领导岗位上出生入死地苦斗过，曾经为新中国的诞生作出过自己的贡献。但是，进城后，他们在资产阶级思想和生活方式的腐蚀下，贪污腐败，蜕化变质，成了人民的罪人。

刘、张的犯罪事实主要是：

（1）利用职权，盗用公款。他们盗用飞机场建筑款、水灾区造船救济贷款，以及克扣地方粮、干部家属救济粮、民工供应粮等共计171亿元，用于经营他们秘密掌握的所谓"机关生产"。

（2）从事倒买倒卖的非法经营活动。他们勾结奸商张文义等，以49亿元巨款倒卖钢材，使国家蒙受21亿元损失。为了从东北盗购木材，他们不顾灾民疾苦，占用4亿元救灾款，并派人冒充军官进行倒买倒卖。

（3）破坏国家政策。他们以高薪诱聘国营企业的31名工程技术人员，成立非法的"建筑公司"，从事投机活动。

（4）盘剥民工。在兴建潮白、永定、大清、龙凤、海河等工程中，他们将国家发给民工的好粮换成坏粮，抬高卖给民工的食品价格，从中渔利达22亿元。

（5）腐化堕落，拒不悔改。他们从盗窃的国家资财中贪污、挥霍共3.7亿元以上，其中刘1.8亿、张1.9亿。刘吸毒成瘾；张为逃避罪责，曾一次就焚毁单据300多张。

刘、张的罪行，早在"三反"前就激起了干部和党员的不满，但在他们上欺下压的家长式统治下，一直未能公开揭露。这说明，没有一定的气候，这类问题是不容易解决的。但纸终究包不住火，坚持正义、坚持党的原则的干部总是要站出来揭发和斗争的。

1951年10月，天津专署一位副专员向河北省委组织部揭发了刘、张的若干违法乱纪事实后，引起了河北省委的重视，并进行了调查。11月下旬，河北省委召开第三次党代会，贯彻落实中央和华北局关于开展增产节约运动，反对贪污、浪费和官僚主义斗争的部署。与会代表集中地检举、揭发了刘、张的贪污罪行。根据刘、张的严重犯罪事实，河北省委建议省人民政府依法予以逮捕。华北局接到省委的请示后，经讨论并报请周总理批准，决定将他们逮捕法办。11月28日晚，河北省委召开常委会议，传达华北局的决定。29日上午，河北省公安厅依法逮捕了张子善（刘青山当时在国外，12月2日归国后当即逮捕归案）。接着，省委召集党代会主席团成员开会，正式宣布逮捕刘、张。绝大多数同志衷心拥护这一措施，认为这样做"挽救了天津的党组织"，少数同志感到突然，表示沉默。根据党代会代表们的建议，河北省委经过研究，12月4日报请华北局批准，作出了开除刘青山、张子善党籍的决议（毛主席对此事极为关注，12月29日在审阅人民日报社送审的有关新闻稿时批示："应于30日见报。"）。12月5日，华北局召开会议，听取汇报河北党代会情况和逮捕刘、张的经过。刘澜涛同志指出，刘、张事件说明，资产阶级的腐朽思想侵蚀了我们党，刘、张蜕化变质成了罪犯，将他们逮捕是完全应当的，得到了大家的拥护。但更艰苦的工作还在后头，建议组织专门班子全面审查处理此事。随后，河北省人民政府成立了以杨秀峰同志为首的调查处理委员会，会同天津市，对刘、张贪污案进行调查和侦讯。在弄清他们主要犯罪事实的基础上，河北省委于12月14日向华北局提出了处理意见："刘青山、张子善凭借职权，盗窃国家资财，贪污自肥，为数甚巨，实为国法党纪所不容，以如此高级干部知法犯法，欺骗党，剥削民工血汗，侵吞灾民粮款，勾结私商，非法牟利，腐化堕落达于极点。若不严加惩处，我党将无词以对人民群众，国法将不能绳他人，对党损害异常严重。因此，我们一致意见处以死刑。"12月20日，华北局经研究后向中央提出了对刘、张的处理意见："为了维护国家法纪，教育党和人民，我们原则上同意，将刘青山、张子善二贪污犯处以死刑（或缓期2年执行），由省人民政府请示政务院批准后执行。"当时之所以加了"或缓期2年执行"，是考虑到中央决策时有回旋的余地。

鉴于刘、张的地位和影响，以及一些干部的认识不尽一致，党中央和毛主席在考虑对他们的量刑时，是十分慎重和民主的。1951年12月下旬，华北局通过河北省委征求了天津地委及所属部门对刘、张两犯量刑的意见。结果是：地委在家的8个委员的一致意见是处以死刑。地区参加讨论的552名党员干部的意见是：对刘青山同意判处死刑的535人，判处死缓的8人，判处无期徒刑的3人，判处有期徒刑的6人；对张子善同意判处死刑的536人，判处死缓的7人，判处无期徒刑的3人，判处有期徒刑的6人。党中央、毛主席看到上述材料，在请党外民主人士传阅并听取他们对量刑的意见后，决定同意河北省委的建议，由河北省人民法院宣判，经最高人民法院核准，对大贪污犯刘青山、张子善处以死刑，立即执行。1952年2月3日，华北局召开常委会研究河北省的"三反"工作，会议布置了有关公审刘、张大会的事宜，决定在省会保定对刘、张执行枪决，要求组织好公审大会，并拍摄电影。

在公审大会召开之前，曾在冀中担任过区党委书记，看着刘、张成长，当时担任天津市委书记的黄敬同志来找我。他对我说，刘、张错误严重，罪有应得，当判重刑。但考虑到他们在战争年代出生入死，有过功劳，在干部中影响较大，是否可以向毛主席说说，不要枪毙，给他们一个改造的机会？我说，中央已经决定了，恐怕不宜再提了。黄敬同志坚持要我反映。我说："如果一定要反映，我陪你去向毛主席说。"他坚持不去，要我把他的意见转报毛主席。我只好如实地向毛主席转达了黄敬同志的意见。毛主席说，正因为他们两人的地位高、功劳大、影响大，所以才要下决心处决他们。只有处决他们，才可能挽救20个、200个、2000个、20 000个犯有各种不同程度错误的干部。黄敬同志应该懂这个道理。由此可见毛主席在处理这个问题时所下的决心和所作的深思熟虑，他当时的心思完全倾注在如何维护党的事业上面，如何更好地挽救犯错误干部的多数上面，如何更有效地防止干部队伍的腐化上面。严惩刘青山、张子善的决定的果断作出，实际上是再一次用行动向全社会表明：我们党决不会做李自成！决不会放任腐败现象滋长下去！决不会让千千万万先烈用鲜血和生命换来的江山改变颜色！

2月10日，在保定市举行了河北省公审刘、张二犯大会，刘青山、张子善受到了法律的严厉制裁。[45]

1952年初，在"三反"运动的高潮中，经毛泽东提议，党中央又决定在大、中城市开展"五反"运动，以打击不法资本家的违法行为。当事人薄一波回忆了毛泽东发动"五反"运动的经过，他写道：

"五反"运动是在"三反"运动发展过程中引发出来的。1951年11月1日，东北局在写给中央的《关于开展增产节约运动进一步深入反贪污、反浪费、反官僚主义斗争的报告》中说："从两个月来所揭发的许多贪污材料中还可看出：一切重大贪污案件的共同特点是私商和蜕化分子相勾结，共同盗窃国家财产。如东北人民政府卫生部医政处长李廷琳勾结私商光明药行经理丛志丰共同作弊，高价卖给公家，低价从公家买出，投机倒把，伪造发票、偷税、报假账，总计使国家损失人民币约61.3亿余元（旧币，下同）；该药行因此从三年前一个很小的行商一跃而为巨贾，并在天津、上海、广州等地均设有分店。丛对李则逢迎奉承，送礼、请客、代找舞女、代雇厨师，甚至令其姨太太陪李跳舞。本溪市还发现投机奸商先以请客、施贿引诱我工作人员上钩，然后则以告发威胁其与之继续合伙盗窃国家资材。这充分说明，资产阶级、私商对我们干部的引诱、侵袭几乎无孔不入，而我们的各种制度还很不严密。因此，除进一步加强对干部群众的正确政治教育外，还必须严格一切干部和私商往来的纪律，坚持贯彻在这次运动中所修订出的各种制度。"12月20日，华东局在给中央的《关于展开反贪污、反浪费、反官僚主义斗争的报告》中，也提出了这个问题。报告说："鉴于党政内部的贪污往往是由非法商人从外部勾结而来的，因此，必须注意调查奸商并发动群众检查控告不法商人的运动，对证据确凿的罪大不法商人，亦应严加惩处，以便内外配合，彻底肃清贪污分子。"

12月31日，我向毛主席汇报"三反"运动情况。当说到资本家往往用给回扣的办法收买拉拢我们的采购人员时，毛主席插话说："这件事不仅要在机关检查，而且应在商人中进行工作。过去土地改革中，我们是保护工商业的，现在应该有区别，对于不法商人要斗争。"看来，毛主席正在考虑这件事。我回来后，即向华北局的同志作了传达。

我们党对民族资产阶级实行又团结又斗争的政策。七届二中全会决议指出"中国的自由资产阶级及其代表人物，由于他们受了帝国主义、封建主义和官僚资本主义的压迫或限制，在人民民主革命斗争中常常采取参加或者保守中立的立场。由于这些，并由于中国经济现在还处于落后状态，在革命胜利以后一个相当长的时期内还需要尽可能地利用城乡私人资本主义的积极性，以利于国民经济的向前发展。……但是中国资本主义的存在及发展，自由竞争和自由贸易的存在及发展，不是如同资本主义国家那样不受限制、任其泛滥的，也不是如同东欧各人民民主国家那样被限制和缩小得非常大，而是中国型的。……对于私人资本主义采取限制政策，是必然要受到资产阶级在各种程度和各种方式上的反抗的，特别是私人企业中的大企业主，即大资本家。限制和反限制，将是新民主主义国家内部阶级斗争的主要形式"。应当说，多数资本家在新中国成立初期还是守法的，对恢复经济起了一定的作用。但是，资产阶级唯利是图的本性难改。随着经济的发展，他们中越来越多的人进行违法犯罪活动。据当时了解，私营工商业界不仅偷税漏税现象普遍，而且在承建国家工程、完成加工订货任务中偷工减料、弄虚作假、营私舞弊，严重地损害了国家和人民的利益。例如，在治淮水利工程中，承包商竟然不顾工程质量，用旧料充新料、次料充好料，从中赚取不义之财。在运往抗美援朝前线的军需物资里，有不法厂商制造和贩卖的变质罐头食品、伪劣药品、带菌救急包，造成一些战士致病、致残，甚至断送了生命。他们拉拢、收买党和国家机关工作人员，少数被他们收买的干部从他们那里领取干薪、干股，或者拿回扣、佣金，充当坐探、代理，同他们合伙进行违法犯罪活动。1950年8月，京、津糖价暴涨，1951年，北京碱价波动，就是不法资本家从他们安插在我们机关内部的坐探那里窃取到经济情报后，有意制造的。不法资本家损人利己的恶劣手段令人发指，不对他们进行坚决的斗争和必要的打击，是不行的。

不法资本家在"三反"中暴露出来的问题，引起了各级党政机关的高度警惕，人民群众对此义愤填膺。因此，许多地区在私营工商界中开展了配合"三反"的坦白检举活动。北京市把反贪污和反行贿结合起来，形成了斗争的两条战线。1952年1月5日，毛主席看了北京市委《关于"三反"运动开展情况和继续开展这一运动的意见》的报告后，在他起草的中央批语中指出，全国各大、中、小城市"一律仿照办理，一定要使一切与公家发生关系而有贪污、行贿、偷税、盗窃等犯法行为的私人工商业者，坦白或检举其一切违法行为，特别注意在天津、青岛、上海、南京、广州、武汉、重庆、沈阳及各省省城，用大力发动这一斗争，借此给资产阶级3年以来在此问题上对于我党的猖狂进攻（这种进攻比战争还要危险和严重）以一个坚决的反攻，给以重大的打击，争取在两个月至三个月内基本上完成此项任务。请各级党委对此事进行严密的部署，将此项斗争当作一场大规模的阶级斗争看待"。

1952年1月26日，毛主席在为中央起草的《关于在城市中限期展开大规模的坚决彻底的"五反"斗争的指示》中，向全党进一步说明："在全国一切城市，首先在大城市和中等城市中，依靠工人阶级，团结守法的资产阶级及其他市民，向着违法的资产阶级开展一个大规模的坚决的彻底的反对行贿、反对偷税漏税、反对盗骗国家财产、反对偷工减料和反对盗窃经济情报的斗争，以配合党政军民内部的反对贪污、反对浪费、反对官僚主义的斗争，现在是极为必要和极为适时的。"开展"五反"斗争的范围、斗争的方针和任务在这里已讲得很清楚了。

有一次，毛主席在谈到中央为什么作出这一决策时，这样说："进城时，大家对资产阶级都很警惕，为什么现在有这样的变化？这可以从进城三年的历史来看。1950年上半年，党内曾有一个自发、半自发的反对资产阶级的斗争，这个斗争是不妥当的，也是错误的。因为当时有台湾敌人的轰炸、封锁，土改、镇反工作亟待去做，应该团结资产阶级去向封建势力进攻，而不是全面出击，全面出击是很不策略的。所以，七届三中全会纠正了这一错误，提出调整工商业。到1951年抗美援朝运动形成，更需要国内的团结一致，一直到今天。在这一年多时间内，大家对资产阶级不够警惕了。资产阶级过去虽然挨过一板子，但并不痛，在调整工商业中又嚣张起来了。特别是在抗美援朝加工订货中赚了一大笔钱，政治上也有了一定地位，因而盛气凌人，向我们猖狂进攻起来。现在已到时候了，要抓住资产阶级的'小辫子'，把它的气焰整下去。如果不把它整得灰溜溜、臭烘烘的，社会上的人都要倒向资产阶级方面去。"他还说，"现在出现了一种很严重的情况。一部分，人家打进来；一部分，叫人家拉出去。1950年自发地搞社会主义，想搞垮资产阶级，是不对的；后来，又自发地搞资本主义，资本家向我大举进攻，也不允许。……要整党内那些买房置地、入股、当董事经理的人，同时也要搞不法的资本家。这是一场恶战。"

1952年3月23日，毛主席在批转《中共中央中南局关于加强私营厂、店工人、店员工作的指示》中，把这次"五反"斗争的任务及其必须达到的目的，又进一步具体化了，提出了八条：

（1）彻底查明私营工商业的情况，以利于团结和控制资产阶级，进行国家的计划经济。

（2）明确划分工人阶级和资产阶级的界限，肃清工会中严重脱离群众的官僚主义现象，清除资产阶级在工会中的代理人。

（3）改组同业公会和工商联合会，把那些"五毒"俱全及其他完全丧失威信的人开除出这些团体的领导机关，把在"五反"中表现较好的人吸收进来。

（4）帮助民主建国会的负责人整顿民主建国会，开除那些"五毒"俱全及大失人望的人，增加一批较好的人，使之成为一个能够代表资产阶级主要是工业资产阶级的合法利益，并以《共同纲领》和"五反"的原则教育资产阶级的政治团体。各部分资本家的秘密结社，例如"星四聚餐会"等，则应设法予以解散。

（5）清除"五毒"，消灭投机商业，使整个资产阶级服从国家法令，经营有益于国计民生的工商业；在国家划定的范围内，尽量发展私营工业，逐步缩小私营商业；国家逐年增加对私营产品的包销订货计划，逐年增加对私营工商业的计划性；重新划定私资利润额，既要使私资有利可图，又要使私资无法夺取暴利。

（6）要使资本家废除"后账"，实行经济公开，并逐步建立工人、店员监督生产和经营的制度。

（7）从补偿、退赃、罚款、没收中，追回国家及人民的大部分经济损失。

（8）在一切大的和中等的私营企业中建立党的支部，加强党的工作。

从上述部署看，毛主席并不是把"五反"运动仅仅看作一场经济斗争，也是把它看作一场关系国家命运和前途的政治斗争。在运动的指导上，毛主席则一再强调要按照《共同纲领》办事，要掌握一条政策界限，就是违法不违法。民族资产阶级在《共同纲领》范围内的发展，是合法的；离开了这个范围，就是不合法。他说："违法不违法，对资产阶级是一个政治标准。""这不是对资产阶级的政策的改变，目前还是搞新民主主义，不是社会主义；是削弱资产阶级，不是要消灭资产阶级；是要打它几个月，打痛了再拉，不是一直打下去，都打垮。"记得当时理论界有几位同志没有很好地体会这种意图，在中宣部主办的《学习》杂志上发表文章，否定民族资产阶级在现阶段还存在两面性。毛主席发现后，批评得相当严厉，中宣部为这件事专门作过检讨。[46]

在指导"五反"运动中，毛泽东很注意策略，主张要有充分准备、有步骤，要争取绝大多数资本家，孤立和打击极少数最反动的资本家。1952年1月31日，毛泽东在给高岗的电报中详细论及这个问题。他说：

对付资本家须有准备，准备不好，不要动手。各城市准备条件不一致时，不要同时动手。又须有步骤，先组织若干强干的检查小组，向最顽抗而有确据的若干家实行检查。不查则已，查必破案（有些须坚持数天之久才能破案，不破案不许撤回）。第二批再检查若干家，又均破案。这样便取得了经验，训练了干部，教育了大批中小资本家及一部分大资本家，促使他们坦白，同时动员工人店员实行检举。然后再组织第三批第四批第五批和更多的检查破案。在这个过程中就可争取90%以上的大中小资本家站到我们方面，或者保持中立，使百分之几（北京是6%）的反动资本家完全陷于孤立，社会舆论也就完全变得于我们有利了。这时我们对于占1%至2%的最反动的资本家（即行贿盗窃罪大恶极的资本家），在经过检查取得确实罪证之后，就可以给予惩处，例如逮捕、枪决（只是少数）、没收、徒刑、罚款等。北京有5万户工商业，1%是500户，北京市党组织经过一个月的紧张斗争，经过几个检查步骤，还只逮捕近百名资本家。准备在2月份再经过几个检查步骤，陆续逮捕至300名左右（不到1%），再看形势。这是一个逐渐了解、逐渐深入、逐渐分化、逐渐团结多数孤立少数的斗争过程，没有城市党组织的紧张艰苦工作是不能完成这个任务的。资产阶级大中小之间矛盾很大，我们打击百分之一左右的最反动资本家，又是着重打〔击〕投机商人而不是着重打击工业资本家（有一部分极坏的工厂主须给以打击），可能争取绝大多数资本家拥护我们，而不会怨恨我们，真正怨恨我们的只是极少数（百分之几）。这样也就可以用内外夹击的方法，把资产阶级安置在我们内部的堡垒即大贪污分子全部地清查出来。

1952年2月15日，毛泽东起草了《中央关于"五反"中对各类资本家的处理意见》。《意见》说：

（一）中央同意天津市委2月24日的报告，认为这个报告是正确的。各城市市委市政府均应于开展"三反"和"五反"斗争的同时，注意维持经济生活的正常进行，如果在一个短时间内出现了不正常状态，亦应迅速恢复正常状态。（二）为着维持经济生活的正常进行，除对没有问题的守法的工商户（在北京有一万户，在天津有一万几千户），应鼓励他们照常营业外，对于问题不大的半违法半守法的工商户，应于"五反"斗争开展后分作几批作出结论，安定他们。这一类工商户占全体工商户的绝大多数，在北京约占全体5万工商户的3.7万多户。他们中大多数只有偷税漏税问题，一部分有侵吞盗窃问题但不严重。对于这些人，应于发动工人店员，划清劳资界限，检举他们的偷漏、侵吞、盗窃，并多方诱导他们自己坦白其违法行为之后，给他们作出结论，叫他们补税一年，有侵吞盗窃者退出侵盗财产，宣布免予罚款。这个"只退不罚"政策，可以安定绝大多数资本家，可以组成广大的"五反"统一战线。真正的"五反"统一战线，只有在对这类资本家作出几批"只退不罚"的结论，并予以公布之后，才能形成。这种结论，大约在运动开展一个月的时候就应作出两三批，而在一个半月至多两个月内必须作完。北京、天津两市必须于本月内作完。作迟了，很不利。（三）上述两部分资本家，即守法资本家和半守法半违法资本家，占着全体资本家的95％左右，只有把他们争取过来，才能使占5％左右的反动资本家完全陷于孤立。故对半守法半违法资本家必须严守只退不罚（更不捉人）政策，并力争早作结论。有些人问题没有彻底弄清也就算了，如果要对这些人在这次斗争中彻底弄清一切问题，势必拖长时间，对整个局势不利。（四）剩下大约占5％的资本家，又可分为两部分：（甲）严重违法但不是完全违法的资本家，这类人约占百分之四，我们的政策是进行检查、补税、退财、罚款，但不捉人。（乙）完全违法的资本家，这类人约占1％。又分三类。第一类，补税、退财、罚款、捉人，但不判徒刑。就是说，把他们捉起来，关几天，许其取保释放，随传随到。捉的目的只在打落其反动气焰，不在于判徒刑，因为徒刑判多了是不利的。这类人占0.5％左右。第二类，补税、退财、罚款、捉人、判徒刑，直至没收其财产。这类人亦占0.5％左右，不宜太多，尤其没收财产不可太多。第三类，判死刑，没收财产。这类人要极少，北京、天津、拟共杀十人左右，并且不要杀得太早。各地杀资本家要得到中央批准才能执行。因为杀资本家和杀反革命不同，必须慎重，否则不利。（五）捉资本家一般必须具备三个条件，即第一，完全违法；第二，抗拒运动；第三，在资本家中人缘不好。如果只有前两条，没有后一条，我们将他逮捕，必定不得人心。所谓"人缘不好"，就是在多数资本家看来他是不正派的。

1952年3月5日，毛泽东在为中央起草的《关于在"五反"中对工商户处理的标准和办法》的指示中，根据城市的实际情况，就若干政策问题作了新的补充规定。他指出："对工商户的处理，要掌握过去从宽、今后从严（例如补税一般只补1951年的），多数从宽、少数从严，坦白从宽、抗拒从严，工业从宽、商业从严，普通商业从宽、投机商业从严的原则。对私人工商户的分类，增划基本守法户一类，并且大致确定大城市中守法户、基本守法户和半守法半违法户三类约占工商户总数的95％左右，严重违法户和完全违法户约占5％左右。检查违法工商户必须由市一级严密控制，各机关不得自由派人检查，更不得随便捉人审讯。"

"五反"中揭露出的问题是严重的，但在党内也滋长出对民族资本的"左"的倾向。1952年《学习》杂志（中宣部理论宣传处编）在第一至三期发表了一系列文章，反映了这种倾向。毛泽东发现后，立即予以纠正。

黎之在《回忆与思考》一文中说：

因为"三反"时中宣部有些人对他（陆定一）的夫人严慰冰提了不少意见，毛泽东说："部长的夫人就批评不得？"还有人说因为他向毛泽东建议不设中宣部，引起毛的不满。这些都无可细察。只是有一件涉及重大理论问题的事，有案可查。那就是1952年"三反""五反"期间，《学习》杂志事件。此事涉及我国社会主义时期的理论指导思想问题，这里简要介绍一下。

1952年"三反""五反"高潮时期，中宣部主办的理论刊物《学习》杂志，在1、2、3期上连续发表了杨耳（许立群）、艾思奇、于光远、吴江等人的文章。这些文章的作者原意是为了配合"三反""五反"运动，揭示资产阶级的本性，批判资产阶级思想，但是被批评为"对于民族资产阶级在新民主主义革命和建设中有一定的地位与作用，不加分析，一笔抹杀"，"要资产阶级作为一个阶级来接受马克思列宁主义思想体系，不允许资产阶级有自己的任何思想"，"集中地表现了在对待资产阶级的问题上的幼稚的、否定一切的'左'的情绪"，"教条主义的思想方法加上小资产阶级的'左'倾情绪，就造成了这些文章中的离开党的路线和离开马克思主义的严重错误"（引自陆定一当时的检查，因为今天笔者很难准确评价那些文章和那个事件）。

《学习》杂志上这些文章的观点与毛泽东1952年3月27日《对统战部关于各民主党派"三反"运动结束的几项问题的处理意见的指示稿》中加改的一段话相抵触。这段话是："在允许资产阶级和小资产阶级存在的时期内，不允许资产阶级和小资产阶级有自己的立场和思想，这种想法是脱离马克思主义的，是一种幼稚可笑的思想。"

毛泽东是怎样发现"错误"的，并提出哪些具体批评，现已无案可查。据说是陈伯达向中央反映的，他并在散步时对于光远说："错误的性质是半托洛茨基主义，受了托洛茨基的袭击。"这些话倒颇像毛泽东的语气，但其含义笔者至今不能理解。陈伯达曾有专门报告批评《学习》杂志。

根据中央的意见，《学习》杂志的负责人胡绳、于光远、林涧青及编辑部一些人员开会，作了检查。在该刊第5期上发表了《我们的检讨》一文，并发表了部分读者批评《学习》杂志的来信。中央宣传部和文委召集了两次会议检查《学习》杂志的错误。陆定一向中央写了检查报告。毛泽东亲自在报告上作了批语转发各地。批示是："（一）中央宣传部3月29日关于《学习》杂志错误的检讨，中央认为是必要的和适当的。此次错误重在检讨和改正，不拟给予处分。（二）将中宣部这个检讨文件发给各级党委。望各级党委组织宣传文教工作人员予以讨论，并可在党刊上刊载。"同时毛泽东又批示，"在4月份的《学习》杂志上准备转载上海《解放日报》发表过的冯定同志的一篇文章，这篇文章的观点是基本正确的（其中有些缺点我们作了修改）。"

根据毛泽东的批示，《学习》杂志转载了冯定的文章。这篇文章原刊于1952年3月24日《解放日报》。原题为《学习毛泽东思想来掌握资产阶级的性格并和资产阶级思想进行斗争》，转载时改为《关于掌握中国资产阶级的性格并和中国资产阶级的错误思想进行斗争的问题》。冯文，毛泽东作了哪些具体修改，已无原件可查。两文对阅可以看出多处值得注意的修改，如"资产阶级思想也是在各集团和派别之间有所不同，比如在我们中国，他们之间的思想，也是有进步的和落后的区别的"，"个人主义与集体主义的对立，随时随地都会表现出来。不过这种对立，在一定条件下，又是可以形成统一战线"。

当时，毛泽东非常重视这个理论事件，同年9月，他在给黄炎培的信中又一次提到对资产阶级、资产阶级思想、宇宙观要区别对待，并把黄的讲话中"用'工人阶级思想'教育改造资本家"，改为用"'爱国主义思想，《共同纲领》的思想'教育改造资本家"，并在信中说："今年上半年北京的《学习》杂志上有些写文章的同志曾提出了这样的意见，我们已叫他们作了更正。"〔47〕

"五反"运动结束后，在新的基础上又进行了调整工商业工作。

"三反""五反"运动在国民经济恢复时期的最后一年，开始造成了国家有可能完全控制资本主义工商业的局面，资产阶级原有的威风在绝大多数企业中扫地以尽。"五反"以后，民族资产阶级除了接受社会主义改造已没有别的选择。因此，"五反"运动可以说是改造资本主义工商业和改造资产阶级分子的重要步骤。

编辑出版《毛泽东选集》

1944年6月，晋察冀抗日根据地曾出版过我国第一部《毛泽东选集》，此后几个根据地和解放区陆续出版过不同版本的《毛泽东选集》。这些选集有的内部出版，有的公开发行，均未经作者审定。从1949年起，中共中央就着手编辑一部《毛泽东选集》，以便于全党各级干部学习。但由于新中国成立之初，工作极其繁忙，《毛泽东选集》的编辑工作一拖再拖。从1951年开始，中断了一年多的《毛泽东选集》编辑工作继续开始。这项工作是在毛泽东直接主持下进行的。田家英和陈伯达、胡乔木（胡对第1～3卷主要是负责语法修辞用字和标点方面的工作，至第4卷才全面负责。陈未参加第4卷的工作）是参加编辑工作的主要成员。

由于新中国成立前各地出版的《毛选》体例颇为杂乱，文字有错讹，有些重要著作也没有收进去。因此在编辑这部《毛选》时，尽可能搜集了过去《毛选》中没有包括的重要著作，并由作者对收入选集的每篇著作进行校阅，作了一些文字修正，有的地方还作了一些内容上的补充和修改。1951年9月12日出版《毛泽东选集》第1卷，1952年4月出版第2卷，1953年4月出版第3卷，1960年9月出版第4卷。

刘金田、吴晓梅在《〈毛泽东选集〉出版的前前后后》一书中写道：

《毛泽东选集》第1、2、3卷的编辑工作，基本上是在1950年至1953年间进行的。此间，毛泽东曾集中了一段时间，专门从事这项工作。

这是在1951年2月初，中央决定毛泽东去"附近地点正式休息一时期"，毛泽东利用"休息"全力进行《毛泽东选集》的编辑工作，而"附近地点"就选择在河北石家庄。

…………

行前，担任中央警卫处处长的汪东兴曾先期来到石家庄，和石家庄市委书记兼市长毛铎一起，选定了毛泽东的住所——石家庄保育院。

石家庄保育院坐落在石家庄市西郊。这里环境优美宁静，空气新鲜宜人，是从事编辑工作的理想之地。毛泽东对这一地点是满意的。

陪同毛泽东前来的有中共中央办公厅主任杨尚昆、公安部部长罗瑞卿等，随毛泽东在此居住的有秘书叶子龙。毛泽东的另一秘书田家英则是最忙的一个人了，他穿梭来往于北京、石家庄之间，传递毛泽东审阅的文稿，并将毛泽东审定的文稿交住在北京的费德林和师哲翻译。从下列两封信不难看出这一点。1951年4月7日，毛泽东给田家英写信说："（一）送来的文件，缺少《一九四九年四月二十一日军委给解放军的命令》一篇，请补印送校。（二）请将《兴国调查》中《斗争中的各阶级》这一章的原文清出送阅，在我这里的印件中缺少这一章。（三）已注文件，请速送阅。"4月19日，毛泽东又给田家英写信："这些请再印校正后，即可付翻译。"

毛泽东的办公室是在院中一间宽大的房子里，当间摆着一个大写字台，左侧摆了个可躺可靠的长沙发，办公桌上和床上摆满了书和文件。毛泽东通常彻夜工作，累了就斜靠在沙发上闭目养神，或是闭目沉思。时而也到院中散散步，有时还哼上两句京剧和湖南花鼓戏，以调节一下精神。

毛泽东在这里主要是修改《毛泽东选集》1至3卷的初选文稿，审定第1卷的篇目，撰写第1卷的部分题解和注释。除此之外，他还要处理送来的电文、密件。周恩来、朱德也曾专程来此和他商量国家大事。在这里，毛泽东还对当时正在进行的抗美援朝和镇压反革命运动作了许多重要指示，审阅修改了《关于和平解放西藏的办法协议》，会见了日本共产党领导人德田球一。

直至4月底，毛泽东才结束这次"休息"，乘火车返回北京。此时第1卷的编辑工作已基本结束。

毛泽东亲自主持编辑工作，主要是从以下四个方面进行的：

一、选定篇目

《毛泽东选集》1至4卷收入的文章共158篇，都是经过毛泽东亲自审定的。他对选稿的要求非常严格。有的篇目是作者的得意之作，毛泽东很欣赏，当即定稿编入选集。有的篇目，毛泽东不太满意，认为不宜收入。还有的篇目，毛泽东曾反复审阅，几经修改，但最后还是不满意而未能入选。还有一种情况，就是有些曾经流行的著作，如《农村调查》，作者本人的意见是不编入选集；又如《经济问题与财政问题》，也是根据毛泽东的意见，只编进了其中的第一章（即《关于过去工作的基本总结》）。当然，也有些篇目，毛泽东开始认为不宜收入选集，后经过修改，最后还是收入了，如《矛盾论》等。从现存的档案来看，有30多篇文章，毛泽东在审定时，批上"此件不用""此件不收""此文不收""不用""不收"等字样。如《中国工农红军第四军布告》（1929年1月）、《寻邬的土地斗争》（1930年5月）、《查田运动的初步总结》（1933年8月）等文章，最初曾作为入选篇目选入第1卷，毛泽东在审定篇目时，决定"不收"。还有一些篇目，在是否选入《毛选》时，毛泽东自己也是经过反复考虑的。有些文章，他甚至改拟了标题，写了题解，但最后还是割爱了，未能选入。如《在陕甘宁边区第二届农工展览会讲演词》（1940年2月7日），最初就曾考虑选入第3卷，毛泽东曾将标题改拟为《反对吃摩擦饭》，并撰写了题解："这是毛泽东同志在陕甘宁边区第二届农业和工业产品展览会上所作的讲演。"再如1940年11月7日中共中央关于反对投降活动的指示，也曾考虑选入，后来，毛泽东审定时写上"此件不收"。这里面还有一种情况，就是有个别文章，如《调查工作》（后毛泽东改题为《反对本本主义》），虽然毛泽东特别钟爱，但因当时未找到文稿，未能收入《毛选》第1版，毛泽东本人也极为遗憾。这一遗憾，直至1991年出《毛选》第2版增加了这篇文章，才了却了毛泽东的生前夙愿。

《毛泽东选集》第4卷的编辑工作，毛泽东亲自动手比较少，但对第4卷所收的篇目，他还是逐一审定，并提出了具体意见。1960年3月22日，毛泽东在广州白云山主持第4卷通读定稿时给田家英的信中说："此书（指解放社1949年7月出版的《将革命进行到底》一书——作者注）内除已收者外，打圈的均拟收入，请印清样送我。此书以前及以后类似此书各文的评论及几个重大战役的贺电，请与乔木商量是否还有可收者，搜集一下，告我为盼。"《将革命进行到底》一书中收入了毛泽东为新华社写的社论和评论、中共中央发言人的谈话，以及中共中央的贺电等，其中有若干篇后来收入了《毛泽东选集》第4卷。

二、修改内容

毛泽东在校阅准备收入《毛泽东选集》的文章时，有些地方作了一些内容上的增加和修改。首先，是改拟了标题，收入《毛选》1至4卷的文章题目，有数十篇是由毛泽东改拟的。如，第1卷的《中国的红色政权为什么能够存在》，原题为《政治问题和边界党的任务》；《中国共产党在抗日时期的任务》，原题为《中国抗日民族统一战线在目前阶段的任务》；第2卷的《论政策》，原题为《中共中央关于政策问题的指示》；《团结一切抗日力量，反对反共顽固派》，原题为《相持阶段中的形势与任务》；《抗日根据地的政权问题》，原题为《中共中央关于政权问题的指示》；等等。其次，是对有些文章的内容作了适当的补充和修正。如《矛盾论》一文，毛泽东修改得比较多。1951年3月8日，毛泽东在给陈伯达、田家英的信中说："《矛盾论》作了一次修改，请即重排清样两份，一份交伯达看，一份再送我看。现形式逻辑的后面几段，词意不畅，还须修改。其他有些部分也还须作小的修改。

"此件在重看之后，觉得以不加入此次选集为宜，因为太像哲学教科书，放入选集将妨碍《实践论》这篇论文的效力，不知你们感觉如何？此点待将来再决定。

"你们暂时不要来，待《矛盾论》清样再看过及他文看了一部分之后再来，时间大约在月半。"

到了这个月的15日，毛泽东又致信田家英："《矛盾论》的原稿，请即送来。"

毛泽东在反复修改之后，对原来第2章"形式论理的同一律与辩证法的矛盾律"这一部分仍感不满意，后来在收入《毛泽东选集》时，被他整章删去了。《矛盾论》一文，也因毛泽东的修改，未能收入1951年10月出版的《毛泽东选集》第1卷，后收入1952年4月出版的第2卷。中共中央毛泽东选集出版委员会在送审《毛选》第2卷文稿时，关于《矛盾论》一文曾作一说明，毛泽东对说明作了个别文字修改，内容是："本卷所载《矛盾论》一文，按著作时间排列，应收入第1卷，现暂刊于此，拟待再版时，移入第1卷。"这样，《毛泽东选集》第2次印刷时，按照时间顺序，将《矛盾论》移入了第1卷。

毛泽东对收入《毛选》的每篇文稿均反复修改，反复审阅。1951年4月1日，他在给田家英的信中说："《中国共产党在民族战争中的地位》《矛盾论》，请不要送去翻译，校对后再送我看，已清印出的各篇，请送来看。"《实践论》一文，毛泽东修改了好几遍，在最后的清样上仍批道："此件改正后，连同原稿，再送我看。"在《矛盾论》文稿的清样上，毛泽东也这样写："照此改正，连同已经改正的清样一起，送来再看，第一次原稿也请送来。"直到他对文稿修改满意，才让送去翻译。1951年4月16日，毛泽东写信给田家英："此九篇请送陈伯达阅后付排改正。其中，《和英国记者谈话》《和中央社等记者谈话》《一个极其重要的政策》《全世界革命力量团结起来》等4篇，我已照原件修改，请即照此改正，新送来这四件稿子我就不必看了。以上这些及昨付第二次看过的一大批，都可付翻译——唯其中的一篇，即《井冈山的斗争》，请送来再看一次。"毛泽东这里提到的四篇文章，后来都收入了《毛泽东选集》，前两篇收入第2卷，题目是《和英国记者贝特兰的谈话》《和中央社、扫荡报、新民报三记者的谈话》。《一个极其重要的政策》收入第4卷。第四篇在收入第4卷时题目改为《全世界革命力量团结起来，反对帝国主义的侵略》。

再如1940年2月1日毛泽东在延安民众大会上所作的讲演《团结一切抗日力量，反对反共顽固派》一文，在收入《毛选》第2卷时，毛泽东对其内容作了部分删改，删去了原来讲演中的第四部分"共产党的十大任务"。

毛泽东对语言文字的使用要求十分严格，他认为语言文字应力求将思想表达得准确，这是他在校阅《毛选》文稿时所注意的一个重要问题。为此，他提议要纠正电报、报告、指示、决定中的文字缺点。根据这个建议，中共中央还专门发出了关于纠正电报、报告、指示、决定中文字缺点的指示。这个指示稿，在形成过程中，毛泽东根据编辑《毛选》过程中遇到的一些问题，作了许多重要的修改。《人民日报》还为此专门发了社论。《毛选》中收入的每篇文章，毛泽东在校阅过程中都字斟句酌，有时哪怕是一个意思相近的字，毛泽东都反复琢磨，考虑用哪个更能把思想表达得准确些。如《毛选》第1卷收录的《中国共产党在抗日时期的任务》一文的第一个小标题"民族矛盾和国内矛盾的目前发展阶段"，原稿在民族矛盾和国内矛盾之间用的是"与"字，毛泽东在阅稿时把小标题和文章中间用的"与"字统统改为"和"字了。之所以这样改，这是有他自己的考虑，毛泽东是不赞成这种半文半白的文字用法的。

三、撰写和修改题解与注释

《毛泽东选集》1至4卷第1版共有题解118篇，注释872条。这些都是由毛泽东选集出版委员会组织的一些专家学者起草的，主要是：胡乔木、胡绳、艾思奇、田家英、李践为、王宗一等人。1至3卷的题解和注释，有相当一部分是毛泽东亲自撰写的。第4卷的题解均出自编者之手，毛泽东只作了个别修改。它在体例和风格上与前3卷的题解不尽一致，比较偏重于对著作意义的介绍。

从现存的不完全的档案来看，仅《毛泽东选集》第1卷的16篇题解和249条注释，就有10篇题解和120多条注释是由毛泽东自己撰写或修改的。在毛泽东撰写的题解中，既有简单的技术性的题解，如《论政策》一文的题解，毛泽东写道："这是毛泽东同志为中共中央写的对党内的指示。"也有一些是对重要历史背景的说明，还有一些是政治性、理论性的阐述。如《关于纠正党内的错误思想》一文的题解，内容就很丰富："这是毛泽东同志为红军第4军第九次党的代表大会写的决议。中国人民军队的建设，是经过了艰难的道路的。中国红军

（抗日时期是八路军、新四军，现在是人民解放军）从1927年8月1日南昌起义时期创始，到1929年12月，经过了两年多的时间。在这个时期内，红军中的共产党和各种错误思想作斗争，学到了许多东西，积累了相当丰富的经验。毛泽东同志写的这个决议，就是这些经验的总结。这个决议使红军完全建立在马克思列宁主义基础上，将一切旧式军队的影响都肃清了。这个决议不但在红军第4军实行了，后来各部分红军都先后不等地照此做了，这样就使整个中国红军完全成为真正的人民军队。二十几年来，中国人民军队中党的工作和政治工作有广大的发展和创造，现在的面貌和过去大不相同了，但是基本的路线还是这个决议的路线。"还有如《中国革命战争的战略问题》《中国革命和中国共产党》《新民主主义的宪政》等文的题解都具有重要的思想内容。

毛泽东撰写的一些思想性、理论性很强的题解和注释，具有和正文同样的文献价值和理论价值。有些文章的题解，经过毛泽东的修改，内容更为充实，思想上更强了。如，第2卷收录的《陕甘宁边区政府第八路军后方留守处布告》一文的题解，毛泽东除对一些提法作了重要修改外，还加写了一段话，这就是题解当中的："当时国共合作成立不久，蒋介石集团即阴谋破坏共产党领导的革命力量。破坏陕甘宁边区，是这种阴谋的一部分。毛泽东同志认为为了保护革命的利益，必须采取坚定的立场。"

关于注释，毛泽东在编辑《毛选》的过程中也十分注重。从挑选注目，到释文内容，以及排列，毛泽东都提出了一些具体的要求。毛泽东在校阅文稿的过程提出需要"加注"的也不乏其例。如，毛泽东在通读第4卷收录的《中共发言人关于命令国民党反动政府重新逮捕前日本侵华军总司令冈村宁次和逮捕国民党内战罪犯的谈话》一文时，关于"新华社陕北25日广播中共发言人谈话"，毛泽东批写道"找出来"。这篇文章中还提到"你们提出了五条，我们提出了八条"，在文稿送审时，只注释了"八条"，毛泽东在"五条"处用铅笔写了两个字"加注"。在《毛选》1至3卷的编辑过程中，毛泽东亲自撰写了一些注释，如《井冈山的斗争》一文关于"打土豪"的注文，《怎样分析农村阶级》一文关于"管公堂和收学租"的释文，《论持久战》中关于"亡国论""速胜论"的释文，《青年运动的方向》一文中五四青年节的注释，等等。这些注释文笔不凡，内容深刻，是一般人难以写出来的。毛泽东作过一些重要修改的注释有：《我们的经济政策》一文中的"耕田队"，《关于蒋介石声明的声明》一文中的"上海爱国领袖"，《团结一切抗日力量，反对反共顽固派》一文中的"点线工作"，等等。以"点线工作"一注为例，最初的注文是这样写的："点线工作，即指国民党的特务间谍活动。"毛泽东修改为："以边区的城市为据点，并将这些据点联系起来成为几条线，这样来布置他们的反革命工作。他们自称这种工作为点线工作。"

说到注文的排列，毛泽东在《实践论》的文稿上写道："除第一页附注移至题下外，其他九条附注均移至文尾，请校正勿讹。"又如"停战议和，一致抗日通电"一注，编委会最初曾考虑作为《论反对日本帝国主义的策略》的附录，送请毛泽东审定，毛泽东除对注文用铅笔作了一些修改外，建议"放在《对十二月二十六日蒋介石的声明的声明》之后作为附注"，并且批示"送来校对"四个字。编委会在研究了毛泽东的批示后，建议改为《中国共产党在抗日时期的任务》一文的注③，送请毛泽东审定。毛泽东表示同意，先用铅笔，后又用毛笔，画去了原来的批示。这一注释最后定稿时，因《中国共产党在抗日时期的任务》一文增加了"华北事变"一注，原来的注③才改成注④。毛泽东知识渊博，思想理论性强，他撰写和修改的注释，不仅提供了重要的历史情况，而且阐述了一些重要的观点，具有重要的学习和研究价值。

四、参加校对

毛泽东审定文稿，除了修改内容和文字外，还亲自做一些校对工作。1951年3月15日，毛泽东在给田家英的信中说："《矛盾论》的原稿请即送来，凡校对都须将原稿连同清样一起送来，以前的一切原稿均请送来。"不仅如此，他还做一些技术性的处理工作。例如，他在校阅《中国共产党在抗日时期的任务》一文时，其中有三处地方，清样排得不好，毛泽东即在各处写道："排拢""排齐"，还画出了校对符号。毛泽东校阅文稿十分仔细认真，再小的印刷差错都难逃他的眼睛。如他在校阅《为争取千百万群众进入抗日民族统一战线而斗争》一文时，有两个字因铅字磨损，字体比其他字瘦小，他批道："换一个铅字。"还有一处字号不对，几乎看不出来，但是，毛泽东在此处画出，并写道"改老5号"。对文章中出现的一些数字，毛泽东在边上总是打上一个"？"，要求编者查核。有些数字他自己经过查核作了纠正。如《毛选》第4卷收录的《四分五裂的反动派为什么还要空喊"全面和平"？》一文原稿中，提到"国民党在去年11月初至今年1月底的不足三个月中丧失约105万人，包括国民党正规军105个整师"。毛泽东经过查核，将"11月"改为"10月"，将"三个月"改为"四个月"，并在"105万人"和"105个整师"这两处各打上了一个"？"。经编者查核，结果是原稿的数字不准确，"105万人"应为"154万多人"，"105个整师"应为"144个整师"。

《毛泽东选集》第1版，由于毛泽东亲自主持编辑工作，所以在今天看来可以说是一个完善的版本。[48]

1951年1至6月间，毛泽东写了许多书信、批语，指导《毛泽东选集》的编辑出版工作。1951年1月23日，他就撰写介绍《实践论》文章写信给陈伯达，内容如下：

伯达同志：

我还是和过去差不多，拟于一周后去附近地点正式休息一时期，行前当找你一谈。关于介绍《实践论》，《学习》上有了一篇，我没有全看，你写文章时请翻阅一下。你文章写成时，如有时间，可以给你看一遍。

毛泽东

1951年三四月间，毛泽东住在石家庄。3月8日，他就《矛盾论》修改问题致信陈伯达、田家英。信中说：

《矛盾论》作了一次修改，请即重排清样两份，一份交伯达看，一份送我再看。论形式逻辑的后面几段，词意不畅，还须修改。其他有些部分也还须作小的修改。

此件在重看之后，觉得以不加入此次选集为宜，因为太像哲学教科书，放入选集将妨碍《实践论》这篇论文的效力，不知你们感觉如何？此点待将来再决定。

你们暂时不要来，待《矛盾论》清样再看过及他文看了一部分之后再来，时间大约在月半。

3月15日，毛泽东就《矛盾论》校对问题写信给田家英说："《矛盾论》的原稿请即送来。凡校对，都须将原稿连同清样一起送来。以前的一切原稿均请送来。"

3月20日，毛泽东致信胡乔木说："选集提前发表的少数文章，待看后送你，4月或可发表一二篇。《学习》上不要发表我的文章。"

3月27日，毛泽东写信给当时任湖南大学校长的李达。内容如下：

鹤鸣兄：

两次来信及附来《〈实践论〉解说》第二部分，均收到了，谢谢您！《解说》的第一部分也在刊物上看到了。这个《解说》极好，对于用通俗的言语宣传唯物论有很大的作用。待你的第三部分写完并发表之后，应当出一单行本，以广流传。第二部分中论帝国主义和教条主义经验主义的那两页上有一点小的修改，请加斟酌。如已发表，则在印单行本时修改好了。

关于辩证唯物论的通俗宣传，过去做得太少，而这是广大工作干部和青年学生的迫切需要，希望你多多写些文章。

顺致

敬意！

毛泽东

3月27日

《实践论》中将太平天国放在排外主义一起说不妥，出选集时拟加修改，此处暂仍照原。

毛泽东在《毛选》的文字修饰和语言规范化方面下了许多功夫，认为语言文字应力求将思想表达得准确。在他的提议下，中共中央于1951年2月1日还发出了关于纠正电报、报告、指示、决定中文字缺点的指示（对这个指示稿，毛泽东作了许多重要的修改），《人民日报》为此发了社论。

关于《毛泽东选集》第4卷及其他几种选本的编辑出版情况，亲身参加这项工作的逢先知作了如下介绍：

《毛选》第3卷出版后的第7年，第4卷于1960年出版。第4卷的编辑工作，不像前3卷那样由毛泽东亲自动手，而是在别人，主要是胡乔木、田家英、许立群、熊复、王宗一等人，编好之后，由毛泽东主持通读定稿（这里应说明，康生名义上虽然也参加了，还负一定责任，实际上并未起多少作用，他自称从来是"君子动口不动手"。陈伯达对此事很不热心，没有参加任何编辑工作）。编辑和通读定稿工作1960年2至3月在广州进行，毛住在白云山，一般每周去他那里通读定稿一次。这一卷的重要题解和涉及思想理论内容的注释（如《目前形势和我们的任务》一文关于富农问题的注文），均出自胡乔木的手笔。《党委会的工作方法》一文是由许立群整理的。

《毛选》第4卷是解放战争时期的著作，它是中国人民革命胜利的记录，反映了中国人民敢于斗争敢于胜利的英雄气概和所向披靡的革命声势。毛泽东在通读第4卷的时候，特别兴奋，"想当年，金戈铁马，气吞万里如虎"的意气，油然而起，读到《抗日战争胜利后的时局和我们的方针》《关于重庆谈判》等文章时，他不时地发出爽朗的笑声。《毛选》第4卷的文章，不仅内容重要，思想深邃，而且从文字上说也是上乘之作，有很高的艺术性；既有高屋建瓴、势如破竹的雄劲，又有行云流水、议论风生的韵致，刚柔相济，情文并茂，最充分表现了毛泽东特有的文风。《论人民民主专政》就是其中的代表作之一。田家英告诉我，毛泽东在写这篇文章之前，坐了一天，动也不动，专心构思，然后，又用一天时间，饭也没吃，一气呵成，完成近万字的名篇。这篇文章逻辑严密，简明精练，气势磅礴，一泻千里。它是新中国建国纲领的理论基础和政策基础之一，就其基本思想来说，在今天仍然保持着它的生命力。

1960年，在编第4卷的同时，田家英也参加了一部分第5卷的编辑工作。但他对编辑出版第5卷始终持怀疑态度，为此还受到康生的批评。田家英当时就认为，毛泽东社会主义时期的著作有的还不成熟，有的甚至是错误的，他对毛泽东并没有抱盲从的态度。毛泽东本人也多次表示，他在社会主义时期的著作究竟行不行，还有待于更多实践的检验。

当然，毛泽东在新中国成立以后有许多著作是经得起考验的，有些著作事后还经过了本人的认真考虑。例如《在扩大的中央工作会议上的讲话》，是作者在1966年修订过并征得党中央同意在党内发表的。又如《论十大关系》，是1975年在邓小平主持下，由胡乔木整理讲稿，送经本人审阅同意并在党内发表的。在毛泽东逝世后由华国锋等主持，正式编出和出版第5卷时，邓小平、胡乔木都早已被排除在工作之外，对此书的选材、编辑不能负任何责任，田家英更是早就不在人世了。

　　毛泽东从来没有把《毛选》的著作看作仅仅是他个人的东西，而看作是群众智慧的集中。他说："《毛选》什么是我的！这是血的著作。……《毛选》里的这些东西，是群众教给我们的，是付出了流血牺牲的代价的。"又说，"1921年建党后，经过了十四年，牺牲了多少党员、干部，吃了很多苦头，才懂得了如何处理党内关系、党外关系，学会走群众路线。不经过那些斗争，我的那些文章也写不出来。"

　　《毛泽东选集》1至4卷出齐以后，田家英根据毛泽东的意见，从1962年8月起，开始对注释进行全面校订。编《毛选》的时候，注释工作由于受当时资料条件和其他方面的限制，不论在史实方面还是提法方面都存在一些问题。毛泽东早就提出要修改注释。这是一项艰巨而复杂的任务，需要查阅大量资料，进行细致的考证和校勘，还要吸收学术界新的研究成果。这项工作是在田家英主持并直接参加下，由中央政治研究室和中央档案馆的几位同志共同进行的。到1965年，1至3卷的注释校订全部完成，并陆续送毛审阅。这件事，毛泽东没有让陈伯达参与，陈十分不满，大发牢骚，在背后散布说："田家英搞注释校订是反对我陈伯达的，是对《毛选》的'批判'。"这真是无理取闹！陈伯达的人品，从这件事情上也可以看出一斑。

　　1964年，全国都在学毛泽东著作。田家英觉得，《毛选》的分量太大，不适合一般干部和青年学习。他向中央建议，编辑《毛泽东著作选读》甲种本和乙种本，分别供一般干部和青年学习，掌握毛泽东思想的立场、观点、方法。这个建议得到中央和毛泽东的同意。田家英是主要的编者，选目都是经中央和毛泽东批准同意的。在这两种选读本里，第一次公开发表《反对本本主义》这一名篇。在此之前，1958年和1963年，田家英还协助毛泽东编辑出版了《毛主席诗词十九首》和《毛主席诗词》两个诗词选本。[49]

　　毛泽东在主持编辑出版自己著作选集中文版的同时，还约请一些专家对《毛选》进行编译，出外文版。在访苏期间，斯大林曾推荐尤金做毛泽东选集的中文译俄文工作。尤金来华后，在师哲等人的协助合作下，进行了这一工作。毛泽东经常与尤金探讨谈论哲学等问题，交情甚笃。师哲在其回忆录中对尤金在华工作及与毛泽东的交往，作了详细叙述。他写道：

毛主席从苏联回国后，稍事休息，即着手准备《毛泽东选集》的编译工作。大约4月间，毛主席致电斯大林，正式邀请尤金到中国来帮助他进行这项工作。5月初，毛泽东在丰泽园主持召开政治局会议，讨论了斯大林的建议。会议决定成立《毛泽东选集》编辑委员会，指定陈伯达、田家英整理中文稿件，当然最后仍由毛泽东本人审查定稿；责成我同费德林一道建立和组织中文译俄文的工作。

抗日战争，在重庆时，费德林就在苏联大使馆搞汉语翻译工作，后来兼任代办，因而他的中、俄文都很好。1949年1月底，南京国民政府迁往广州后，要求各国使馆也随之南迁，费德林和大使罗申一同迁到了广州。人民解放军渡过长江占领南京后，国民党政府大势已去，罗申和费德林就从广州回国。回国后，费德林仍在外交部工作。1949年夏，刘少奇访问苏联时，费德林为维辛斯基当翻译，就在这时我们相识了。新中国成立后，费德林再次来中国，先替苏联专家组负责人柯瓦廖夫当翻译，1950年后升任苏联驻华大使馆文化参赞。《毛选》编辑工作开始后，费德林向毛主席提出，要求长期留驻中国工作，但毛主席认为他还是以文化参赞身份帮助工作为宜，没有同意他的请求。

班子组织起来后，我们很快就投入了工作。我遵照中央的指示，暂时撇下了手头的一切工作，离开机关，同费德林一道移驻香山，专心致力于《毛选》的翻译工作。开始时工作较顺利。陈伯达也常与我联系，把他们选编整理好的中文稿件送给我们翻译。至7月，就已积累了若干篇译稿。编录在《毛选》第1卷中的大部分文章，约有2/3，已译成俄文。许多篇的中文稿件因毛主席还没有时间审定而未最后定稿。

7月，尤金应邀来到北京后，就开始看稿。两三周后，尤金到香山看望我和费德林，我们经常联系。9月，中文稿件供应减缓，妨碍了翻译进度，自然也影响了尤金的工作。毛主席建议尤金到各机关讲学。9月21日，应中苏友好协会总会的邀请，尤金在北京作了第一次讲演，题为《苏联由资本主义到社会主义的过渡时期》。中苏友好协会会长刘少奇主持讲演会。

9月底，尤金访华时间将结束，但《毛选》编辑工作远未完成。毛主席于9月30日致电斯大林，请求延长尤金在中国工作的时间。毛主席写道："尤金在这里工作了两个多月。但是，关于帮助编辑《毛泽东选集》的工作现在还没有完成，还需要相当一段时间。并且我们希望他能到山东、南京、上海、杭州、长沙、广州、汉口、西安、延安、沈阳、哈尔滨等地参观，并向我们的干部作一些政治理论报告、讲演等，以上两项工作，共需四个多月时间。因此，我请求你允许尤金同志在中国工作的时间延长至1951年1月底或2月底。是否可以这样做，请予复电为盼。"

10月9日，斯大林回电毛主席："来电请求延长尤金留中国的时间已收到。现通知你，尤金留中国可以到今年底，以便完成《毛泽东选集》的准备工作及在中国各城市党的干部会上的讲演。"毛主席接到电报后，于10月11日批转刘少奇："请为尤金组织去各地参观并讲演。在京四次讲演应办理完毕。"

随后，尤金到上海、杭州、广州、汉口、西安等地参观、游览、讲学。他的讲演内容有：《苏联从资本主义到社会主义的过渡时期》《论苏联逐步过渡到共产主义》《东欧和中南欧各人民民主国家的社会主义建设》等。这些讲演稿均在12月上旬的《人民日报》上陆续发表。

尤金在外地游览、讲学期间，我和费德林继续"攻坚"，突击翻译哲学论文《实践论》，大约于10月底完成。

尤金周游讲学回京后，我们给他看了《实践论》等译稿，并征求他对译文的意见。尤金读后，大感兴趣，赞不绝口。

11月、12月间，尤金同毛主席进行了一次较长的谈话。尤金首先说明他对准备编入《毛泽东选集》第1卷的译文都看了，觉得非常有趣，有许多独到之处。他认为，就他已阅读过的文章来说，都是有价值的。同时指出，也有个别篇章，作为理论性的文献，有些语句或许欠严谨。尤金所提意见不多，转弯抹角，吞吞吐吐，并一再声明这是从为了照顾外国读者的角度提出来的，仅供修改时参考。他没有提出什么实质性的意见，只是对一些十分明显的错处、文字表达方面的问题，或语意虽明确，但"难登大雅之堂"的字句提出修改或删节。如："一屁股蹲下，坐在炕上"、"懒婆娘的裹脚布，又长又臭"、辩证法中的"生与死"的关系等等。至于《毛选》出版时，采纳了尤金哪几点意见，现在都记不清了。

尤金私下同我们交谈时，曾指出某某观点近乎于某某（指伯恩斯坦、考茨基或普列汉诺夫）的观点。

尤金极力推崇毛主席的若干篇文章，特别是对《实践论》《矛盾论》《在延安文艺座谈会上的讲话》，陈述了自己的认识和想法，要求毛主席把这几篇文章寄送给斯大林阅读。同时他还建议把已定稿的《实践论》发表在苏联某理论刊物上。毛主席同意了尤金的建议。

尤金曾说过，他对中国的问题并不内行，但经过对毛泽东著作的研究后，增加了不少关于中国哲学、历史、理论、文学方面的知识。对中国的文章结构、文字表达方法也有所了解了，并感到十分新颖、奇特。所以在这次谈话快结束时，谈到尤金再次来华帮助工作一事，尤金表示回国度假后，能再到中国来，并希望携带家眷，能住较长的时间，以完成自己的使命。

谈话后，尤金立即将《实践论》的译稿经苏联大使馆转送斯大林。斯大林阅后交给苏共中央的理论刊物《布尔什维克》杂志社。《布尔什维克》杂志在1950年12月出版的第23期上全文刊登了此文，并转登了中文编辑部的题解。这个题解说明了毛泽东发表这一哲学著作的原因：在中国共产党内，有一个时候曾有过一些教条主义者，也有过一些经验主义者，他们的错误思想，特别是披着马克思列宁主义外衣的教条主义的观点，曾经在1931年至1934年使中国革命受了极大的损失。

随后，《真理报》发表编辑部文章，向广大苏联读者介绍并推荐毛主席这篇哲学著作。文章认为，"毛泽东同志在其著作中简洁和明晰地概述了唯物论的认识论——反映论。在他的著作中，发展了马克思列宁主义关于辩证唯物论的认识论的基本原则、关于实践在认识过程中的作用的基本原理、关于革命理论在实际革命斗争中的意义基本原理"，"发展了马克思列宁主义关于绝对真理和相对真理的原理，关于客观的东西与主观的东西在认识中的统一的原理"。文章指出："毛泽东这一著作的特点就是：对复杂的哲学问题的深刻的马克思主义的分析与叙述的形象性和鲜明性结合在一起。"文章最后说："毛泽东同志的《实践论》这一论文，广大的苏联科学界将带着极大的兴趣来阅读。"1951年1月，苏联又出版了《实践论》单行本，译者只署名为费德林。

《实践论》在苏联发表后，得到很好的反响。毛主席对此很高兴。1950年12月28日，毛主席给新闻总署署长胡乔木写信，要求他将《实践论》和《真理报》编辑部评论文章分两天登载，并嘱咐可先在《人民日报》发表，然后新华社再用文字广播。12月29日、30日，《人民日报》先后发表了《实践论》和《真理报》编辑部的评论。

1951年1月上旬，尤金回国。回国前，毛主席在1950年12月31日晚在颐年堂请尤金及费德林等吃饭，随后看了戏。毛主席特地请刘少奇、朱德、周恩来等作陪。

本来，《矛盾论》《在延安文艺座谈会上的讲话》也要译成俄文提前发表的，但因主席未能最后定稿，影响了及时译出。毛主席一直在修改《矛盾论》。1951年3月8日，毛主席致函陈伯达、田家英，讲到"《矛盾论》作了一次修改"，"此件在重看之后，觉得以不加入此次选集为宜，因为太像哲学教科书，放入选集将妨碍《实践论》这篇论文的效力"。1951年10月，《毛选》第1卷出版时没有收入这篇文章。到1952年4月1日，《矛盾论》才公开发表，并收入同年4月10日发行的《毛选》第2卷。《毛选》再版时，《矛盾论》才由第2卷移入第1卷。

尤金走后，毛主席全力以赴考虑朝鲜战争的问题，无暇顾及选集一事，许多中文稿定不下来。我和费德林无事可做，毛主席令我陪费德林到各地游览参观。

2月7日，我们从北京出发，周游了济南、曲阜、南京、上海、杭州、南昌、井冈山、广州、长沙、湘潭、韶山、武汉、郑州、西安、延安、吴旗、石家庄、太原等地。3月31日回到北京，历时52天。

…………

1951年7月下旬，在毛主席邀请下，尤金偕夫人季娜第二次来华。他这次来华的任务有三项。一则到东北和华北各地向我们的干部作讲演；二则帮助我们的同志研究东方各国兄弟党的工作；三则看一看《毛泽东选集》的一些文章，并指导《毛选》的翻译工作。

尤金夫妇在中宣部部长陆定一陪同下，由林莉担任翻译到各大城市讲学兼参观、游览。对这次旅行，尤金是很满意的，回来后写了一封参观访问印象记式的汇报信给毛主席。

毛主席看了后，表示很满意，但对陆定一等流露出不满，说外国人出游回来还给他写信，报告其所到过的地方、所完成的任务、在各地的见闻以及给他们的印象等等，可是我们的陪同人员一言不发，不知他们到底看见了什么，还是什么也没有看见。关于这件事，毛主席讲过好几次，不知陆定一同志听说过没有。

9月，毛主席亲自安排尤金夫妇到青岛疗养，并给山东省委、青岛市委写信，要求他们为尤金在济南、青岛各组织一次学术思想座谈会。

尤金第二次来北京后，住在景山后街，这是原燕京大学校长、美国驻华大使司徒雷登的寓所，有花园、小游泳池，环境幽静。毛主席曾两次拜访尤金，交谈问题，完全把尤金夫妇作为自己的私人客人。

记得有一次毛主席对我说，他准备下午4时到尤金住处访问，要求我作好安排，并且到时去接他。可是当我去接他时，他正在勤政殿参加国务会议。怎么办呢？一位十分聪明、有经验的同志告诉我："你到会议厅去转一下，如果他还没有发现你，那你就在旁边稍坐一下。"因为约定的时间已经到了，无奈，我只得照此行事。毛主席一发现我走进会议厅，马上看了看表，就退席走出了会场。

我们到景山后街尤金家里时，他们早已作好了安排。尤金请来了路过北京的两位苏联作家柯涅楚克和瓦西列夫斯卡娅作陪。这可以大大活跃谈话气氛，也减轻了尤金的一些负担。

但是，这次谈话的内容依然是哲学问题，以哲学辩证法的观点来研究物理、生理学方面的现象，即原子、电子、中子、质子等。毛主席和尤金乐于此道，谈得十分欢畅，甚至在宴席上也没有改变话题。柯涅楚克和瓦西列夫斯卡娅则被高深莫测的哲学问题所慑服，简直插不上一句话，呆呆地听两位哲学大师侃侃而谈。

毛主席和尤金的往来较多，相互关系也日益密切。另外，尤金带来了夫人，这就便利江青经常出面。这时，江青往往代表毛主席说话，或以毛泽东的名义进行活动。每隔一两周，江青便出面组织并陪同尤金夫妇参观、游览、消遣，共度假日。如游览香山、卧佛寺、颐和园、长城等名胜古迹。每到一处，都设法举行招待宴会。每隔若干时日就举办晚会，邀请尤金夫妇观赏京剧《野猪林》《三打祝家庄》《大闹天宫》、越剧《梁山伯与祝英台》《白蛇传》等中国古代传统优秀戏曲，以及现代歌剧《白毛女》等，并看过几部电影。因为尤金家里有台小型放映机，所以有时也请毛主席到他家去看电影。

江青的招待显得大方、阔绰，其规模、开销往往数倍于招待其他的外宾。不仅如此，在这些场合，江青总是要使尽全身解数，显示她的"知识、才能、卓见"，以及她的权力、交际本领，同时还要尽力把自己装扮成一位文明、慷慨大方和超群出众的人。这一切使得尤金夫人头晕目眩、神魂颠倒，他们不仅极其欣赏、羡慕江青的聪明、智慧，而且也十分钦佩、叹服她的气质、魅力。

1951年10月19日，尤金再次启程回国。他走时，《毛泽东选集》第1卷的翻译工作业已完成，第2卷也基本上译完，第3卷已译了个别篇章。这时，苏方建议把《毛泽东选集》翻译工作转移到莫斯科苏联国家出版局，由他们负责完成。这一方面是为了节省时间，加快翻译进度，免得转来转去；另一方面，也是最根本的原因，是《毛泽东选集》俄文版即将由苏联国家出版局出版，他们对译文必然要负全部责任，所以他们必须按照他们的标准、要求、风格（文风）来进行翻译、校改、定稿。他们的解释是：必须保证苏联读者普遍能读懂，能比较正确地了解作者的原意。这自然是无可厚非的。

苏联对出版物的要求是严格的。他们对一切作品，无论是文艺还是理论作品，也不论是谁的作品，一律都要求经过修辞专家审定，以使每句话都合乎文法标准的要求。不仅对词汇、语法、修辞、文风要斧正，而且对标点符号也要一一修订，决不含糊。一些修辞专业人员对文法的正确性、准确性、完整性和纯洁性都要负起完全的责任。这是非常好的做法，值得我们借鉴。

1952年，苏联出版俄文版《毛泽东选集》第1卷，轰动很大，引起苏联和东欧各国的广泛注意。随后，苏联又翻译了第2卷。因为字数太多，分为两卷（即俄文版2、3卷）。俄文版的第4卷（即中文版的第3卷）是1953年12月出版的。

关于译者署名问题，毛主席曾问过我。我说《实践论》有注解，说这篇文章的译者是费德林。主席听后笑了，然后带着安慰的语气说："不必计较这些了！"我说："主席，我根本没有把这种事情放在心上。"

但是麻烦在后头。大约1954年或1955年，苏方向中方建议：中苏任何一方都可自由选译对方的著作、论文等文献，并一律由己方付报酬，而不向对方的作者、译者付酬。表面上是双方各自关心自己的作者、译者，很公平，其实是因为中国对著者、译者的稿酬太低，而他们的较高，他们怕吃亏而已。中方接受了他们的建议，也明白他们的用意何在。

应当指出，他们历来也没有给我们付过稿酬，虽然《毛泽东选集》俄译本译者中有我的名字。刘少奇不止一次关心地问我，苏方给的稿费是怎样分配的？并嘱咐，必须保证凡参加过翻译工作的人都能得到应得的一份。但苏方实际上没有给过我方一文稿费。〔50〕

注　释

〔1〕薄一波：《若干重大决策与事件的回顾》上卷，中共中央党校出版社1991年5月版，第67—93页。

〔2〕陶鲁笳：《一个省委书记回忆毛主席》，山西人民出版社1993年12月版，第1—5页。

〔3〕1950年6月13日《人民日报》。

〔4〕《毛泽东著作选读》下册，人民出版社1986年8月版，第695—697页。

〔5〕薄一波：《若干重大决策与事件的回顾》上卷，中共中央党校出版社1991年5月版，第98—99页。

〔6〕李维汉：《回忆与研究》（下），中共党史资料出版社1986年4月版，第677页、679页、681页、682页。

〔7〕薄一波：《若干重大决策与事件的回顾》上卷，中共中央党校出版社1991年5月版，第99—100页。

〔8〕1950年4月15日《人民日报》。

〔9〕薄一波：《若干重大决策与事件的回顾》上卷，中共中央党校出版社1991年5月版，第120—121页。

〔10〕薄一波：《若干重大决策与事件的回顾》上卷，中共中央党校出版社1991年5月版，第124—131页。

〔11〕1950年6月15日《人民日报》。

〔12〕汪东林：《梁漱溟与毛泽东》，吉林人民出版社1989年5月版。

〔13〕《毛泽东同志九十诞辰纪念文选》，第316—319页。

〔14〕1950年6月29日《人民日报》。

〔15〕青石：《1950年解放台湾计划搁浅的幕后》，载《百年潮》1997年第1期。

〔16〕《聂荣臻回忆录》，解放军出版社1984年12月版，第734—735页。

〔17〕雷英夫、陈先义：《统帅部参谋的追怀》，江苏文艺出版社1994年1月版，第157—167页。

〔18〕薄一波：《若干重大决策与事件的回顾》上卷，中共中央党校出版社1991年5月版，第43页。

〔19〕金牛：《"跨过鸭绿江"的决策过程》，载《炎黄春秋》1995年第4期。

〔20〕《聂荣臻回忆录》，解放军出版社1984年12月版，第736页。

〔21〕《彭德怀自述》，人民出版社1981年12月版，第257—258页。

〔22〕访问原中央办公厅警卫处处长李树槐记录，1985年8月24日。——原注

〔23〕《聂荣臻回忆录》（下），解放军出版社1984年8月版，第735页。——原注

〔24〕《彭德怀自述》，人民出版社1981年12月版，第257页。——原注

〔25〕访问杨尚昆记录，1984年7月20日。——原注

〔26〕《聂荣臻回忆录》（下），解放军出版社1984年8月版，第736页。——原注

〔27〕原彭德怀指挥所参谋龚杰1985年2月21日来信。——原注

〔28〕《聂荣臻回忆录》（下），解放军出版社1984年8月版，第935页。——原注

〔29〕访问随周恩来赴苏联谈判的翻译师哲记录，1989年3月10日。——原注

〔30〕《彭德怀传》，当代中国出版社1993年4月版，第401—408页。

〔31〕《中国人民志愿军抗美援朝战史》，军事科学出版社1990年12月版，第76—79页。

〔32〕《聂荣臻回忆录》（下），解放军出版社1984年8月版，第740—741页。

〔33〕《中国人民志愿军抗美援朝战史》，军事科学出版社1990年12月版，第92—93页。

〔34〕杜平：《在志愿军总部》，解放军出版社1991年3月版，第250页。

〔35〕杜平：《在志愿军总部》，解放军出版社1991年3月版，第262—

264页。

〔36〕李银桥：《在毛泽东身边十五年》，河北人民出版社1991年12月版，第159—162页。

〔37〕《彭德怀自述》，人民出版社1981年12月版，第216页。——原注

〔38〕彭德怀给中共中央和毛泽东的信，1962年6月16日；访问雷英夫记录，1987年3月。——原注

〔39〕《彭德怀传》，当代中国出版社1993年4月版，第450—456页。

〔40〕《聂荣臻回忆录》（下），解放军出版社1984年12月版，第741—742页。

〔41〕杜平：《在志愿军总部》，解放军出版社1991年3月版，第573—579页。

〔42〕杜平：《在志愿军总部》，解放军出版社1991年3月版，第589—593页。

〔43〕薄一波：《若干重大决策与事件的回顾》上卷，中共中央党校出版社1991年5月版，第139—142页。

〔44〕薄一波：《若干重大决策与事件的回顾》上卷，中共中央党校出版社1991年5月版，第142—143页。

〔45〕薄一波：《若干重大决策与事件的回顾》上卷，中共中央党校出版社1991年5月版，第148—153页。

〔46〕薄一波：《若干重大决策与事件的回顾》上卷，中共中央党校出版社1991年5月版，第161—167页。

〔47〕黎之：《回忆与思考》，载《新文学史料》1994年第2期。

〔48〕刘金田、吴晓梅：《〈毛泽东选集〉出版的前前后后》，中共党史出版社1993年7月版，第108—116页。

〔49〕逄先知等：《毛泽东和他的秘书田家英》，中央文献出版社1989年12月版，第17—20页。

〔50〕师哲：《在历史巨人身边》，中央文献出版社1991年12月版，第475—485页。

三、创造新世界

过渡时期总路线的提出

党在过渡时期的总路线和总任务，是要在一个相当长的时期内，逐步实现国家的社会主义工业化，并逐步实现国家对农业、手工业和资本主义工商业的社会主义改造。这条总路线是对1948年至1952年上半年间毛泽东、党中央关于向社会主义过渡设想的重大发展。它酝酿于1952年下半年至1953年初，形成和完善于1953年6月至12月。

关于毛泽东对民主革命胜利后中国何时搞社会主义的最初构想，薄一波回顾说：

新民主主义革命成功以后，到底要建设一个什么样的国家？是像十月革命那样，革命一胜利就搞社会主义，还是搞一段新民主主义？我的印象，我们党最初比较集中地思考这个问题，大约是在从1948年9月政治局扩大会议起到1949年3月七届二中全会这段时间。

中央政治局扩大会议是1948年9月8日至13日在西柏坡召开的。少奇同志在会上作了《关于新民主主义的建设问题》的报告。随后，12月25日，他又在华北财经委员会的会议上作了题为《新中国经济建设的方针与问题》的报告。

少奇同志在这两篇报告中的观点，概括起来说，中心思想是，民主革命胜利后，还不能马上直接采取社会主义的实际步骤。他说："过早地采取社会主义的政策是要不得的。""过早地消灭资本主义的办法，则要犯'左'倾的错误。"毛主席表示赞同他的观点。少奇同志在政治局扩大会议上发言的过程中，毛主席特别补充说："到底何时开始全线进攻？也许全国胜利后还要十五年。"也就是说，毛主席早已在考虑这一问题，已经胸有成竹了。当时党中央的其他领导同志也都在思索革命胜利后什么时候转入社会主义比较合适的问题。

少奇同志提出不要过早采取"社会主义的政策"的理由是：

第一，条件不成熟。他在政治局扩大会议上说，从五种经济成分看，国营经济在整个国民经济中的比重是很小的，"顶多占20%"。毛主席插话说："连资本主义工业在内，整个近代机器工业的生产量顶多占20%，光是国营经济还不会有这样多。"少奇同志说："正因为这一部分数量很小，所以困难就来了，为什么不能实行社会主义革命即由于此。"

第二，搞社会主义就意味着实行公有制，在这方面不能照搬俄国在资产阶级民主革命成功后，立即就开始进行社会主义革命的经验。他说，"我们不要去套书本子"，要从中国实际的阶级关系出发。因为俄国二月革命后，资产阶级完全站到反革命一边去了，而中国的民族资产阶级不是那样，它历来受帝国主义、封建主义、官僚资产阶级的压迫，具有革命性的一面。民族资产阶级和我们联合进行了反帝反封建斗争，感情一直没有破裂。革命胜利后，我们的政权性质是新民主主义的，还要请民族资产阶级代表人物参加。因此，我们没有必要像俄国那样采取立即推翻资产阶级、取消生产资料私有制的做法。

第三，客观上还要利用资本主义工商业来发展经济。他认为，资本主义工商业在当时还占着较大的比重，"在目前整个国民经济中，是一个不可缺少的部分，它的适当发展，对于国民经济也是有利的"。为发展整个国民经济，对那些不危害国计民生的资本主义工商业还要允许其发展。为了建设新民主主义经济，我们与民族资产阶级"可搭伙十年至十五年"，如果过早消灭了，"消灭了以后，你还要把他请来的"。

民主革命胜利后，需要有一个过渡阶段。既然是过渡阶段，它就不能不具有一些过渡性质的特点。比如，在这个阶段充满着矛盾和斗争，对资产阶级有限制、反限制的斗争，有过渡到社会主义还是过渡到资本主义的斗争。新民主主义经济既有社会主义因素，又有资本主义因素，"这是一种特殊的历史状态"。但是，社会主义成分虽然很小，却是居于领导地位的。在新民主主义经济中，基本矛盾是资本主义经济成分与社会主义经济成分的矛盾。如何处理这一矛盾，少奇同志主张通过"经济竞争"来解决。他认为，在这个竞争中，无产阶级手中有领导权，并且掌握了国家的主要经济命脉，只要引导得当，是一定可以取得胜利的。但是"决定的东西是小生产者的向背，所以对小生产者必须采取最谨慎的政策"。他说，"单是给小生产者以土地，只是建立了领导权，还须进一步使他们成为小康之家"，要通过合作社（主要指供销合作社）的形式去团结他们，"合作社是劳动人民的集体经济，与国家经济相结合，建立同盟，走向社会主义"。

毛主席对少奇同志的这些分析是基本肯定的。毛主席除了在少奇同志讲话中不断插话补充和阐述自己的观点外，还在总结发言里说："新民主主义与社会主义问题，少奇同志的提纲分析很具体、很好，两个阶段的过渡也讲得很好。各同志回中央局后，对这点可作宣传。"毛主席还指出，"对这个问题要作进一步的思考和分析，请少奇同志作准备，草拟文件，提到党的七届二中全会上讨论。"[1]

薄一波还比较了刘少奇与毛泽东在这一构想方面的差异，他说：

在过渡时期总路线提出以前，少奇同志关于巩固新民主主义制度的构想，来源于毛主席关于新民主主义的理论，但也小有歧异。

毛主席把马克思主义与中国革命实践相结合，写下了《新民主主义论》等光辉著作，创立了新民主主义革命理论，指引中国革命一步一步走向胜利。有人说，这个理论只适应于新民主主义革命时期。其实不然，它也包含了关于对新民主主义社会的构想。我认为，少奇同志的构想，实际上也是发端于毛主席的理论，在大的问题上，两者是基本一致的。比如，中国新民主主义革命的前途是社会主义，而不能走资本主义道路；中国革命必须分作两步走，第一步建立新民主主义社会，第二步建立社会主义社会；新民主主义社会是一个向社会主义过渡的时期，在这个时期必须以经济建设为中心，努力实现由农业国到工业国的转变；新民主主义有5种经济成分，应该使它们各得其所，共同繁荣和发展等。

但是，在某些具体问题上，少奇同志有些观点与毛主席也有不尽一致的地方。比如，对待私营工商业，毛主席在强调要利用的同时，比较突出强调节制资本、限制和反限制的斗争一面；少奇同志则在赞成限制的同时，更强调发展和利用的一面，以致在天津讲话中讲到"剥削"问题时走了"火"。在农民问题上，毛主席强调组织起来，走合作化道路；少奇同志则认为不能过早轻易动摇农民的私有制，提出先有机械化，后有合作化，不要怕农民冒富，党员也可以当富农。在实行工业化问题上，已如前所述，毛主席主张在优先发展重工业的前提下，安排好农业、轻工业和重工业的比例；少奇同志的主张则与其相反。在向社会主义转变的问题上，毛主席1952年就开始提出向社会主义过渡，1953年正式提出了党在过渡时期的总路线；少奇同志则主张多搞一段时间的新民主主义，待条件成熟后再转入社会主义；等等。少奇同志的构想，虽然有许多合理的因素，但也确实存在一些片面性。少奇同志自己也并不认为他的意见都对，他在春耦斋讲话一开头就声明，他讲的只是"个人的意见"，"不是定见"，讲出来供大家"研究""批评""补充"。当有些观点受到批评以后，他就放弃，接受批评，甚至公开检讨，这表现了他的坦荡胸怀。尤其需要指出的是，毛主席提出过渡时期总路线后，他是同意和接受的。[2]

毛、刘在1952年以前，都认为向社会主义过渡，是在经过一段新民主主义社会发展之后开始的。

但是，到了1952年下半年，毛泽东的想法开始改变，也就是开始改变过去关于先用十年、十五年建设，待条件成熟，然后一举实行工业国有化和农业集体化，从而进入社会主义的设想，转而主张边建设、边过渡（通过三大改造）到社会主义。

从1952年9月下旬以后，毛泽东多次阐述他的新构想。薄一波回顾这段历史时写道：

在我的记忆中，第一次听到毛主席谈向社会主义过渡问题，是1952年9月24日在中央书记处的会议上。那次会议主要是讨论"一五"计划的方针任务，在听取周总理关于"一五"计划轮廓问题同苏联商谈情况的汇报后，毛主席讲了一段话。大意是：我们现在就要开始用十到十五年的时间基本上完成到社会主义的过渡，而不是十年或者以后才开始过渡。七届二中全会提出限制与反限制的斗争问题，现在这个内容就更丰富了。工业中，私营占32.7%，国营占67.3%，是三七开；商业零售是倒四六开。再发展五年，私营比例会更小，但绝对数字仍会有些发展，这还不是社会主义。五年以后如此，十年以后会怎么样？十五年以后又怎么样？要想一想。到那时私营工商业的性质也变了，是新式的资本主义，公私合营、加工订货、工人监督、资本公开、技术公开、财务公开，他们已经挂在共产党的车头上，离不开共产党了。"空前绝后"，他们的子女们也将接近共产党了。农村也要向合作互助发展，前五年不准地主、富农参加，后五年可以让他们参加。

毛主席的这些话，给我极深的印象。因为这不仅是初次听到他对我国如何向社会主义过渡的论述，更感到这是他依据形势的发展变化所作出的新的判断。对于他的论点，中央其他领导同志没有提出异议，并连续召开中央书记处会议进行了讨论。[3]

1952年10月20日，刘少奇率中共代表团出席苏共十九大期间，受毛泽东委托，就中国向社会主义过渡的设想等问题致信斯大林。并且说："这些问题还没有在中共中央的会议上讨论过，还只是若干同志的一种设想，并在非正式的谈话中谈论过。"信中的意见，在很大程度上反映了毛泽东的看法。

刘少奇在信的第一部分写道：

中国现在的工业生产总值（不包括手工业），国营企业已占67.3%，私人企业只占32.7%。而在1949年，国营只占43.8%，私人占56.2%。在商业中，全国商品总值的经营比重，国营加合作社经营现在也占62.9%，私人只占37.1%，但在零售商业中私人还占67%。这是因为全国依靠商业活动维持生活的店员、小贩和店主有几百万人，如果国营商业与合作社商业扩展太快，就要引起这些人的失业，因此，我们在商业中控制了国营商业与合作社商业的发展步骤，没有让它们大量发展，而如果要使它们发展，那是比较容易办到的。在私人商业中，那些不适合国计民生需要的企业已绝大部分被淘汰，保存下来的大部是于国计民生有益的企业。在工业和商业中，国营比重现已超过私营很多。此外，铁路全部国营，银行几乎全部国营，出进口贸易，私人经营者也极少，全国主要商品已由国家控制，生产手段的生产，国营已占82.8%。这是现在的情形。

接下去，刘少奇谈了未来社会改造的设想，并把着重点放在解释对资改造的步骤上：

我们估计，再过5年，即我们执行了第一个五年经济计划之后，在工业中国营经济的比重将会有更大的增加，而私人资本主义经济的比重则会缩小到20%以下。再过十年，则私人工业会缩小到10%以下。私人工业在比重上虽将缩小，但在绝对数上则还会有些发展，因此，多数资本家还会觉得满意，并和政府合作。

在十年以后，中国工业将有90%以上是国有的，私人工业不到10%，而这些私人工业又大体都要依赖国家供给原料、收购和推销它们的成品及银行贷款等，并纳入国家计划之内，而不能独立经营。到那时，我们就可以将这一部分私人工业不费力地收归国家经营。

在征收资本家的工厂归国家所有时，我们设想在多数的情形下可能采取这样一种方式，即劝告资本家把工厂献给国家，国家保留资本家消费的财产，分配能工作的资本家以工作，保障他们的生活，有特殊情形者，国家还可付给资本家一部分代价。

我们估计，到那时，中国的资本家可能多数同意在上述条件下把他们的工厂交给国家。为什么可能是这样呢？因为：

第一，中国在基本上还是一个资本主义没有发展起来的国家，中国的资产阶级不论在经济上和政治上都是很软弱的，并且富于妥协。

第二，我们从现在起就一方面照顾资本家得到不太少的利润，另一方面，我们又动员人民反对资本家各种违反国家和人民利益的违法行为。今年春季反对资本家行贿、偷税漏税、偷工减料、盗骗国家资财、盗窃国家经济情报的"五反"运动，在国家机关中、工人中、社会群众中以及资本家内部发动了广大的群众，揭露了资本家大量的违法行为，因而使资本家的丑态毕露。但在处理时，我们又给他们以宽大的处理，多数只令其退财补税，没有处罚他们，只有少数违法严重恶劣者则给以处罚和判刑。如此，多数资本家和政府的关系没有破裂，但资本家在政治上已经孤立，在社会上的威信大大降低。无疑，在今后，严重违法的资本家将会陆续地被处罚，而保留下来的，则将是守法的或比较守法的资本家。

第三，今天中国比较大一点的私人工厂差不多都是为国家加工订货，它们依赖国家供给原料、收购和推销成品及银行贷款等。此外，还有工人监督。无疑，在将来，资本家更是要依赖国家，工人监督也更会有组织。

第四，现在还有少数比较有远见的资本家看到了社会主义企业的优越性及其劳动生产率的提高，相信社会主义的前途已不可避免，他们现在就积极要求将他们的工厂公私合营。不少资本家的子女在大学和专门学校读书，也由国家供给他们的生活，他们宣告不要资本家父亲的遗产。中国资产阶级内部的这种变化现已开始发生，在今后还会继续发展。

第五，中国社会主义成分的增长，到那时，少数资本家可能完全处在社会主义的包围中，全部工业（手工业除外）国有化的步骤，已经不能抵抗。

综合以上各项情况发展的趋势，我们虽然不能不计算到资本家对于工业国有化的反抗，但我们估计那时多数资本家可能同意在上述条件下的国有化，而不进行激烈的反抗。至于少数的反抗及怠工、破坏等，那将是不可避免的。

这是我们设想的将来可能的一种工业国有化的方式，至于将来所要采取的具体的方式以及国有化的时机，当然还要看将来的情形来决定。

刘少奇在信中还谈到对农业和手工业改造的设想：

在农业中，在土地改革后，我们已在农民中发展互助合作运动。现在全国参加这个运动的农民已有40%，在老解放区则有70%～80%，并已有几千个组织得较好的以土地入股的农业生产合作社和几个集体农场。我们准备在今后大力地稳步地发展这个运动，准备在今后十年至十五年内将中国多数农民组织在农业生产合作社和集体农场内，再基本上实现中国农业经济集体化。

中国的富农在农村经济中原来就不占重要的比重，在老解放区，在土地改革中已将旧富农消灭，新富农近年已开始发展，最近我们已禁止党员进行雇工、放债等富农式的剥削行为，在以后还将采取一些其他的限制富农发展的办法，估计新富农的发展不会很多。在新解放区，在土地改革中，我们在宣传上和法令上都说要保存富农经济，但在农民斗争中，富农经济实际上已受到很大的削弱，估计在今后也不会有大发展。因此，互助合作运动是今后中国农村经济发展的主要方式。在完成农村经济集体化的最后时期，应该采取怎样的办法来消灭虽然不是很多的富农，则要看那时的情形来决定。

在中国，除开近代工业和农业外，还有广大的手工业。现在手工业的生产量超过机器工业的生产量，人民必需的制成品大部还是由手工业供给的。对于这些手工业，我们准备用力帮助小手工业者组织生产合作社，并鼓励手工业作坊主联合起来采用机器生产，还有一部分则会要被机器工业所挤垮。但我们在小手工业者中的情形和在农民中的情形不一样，我们在农民反对地主的斗争中建立了或即将建立党的组织，而我们在手工业者中则一般没有党的组织。因此，我们在改造手工业和组织手工业生产合作社的运动中将会有更多的困难，而时间也可能需要更多。

这就是我们所设想的怎样过渡到社会主义的大体方法。[4]

薄一波还记述了1952年11月至1953年2月间的有关论述：

在以后的书记处会议上，毛主席又多次讲了他对这个问题的一些看法。搜寻记忆，并参照有关档案资料，记述如下：

1952年11月3日的会上，他说："要消灭资产阶级，消灭资本主义工商业；但要分步骤，一是要消灭，一是还要扶持一下。"

1953年1月31日的会上，他指出："对资产阶级，还有几个问题没有彻底解决。一是税收，二是劳资，三是商业调整，四是资金短缺，这些要解决。"

1953年2月1日的会上，他表示不同意一个文件上所写的我国"社会经济结构已经大规模地改组"的提法。他认为，现在只是国营工业、运输业、批发商已经改组了，其他像农业、手工业、资本主义商业、资本主义工业才刚开始改组。国营商业零售面有待逐步扩大。从农业上看，农民从地主方面拿到土地，从封建所有制变为个人所有制是改组，但从个体所有制变成小集体所有制，则正在开始。

1953年2月27日的会上，他讲了在湖北视察时同孝感地委负责同志谈话的内容。他说："什么叫过渡时期？过渡时期的步骤是走向社会主义。我给他们用扳指头的办法解释，类似过桥，走一步算是过渡一年，两步两年，三步三年，十到十五年走完。我让他们把这话传到县委书记、县长。在十到十五年或更多一点时间内，基本上完成国家工业化及对农业、手工业、资本主义工商业的社会主义改造。要水到渠成，防止急躁情绪。"

毛主席的这些论述，概括起来就是：他认为从新民主主义到社会主义是一个渐变的过程，需要采取逐渐推进的社会主义改造的步骤和政策，一步一步地向前过渡，使社会主义因素一年一年地增加，争取用十到十五年或更多一点时间完成这一过渡。而不是等到十到十五年以后，才采取社会主义政策，实行向资产阶级全线进攻的突变。

毛主席的这种构思，显然已不同于刚进城时他本人和中央其他领导同志的设想了。前面已谈到，毛主席那时的设想是可能要在建国十五年之后才能考虑向社会主义转变的问题。我认为，这种变化是合乎逻辑的。毛主席提出这种新的构思，绝非一时兴之所至，而是经过深思熟虑的，更重要的是它符合当时的客观实际，是当时客观形势发展的产物。经过三年的奋斗，我国的政治、经济和社会面貌发生了巨大的变化，国际形势也发生了变化，为我们采取社会主义改造的实际步骤提供了重要的条件和时机。[5]

但是，直到1953年6月以前，向社会主义过渡的问题还处在酝酿阶段。据刘少奇说，当时"这些问题还没有在中共中央的会议上讨论过，还只是若干同志的一种设想，并在非正式的谈话中谈论过"。1965年，薄一波在写给田家英的一封信中说："过渡时期总路线，主席是从1952年9月以后经常讲的，但开始未形成一个完整的词。"而且，从刘少奇给斯大林的信来看，除了农业集体化的问题按照第一个互助合作决议作了说明外，如何实行私营工业国有化的问题，仍然是在完成了国家工业化——由农业国到工业国的转变以后，再开始进行的原有设想。

1953年春，中央为了确切掌握新中国成立后资本主义工商业的变化情况、国家资本主义发展的情况，以及它们在国民经济中占的地位和作用，以便确定对资本主义工商业改造的形式，指派中央统战部部长李维汉率工作组到上海、武汉、南京等工业比较发展的大城市进行调查。关于这次调查以及毛泽东对调查报告的重视等情况，李维汉在回忆录中作了如下叙述：

1953年春，遵照毛泽东一贯倡导的注意调查研究的精神，中央统战部组织调查组（有中央统战部的郑新如、黄铸等和国家计委私营计划处的勇龙桂参加），由我率领去武汉、南京、上海等地调查。这次调查始终以国家资本主义问题为中心，也研究了民主党派工作和工商联等问题。沿途调查中，我们贯彻理论与实际相结合的原则，系统学习了列宁关于新经济政策和国家资本主义的论述，深入考察了新中国成立后头三年私人资本主义的发展变化，总结了工业方面国家资本主义的发展经验。通过调查研究，使我们对新中国成立后私人资本主义的变化和国家资本主义的发展及其地位、作用等重大问题，获得了明确的认识。

…………

调查结束后，当年5月，我向中央和毛泽东报送了关于《资本主义工业中的公私关系问题》的报告。指出：新中国成立后三年来，私人资本主义经济经历了深刻的改组和改造，国家资本主义已有相当的发展，呈现从统购、包销、加工、订货至公私合营等一系列从低级到高级的形式，在国民经济中的地位已凌驾于纯粹资本主义经济之上，仅次于国营经济，居于现代工业的第二位；经过各种形式的国家资本主义，不同程度地改变了资本主义企业的生产关系，其中高级形式的国家资本主义公私合营，是最有利于将私营企业过渡到社会主义去的形式；在价值分配上，其大部分已为国家和工人阶级所掌握，企业新生产的价值，首先分为工人的工资、企业的利润和国营企业利润三个部分，三分天下，工人阶级有其二；其中企业利润又分为国家的税收、资本家的股息和红利、工人的奖金和福利、企业的公积金，四马分肥，工人阶级得其大半。国家资本主义企业中的工人，已经不是单纯为资本家生产，同时是为国家生产。报告在详尽分析各种形式国家资本主义的地位、作用之后，明确建议经过国家资本主义特别是公私合营这一主要环节，实现资本主义所有制的变革。指出，国家资本主义"是我们利用和限制工业资本主义的主要形式，是我们将资本主义工业逐步纳入国家计划轨道的主要形式，是我们改造资本主义工业使它逐步过渡到社会主义的主要形式，是我们利用资本主义工业来训练干部并改造资产阶级分子的主要环节，也是我们同资产阶级进行统一战线工作的主要环节。抓住了这个主要形式和主要环节，在经济和政治上都有利于领导和改造资本主义和资产阶级分子的其他部分"。

这个调查报告，受到党中央和毛主席的高度重视，毛泽东亲自打电话给我，说要提交政治局会议讨论。6月中旬，中央政治局召开两次扩大会议进行讨论，参加会议的有政治局委员和中央有关同志，还有十大城市的书记（当时直辖市京、津、沪外，还有沈阳、重庆、武汉、广州等）。会议编印了列宁论国家资本主义、论新经济政策的材料。毛泽东、刘少奇、周恩来、邓小平等在会上发表了重要讲话，肯定了这个调查报告。就是在6月15日第一次讨论中，毛泽东宣布了党在过渡时期的总路线。会议确定经过国家资本主义改造资本主义工业的方针，随后决定对私营商业亦采取国家资本主义的方针，把它作为过渡时期总路线的一个重要组成部分。对人的改造前途，我在报告中提出要把资产阶级分子改造成为社会主义社会的公民。讨论时有同志表示怀疑，毛泽东肯定了我的意见，说："改造成什么呢？变农民、手工业者？不分土地，农民也当不成，前途只有改造成工人阶级的一部分。"以后，根据中央讨论的精神，把对资本主义工商业的方针概括为利用、限制、改造，明确地写进我向全国统战会议的报告《关于利用、限制、改造资本主义工商业的意见（草稿）》。这样，经过6月政治局两次扩大会议的讨论，作为对资本主义工商业利用、限制、改造的方针，从指导思想上确定下来了。从1949年3月七届二中全会提出利用、限制私人资本主义，到1953年6月政治局会议明确为利用、限制、改造，这是全党指导思想上的一个飞跃。我国对资本主义工商业和民族资产阶级的社会主义改造道路终于明确化和具体化了。[6]

在1953年6月15日的政治局会议上，毛泽东明确提出了过渡时期总路线这个概念及其基本内容。他在这个会议上的讲话提纲中写道：

总路线是照耀一切工作的灯塔。

有所不同和一视同仁，公私兼顾、劳资两利和发展生产、繁荣经济，前者管着后者。

几点错误观点：（一）确立新民主主义的社会秩序；（二）由新民主主义

走向社会主义；（三）确保私有财产。

党的任务是在十年至十五年或者更长一些时间内，基本上完成国家工业化和社会主义的改造。

所谓社会主义改造的部分：（一）农业；（二）手工业；（三）资本主义企业。

对于将资本主义逐步过渡到社会主义的认识——社会主义成分是可以逐年增长的，资产阶级的基本部分是可教育的。

在6月15日政治局会议上，毛泽东提出了总路线的任务和过渡时期的时间，但没有讲从何时算起。

在全国财经工作会议上，李维汉同志作了关于资本主义工商业问题的报告，传达了毛主席上述讲话的精神，并进行了讨论。毛主席在修改周总理为这次会议所作的结论时对总路线作了更为完整的表述，主要是增加了"从中华人民共和国成立，到社会主义改造基本完成，这是一个过渡时期"，并把过渡的时限改为"是要在一个相当长的时期内"。

1953年9月7日，毛泽东约见各民主党派和工商界部分代表，听取他们对总路线的意见。他说：

"有了3年多的经验，已经可以肯定：经过国家资本主义完成对私营〔工商业〕的社会主义改造，是较健全的方针和办法。""《共同纲领》第31条的方针，现在应明确起来和逐步地具体化。所谓'明确起来'，是说在中央及地方的领导人物的头脑中首先肯定国家资本主义是改造资本主义工商业和逐步完成社会主义过渡的必经之路。这一点无论在共产党和民主人士方面，都还没做到，此次会议的目的，应当做到这一点。""稳步前进，不能太急。将全国私营〔工商业〕基本上（不是一切）引上国家资本主义轨道，需要3年至5年的时间，因此不应该发生震动和不安。"

毛泽东还强调：

"实行国家资本主义，不但要根据需要和可能（《共同纲领》），而且要出于资本家自愿，因为这是合作的事业，既是合作就不能强迫，这和对地主不同。"

他还指出：

"至于完成整个过渡时期，即包括基本上完成国家工业化，基本上完成对农业、对手工业和对资本主义工商业的社会主义改造，则不是三五年所能办到的，而需要几个五年计划的时间。在这个问题上既要反对遥遥无期的思想，又要反对急躁冒进的思想。"

1953年12月，中共中央宣传部拟定了《为动员一切力量把我国建设成为一个强大的社会主义国家而斗争——关于党在过渡时期总路线的学习和宣传提纲》。毛泽东对这个提纲作了精心修改，对过渡时期总路线作了最完备的表述。他指出：

"从中华人民共和国成立，到社会主义改造基本完成，这是一个过渡时期。党在这个过渡时期的总路线和总任务，是要在一个相当长的时期内，逐步实现国家的社会主义工业化，并逐步实现国家对农业、对手工业和对资本主义工商业的社会主义改造。这条总路线是照耀我们各项工作的灯塔，各项工作离开它，就要犯右倾或'左'倾的错误。"

在解释为什么过渡时期从新中国成立开始算起时，他写道：

"我们说标志着革命性质的转变、标志着新民主主义革命阶段的基本结束和社会主义革命阶段的开始的东西是政权的转变，是国民党反革命政权的死亡和中华人民共和国的成立，并不是说社会主义改造这样一个伟大的任务，在人民共和国成立以后就可以立即在全国一切方面着手施行了。"

在谈到社会主义改造的必要性时，毛泽东写道：

"我们之所以必须这样做，是因为只有完成了由生产资料的私人所有制到社会主义所有制的过渡，才利于社会生产力的迅速向前发展，才利于在技术上起一个革命，把在我国绝大部分社会经济中使用简单的落后的工具农具去工作的情况，改变为使用各类机器直至最先进的机器去工作的情况，借以达到大规模地出产各种工业和农业产品，满足人民日益增长着的需要，提高人民的生活水平，确有把握地增强国防力量，反对帝国主义的侵略，以及最后巩固人民政权，防止反革命复辟这些目的。"

至此，党在过渡时期的总路线就最后确定下来了。中国社会前所未有的深刻的社会大变革，从此拉开了帷幕。

农村的社会变革

在正式确定过渡时期总路线之前，对于在老解放区的土地改革完成以后，是否应当立即转入大力发展农业合作化的问题，毛泽东和刘少奇曾经有过意见分歧。毛泽东认为，应当趁热打铁，立即发展各种形式的农业合作化。刘少奇则对此有所保留。

1951年4月17日，中共山西省委提交了《把老区互助组织提高一步》的报告。刘少奇多次对其中的论点提出批评。毛泽东得知此事，明确表示支持山西省委的意见。这次争论，促使第一个农业互助合作的决议产生。

薄一波回忆说：

随后，毛主席找少奇同志、刘澜涛同志和我谈话，明确表示他不能支持我们，而支持山西省委的意见。同时，他指示陈伯达召开互助合作会议。毛主席批评了互助组不能生长为农业生产合作社的观点和现阶段不能动摇私有基础的观点。他说："既然西方资本主义在其发展过程中有一个工场手工业阶段，即尚未采用蒸汽动力机械而依靠工场分工以形成新生产力的阶段，则中国的合作社，依靠统一经营形成新生产力，去动摇私有基础，也是可行的。"他讲的道理把我们说服了。这样，经少奇同志修改的华北局报告当然也就没有发出了，但原件刊登在华北局内部刊物《建设》杂志上（因事先已排印）。少奇同志还通过范若愚同志向马列学院一班学员收回7月5日下午在春耦斋发给他们的材料。这场争论就这样结束了。

这以后，毛主席针对少奇同志和我们华北局的观点，采取了一系列的措施。

9月，毛主席倡议召开的全国第一次互助合作会议，在陈伯达主持下开会。会后，起草了《关于农业生产互助合作的决议（草案）》。草案初稿写出后，毛主席提议向熟悉农民的作家们征求意见。陈伯达就将初稿送给赵树理同志看，赵树理提出不同意见，认为现在的农民没有互助合作的积极性，只有个体生产的积极性，陈伯达向毛主席汇报了赵树理的意见。那时毛主席是很注意听不同意见的，他说："赵树理的意见很好。草案不能只肯定农民的互助合作积极性，也要肯定农民的个体经济的积极性。我们既要有常年的农业生产合作社，也要有临时的互助组和单干户。既要保护互助合作的积极性，又要保护个体农民单干的积极性。既要防右，又要防'左'。"

修改后的《决议（草案）》第一段就指出："农民在土改后所发扬起来的积极性，表现在两个方面：一方面是个体经济的积极性，另一方面是互助合作的积极性。农民的这些生产积极性，是迅速恢复和发展国民经济和促进国家工业化的基本因素之一。"草案肯定在土地私有或半私有基础上的农业生产合作社，是走向农业社会主义化的过渡形式。草案认为，发展农业互助合作要防止和反对右的和"左"的两种倾向。右的倾向是：采取消极的态度对待互助合作运动，看不出这是我党引导广大农民群众从小生产个体经济逐渐走向大规模使用机器耕种和收割的集体经济所必经的道路，否认现在业已出现的各种农业生产合作社是走向农业社会主义化的过渡形式，否认它们带有社会主义的因素；"左"的倾向是：不顾农民自愿和经济准备的各种必需的条件，过早地、不适宜地企图在现在就否定或限制参加合作社农民的私有财产，或者企图对互助组和农业生产合作社的成员实行绝对平均主义，或者企图很快地举办更高级的社会主义化的集体农庄，认为现在可以一蹴而就地在农村中完全达到社会主义。

10月17日，毛主席起草了中央关于转发高岗10月14日关于东北农村互助合作的报告的通报，认为高岗报告中所提方针是正确的。根据毛主席的提议，中央办公厅将中央通报、高岗的报告及其三个附件，印成小册子，作为党内文件，发给各地学习。高岗报告认为，随着中农已成为农村中的多数和农民自发倾向的发展，指导互助合作工作中反对和防止的主要偏向，已不是侵犯中农利益，而是农民的自发倾向；农民的主要顾虑，也不是"怕发展""怕归大堆"，而是要求迅速扩大再生产。

11月21日，毛主席起草中央批语，批转河北省委向华北局的综合报告，认为河北经验可在各地广泛施行。河北省委报告称："今年互助组已由60万个发展到100万个，并有22个土地入股的农业生产合作社。互助合作组织已成为生产运动中的中坚力量。"

12月15日，毛主席起草中共中央关于印发九月会议草拟的《关于农业生产互助合作的决议（草案）》的通知，要求请各地照此草案在党内外进行解释，并组织实行，把农业互助合作当作一件大事去做。

由于一系列文件和报告的传达，特别是《关于农业生产互助合作的决议（草案）》的广泛传达，1952年，全国农业互助合作运动有很大发展。到年底，组织起来的农户，老区占65%以上，新区占25%左右，全国各地成立了4000个农业生产合作社，创办了十几个集体农庄（即高级社）。农业互助合作事业的迅速发展，成为下半年提出过渡时期总路线的根据之一。

1953年8月12日，毛主席在全国财经会议上的讲话中，对我在财经工作中的缺点错误提出批评，也说到我写的《加强党在农村中的政治工作》一文，指出我对山西省委报告的批评是违反党的七届二中全会决议的。我理解，这实际上也包含了毛主席对少奇同志的观点的批评。

1954年2月，少奇同志在七届四中全会上作自我批评，承认他对山西省委报告《把老区互助组织提高一步》的批评是不正确的，山西省委的意见基本上是正确的。我在全国财经会议和七届四中全会上，也对此作了自我批评。[7]

1953年，毛泽东在制定过渡时期总路线过程中，采取了推进全国农业合作化的若干重要措施。

1953年春，党发布了《中共中央关于发展农业生产合作社的决议》。2月15日，毛泽东写了《中央关于印行农业生产互助合作正式决议的通知》。他说："中央于1951年12月所发《关于农业生产互助合作的决议（草案）》，经一年多的实施证明是正确的，应即作为正式决议，将'草案'二字删去。只将草案第11条内'并有机器条件六字改为'和有适当经济条件'八字。"这说明毛泽东对使用机器作为办高级社的先决条件的看法有所变化。

在1953年6月正式提出过渡时期总路线后，毛泽东开始向党内外宣传解释总路线。值得一提的是，9月的一次会议上，毛泽东与著名民主人士梁漱溟发生了冲突。毛泽东认为梁对总路线不满，对农业社会主义改造持反对态度。关于这次冲突的始末，汪东林作了详细的记述：

这桩公案的全部过程发生在1953年9月8日至18日，前后一共十天。开始是政协全国委员会常委会扩大会议，后转为中央人民政府委员会扩大会议。当时的全国政协常务委员和中央人民政府委员人数都比较少，总共不过数十人，有时因会议内容比较重要，常常扩大到一部分政协委员和各民主党负责人列席，梁漱溟先生便是列席者之一。

9月8日，周恩来总理（他同时是全国政协副主席，主席为毛泽东同志）给政协常委会扩大会议作了关于过渡时期总路线的报告。9月9日上午分小组讨论，在小组召集人章伯钧发言之后，梁漱溟即在会上发言说：

"这一总路线原是人人意中所有的，章伯钧先后所讲更发挥了周总理所讲的话，我于此深表赞同，没有什么新的意见可说。路线既无问题，那么就看怎样去做了。要把事情做好，全靠人人关心这一事业，发现不论大小问题，随时反映给负责方面，以求减少工作上的错误。例如《人民日报》读者来信栏，时常有人把他所见到的问题写信提出来，而党报收到来信亦马上能注意检查或交给主管机关部门去检查纠正，这就是最好最好的。这样做，一面看出人民能关心公家的事情，一面看出党和政府能够随时听取老百姓的意见解决问题。这种精神，在贯彻执行过渡时期总路线时应该继续发扬。只有自始至终发扬民主，领导党又能认真听取意见，这建国运动才能变成人民群众的自觉行动，其效就能倍增。"

9日下午，政协常委会扩大会议召开大会，由周恩来副主席主持。他征求大家作大会发言，交流委员们在各小组发表的意见。梁漱溟提议，请各小组召集人把各组内讨论情形在大会上统一汇报，以代替每个人再重复自己说过的话，于是章伯钧先生就出来把梁漱溟所在的这个小组所发表的意见，讲了个大概，其中包括本人的发言。其他小组也采用了这一办法。到会议结束时，大致各小组都汇报完毕。临散会时，周副主席宣布，第二天继续由个人作大会发言。周恩来在离开会场时对梁漱溟说："梁先生，明天的大会你也说一说，好不好？"梁回答说："好。"

梁漱溟做事认真，既已应承了第二天要说话，回家后便思索准备一番。他想，如果把小组会上的发言内容重复一遍，就没有意思了。而且那天小组会上几乎全是中共之外的非党人士，他所说的话是就党外广大群众间说的。而现在是领导党的负责人要他在大会上说话，他就应该说一些对领导党有所贡献的话。梁漱溟在这种思想的指导下，连夜作了发言准备。但到第二天即10日下午，大会发言甚踊跃，而且许多是外地来的，如上海、天津等地的工商界人士，讲得很好。因此会议中间休息时，梁漱溟便写了一个条子给周副主席，说会议应该尽先让外地来的人发言，在北京的人说话机会多，况且会议今天就要结束，他准备的发言可改为书面提出。周恩来答复说："让大家都能充分发表意见，会期要延长一天，你明天可以在大会上发言。"

在11日下午的大会上，梁漱溟根据自己准备的，作即席发言。他说：

"连日听报告，知道国家进入计划建设阶段，大家无不兴奋。前后已有多位发言，一致拥护，不过各人或由于工作岗位不同，或由于历史背景不同而说话各有侧重罢了。我亦愿从我的岗位（政协一分子）和过去的背景说几句话。

"我曾经多年梦想在中国能展开一伟大的建国运动。四十多年前，我曾追随过旧民主主义革命，那时只晓得政治改造，不晓得计划建国的。然而我放弃旧民主主义革命已有三十年了。几十年来，我一直怀抱计划建国的理想，虽不晓得新民主主义之说，但其理想和目标大体相合。由于建国的计划必须方方面面相配合、相和合，我推想政府除了已经给我们讲过的建设重工业和改造私营工商业两方面之外，像轻工业、交通运输等如何相应地发展，亦必有计划，希望亦讲给我们知道。此其一。

"又由于建国运动必须发动群众、依靠群众来完成我们的计划，就使我想到群众工作问题。在建设工业上，我推想有工会组织可依靠就可以了；在改造私营工商业上，亦有店员工会、工商联和民主建国会；在发展农业上，推想或者是要靠农会。然而农会虽在土改中起了主要作用，但土改后似已作用渐微。那么，现在只有依靠乡村的党政干部了。但据我所闻，乡村干部的作风，很有强迫命令、包办代替的，其质其量上似乎都不大够。依我的理想，对于乡村的群众，尤其必须多下教育功夫，单单传达政令是不行的。我多年曾有纳社会运动于教育制度之中的想法，这里不及细说，但希望政府注意有更好的安排，此其二。

"还有其三，是我想着重点出的。那就是农民问题或乡村问题，过去中国将近30年的革命中，中共都是依靠农民而以乡村为根据地的。但自进入城市之后，工作重点转移于城市，从农民成长起来的干部亦都转入城市，乡村便不免空虚。特别是近几年来，城里的工人生活提高得快，而乡村的农民生活依然很苦，所以各地乡下人都往城里（包括北京）跑，城里不能容，又赶他们回去，形成矛盾。有人说，如今工人的生活在九天，农民的生活在九地，有'九天九地'之差，这话值得引起注意。我们的建国运动如果忽略或遗漏了中国人民的大多数——农民，那是不相宜的。尤其中共之成为领导党，主要亦在过去依靠了农民，今天要是忽略了他们，人家会说你们进了城，嫌弃他们了。这一问题，望政府重视。"

梁漱溟的这个发言，是受到毛主席严厉批评的导火线。

梁漱溟作了这个发言后的第二天，即9月12日，参加政协常委会扩大会议的大多数人，又列席了中央人民政府扩大会议。在彭德怀司令员作抗美援朝情况报告后，毛主席即席讲话。他说："有人不同意我们的总路线，认为农民生活太苦，要求照顾农民，这大概是孔孟之徒施仁政的意思吧？然须知有大仁政小仁政者，照顾农民是小仁政，发展重工业、打美帝是大仁政。施小仁政而不施大仁政，便是帮助了美国人。有人竟班门弄斧，似乎我们共产党搞了几十年农民运动，还不了解农民？笑话！我们今天的政权基础，工人农民在根本利益上是一致的，这一基础是不容分裂、不容破坏的！"

毛主席说这番话，并没有点出梁漱溟的名字。如果事情到此为止，梁漱溟不再站出来辩委屈、争是非，也许事态不会扩大到后来那种剑拔弩张、不可收拾的地步。无奈梁漱溟是一个不甘蒙屈和好强逞能之人，他听完毛主席的这番话，一方面甚感意外，一方面很不服气。他想：我何曾是反对国家的总路线呢？我实际是拥护总路线的一员，只不过是说了点心里话，想贡献给领导党，提醒注意某些问题，根本没有想到会损害总路线，损害工农联盟。梁漱溟一面想，一面就提笔给毛主席写信，但信未写完，就宣布散会了。

梁漱溟回到家，继续写这封信。信中说："你说的一些话，是说我。你说我反对总路线，破坏工农联盟，我没有这个意思，你说得不对，请你收回这个话，我要看看你有没有这个雅量。"信里还特别指出他发言时毛本人不在场，希望毛主席给个机会，由他当面复述一遍他原来发言的内容，以求指教，解除误会。

9月13日上午，梁漱溟将信在会场上当面交给毛主席。主席约他当晚谈话，即在怀仁堂京剧晚会之前约二十分钟，连复述梁漱溟原来的发言内容，时间都不充分。梁匆匆说完后，要求主席解除对他的误会，而主席则坚谓梁是反对建设总路线之人，只是不得自明或不承认而已。梁漱溟十分失望，但态度坚决，言语间与主席频频冲突，不欢而散。梁漱溟并不作罢，他还想再寻觅机会在大会上复述自己的观点，让公众来评议。

9月14日、15日继续开会。15日会上，李富春主任作建设重工业报告后，梁漱溟即请求发言，主席允许可于次日再讲。16日，梁漱溟登台发言，一是复述9日在小组会上的发言，二是复述11日在大会上的发言，并以上述发言之内容，再三陈述自己并不反对总路线，而是热烈拥护总路线的。

在16日当天的会上，没有人批评梁漱溟。

到了9月17日的会上，有位中共领导人作了长篇发言，中心内容是联系历史的一些事实，证明梁漱溟的反动是一贯的。其间毛主席作了若干分量很重的插话，主要有：

"你（指梁漱溟，下同）虽没有以刀杀人，却是以笔杀人的。"

"人家说你是好人，我说你是伪君子！"

"对你的此届政协委员不撤销，而且下一届（指1954年）政协还要推你参加，因为你能欺骗人，有些人受你欺骗。"

"假若明言反对总路线，主张注重农业，虽见解糊涂却是善意，可原谅；而你不明反对，实则反对，是恶意的。"

梁漱溟在现场听到这些话后，深感自己因出言不慎而造成的误会已经很深很深了。怎么办？依然是倔强好胜的个性支配着他。梁漱溟破釜沉舟，视一切而不顾！在主席台上的中共领导人讲完后，他要求当场发言作答，主席台嘱咐他作准备，明天再讲。

9月18日下午，继续开会。会场的人数超过以往，大多数是临时列席的。会议进行到中间，轮到梁漱溟发言。他拿着昨晚在家准备的稿子，一上台就开门见山地说：

"昨天会上，中共领导人的讲话，很出乎我的意料。当局认为我在政协的发言是恶意的，特别是主席的口气很重，很肯定我是恶意。但是，单从这一次发言就判断我是恶意的，论据尚不充足，因此就追溯过去的事情，证明我一贯反动，因而现在的胸怀才存有很多恶意。但我因此增加了交代历史的任务，也就是在讲清当前的意见初衷之外，还涉及历史上的是非。而我在解放前几十年与中共之异同，却不是三言两语说得清楚的，这就需要给我比较充裕的时间……"

梁漱溟的答辩发言刚刚开了头，会场上便有一些人打断他，不让他再往下讲。而梁漱溟呢，正迫不及待地要往下讲清事情的来龙去脉，以解除落在自己身上的大误会。相持之下，梁漱溟离开讲稿，把话头指向主席台，特别是毛主席，以争取发言权。梁漱溟说："现在我唯一的要求是给我充分的说话时间。我觉得，昨天的会上，各位说了我那么多，今天不给我充分的时间，是不公平的。我很希望领导党以及在座的党外同志考验我、考察我，给我一个机会，就在今天。同时我也直言，我还想考验一下领导党，想看看毛主席有无雅量。什么雅量呢？就是等我把事情的来龙去脉都说清楚之后，毛主席能点点头说：'好，你原来没有恶意，误会了。'这就是我要求的毛主席的雅量。毛主席这时插话说："你要的这个雅量，我大概不会有。"梁漱溟紧接着说："主席您有这个雅量，我就更加敬重您；若您真没有这个雅量，我将失掉对您的尊敬。"毛主席说："这一点'雅量'还是有的，那就是你的政协委员还可以当下去。"梁漱溟说这一点倒无关紧要，毛主席生气地说："无关紧要？如果你认为，那就是另一回事了；如果有关紧要，等到第二届政协开会，我还准备提名你当政协委员。至于你的那些思想观点，那肯定是不对头的。"梁漱溟毫不退步地说："当不当政协委员，那是以后的事，可以慢慢再谈。我现在的意思是想考验一下领导党，因为领导党常常告诉我们要自我批评，我倒要看看自我批评是真是假。毛主席如有这个雅量，我将对您更加尊敬。"毛主席说："批评有两条，一条是自我批评，一条是批评。对于你实行哪一条？是实行自我批评吗？不是，是批评！"梁漱溟还坚持说："我是说主席有无自我批评的雅量……"

会场上发生这种前所未有的与毛主席顶撞，你一句、我一句的场面，会开不下去了。不少到会者呼喊："不听梁漱溟胡言乱语！""民主权利不给反动分子！""梁漱溟滚下台来！"……

但梁漱溟坚持不下讲台。他望着主席台，要听主席台的意见，特别是毛主席的意见。主席台无人表示要梁漱溟下台。毛主席口气缓和地说："梁先生，你今天不要讲长了，给你十分钟，讲一讲要点好不好？"梁漱溟答："我有很多事实要讲，十分钟怎么够？我希望主席给我一个公平的待遇。"

于是会场再一次哗然。许多人接连发言，对梁漱溟的态度表示愤慨！

毛主席又说："不给他充分的说话时间，他说是不公平；让他充分说吧，他就可以讲几个钟头，而他的问题又不是几个钟头，也不是几天，甚至不是几个月可以搞清楚的，而特别是在场的许多人都不愿意听他再讲下去。我也觉得，他的问题可移交给政协全国委员会辩论、处理。我想指出的是，梁漱溟的问题并不是他一个人的问题，而是借他这个人，揭露其反动思想，使大家分清是非。他这个人没有别的好处和功劳，就有这个作用。因此我主张他继续当政协委员，现在我又提议让他再讲十分钟，简单地讲一讲，好不好，梁先生？"

梁漱溟依然回答："我有许多事实要讲，十分钟不够，希望给我一个公平的待遇。"

会场又出现高潮，僵局无法结束。

毛主席最后说："你这个人啊，就是只听自己的，不听大家的。不让你讲长话，你说我没有'雅量'，可大家都不让你讲，难道说大家都没有'雅量'吗？你又说不给你充分的时间讲话是不公平的，可现在大家又都不赞成也不想听你讲话。那么什么是公平呢？在此时此地，公平就是不让你在今天这个政协委员会上讲话，而让你在另外的会上讲话。梁先生，你看怎么办？"

"听主席决定。"梁漱溟回答得很干脆。

但会场再度一片喧闹、愤慨。

有位高明的人提出："请主席付诸表决，看让梁漱溟讲话的人多，还是不让他讲话的人多。少数服从多数。"

表决时，毛主席等少数人是举手赞同梁漱溟讲话的，但大多数举手反对。于是梁漱溟被轰下了台，一场僵局宣告结束。[8]

1953年10月，中央作出关于实行粮食的计划收购和计划供应（简称统购统销）的决议。这一重大决策的实施，一方面推动了农业的互助合作；一方面推动了对私营粮商的排挤和改造，从而带动了对其他私营工商业的改造，在整个国民经济的社会主义改造中是关键的一步。这一决策主要是在陈云提议下作出的，但毛泽东也发挥了重要作用。

薄一波回忆说：

据我了解，陈云同志在1951年底，就酝酿过粮食统购问题。由他主持起草，用他、李富春同志和我三人名义，于1952年1月15日向中央作的《1952年财经工作的方针和任务》的报告中提出："由于今后若干年内我国粮食将不是宽裕的，而且城市人口将逐年增加，政府还须有粮食储备（备荒及必需的对外贸易），因此征购粮食是必要的。只要使人民充分了解征购意义，又能做到价格公平合理，并只购农民余粮中的一部分，则征购是可能的。目前先作准备工作，在1952年夏收时，采取合作社动员收购和地方政府下令征购的方式，重点试办，以观成效。如试验成功，即于1952年秋后扩大征购面，逐渐在全国实行。"这里的"征购"，就是后来所说的统购。由于一些地方同志感到这个问题事关重大，希望从缓推行，中央在1952年实际上没有进行试点。

1953年上半年，粮食供销矛盾进一步加剧，毛主席要求中财委拿出具体办法。这时，陈云同志因病在外地休息，财委工作由我主持。我组织粮食部和中财委粮食组的同志共同研究，草拟了《粮食收购办法》《粮食计划供应办法》《加强粮食市场管理办法》和《节约粮食办法》。《粮食收购办法》里，没有提到征购，那是考虑到农村工作人员和农民可能难于接受。提出的方案是：除依法征收公粮外，有选择地实行余粮认购法、结合合同收购法（即订合同用工业品换粮食）、储粮支付货币法（即按储粮时牌价将款存入银行保本保值并计息）、预购。几个草案经中央初步审阅后，于6月15日提交正在召开的全国财经会议粮食组讨论、修改。7月下旬，财经会议后期，陈云同志回到北京。会议结束后，他立即拿出很大的精力继续这项研究。这时，汇总起来，共提出了八种方案。经过反复对比筛选，其中七种被否定了。这七种是：

只配不征。即只在城市搞配售，农村不征购。这种办法之所以不行，是因为农民看到城市搞配售，他就会有粮不卖了。

只征不配。只在农村搞征购，城市不配售，还是自由市场。结果可能会边征边漏，农民会拿交征购粮所得的钱，到城市里从粮食公司再把粮食买回农村。

原封不动。即继续自由买进，自由卖出。这样做，困难会日益加剧，结果必乱无疑。

"临渴掘井"。先自由购买，实在买不到的时候，再去重点产粮区征购。这样办之所以不行，道理很简单：到实在买不到的时候，城市自由供应也就无法继续了。

动员认购。东北1951年实行过，就是层层下达控制数字，而控制数字不向农民露底，由村党支部动员农民认购，认购量达不到控制数字不散会。这是一种强迫而不命令的办法。

合同预购。这是个好办法，1949年、1950年在东北、华北收购棉花时就试行过。1951年对棉、麻、烟、甘蔗、茶叶等多种农产品全面实行合同预购，但预购合同一般要在春耕前签订，1953至1954年度改为粮食合同预购，时间已晚。而且前几年合同预购证明，预购合同对小农的约束力也是有限的。收成好，他按合同交售，甚至希望国家多买；收成不好，市场价格看涨，虽订了合同，他也不一定会履约。现在粮食产量不是多，而是不足。因此，希望全面推行合同制来完成收购任务，没有把握。

不搞统一办法，由地方各行其是。这样做，怕各地互相影响，不好掌握。

经过广泛征求意见和认真思考后，陈云同志认为上述7种方案都不可选择，可选择的只剩下又统又配，即农村征购、城市配售的办法了。

财经会议后，我离京去外地作农业初级社的调查研究时，陈云同志曾通过电话征求我的意见。我表示同意他的选择，但希望在农村征购时，不要过头，除给农民留足口粮、种子、饲料外，最好还给留点机动粮。

陈云同志的建议向中央提出后，立即得到周总理、小平同志等人的大力支持，并得到毛主席的赞许。毛主席嘱咐他代中央起草《关于召开全国粮食紧急会议的通知》。1953年10月2日凌晨，毛主席审改了陈云同志起草的通知，并决定于当晚7时召开政治局扩大会议讨论。

政治局扩大会议由毛主席主持，首先听取陈云同志的报告。报告说："情况十分严重。如不采取有效措施，会更加严重。（1）收购少，销售多。8月全国财经会议提出，从7月1日开始的新的粮食年度要收购粮食340亿斤，现在只买到101亿斤。个别地方收购虽达到计划，但全国同期销售124亿斤，超过原定计划19亿斤。现在既非1951年，又非1952年，1951年3月到6月紧张，7月以后收多销少，情况改变了；1952年11月间，情况也有改变。今年可以判断到11月、12月，也可能是收少销多。因为产区完不成计划，而销售大幅度突破计划。（2）现在已有大批粮贩子活动于小集镇与乡村之间。只要粮食市场乱，一个晚上就可以出来上百万粮贩子。现在不少地方已开始混乱，粮多的地方则开始抬价。（3）过去规定全国供应京、津23亿斤粮食，其中麦子15亿斤，现在只能供应10亿斤。从7月1日到现在，只3个月已卖5亿多斤。现在到明年6月只有4亿多斤可卖了，而外无援兵。京、津面粉配售势在必行。京、津配售消息传出去又会影响粮食收购。（4）原定东北上调42亿斤，因为受灾，现在自认只能上调14亿斤，这个缺口不小。总之，粮食紊乱时间要提早到来，范围也要扩大，从乡村一直到大城市。其结果是物价必然波动起来，并立即逼得工资上涨，波及工业生产，预算也将不稳，建设计划将受影响。而且会引起人人各自囤积，人心不安。虽然物价不会像过去那样动荡，但也要相当动荡。这不利于国家，不利于人民，只有利于富农与投机商人。"

在谈到解决办法时，陈云同志说："粮食问题涉及四种关系，即国家与农民的关系，与消费者的关系，与商人的关系，中央与地方和地方与地方的关系。同这四种关系相适应的处理办法是，农村实行征购，城市实行配售，严格管制私商，在坚持统一管理的前提下调整内部关系。上述四种关系中最重要的是第一种关系，只要通过征购把粮食搞到手，其他问题就好处理了。"陈云同志又说，"在我们之前，有两个政府实行过征购，一个是'满洲国'政府，叫'出荷'；一个是蒋介石政府，叫'田赋强实，征购征借'。我们的征购不仅性质和他们的征购不同，而且价格公道。除运不出的'死角粮'的地区外，都可以实行。有无毛病？有。妨碍生产积极性，逼死人，打扁担，个别地方暴动，都可能发生。但不采取这个办法后果更坏，那就要重新走上旧中国进口粮食的老路，建设不成，结果帝国主义打来，扁担也要打来。结论是征购利多害少。"

小平同志建议，农业税秋征推迟一个月开征，征与购同时进行。

毛主席最后发言："赞成陈云同志的报告。征粮的布置推迟一个月。这也是要打一仗，一面对付出粮的，一面对付吃粮的，不能打无准备之仗，要充分准备，紧急动员。马克思、恩格斯从来没有说过农民一切都是好的，农民有自发性和盲目性的一面。农民的基本出路是社会主义，由互助合作进到大合作社（不一定叫集体农庄）。现在是'青黄不接'，分土地的好处，有些农民开始忘记了。农村经济正处在由个体经济到社会主义经济的过渡时期。我们经济的主体是国营经济，有两个翅膀：一翼是国家资本主义（对私人资本主义的改造），一翼是互助合作、粮食征购（对农民的改造，这一个翼，如果没有计划收购粮食这一项，就不完全）。今天讨论的问题是涉及占农村人口80%到90%的广大农民的问题，也涉及到缺粮户的问题。依靠谁呢？主要依靠党员，他们是干部和农民中的积极分子。光靠缺粮户是不行的。征购，管制私商，统一管理粮食，势在必行。配售问题可以考虑，我观察也势在必行。因为小农经济增产不多，而城市粮食需求年年增长。这样做可能出的毛病，第一农民不满，第二市民不满，第三外国舆论不满。问题是看我们的工作。宣传问题，要大张旗鼓，但报纸一字不登。"

毛主席在发言提纲的手稿上还写了这样一些内容："和'余粮收集制'的不同"；"所谓'保护农民'的错误思想，应加分析和批判"；"大员下去"；"城市节约问题（苏联曾在大城市每人每天只配5两），我国应为老秤10两新秤12两"；"一切必要配售的地方均应配售"；"过渡时期社会主义体系构成的两个重要分支部门：私人资本——国家资本主义；小私有制农民的征收、征购。主体——国营工业；一翼——国家资本主义；又一翼——农村的互助合作和粮食征购制"；"价格应从长远计算，不要城乡同时紧张"。这里提出的"过渡时期社会主义体系构成的两个分支部门"，把粮食征购和互助合作合称为改造个体农业的一翼，反映了毛主席当时对我国私有经济的社会主义改造所作的理论思考。

这次政治局会议还通过了召开全国粮食紧急会议的通知。通知指出："从根本上找出办法来解决粮食问题，是全党刻不容缓的任务。"通知还规定华东局谭震林同志，中南局李先念同志，华北局刘澜涛、刘秀峰同志，西南局李井泉同志，西北局马明方同志必须参加会议。

10月10日，全国粮食会议（对外名称未用"紧急"二字）召开，陈云同志作报告，政务院副总理兼财政部长邓小平同志讲话。

陈云同志在报告中，详细分析了粮食购销形势，对八种方案的可行性逐个作了说明，然后指出："现在只能实行农村征购、城市配售之一法，其他的办法都不可行。"陈云同志说，如果大家都同意这样做的话，就要认真考虑一下会有什么毛病，会出什么乱子。全国有26万个乡，100万个自然村，如果10个自然村中有1个出毛病，那就是10万个自然村。逼死人或者打扁担以至于暴动的事都可能发生。农民的粮食不能自由支配了，虽然我们出钱，但他们不能待价而沽，很可能会影响生产情绪。"我这个人不属于'激烈派'，总是希望抵抗少一点。我现在是挑着一担'炸药'，前面是'黑色炸药'，后面是'黄色炸药'。如果搞不到粮食，整个市场就要波动；如果采取征购的办法，农民又可能反对。两个中间要选择一个，都是危险家伙。"两害相权取其轻。选择农村征购、城市配售办法，危险性可能小一点。

小平同志在讲话中着重论述了粮食统购统销对巩固工农联盟，对国家有计划的经济建设的关系。

经过讨论，大家同意中央的决策。

10月13日，陈云同志作会议总结，传达了毛主席的一些新的意见：农村的征购面，今年控制在50%左右，而重点又是这50%中的50%，即占农村总户数25%左右的余粮较多的户；"征购""配售"的名词可否改一下？因为日本人搞过这个事情，这两个名词很吓人；征购要照顾农民的需要，不要把余粮都收走，还要留点给他；今冬明春农村工作仍然以生产为中心，粮食征购在春节前基本办完；要特别注意做好落后乡的工作。关于名称问题，陈云同志说，粮食部长章乃器先生主张将"配售"改为"计划供应"，我们何不再将"征购"改为"计划收购"，简单地说，新的粮食政策合起来就叫"统购统销"。

这一天，小平同志受毛主席委托，也再次到会讲话，中心是讲粮食问题和过渡时期总路线的关系。他说："从今年3月以来，毛主席主要是做了一件事，即提出了过渡时期的总路线。昨天晚上，毛主席交代，要我再跟大家讲一次，让同志们弄清楚一个道理，就是讲粮食征购一定要联系过渡时期总路线去讲。李井泉同志告诉我，四川试点，农村干部对征购抵触情绪很大，这些有抵触情绪的干部，主要还不是基层干部，而是县、区两级干部（后来查明，省部级干部中也有）。你讲征购不联系过渡时期的总路线，就无法使全党同志赞成这个东西。"〔9〕

毛泽东在1953年底采取了推进农业社会主义改造的另一个重大措施，即于10至11月召开第三次全国农业互助合作会议，并于12月通过《中共中央关于发展农业生产合作社的决议》。

1953年10月26日至11月5日，中共中央委托中央农村工作部召开第三次农业互助合作会议。邓子恢因公外出，会议由副部长陈伯达、廖鲁言主持。会前（10月15日）毛泽东同陈和廖谈了话，他说：

办好农业生产合作社，即可带动互助组大发展。

在新区，无论大中小县，要在今冬明春，经过充分准备，办好一个到两个合作社，至少一个，一般一个到两个，至多三个，根据工作好坏而定。要分派数字，摊派。多了冒进，少了右倾。有也可以，没有也可以，那就是自流了。可否超过三个？只要合乎条件，合乎章程、决议，是自愿的，有强的领导骨干（主要是两条：公道，能干），办得好，那是韩信将兵，多多益善。

责成地委、县委用大力去搞，一定要搞好。中央局、省市委农村工作部就要抓紧这件事，工作重点要放在这个问题上。

要有控制数字，摊派下去。摊派而不强迫，不是命令主义。10月开会后，11月、12月，明年1月、2月，北方还有3月，有四五个月可搞。明年初，开会检查，这次就交代清楚。明年初是要检查的，看看完成的情形怎样。

个别地方是少数民族区，又未完成土改，可以不搞。个别县，工作很坏的县，比如说落后乡占30%～40%，县委书记很弱，一搞就要出乱子，可以暂缺，不派数字。但是省委、地委要负责帮助整顿工作，准备条件，明年秋收以后，冬季要搞起来。

一般规律是经过互助组再到合作社，但是直接搞社，也可允许试一试。走直路，走得好，可以较快地搞起来，为什么不可以？可以的。

各级农村工作部要把互助合作这件事看作极为重要的事。个体农民增产有限，必须发展互助合作。对于农村的阵地，社会主义如果不去占领，资本主义就必然会去占领。难道可以说既不走资本主义的道路，又不走社会主义的道路吗？资本主义道路，也可增产，但时间要长，而且是痛苦的道路。我们不搞资本主义，这是定了的。如果不搞社会主义，那资本主义势必要泛滥起来。

总路线，总纲领，工业化，社会主义改造，10月开会，要讲一下。

"确保私有财产""四大自由"，都是有利于富农和富裕中农的。为什么法律上又要写呢？法律是说保护私有财产，无"确保"字样。现在农民卖地，这不好。法律不禁止，但我们要做工作，阻止农民卖地，办法就是合作社。互助组还不能阻止农民卖地，要合作社，要大合作社才行。大合作社也可使得农民不必出租土地了，一二百户的大合作社带几户鳏寡孤独，问题就解决了。小合作社是否也能带一点，应加以研究。互助组也要帮助鳏寡孤独。合作社不能搞大的，搞中的；不能搞中的，搞小的；但能搞中的就应当搞中的，能搞大的就应当搞大的，不要看见大的就不高兴。……

老区应当多发展一些。有些新区可能比有些老区发展得快……要打破新区一定慢的观念。……

华北现有6000个合作社，翻一番——摊派，翻两番——商量。合理摊派，控制数字，不然工作时心中无数。东北一番，一番半或两番，华北也是这样。控制数字不必太大，地方可以超过，超额完成，情绪很高。

发展合作社，也要做到数多、质高、成本低。所谓成本低，就是不出废品。出了废品，浪费农民的精力，落个影响很坏，政治上蚀了本，少打了粮食。最后的结果是多产粮食、棉花、甘蔗、蔬菜等等。不能多打粮食，是没有出路的，于国于民都不利。

在城市郊区，要多产蔬菜，不能多产蔬菜，也是没有出路的，于国于民也都不利。城市郊区土地肥沃，土地平坦，又是公有的，可以首先搞大社。当然要搞得细致，种菜不像种粮，粗糙更不行。要典型试办，不能冒进。

城市蔬菜供应，依靠个体农民进城卖菜来供应，这是不行的，生产上要想办法，供销合作社也要想办法。大城市蔬菜的供求，现在有极大的矛盾。

粮食、棉花的供求也都有极大的矛盾，肉类、油脂不久也会出现极大的矛盾。需求大大增加，供应不上。

从解决这种供求矛盾出发，就要解决所有制与生产力的矛盾问题。是个体所有制，还是集体所有制？是资本主义所有制，还是社会主义所有制？个体所有制的生产关系与大量供应是完全冲突的。个体所有制必须过渡到集体所有制，过渡到社会主义。合作社有低的，土地入股；有高的，土地归公，归合作社之公。

总路线也可以说就是解决所有制的问题。国有制扩大——国营企业的新建、改建、扩建。私人所有制有两种，劳动人民的和资产阶级的，改变为集体所有制和国营（经过公私合营，统一于社会主义），这才能提高生产力，完成国家工业化。生产力发展了，才能解决供求的矛盾。[10]

第三次互助合作会议开始时，廖鲁言传达了毛泽东的这个谈话内容。

会议结束的前一天（11月4日），毛泽东再次同中央农村工作部负责人谈话，批评了当年春天的反冒进[11]，并明确提出一切工作都要围绕解决社会主义和资本主义的矛盾这个主题，要以这个为纲。他说：

做一切工作，必须切合实际，不合实际就错了。切合实际就是要看需要与可能，可能就是包括政治条件、经济条件和干部条件。发展农业生产合作社，现在是既需要，又可能，潜力很大。如果不去发掘，那就是稳步而不前进。脚本来是走路的，老是站着不动那就错了。有条件成立的合作社，强迫解散，那就不对了，不管哪一年，都是错的。"纠正急躁冒进"，总是一股风吧，吹下去了，吹倒了一些不应当吹倒的农业生产合作社。倒错了的，应当查出来讲清楚，承认是错误，不然，那里的乡干部、积极分子，就憋着一肚子气了。

要搞社会主义。"确保私有"是资产阶级观念。"群居终日，言不及义，好行小惠，难矣哉"。"言不及义"就是言不及社会主义，不搞社会主义。搞农贷，发救济粮，依率计征，依法减免，兴修小型水利，打井开渠，深耕密植，合理施肥，推广新式步犁、水车、喷雾器、农药，等等，这些都是好事。但是不靠社会主义，只在小农经济基础上搞这一套，那就是对农民行小惠。这些好事跟总路线、社会主义联系起来，那就不同了，就不是小惠了。必须搞社会主义，使这些好事与社会主义联系起来。至于"确保私有""四大自由"，那更是小惠了，而且是惠及富农和富裕中农。不靠社会主义，想从小农经济做文章，靠在个体经济基础上行小惠，而希望大增产粮食，解决粮食问题，解决国计民生的大计，那真是"难矣哉"！

有句古语，"纲举目张"。拿起纲，目才张，纲就是主题。社会主义和资本主义的矛盾，并且逐步解决这个矛盾，这就是主题，就是纲。提起了这个纲，各项帮助农民的政治工作、经济工作，一切都有统属了。

…………

"农村苦，不大妙，措施不合乎小农经济"，党内党外都有这种议论。农村是有一些苦，但是要有恰当的分析。其实，农村并不是那样苦，也不过10%左右的缺粮户，其中有一半是很困难的。鳏寡孤独，没有劳动力，但是互助组、合作社可以给他们帮点忙。他们的生活比起国民党时代总是好得多了，总是分了田。灾民是苦，但是也发了救济粮。一般农民的生活是好的，向上的，所以有80%至90%的农民欢欣鼓舞，拥护政府。农村人口中间，有7%左右的地主富农对政府不满。"农村苦，不得了了"，我历来就不是这样看的。有些人讲到农村苦，也讲到农村散，就是小农经济的分散性；但是他们讲分散性的时候，没有同时讲搞合作社。对于个体经济实行社会主义改造，搞互助合作，办合作社，这不仅是个方向，而且是当前的任务。[12]

　　毛泽东的这个讲话，在11月5日会议结束时，廖鲁言向大家作了传达，实际上也就成为第三次互助合作会议的总结。

　　第三次农业互助合作会议，及其之后中共中央作出的关于发展农业生产合作社的决议，对推动农业合作化运动具有极其重要的意义。它表明，全党在农村工作的重心，已经由发展互助组转向兴办初级农业生产合作社，作为引导农民过渡到完全社会主义的高级社的重要环节。此后，农业合作化运动在广大农村迅速发展起来。到1955年春，全国初级社已发展到67万个。中共中央决定对农业生产合作社进行一次整顿。

　　值得注意的是，1955年5月之前，毛泽东对邓子恢整顿农业合作社是支持的。

　　1954年农业社发展过猛（从春天的10万个到年底的48万多个），工作中的简单粗暴等，引起了农民的极大不安，出现了大量出卖与屠宰牲畜及农村关系全面紧张的形势。对此，毛泽东下过一个深刻的论断，他说："生产关系要适应生产力发展的要求，否则生产力会起来暴动，当前农民杀猪宰牛就是生产力起来暴动。"

　　针对农村的紧张状态、合作化的冒进，邓子恢于1955年1月4日分析了农村合作化运动的形势并提出了两项反冒进的措施：制定合作社章程；控制合作社发展，着重做巩固工作。中央接受邓子恢的建议，从1月至3月初连发四道紧急指示，要求整顿和巩固合作社。但合作化运动的发展势头并未降下来。2月上旬，全国合作社达到58万多个，4月达到67万多个。此外，还有许多"自发社"存在。面对这种情况，毛泽东采取了支持邓子恢的立场。

　　据林蕴晖、范守信、张弓著《凯歌行进的时期》一书载：

　　3月上旬，毛泽东从外地回到北京以后，让中央农村工作部负责人邓子恢、陈伯达、廖鲁言、杜润生汇报工作。毛泽东肯定了这一时期农村工作中采取的措施，并予以总结，他说："方针是三字经，叫一曰停，二曰缩，三曰发。"当场共同议定：浙江、河北两省收缩一些，东北、华北一般要停止发展，其他地区（主要指新区）再适当发展一些。

4月20日，中共中央书记处召开有中央农村工作部负责人参加的汇报会，会议指出："今后总的方针是：停止发展，全力巩固。"会议还认为，"合作社已发展到67万个，其中过多的省份有超过两三万个的，主观力量控制不了，要收缩一些。"在5月10日、17日省、市委书记会议上，毛泽东又重申了"停、缩、发"的意见。

毛泽东概括的停、缩、发三字方针表明：1955年春在整顿巩固农业生产合作社的根本方针上，中共中央、中央农村工作部同毛泽东个人的意见是一致的。

　　　………

经中共中央批准的全国第四次互助合作会议提出的农业合作化规划要求："在1957年组织50%以上的农户加入合作社，使现有形式的农业生产合作社在全国主要农业区成为主要的生产形式。"

1955年3月，毛泽东在提出停、缩、发三字方针后不久，又单独约见邓子恢。他主张，全国合作化在3个五年计划期间，每一个五年计划以内各完成1/3。邓子恢听后，提出在第一个五年计划期间发展50%的农户入社的设想。毛泽东立即表示不同意，认为粮食已经到了界限，购粮任务是900亿斤，再多一点都不行，农业生产合作社在第一个五年计划发展1/3，不要50%了。后来，毛泽东又向谭震林说："到明年（指1956年——引者注）10月停止发展。"根据同样的精神，在全国党代表会议期间，刘少奇召集各省负责人谈话，强调农业合作化目前的中心问题是巩固和办好已经建立起来的这一批，"为了发展，就要巩固，因为已不可能再快，干部没有训练出来，经验不成熟，如果再像去年（1954年——引者注）那样的速度发展下去是冒险的"。[13]

为了贯彻巩固和整顿合作社的方针，中央农村工作部着手进行河北、浙江、山东等省的合作社整顿、巩固工作，其中重点是浙江。3月25日，邓子恢等同志写成《对浙江省目前合作化工作的意见》，以中央农村工作部的名义，用电报发往浙江省委。当时浙江已有合作社5.5万多个，电报要求压缩掉一部分，巩固好3万个社。电报发出后，又派杜润生、袁成隆去浙江帮助工作。经过一个多月的工作，浙江的农业生产合作社被砍掉15 607个，巩固了37 507个社。到6月底，全国农业合作社65万个，同4月的67万个比较，仅减少2万个。

但是，5月以后，毛泽东认识上起了变化，对邓子恢由支持开始转变为批评了。薄一波回忆说：

毛主席认识上的变化，是发生在5月。

继5月6日警告邓子恢同志不要大量解散合作社之后，5月9日晚，毛主席约见邓子恢、廖鲁言、李先念、陈国栋（粮食部副部长）等同志，周总理也在座。他提出："下年度粮食征购任务，原定900亿斤，可考虑压到870亿斤。粮食征购数字减少一点，换来个社会主义，增加农业生产，为农业合作化打下基础。今后两三年是农业合作化的紧要关头，必须在这两三年打下合作化的基础。"他问："到1957年，'化'个40%可不可以？"邓子恢同志答："上次说1/3，还是1/3吧！"毛主席勉强说道："1/3也可以。"

　　5月17日，在杭州召开15个省市委书记会议，毛主席提出："合作社问题，也是乱子不少，但大体是好的。不强调大体好，那就会犯错误。在合作化问题上，有种消极情绪，我看，必须改变；再不改变，就会犯大错误。"他虽然重申"停、缩、发"三字方针，但重点是强调"发"。他说："对于合作社，一曰停，二曰缩，三曰发。缩有全缩，有半缩，有多缩，有少缩。社员一定要退社，那有什么办法？缩必须按实际情况，片面地缩，势必损伤干部和群众的积极性。后解放区就是要发，不是缩，不是停，基本是发；有的地方也要停，但一般是发。华北、东北老解放区里面，也有要发的，譬如山东30%的村子没有社，那里就不是停，不是缩；那里就没有，停什么？那里就是发。该停者停，该缩者缩，该发者发。"经过讨论，他在作结论时，提出了新区各省下年度（1955年秋后到1956年秋前）农业合作社发展的控制指标："河南7万，湖北、湖南、广东各4.5万，广西、江西各3.5万，江苏6.5万。"他说，"如你们自愿，那就拍板，把这个数字定下来。东北、西北、西南、华北，由林枫、马明方、宋任穷、刘澜涛回去召开一个会，把精神传达一下，讨论解决。发展起来的合作社，要保证90%是可靠的。"

　　这两次谈话，特别5月17日会议，标志着毛主席对农业合作化问题，看法已经有了一个明显的变化，对邓子恢同志部署的工作，已由支持开始转变为批评了。

　　邓子恢等同志也察觉到了毛主席思想的变化。这些年来，有些历史研究著作中把这称为"五月变化"，但都尚未涉及或说不清导致变化的原因。弄清这一变化的原因，是研究这段历史不能回避的一个问题。我现在根据看到的材料和自己的回忆，试着对导致这一变化的原因作些分析和推测。

　　在我们党的历史上，凡一项工作任务的提出，工作部署的轻重缓急，总是同对现实形势的分析和一定的估量相联系的。形势缓和，提出的任务就高一点，步子就迈得快一点；形势紧张，指导思想就特别慎重，步伐更力求稳妥。凭经验，我推测，毛主席在1955年内，对邓子恢同志的工作，从支持转向批评，可能同他对农村形势估量的变化有关。

1955年春季，毛主席支持放慢农业合作化发展步伐，其"缓进"的程度，有时甚至为邓子恢同志始料所不及，主要原因大概是基于对农村严峻形势的考虑。

　　1954年，长江中游、淮河流域和华北平原遭受百年不遇的大洪灾，其他地区平收或丰收。由于要以丰补歉，国家向非灾区多购了大约70万斤粮食，不少地区购走了农民的口粮。其中两广和湘南部分地区，当年9月到1955年5月上旬又持续干旱，春季无法插秧，而且一场严重冻灾把原定春季收获的红薯冻死。因此，1955年春季全国农村形势比较紧张。尤其是两广和湘南冻灾旱灾区，情况最为紧张。除了自然灾害以外，从工作上来说，固然首先是因为粮食征购任务过重，形成继1953年以来的第二次全国性的粮食大风潮，但与1954年秋季以来农业合作化步伐发展过快，也有密切的关系。由于粮食统购任务紧张，县区干部几乎全部投入统购，无人顾及合作社发展工作，以致许多新建起来的合作社搞得很粗，许多经济政策问题处理不当，农民以为合作化就是"吃大锅饭"的误解没有消除，影响生产积极性。例如，有些地方提出"三年合作化"的口号，规定土地与劳动力分红比例是"一三七、二二八、三年归国家"（即第一年三七开，第二年二八开，第三年取消土地分红），农民就不往地里投肥了，而且人心惶惶，谣言四起。由于"过早过急地实行牲畜折价归社，而估价又偏低，价款又不按期归还；或者是合作社使用私人耕畜所给的报酬过低，于是有耕畜的农民往往在入社之前卖掉耕畜"，这就加剧了畜价狂跌和滥宰耕畜。

　　毛主席对邓子恢同志和农村工作部反映的情况，在春季里是相信不疑的。3月3日，他亲自签发的《中共中央、国务院关于迅速布置粮食购销工作安定农民生产情绪的紧急指示》，一开头就指出："目前农村的情况相当紧张，不少地方，农民大量杀猪、宰牛，不热心积肥，不积极准备春耕，生产情绪不高。应该看到，这种情况是严重的，其中固然有少数富农和其他不良分子的抵抗破坏，但从整体说来，它实质上是农民群众，主要是中农群众对于党和政府在农村中的若干措施表示不满的一种警告。产生这种情况有很多原因，比如有些地区的互助合作运动搞得过粗过快，某些措施不尽合理，农村供应工作有缺点等。"这里对农村形势的估计，与邓子恢同志1月4日简报的估计基本是一致的。

　　四五月间，毛主席外出视察工作。从5月开始，他对农村形势的估计发生了重要变化。认为"说农民生产消极，那只是少部分的。我沿途看见，麦子长得半人深，生产消极吗？""所谓缺粮，大部分是虚假的，是地主、富农以及富裕中农的叫嚣"，是"资产阶级借口粮食问题向我们进攻"，农村工作部反映部分合作社办不下去，是"发谣风"。

少奇同志10月4日在七届六中全会的发言，大致说明了中央和毛主席对农村形势认识的转变过程。他说，春夏之交，"当着这些'糟得很'的叫喊从全国各地来到我们耳朵里的时候，我们首先判断关于粮食问题的叫喊是不真实的，或者绝大部分是不真实的。而关于合作社的叫喊，最初我们也有些怀疑，但是，不久，毛主席发现这种叫喊也是不真实的，并且驳斥了这种叫喊，以至于指责中央农村工作部'发谣风'"。

先讲在粮食问题上认识的变化。三四月份，正当农村粮食销量大幅度增加，而缺粮喊声也越来越大的时候，中央收到了一些典型材料，说明所谓缺粮并不都是真缺粮。其中有山西省闻喜县宋店乡的材料，这个乡原要求供应10 170斤，经过对统销工作进行整顿之后，不仅不要供应，而且还多余6200斤机动粮。有些户本可自给自足，看到别人向国家买粮食，自己也跟着喊粮食不够。有些户本来有余粮，只因为害怕别人批评自己售粮太多或前来借粮，故意和别人一起喊叫缺粮。有些基层干部因为自己多买了粮或包庇亲友多买了粮，对于缺粮的叫喊，明知是假，也睁一只眼、闭一只眼。还有，由于没有经验，统销办法不规范，也助长供应不公平或宽打窄用。不缺粮而喊缺粮的人中，各阶层都有，而以富裕中农为多。类似宋店乡这样的一批典型材料，不仅使毛主席和党中央作出"缺粮大部分是地主、富农和富裕中农叫嚣"的判断，而且决定大力整顿粮食统销工作。4月24日，《人民日报》发表社论《立即依靠群众整顿粮食统销工作》，25日，李先念同志在紫光阁作报告，向各界人士说明粮食问题的真相和整顿统销的意义，28日，中共中央、国务院联合发出《关于加紧整顿粮食统销工作的指示》。整顿结果，效果如所预料，从5月份开始，粮食销量果然大幅度下降，这更使毛主席认为原来对农村粮食紧张形势的估计是言过其实了。恰在这时，在党外高层人士中，替农民说话的多了，有的还说了一些类似1953年梁漱溟先生讲的"农民苦"一类的话。尽管这些同志出于好心，但大家知道，毛主席是不大愿意听"农民苦"之类的话的。当时他得出这么一种印象：这些讲农民苦的人，自以为代表农民，其实他们并不代表农民，只是不愿搞工业化和社会主义。还有，更重要的是，中共中央上海局书记柯庆施向毛主席讲了一个情况，说他经过调查，县、区、乡三级干部中，有30%的人反映农民要"自由"的情绪，不愿意搞社会主义。柯把毛主席的思路和喜爱琢磨透了，他的这几句话给毛主席留下的印象很深。毛主席立即想到：这种"不愿搞社会主义"的人，下面有，省里有，中央机关干部中也有。

上述这一系列情况反映到毛主席的头脑里，不仅使他改变了对春季农村形势的看法，而且开始用阶级斗争的观点来看待来自各方的对农村形势的估量。

毛主席在各地的巡视，以及5月17日的会议，发现不少地方同志对办农业社是积极的，用他自己的话来说，大家认为农业社"好得很"。有些省在5月17日的会议上，还对中央农村工作部发了一点怨气。这使毛主席感到，中央农村工作部对农业合作化形势的反映也是不真实的。

既然原来放慢合作化发展步伐，主要是鉴于农村形势紧张，现在，对农村形势的认识改变了，加快合作化发展步伐就是理所当然的了，而邓子恢同志"跟不上"这种变化。我想，这可能就是导致毛主席对邓子恢同志的工作由支持到批评的主要原因。

毛主席这次外出巡视工作，是他对农村形势认识发生变化的一个转折点。他沿途所看到和听到的，了解和发现了不少新情况。有些是先前不曾了解和发现的，有些过去虽然了解，但可能这次发现与事实有出入，他所说的大家办社很积极，就属于这种情况。这里，我想到一个问题，就是沿途向毛主席汇报的材料，无疑大多数会是真实的，但是不是其中也可能有不那么真实的，或者包含汇报者某种主观成分，或者有些以偏概全，或者甚至可能有虚夸的东西，看来也不排除有这种可能性。[14]

1955年6至7月间，毛泽东与邓子恢在农业合作化运动指导方针上的分歧进一步显现出来。林蕴晖、范守信、张弓在《凯歌行进的时期》一书中写道：

6月14日，中央政治局听取了农村工作部的汇报，批准了1956年在现有65万个社的基础上发展到100万个的计划。刘少奇讲："明春发展到100万个，关一下门，办好了，让中农自愿前来敲门，关键是保证中农自愿。"

在6月政治局会议以后，毛泽东和邓子恢谈话，对1955年到1956年的发展计划，毛泽东的意见是，在65万个现有社的基础上翻一番，即130万个。邓子恢的意见是翻半番，仍然坚持100万个的计划。当时邓子恢主张少发展的主要理由是：第一，整个合作化运动应与工业化进度相适应，第一个五年计划工业化还是打基础时期，农业技术改造的进度可能很慢，合作化还是手工劳动为主。在这样的情况下，要使农业生产有比较显著的发展，超过一般富裕中农的水平，初步显示出社会主义集体经济的优越性，向社外农民起到示范作用，就必须认真把经营管理搞好，特别是把按劳分配和劳动组织方面工作搞好。而要做到这些，在办社的初期阶段，各种条件很差的情况下，过多过猛的发展，是不适当的。第二，根据各地实际情况反映，在现有65万个社中存在的问题很多，巩固工作量很繁重，如果再多发展，巩固与发展齐头并进，无论群众觉悟水平和干部领导能力都跟不上去，就可能使两方面工作都做不好，并会影响生产发展。第三，1955年至1956年，是打基础的一年，这一招做好了，对以后实现全盘合作化有极其重大的意义。因为在老区，在过去几年里，领导力量主要忙于发展社的工作，对巩固工作做得很少，入社户数虽然已经达到20% ~ 30%，但基础极不巩固，极需要缓步一下，以便做好巩固工作，在巩固的基础上再前进；在新区，那里素无互助合作习惯与传统，根据以往老区的经验和教训，主要任务还应当是继续完成布点工作，适当再发展一些，每一个乡争取建立若干个社，集中力量把它们办好，以便训练干部、作出示范，为以后由点到面的发展打好基础；至于那些边远地区和少数民族地区，有的还没有进行土地改革，有的生产极其落后，刀耕火种，连会计都找不到，很难办社，还需要多准备一些时间。总之，是要坚持毛泽东历来教导的工作方法：由点到面，积极而稳步地分批分期展开。这样做，从当前一个具体环节上看，似乎缓慢一些，但从整个合作化来看，会是更快一些和更好一些。〔15〕

薄一波的回忆，还补充了两个重要情况：

7月11日，毛主席在颐年堂约见邓子恢、廖鲁言、刘建勋、杜润生、谭震林同志和陈伯达，重申自己的意见，并比较严厉地批评了邓子恢等同志。但子恢同志仍坚持自己的意见。谈话持续5个多小时才结束。据有关同志回忆，毛主席曾对子恢同志说："你的思想要用大炮轰。"

7月18日，毛主席写信给杜润生同志："请将上次农村工作会议各项材料，如报告、各人发言和结论，送我一阅为盼。"这里指的"上次农村工作会议"，即第三次全国农村工作会议。这次会议提出的指导方针为：秋前停止发展，全力巩固；发展较快、问题较多省、县适当收缩；新区秋后适当发展。毛主席根据邓子恢同志当面陈述的观点和这次会议的材料，着手撰写《关于农业合作化问题》的报告。〔16〕

林蕴晖等在《凯歌行进的时期》一书中继续写道：

7月26日，中央农村工作部二处整理了《农业合作化运动最近简情》，其中报告说："1955年到1956年度的发展计划，据现有材料统计，将由现有约65万个社发展到103万余个社（缺山西、浙江、热河三省，内蒙古自治区和京津两市的发展数字），入社户数将由1690余万户，发展到约2920万户（缺内蒙和京津两市计划增加的户数）。"毛泽东于29日将这个简报加上批语印发参加当时中央召开的各省、市、自治区党委书记会议的同志。毛泽东批示说：

"要反对右的和'左'的错误观点：（1）在发展问题上，'不进'与'冒进'。目前不是批评冒进的问题，不是批评'超过了客观可能性'的问题，而是批评不进的问题，而是批评不认识和不去利用'客观可能性'的问题，即不认识和不去利用广大农民群众由于土地不足、生活贫苦或者生活还不富裕，有一种走社会主义道路的积极性，而我们有些人不认识和不去利用这种客观存在的可能性。农民的两面性——集体经营与个体经营两种思想的矛盾，哪一面占优势？随着宣传和合作社示范，集体经营的思想先在一部分人中占优势，然后在第二部分人中占优势，然后在第三部分人中占优势，然后在大部分人中占优势，最后在全体人民中占优势，我们应当逐步地（经过十五年）造成这种优势。（2）在改变所有制的问题上，即端正政策的问题。'揩油'问题已经发生，应当教育农民不要'揩油'，应当端正各项政策，并以发放贷款的办法去支持贫农，这是一方面。但同时应当教育中农顾全大局，只要能增产，只要产量收入比过去多，小小的入社时的不公道，可以就算了。要教育两方面的人顾大局，而不是所谓'全妥协'，全妥协就没有社会主义了。又团结、又斗争是我们的方针。（3）要有坚定的方向，不要动摇。要别人不动摇，就要自己首先不动摇。要看到问题的本质方面，要看到事物的主导或主流方面，这样才能不动摇。事物的非本质方面、次要方面必须不忽视，必须去解决存在着的一切问题，但不应将这些看成事物的主流，迷惑了自己的方向。"

毛泽东这段批语清楚地表明，他同邓子恢争论的不只是几十万个合作社，而是指导思想的问题。他的主张是，应当利用广大农民由于土地不足、生活贫苦或者生活还不富裕的状况而希望变革的心态，从速引导他们向社会主义过渡。在邓子恢看来，把合作社办好需要一定的条件，合作化运动应该是在办好现有社的同时，积极准备条件，按部就班，慎重稳进。这就是分歧所在。当时，中央农村工作部有的同志曾对邓子恢竟为几十万个社去同毛泽东争辩表示吃惊，认为何必去"闯祸"。邓子恢苦笑着解释："不是几十万个社的问题了，要紧的是他认为办合作社那些条件都不具备，这怎么能不讲清楚呢？"[17]

1955年7月31日，毛泽东在中共中央召集的省、市、自治区党委书记会议上作《关于农业合作化问题》的报告。他在报告开头，就开宗明义地指出：

在全国农村中，新的社会主义群众运动的高潮就要到来。我们的某些同志却像一个小脚女人，东摇西摆地在那里走路，老是埋怨旁人：走快了，走快了。过多的评头品足，不适当的埋怨，无穷的忧虑，数不尽的清规和戒律，以为这是指导农村中社会主义群众运动的正确方针。

否，这不是正确的方针，这是错误的方针。

目前农村中合作化的社会改革的高潮，有些地方已经到来，全国也即将到来。这是5亿多农村人口大规模的社会主义的革命运动，带有极其伟大的世界意义。我们应当积极地热情地有计划地去领导这个运动，而不是用各种办法去拉它向后退。[18]

报告以严厉的口吻批评浙江整社措施：

浙江由于采取所谓"坚决收缩"的方针（不是浙江省委决定的），一下子就从53000个合作社中解散了15000个包括40万农户的合作社，引起群众和干部的很大不满，这是很不妥当的。这种"坚决收缩"的方针，是在一种惊惶失措的情绪支配下定出来的。这样一件大事不经中央同意就去做，也是不妥当的。并且在1955年4月，中央就提出过这样的警告："不要重犯1953年大批解散合作社的那种错误，否则又要作检讨。"可是有些同志不愿意听。

在胜利面前，我认为有两种不好：（1）胜利冲昏了头脑，使自己的头脑大大膨胀起来。犯出"左"的错误，这当然不好。（2）胜利吓昏了头脑，来一个"坚决收缩"，犯出右的错误，这也不好。现在的情况是属于后一种，有些同志被几十万个小型合作社吓昏了。[19]

报告还为同邓子恢的争论定了性。今天看来，这种定性是错误和片面的：

有些同志，从资产阶级、富农或者具有资本主义自发倾向的富裕中农的立场出发，错误地观察了工农联盟这样一个极端重要的问题。他们认为目前合作化运动的情况很危险，他们劝我们从目前合作化的道路上"赶快下马"。他们向我们提出了警告："如果不赶快下马，就有破坏工农联盟的危险。"我们认为恰好相反，如果不赶快上马，就有破坏工农联盟的危险。这里看来只有一字之差，一个要下马，一个要上马，却是表现了两条路线的分歧。大家知道，我们已经有了一个工农联盟，这是建立在反对帝国主义和封建主义，从地主手里取得土地分给农民，使农民从封建所有制解放出来这样一个资产阶级民主革命的基础之上的。但是这个革命已经过去了，封建所有制已消灭了。现在农村中存在的是富农的资本主义所有制和像汪洋大海一样的个体农民的所有制。大家已经看见，在最近几年中间，农村中的资本主义自发势力一天一天地在发展，新富农已经到处出现，许多富裕中农力求把自己变为富农。许多贫农，则因为生产资料不足，仍然处于贫困地位，有些人欠了债，有些人出卖土地，或者出租土地。这种情况如果让它发展下去，农村中向两极分化的现象必然一天一天地严重起来。失去土地的农民和继续处于贫困地位的农民将要埋怨我们，他们将说我们见死不救，不去帮助他们解决困难。向资本主义方向发展的那些富裕中农也将对我们不满，因为我们如果不想走资本主义的道路的话，就永远不能满足这些农民的要求。在这种情况之下，工人和农民的同盟能够继续巩固下去吗？显然是不能够的。这个问题，只有在新的基础之上才能获得解决。这就是在逐步地实现社会主义工业化和逐步地实现对于手工业、对于资本主义工商业的社会主义改造的同时，逐步地实现对于整个农业的社会主义的改造，即实行合作化，在农村中消灭富农经济制度和个体经济制度，使全体农村人民共同富裕起来。我们认为只有这样，工人和农民的联盟才能获得巩固。如果我们不这样做，这个联盟就有被破坏的危险。劝我们"下马"的那些同志，在这个问题上是完全想错了。[20]

这样，邓子恢的正确意见就被彻底否定了，并从此开始了在农业合作化问题上批判"小脚女人"的"反右倾"斗争。

毛泽东在7月31日《关于农业合作化问题》的报告中，在认定农村中合作化的社会改革的高潮，有些地方已经到来，全国也即将到来的前提下，对1955年到1956年全国合作社的发展数字和整个农村社会改革、技术改革的全面规划提出了建议。他说：

必须现在就要看到，农村中不久就将出现一个全国性的社会主义改造的高潮，这是不可避免的。到第一个五年计划最后一年的末尾和第二个五年计划第一年的开头，即在1958年春季，全国将有2.5亿左右的人口，5500万左右的农户（以平均4.5人为一户计算）加入半社会主义性质的合作社，这就是全体农村人口的一半。那时，将有很多县份和若干省份的农业经济，基本上完成半社会主义的改造，并且将在全国各地都有一小部分的合作社，由半社会主义变为全社会主义。我们将在第二个五年计划的前半期，即在1960年，对于包括其余一半农村人口的农业经济，基本上完成半社会主义的改造。那时，由半社会主义的合作社改变为全社会主义的合作社的数目，将会加多。在第一第二两个五年计划时期内，农村中的改革将还是以社会改革为主，技术改革为辅，大型的农业机器必定有所增加，但还不是很多。在第三个五年计划时期内，农村的改革将是社会改革和技术改革同时并进，大型农业机器的使用将逐年增多，而社会改革则将在1960年以后，逐步地分批分期地由半社会主义发展到全社会主义。中国只有在社会经济制度方面彻底地完成社会主义改造，又在技术方面，在一切能够使用机器操作的部门和地方，统统使用机器操作，才能使社会经济面貌全部改观。由于我国的经济条件，技术改革的时间，比较社会改革的时间，会要长一些，估计在全国范围内基本上完成农业方面的技术改革，大概需要四个至五个五年计划，即二十年至二十五年的时间。全党必须为了这个伟大任务的实现而奋斗。[21]

薄一波回忆七届六中全会前后的情况说：

邓子恢同志在毛主席批评后发言，表示拥护毛主席的批评，承认前些时候对情况的分析是欠全面的，对新区采取小发展而不是大发展的方针是比较消极的。

8月1日，在省市自治区党委书记会议结束时，毛主席说："和子恢同志的争论已经解决了。4月时，中央一个意见，子恢一个意见。农村工作部没有执行中央的意见。5月17日（十五个省市自治区党委书记会议）以前，说新区发展的合作社糟得很，这次会上大家说好得很，现在证明新区能发展，今冬明春明夏可大发展。准备工作加巩固工作不会冒险。准备工作第一项就是批评错误思想。集体主义比分散主义、个人决断好，应该服从这条纪律，各部门不能乱发命令。"

8月26日，毛主席批示邓小平、杨尚昆同志："请电话通知中央农村工作部：在目前几个月内，各省市区党委关于农业合作化问题的电报，由中央直接拟电答复；并告诉批发此类来报的同志，不要批上'请农村工作部办'字样。"

从8月13日到10月2日七届六中全会开幕前夕，毛泽东同志亲自起草中央批语，连续批发了湖北、辽宁、安徽、山西、河南、浙江等十个省委关于学习《关于农业合作化问题》，批判"右倾保守"思想，重新部署合作化发展步伐、加快发展进度的报告。

8月31日，毛主席在批发安徽省委报告的批语中指出："安徽省委尖锐地批判了在农业合作问题上的右倾机会主义思想，这种批判是完全必要的。"这是中央文件第一次提出批判"右倾机会主义思想"。安徽省委报告认为：安徽地区有"小脚女人"，有"改组派"，也有大脚。为了使小脚放大，"改组派"变成天足，必须在结合学习毛主席指示当中深入检查，进一步揭发和批判"小脚女人"。

8月26日，毛主席为中央撰写通知，将修改后的《关于农业合作化问题》的报告，正式发给各省市区党委，并请他们印发给各级党委，直发到农村支部。修改后的报告，同7月31日报告稿比较，主要是增写了四、六、七部分。六、七部分主要是批评"有些同志"利用苏联经验为自己的"爬行思想"作掩护的问题。

9月7日，在为中央拟的批转福建省委报告的批文中，毛主席全面阐述了他关于农业合作化中阶级政策的观点，特别是对待中农政策的观点。他的这些观点曾说服许多同志支持加快合作化的步伐。

9月26日，在审阅邓子恢同志准备在七届六中全会上作自我批评的发言稿时，毛主席针对子恢同志承认在讨论合作社发展计划时对中央、毛主席不够尊重，对部内同志的不同意见也没有认真听取的话，写了一段很长的批语。主要意思是，"你们有一条路线，有一个方针，而是和中央的路线和方针相抵触的，所以在长时期内中央总是不能说服你们，即便经过严重的批评还是说不通"，这"不是什么对中央意见不够尊重，而是根本不尊重"。你们不听部内"微小的分歧意见"，"是同全国农村中大量的普遍的积极因素不能影响你们，你们只愿接受具有资本主义自发倾向的富裕中农的影响这一点直接地联系着的"，"中央同志对你们的严重的批评，书记处和政治局对你们的提议的否决，都不愿接受，何况你们部内一些同志的意见，他们对你们有什么办法呢？"

10月4日，以讨论农业合作化问题为主要议题之一的党的扩大的七届六中全会开幕。248篇发言或书面发言一致表示拥护毛主席《关于农业合作化问题》

的报告，不指名地批评合作化运动中的"右倾保守思想""小脚女人""右倾机会主义""同资产阶级共呼吸的人""资产阶级思想的投降主义者"等等。248篇发言中有我的一篇。我发言的中心，是讲农业合作化与农业技术改造的关系问题。今天看来，当时对这两者的关系进行探讨是必要的，内容也还可以。但是，在发言开始的表态部分，讲了一些不妥当的话。248篇发言中，也包括邓子恢同志的检讨。说他"抱着十分沉痛的心情"，检讨自己又一次犯的"原则性错误"。说浙江有些地方发生强迫解散合作社的错误，责任完全由他承担。[22]

10月11日，毛泽东以《农业合作化的一场辩论和当前的阶级斗争》为题，对七届六中全会作了结论，第一次阐明了要使各方面的工作加快和要使资本主义绝种、小生产也绝种的战略意图。他说：

我们这次会议，是一场很大的辩论。这是在由资本主义到社会主义过渡期间，关于我们党的总路线是不是完全正确这样一个问题的大辩论。这场全党性的大辩论，是从农业合作化的方针问题引起的，同志们的讨论也集中在这个问题上。但是，这场辩论牵涉的面很广，牵涉到农业、工业、交通、运输、财政、金融、贸易、文化、教育、科学、卫生等部门的工作，牵涉到手工业和资本主义工商业的改造，牵涉到镇压反革命，还牵涉到军队，牵涉到外交，总之，牵涉到党政军民各方面的工作。应当有这么一次大辩论。因为从总路线发布以来，我们的党还没有这样一次辩论。这个辩论，要在农村中间展开，也要在城市中间展开，使各方面的工作，工作的速度和质量，都能够和总路线规定的任务相适应，都要有全面规划。[23]

他还说：

我们认为，只有在农业彻底实行社会主义改造的过程中，工人阶级同农民的联盟在新的基础上，就是在社会主义的基础上，逐步地巩固起来，才能够彻底地割断城市资产阶级和农民的联系，才能够彻底地把资产阶级孤立起来，才便于我们彻底地改造资本主义工商业。我们对农业实行社会主义改造的目的，是要在农村这个最广阔的土地上根绝资本主义的来源。

…………

我们现在有两个联盟：一个是同农民的联盟，一个是同民族资产阶级的联盟。这两个联盟对我们都很必要，恩来同志也讲了这个问题。同资产阶级的联盟有什么好处呢？我们可以得到更多的工业品来换得农产品。十月革命后有一个时期，列宁就打这个主意。因为国家没有工业品去交换，农民就不拿粮食出来，单用票子去买他不干，所以列宁打算让无产阶级国家政权和国家资本主义结成联盟，为的是增加工业品来对付农村中的自发势力。我们现在搞一个同资产阶级的联盟，暂时不没收资本主义企业，对它采取利用、限制、改造的方针，也就是为了搞到更多的工业品去满足农民的需要，以便改变农民对于粮食甚至一些别的工业原料的惜售行为。这是利用同资产阶级的联盟，来克服农民的惜售。同时，我们依靠同农民的联盟，取得粮食和工业原料去限制资产阶级。资本家没有原料，国家有原料。他们要原料，就得把工业品拿出来卖给国家，就得搞国家资本主义。他们不干，我们就不给原料，横直卡死了。这就把资产阶级要搞自由市场、自由取得原料、自由销售工业品这一条资本主义道路制住了，并且在政治上使资产阶级孤立起来。这是讲这两个联盟的相互作用。这两个联盟，同农民的联盟是主要的、基本的、第一位的；同资产阶级的联盟是暂时的，第二位的。这两个联盟，在我们这样经济落后的国家，现在都是必要的。

土地改革，使我们在民主主义的基础上同农民结成了联盟，使农民得到了土地。农民得土地这件事，是属于资产阶级民主革命的性质，它只破坏封建所有制，不破坏资本主义所有制和个体所有制。这一次联盟使资产阶级第一次感到了孤立。1950年，我在三中全会上说过，不要四面出击。那时，全国大片地方还没有实行土地改革，农民还没有完全到我们这边来，如果就向资产阶级开火，这是不行的。等到实行土地改革之后，农民完全到我们这边来了，我们就有可能和必要来一个"三反""五反"。农业合作化使我们在无产阶级社会主义的基础上，而不是在资产阶级民主主义的基础上，巩固了同农民的联盟。这就会使资产阶级最后孤立起来，便于最后消灭资本主义。在这件事情上，我们是很没有良心哩！马克思主义是有那么凶哩，良心是不多哩，就是要使帝国主义绝种、封建主义绝种、资本主义绝种、小生产也绝种。在这方面，良心少一点好。我们有些同志太仁慈，不厉害，就是说，不那么马克思主义。使资产阶级、资本主义在6亿人口的中国绝种，这是一个很好的事，很有意义的好事。我们的目的就是要使资本主义绝种，要使它在地球上绝种，变成历史的东西。[24]

毛泽东对邓子恢等人的观点逐条批驳后，还指出，邓子恢同志"这一次所犯的错误，性质属于右倾的错误，属于经验主义性质的错误"。[25]

七届六中全会通过的《关于农业合作化的决议》，把邓子恢等同志对农业合作化问题的指导方针称为"右倾机会主义的方针"。

薄一波回忆说：

1956年初，《中国农村的社会主义高潮》一书的出版，通过《序言》、按语和典型材料，把对"小脚女人"的批判进一步引向深入，扩及全国。批判的语调更尖锐了。

1956年1月20日，毛主席在中央召开的知识分子问题会议的讲话中说：

"我们的农村工作部,应该是一个促进部,但在一个时期之内,它是促退部。"

1958年3月18日,在成都会议上,在陈伯达发言谈路线斗争时,毛主席插话:"合作化问题上的分歧——反对的主要人物是邓子恢。"〔26〕

对所谓"小脚女人"的批判,极大地加速了农业社会主义改造,也推动了整个社会主义改造的急速前进和1956年经济发展的冒进。

在批评"小脚女人",加速农业社会主义改造的过程中,毛泽东于1955年9月至12月主持编辑了《中国农村的社会主义高潮》一书。这部被称为"合作化运动百科全书"的材料书,共收集各地材料176篇,90多万字,仅汉文版就发行152万册。毛泽东亲自为此书写过两篇《序言》,为104篇材料写了按语。这部书比较全面地反映了他关于我国农业合作化运动和对社会主义建设若干重要问题的基本指导思想,也反映了我国人民要求迅速摆脱贫困,使国家富强的美好愿望。它的出版,对我国的社会主义革命和建设产生了重大的影响。

关于这部书的编辑动机,薄一波作了如下说明:

这部书于1955年9月进行第一次编辑,以《怎样办农业生产合作社》为书名,印出400本作为样本,发给参加10月4日到11日召开的党的扩大的七届六中全会的中央委员和各省委、市委、自治区党委及地委的负责同志。12月重编,1956年1月由人民出版社公开出版,书名改为《中国农村的社会主义高潮》。同时出版节选本。毛主席先后为《怎样办农业生产合作社》(以下简称《怎样办》)和《中国农村的社会主义高潮》(以下简称《高潮》)写的两篇《序言》中,简要地说明了当时的形势和编辑意图。

《怎样办》在开始编辑时,毛主席《关于农业合作化问题》的报告已发到农村党支部,各地开展了对"右倾保守"思想的批判,农业合作化进度指标正在层层加码。《序言》谈到当时的形势时说:"目前,在这个问题上的主要的缺点,是在很多的地方,党的领导没有赶上去,他们没有把整个运动的领导拿到自己的手里来,没有一省一县一区一乡的完整的规划,只是零敲碎打地在那里做,他们缺乏一种主动的积极的高兴的欢迎的全力以赴的精神。""下面运动很广,上面注意不足,当然要闹出一些乱子来。"《序言》说:"读者从这些材料,可以看出全国合作化运动的规模、方向和发展的前景。这些材料告诉我们,运动是健康的。出乱子的地方都是党委没有好好去指导。一待党委根据中央的方针跑上去做了适当的指导,那里的问题就立即解决了。这些材料很有说服力,它们可以使那些对于这个运动到现在还是采取消极态度的人积极起来,它们可以使那些到现在还不知道怎样办合作社的人找到办合作社的方法,它们更可以使那些动不动喜欢'砍掉'合作社的人闭口无言。"书名和《序言》中的这些论述说明：编辑出版这部书的目的，在于展现农业合作化运动的规模、方向和前景；动员各级党委全力以赴，切实把合作化运动拿在自己手里；进一步批判对合作化运动的"动摇"态度和"动不动就喜欢'砍掉'合作社的人们"；总结经验，让那些不会办合作社的人也学会怎样办农业生产合作社。这里的关键，是批判"右倾保守"思想。1957年初，再次批判一些同志对农业合作化的动摇时，毛主席说："只要拿出一个办得好的合作社，就可以把反对合作化的一切怪论打下去。"这就点出了1955年他要下大功夫编这部书的主要目的。

12月重编时，形势发生了重大变化。到12月27日为《高潮》作序时，中国的1.1亿农户中，已有60%以上，即7000多万农户加入了半社会主义性质的农业生产合作社。在这种情况下，虽然原定的以批判"右倾保守"思想为主要目标的宗旨不变，但批判的聚光点已经变了。这个变化主要是通过《序言》提出来的。《序言》说："现在提到全党和全国人民面前的问题，已经不是批判在农业的社会主义改造速度方面的右倾保守思想的问题，这个问题已经解决了。也不是在资本主义工商业按行业实行全面公私合营的速度方面的问题，这个问题也已经解决了。手工业的社会主义改造的速度问题，在1956年上半年应当谈一谈，这个问题也会容易解决的。现在的问题，不是在这些方面，而是在其他方面。这里有农业的生产，工业（包括国营、公私合营和合作社营）和手工业的生产，工业和交通运输的基本建设的规模和速度，商业同其他经济部门的配合，科学、文化、教育、卫生等项工作同各种经济事业的配合等方面。""现在的问题，还是右倾保守思想在许多方面作怪，使许多方面的工作不能适应客观情况的发展。现在的问题是经过努力本来可以做到的事情，却有很多人认为做不到。因此，不断地批判那些确实存在的右倾保守思想，就有完全的必要了。"《序言》还说："如同城市里每日每时都在发生社会主义事业的新事情一样，乡村里也在每日每时地发生着。农民在做些什么呢？农民所做的，同工人阶级、知识分子和一切爱国人士所做的有什么关系呢？为了要了解这些，看一看农村方面的材料是有好处的。"这说明，随着形势的迅速发展，毛主席希望通过这部书对农业合作化中"右倾保守"思想的批判，进而引导其他战线也批判自己的"右倾保守"思想。

一些同志不赞成合作社大发展，重要理由之一是，干部没有办社经验，建社容易巩固难。毛主席在《关于农业合作化问题》的报告中，批判了这些观点，提出了要相信群众、相信党这两条根本的原理，提出了不能用坐着不动的方法，而要采用走进斗争中去，在斗争中学习的方法去取得经验。这些批判在理论上当然是无可厚非的，然而理论主要是指明方向，农业生产合作社究竟怎样办？已经办起来的合作社究竟怎样巩固？还有各种实际问题要求回答。不切实具体地回答这些问题，农业合作社的巩固和大发展仍然是困难的。毛主席作完报告之后，省市自治区党委书记们在讨论中，也提出这个问题，希望他从党的领导这个角度，多讲些意见。会后，他根据大家要求，在尚未发出的报告稿中，增加了相关的部分，但是，没有也不可能讲得很具体。修改后的报告发出后，毛主席就集中精力来看材料。《高潮》一书，为着切实解决怎样办农业合作社的问题，收集了各个方面的当时认为是成功的经验。书末所附《本书内容索引》，就体现了这个宗旨。

这份索引将176篇材料，按具体经验（往往一篇材料提供多方面的经验）分成47类。即：

1. 一个地方实现农业合作化的过程；

2. 共产党的乡村支部对于农业合作化运动的领导；

3. 树立贫农在合作社领导机关内的优势；

4. 农业生产合作社的政治工作；

5. 农业生产合作社的保卫工作；

6. 民族杂居地方的农业生产合作社；

7. 工作薄弱地方的农业生产合作；

8. 办社的辅导工作；

9. 整顿农业生产合作社；

10. 落后于群众的右倾错误；

11. 一个地方以农业合作化为中心的全面规划；

12. 农业生产合作社的土地报酬和自留地；

13. 处理社员私有的牲畜；

14. 处理社员私有的林木；

15. 农业生产合作社的长期的生产规划；

16. 制订年度生产计划；

17. 兴修水利和保持水土、开发荒山；

18. 组织社员出外开垦荒地；

19. 发展以农业生产为中心的多部门经济；

20. 改进农业技术；

21. 划分劳动组织和实行包工制；

22. 制定工作定额和报酬标准，实行按件计酬制；

23. 劳动竞赛和检查评比；

24. 劳动妇女参加生产和建立农忙托儿组织；

25. 农业生产合作社内的青年工作；

26. 解决农业生产合作社劳动力剩余的问题；

27. 建立饲养和使用耕畜的制度；

28. 多养猪和养好猪的经验；

29. 公有农具的管理；

30. 大量积肥的办法；

31. 解决全社生产和社员个人生产的矛盾；

32. 抗御灾荒的斗争；

33. 筹集生产资金；

34. 勤俭办社；

35. 改进财务管理；

36. 农业生产合作社的会计工作；

37. 夏季预分和年终分；

38. 组织社员学习文化；

39. 合作社主任和管理委员会进行领导的经验；

40. 帮助贫苦社员解决困难；

41. 互助合作网；

42. 互助组；

43. 农业生产合作社团结互助组和单干农民；

44. 农业生产合作社和供销合作社的结合合同；

45. 制定农业生产合作社章程；

46. 畜牧业生产合作社；

47. 办高级社和大社的经验。

这份索引将全书中包括的办社经验，按照内容开列出来。不会办社的人们看了它，确实能找到不少办社方法。[27]

关于这部书的编辑过程，薄一波写道：

在党的七届六中全会的结论中，毛主席谈到了前一段编辑《怎样办》一书的情况和材料来源。他说："我是用11天工夫关了门，看了120篇报告。先请廖鲁言同志同农村工作部的同志，他们看了一千几百篇，选了120篇。然后我对这120篇搞了11天，包括改文章、写按语在内。"许多报告是从各种刊物上挑选出来的。"因为这些刊物是零零碎碎发下去的。它不是集中比较好的典型。现在农村刊物又叫党内刊物，秘密不外传，其实毫无秘密。这些刊物有什么秘密呀！现在我们的书准备公开出版，由人民出版社出，民主人士也要卖给他一本。建议你们每年编这么一本书发下去，迅速推广合作化运动，有好处。"

1961年3月，在广州召开的中央工作会议上，谈到调查研究问题时，毛主席说："解放后十一年，我做过两次调查，一次为农业合作化问题，看过一百几十篇（加上后来增补的，实为二百几十篇——作者注）材料，每省有几篇，出了一本书，叫作《农村社会主义高潮》。每篇都看，有些看过几遍，研究他们为什么搞得好。又一次是十大关系，那是经过两个半月，和三十四个部门讨论，每天一个部或两天一个部，听他们的报告，跟他们讨论，然后得出十大关系的结论。"从这里看出，毛主席把编这部书看成是他建国后的"第一次调查"。我理解，这里说的调查主要是指对这一百多篇材料进行阅读和研究。

样本《怎样办》实际收入材料121篇，比中央农村工作部选送的材料多一篇。这多出的一篇，在《序言》中有交代："是请了一个合作社社长到北京谈话的记录。"补这一篇的过程大致是这样：9月24日，毛主席在处理完样本最后一批文稿之后，给协助他编书的秘书田家英同志写信："最后部分附上，请付排。8月下旬的《人民日报》上载有邢台地委书记写的一篇关于邢台地区合作化的文章，请清出加印到河北省部分中去。此外，请廖鲁言同志翻阅一下今年1月至9月的《人民日报》，看有无好的（要是很好的）材料可用的。"由于邢台地委书记这篇文章，是介绍全区合作化运动的经验，与全书体例不合（因已有的120篇材料都是介绍一乡一社的典型经验），田家英同志未收入。但考虑到文章中介绍的经验，比较突出的是邢台县东川口村合作社社长王志琪的办社经验，田家英同志经与廖鲁言同志商量，就邀请王志琪来京谈话。他的谈话记录，被整理成《邢台县东川口村是怎样完成合作化和达到增产的》一文，编入河北省部分，也是全书的第二篇。毛主席为此文写了分量较重的按语。后来收入《高潮》一书时，文章题目改为《只花一个多月时间就使全村合作化》。

在七届六中全会上，代表们拿到样本深受鼓舞，但不少同志提出，有些材料过时，需要补充新材料。毛主席嘱咐各省市自治区的同志回去后尽快将新材料送来。教育部参加全会的同志要求把一条按语涉及学龄儿童入学比例的数字加以更正，毛主席采纳了他的意见。

到10月25日，大部分省市自治区送来补充材料。11月间，又以中央办公厅名义约了一些具有特点的稿件。例如：11月2日，中央办公厅致电黑龙江省委："《怎样办农业生产合作社》一书，需要有一篇文章介绍在土地特多、人口特少的地区农业生产合作社由初级社转到高级社的经验。这篇文章要说明在这种地区取消土地报酬比较容易，并且介绍牲畜公有化的条件和办法。希望你们能从已有的材料中挑选一篇，修改好文字，注明作者、写作时间、原载报刊等，于11月10日前送来。"

经过抽补重编，保留样本中材料95篇，吸收新材料85篇，合共176篇（这是精选中的精选——作者注），书名定为《中国农村的社会主义高潮》，以表明7月31日报告中说的全国农村社会主义高潮即将到来的话已成了现实。重编本12月20日发排（《序言》暂缺）。毛主席12月27日在杭州重写的《序言》脱稿，30日在上海写信，送请少奇、恩来、陈云、小平同志审阅。1956年1月，《高潮》正式出版。出版时，报纸、电台没有发消息，但书中的重要思想迅速传遍穷乡僻壤。据当时和田家英同志一道协助毛主席编辑《高潮》一书的中央办公厅工作人员逄先知同志在《毛泽东和他的秘书田家英》一书中回忆："原先毛泽东决定发一条出版消息，田家英将拟好的稿子送给他，他咯咯地笑起来，说：'这个消息没有用了，已经过时了。'"

从《怎样办》到《高潮》，在编辑过程中，毛主席给田家英同志写过一系列的批示，除前引关于补充邢台材料一项外，重要的还有以下一些：

他指示田家英同志："排出的清样，送少奇、恩来、陈云、小平同志审阅。"从保存的档案材料看到，少奇同志曾对试用本的《序言》提出过两处文字修改意见。

他指示田家英同志："由你和胡乔木同志各分一半清样"，"彻底作一次文字上的修改，包括题目改得生动些。请告诉乔木"。

12月20日，他看完《高潮》最后一部分稿件时，给田家英同志写的一张批条，表示他不再看了，也不要再送别的同志看了，但提出："书名叫《五亿农民的方向》如何？如果用这个名称，那就要把那一篇《五亿农民的方向》放在第一篇的位置，请酌定。"田家英同志未改，仍维持原书名。

据逄先知同志回忆："毛泽东编《高潮》时，是那样认真地精选材料，认真地修改文字。在那段时间里，几乎把主要精力都倾注到这部书的编辑工作上。""有些材料文字太差，毛泽东改得密密麻麻，像老师改作文一样。""毛泽东习惯于夜间工作，每天一清早，就退来一批修改好的稿子和写好的按语，再由我们进一步作文字加工。""毛泽东还对大部分材料重新拟定了题目，把一些冗长、累赘、使人看了头痛的标题，改得鲜明、生动、有力，而又突出了文章的主题思想。例如，有一篇材料原题是《天津市东郊区詹庄子乡民生、民强农业生产合作社如何发动妇女参加田间生产》，共三十三个字，毛泽东改为《妇女走上了劳动战线》，只用九个字，简单明了，又抓住了主题，读者一看就有印象。又如，有一篇材料原题为《大泉山怎样由荒凉的土山变成了绿树成荫、花果满山？》，毛泽东改为《看！大泉山变了样》，多么吸引人！"从保存的原稿和各次清校样中看到，有的标题和按语，毛主席是经过多次推敲、一改再改的。例如：三娄寺农业生产合作社的那篇材料，发稿时题目为《山西省解虞县三娄寺农业生产合作社的教训》，看初校样时，他改为

《解虞县三娄寺农业生产合作社几乎垮台的教训》，看二校样时，又改为《严重的教训》。在为这篇材料所写的关于政治工作是一切经济工作生命线的按语中，对"社会主义精神"有一个定义性的解释。原来排印的是："提倡以集体利益为一切言论行动的最高标准的社会主义精神"，看初样时，毛主席改为"提倡以集体利益和个人利益相结合的原则为一切言论行动的标准的社会主义精神"。这是很重要的修改，社会主义精神并不是不讲和不要个人利益，而是提倡集体利益和个人利益正确结合起来。

从以上所说的情况可以看出，毛主席是何等不辞劳苦、精心指导农业合作化运动的。对材料的选择，既照顾到四面八方，使之具有代表性，又尽量做到出类拔萃，使之具有典型性。对文字的加工修改，则力求刮垢磨光，精益求精。据逄先知同志回忆，《高潮》出版时，毛主席对田家英同志说，他很高兴，1949年全国解放时，他都没有这样高兴过。他之所以这样高兴，我看除了合作化之快出乎他的意料，看到农业社会主义改造已获得成功，占全国人口绝大多数的农民群众开始建设社会主义新生活之外，恐怕也包含了一种在紧张劳动结束之后通常有的喜悦。[28]

逄先知回忆说：

1955年，是新中国成立后的一个重要年头。毛泽东对这一年形势作过这样的描绘："1955年，在中国，正是社会主义和资本主义决胜负的一年。这一决战，是首先经过中国共产党中央召集的5月、7月和10月三次会议表现出来的。1955年上半年是那样的乌烟瘴气，阴霾满天。1955年下半年却完全变了样，成了另外一种气候，几千万户的农民群众行动起来，响应党中央的号召，实行合作化。"这里所说的5月的会议是指中央召集的十五个省、市党委书记会议，毛泽东在会上提出必须在这两年内打下农业合作化的基础，批评了在农业合作化问题上的所谓"消极情绪"。7月的会议是指中央召集的省、市、自治区党委书记会议，10月的会议是七届六中全会，这后两次会都是批判所谓农业合作化问题上的"右倾机会主义"的。经过这三个会，农村形势急剧变化，出现了合作化高潮。为了推进这一形势的发展，毛泽东亲自编辑了《中国农村的社会主义高潮》一书（上、中、下三册，90多万字），并写了104条按语。田家英和我协助毛泽东做了一些编辑工作。

毛泽东对编这部书非常重视。在那段时间里，几乎把主要精力都倾注到这部书的编辑工作上。后来他在1961年3月的广州会议上回忆这件事情的时候说："解放后11年，我做过两次调查。一次是为农业合作化的问题，看过一百几十篇材料，每省有几篇，出了一本书，叫作《农村社会主义高潮》。每篇都看，有些看过几遍，研究他们为什么搞得好，比如讲河北的建明社，那也是研究。又一次是十大关系，那是经过两个半月和34个部门讨论。每天一个部或两天一个部，听他们的报告，跟他们讨论，然后得出十大关系的结论。"

的确是这样。我们亲眼看到，毛泽东编《高潮》时，是那样认真地精选材料，认真地修改文字。有的材料文字太差，毛泽东改得密密麻麻，像老师改作文一样。毛泽东还对大部分材料重新拟定了题目，把一些冗长、累赘、使人看了头痛的标题，改得鲜明、生动、有力，而又突出了文章的主题思想，引人注目。例如，有一篇材料原题是《天津市东郊区詹庄子乡民生、民强农业生产合作社如何发动妇女参加田间生产》，共33个字，毛泽东改为《妇女走上了劳动战线》，只用九个字，简单明了，又抓住了主题，读者一看就有印象。又如，有一篇材料原题为《大泉山怎样由荒凉的土山成为绿树成荫、花果满山？》，毛泽东改为《看！大泉山变了样》，多么吸引人！类似情况很多，在此仅举二例。读者看到那些生动醒目的标题和具有强烈政治内容而又带有抒情色彩的按语，一个胜利者和实现了自己意志的革命家的形象，跃然纸上。

毛泽东非常注意文风，有一篇按语就是主要讲这个问题的。我把它引出来，请大家读一读，很有益处。他说："在这里要请读者注意，我们的许多同志，在写文章的时候，十分爱好党八股，不生动，不形象，使人看了头痛。也不讲究文法和修辞，爱好一种半文言半白话的体裁，有时废话连篇，有时又尽量简古，好像他们是立志要让读者受苦似的。……哪一年能使我们少看一点令人头痛的党八股呢？这就要求我们的报纸和刊物的编辑同志注意这件事，向作者提出写生动和通顺的文章的要求，并且自己动手帮作者修改文章。"[29]

毛泽东习惯于夜间工作，每天一清早，就退来一批修改好的稿子和写好的按语，再由我们进一步作文字加工。

毛泽东自己对这次合作化的"调查"是比较满意的，但我认为这次"调查"不能说是成功的。毛泽东一贯主张，要做亲身的调查，并为我们全党做出榜样，而他的这次"调查"只是看下面送来的书面材料，而其中一大部分是批判"小脚女人"以后的，他写的那些尖锐批评"右倾保守"的按语，主要就是写在各地在7月省、市、自治区党委书记会议以后送来的那部分材料上的。尽管这些按语单独看起来可能很有道理，但就全体而论，对于合作化这个本来是合乎农民需要（但要根据自愿互利的原则逐步发展）的进程，加以人为的加速又加速、拔高又拔高，客观上是在命令主义的产物之上又加上新的命令主义。也应指出，少数按语的内容是长期有效的。例如，毛泽东关于社会主义企业必须建立强有力的思想政治工作的著名口号："政治工作是一切经济工作的生命线"，就是《高潮》书中《严重的教训》一文的按语首先提出来的。

《高潮》一书以跃进的速度于1956年1月出版。原先毛泽东决定发一条出版消息，田家英将拟好的稿子送给他，他咯咯地笑起来，说："这个消息没有用了，已经过时了。"（那时全国合作化运动已经全面展开。）他对田说，他很高兴，1949年全国解放时都没有这样高兴。这个话真实地反映了毛泽东当时的心态。对毛来说，全国解放是早已料到的，早有准备的，而农业合作化的胜利来得这样快，这样顺利，却出乎他的意料。他一向认为，改造5亿人口的个体农民是最艰难的事业，需要花费很长的时间和做许多细致的工作才能完成。谁知道，这么困难的问题，经过两三次会议，作一篇报告，就如此顺利地解决了，那么，还有什么比这个更困难的问题不能解决呢？农业合作化的过快和过于表面化的胜利，使毛泽东的头脑开始不清醒了，他随即要求在生产建设、科学文化等领域，同时开展对"右倾保守"思想的批判。农业合作化的胜利，助长了毛对个人意志的自信，深信自己的主张总是正确的，而且是能够立即生效，立竿见影的。这不但促使过渡时期提前结束，而且成为后来出现"三面红旗"及其一系列后果的不祥先兆。当然，这不是说，农业合作化高潮纯粹是个人意志的产物，这是不可能的，它的产生有其自身的客观基础。中国的汪洋大海般的、势单力薄而又规模狭小的小农经济，在生产上确有发展互助合作的需要。从1951年12月党的农业互助合作决议作出以后，我国农业互助合作事业总的说是在稳步而健康的情况下发展的，互助合作的优越性逐步显示出来，并且具有相当的吸引力（这在全国许多地方都有这种情况），对农业生产的发展起了积极的作用。正是因为有了几年互助合作的历史和示范作用，才有被人为地加速而出现高潮的可能性。

毛泽东又问田家英："你看合作化完了，下一步再搞什么？"田家英被这一突如其来的问话问住了，一时答不上来，只感到自己的思想跟不上。毛泽东在农业合作化即将完成尚未完成之际，就想到下一步的问题，这绝非是心血来潮，或者只是说说而已，他是在郑重地考虑问题。这正是他的"不断革命""打了一个仗之后，马上就要提出新任务"的思想的惯性反映。

当然，毛泽东这时并不认为，农业合作化的工作已经没有任何问题了，可以高枕无忧了。不是的。《高潮》出版以后，他立即派田家英到各地调查农业合作化情况。田带着几个同志跑了山西、四川、湖北、河北四省，当时我们称作"观高潮"。在调查中，他发现一个重要问题，就是合作社的规模过大。而毛泽东当时正热心提倡"并社升级"，认为小规模的初级社仍然束缚生产力的发展，不能停留太久；同时，从上到下，不少干部的头脑也有些发热，一味追求搞大社，搞高级社。田家英并没有迎合毛泽东的想法和当时那股思潮，而是根据调查中得来的第一手材料，向毛提出自己的意见。他的意见虽然没有受到重视，但他在毛泽东面前敢于提出相反意见的勇气，给我留下很深的印象。

他的这种勇于直陈己见的政治品质，在以后日益复杂的政治生活中愈益显得可贵。但也应当说明，这时，毛泽东并没有因为田家英提了不同的意见就对他不信任，而是更加信任他和器重他。〔30〕

和平赎买政策

1953年以前，毛泽东还是按照七届二中全会和《共同纲领》，强调对资本主义工商业进行利用、限制的方针。平抑物价、统一财经及"五反"运动，就是限制它的具体措施，而调整工商业等则是利用它的措施。

1952年3月15日下午，毛泽东约黄炎培谈话，表明了他对资本主义工商业和民族资产阶级的主张。黄炎培于当年7月2日传达了毛泽东的这个谈话：

主席在垂询民建"三反"运动情况以后，指示："有人不承认自己是代表资产阶级，其实代表资产阶级，没有什么不好。资产阶级的存在，是《共同纲领》规定的。民建会里面有了坏的资产阶级分子，但也有好的资产阶级分子。"

主席说："我们要从经济观点，向大的远的方面看，现在中国的私人资本，在全国工商业经济上，比重还是相当大，向着社会主义走，公私双方都需要发展的。私人资本在新中国经济建设上，它是有贡献的。但不要让它向坏的方面发展。"

谈到民建过去政治上走的是"中间路线"，主席说："民建从前走'中间路线'倒不必讳言。在中国共产党和国民党斗争的时候，两党对立，很自然地会产生'中间路线'。如果那时民建、民盟、民革都不走'中间路线'，那另外会有人出来走的，历史告诉我们是这样的。不过时势演变起来，'中间路线'会分化：一部分走向反动那边去，一部分走向革命这边来。"

主席说："我们要用经济观点，向大的远的方面看，例如：北京有5万工商户，4万多摊贩，在5万工商户中间，1.7万户是雇用工人店员不超过3人的；1.9万户是夫妻母子的家庭工商业。从全国看来，有些大工业家，他们掌握着的工厂，经济作用比某些城市全部小工商业还要大。用经济观点向远的大的方面看，这些情况是值得注意的。"

主席说："资本家唯利是图，人家说是不好，但'利'可以分析一下：一部分是国家的利，一部分是工人的利，其余一部分是资本家的利。如果唯利是图的资本家，他们所图的利，三方面都能够顾到，那就让他们来'图'，只是不能让他们光是图私人的利。"

主席说："民建在这次运动中，有些能带头坦白，因此带动了工商界，这是有功的。我们要重视对经济有作用，而且带头坦白的人。能带头坦白是好的。"

主席接着提出若干大工商业家的名字，特别注意大工业家。主席说："五毒俱全的，完全违法的，一定不要；守法的及基本守法的要争取；半守法半违法的也要争取，要教育改造他们。劝导大家在人民政府领导之下，依据国家经济需要，有步骤地把商业资本转向工业，于国家是有利的。商业中间特别是投机商，于国家人民全无益处，绝对不要。"

主席说："我希望民建注意两件事：一是帮助资本家去掉五毒，二是好好地学习《共同纲领》。"主席指示："不要光是谈马列主义，而是应该劝一般人学习并实行《共同纲领》。"

后来又谈到从这次运动中，看出群众力量的伟大，有许多工厂商店不法行为的揭发，全靠工人店员，我们值得重视。

最后，我把听到的指示，归纳成四点，请问主席："（一）民建会今后应该继续争取大工商业者参加，工业比商业还要重视，投机商业不要，是不是？（二）对中小工商业中间有代表性的，应该继续吸收，很好地团结教育他们，是不是？（三）今后努力争取守法的和基本守法的工商业者；半守法半违法的也要争取；严重违法的，要看他们的表现；至于完全违法的，才一定不要。是不是？（四）马列主义要学习，但一般人应该先学习并接受《共同纲领》，是不是？"以上四点，主席都答："对的。"[31]

同年9月4日，政务院副总理、中国民主建国会主任委员黄炎培将他拟在民建北京分会大会上作的《"三反""五反"运动结束以后怎样发挥毛主席对民建方针指示的精神》讲话稿送毛泽东审阅。毛泽东对黄的讲话稿曾作了若干修改，主要是把讲稿中对资产阶级的较激进的提法改过来。如，毛泽东把讲稿中的"资本家应充分接受工人阶级思想"改为"资本家应充分接受工人阶级和国营经济的领导"；把讲稿中用"工人阶级思想"教育改造资本家，改为用"爱国主义的思想、《共同纲领》的思想"教育改造资本家；等等。

9月5日，毛泽东致信黄炎培，进一步阐述了他对资产阶级的看法。他在信中说：

讲稿用意甚好，唯觉太激进了一点，资产阶级多数人恐怕受不了，因此遵嘱作了某些修改，是否妥当，还祈考虑酌定。

要求资产阶级接受工人阶级的基本思想，例如消灭剥削，消灭阶级，消灭个人主义，接受马克思主义的宇宙观，或者如先生所说"没有劳动，没有生活，不从劳动以外求生活，不从自力以外求生活"，这就是要求资产阶级接受社会主义。这些对于少数进步分子来说是可能的，当作一个阶级，则不宜这样要求，至少在第一个五年计划时期不宜如此宣传。

当作一个阶级，在现阶段，我们只应当责成他们接受工人阶级的领导，亦即接受《共同纲领》，而不宜过此限度。

在现阶段，允许资产阶级存在，但须经营有益于国家人民的事业，不犯"五毒"，这就是工人阶级对于资产阶级的领导，也就是《共同纲领》所规定的。

超过这个限度，而要求资产阶级接受工人阶级的思想，或者说，不许资产阶级想剥削赚钱的事情，只许他们和工人一样想"没有劳动就没有生活"的事情，只想社会主义，不想资本主义，那是不可能的，也是不应该的。

今年上半年北京的《学习》杂志上有些写文章的同志曾经提出了这样的意见，我们已叫他们作了更正。

对于资产阶级中的少数人，那些有远见的人，我同意先生的意见，可以向他们宣传社会主义，使他们对社会主义事业发生兴趣，我想这是可行的，也是有益的。在中国的条件下，这样的人可能出现，特别是在几年之后，社会主义经济成分更加壮大，更加显示它对于国家和人民的伟大贡献的时候，这样的人可能逐步地多起来。

先生近来思想前进甚快，例如北戴河信上所说国家主权思想，此次所说社会主义的思想，都表示这一点，但在现在言之过早，在少数人想想是可以的，见之实行则是不可以的。因为先生对于我的高度的信任，故率陈鄙见如右[32]，是否有当，还祈审察赐教。

日内如有暇，想和先生面叙一次。[33]

从1952年9月下旬起，毛泽东在酝酿提出过渡时期总路线的过程中，开始考虑对资本主义工商业的限制、利用和社会主义改造并重的问题，而不仅仅是对它进行利用和限制了。

但是，党的有些部门仍然按照七届二中全会和《共同纲领》的精神制定政策，于是遭到了毛泽东的批评。刘少奇的"巩固新民主主义秩序"、邓子恢提出的"四大自由"，先后受到了毛泽东的批评。薄一波主持制定和发布的"新税制"，也受到了毛泽东的严厉批评，被认为是"有利于资本主义，不利于社会主义的错误"。

"新税制"是1952年12月26日经政务院第一百六十四次政务会议批准的，决定于1953年1月1日起施行。它的特点是：保证税收、简化纳税手续，坚持公私一律平等纳税原则。"新税制"发布不久，毛泽东就写信责问。1月15日，他给周恩来、邓小平、陈云、薄一波写了一封信，其中说：

"新税制事，中央既未讨论，对各中央局、分局、省市委亦未下达通知，匆率发表，毫无准备。此事似已在全国引起波动，不但上海、北京两处而已，究竟应如何处理，请你们研究告诉我。此事我看报始知，我看了亦不大懂，无怪问明等人不大懂。究竟新税制与旧税制比较利害如何？何以因税制而引起物

价如此波动？请令主管机关条举告诉我。"〔34〕

1953年6月13日至8月13日，召开了全国财经会议，讨论和批评新税制实际上成了会议的中心议题。8月12日，毛泽东作了长篇讲话，系统批评薄一波的"资产阶级思想"。他断言："新税制发展下去，势必离开马克思列宁主义，离开党在过渡时期的总路线，向资本主义发展。""新税制讲'公私一律平等'，这就违背了国营经济是领导成分的路线。"毛泽东还说，"资产阶级的糖衣炮弹，有物质的，也有精神的。精神的糖衣炮弹打中了一个靶子，就是薄一波。"毛泽东还批评薄一波犯了分散主义、主观主义的错误。

关于这段历史情况，薄一波在《若干重大决策与事件的回顾》一书中，作了实事求是的回顾：

由于高、饶的干扰，会议后期走偏了方向，与毛主席的原意大相径庭。毛主席希望早点儿结束会议，要周总理尽快做结论。但是，会上批评我的调子一直居高不下。我已意识到高、饶绝不仅仅是攻击我，而是进而攻击刘、周，为了不使事态扩大到中央领导核心，我决定不再多说一句话。当时会上要我作第三次检讨，我拒绝了。周总理把我的态度报告了毛主席，毛主席说："薄一波同志可以不检讨了。"

在这种情况下，周总理确实是很难作结论的。他是会议主持者，话说轻了，会上已是那种气氛，不大好通过，且有开脱、庇护之嫌；话说重了，就会为高、饶利用。最后还是毛主席出了个主意，他对周总理说："结论作不下来，可以'搬兵'嘛！把陈云、邓小平同志请回来，让他们参加会议嘛！"

陈云同志在北戴河时，一些同志去看望他，谈到财经会议的一些情况。他就明确表示："不能把薄一波同志几年来在中财委工作中的成绩抹杀了，我反对两条路线斗争的提法。"他在8月6日召开的第二十九次扩大的领导小组会议上的发言中，批评了我的错误，同时又明确地指出："同志们在会议上提出中财委内部是否有两条路线的问题，我以为在工作中间个别不同的意见是不会没有的，在一起做了四年工作，如果说没有一点不同的意见，当然不行。这些意见，也不能说他的都是错误的，我的都是对的；也不能说他的都是对的，我的都是错的。总的说起来，我在今天这样的会议上不能说中财委有两条路线。"

在高、饶问题尚未揭露，会议批评的调子降不下来的形势下，陈云同志的这些话，无疑起到了降温和替我解围的作用。

小平同志回京后，也在一次会议上发了言。大意是："大家批评薄一波同志的错误，我赞成。每个人都会犯错误，我自己就有不少错误，在座的其他同志也不能说没有错误。薄一波同志的错误是很多的，可能不是一斤两斤，而是一吨两吨。但是，他犯的错误再多，也不能说成是路线错误。把他这几年在工作中的这样那样过错说成是路线错误是不对的，我不赞成。"

由于陈云、小平同志讲了话，会议气氛起了变化，结论就比较好作了。8月9日，在中南海西楼会议室召开政治局会议，讨论同总理的结论讲话稿，毛主席通知我这次会一定要参加。会上毛主席问大家有什么意见，也问到我。我表示，我有错误，但有些具体事情还说不清楚。高岗站起来批评我，说我态度不好时，毛主席打断他的话说："你为什么不准上书的人写信给中央（指'东北一党员信'）？东北的工作为什么就不能检查（指检查鞍钢一事）？东北各省出了错误，你东北局还不是要进行批评、检查！"高岗还想为自己辩解，但毛主席的态度十分严厉，他也就退缩了。后来回想起毛主席这些话，觉得他对高、饶在财经会议上的表演，可能已有某些察觉了。

8月11日晚，在怀仁堂召开大会，陈云同志主持，周总理作总结报告。毛主席对总结报告作了多次修改，他修改的要点是：

1. 在报告的第一部分，毛主席第一次引用了他概括出来的过渡时期总路线的比较完整的提法，并指出："这条总路线的许多方针政策，在1949年3月的党的二中全会的决议里，就已经提出，并已作了原则性的解决。可是许多同志，却不愿意遵照二中全会的规定去工作，喜欢在某些问题上另闹一套不符合于二中全会规定的东西，甚至公然违反二中全会的原则。"在引述了七届二中全会决议中四段论述同私人资本主义进行限制和反限制斗争的文字后，毛主席加上了"以薄一波同志为代表的若干财经工作干部在对私人资本主义所犯错误，是直接违反上述规定的"。但他在修改时，把凡是说我犯了"带路线性的右倾机会主义错误"的地方都删掉了"带路线性"四个字。并明确指出，由于"所有这些错误，还未构成一个系统，所以还不应该说成是路线错误"。

2. 在报告中讲到党的统一领导问题时，毛主席所作的修改甚多。下面这段引文中的黑体字，都是毛主席加的："党中央和毛泽东同志历来总是强调党的统一领导，反对各个党的组织和党员个人向党闹独立性，反对无政府无组织无纪律的错误倾向，反对分散主义，这绝不是偶然的。这次税收、商业、财政、金融工作中所犯的许多错误，是与向党闹独立性、与无政府无组织无纪律的错误倾向、与分散主义离不开的。修正税制及其他许多违反党的原则的措施，不向党中央请示，不与地方党委商量，亦不考虑有关部门的不同意见，就独断专行地加以实施，而修正税制竟反与资产阶级代表人物事先取得协议，离开了党的立场，这都是分散主义发展起来的必然恶果。"

3. 在报告中讲到我犯错误的地方，毛主席加了一段文字："应该指出，薄一波同志过去对敌斗争是勇敢的，在各个时期中，当他正确地执行党的路线的时候，他的工作是有相当成绩的。现在的问题是薄一波同志能不能虚心接受各同志的正确批评而坚决改正自己的错误。我们希望他虚心接受同志们的正确批评，坚决改正错误，以便在党的领导下继续做有益于党和人民的工作。"

毛主席对这次会议是非常关心的。会议结束的前一天，即8月12日，他在怀仁堂向出席、列席会议的全体人员作了一次重要讲话，讲话的主要内容大体可分为5个方面：

1. 说明"三反""五反"运动后他主要考虑和警惕的问题。他正在酝酿提出过渡时期的总路线，因而特别重视和警觉资产阶级思想在党内的反映，认为这是"向社会主义发展还是向资本主义发展的问题"。

2. 批评"新税制"的错误。认为新税制是"有利于资本主义，不利于社会主义的错误"。他说，资产阶级用"精神的糖衣炮弹打中了一个靶子——薄一波，还有吴波等人"。

3. 批评主观主义和分散主义。他认为，在建设时期，既要反对急躁冒进的、不顾人力物力情况的主观主义，又要反对保守的主观主义。强调必须巩固集体领导，坚持民主集中制，反对分散主义。

4. 要求各级领导干部要有谦虚、坚韧的精神。他说，建设"要有狠劲"，要有坚韧不拔的精神。"不要骄傲、要学习，不能看不起人"，"永远是学习的态度"。

5. 对自己的错误进行自我批评。他说：

"在批判薄一波的错误中间，周、陈都说要负责任，我说我也要负责任，各有各的账。我的错误在于：（1）抓得少，抓得迟，这是第一条，也是主要的一条。过去忙于土改、抗美援朝，'三反'后应抓财经，抓了一些，但没有钻。我对财经工作生疏，是吃老资格的饭，过去一凭老资格，二凭过去的革命工作较丰富的经验，现在是建设时期，缺乏知识，未钻进去，要亡羊补牢。（2）统得死了，我也有份。我说过要统收统支，对统收我抓了，统支我没有抓紧，不注意。这一次会议提醒了我，要统一集中，但分级管理也是很必要的。（3）预算问题。去年11月搞起，经过1月财经会议，中央也讨论了。预算中16万亿是虚假数字（指将上年结余打入下年的预算——薄一波注），我现在才知道。利润打得太多，支出得太多了。我虽然说了'三道防线'——增产、节约、发行，但错误是报纸上公布得早了，应该慢慢来（苏联今年预算现在才公布），我也有急躁冒进。（4）查田定产，我支持过。到武汉、南京后，听到对此问题有反映，我说做个五年计划吧。回到北京，邓子恢同志看我口气松了，说查田定产否定了土改成果，根本行不通。我说：'听你的吧。'（5）扫盲，我开始是支持过，后来不行了，接受了大家的意见，修改了原来的意见。（6）失业人员登记，是我的意见，失业的160万人，加上半失业的人数很多。原因是我接到八百封信都是这个问题，劳动部当时又说这样做没有问题，有些失业救济经费还花不出去。我让恩来同志召集了会议，宣布了劳动就业办法，给地方上增加了麻烦。但也给失业者一些希望。……我是中央主席，都有我的份。这些错误，中央政治局在逐步地纠正中。"

一位受全党尊敬的伟大领袖，能在大庭广众之中诚恳地检讨自己的错误，给了大家以很大的启发和教育。他的这番话，在一些具体问题上承担了责任，就使做实际工作的同志减轻了压力。更重要的是，可以从中看出他的本意是希望这次财经会议能通过批评、自我批评来总结经验，提高认识。

财经会议结束后，尤其是七届四中全会之后到八大期间，从毛主席的多次谈话中，从中央对我的工作的安排上，我深深感到，毛主席和党中央随着对事情的真相一步一步的了解，对我的"误会"也在一步一步地消除；对财经会议上对我不恰当的批评也一步一步地作了修正。

8月14日，即散会后的第二天，我找陈云同志谈了一次话。我向他表示了三点意思：一是承认我确实有错误；二是请求撤销中财委副主任和财政部部长的职务；三是请中央考虑我的工作问题，能够做什么，应该做什么，我都服从中央的决定。我请他把这个意思报告周总理，转报毛主席和党中央。

8月17日，中央政治局决定由小平同志兼任中财委第一副主任和财政部部长，免除我的财政部部长职务，仍留任中财委副主任，由我协助小平同志领导铁道部、交通部、邮电部的工作。当时我还兼任编制委员会主任、全国供销合作总社主任、公安部劳改委员会主任。我觉得，我的工作性质已有了改变，不适合再担任这些职务，都请求予以免除。

8月22日，毛主席找我谈话。在此之前，我思想上产生过想下去工作的想法，我把这个想法报告了陈云、小平同志，也报告了周总理、少奇同志。他们都说："你直接去同毛主席谈。"毛主席这次同我的谈话，虽然对我的错误尚无谅解之意，但语气亲切、温和，使我深为感激。他说："这次会议，原意是要引导大家讨论过渡时期总路线的，但是没有完全按照我的意图进行。"对于发生这种变化的原因，他没有谈及。接着毛主席说："一波同志，你这个人是努力做工作的，但近半年来工作上出了问题，你是有责任的。这次大家对你批评这么多，你一定不满意，心想为什么把问题都推到我身上？不要不满意！好好想想，就可以想通的。听说你要求下去，想到哪里去？"我说："包钢是156项工程之一，正在建设，想到那里从头摸一个大企业。"他说："不行，中央还需要你工作。"我说："我现在有点抬不起头来，在中央不好干工作了。"他坚持说："不要再这样讲了，你还要在中央做工作。"我答应不再要求下去了。他劝我找邓子恢、谭震林等同志谈一谈，还说："你今后还要在中央工作，还要和大家共事。"我回答说现在不找他们。毛主席又说："那你去找朱德、彭德怀同志谈谈，如何？"我说："两位老总那里，我一定去谈谈。"毛主席最后鼓励我说："你不要以为天塌下来了，你现在应该出去走一走，看一看，换换空气，看看光明前景。"

我先找了朱总司令，又到彭老总那里。两位老总的谈话给我的印象很深。记得彭老总对我说："一波，我了解你，你总的方面是好的。但是一个人要是有点思想，有点能力，工作做得不错，有成绩，遇事又好讲个不同意见，再加上你平常工作中难免有点毛病，你就准备多受点批评。"他还说，"我这个人也是经常挨批评的。八年前华北工作座谈会（指在延安召开的历时四十天的整风座谈会——作者注）不是大批评了我一通吗？用湖南的土话说，我这个人是高山上倒马桶——臭名远扬。但是，我从来不把它当包袱。有些事一时说不清的，留待历史去评判好了。总之，不要怕批评，要继续做好工作。"我听了他的一席话，很受感动。

8月27日，毛主席把一个部门负责同志对工作的检讨送给我看，并写便函说："薄一波同志：此件可以一阅。其中，有许多和你在中财委和财政部的情形是相似的。"他的意图很明显，是希望我正确对待批评，注意总结工作中的经验教训。我于9月5日复信给毛主席，表示送来的材料"可以帮助我进一步认识我的错误"。并报告他，我已获得陈云、小平同志的允许，将于9月7日到外地去看看，时间一个月左右。

9月7日至10月17日，我到保定、石家庄、邯郸、太原、忻县、大同、归绥、张家口等八个地方进行了四十天调查研究，听取了省、地、市委的汇报，召开了有二十一个县市的县、区、乡干部和农业社干部、劳模参加的小型座谈会。11月7日，我给毛主席写了一个报告，汇报了关于解放后农村经济、农民生活，以及华北地区农业生产互助合作等情况，并结合实际进一步分析、认识自己在财经工作方面发生的错误。毛主席非常仔细地阅读了这个报告，几乎每行都画了线，并批示："印发中央各同志及有关财经部门党组阅看。"11月间，毛主席派陈伯达、廖鲁言找我，转达他的意思，认为我的报告内容可取，要我在中央正在召开的第三次农村互助合作会议上讲一讲。我照办了。几天后，毛主席对我说："我是让你到全国各地跑一跑，你只记得一个华北！"

12月24日，我接到通知，要我参加政治局扩大会议，记得那天到会的有二十来人。毛主席在会上说，北京城里有两个司令部，颐年堂门可罗雀，东交民巷8号（指高岗的住处）车水马龙。接着召开七届四中全会，少奇同志通知我，并说在会上大家都要作自我批评。不久，会议开始揭发高岗、饶漱石篡党夺权的阴谋活动。少奇同志建议我不参加为好，我就没有参加后来的会议。

经过七届四中全会对高、饶篡党夺权阴谋的揭露，大家对他们在财经会议上的活动看得更清楚了，毛主席也意识到会上对我的批评过了头。为了帮助我轻装前进，他曾经示意一些同志同我谈谈心。我记得，当时来谈的几位负责同志谈得都很融洽很诚恳，相互都作了自我批评。

1954年6月3日，毛主席通知我和刘澜涛、安子文同志到他的住处参加书记处会议。一进门，我还没坐下，毛主席就说："财经会议及其后相当一段时间，我们对一波同志是有些误会的，现在这些误会解除了。路遥知马力，日久见人心，一波同志是个好同志。"停了片刻，他又说，"如果高、饶问题没有揭露，这些误会可能还难以解除。"我当时表示："我确有错误，今后还会犯错误。"毛主席说："错误都会犯，改正了就好；以后再犯，当然还是要批评的。"我感到这次谈话以后，我的问题算是完全解决了。

这年夏天，周总理根据毛主席的意见，要我再主持一次全国的增产节约运动。我表示犯错误不久，恐怕担负不起这个责任。周总理说："1952年你领导增产节约运动很有成绩嘛！至于财经会议对你的批评，毛主席已经同你谈过了，文件（指《结论》）就不必收回了。"

这年9月，中央在西楼会议室召开的一次会议上，正式通知我主持国务院第三办公室（即重工业口）的工作。

1955年5月，毛主席托周总理转告我，指定由我组织一个由各主要工业部部长参加的大型代表团，去莫斯科参加苏联工业方面的一个大会。回国后，我们建议成立国家建设委员会、国家科学技术委员会、国家经济委员会，均被中央采纳，并任命我为国家建委主任。以后又把国务院三办、四办、六办合并到经委，主管工交各口生产并负责年度计划的编制和执行，中央又调我任经委主任。每次工作调动，毛主席都找我谈话，勉励我做好工作。

1956年召开党的八大，毛主席指定我在会上发言，我讲了正确处理积累和消费的关系问题。在八届一中全会上，我当选为中央政治局候补委员。11月，根据人大常委会决定，我被任命为国务院副总理。

回顾1953年夏季全国财经工作会议的全过程，我的总的看法是：新中国成立初期，在党中央、毛主席的英明领导下，以陈云同志为首的中财委为恢复国民经济、稳定物价、平衡收支、争取财经状况根本好转和开展有计划的经济建设，做了大量工作，而且做得很出色。在这个过程中，我也是努力去做工作的。但是我在工作中，由于经验不足，产生了一些缺点和错误，受到批评是应当的。而且，我从这些批评中确实受到了教益。特别是在财经会议期间和会议之后，毛主席和中央其他领导同志对我的关心、帮助、鼓励和教诲，更是铭记在心、终生难忘。党内的矛盾和斗争虽然是复杂的，在复杂的斗争中，发生一些误会、委曲和失误也是难免的，但是有马列主义、毛泽东思想的指导，有党的实事求是的思想路线，有在长期斗争中形成的党的领导骨干和丰富经验，误会可以消除，委曲可以澄清，失误可以纠正，而任何分裂党、毁坏党的事业的行为都是不可能得逞的。这正是我们党的强大生命力的表现。看看1953年财经会议的前前后后，我以为是很可以帮助我们增强这个信念的。[35]

1952年9月下旬至1953年春，毛泽东在酝酿提出过渡时期总路线的过程中，遇到了一个难点，就是不太明了进行资本主义工商业的社会主义改造的具体途径、步骤。

李维汉经过周密细致的调查研究，初步形成了解决这些问题的构想。他在1953年5月向中央和毛泽东报送了《关于资本主义工业中的公私关系问题》的报告，毛泽东极为重视这个调查报告。6月中旬，政治局召开两次扩大会议进行讨论。毛泽东在6月15日第一次讨论中，宣布了党在过渡时期的总路线。会议确定经过国家资本主义改造资本主义工业的方针，随后又决定对私营商业亦采取国家资本主义的方针，把它作为过渡时期总路线的一个重要组成部分。经过6月政治局两次扩大会议的讨论，作为对资本主义工商业利用、限制、改造的方针，从指导思想上确定下来了。

从1953年6至9月，毛泽东在这几个月间就改造资本主义工商业问题作了多次讲话，李维汉归纳其基本要点如下：

一、经过国家资本主义完成对私营工商业的社会主义改造，是较健全的方针和办法。

国家资本主义的形态有三：一是公私合营，二是加工、订货、收购、包销等，三是私营商业向国营进货按牌价出售。私营商业亦可以实行国家资本主义，不可能以"排除"二字了之。

二、占有大约380万工人店员的私营工商业，是国家的一项大财富，在国计民生中有很大的作用。私营工商业不仅对国家供应产品，而且可以为国家积累资金，可以为国家训练干部。

三、对私营工商业实行社会主义改造，要分为两步。第一步，先把不受限制的独立的资本主义变成受限制的国家资本主义；第二步，把国家资本主义转变为社会主义。

从不受限制的资本主义变成受限制的国家资本主义，这是一个进攻。在进攻中要有必要的让步，要承认资本家的"三权"（指企业所有权、用人权、经营管理权），否则，就无从搞国家资本主义。现在是进攻太猛，天津资本家只分得很少一点利润，这样他们就不会很好地搞生产。资本主义经济法则是唯利是图，现在要使它从唯利是图变成两利是图和四利是图。企业的利润分配，按照"四马分肥"的原则，分给资本家的股息红利可占企业利润的1/4左右，其余的3/4是为工人（福利费）、为国家（所得税）及为扩大生产设备（其中包含一小部分是为资本家生产利润的）而生产的。因此，这种新式国家资本主义经济是带着很大的社会主义性质的，是对工人和国家有利的。

四、3年之内，要把资本主义工业的大部分差不多包括一百万工人的工业变为国家资本主义，这是一件大事。我们要有计划、有步骤、有准备地搞国家资本主义，不能打无准备、无把握之仗。希望能在两年半到三年之间或者三年到五年内解决这个问题，要稳步前进，不能太急。

公私合营企业，要给资本家提供一个榜样。过去是"西向让三，南向让再"，今后每年都要发展。

五、实行国家资本主义，不但要根据需要和可能，而且要出于资本家自愿，因为这是合作的事业，既是合作，就不能强迫，这和对地主不同。

六、资产阶级作为阶级是要被消灭的，但资产阶级分子则可能逐步分化。在我国的具体条件下，要相信资产阶级、上层小资产阶级、宗教界上层人物的大多数是可以改造的。其中一部分人可能要坚决反抗，但大部分人是可能不反抗而接受社会主义改造的。资产阶级分子改造的前途，不是变成地主、农民或其他小资产阶级，而是变成工人。要消灭资产阶级，把人改造过来。

七、需要继续在资本家中间进行爱国主义教育，要有计划地培养一部分眼光远大的、愿意和共产党和人民政府靠近的资本家，以便经过他们去说服大部分资本家。每个城市都要有这样一批工商界的核心分子。

八、中国工人阶级有两个联盟、两种合作。一个是同农民的联盟，一个是同民族资产阶级的联盟。这两个联盟中，头一个联盟为后一个联盟的基础。没有头一个联盟，我们就没有力量。必须依靠工农联盟，才有力量去联合和改造那些剥削分子，那些人才会来。

九、采取自上而下的和平的方法逐步地实行国家资本主义，并不是取消阶级斗争，而是一种比较巧妙、比较温和、特殊形式的阶级斗争。在社会主义改造时期，我们同资产阶级的统一战线就是阶级斗争的一种形式。我们的战略目标是要消灭资产阶级，但可以采取比较文明的办法改造，可以开协商会，用协商的方法来消灭它。

十、不要忘记我们握有政治优势和经济优势。政治方面，国家政权在工人阶级手里，资本主义企业中又有工会和共产党支部；经济方面，社会主义经济占优势，企业公私合营后生产力即不断发展，事实证明了社会主义经济和半社会主义经济（公私合营）远远优胜于资本主义经济，向资本家提供了一个愿意同我们合作的榜样。工人阶级的政治优势和经济优势，是我们对资本主义工商业实现社会主义改造的根本保障。

十一、我们搞社会主义革命不是毫无根据的。我们是为了工人阶级自己的利益，而来改造资产阶级分子、农民、手工业者等等。要用马克思关于工人阶级不解放全人类就不能解放自己的战略思想教育全党。

刘少奇、周恩来等同志完全支持毛泽东同志的意见。六月政治局讨论时，恩来同志表示他当时也在调查寻找对私人资本主义实行社会主义改造的方针和途径，看了我送中央的报告后说："罗迈的报告解决了问题。"少奇同志也认为中央统战部的文件很好，系统地解决了问题。[36]

1953年9月7日，毛泽东同民主党派和工商联部分代表谈话，论述对资本主义工商业的改造问题。黄炎培以日记形式记述了毛泽东的谈话要点。他写道：

9月7日，毛主席召开座谈会，参加者有各党派领导人。民建参加者尚有章乃器、李烛尘、盛丕华等。毛主席详谈对私营工商业的政策。毛主席指出：（一）过去三年多，做了一些工作，现在起要多做些工作。"（二）经过国家资本主义完成对私营工商业的社会主义改造，是较健全的方针和办法。（三）《共同纲领》第31条的方针，现在应该明确起来和逐步地具体化。（四）将全国私营工商业基本上引上国家资本主义轨道，需要三年至五年的时间。（五）公私合营、全部出原料收产品的加工订货和只收大部产品，是国家资本主义在私营工业方面的三种形式。（六）私营商业亦可以实行国家资本主义。（七）私营工商业在国计民生中有很大的作用。（八）要改变资本家唯利是图的思想，也要允许资本家有利可得。（九）有计划地培养一部分眼光远大的、愿意和共产党和人民政府靠近的资本家，以便经过他们去说服大部分资本家，继续在资本家中间进行爱国主义教育。（十）实行国家资本主义，不但要根据需要和可能，而且要出于资本家自愿。（十一）全国各民族、各民主阶级、各民主党派、各人民团体在过去几年中已有很大的进步。（十二）完成整个过渡时期，需要几个五年计划的时间。（十三）在我们现在的条件下，私营工商业基本上是为国计民生服务的，因此可以而且应当说服工人，和国营企业一样，实行增产节约，劳动竞赛。"

…………

9月15日听盛丕华传达毛主席对上海工商界谈话有四点：（一）私营工商业过去为人民做了好事，现在也是为人民服务；（二）私营企业也要厉行节约，提高生产……为国家积累资金，通过国家资本主义道路走向社会主义；（三）私营企业可以按四马分肥办法，得25%的利润；（四）走国家资本主义道路，可先从大型厂着手，稳步前进。[37]

1955年的5到10月，毛泽东集中精力发动了农业合作化高潮，接着又发动了资本主义工商业全行业公私合营高潮。

薄一波回忆说：

1955年10月4日至11日，党的七届六中全会（扩大）在北京举行。重要议题之一是讨论农业合作化问题。就在这次全会的结论中，毛主席透露了他关于加快资本主义工商业改造步伐问题的设想。他说："围绕农业合作化发展速度问题的大辩论，牵涉的面很广，牵涉到手工业和资本主义工商业的改造，牵涉到党政军民各方面的工作。"在阐明农业合作化同资本主义工商业改造的关系的问题时，他说："我在三中全会说过，不要四面出击。因为那时全国大片地方没有实行土改，农民还没有完全站到我们这边来。土地改革，使我们在民主主义的基础上同农民结成了联盟，使资产阶级第一次感到了孤立。现在的农业合作化使我们在无产阶级社会主义的基础上，而不是在资产阶级民主主义的基础上，巩固了同农民的联盟。这就会使资产阶级最后孤立起来，便于最后地消灭资本主义。"这些论述实际上是向全党发出一个明确的信号：农业合作化的步伐加快之后，资本主义工商业改造的步伐也将跟着加快。

七届六中全会（扩大）一结束，毛主席立即部署加快资本主义工商业的社会主义改造。[38]

李维汉对毛泽东如何领导和推进对资本主义工商业的社会主义改造，作了如下叙述：

党中央和毛主席因势利导，全面规划，向党内外大力进行宣传教育，有计划、有步骤地领导和推进了这一具有伟大历史意义的社会主义变革。

1955年10月27日、29日，毛泽东邀约民主建国会、全国工商联的领导人陈叔通、李烛尘、胡子昂、胡厥文、荣毅仁等人和出席全国工商联会议的全体执行委员分别在颐年堂、怀仁堂举行座谈。针对资产阶级在社会主义改造中动荡不安的心理，作了两次重要讲话，系统阐明党的和平改造和赎买政策，殷切希望资产阶级要认识社会发展规律，主动掌握自己的命运，进一步接受社会主义改造。毛泽东指出："现在中国处在大变革的时代，社会动荡不安。农民私有制要变集体所有制，资本家也要改变所有制，许多人掌握不住自己的命运。要掌握是可以掌握的，即了解趋势，站在社会主义方面，有觉悟地逐渐转变到新制度。"针对资产阶级分子惧怕社会主义的心理，指出应当加强社会主义的宣传教育，他说："共产主义这个问题要讲开，好像怕鬼一样，大家一说就不怕了。我看共产是好事，没什么可怕。不是今天说了，明天就共产了，而是讲要准备共产，要广泛宣传，要重申我们党将坚持和平转变和赎买政策。我们现在的社会主义改造，其实就是马克思、恩格斯、列宁所说的赎买政策，是'善转'，不是'恶转'；是'和平的转'，不是'强力的转'。赎买的时间，从

1949年算起，可以拖到十五年、十八年，经过许多过渡步骤，经过许多的宣传教育。安排人员，主要是两个，一个是工作岗位，一个是政治地位，把这两个统统都安排好。究竟哪一年国有化，不会是一个原子弹扑通下地，总要同你们商量的。大家要安下心来，不要十五个吊桶打水——七上八下。"毛泽东还着重提出培养和扩大工商界核心分子的任务，说："希望每一个大城市有几十个、几百个核心人物，这些人比较其他人要觉悟一些，要进步一些，经过他们来教育其他工商界的人。"他还对李烛尘等人提出工商界也要掀起一个改造高潮的主张进行说服，他说："不要搞一阵风。我们需要有充分准备，包括思想准备、宣传教育许多工作在内，要有秩序、有步骤地前进，要做到瓜熟蒂落、水到渠成。"毛泽东的讲话，有力地稳定了资产阶级人们动荡不安的情绪，并鼓舞了多数人接受社会主义改造的积极性。全国工商联会议期间，经过深入学习和讨论，许多人现身说法，批判自己的剥削发家史，认识到资本主义道路是大鱼吃小鱼，是死路一条，只有下决心走社会主义道路，才能掌握自己的命运，获得光明的前途。会议通过《告全国工商界书》，号召全国工商业者认清前途，服从共产党和人民政府的领导，坚定爱国守法的立场，接受社会主义改造，把自己的命运同国家的前途结合在一起。

同年11月16日至24日，中央政治局召集各省、市、自治区党委代表会议，集中讨论对资本主义工商业的社会主义改造问题。陈云在会上传达了上述毛泽东同工商界代表人物的两次重要讲话，并适应形势发展的需要，提出了全面改造资本主义工商业的规划。[39]

在这次会议期间，毛泽东主持起草了《中共中央关于资本主义工商业改造问题的决议（草案）》。在11月17日给刘少奇、邓小平的信中，毛泽东谈到这个文件的起草情况，他说："这个文件是陈伯达、柯庆施和我三人讨论，由陈伯达执笔写成的，因为时间匆促，来不及过细修改。"

薄一波对毛泽东起草这个决议草案的情况，以及1955年底到1956年初全国公私合营的迅猛发展，作了如下回忆：

1955年10月27日和29日，毛主席两次约见工商界的代表人物谈话。头一次在颐年堂，只有黄炎培、陈叔通等少数人；第二次在怀仁堂，人数比较多，除全国工商联执委外，在京中共中央委员和中央各部门的负责人也参加了。两次谈话，都是勉励民族资产阶级要认清社会发展规律，掌握自己的命运，走社会主义的道路。

第二次谈话后，毛主席去杭州，除召集部分省委书记座谈农业发展规划外，就是主持起草《中共中央关于资本主义工商业改造问题的决议》。

《决议（草案）》指出："我们现在已经有了充分有利的条件和完全的

必要把对资本主义工商业的改造工作推进到一个新的阶段，即从原来在私营企业中所实行的由国家加工订货、为国家经销代销和个别地实行公私合营的阶段，推进到在一切重要的行业中分别在各地区实行全部或大部公私合营的阶段，从原来主要的是国家资本主义的初级形式推进到主要的是国家资本主义的高级形式。"

11月16日至24日，根据毛主席的提议，党中央召开了对资本主义工商业改造问题的工作会议，讨论《中共中央关于资本主义工商业改造问题的决议（草案）》。毛主席在最后一天参加会议并讲话。他说，帝国主义眼前还不敢发动战争，我们要趁着这个机会，加快社会主义改造，加快我国的发展。在批评那种认为民族资产阶级不能接受社会主义这一错误思想时，毛主席说"现在它是一只半脚踏进社会主义，人家现在快要变工人阶级了，人家已经是半社会主义者了"，"它只有1/4没有进来了"。

毛主席关于加快资本主义工商业改造步伐的设想，在党内没有听到不同意见。工商界的代表人物对毛主席亲自出面对他们做工作，表示很拥护。李烛尘先生10月29日那天当场表示，要积极推动民建会和工商联的会员搞高级形式的公私合营。荣毅仁先生讲了荣家的发家史和父辈在旧社会办实业的坎坷经历，认为只有跟着共产党走，才有光明前途。11月1日至21日，全国工商联首届执委会举行第二次会议。主任委员陈叔通在开幕词中，号召一切爱国的工商业者把自己的命运和国家发展的前途联系起来，在现有的基础上进一步接受社会主义改造，在伟大祖国的伟大事业中，继续贡献自己的力量。21日，执委会通过决议并在《告全国工商界书》中指出："我们工商业者当前的首要任务是应该坚守爱国守法的立场，积极接受社会主义改造。"

中央工作会议和全国工商联执委会议之后，各地敲锣打鼓，掀起资本主义工商业改造高潮。不少城镇申请公私合营的人流，日夜不断，其势甚猛。在这种形势下，中央决定，只好先批准公私合营，把要做的清产核资、改组企业、安排生产、安置人员、组织专业公司等工作，放到后面去做。1956年1月15日，北京天安门广场举行集会，在郊区农民代表报告实现农业合作化的喜讯之后，工商界代表乐松生在天安门城楼，向毛主席报告首都已实现全行业公私合营的喜讯。继北京之后，全国大城市和五十多个中等城市，于1月底全部实现了全行业的公私合营。

按照过渡时期总路线的要求，应于1967年完成对资本主义工商业的社会主义改造，现在基本完成的时间，比原计划提前十二年。这个速度不仅超出我们大家的预料，而且也超出毛主席本人的预料。1956年1月25日，毛主席在第六次最高国务会议上说："公私合营走得很快，这是没有预料到的。谁料得到？

现在又没有孔明，意料不到那么快。去年李烛老（即李烛尘先生）在怀仁堂讲高潮，我那个时候还泼了一点冷水。我说：'你那样搞太厉害，你要求太急了。'又对他讲，要瓜熟蒂落，水到渠成，要有秩序、有步骤地来，不要搞乱了。"据我了解，到1955年12月5日中央召开座谈会，由少奇同志传达毛主席关于批判"右倾保守"思想的部署时，中央设想是：到1957年争取90%的工商业实现公私合营，1962年基本完成资本主义工商业的社会主义改造。[40]

到1956年底，私营工业户数的99%、总产值的99.6%，私营商业户数的82.2%、资金的93.3%，分别纳入了公私合营或合作化的轨道。

指导"一五"建设和手工业改造

把中国建设成为强大的工业化、现代化社会主义国家，是毛泽东的毕生愿望。新中国成立后的前3年，他领导了国民经济的恢复工作，并提出了"三年准备，十年建设"的重要构想。"三年准备"完成后，他制定和推行过渡时期总路线，把社会主义改造作为翼侧，而把工业化作为主体。为此，毛泽东亲自指导了"一五"计划的编制和实施。

"一五"计划从1952年着手编制，到1955年提交全国人大一届二次会议审议通过，前后用了三年多的时间。

"一五"计划的指导方针之一，就是优先发展重工业，薄一波回顾了这一方针的确立过程和毛泽东对这个方针的强调：

把一个经济落后的农业大国逐步建设成为工业国，从何起步？这是编制计划之初就苦苦思索的一个问题。有关部门的同志也曾引经据典地进行过探讨，把苏联同资本主义国家发展工业化的道路作过比较，提出过不同的设想。经过对政治、经济、国际环境诸多方面利弊得失的反复权衡和深入讨论之后，大家认为必须从发展原材料、能源、机械制造等重工业入手。

得出这样的结论，其理甚明。设想多发展轻工业，按一般常识讲，一定是投资省、见效快，又能改善人民的物质生活条件，为国家多积累建设资金。但是，没有机器制造业，发展轻工业的装备从哪里来？没有钢铁等基础工业，机械制造的原材料从哪里来？没有能源和交通运输，整个经济又怎么运转？仰赖进口吗？办不到。一是我们没有钱；二是西方资本主义国家对我们实行禁运和封锁，全靠苏联等社会主义国家支援也不现实。特别是当时美帝国主义实际上还同我们处于军事对峙状态，我们亟须建立强大的军事工业以增强国防力量。这些因素是客观的现实，不是我们的主观意志可以改变的。因此，我们的"一五"计划不能不采取优先发展重工业的指导方针。

1953年9月，毛主席在中央人民政府委员会第二十四次会议上，专门讲了一段如何看待"施仁政"的问题。当时有些同志，也包括一些党外朋友中的有识之士，看不到抗美援朝、发展重工业的重要性，片面强调中国经过二十二年的战争，经济亟待恢复，人心思定，不能再打仗了，人民生活亟待改善，应该多搞些轻工业。有的甚至提出，工商业者可专搞轻工业，国家则专搞重工业，这样分工合作，于国于民两利。这两种议论，一时呼声甚高。毛主席把这种思想称为"小仁政"，提出了善意的批评。他说："所谓仁政有两种：一种是为人民的当前利益，另一种是为人民的长远利益，例如抗美援朝、建设重工业。前一种是小仁政，后一种是大仁政。两种必须兼顾，不兼顾是错误的。那么重点放在什么地方呢？重点应当放在大仁政上。现在，我们施仁政的重点应当放在建设重工业上。要建设，就要资金。所以，人民的生活虽然要改善，但一时又不能改善很多。就是说，人民生活不可不改善，不可多改善；不可不照顾，不可多照顾。照顾小仁政，妨碍大仁政，这是施仁政的偏向。"这段话讲得很好，今天重读，仍觉寓意良深。我们党是为人民服务、为人民谋利益的，服务、谋利益，也就是在做着"施仁政"的工作。第一是要"施仁政"，而绝不能向人民"施恶政"，否则就蜕化变质了，就"和平演变"过去了。这是我们的党员干部尤其是领导干部第一要警惕的。第二，"施仁政"要善于施，施得得法。为人民需要办的好事多得很，不可能一天、一月、一年都办完，必须有大小主次之分，轻重缓急之分。"小仁政"不能妨碍"大仁政"，眼前利益不能损害长远利益，局部利益不能损害整体利益，生活消费不能冲击国家建设。如果只顾眼前，好行小惠，吃光分光，不图大计，那就有一天什么"仁政"也施不下去。这一点不可不察，这也是我们党员干部尤其是领导干部要时刻警惕的。

1954年6月，在中央人民政府委员会第三十次会议上，毛主席在谈到发展重工业的必要性和重要性时，又形象地说："现在我们能造什么？能造桌子椅子，能造茶碗茶壶，能种粮食，还能磨成面粉，还能造纸。但是，一辆汽车、一架飞机、一辆坦克、一辆拖拉机都不能造。"试想，不优先发展重工业，怎么能改变这种落后的经济状况？怎么能使我国立于世界民族之林呢？[41]

薄一波还回顾了"一五"计划的编制过程及毛泽东的作用，他写道：

1952年初，根据周总理的提议，中央决定成立由周恩来、陈云、薄一波、李富春、聂荣臻、宋劭文六同志组成的领导小组，组织领导"一五"计划的编制工作。8月，试编出《五年计划轮廓草案》，并组成以周总理为团长、陈云和富春同志为副团长的政府代表团赴苏，征询苏联政府对我国"一五"计划的意见，商谈苏联援助我国进行经济建设的具体方案。苏联政府领导人看了我们的《草案》后，认为还不能算是五年计划，不仅不是计划，即使作为指令也不够。

周总理和陈云同志在苏逗留了一个多月的时间，两次会见了斯大林。斯大林对我国的"一五"计划提出了一些原则性的建议，他认为，我们《草案》里考虑的五年中工业年平均增长20%的速度是勉强的，建议降到15%或14%。他强调，计划不能打得太满，必须留有后备力量，以应付意外的困难。他同意帮助我们设计一批企业，并提供设备。斯大林的意见对我们是有很深刻的启发意义的。当时我们提出工业年平均增长20%的速度，是根据前三年工业年平均增长34.8%的速度设想的，虽然计划指标已低于这个数字，但对经济恢复时期带恢复性质（数量小、基数低、恢复易）的高速度不能持久保持这一点，则认识很不足。

1952年底，中央领导同志在讨论《五年计划轮廓草案》时，作出了四项指示：（1）执行"边打、边稳、边建"的方针，既要保证抗美援朝战争取得胜利，又要进一步稳定社会秩序和经济秩序，使大规模的经济建设工作有条不紊地展开；（2）突出重点，把有限的资金用于增强国家工业基础的建设上；（3）合理利用现有工业基础，充分发挥现有企业的潜力；（4）以科学求实的态度从事计划工作，使计划正确反映客观经济发展的规律。中央的这些指示，在"一五"计划中得到了充分体现。

周总理和陈云同志回国后，富春同志率领代表团继续同苏有关部门广泛接触，征询意见，商谈苏联援助的具体项目，时间长达九个月。

1953年4月4日，米高扬向富春同志通报了苏共中央、苏联国家计划委员会和经济专家对我国"一五"计划的意见。要点如下：（1）从中国的利益和整个社会主义阵营的利益考虑，"一五"计划的基础是工业化，首先建设重工业，这个方针任务是正确的；（2）从政治上、舆论上、人民情绪上考虑，五年计划不仅要保证完成，而且一定要超额完成，因此工业的年平均增长速度调低到14%～15%为宜；（3）要注意培养自己的专家；（4）加强地质勘探等发展经济的基础工作；（5）大力发展手工业和小工业，以补充大工业之不足；（6）要十分注意农业的发展，不仅要大量生产质量好、价格低的农机具和肥料，还要保证工业品对农村的供应，发展城乡物资交流；（7）巩固人民币，扩大购买力，发展商品流通；（8）工业总产值的增长速度要大于职工人数的增长速度，以保证劳动生产率的提高，劳动生产率的提高速度要大于工资的增长速度，以保证国家的积累，技术人员的增长速度要大于工人的增长速度，以保证技术水平的提高。这些意见虽然主要是立足于苏联的经验而谈的，但基本上符合当时中国的实际，我们参考这些意见对计划草案了较大的调整。

1953年6月至8月，在全国财经工作会议上，传达了中央的上述指示，讨论了"一五"计划的方针任务，并对计划编制工作进行了初步总结。

1954年4月，根据工作发展的需要，中央决定调整领导编制"一五"计划工作的班子，成立由陈云同志为组长的8人小组，成员有高岗、李富春、邓小平、邓子恢、习仲勋、贾拓夫、陈伯达。同月，毛主席审阅了陈云同志提出的《五年计划纲要（初稿）》，并批转少奇、恩来、彭真、小平等同志审阅。8月，在陈云和富春同志主持下，八人小组审议国家计划委员会提出的《中华人民共和国发展国民经济的第一个五年计划草案（初稿）》，接连举行了17次会议，对草案逐章逐节地进行了讨论和修改。10月，毛主席和少奇同志、周总理三位领导人聚会广州，用一个月的时间，审议修改后的"一五"计划草案。11月，由陈云同志主持召开中央政治局会议，用十一天的时间，仔细讨论了"一五"计划的方针任务、发展速度、投资规模、工农业关系、建设重点和地区布局，又提出了许多修改意见和建议。

1955年3月，召开党的全国代表会议，讨论通过了"一五"计划草案，并建议由国务院提请全国人大审议批准，颁布实施。

从以上简要叙述的"一五"计划编制过程可以看出，以毛主席为首的党中央对这个计划是极为重视的，他们不仅对计划的方针任务作出指示，对一些具体问题也及时过问。朱德同志还一再要求我们要重视手工业的生产，并且多次提出书面意见。据我回忆，在中央领导同志的指导下，计划草案曾进行过5次重大的修改和充实。周总理经常主持召开国务院会议，对计划的细节一一进行研究。陈云、富春同志，更是自始至终专心致力于这项工作，事必躬亲。国家计划委员会的干部，各经济部门和其他部门参与编制计划工作的干部，也是不分昼夜地工作。那时计算数据，是用老式的算盘、计算尺和手摇计算器，方案稍有变动，上千个数据都得相应改动，他们工作之辛苦是不言而喻的。由于上上下下齐心努力，发扬虚心学习、勇于探索和实事求是的精神，使这个计划的编制真正做到了精确计算，反复比较，慎重决策。[42]

在指导编制"一五"计划过程中，毛泽东很重视苏联的经验及苏方人员的意见。1953年9月15日，他在致马林科夫的电报中，表示感谢苏联政府对中国经济建设的援助，尤其提到："苏联政府根据它三十多年来的伟大社会主义建设的丰富经验，对于我国五年计划任务提出了各项原则的和具体的建议。这些建议将帮助我们在中国经济建设过程中尽可能地避免许多错误和少走许多弯路。"[43]

"一五"期间，在毛泽东的关心下，党中央作出了发展原子能事业的战略决策。钱三强、刘杰等在回忆文章中，追溯了这一不寻常的决策过程。

钱三强回忆了1955年1月15日中央书记处会议，他写道：

1月15日，毛泽东主席在中南海主持召开了中央书记处扩大会议，出席会议的有刘少奇、周恩来、朱德、陈云、彭真、邓小平、李富春、薄一波等。会议听取了李四光、刘杰和我的汇报。根据周总理会前的嘱咐，我们用铀矿标本和探测器进行现场表演，当盖革计数器接近铀矿石发出"嘎嘎"响声时，大家都高兴地笑了。接着毛主席询问了发展原子能事业的有关问题，周总理坐在他的身旁，一边插话补充情况，一边提醒我们抓住重点，讲得尽可能详细和通俗一些。听完汇报后，毛主席十分高兴地说："我们国家现在已经找到铀矿，进一步勘探一定会找出更多的矿床。解放以来，我们训练了一些人，科学研究有了一定基础，创造了一定的条件，过去几年你们也经常反映，但其他事情很多，来不及抓这件事。这件事总是要抓的。现在到时候了，该抓了。只要排上日程，认真抓一下，就一定可以搞起来。"他还强调说，"现在苏联对我们援助，我们一定要搞好！我们自己干，也一定能干好！我们只要有人，又有资源，什么奇迹都可以创造出来！"会上，毛主席问到原子核内部组成情况，从哲学角度考虑，提出中子、质子也是可分的观点。周总理特别强调，对人才培养需要大力加强。这是一次对我国核科学技术研究和核工业建设具有重大历史意义的会议。[44]

1955年上半年，在周恩来、李富春、聂荣臻主持下制订的1956年至1967年12年科学发展的远景规划中，把原子能利用列为首项重点科研任务，还成立原子能事业部（当时名为第三机械工业部，1958年2月改名为第二机械工业部）。

毛泽东一直关心水利事业，决心根除"水患"，为人民造福。

曾经担任长江流域规划办公室主任的林一山，回忆了毛泽东对长江规划、南水北调、三峡工程的关心：

1953年2月19日，江城武汉，晴空万里。中午时刻，毛主席在武汉关附近的专轮码头上，健步登上"长江"舰。

由"洛阳"舰护航，"长江"舰乘风破浪，向东顺流而下。启程片刻，毛主席派人把我找去。我夹了一本地图，走进毛主席的卧舱。他笑容满面地和我紧紧握手，要我汇报有关长江的情况。他一边翻开地图，一边问："南方水多，北方水少，能不能借点水给北方呢？"他拿起一支红铅笔，首先指着西北高原问道，"从嘉陵江上游白龙江和西汉水，向北引水行不行？"

我回答说："都不行。"

毛主席又问："为什么？"

我作了详细的回答。

毛主席手中的红铅笔指向汉中盆地，又问："引汉水行不行？"

我回答："有可能。"

毛主席凝视着地图上的三千里汉江，兴奋地问："为什么？"

我说："汉江和渭河、黄河平行，与秦岭、伏牛山，一山之隔，它自西而东，越到下游，地势越低，水量越大。这就有可能找到合适地点兴建引水工程，把汉江水通过黄河引向华北。"

毛主席抬起头来，凝视着窗外的滚滚长江，高兴地问："这个问题，你考虑过没有？"

我说："还没有。"

毛主席说："你立即部署勘察，一有资料，就写信给我。"

毛主席何等渴望着解决华北大平原严重缺水的问题啊！根据这个指示，我们把南水北调工程，列为长江流域水利资源综合利用规划的一项十分重要的内容，立即着手制订把汉水引到华北的规划。

长江建设者没有辜负毛主席的殷切期望。他们冒着严寒、酷暑，踏遍秦岭、伏牛山和汉江上下，在不到一年的时间里，就找到了一个理想的引水通道，这就是兴建汉江丹江口水利枢纽，壅高汉江水位，然后引水穿越汉淮分水岭，不用搞太大的工程，就可以自流引水到淮河、黄河和海河。

遵照毛主席嘱咐，在南水北调工作过程中，我随时写信向他汇报最新成果。经过实地勘察，我们纠正了过去仅根据地貌的表面现象就认为从嘉陵江上游不能引水的片面看法。

1958年3月，在党中央成都会议上，毛主席高兴地说，"打开通天河、白龙江，借长江水济黄，丹江口引汉济黄，引黄济卫，同北京连起来了。"在爽朗的笑声中，毛主席结束了他的谈话。

1953年2月21日上午，毛主席在"长江"舰的甲板上漫步。他炯炯的目光，看着碧波滔滔的长江，对我说："要驯服这条大江，一定要认真研究啊！长江的水文资料，你们研究得怎么样？"我说，我们已经组织了一支力量整理长江的历年水文资料。

毛主席详细询问了水文资料的整理情况，接着又询问了长江流域的气象特点和暴雨区的分布。

我说："长江流域有两个主要暴雨区。一个是南岭暴雨区，在湘赣南部；一个是四川暴雨区，在四川盆地的周围。在正常情况下，南岭暴雨区首先降雨，在3月到6月间，使赣江水系和湘资沅水系开始涨水，随着太平洋副热带高压继续向大陆腹地西移，7月到9月份，四川暴雨区开始降雨。两个洪峰，正好错开。如果气象反常，南水后移，川水早到，两峰相遇，往往会造成洪水灾害。"

毛主席马上问："长江流域暴雨成灾最严重的地方在哪里？"

我说，根据记载，1935年7月1日，暴雨中心在湖北五峰，7天就下了1000多毫米，而"川西天漏"地区，年降雨量曾经达到2000多毫米。

毛主席说："真了不得啊！"

就在这"长江"舰上，毛主席还十分关切地问我对长江的防洪有什么设想。

我展开一幅《长江流域水利资源综合利用规划略图》，汇报说，长江防洪的指导思想，是在干流及其主要支流上，逐步兴修一批梯级水库，拦蓄洪水。

毛主席凝视着万里长江图，从世界屋脊的江源，直到烟波浩渺的海口，纵横万里。他左手叉在腰间，举起右手，在图上画了一个大圆圈说："太好了，太好了！修这许多水库，都加起来，你看能不能抵上三峡一个水库呢？"

我说："抵不上。"

主席又伸出手来，指着三峡口上说："那为什么不在这个总口子上卡起来，毕其功于一役？就是先修那个三峡水库，怎么样？"

我兴奋地回答："我们很希望能修三峡大坝，但现在还不敢这样想。"

毛主席笑了。接着，他又详细地问了有关三峡大坝的情况，然后，和蔼地笑起来："好，我这算了解了长江，了解了长江的许多问题和知识了。"

"长江"舰驶抵南京，陈毅同志和粟裕同志登上甲板，迎接毛主席。

1954年底，在战胜这一年长江上发生的特大洪水之后，在京汉线上，在毛主席乘坐的专车里，我向毛主席、周总理汇报有关三峡工程的技术问题和坝址查勘情况，汇报三峡大坝、南津关坝区和美人沱坝区的地质基础情况。这次汇报用了整整一晚上的时间。

毛主席十分关切地问："根据已有资料，风化层有多厚？"

我说，30米左右，据国内外资料记载，世界上有风化层达到100米的。

主席担心地问："如果这里风化层有100米，那么100米以下呢？"

我说，请主席不用担心，我们现在还没有全面勘探，我想，在25公里的火成岩河谷中，总会选到好坝址线。接着，我补充说，在它的上游，有一段片麻岩河段。

毛主席面带笑容，连声说："好，好！片麻岩是花岗岩的变质岩，抗风化性能要好得多，这下子好办了！"毛主席对于三峡大坝的关心，是何等细致入微啊。

担负长江流域规划的广大勘测设计人员，在毛主席的鼓舞下，展开了全流域的查勘，上自金沙江，下达海口，做了许多艰苦工作，重点规划了三峡大坝和自流引水华北的线路，以及全长江的流域规划。

1956年，三峡勘测科研工作取得了肯定成果，毛主席在畅游长江之后，经过深思熟虑，决定了三峡工程，并且写下《水调歌头·游泳》这首气势磅礴、光彩夺目的辞章，给我们画出了一幅"更立西江石壁，截断巫山云雨，高峡出平湖。神女应无恙，当惊世界殊"的壮丽蓝图。他给我们指明了征服长江的明确方向，向全世界宣布了我们一定要修建三峡水利枢纽的坚强决心。

1958年2月，在党中央南宁会议期间，毛主席对我说："我要考考你，你能不能写个像样的文章，来说说三峡工程呢？"

遵照毛主席的指示，我写出了报告。在一次中央政治局扩大会议上，毛主席仔细审阅了三峡工程的主要图纸，详细询问了有关这一工程的设计和造价。然后，转身向着周总理说："这个问题，你来管吧！"周总理说："还是请主席管。"毛主席说："我那么忙，哪有这么多时间来管呢？还是你来管。"周总理坚定地回答："好，我来管。"

毛主席欣喜地伸出四个手指头说："好吧，你来管；一年抓4次。"

1958年3月8日，在成都会议上，根据周总理亲自作的报告，中央政治局正式通过了一个重要文件：《关于三峡水利枢纽和长江流域规划的意见》。

在成都会议以后，毛主席对三峡工程的考虑，更加深入、更加细致了。

1958年夏天，在武汉的东湖之滨，毛主席让我汇报长江的泥沙问题，也就是三峡水库的寿命问题。我说，长江的含沙量远比黄河少，相对量少，但绝对量还很大。根据计算，三峡入库泥沙，每年大约5亿吨，合4亿多立方米。三峡水库的总库容，大约两百年才能淤死。

毛主席沉思以后说："这是百年大计，千年大计，只两百年太少了！"

按照毛主席的指示，我们进一步开展了对泥沙淤积和水库长期使用的专门研究、专门考察，结合国外资料，综合分析研究，逐步认识到泥沙运动的规律，并且找到了水库长期使用的途径。我立即向周总理汇报，得到总理的赞许。他亲自审阅了我们的报告，并转报毛主席。

毛主席对长江规划、南水北调、三峡大坝，是那么重视，那么热情，抓得那么细，抓得那么紧。他亲自制定了修建三峡工程要做到"积极准备、充分可靠"和"有利无弊"的方针。[45]

20世纪50年代任黄河水利委员会主任的王化云回忆了毛泽东对黄河治理问题的关怀。他写道：

1952年10月，新中国诞生不久，国家百废待举，抗美援朝战争还在进行之中，毛主席就在第一次巡视中来到河南兰考、开封、郑州、新乡等地视察黄河。此后，从1953—1955年，又四次听取治黄工作的汇报，为审定国务院制订的黄河规划进行调查研究。1959年，在济南洛口再次视察了黄河，毛主席说："黄河是伟大的，是我们中华民族的起源。人说不到黄河心不死，我是到了黄河也不死心。"1964年，毛主席在年逾七十高龄时，还打算徒步、策马从黄河入海口上溯黄河源，对黄河进行实地考察，并指示身边人员练骑马、查资料，做了各方面的准备。后来，因国事繁忙，这个心愿未能实现。但毛主席的心和黄河是紧密相连的。

有一次，我向毛主席汇报工作，主席启发我说："过去治黄的问题不能解决，只有现在才能谈到解决。"听了毛主席言简意深的话语，我顿感心胸豁然开朗，增添了无穷的力量。同时，使我进一步认识到，我们有优越的社会主义制度，何患黄河不能治好！

新中国成立后，治理黄河从分割到统一，走向了全面的治理，它标志着黄河的历史转折。当时，我们面临的情况是，治理黄河千头万绪，主要抓什么？毛主席的行动和正确指示告诉我们：黄河的洪水灾害决不能重演，保证黄河的防洪安全，是治黄工作的首要任务。1952年毛主席视察兰考、开封时，我跟随在侧，毛主席多次询问黄河洪水情况和防洪工程建设问题。当我汇报到1843年（道光二十三年）黄河发生的36 000立方米/秒洪水情况时，说有一首描述这次洪水异常凶猛情景的民谣："道光二十三，洪水涨上天，冲走太阳渡，捎带万锦滩。"毛主席听后若有所思地问我："黄河涨上天怎么样？"这是提示我们注意，不仅要防御一般洪水，还要准备防御大洪水，要有敢于斗争、敢于胜利、同涨上天的黄河大洪水抗衡的胆略，并切实把工作做好。在毛主席的教导下，我们明确地把防洪工作放在治黄的首位，确保防洪安全，一直是我们治黄工作的指导思想。

人民治黄包括两个方面的内容，即除害与兴利。经党中央和毛主席提议，于1955年第一届全国人民代表大会二次会议批准的黄河规划的原则和基本内容，其基本指导思想就是防灾与兴利并重，上中下游统筹兼顾，干流与支流兼顾。在除害的同时兴修水利，让黄河水利资源为发展工农业生产服务。在这个规划的指导下，开发利用黄河的愿望已经实现。据统计，在黄河干流上建成了七座大中型水利水电工程，支流上修建了160多座大中型水库，发电装机达250多万千瓦，是目前国内大江大河上装机、发电量最多的河流。

1952年毛主席视察黄河时，专程看了当时刚刚建成的引黄灌溉济卫工程——新乡地区人民胜利渠。毛主席登上渠首闸，亲自摇动闸门启闭机，毛主席望着奔流于渠道中的黄河水时，满意地说："像这样的闸，一个县有一个就好了。"毛主席了解了情况后说，"有了渠道还不能忽视了井，要合理安排渠灌井灌。"这时，他还用形象的比喻说，"井灌是游击战，渠灌是阵地战。"实践证明，井灌可以补渠灌之不足，渠灌可以补井灌之不及；灌吸地下水，渠灌补给地下水，井灌渠灌配合运用，既能抗旱，又能控制地下水位，防止碱化。[46]

王震切身感受到20世纪50年代毛泽东对交通运输事业和农垦建设的关怀。80年代的一天晚上，王震对来访者讲述了以下的往事：

那时主席找我谈话，我为了不妨碍他治理国家大事，总是尽量谈得扼要，但毛主席总是说："不忙嘛，还有十分钟，还有半个钟头……"他总是问得很细。主席在下决心之前，总是要详细地调查研究的，面对建设新中国这样一个宏伟的目标，主席总是强调要重新学习，要我们懂得新的任务。

抗美援朝战争已经结束，第一个五年计划已经开始，百废待兴，毛主席以战略家的眼光，强调要兴修铁路，发展交通事业。毛主席说："王震，你要有信心，有志气干一辈子铁路。"毛主席说，交通运输是立体的东西。要我们学一点历史，学一点近代史。现代资本主义的发展，是把能源和交通放在首位的。孙中山先生同帝国主义斗争，其中就包括了争取自修铁路的权利。主席在新中国成立初期就指示说，争取一年修几千公里铁路。中国要富强，开发矿藏，繁荣经济，就要发展海运、铁路运输，这是工业化的命脉。

毛主席很有气魄地说："要发展几十万公里铁路。把四面八方连接起来，建设新中国！"

王震回忆说："那时候，毛主席常常亲自拿着地图勾画。新中国修建的第一条最重要的铁路宝成线，就是毛主席亲自决定的。"

正当王震将军率领着浩浩荡荡的铁道兵大军，奋战在巴山蜀水之间，紧张勘察线路时，美帝国主义第7舰队封锁了台湾海峡，卡断了油路，对我国构成了严重的威胁。毛主席指示铁道兵将宝成线移交铁道部工程局，将全力投入到抢修黎湛、鹰厦两条铁路，建好湛江深水码头，巩固东南海防之上。

王老记得，有一次跟毛主席谈到黎塘到湛江的一段线路。这段路有400多公里的石灰岩溶洞，有人提出修路困难，认为没法通过。毛主席说，他就不相信中国的工程师解决不了这个问题，世界上的事情都差不多，别人能做到的，我们也能做到，一年不行就修两年……

毛主席还以他恢宏的气度，幽默地讲了这样一个故事。俄国计划修一条从彼得堡通往莫斯科的铁路时，沙皇断然用笔在地图上的两点间画了一条直线。旁边的一位工程师急忙说："陛下，这中间有一个湖啊！"沙皇扔掉了笔，一边头也不回地走，一边说："那就让我的臣民把它填起来吧！"主席说："后来实践证明了这是一条最快、最省、最好的线路，所以下定了决心就要干！"

毛主席的战略决策，化作了铁道兵指战员移山填海的力量。在艰险的郁江大桥工程中，技术人员和战士们创造了当时苏联专家也认为不可能的奇迹——新中国第一个气压沉箱顺利地下沉了。不到一年，全线就通车了。

30年后的今天，当我们在地图上注视这两条细细的铁路标志时，就像读到了一个伟大的预言：毛主席在指示修筑这两条铁路的时候，已经高瞻远瞩地看到了一个历史的必然，那就是任何力量也不能分割中国完整的、神圣的领土。

所以，主席一直格外地重视这两条铁路。为了将指挥部从北京迁到黎湛线工地上的贵县，王老曾去请示主席，主席高兴地批准："好，指挥到第一线！"并且特别提出要紧紧依靠广大群众，建设人民铁路。

　　主席的决定传遍了铁路沿线，老百姓踊跃支援铁道兵，保证了工程的顺利进行。

　　也许是那饱含着艰苦奋斗和成功喜悦的壮丽事业激动着王老吧！他站起身来，继续谈起来……

　　毛主席要求我们修一条最快、最好、最省的铁路，他并不认为快就一定质量不好。鹰厦线通过了那么多的大山，开凿了那么多的隧道，还是最好的。

　　铁路修成后，迅速发挥了经济效益。那个时候，汽车的吨公里运费是两角多钱，火车只需一分一厘。从武夷山到福州，山上雾很大，翻车不知有多少。汽车要有一个司机，一个副司机。一车拉五吨，上坡，下坡，平均速度30公里就不错了。然而火车可以挂很多车皮，平均速度60公里。所以又快又省，是最好的。

　　那时，毛主席还谈到将来铁路要修到新疆，围着塔里木转一圈；还要通到喜马拉雅山下。毛主席还风趣地笑着说："王震，铁路修到了喜马拉雅山，你就是死在那里也是光荣的，不用防腐剂，也会永垂不朽的。"

　　说到这里，王老的目光落在了那些献身于革命事业的老战友的相片上，他无比深情地回忆起主席对新中国成立初期一批灿若星汉的革命家的亲切话语……

　　记得那是七届三中全会前夕，滕代远同志要担任铁道部长了。主席勉励他说："滕代远，你要当一辈子铁道部长，修好铁路，管好铁路。"

　　王老稍事停顿了一下，喝了一点水又侃侃而谈："中国人口多，粮食问题是个大问题。20世纪50年代，毛主席就说，第二次世界大战后，欧洲、日本都是按人口来分配食品的。主席很欣赏陈云同志，他赞扬陈云同志搞统购统销，账算得清楚，办法很好。"

　　当问起王老是怎样转入农垦战线工作时，王老说：

　　"那还是我在海南岛修铁路时，有一个知识分子、植物学家叫何康（他现在已经是农牧渔业部长了），带着一些部队的同志，试验种植橡胶树。当时我国的橡胶主要依靠东南亚和苏联，美国人封锁了台湾海峡，给我们造成了困难。我们的知识分子有志气，发现海南岛的气候适宜，就自己搞起试验来了。农林部一度要撤销这个林场，部队不愿意，意见很大。当时叶帅是广东省长、广州军区司令，因为我要回北京，叶帅叫我把这个情况向主席、总理、陈云同志汇报。

　　"过了几天，我要走了，总理找我谈话，他问我：'总参谋部的工作有人可以接替你吗？铁道兵的工作有人接替吗？'我说其他同志都可以做这些工作。总理这时告诉我，要调我一个新的工作，他说还没有同老总们商量，已经同主席商量过了。"

这样我就由铁道兵转入了农垦部。

王震的一生不仅仅是一位戎马倥偬的将军，而且还是一位大生产的指挥员，他的功劳还写在祖国无垠的田野上，写在边疆的每一道犁沟里……王老每每忆起这些往事，就必然要说：

"部队转业屯垦戍边，也是毛主席的又一战略决策。打了许多年的仗，战争结束了，那么多退伍军人需要安排，毛主席说：'中国古代就有屯垦制，开荒就业，治疗战争的创伤。'

"主席号召退伍战士上山、下乡、下海，劳动就业，巩固社会治安，巩固国防。"

王老回忆说："我们那个时候，干部、战士都没有留恋大城市的意识，主席一号召，我们就有组织地转业，开赴海南岛、北大荒、新疆……

"那时讲阶级斗争，有些地主、富农的女儿嫁不出去，记得毛主席还说过，地主、富农的女儿，不能算是地主、富农。转业军人可以找她们结婚，这些姑娘也可以参加劳动，安家立业。"

王震还回忆起主席那些生动的谈话。他说主席讲话喜欢打比喻，比喻很生动、形象。有一年，农垦部要办个刊物，请示毛主席同意不同意，主席讲了个典故："中国都讲祖传、不讲父传，为什么叫祖传呢？因为父亲教儿子没有耐性，教不好，所以要爷爷教。你们在荒山里搞生产，就没有祖传的东西，要搞科学种田，没有老农祖传，就要办个杂志来宣传。"[47]

江苏，是祖国的鱼米之乡，也是毛泽东多次视察的地方。

曾任江苏省委书记的江渭清，回忆了毛泽东20世纪50至60年代视察江苏，指导那里工作的情景。他写道：

党的七届二中全会作出了把党的工作重心由乡村转移到城市的战略决策，生产事业成为党和国家的中心任务。在百万雄师渡长江，解放了国民党政府的首都南京以后，战争的硝烟刚刚消散，党就按照七届二中全会的精神，着手恢复和发展经济。毛主席十分关心南京市的经济建设，他多次到南京来视察和指导工作，在正确地分析了南京的特点之后，毛主席指出："南京是一个臃肿庞大、特等消费的城市，是为官僚机构服务的城市。蒋介石搞了一点装配工业、修理工业，那是为了装门面的。一定要把南京改造成为生产城市。"他指出，"要利用南京原有的工业基础，团结民族资产阶级，利用一切有利于国计民生的城乡资本主义因素，来恢复和发展生产，还要搞点轻工业。"根据党的七届二中全会精神和毛主席的指示，我们确定了对城市工业实行恢复、改造、发展的方针。以永利铔厂为基础，发展化工工业；以江南水泥厂为基础，发展建筑材料工业；利用为国民党军队服务的修理和装配工业，发展电信和机械工业，同时还兴办了棉毛纺织和食品等工业。经过三年恢复和对资本主义工商业、手工业的社会主义改造，以及逐步地有计划地进行经济建设，南京市的工业生产，有了迅速的发展。1956年2月，毛主席同南京市委负责同志谈话时，详细地询问了南京市的经济建设情况。当听到南京市已由为官僚资产阶级服务的特等消费的城市改造成为社会主义的生产城市，由只有装配、修理的零星工业发展为有化工、电子、机械、汽车、轻纺、食品和建筑材料等综合发展的工业时，他高兴地说："南京解放时才8000产业工人，蒋介石是应该失败的。他不发展生产，怎么能解决群众生活！现在有15万产业工人，一个人养活四口人，那就养活60万人。"毛主席以通俗的语言，告诉了我们一个历史唯物主义的基本原理：经济建设是社会主义建设的中心任务；经济建设搞上去了，全盘工作就主动了；如果不能使生产事业尽可能迅速地恢复和发展，人民的物质和文化生活逐步得到改善，那我们就站不住脚，就会失败。

毛主席对经济建设怎样走出一条独创性的路子，怎样抓紧抓细抓实，提出了许多重要的意见，在今天，仍然有它的指导意义。1952年下半年，毛主席在上海找我去谈恢复江苏省的建制时说："中国是一个大国，是一个联合国，各省都要按照自己的特点，搞好经济建设。"又说，"沪宁杭三角洲，经济、文化、科学、教育都比较发达，要建设成为社会主义工业基地和农业商品基地。"毛主席的谈话，给了我们重要的启示：首先要按照自己的特点，集中力量抓好苏南地区的工农业生产，并且以此为依托，支援和带动全省经济建设的发展。经过多年的努力，苏南地区充分发挥其优势，农业上高产更高产，工业也有了迅速的发展，对苏北地区的经济建设起着影响、示范和带动的作用。盐城地区广大干部群众首先提出"跳出盐城赶江南"，江苏省委总结和推广了他们的经验，号召"苏北创造小江南"。毛主席十分赞赏广大干部群众的这种创造。当我们向他汇报了盐城地区干部群众创造"小江南"的生动情景时，他称赞说："苏北人民都发动起来了，生气勃勃。"当即要新华总社的同志写一篇文章发表。他强调抓生产要深入、细致、踏实，反对浮而不深，粗而不细，华而不实。这就告诫我们：抓经济工作要实在，不要虚假，要鼓实劲，不要鼓虚劲。这对我们正确地领导经济建设，是很有帮助的。在盐城创造"小江南"取得初步成效之后，江苏省委又作出了改变徐淮地区贫困面貌的决议。1965年11月，毛主席路过南京，我和省委同志到火车上去向他汇报工作时说："我们一方面进一步改善高产地区的条件，使高产更高产；一方面在低产地区狠抓水、

'肥'、林、种、管的综合治理，变低产为高产。"毛主席听了很感兴趣，我们接着告诉他，"省委正在抓滨、阜、涟、灌这块地区，改变那里的低产贫困面貌。"毛主席关切地问道："什么叫滨、阜、涟、灌哪？""你们看，这样搞有希望吗？"我们向他作了说明，主席连连点头，说："那就很好。"他告诉我们，"要从高产地区调一些地委书记、县委书记到低产地区搞革命、搞建设。"江苏省委遵照毛主席的意见，从高产的苏州地区调了一批领导干部到徐淮地区去，从事改变那里的贫困面貌的工作。经过十多年的艰苦奋斗，广大干部群众首创的、得到毛主席支持的"苏北赶江南"，已经变成了现实。苏北地区的工业和农林牧副渔生产，都有成倍、几倍甚至更多的增长，如今那里的许多地方已具有江南风光了。

毛主席十分重视植树造林、绿化城乡，认为这是经济建设中的一项战略性措施。1952年，毛主席登临徐州云龙山，看到九里山等处都是光秃秃的，就问那些山为什么不种树。市委负责同志回答他："这里的山，土质不好，不容易绿化。过去乾隆皇帝路过徐州时，说这里是'穷山恶水、泼妇刁民'。"毛主席接过话头说："那是对劳动人民的侮辱。群众是英雄嘛，发动群众，依靠群众，穷山可以变富山，恶水可以变好水。"他还说，"一株10米高、44厘米粗的树，一年能贮藏一吨水。"毛主席的这番话，激起了我们依靠群众绿化荒山、改造自然的热情。1956年1月，我陪同毛主席视察南京市郊十月农业合作社，他老人家兴致勃勃地拉着社队干部的手，健步登上这个合作社的山坡。看到山上没有长什么树，他把手有力地挥动了一下，指着那些山坡说："这里也可以种果木嘛！""要把荒山变果园，把荒地变粮田。"毛主席还特别强调绿化要讲实效，不能搞形式主义，要真正的绿化，而不是"黄化"。经过毛主席的提倡和广大干部群众的长期努力，现在江苏无论是城市还是农村，无论是平原还是山区，植树造林都取得了显著的成绩。南京城到处是绿树成荫，勃勃生机。徐州市云龙山一带也已是一片葱茏了。[48]

在领导社会主义改造运动中，毛泽东还以一定的精力指导手工业的社会主义改造。当然，同他对农业和资本主义工商业的社会主义改造的指导相比，毛泽东在手工业改造方面投入的精力要少一些，也更加原则一些。尽管如此，他的指导对于手工业改造的顺利开展仍是至关重要的。

程子华回忆起毛泽东主持确定手工业改造的三种形式时说：

根据我们农业的社会主义改造，从互助组到生产合作社，由低级到高级的发展过程，农民觉悟不断提高，容易接受。我们对手工业的社会主义改造，也是从低级到高级。当时苏联专家根据苏联的经验，坚持只承认手工业生产合作社，手工业生产小组和供销生产合作社他不承认，说那是资本主义的。我们当时就向少奇同志汇报，毛主席主持，经过中央讨论，认为还应按照我们的手工业改造的三种形式，即生产小组、供销生产合作社、生产合作社。为了探寻对手工业改造的形式和方法，全国合作总社于1951年、1952年组织了若干工作组，分赴潍坊、扬州、杭州等地进行调查研究，总结经验，前面所介绍的是其中的几个典型调查报告，以实例说明了三种形式的具体发展过程。总之，那时坚持了实事求是，一切从实际出发的原则，坚持了通过典型示范、总结经验、逐步推广的方针，在中央的领导下，在少奇、朱德等中央领导同志的亲切关怀和指导下，谨慎从事，工作进行得比较顺利，没有出大的问题。当时少奇同志对合作社很重视，抓得很紧，经常找我们问情况。向他汇报，他不断给指示，合作社好多文件他亲自动手起草。朱总司令也很关心，找我们去汇报，有时他不预先打招呼就跑到合作总社机关来了解情况。这是当时我们做工作的良好的、很有利的条件，使我们少犯错误、少走弯路。〔49〕

他还回忆起1955年春毛泽东观看手工业展览的情形：

回忆这段历史，毛主席、少奇同志、周总理、朱总司令和陈云同志，当年对合作社工作，对我个人，那种时刻关怀、亲切指导的情景，犹历历在目。特别是我陪毛主席观看供销合作社展览一事，更是铭记难忘。记得那是1955年春天，中调部长罗青长同志打电话给我，他说："毛主席很关心供销合作社工作，让你们在中南海搞个展览。"这样，比光看文字材料了解得更深刻、真切一些。于是我叫总社几个了解全面情况的同志立即筹备起来，不久，展览搞起了。地点在中南海瀛台的大殿里。

4月6日夜间，毛主席叫我去陪他看供销社的展览。我首先作了简要的说明，然后随着毛主席边看边说。毛主席对统计图表、图画照片、文件、实物（如新式农具、各种肥料、农药、土产、杂品、药材、手工业品以及废旧物资利用等等），都很感兴趣，问这问那，给了我很大启发，也给了供销社的同志们极大的鼓舞。〔50〕

薄一波回忆手工业改造的全过程时说：

我国个体手工业的社会主义改造，要走合作化的道路，这是党的七届二中全会就定了下来的。毛主席在全会的报告中明确指出："占国民经济总产值百分之九十的分散的个体农业经济和手工业经济，是可能和必须谨慎地、逐步而又积极地引导它们向着现代化和集体化的方向发展的。"（《毛泽东选集》合订本，第1322页）

经过十二年的战争，1949年的全国手工业生产比战前降低40%。国民经济恢复时期，手工业的改造是围绕着扶助手工业者医治战争中受到的创伤，恢复和发展手工业生产这个目标进行的。

早在革命战争时期，各革命根据地就有通过组织起来发展手工业生产的经验。例如：陕甘宁边区1941年就建立了大大小小100多个手工业工场和合作社。山东解放区1941年建立了近百个供销形式的合作社，到1946年，这种手工业供销合作社已发展到8000多个。新中国成立前后，少奇同志集中研究了这些历史经验，对恢复时期手工业合作事业提出了一些重要的思想。1949年5月，他提出，对手工业合作从供销入手，先办"手工业供销合作社。为手工业者收购原料，推销出口产品"，"办广大群众需要的、容易办的合作社"。

　　1950年7月，中财委召开了中华全国合作工作者第一次代表会议。提交会议讨论的《中华人民共和国合作社法（草案）》，是由我主持起草的。报送中央审阅时，少奇同志改写了总则的第一、二、三条，明确规定在市民和工人中组织消费合作社，农民中组织供销合作社，城乡独立生产的手工业者和家庭手工业者组织手工业生产合作社。组织手工业生产合作社的目的，是"联合起来，凑合股金，建立自己商业的和生产的组织，去推销自己的手工业产品，并购买原料和其他生产资料"；"避免商人的中间剥削，提高产品的数量和质量"。少奇同志和朱德同志都到会讲话。少奇同志强调："手工业合作应从生产中最困难的供销环节入手，保持原有的生产方式不变，尽量不采取开设工厂的方式。"朱德同志强调先不要改变所有制形式。

　　1952年8月，全国合作社联合总社召开了第二次全国手工业生产合作会议，着重总结组织和管理合作社的经验，强调组织一个，巩固一个。

　　根据中央指示，恢复时期的手工业合作事业：一方面，在一些同国民经济关系最密切并有发展前途的行业中，选择觉悟较高又具有代表性的手工业劳动者，重点试办合作社；另一方面，对一般个体手工业者，从他们最困难的供销上给予帮助，采取从供销入手、组织加工订货、给予银行贷款等措施，支持和帮助他们恢复和发展生产，进行生产自救。新中国成立之初，全国个体手工业从业人员为585万人（另有农民兼营性手工业者1200万）。恢复时期的三年，经过重点试办，手工业合作组织由300多个发展到2700多个，社（组）员人数从8万多人增加到25万多人，这为手工业生产的迅速恢复和发展，为进一步组织起来，打下了基础。

　　1953年，我国进入国民经济建设的第一个五年计划时期，党中央正式提出了党在过渡时期的总路线。11月20日至12月17日，全国合作总社召开了第三次全国手工业生产合作会议。朱德同志代表党中央到会作了题为《把手工业者组织起来，走社会主义道路》的讲话，他主张，把个体手工业者组织起来，应该从实际出发，采取灵活多样的形式，由小到大，由低级到高级，绝对不要规定一个格式。会议提出："手工业合作组织必须根据生产需要和手工劳动群众的觉悟程度，采用群众所能接受的形式，由群众自愿地组织起来，坚持'积极领导，稳步前进'的方针。"

会议总结了新中国成立以来试办手工业合作组织的经验，明确提出了三种组织形式：第一种是手工业生产小组。这是组织手工业者的低级形式，也是手工业者最容易接受的组织形式。它的特点是，原有的生产关系没有改变，仍然是分散生产，只是从供销方面把手工业者组织起来。第二种是手工业供销生产合作社。这种形式，是对手工业者进行社会主义改造的过渡形式。它的特点是，生产资料仍为私有，一般也是分散生产，也是在供销环节上组织起来，但它已在有些生产环节上开始集中生产，并开始购置公有的生产工具。因而这种形式比前一种具有更多的社会主义性质。第三种是手工业生产合作社。这是手工业社会主义改造的高级形式，也是主要形式。它的特点是，生产由分散变为集中，分配实行按劳分配。它根据生产资料公有程度的不同，分为完全社会主义性质的和半社会主义性质的。会议认为，从经济上讲，对手工业的社会主义改造，只有达到完全社会主义性质，即生产资料全部公有了，才算完成。

少奇同志两次听取了会议的汇报，就手工业合作化的一系列问题发表了意见。关于组织形式，他说："组织起来，经手工业生产小组、供销性的手工业生产合作社，然后成为手工业合作社，这是一般的规律，但各种形式不一定都经过。""把手工业生产合作社收归国有是一个原则的问题，不准随便这样做，不要随便把好的合作社收归国有。"农村手工业的合作化，"不能照土地改革那样搞，而是要逐年逐步地搞"。"原来同手工业资本家实行联营的部分手工业者要求分化改组，走合作化道路"，可以"适当地做，但不要搞得太急、太激烈，应该注意不引起社会的损失"。

1954年11月，国务院成立了手工业管理局。12月，召开了第四次全国手工业生产合作会议，朱德同志代表党中央作了《要把手工业生产合作社办好》的讲话。陈云同志也到会讲话，指出："对手工业合作社生产的发展，要加以管理和控制。""手工业合作化宁可慢一点，使天下不乱。如果搞得太快了，就会出毛病。"由于大规模经济建设的开展，加以对主要农产品和某些工业品实行统购统销、统购包销，手工业的原料供应遇到了困难，个体手工业者困难尤大。会议确定1955年手工业社会主义改造的中心任务是："继续摸清主要行业的基本情况，整顿、巩固、提高现有合作组织，在此基础上，从供销入手，适当发展新社。"1955年5月，中央在批转会议报告时指出，对手工业供产销和手工业改造，要同时考虑，要贯彻"统筹兼顾，全面安排，积极领导，稳步前进"的方针。

到1955年上半年，手工业合作组织已发展到近5万个，人数近150万人。应该说，这个发展速度已经不慢了。

1955年下半年，在批判"小脚女人走路"的冲击下，农业合作化一马当先，随后党中央召开了工作会议，对把资本主义工商业的社会主义改造引向高潮作了部署。在这种形势下，手工业改造的步伐也急剧加快了。

11月24日，陈云同志向有关部门打招呼："手工业改造不能搞得太慢了。""如果手工业这方面的改造速度慢了，那就赶不上了。"

12月5日，中央召开座谈会，由少奇同志传达毛主席的指示，要求各条战线批判"右倾保守"思想，加快社会主义改造与社会主义建设的步伐。同时，批评手工业社会主义改造"不积极，太慢了"。少奇同志要求手工业合作化到1957年达到70%到80%。

12月20日，少奇同志听取手工业管理局负责人的汇报，提出："手工业改造不应比农业慢。与其怕背供销包袱，还不如把供销包袱全部背起来好搞些。"他要求手工业合作化在1956年、1957两年搞完，说"时间拉长了，问题反而多"。

根据中央指示，中央手工业管理局和中华全国手工业合作总社于12月21日到28日，召开了第五次全国手工业生产合作会议，着重批判怕背供销包袱而不敢加快手工业合作化步伐的"右倾保守"思想。后来，中央在批转第五次手工业生产合作会议报告的批语中指出："加快手工业合作化的发展速度，是当前一项迫切的任务。"

毛主席于1956年初发表的《中国农村的社会主义高潮》一书的《序言》，也提出了加快手工业改造的速度问题。1956年3月4日，他在听取手工业管理局负责人汇报（即34个部委汇报之一）时说："个体手工业社会主义改造的速度，我觉得慢了一点。今年1月省市书记会议的时候，我就说过有点慢。1955年以前只组织了200万人，今年头两个月就发展300万人，今年基本上可以搞完。这很好。"

就这样，在紧接农业和资本主义工商业改造的高潮之后，又掀起了手工业改造的高潮。到1956年6月底，组织起来的手工业者，已占手工业者总数的90%。同年底，全国组织起来的手工业合作社（组），经过调整，为9.91万个，社（组）员达到509.1万人，占全部手工业从业人员的92%。至此，手工业由个体经济到集体经济的转变基本完成。新成立的手工业合作社，有一小部分是经过生产小组的过渡形式发展起来的，大部分则是改造高潮中直接组织的。

《中共中央关于建国以来党的若干历史问题的决议》指出："在1955年夏季以后，农业合作化以及对手工业和个体商业的改造要求过急、工作过粗、改变过快、形式也过于简单划一，以致在长期间遗留了一些问题。"这四"过"

的缺点，在手工业改造高潮中的主要表现是：生产上盲目集中，组织形式上一律合作，管理上统一核算。

…………

应该指出，党中央从发动手工业改造高潮开始，就估计到可能会出现一些问题，因此，一边发动改造高潮，一边提醒下边注意防止发生这些问题。

少奇同志1955年12月听取汇报，在批评对手工业改造不积极的同时，强调："对集中还是分散要小心。集中生产与分散生产（家庭生产）是个重要问题，应很好研究。""分散的、个人的、修修补补的、磨剪刀的、修农具的，无论如何都不能搞掉。零星的不能减少，而且要加多。分散流动，生产上门是个好特点，要维持、要保持。""花色品种要注意。……搞社会主义，不能把这些东西搞掉，要把手工业品搞得更复杂、更多样，好的发扬提高。"1956年1月10日，他在接见南斯拉夫新闻工作者代表团时又指出："特种手工艺品不组织合并，怕合并以后，将来人民会感到不方便，特种手工业品质量会下降。"

周总理1956年2月8日，在国务院第二十四次全体会议讨论私营工商业和手工业的社会主义改造工作时指出："不要光看到热火朝天的一面。热火朝天很好，但应小心谨慎。要多和快，还要好和省，要有利于提高劳动效率。现在有点急躁的苗头，这需要注意。社会主义积极性不可损害，但超过现实可能和没有根据的事，不要乱提，不要乱加快，否则就很危险。"在他主持下，国务院于2月11日公布了《关于目前私营工商业和手工业的社会主义改造中若干事项的决定》，规定所有手工业合作社在批准成立后，一律照旧经营，半年不动。并规定参加合作社的手工业户，必须保持他们原有的供销关系，不要过早、过急地集中生产和统一经营。

毛主席3月4日听取手工业管理局负责人汇报（34个部委汇报之一）时，听说修理和服务行业集中生产，撤点过多，群众不满意，说："这就糟糕！""提醒你们，手工业中许多好东西，不要搞掉了。王麻子、张小泉的剪刀一万年也不要搞掉。我们民族好的东西，搞掉了的，一定要来一个恢复，而且要搞得更好一些。"听说北京东来顺的涮羊肉已失去原有的特色时，毛主席说，"'社会主义'的羊肉应该比'资本主义'的羊肉更好吃。"谈到对集中过多问题怎么办时，他还说，"天下大事，分久必合，合久必分。"

陈云同志针对手工业改造中盲目合并的问题，于1956年1月、3月、6月多次发表意见。1月25日，他在第六次最高国务会议发言时，指出部分手工业要长期保留单独经营方式。3月30日，他在全国工商业者家属和女工商业者代表会议上的讲话中说："有些工厂和商店并得对，应该并。但也有很多是并得不对的，其中数量最大的是手工业。"这样做的原因，一是认识上有问题，认为集中是高级，而单干是低级，难以到社会主义。更重要的一点，是我们做管理工作的人，只考虑管理工作的方便，强调合在一起容易管理，而没有考虑应不应该合，能不能合。"并错了怎么办呢？要分开来，退回去"。

朱德同志对手工业的社会主义改造，一直主张稳步前进。对如何解决加快改造带来的问题，也曾多次发表过意见。1957年4月，他外出视察归来后，还向党中央和毛主席写过专题报告。

少奇同志、周总理在八大的报告和陈云同志在八大的发言，都批评了手工业改造中的盲目集中合并。陈云同志肯定绝大部分服务行业和许多制造行业不应该合并。为了克服由于盲目合并、盲目实行统一计算盈亏而带来的产品单一化、服务质量下降的缺点，他提出必须把许多大合作社改变为小合作社，由全社统一计算盈亏改变为各合作小组或各户自负盈亏。

根据党中央的指示精神，各地为纠正手工业改造高潮中出现的一些缺点作出了努力。盲目集中合并起来组成的手工业合作社，很大一部分改成了合作小组。通过调整体制，还对手工业合作组织的供产销实行按行业归口管理，生产任务比较饱满，一改过去生产时断时续的处境。经过这些工作，使走上合作化道路的手工业者心情舒畅，劳动热情提高了。因此，1956年、1957年内，虽然手工业产品的质量有所降低，花色品种有所减少，但生产有较大幅度的提高。1956年，手工业合作社（组）产值76亿元，提前一年完成"一五"计划指标。人均年产值1702元，比1955年提高33.5%。新社员同入社前比较，老社员同1955年比较，90%增加了收入，劳动条件亦有较大的改善。

手工业的社会主义改造，不能只到合作化就算完，而要继续过渡到全民所有制，这是发动改造高潮时就确定了的。1956年3月5日，毛主席在听取中央手工业管理局汇报时指出："手工业要向半机械化、机械化方向发展。""机械化的速度越快，你们手工业合作社的寿命就越短。你们的'国家'越缩小，我们的事业就越好办了。你们努力快一些机械化，多交一些给国家吧！"他肯定"国家将替换下来的旧机器和公私合营并厂后多余的机器、厂房，低价拨给合作社，很好。'将欲取之，必先与之'。待合作社的基础大了，国家就要多收税，原料还要加价。那时合作社在形式上是集体所有，在实际上成了全民所有"。

毛主席这些话，鼓励手工业合作社向半机械化、机械化方向发展，有其必要之处。但从今天看来，有几点未能经得住历史的检验。第一，没有指出在我国条件下手工业机械化的艰巨性和某些行业长期保留手工业操作的必要性。同时，支持将国营或公私合营企业更新下来的旧机器（大多是"电老虎""煤老虎"）廉价卖给手工业合作社使用，也不可取。因为这样做，单从合作社来说，可能提高了劳动生产率，但从全社会来说，却是能源的浪费。第二，认为合作社这种集体所有制形式只能同手工操作相联系，似乎一旦合作社实现了机械化就应当交给国家，成为全民所有，这缺乏科学依据。实际上是把手工业由集体所有制变为全民所有制所需要的条件看得过于简单了，这样做对发展生产和方便人民生活也未必有利。毛主席这段话的核心在"将欲取之"的"取"字，好像我们搞手工业合作化，帮助手工业合作社实现机械化，目的就是为了把它取过来。在毛主席的这段话和少奇同志1955年底说的不要怕背供销包袱的那段话的精神的影响和推动下，手工业在合作化之后紧接着又出现了一个向全民所有制过渡的新阶段。[51]

高、饶事件

1980年3月19日，邓小平在同起草《关于建国以来党的若干历史问题的决议》的同志谈话时，讲到了高、饶事件。他说：

这个事情，我知道得很清楚。毛泽东同志在1953年底提出中央分一线、二线之后，高岗活动得非常积极。他首先得到林彪的支持，才敢于放手这么搞。那时东北是他自己，中南是林彪，华东是饶漱石。对西南，他用拉拢的办法，正式和我谈判，说刘少奇同志不成熟，要争取我和他一起拱倒刘少奇同志。我明确表示态度，说刘少奇同志在党内的地位是历史形成的，从总的方面讲，刘少奇同志是好的，改变这样一种历史形成的地位不适当。高岗也找陈云同志谈判，他说："搞几个副主席，你一个，我一个。"这样一来，陈云同志和我才觉得问题严重，立即向毛泽东同志反映，引起他的注意。高岗想把少奇同志推倒，采取搞交易、搞阴谋诡计的办法，是很不正常的。所以反对高岗的斗争还要肯定。高、饶问题的处理比较宽。当时没有伤害什么人，还有意识地保护了一批干部。总之，高、饶问题不揭露、不处理是不行的。现在看，处理得也是正确的。[52]

对于高、饶事件发生的背景和过程，薄一波作了如下回顾：

我们党在完成了经济恢复和土改、镇反等民主改革的任务后，为适应大规模经济建设的需要，决定将各中央局和大区行政委员会的主要领导同志及一批工作人员调到北京，并调整、增设中央和国家机关的部分机构，以便加强中央的集中统一领导。1952年8月，邓小平同志由西南局来京担任政务院副总理，高岗、饶漱石和邓子恢、习仲勋同志也陆续从东北局、华东局、中南局、西北局来京担任党和国家机关的领导职务。

我们党在干部任用上，历来主张搞"五湖四海"，既量才使用，又考虑到历史形成的各个方面的因素。高岗来京之前已担任中央人民政府副主席，这时中央又安排他兼任国家计划委员会主席（副主席是邓子恢，委员有陈云、邓小平、彭德怀、林彪、饶漱石、彭真和我等十几人），安排饶漱石担任中央组织部部长。应当说当时高岗是很受器重的，权力、地位甚为显赫，一时有"五马进京，一马当先"之说。他担任主席的国家计委亦有"经济内阁"之称。但是，高岗、饶漱石权欲熏心，对这样的安排仍不满足。特别是高岗，对其职位处在少奇同志之下，一直耿耿于怀。进京不久，他就把少奇同志在工作中的一些缺点错误搜集起来，并整理成系统材料，进行传播。他夸大其词地说刘少奇自七大以来犯了一系列的错误。后来，他发觉毛主席在发展农业生产互助合作组织和向社会主义过渡等问题上，与少奇同志有不同的看法，心中窃喜，以为少奇同志今后将不再受中央的信任，其威信和地位将发生动摇。于是，就授意别人写文章，以他的名义公开发表，借以抬高自己，打击别人。他写的《反对资产阶级思想对党的侵蚀，反对党内的右倾思想》一文，把少奇同志阐述过的关于党对民族资产阶级政策的观点、关于农村互助合作的观点、关于富农党员的处理问题的观点等等，一概当作所谓"党内的右倾思想"而加以批判。

1953年初，毛主席认为政府工作中存在分散主义现象。根据他的意见，中央先后作出了关于加强中央人民政府系统各部门向中央请示报告制度及加强中央对于政府工作领导的决定、关于加强对中央人民政府财政经济部门工作领导的决定，并撤销了政务院党组干事会（即总党组），规定政府各部门的党组直接受党中央领导，政府工作中一切重要的方针、政策、计划和重大事项均须事先请示中央，经中央讨论决定、批准后方能执行。对政务院各口的工作，中央也重新作出分工：外交工作，由周总理负责；计划工作和八个工业部的工作，由高岗、李富春、贾拓夫负责；政法工作（包括公安、检察和法院工作），由董必武、彭真、罗瑞卿负责；财政、金融、贸易工作，由陈云、薄一波、曾山、叶季壮负责；铁路、交通、邮电工作，由邓小平负责；农林、水利、互助合作工作，由邓子恢负责；劳动工资工作，由饶漱石负责；文教工作，由习仲勋负责。这是中央为加强集中统一领导所采取的重要措施。但是高岗、饶漱石竟错误地认为，这是毛主席对周总理的不信任，是削弱周总理对政府工作领导权的步骤。而此时他们在盘算什么呢？他们以为自己的权势在日益扩大，地位在不断提高，有可能担任更高的职务，于是更加妄自尊大，目空一切，资产阶级的个人野心急剧膨胀起来。

在中央准备撤销中央局、大区行政委员会的同时，毛主席为了减轻自己担负的繁重的日常工作，加强集体领导，曾考虑将中央的领导班子分为一线、二线，党和国家的领导机构将进行大幅度调整，人事安排也会作相应调整。高、饶认为这是实现他们权力野心的好机会，便迫不及待地向党发难了。

高岗向党发难，进行了一系列篡党夺权的阴谋活动，时间主要集中在1953年下半年。这年夏季召开的全国财经工作会议，是他进行阴谋活动的场所之一。前面已经讲过，高岗利用财经会议批判新税制错误之机，利用党内存在的分歧和矛盾，在会上进行时而隐蔽时而半公开的串联、鼓动，首先把攻击矛头对着我，并采用含沙射影的手法，实施他的"批薄射刘"的诡计，把矛头进一步指向少奇同志。这一点，他在1954年4月29日写的《我的反省》中作了交代。他说，他的发言"除批评薄一波同志外，还有指桑骂槐说少奇同志的意思"。高岗还对人说过："我在全国财经会议上不讲话则已，要讲就要挖少奇的老底。"

高岗对少奇同志的怀恨和反对由来已久。少奇同志在天津讲话后不久，曾批评东北局在对待民族资产阶级问题上犯了"左"倾冒险主义错误。高岗不仅不去思考这个批评有没有道理，反而不择手段地进行报复和攻击，甚至公然在当时担任东北铁路系统的苏联总顾问柯瓦廖夫（后来还一度担任过财经方面的总顾问）面前造谣中伤，说中国党内有一个以刘少奇为代表的"亲美派"，柯瓦廖夫随即写信告诉了斯大林。高岗访苏回国以后，又向人散播说，斯大林不喜欢刘少奇，也不重视周恩来，而最赏识他高岗。他在财经会议上的发言，用"一箭双雕"的手法，把少奇同志的许多话加在我头上进行批判。他还把少奇同志个别的、一时的而且已经改正了的缺点错误说成是一贯的、系统的，是路线错误。他散布说："刘少奇在七大被抬得太高了，几年来的实践证明他并不成熟。他只搞过白区工作，没有军事工作和根据地建设的经验，只依靠华北的经验指导全面工作，而看不起东北的经验。"高岗还把搜罗到的所谓少奇同志的错误，集中起来，作为攻击的资料。毛主席知道这个情况后，要他找少奇同志直接谈清问题，他不予理睬。少奇同志两次主动找他谈话，并对工作中的缺点错误做了诚恳的检讨。他却对人说，刘少奇不肯进行自我批评。他污蔑少奇同志搞宗派，画"圈子"，指名道姓地说某某人是这个圈子里的人物。他甚至无中生有地说某个领导同志曾经说过，中国革命的大正统是井冈山，小正统是陕北，现在刘少奇有一个圈圈，周恩来有一个圈圈，咱们搞个井冈山的大圈圈。他自己迷上了"圈圈"主义、宗派主义，在他的眼里，自然这也成了"圈圈"，那也成了"圈圈"，一切正常的事情都被颠倒了。他这些飞短流长、故布疑阵、谣言惑人的把戏，都是为他分裂党、篡党夺权的活动服务的。党内出现了这种人，就不得安宁了，许多的鬼事、怪事和歪风邪气都会冒出来，党内斗争也就不可避免了。

1953年2月，党中央为加强集体领导，拟将中央书记处下属的办公机构加以调整，委托少奇同志找人商拟调整方案。少奇同志考虑，可以试行中央各部部长集体办公的制度，并征询高岗的意见。高岗竟以为这是少奇同志想把握书记处的权力，不予合作。

3月初，高岗向安子文同志转达了毛主席同他的谈话内容，说中央政治局成员要改组，要加强中央各部机构。安子文同志未经中央授权，草拟了一份中央政治局委员名单和中央各部主要负责同志的名单。政治局委员名单分成两组写出，一组写有毛泽东、刘少奇、周恩来、朱德、陈云（以上书记处成员）、高岗、林彪、彭德怀、邓小平、饶漱石、薄一波、邓子恢（以上各中央局书记），另一组写有董必武、林伯渠、彭真、张闻天、康生、李富春、习仲勋、刘澜涛。对中央各部，列了组织部、宣传部、政法统战部、农村工作部、财经工作部负责同志和中央正副秘书长名单。安子文同志将这个名单给高岗看过，也向饶漱石谈过。高岗又疑神疑鬼，认为这个名单准是刘少奇授意向他进行试探的。于是，他抓住这件事在高级干部中大做文章，编造说，政治局委员名单中"有薄无林"（即有薄一波而无林彪），连朱总司令也没有了。并挑拨说，刘少奇不赞成陈正人担任建委副主任或中组部副部长，不支持陶铸在广西的工作，等等。

高岗还经常在他的住地，利用请客、组织舞会等活动，散布流言，拉拢干部，逢甲说乙，逢丙说丁，制造党内不和。他时而说毛主席现在不满意某个人了，对某某又进行批评了；时而捏造说毛主席讲过某个同志为恶霸；时而又吹嘘毛主席对他如何器重，如何依靠他去做经济工作，如果他离开北京，毛主席休假就不放心了；如此等等。以此来攻击别人，抬高自己，造成人们对他的错觉，损害中央领导同志的威信。

明显表露高岗反党意图的是他散布的"军党论"（即所谓"枪杆子上出党""党是军队创造的"）。他公开反对毛主席提出的"我们的原则是党指挥枪，而决不容许枪指挥党"，企图取消党对军队的领导，把军队变成他分裂党和篡党夺权的工具。高岗说，党的历史上有"二元论"，党的六届七中全会通过的《关于若干历史问题的决议》要修改，决议中关于刘少奇是党的正确路线在白区工作中的代表的提法不对头，需要重新作出结论。他别有用心地把我们党的干部分为两部分，说毛主席代表红区，刘少奇代表白区。他还制造所谓"军队的党"是党的主体，而他就是这个主体的代表人物，现在党和国家领导机关的权力掌握在"白区的党"的人们手里，应当彻底改组，由他来掌权的谬论，并煽动说现在白区干部要篡夺党了，妄图蒙骗一部分军队中的高级干部追随他进行分裂党的活动。

财经会议结束后，党中央提出了我国最高国家行政机关是否采取部长会议的形式、党中央是否增设副主席或总书记的问题。高岗认为谋取党和国家最高权力的时机已经成熟，比以往更加迫切地走向前台公开活动起来。他打着拥护毛主席的旗号，把打击的矛头首先对着少奇同志，捏造说刘少奇已不被毛主席所重视。还说毛主席打算让刘少奇搞"议会"（人大常委会），周恩来当部长会议主席，由他（高岗）来搞政治局。可是，他在另一场合又表示不同意周恩来担任部长会议主席，主张由林彪来担任。他还要陈云同志去向毛主席转达他的意见，遭到了陈云同志的拒绝。

后来，他南下杭州、广州进行游说。在杭州对陈正人同志说："毛主席说过'林不如高'，按地位排列，过去是'林高'，现在应该是'高林'了。"1953年10月间，他对设立总书记表示不赞成，而主张多设几个副主席，并反对少奇同志当总书记或者副主席。后来他听说书记处要开会把这个问题定下来，唯恐自己当不上副主席，曾对陈云同志说："要搞副主席就多搞几个，你一个，我一个。"意思是将刘、周、陈、高都包括在内。遭到陈云同志断然拒绝后，他又反咬一口，诬陷陈云同志。毛主席生病，罗瑞卿同志对高岗说，我们大家都要劝主席多注意休息。高岗却幸灾乐祸，他告诉秘书："你要注意，一接到毛主席病重的消息，我们就要立即返回北京，因为现在党内没有一个人能够撑得起来。"毛主席12月要休假，提议由少奇同志临时主持中央领导工作。实际上，过去毛主席离京外出，中央的工作都是由少奇同志主持的。少奇同志谦逊地提出，还是由书记处同志轮流负责为好。书记处的其他同志都同意由少奇同志主持，不赞成轮流。唯独高岗表示反对，他一再坚持说："轮流吧，搞轮流好。"其用意就是要使少奇同志降格。十分清楚，高岗阴谋活动的本质，就是要推倒少奇同志和周总理，而由他担任党中央的总书记或第一副主席，同时担任政务院总理。他后来在《我的反省》等书面检讨中，承认他的目的就是"企图把少奇拉下来，使自己成为主席唯一的助手，准备自己将来做领袖"。[53]

对于高岗的阴谋活动，饶漱石予以紧密配合，进行"讨安伐刘"，以取悦于高岗。薄一波写道：

在一些同志的印象中，饶漱石是个谨慎小心的人，曾受到少奇同志的器重。可是，他一当上组织部部长，就一反常态，同高岗串通一气，反对少奇同志，政治野心昭然若揭。他到职才几个月，就对组织部原有的领导干部进行打击和排斥，发动了对安子文同志的无理斗争。之后，在全国财经会议、中央组织工作会议期间，又配合高岗反对少奇同志，阴谋篡党夺权。正像毛主席后来一针见血地指出的那样："新官上任，刚来即斗。"小平同志也指出，饶漱石同高岗是"这边一炮，那边一斗"。他们互相呼应，配合得十分默契。

安子文同志未经中央授权草拟的那份政治局人选名单，饶漱石得知后，私下里在许多人中间进行传播。在财经会议期间，饶漱石捏造说，某某是一个宗派，一个"圈圈"，刘少奇是他们的支持者。在安子文同志就名单问题向中央作了书面检讨，并请求处分后，饶却抓住把柄不放，并散布说："财经会议上斗了薄一波，会后还要斗'圈圈'中的安子文。"果然，他未经中央同意，就制造各种借口，在中组部内发动了对安子文同志的斗争。他指责安子文同志起草的组织部关于反对官僚主义斗争的报告不真实，说组织部是一潭死水，问题严重，要把它"震动"一下。安子文同志将这些情况如实地向少奇同志作了汇报。少奇同志找饶谈话，不同意他的这种错误做法，并告诫他要冷静从事，不要再在组织部内部继续争吵。但他根本听不进去，在组织部召开的两次部务会议上，继续向安子文同志开火，斥责他向少奇同志反映问题是"胆大妄为"。

1953年9月、10月间，中央召开第二次全国组织工作会议，主要是总结经验，研究如何加强干部工作，以保证经济建设的顺利进行。可是，饶漱石却在会上兴风作浪，扭偏会议的方向。在讨论安子文同志作的工作报告时，他和一些人故意夸大中组部工作中的某些缺点错误，大批安子文同志，并进而把矛头指向少奇同志。中央发觉了饶漱石的分裂活动，提议会议暂停，先举行领导小组会议，解决中组部内部的团结问题。在领导小组会上，饶漱石不顾大局，继续诬陷安子文同志，破坏团结。当他受到批评后，又一反常态地对安子文同志说："我说你对财经会议有抵触，其实不是指的你，而是指的刘少奇。"这就透露了他"讨安伐刘"的政治诡计。后来他在检讨中承认，在中组部斗争安子文，目的也是反对刘少奇，以取得高岗的信任，进行政治投机。

毛主席1955年3月在全国党代会上指出："虽然高岗、饶漱石之间没有订立文字协定，但是他们的思想、目标和行动的一致，说明他们不是两个互不相干的独立王国和单干户。"毛主席的话切中要害，完全符合高、饶反党活动的实际。这里再概述几个事实：（1）饶漱石一向被认为是尊重少奇同志的，可是在高岗发动"批薄射刘"斗争时，他却另辟一个"讨安伐刘"的战场予以配合。他后来承认："我不否认我们两个在行动上、目标上都是反对少奇同志。"（2）关于"名单问题"，毛主席说，问题不在提名单的人身上，而要追查散布名单的人。散布者恰恰就是高岗、饶漱石两人。他们会上会下广为传播这份名单，造谣惑众，以达到不可告人的目的。（3）高岗推荐的干部，饶漱石一概同意；高岗反对的干部，饶漱石一律排斥。饶漱石还说，今后中组部要以原东北局的组织部长为核心。（4）饶的问题被揭露后，高两次找毛主席，要求保护饶。高岗问题被揭露后，饶也为高申"冤"。毛主席曾风趣地说："高岗说饶漱石现在不得了了，要我来解围。我说，你为什么代表饶漱石说话？我在北京，饶漱石也在北京，他为什么要你代表，不直接来找我呢？在西藏还可以打电报嘛，就在北京嘛，他有脚嘛。第二次是在揭露高岗的前一天，高岗还表示要保护饶漱石。"当年党中央把他们称为"高、饶反党联盟"不是没有道理的。[54]

对高、饶问题的察觉和揭露，经历了几个月时间。毛泽东在1953年夏秋就对高、饶的活动有所警觉，薄一波写道：

从全国财经会议后期开始，毛主席已逐步察觉高、饶的活动不正常。他在与一些同志的谈话中指出："说薄一波同志犯了路线错误，少奇同志有圈圈，都是错误的说法。借'东北一党员'的信和鞍钢检查组两件事批评一波同志，也不能成立。"毛主席和周总理一再强调加强党内团结的重要性。毛主席说少奇同志是大公无私的，是正派的，他绝不是那种搞宗派的人。针对高、饶散布的所谓"圈圈""宗派"问题，毛主席在向各大区负责同志的讲话中，回顾了大革命时期和土地革命时期党和军队干部成长的情况，指出："中级干部北方人多，高级干部南方人多，是历史形成的。这是因为，在早期南方革命运动发展较为普遍，后来革命运动转到北方来了。现在，不管南方干部、北方干部，中级干部、高级干部，都不要有'圈圈'，要消灭'圈圈'。大家都要重视党的团结，消除山头。"[55]

但是，高岗根本不听毛泽东的告诫，在全国财经会议结束后又南下"游说"，大搞破坏团结的阴谋活动。

毛泽东获悉了人们揭露出的初步情况后，又找一些同志了解情况。他在同罗瑞卿的一次谈话中，风趣地谈到防止政治感冒和鼻子不灵的问题，他说："睡觉有两种情况，一种是睡在床上，一种是睡在鼓里。若不是其他同志向我反映高、饶的问题，我还蒙在鼓里哩！"

1953年12月24日，毛泽东在中央政治局会议上说："北京有两个司令部，一个是以我为首的司令部，就是刮阳风、烧阳火；一个是以别人为司令的司令部，叫作刮阴风、烧阴火，一股地下水。""其目的就是要刮倒阳风、灭掉阳火，打倒一批人。"随后，毛泽东又下决心召开中央全会，解决高、饶问题，并把这项重任交给了刘少奇。

薄一波回忆说：

1954年2月，根据毛主席的建议，在北京召开了七届四中全会，讨论并一致通过了《关于增强党的团结的决议》。少奇同志受中央政治局的委托，主持了这次会议，在会上作了《中共中央政治局向第七届第四次中央全会的报告》。他在报告中指出："一部分干部甚至某些高级干部对于党的团结的重要性还认识不足，对于集体领导的重要性还认识不足，对于巩固和提高中央威信的重要性还认识不足。党内相当多的一部分干部滋长着一种极端危险的骄傲情绪，他们因为工作中的若干成绩就冲昏了头脑，忘记了共产党员所必须具有的谦逊态度和自我批评精神，夸大个人的作用，强调个人的威信，自以为天下第一，只能听人奉承赞扬，不能受人批评监督，对批评者实行压制和报复，甚至把自己所领导的地区和部门看作个人的资本和独立王国。"针对高岗、饶漱石的阴谋活动，少奇同志不点名地说，如果他们的个人主义情绪不受到坚决制止，他们"就会一步一步地在党内计较地位，争权夺利，拉拉扯扯，发展小集团的活动，直至走上帮助敌人来破坏党分裂党的罪恶道路"。会上，朱德、恩来、陈云、小平等同志都发了言，严肃批判高、饶的反党分裂活动，希望他们幡然悔悟，改正错误。

但是，高岗、饶漱石执迷不悟，不作深刻检讨，不愿痛改前非。高岗以自杀（未遂）来抗拒党对他的教育和挽救。为全面查清他们的反党阴谋活动，中央书记处在2月中旬分别召开了关于高岗问题和饶漱石问题的两个座谈会，核实了他们分裂党、阴谋篡夺党和国家最高权力的事实。随后，在中央政治局领导下，东北局、华东局、山东分局和上海市委等又召集专门会议，对高、饶问题进行揭发和批判。在无可抵赖的事实面前，高岗仍拒不悔改，自绝于党，于8月17日再次服安眠药自杀。

1955年3月下旬，在北京召开党的全国代表会议，邓小平代表中央委员会作了《关于高岗、饶漱石反党联盟的报告》，全面论述了党同他们斗争的经过，以及进行这场斗争的重要意义和经验教训。会议通过了《关于高岗、饶漱石反党联盟的决议》，将他们两人开除出党，撤销党内外一切职务。至此，这场斗争取得了完全的胜利，全党的团结和统一得到了维护和加强。[56]

高、饶事件的圆满解决，使得长期受饶漱石排挤打击的陈毅得到解脱。

陈毅传记组根据大量的文献资料和回忆史料写道：

就是在全国军事系统党的高干会议时，1953年12月，陈毅的人生旅途发生了重大的变化——十多年来一直在明里暗里"整"陈毅，破坏他和华东同志、中央同志关系的饶漱石，其野心家、阴谋家、伪君子的真面目终于被揭露了。陈毅与中共中央主要领导人之间的人为障碍排除了。

陈毅到达北京的第四天，就被毛泽东找到西郊玉泉山新建的别墅去谈话。

陈毅与毛泽东的来往，相对来说是比较随便的。陈毅常向熟人谈起1949年中华人民共和国成立前夕的一件事。那次他到北京参加全国新政治协商会议，当晚去看望毛泽东。毛泽东见面就说："对不起啊，我没来接你。"陈毅很感意外，他从来没有过要毛泽东亲自去接他的念头，便问："怎会有这么个问题呀？"

毛泽东说明，他亲自到火车站去迎接过宋庆龄、张澜、李济深、程潜，没有顾得上去接党内的一些老同志。

陈毅哈哈大笑，毛泽东也笑了。

不过这次玉泉山谈话，一向直爽的陈毅却没有一开始就说真话。因为毛泽东在询问了华东执行总路线的情况，谈了农业互助合作运动和国家领导体制以后，忽然向陈毅问起他所了解的饶漱石的情况来。饶漱石长期与陈毅对立，近年来陈毅更发现他的许多问题。但是此人当时已调来中共中央组织部任部长，他和中央主要负责人之间当前的关系如何，陈毅全不知情。延安时，毛泽东为维护团结，制止他谈饶漱石的情景犹在眼前，因而陈毅觉得不宜直捅出来，便按在一般情况下尽量说同级干部优点的习惯，说了几句，却见毛泽东表情淡漠。

陈毅告辞出来，遇到中央机关的一位主要负责人。陈毅因为心有疑问，便对他说起此事。那位负责人说："主席问你，是为了听你说真实情况！"陈毅深有触动，当即回到毛泽东房里，向他说明自己的思想过程。据陈毅的《流水日记》载，他把自己所接触所怀疑的饶漱石的言行和盘托出。

从后来陈毅在华东局扩大会上揭发的许多事实来看，最使陈毅反感的是饶漱石近年来常在陈毅耳边说刘少奇的坏话，说他自己很早就拥护毛主席。他看到刘少奇不行了，就想表明他不是刘少奇培养的。陈毅当然清楚，刘少奇离开新四军回中央，由饶漱石接替刘少奇代理了华中局书记、新四军政治委员，使他从此掌了华东大权。现在他竟把矛头对准刘少奇，实在使陈毅寒心！

陈毅倾吐真情以后，毛泽东点头欣赏，并把已经掌握了的高岗、饶漱石阴谋活动的情况告诉了陈毅。高、饶先后在中央财经会议和组织会议上发难，攻击刘少奇、周恩来，分裂中央，直至通过私下活动要由高岗任中共中央的总书记或副主席，并改换总理人选。

几天后的一个晚上，毛泽东又找陈毅去谈话，这次专谈高、饶问题，其中主要的是华东军政委员会主席的任命问题。1949年10月，各大区都由大军区的司令员担任大区军政委员会主席，毛泽东两次说华东军政委员会主席由陈毅担任，陈毅觉得自己是大军区司令员又是上海市市长，够忙了，推辞，说让饶漱石当。毛主席吩咐让华东局同志们讨论，饶漱石得知此事后对陈毅说："你不担任我担任。"根本没有提到华东局会议上讨论，就用华东局名义报中央，以他为军政委员会主席。饶漱石到北京，毛主席问起此事，饶漱石撒谎说："华东局几个同志都不同意陈毅担任，只好由我来担任。"这样才骗取毛主席的批准。他又是华东局书记，又是军政委员会主席，就显得比所有的大区司令员、政治委员高一头了。

毛泽东风趣而深刻地告诫陈毅，"不要伤风"，不要失去灵敏的嗅觉，要警惕非法活动。毛泽东还说，"你推让，是不对的，谦逊并非在任何情况下都是好的。野心家就不让，让给他就使党受损失"。

后来，陈毅又和彭德怀、刘伯承、贺龙、叶剑英等一起，应召到毛泽东处专门讨论高、饶问题，并列席1月12日的中央政治局会议，讨论通过了《增强党内团结的决定》。

毛泽东把对高、饶的斗争布置妥当，便出京休养去了。2月6日，中共七届四中全会开幕，刘少奇受中央和毛泽东主席委托向全会作了政治报告。陈毅也经过认真准备作了题为《为增强党的团结和巩固与提高党中央的威信而斗争》的发言。他谈了对围绕高、饶事件展开的这场党内斗争的认识，提出不仅仅处分几个人，而要达到弄清思想的目的。同时，也坦诚磊落地作了自我解剖。

刘少奇亲自到陈毅住处，诚挚地向陈毅道歉："过去我看错了人，信任了饶漱石，使你受委屈了。"这使陈毅十分感动和振奋。据宋时轮、张爱萍等回忆，陈毅当时在同华东将领一起用餐时报告了这个动人的消息。

中央书记处分别召开了高岗、饶漱石问题的座谈会。饶漱石问题的座谈会由邓小平、陈毅、谭震林主持。66位中央及大区的领导人发了言。

3月4日，陈毅又与周恩来一起，在中南海怀仁堂，向高级、中级干部2000余人传达了七届四中全会的精神。

饶漱石整陈毅，是借陈毅在红四军时两次接替毛泽东为前委书记的历史事实作为口实的。陈毅在揭发饶漱石时，联系到红军、新四军、华东野战军以及华东军政委员会时期的实际，揭露饶漱石一贯造谣作假、挑拨离间、玩弄阴谋诡计的种种事实；同时，也诚恳地作自我批评。陈毅的报告长达7小时，生动坦白，留给大家深刻的印象。

至此，压抑、纠缠陈毅十多年的公案大白于全党了。

1954年3月14日，毛泽东南巡中将路过太湖之滨的无锡。当时，陈毅正在济南出席山东分局的会议，闻讯即赶赴无锡迎候。当日，把毛泽东迎至太湖疗养院。次日，毛泽东即邀陈毅去谈话。此次谈话，气氛格外融和。他们聊到阶级斗争、生产关系与生产力、假象与本质，等等。据陈毅日记载，有一句话特别触动陈毅，这是毛泽东说的"伸手岂止高、饶"。毛泽东说，只是目前不必如此提出，以免有扩大化的嫌疑。

陈毅自己是不向党不向人民"伸手"的。他调动工作，从不带自己的"亲信"；党分配他工作，他从不讨价还价；华东军政委员会主席，他还推辞，结果被饶漱石"伸手"抢了去。但是陈毅仍然觉得应该警惕，特别是自己现在出头翻身的时候。从毛泽东的这句话看来，党内斗争的风浪，今后还将大有起伏呢！

因而，陈毅在仲春和张茜回到南京故居"旧筑"的时候，其心情既感奋又审慎。他写了四首"感事书怀"的诗，其中到处可见自我反省自我约束的句子："慎之又再慎，谦逊以自束。后车善择途，前车一再覆。""心情承见问，春来冬尽，克奏肤功。向大泽深山，擒伏蛇龙。回溯廿年纠葛，知早有伏迹藏踪。须牢记，无情历史，利己必凶终。""幸得长期培育，每愧过失多。晚节自珍惜，日月走如梭。"特别是第4首七古，标题直接就是《手莫伸》，其词句含义更为显豁，可说完全是对毛泽东"伸手岂止高、饶"的回答和信誓，其政治态度十分明朗。

在这时期，陈毅还做了一件大有利于坚持正确政治方向的事。解放军全军在学习苏军经验时，有些人认为不必再强调中国共产党对军队的绝对领导，可以取消政治委员，实行单一首长制。在强调正规化时，表现出削弱军队政治工作的倾向。于是，在1953年12月召开的军事系统高干会议上展开了讨论，会后，中共中央决定修改《中国人民解放军政治工作条例》，以加强党的领导和政治工作。毛泽东指定由陈毅、谭政与罗荣桓一道主持修改工作。陈毅从1927年开始就是工农革命军的政治工作建设者之一，参加过《古田会议决议》的制定，对这些问题体会至深。当时，在东交民巷开会讨论，陈毅作了内容丰富的讲话，特别是对党委统一领导下的首长分工负责制的由来和发展，讲得尤为深透。后由姜思毅等先起草了"总则"。"总则"由陈毅、谭政审定，由罗荣桓上送毛泽东主席。毛主席交给陈伯达修改，陈伯达却出了错，把"中国共产党在中国人民解放军中的政治工作是我军的生命线"给画掉了。毛主席又亲笔改了回来。在陈、罗、谭主持下，《中国人民解放军政治工作条例（草案）》的修改很快完成。1954年4月15日经中共中央和中央军委批准，正式颁布实行。

4月1日，华东局扩大会议开幕。谭震林主持会议，首先由陈毅传达四中全会的精神。陈毅的发言一上来就很有特色，首先传达的真是四中全会的精神。他密切联系阶级斗争和思想改造的实际来讲党内斗争的规律，以便同志们正确、深刻地理解四中全会的内容。

陈毅发言的第一个内容就是"要运用阶级斗争一定会反映和影响到党内的原理来学习与传达四中全会的内容"。他说："按照事物相互斗争、相互渗透、相互转化为其对立物的原理，我们可以从资产阶级队伍中分化出一部分人来，同样地，资产阶级也可以从我们队伍中分化出一些人来作为他们的代理人。"

在这个题目之下，他联系思想认识回答了一系列的问题："历史久、功劳大，为什么会反党？""与帝国主义、资产阶级有无组织联系？是不是他们派进来的？""斗争是不是过火？""高、饶都集中反对中央某几个领导人，这些领导同志是否也有缺点？""高、饶问题是一种社会现象的反映，他们是代表一部分人的，因此他们的反党思想是有其一定的市场和基础的。""联系本身进行检讨，要有分析，要正确掌握界限。""'知人不易、知己亦难'，不要迷信别人，也不要迷信自己。"对这些问题，陈毅都作了辩证的、实事求是的分析，并指出主导的方面。

陈毅发言的第2个内容是"根据四中全会精神，来谈一谈我自己的问题"。然后，4月10日、11日，他才作对高、饶反党联盟揭发批判的长篇报告。这样的传达报告，给大家的启发就更大了。

4月26日，毛泽东在中南海颐年堂召开的会议上谈到"三反""五反"和高、饶联盟，从马克思主义理论的高度来分析了这些运动和事件，指出都属于社会主义改造过程中阶级力量的重新组合和改造。新旧社会制度交替，必有一部分人拥护旧制度，反对新制度。毛泽东这次又在较大的范围内提出"伸手岂止高、饶"。这些谈话对陈毅的触动颇大，引起他的思考：自己在七届四中全会上的发言，在华东局扩大会议上的发言，与毛泽东的讲话对照起来，就显得肤浅，不敢说已从理论上说明了问题。

毛泽东深谋远虑、精细过人，对于他要任用的人尤其注意。他不但看了陈毅在中央全会上的发言，而且认真地阅读了陈毅在华东局扩大会议上的发言。

在6月8日夜颐年堂的中央会议上，毛泽东当着众多的党中央委员和政治局委员说到陈毅的发言和报告，大加赞许。他说华东局扩大会陈毅的发言，已能概括，有点理论了，只是其中有一点尚需与他谈一谈。又说四中全会的陈毅发言他也看了，认为很好。

陈毅有志于学习和运用革命理论，为时久矣。早在留法勤工俭学时期便已开始接触和研究马克思主义的基本原理，二十多岁在北京的时候便已开始在报上与资产阶级文艺思想论战。三年游击战争，那么艰险的环境，他还在研读列宁的书《社会民主党在民主革命中的两个策略》，因而在民主革命的领导权问题上有充分的自觉。1929年他代表中共中央起草的给红四军前委的指示信，更是自觉地探讨中国革命的理论问题。他在华东局扩大会上的发言中说自己"对理论有兴趣，也可做些理论研究工作，但钻得不深"。现在听了毛泽东的评价，更觉于心不安，在日记上写道："入党31年矣，进步仅此，有何可以自负之处？"

6月22日，毛泽东邀请陈毅到玉泉山别墅，共进晚餐，谈论工作。毛泽东谈到山东、福建问题，反党阴谋案件问题，同意陈毅在山东检查工作的方针。这一次谈话气氛亲切，话题广泛，《聊斋志异》中席方平、公孙大娘的妙处也谈到了。行前，毛泽东说了两句具有总结意义的谚语："路遥知马力，事久见人心。"在高、饶联盟彻底查清后向陈毅说这两句话，含义当然是深长的。陈毅说，他近日要回华东，毛泽东约他离京前再谈谈。

6月26日中午，毛泽东电邀陈毅同他一起去玉泉山别墅。刚刚落座，毛泽东便兴致很好地拿出4月1日陈毅在华东局扩大会上发言的记录稿来，称赞此文言之有据，概括正确，有理论味，同时也指点几处欠妥帖之处。毛泽东说全文赞成，只提个别意见，希望今后多搞理论工作。

陈毅当即表示接受毛泽东的修改建议，并说学理论多年有志于此，当勉力去做。陈毅琢磨着毛泽东的话，试探着要求最好派他去马列学院工作。

毛泽东显然早已胸有成竹，直截了当地说："不，不要去搞学院工作，希望今冬与震林同来中央工作。"

6月27日，陈毅离京南下，心情很是激动。整整二十四年了。1930年，古田会议后不久，陈毅便离开毛泽东、朱德领导的红四军，此后一直在"下面"，在省区、在大区工作。如今要到中央，要回到毛泽东身边工作了，陈毅眼前展开一片广阔的前景。〔57〕

根本大法的诞生

毛泽东在第一次访苏期间，听取了斯大林的三点建议：一是强调土改中不能侵犯富农利益，二是建议编《毛泽东选集》，三是建议中国建立人民代表大会制度和制定宪法。毛泽东回国后，先后采纳了这些建议。

从1952年底到1954年9月，毛泽东领导了人民代表大会制度的创立工作，并主持起草了中华人民共和国的第一部宪法。

林蕴晖、范守信、张弓在《凯歌行进的时期》一书中写道：

1953年，在经济上开始实行有计划的大规模建设的同时，在人民民主政治建设和法制建设方面，也开始了新的起步。这就是《中华人民共和国全国人民代表大会及地方各级人民代表大会选举法》的颁布，全国基层普选工作的完成和地方各级人民代表大会的先后召开。……

《中国人民政治协商会议组织法》规定：中国人民政协全体会议，每三年开会一次，由全国委员会召集之。1952年，一届政协即已到期。这时，是召开政协二届一次会议，还是召开全国人民代表大会，制定宪法，就提到日程上来了。经过中共党内的酝酿，中共中央决定向全国政协常委会提出召开全国人大的建议。

1952年12月24日，全国政协常委会扩大会举行第四十三次会议，就中共提议由全国政协向中央人民政府委员会提出定期召开全国人民代表大会和地方各级人民代表大会的建议交换意见。会议由李济深主持，周恩来代表中共中央说明中国共产党的提议。

周恩来报告说："根据《共同纲领》的规定，我国的政治制度是人民代表大会制度。在新中国成立之初，考虑到人民解放战争还没有结束，各种基本的政治社会改革工作还没有在全国范围内进行，经济也需要一个恢复时期，人民代表大会制度还没有立即实行的条件，因此，《共同纲领》又规定在全国人民代表大会召开以前，由中国人民政协的全体会议执行全国人民代表大会的职权，选举中央人民政府委员会，并付之以行使国家权力的职权，而在地方人民代表大会召开以前，则由地方各界人民代表会议逐步代行人民代表大会的职权。现在，这种过渡时期已经过去了，我国即将进入大规模的有计划的经济建设的新时期。为着适应这一新时期的国家的任务，就必须根据《共同纲领》的规定，定期召开全国人民代表大会和地方各级人民代表大会，以求进一步地巩固人民民主，以便充分发挥人民群众参加国家建设事业的积极性。今天，在召集全国人民代表大会和地方各级人民代表大会的条件已经具备的时候，我们就应该依照《共同纲领》第12条、第13条、第14条的规定，及时召开由人民用普选方法产生的全国人民代表大会和地方各级人民代表大会，改变现在由中国人民政治协商会议的全体会议执行全国人民代表大会职权的办法和地方各界人民代表会议代行地方人民代表大会职权的办法。为此，中国共产党提议由全国政协向中央人民政府委员会建议，根据《中华人民共和国中央人民政府组织法》第7条第10款所规定的职权，于1953年召开全国人民代表大会和地方各级人民代表大会，并开始进行起草选举法和宪法草案等准备工作。"

1953年1月20日，中央人民政府委员会举行第20次会议，讨论关于召开全国人民代表大会问题。周恩来在会上对这个问题作了说明。他说，关于这个问题，中国共产党已向人民政协全国委员会常委会提出建议，并经各民主党派、各人民团体和无党派民主人士一致同意。兹特提请中央人民政府委员会依照《中华人民共和国中央人民政府组织法》的规定通过决议，在1953年召开由人民用普选方法产生的乡、县、省（市）各级人民代表大会，并在此基础上接着召开全国人民代表大会，以制定宪法，批准国家五年建设计划纲要和选举新的中央人民政府。在讨论中，李济深、章伯钧、黄炎培、张治中、傅作义、陈叔通、马叙伦、彭泽民、乌兰夫、陈嘉庚、李章达、何香凝等相继发言，对周恩来总理所提出的提议表示赞同。在结束讨论时，毛泽东作了结论，他说："就全国范围来说，大陆上的军事行动已经结束，土地改革已经基本完成，各界人民已经组织起来，因此，根据《中国人民政治协商会议共同纲领》的规定，召开全国人民代表大会及地方各级人民代表大会的条件已经成熟了，这是中国人民流血牺牲，为民主奋斗历数十年之久才得到的伟大胜利。召开人民代表大会，可以更加发扬人民民主，加强国家建设和加强抗美援朝的斗争。人民代表大会制的政府，仍将是全国各民族、各民主阶级、各民主党派和各人民团体统一战线的政府，它是对全国人民都有利的。"最后，中央人民政府委员会一致通过了《关于召开全国人民代表大会及地方各级人民代表大会的决议》。决议的主要内容是：

"中央人民政府委员会认为现在召开全国人民代表大会的条件已经具备，根据《中华人民共和国中央人民政府组织法》第7条第10款的规定，决议于1953年召开由人民用普选方法产生的乡、县、省（市）各级人民代表大会，并在此基础上接着召开全国人民代表大会。在这次全国人民代表大会上，将制定宪法，批准国家五年建设计划纲要和选举新的中央人民政府。

"为了进行起草宪法和选举法的工作，并决议：成立中华人民共和国宪法起草委员会，以毛泽东为主席，以朱德、宋庆龄、李济深、李维汉、何香凝、沈钧儒、沈雁冰、周恩来、林伯渠、林枫、胡乔木、高岗、乌兰夫、马寅初、马叙伦、陈云、陈叔通、陈嘉庚、陈伯达、张澜、郭沫若、习仲勋、黄炎培、彭德怀、程潜、董必武、刘少奇、邓小平、邓子恢、赛福鼎、薄一波、饶漱石为委员组成之；成立中华人民共和国选举法起草委员会，以周恩来为主席，以安子文、李维汉、李烛尘、李章达、吴玉章、高崇民、陈毅、张治中、张奚若、章伯钧、章乃器、许德珩、彭真、彭泽民、廖承志、刘格平、刘澜涛、刘宁一、邓小平、蔡廷锴、蔡畅、谢觉哉、罗瑞卿为委员组成之。以上两个委员会应即制定自己的工作程序。"〔58〕

李维汉回忆说：

民主人士对实行普选和召开全国人民代表大会，基本政治态度是拥护的。但也有一些人担心普选的结果会使共产党和工农群众的代表占压倒多数，他们的政治地位和政治权利得不到应有的保障。针对这种思想疑虑，1953年1月13日在中央人民政府委员会第二十六次会议上，毛泽东对实行普选和人民代表大会制的重要意义以及对民主人士的方针政策作了详细的解释，指出："党的政策，'不是人多称王'，我们的重点是照顾多数，同时照顾少数，凡是对人民国家的事业忠诚的、做了工作的、有相当成绩的、对人民态度比较好的，各民族、各党派、各阶级的代表性人物都有份。他们可能多数会被人民选举，甚至是大多数、绝大多数会被选举。总之，凡是爱国者（只要有这个资格），都会一道进入社会主义，没有理由不跟他们一道进入社会主义。"毛泽东的这个讲话，大大地鼓舞了民主人士爱国主义和接受社会主义的信念。〔59〕

李维汉还回忆起毛泽东听取全国统战工作汇报时的情形：

毛泽东曾多次以瑞金时代的"左"倾错误教训，说明统一战线的重要性，他说："工农联盟是我们国家的基础，但还要懂得运用在这基础上的广泛的与非劳动人民的联盟——人民民主统一战线。这样动员起来的力量就会更多了。瑞金时代最纯洁、最清一色了，但那时我们的事情特别困难，结果失败了。所以真理不在于清一色。"[60]

提交全国人民代表大会的宪法草案，是在毛泽东亲自领导和参加下，经过一年多郑重的起草工作写成的。毛泽东自始至终领导和参加宪法起草工作，他不仅提出制定宪法的指导思想和许多内容，而且反复进行文字修改。由于这个缘故，当时曾有人提议将这部宪法定名为"毛泽东宪法"，但被他断然拒绝。

据逄先知回忆，1953年12月下旬至1954年3月上旬，毛泽东带着宪法起草小组，在杭州起草宪法：

1953年12月24日，毛泽东带着一个宪法起草小组到杭州。田家英是起草小组成员之一，其他两人是陈伯达和胡乔木。这个小组是在毛泽东亲自领导和参加下进行工作的，从1954年1月7日开始工作，到3月9日结束。在这期间，由董必武、彭真、张际春等人组成研究小组，并聘请周鲠生、钱端升为法律顾问，叶圣陶、吕叔湘为语文顾问，进行了一段时间的工作。同时中共中央也讨论了三次，每次都作了很多修改。[61]

经过一个多月的工作，宪法第一稿于1954年2月中旬完成（原计划争取在1月31日完成）。毛泽东随即致信刘少奇及书记处其他同志，交代宪法初稿的讨论和修改问题。

2月24日，毛泽东又将宪法草案初稿第二章以下二读稿及宪法起草小组报告送中央讨论。

逄先知回忆了田家英、胡乔木在毛泽东指导下起草宪法草案的情况，他说：

1954年3月23日，将宪法草案初稿提交中华人民共和国宪法起草委员会第一次会议讨论。起草委员会经多次讨论，同时在北京和全国各大城市组织各民主党派、群众团体和各界代表人物8000多人进行讨论，最后提交全国人民代表大会第一次会议讨论通过。毛泽东自始至终领导和参加宪法起草工作，他不仅提出制定宪法的指导思想和许多重要内容，而且反复进行文字修改。当时，曾有人提议将这部宪法定名为"毛泽东宪法"，被他断然拒绝。

田家英作为毛泽东的秘书，从头到尾参加了宪法起草工作。在起草过程中，胡乔木、田家英同陈伯达之间，常常发生不同意见的争论。陈伯达霸道气味十足。由于胡乔木在毛泽东召集的起草小组会议上对陈伯达提出的初稿提出批评修改意见，陈曾经在会后大发雷霆。胡、田为顾全大局，以后凡有意见都事先向陈提出，而胡、田二人意见常常一致或者比较接近。陈伯达驳不倒他们，十分恼火，就消极怠工，多次发牢骚，说要回家当小学教师。所以杭州起草小组拿出的供讨论稿事实上主要出于胡、田之手。田家英除了参加起草、讨论以外，还负责有关材料的收集和整理，提供给毛泽东和小组参阅。

1954年3月17日，毛泽东和起草小组回到北京。田家英的工作更加紧张起来（这时胡乔木因右眼患中心性视网膜炎，住医院治疗，以后又遵医嘱去莫斯科继续治疗，未再参加宪法的修订工作）。白天，参与组织北京地区的讨论，并负责与外地联系；晚上，将当天全国讨论的情况向毛泽东汇报。有时一面参加讨论，一面参加修改，连续几天从晚上工作到次日凌晨，日夜不得休息。结果，他因工作过度劳累而吐血，时年32岁。

田家英为了参加起草宪法，收集了大量有关宪法的书（包括世界各国宪法）和法学理论著作。去杭州的时候，带了两箱子书。他说："搞中国宪法，必须参照其他国家宪法，包括资本主义国家的和社会主义国家的，当然要以社会主义国家为主。"在宪法起草过程中，田家英读了许多法学书籍，还向毛泽东推荐了几本。回到北京以后，他继续研究宪法问题和法学理论，并主持编译了一些宪法问题资料。1954年6月，经毛泽东同意，他带着人民大学法律系的几位教师和其他同志到北戴河，编写《中华人民共和国宪法解释》。写出初稿，陆续送毛泽东审阅。后来因忙于别的工作，此书没有完稿。田家英聪明过人，干一行，钻一行，懂一行。他通过宪法起草工作，在法学方面积累了新的知识，拓宽了自己的知识领域和眼界，并能提出一些独到见解，讲出一些理论。从此，法学也成了他喜爱的一门学科。在他的书房里，有一个书架，全部是法学书籍。[62]

在1954年6月14日召开的中央人民政府委员会第三十次会议上，毛泽东就宪法草案发表了重要讲话，他说：

这个宪法草案，看样子是得人心的。宪法草案的初稿，在北京500多人的讨论中，在各省市各方面积极分子的讨论中，也就是在全国有代表性的8000多人的广泛讨论中，可以看出是比较好的，是得到大家同意和拥护的。今天很多人讲了话，也都是这样讲的。

为什么要组织这样广泛的讨论呢？有几个好处。首先，少数人议出来的东西是不是为广大人民所赞成呢？经过讨论，证实了宪法草案初稿的基本条文、基本原则，是大家赞成的。草案初稿中一切正确的东西，都保留下来了。少数领导人的意见，得到几千人的赞成，可见是有道理的，是合用的，是可以实行的。这样，我们就有信心了。其次，在讨论中搜集了5900多条意见（不包括疑问）。这些意见，可以分作三部分。其中有一部分是不正确的。还有一部分虽然不见得很不正确，但是不适当，以不采用为好。既然不采用为什么又搜集呢？搜集这些意见有什么好处呢？有好处，可以了解在这8000多人的思想中对宪法有这样一些看法，可以有个比较。第三部分就是采用的。这当然是很好的，很需要的。如果没有这些意见，宪法草案初稿虽然基本上正确，但还是不完全的，有缺点的，不周密的。现在的草案也许还有缺点，还不完全，这要征求全国人民的意见了。但是在今天看来，这个草案是比较完全的，这是采纳了合理的意见的结果。

这个宪法草案之所以得人心，是什么理由呢？我看理由之一，就是起草宪法采取了领导机关的意见和广大群众的意见相结合的方法。这个宪法草案，结合了少数领导者的意见和8000多人的意见，公布以后，还要由全国人民讨论，使中央的意见和全国人民的意见相结合。这就是领导和群众相结合，领导和广大积极分子相结合的方法。过去我们采用了这个方法，今后也要如此。一切重要的立法都要采用这个方法。这次我们采用了这个方法，就得到了比较好的、比较完全的宪法草案。

在座的各位和广大积极分子为什么拥护这个宪法草案呢？为什么觉得它是好的呢？主要有两条：一条是总结了经验，一条是结合了原则性和灵活性。

第一，这个宪法草案，总结了历史经验，特别是最近5年的革命和建设的经验。它总结了无产阶级领导的反对帝国主义、反对封建主义、反对官僚资本主义的人民革命的经验，总结了最近几年来社会改革、经济建设、文化建设和政府工作的经验。这个宪法草案也总结了从清朝末年以来关于宪法问题的经验，从清末的《十九信条》起，到民国元年的《中华民国临时约法》，到北洋军阀政府的几个宪法和宪法草案，到蒋介石反动政府的《中华民国训政时期约法》，一直到蒋介石的伪宪法。这里面有积极的，也有消极的。比如民国元年的《中华民国临时约法》，在那个时期是一个比较好的东西；当然，它是不完全的，有缺点的，是资产阶级性的，但它带有革命性、民主性。这个约法很简单，据说起草时也很仓促，从起草到通过只有一个月。其余的几个宪法和宪法草案，整个说来都是反动的。我们这个宪法草案，主要是总结了我国的革命经验和建设经验，同时它也是本国经验和国际经验的结合。我们的宪法是属于社会主义宪法类型的。我们是以自己的经验为主，也参考了苏联和各人民民主国家宪法中好的东西。讲到宪法，资产阶级是先行的。英国也好，法国也好，美国也好，资产阶级都有过革命时期，宪法就是他们在那个时候开始搞起的。我们对资产阶级民主不能一笔抹杀，说他们的宪法在历史上没有地位。但是，现在资产阶级的宪法完全是不好的，是坏的，帝国主义国家的宪法尤其是欺骗和压迫多数人的。我们的宪法是新的社会主义类型，不同于资产阶级类型。我们的宪法，就是比他们革命时期的宪法也进步得多。我们优越于他们。

第二，我们的宪法草案，结合了原则性和灵活性。原则基本上是两个：民主原则和社会主义原则。我们的民主不是资产阶级的民主，而是人民民主，这就是无产阶级领导的、以工农联盟为基础的人民民主专政。人民民主的原则贯穿在我们整个宪法中。另一个是社会主义原则。我国现在就有社会主义。宪法中规定，一定要完成社会主义改造，实现国家的社会主义工业化。这是原则性。要实行社会主义原则，是不是在全国范围内一天早晨一切都实行社会主义呢？这样形式上很革命，但是缺乏灵活性，就行不通，就会遭到反对，就会失败。因此，一时办不到的事，必须允许逐步去办。比如国家资本主义，是讲逐步实行。国家资本主义不是只有公私合营一种形式，而是有各种形式。一个是"逐步"，一个是"各种"。这就是逐步实行各种形式的国家资本主义，以达到社会主义全民所有制。社会主义全民所有制是原则，要达到这个原则就要结合灵活性。灵活性是国家资本主义，并且形式不是一种，而是"各种"，实现不是一天，而是"逐步"。这就灵活了。现在能实行的我们就写，不能实行的就不写。比如公民权利的物质保证，将来生产发展了，比现在一定扩大，但我们现在写的还是"逐步扩大"。这也是灵活性。又如统一战线，《共同纲领》中写了，现在宪法草案的《序言》中也写了。要有这么一个"各民主阶级、各民主党派、各人民团体的广泛的人民民主统一战线"，可以安定各阶层，安定民族资产阶级和各民主党派，安定农民和城市小资产阶级。还有少数民族问题，它有共同性，也有特殊性。共同的就适用共同的条文，特殊的就适用特殊的条文。少数民族在政治、经济、文化上都有自己的特点。少数民族经济特点是什么？比如第五条讲中华人民共和国的生产资料所有制现在有四种，实际上我们少数民族地区现在还有别种的所有制。现在是不是还有原始公社所有制呢？在有些少数民族中恐怕是有的。我国也还有奴隶主所有制，也还有封建主所有制。现在看来，奴隶制度、封建制度、资本主义制度都不好，其实它们在历史上都曾经比原始公社制度要进步。这些制度开始时是进步的，但到后来就不行了，所以就有别的制度来代替了。宪法草案第七十条规定，少数民族地区，"可以按照当地民族的政治、经济和文化的特点，制定自治条例和单行条例"。所有这些，都是原则性和灵活性的结合。

这个宪法草案之所以得到大家拥护，大家之所以说它好，就是因为有这两条：一条是正确地恰当地总结了经验，一条是正确地恰当地结合了原则性和灵活性。如果不是这样，我看大家就不会赞成，不会说它好。

这个宪法草案是完全可以实行的，是必须实行的。当然，今天它还只是草案，过几个月，由全国人民代表大会通过，就是正式的宪法了。今天我们就要准备实行。通过以后，全国人民每一个人都要遵守，特别是国家机关工作人员要带头遵守，首先在座的各位要遵守，不遵守就是违反宪法。

我们的宪法草案公布以后，将会得到全国人民的一致拥护，提高全国人民的积极性。一个团体要有一个章程，一个国家也要有一个章程，宪法就是一个总章程，是根本大法。用宪法这样一个根本大法的形式，把人民民主和社会主义原则固定下来，使全国人民有一条清楚的轨道，使全国人民感到有一条清楚的明确的和正确的道路可走，就可以提高全国人民的积极性。

这个宪法草案公布以后，在国际上会不会发生影响？在民主阵营中，在资本主义国家中，都会发生影响。在民主阵营中，看到我们有一条清楚的明确的和正确的道路，他们会高兴的。中国人高兴，他们也高兴。资本主义国家中被压迫被剥削的人民如果看到了，他们也会高兴的。当然也有人不高兴，帝国主义、蒋介石都不会高兴的。你说蒋介石会不会高兴？我看不需要征求他的意见就知道他是不高兴的。我们对蒋介石很熟悉，他决不会赞成的。艾森豪威尔总统也不高兴，也要说它不好。他们会说我们这个宪法是一条清楚的明确的但是很坏的道路，是一条错路，什么社会主义、人民民主，是犯了错误。他们也不赞成灵活性。他们最喜欢我们在一天早晨搞出个社会主义，搞得天下大乱，他们就高兴了。中国搞统一战线，他们也不赞成，他们希望我们搞"清一色"。我们的宪法有我们的民族特色，但也带有国际性，是民族现象，也是国际现象的一种。跟我们同样受帝国主义、封建主义压迫的国家很多，人口在世界上占多数，我们有了一个革命的宪法，人民民主的宪法，有了一条清楚的明确的和正确的道路，对这些国家的人民会有帮助的。

…………

我们的这个宪法，是社会主义类型的宪法，但还不是完全社会主义的宪法，它是一个过渡时期的宪法。我们现在要团结全国人民，要团结一切可以团结和应当团结的力量，为建设一个伟大的社会主义国家而奋斗。这个宪法就是为这个目的而写的。

最后，解释一个问题。有人说，宪法草案中删掉个别条文是由于有些人特别谦虚，不能这样解释，这不是谦虚，而是因为那样写不适当，不合理，不科学。在我们这样的人民民主国家里，不应当写那样不适当的条文。不是本来应当写而因为谦虚才不写，科学没有什么谦虚不谦虚的问题，搞宪法是搞科学。我们除了科学以外，什么都不要相信，就是说，不要迷信。中国人也好，外国人也好，死人也好，活人也好，对的就是对的，不对的就是不对的，不然就叫作迷信。要破除迷信。不论古代的也好，现代的也好，正确的就信，不正确的就不信，不仅不信，而且还要批评，这才是科学的态度。[63]

毛泽东在讲话中，还提出："我们的总目标，是为建设一个伟大的社会主义国家而奋斗。"

1954年9月15日，全国人民代表大会开幕。毛泽东致开幕词，其中说：

我们这次会议具有伟大的历史意义。这次会议是标志着我国人民从1949年新中国成立以来的新胜利和新发展的里程碑。这次会议所制定的宪法将大大地促进我国的社会主义事业。

我们的总任务是：团结全国人民，争取一切国际朋友的支援，为了建设一个伟大的社会主义国家而奋斗，为了保卫国际和平和发展人类进步事业而奋斗。

我国人民应当努力工作，努力学习苏联和各兄弟国家的先进经验，老老实实，勤勤恳恳，互勉互助，力戒任何虚夸和骄傲，准备在几个五年计划之内，将我们现在这样一个经济上文化上落后的国家，建设成为一个工业化的具有高度现代化程度的伟大的国家。[64]

在这次大会上，毛泽东当选为第一任中华人民共和国主席。从这次大会开始，确立了人民代表大会制这一新中国的根本政治制度。与此同时，曾经代行人民代表大会职权的全国政治协商会议继续存在，作为多党合作、政治协商的重要组织形式发挥作用。这是毛泽东对社会主义政治制度的又一创造性发展。

当年参与有关决策的李维汉回忆说：

在第二届政协会议召开前，中央讨论了今后人民政协的工作，明确了以下几点。

1. 关于今后人民政协的性质。由于全国人民代表大会第一次会议已经召开，今后人民政协的性质将成为团结全国各民族、各民主党派、各人民团体、国外华侨和其他爱国民主人士的人民民主统一战线组织。它既不是国家权力机关，也不同于一般的人民团体，而是党派性的统一战线组织。

2. 今后人民政协的任务，按照毛泽东的意见，主要有五方面：第一，协商国际问题；第二，对全国人民代表大会代表和地方同级人民代表大会代表的候选人名单以及中国人民政治协商会议各级组织组成人员的人选，进行协商；第三，协助国家机关，推动社会力量，解决社会生活中各阶层间的相互关系问题，并联系人民群众向国家有关机关反映人民群众的意见和提出建议；第四，协商和处理政协内部和党派团体之间的合作问题；第五，在自愿基础上，学习马克思列宁主义，努力进行思想改造。

3. 今后人民政协的组织原则。第一，以各民主党派、各人民团体为基础组成，包括少数民族和国外华侨的代表，必要时可吸收个人参加。区域代表和人民解放军，不再作为参加政协的单位。第二，政协不再设立全体会议，将原来的政协全体会议、全国委员会、常务委员会三层，改为全国委员会和它的常务委员会两层。这样减少层次，便于工作，又可适当扩大名额，保持广泛的代表性。第三，全国委员会和各级地方委员会之间，是指导关系，上下之间有指导和被指导、指示和接受指示、报告和接受报告的关系，但又要因地制宜，便于地方根据实际情况开展当地的统一战线工作。

4. 全国委员会的名单由各党派协商提名，要扩大团结，要有代表性，要照顾到各个方面，注意各方面的带头人物，以充分体现统一战线的广大规模。

经过我们的协商和工作，经过全国政协的讨论，上述精神在《中国人民政治协商会议章程》中作了明确规定。1954年12月4日，周恩来代表党中央在全国政协常委会上，对政协审理的总纲和第二届全国委员会委员名单等问题作了详尽的说明，进一步统一了认识。

1954年12月20日，人民政协第二届全国委员会在北京召开，周恩来向会议作了政治报告。这次会议的全体委员共559人，较上届全国委员会名额198人，增加了将近两倍。委员名额中，有意识减少中共党员的人数，只150人，占28.8%，党外人士达407人，占73%，许多旧军人、旧政协代表人物、旧知识分子以至于翁文灏、张之江、鹿钟麟等人也吸收进来了。它的代表性和团结面的广泛，表明我们党对统一战线组织的高度重视，表明我国统一战线更加巩固和扩大。

这次政协会议的召开，在一部分党外人士中引起相当强烈的反应，围绕着政协的地位、作用等问题展开了一场或明或暗的争论。有些人对实行人民代表大会制后人民政协的性质、地位等变化认识不清，留恋第一届全国政协的开会盛况，怀疑我党对第二届政协不重视，表现出不满、不安的情绪，说："真正的权力在人大常委，最高权力在中共中央，政协没什么权了。"有的人慨叹全国人大召开以后，政协将退处于"太上皇"的地位。有些人则竭力抬高政协的政治地位，鼓吹政协是"权力机关"或"半权力机关"，是"中国人民民主统一战线的最高组织形式"。

毛泽东在政协开会前两天，召集了党内外几十人举行座谈，指出今后要加强统一战线工作，人大是权力机关，并不妨碍我们成立政协进行政治协商。他说人大已经包括了各方面，常委会是人大的常设机关，代表性当然很大，但它不能包括所有方面，所以政协仍有存在必要，而不是多余的。并说蒋介石也搞过参政会，但他不敢也不愿意要这些机关起作用，他要的是扼杀民主。我们是人民政府，我们一定要把一切机关都活跃起来。有人说，政协既然这样重要，是否可以把它搞成国家机关？毛泽东回答说："不能把它搞成国家机关。因为人大和国务院是国家权力机关和国家管理机关，如果把政协也搞成国家机关，岂不成二元论了吗？这样就重复了、分散了，民主集中制就讲不通了。要实事求是，政协不仅是人民团体，而且是各党派的协商机关，是党派性的机关。这不等于不重视它，而恰好是重视它。共产党就是党派，也不是国家权力机关，但它的价值并不因此而有所降低。"毛泽东这篇重要讲话，不仅教育提高了当时持有不同意见的党外人士，消除了他们的不安情绪，而且对当前和今后的统战工作和政协工作都有着重要的指导意义。

在中央和毛泽东主席的正确指导下，第二届政协全国委员会议圆满地完成了任务，一致通过了《中国人民政治协商会议章程》，依据宪法原则，确定了参加政协单位和个人共同遵守的七项准则。这就是：一、拥护《中华人民共和国宪法》，全力贯彻实施宪法；二、巩固工人阶级领导的人民民主制度，加强社会主义成分的领导地位；三、协助国家机关，推动社会力量，实现国家的社会主义工业化和社会主义改造事业；四、密切联系群众，反映群众的意见和提出建议；五、加强各民族人民的团结，提高革命警惕性，坚持对国内外敌人的斗争；六、加强中国人民同世界爱好和平人民的友谊，反对侵略战争，保卫世界和平。七、在自愿基础上学习马列主义和国家政策，开展批评和自我批评，努力进行思想改造。这七条准则，是全国各族人民、各民主党派、各人民团体和其他爱国人士团结奋斗的共同政治基础。〔65〕

在文化思想战线上

1953年9至10月，中国文学艺术工作者举行了第二次代表大会。大会认为，应将社会主义现实主义确定为过渡时期我国文艺创作和批评的最高准则。李希凡、蓝翎两位青年作者在上述精神指导下，于1954年9月、10月间，先后在山东大学学报《文史哲》和《光明日报》发表《关于〈红楼梦简论〉及其他》《评〈红楼梦研究〉》两篇文章，对"红学"权威俞平伯的红学观点和研究方法提出了批评。

两位小人物的文章引起了毛泽东的重视。9月中旬，在中宣部文艺处工作的江青到《人民日报》编辑部，要求《人民日报》转载《关于〈红楼梦简论〉及其他》一文，借此展开对资产阶级唯心论的批判。《人民日报》编辑以"党报不是自由辩论的场所"为理由，拒绝转载。后来《文艺报》同意转载（登在1954年第18期上），主编冯雪峰为文章加了编者按。按语一方面对两位青年加以鼓励，一方面指出他们的意见"显然还有不够周密和不够全面的地方"。毛泽东对这个编者按很不满意，当即写下批注。他认为这两个年轻的"小人物"的文章是"很成熟的文章"，而冯雪峰则对它"妄加驳斥"，"对两青年的缺点则决不饶过"（针对冯雪峰按语中"作者的意见显然还有不够周密和不够全面的地方"一句写的批注）。他还主张"不应当承认俞平伯的观点是正确的"，应当批判俞平伯的错误思想。

在阅读《光明日报》刊载的《评〈红楼梦研究〉》及编者按时，毛泽东也作了批注。他对编者按仍然不满意，认为按语对文章评价过低。同时，他也指出了两个青年文章中的若干缺点，认为其中一个缺点是"替俞平伯开脱"。

10月16日，毛泽东专就李、蓝批评俞平伯的文章，给中共中央政治局和其他同志写了一封信。信中叙述了两位"小人物"发表文章时遇到的挫折，对"大人物"的阻拦作了严厉的批评，由此引发出关于《红楼梦》研究问题的一场批判。

当时在中宣部文艺处工作的黎之回忆说：

我10点钟上班，上班后先应《北京日报》之约写了《批判〈红楼梦〉研究中的错误观点》，紧接着接受了起草一篇批判《文艺报》的文章。

我过去是《文艺报》的通讯员，是《文艺报》的忠实读者。现在要起草批判这个刊物的文章，我是没有思想准备的。但是，当时要批判《文艺报》的缘由，不少情况是众所周知的。这是毛主席的意思。

山东大学《文史哲》1954年9月号上发表了李希凡、蓝翎写的《关于〈红楼梦〉研究及其他》一文。江青把这篇文章送给毛泽东，毛泽东读后，让江青转告《人民日报》转载。她当即在人民日报社召集胡乔木、邓拓、林默涵、林淡秋等人开会（主管文艺的周扬未参加），建议转载李、蓝的文章。会上胡乔木等人提出党报不是自由讨论的场所（这是学《真理报》。斯大林时期，《真理报》只作结论，不许讨论）。会上大家一致意见交《文艺报》转载。由林默涵通知冯雪峰，快些转载。冯起草按语送中宣部审阅后，9月份出版的《文艺报》上即转载了李、蓝的文章。当月转载，这速度可谓神速。毛泽东在《文艺报》不到三百字的按语上作了五处批注。在作者署名旁批："青年团员一个二十三岁，一个二十六岁。"在"它的作者是两个在开始研究中国古典文学的青年"一句旁批："不过是小人物。"在"他试着从科学的观点对俞平伯先生在《〈红楼梦〉简论》一文中的观点提出了批评"一句"试着"两字旁画了两道竖线，并批："不过是不成熟的试作。"在"作者的意见显然还有不够周密和不够全面的地方"一句旁批："对两个青年的缺点则决不饶过。很成熟的文章，妄加驳斥。"按语中，"希望引起大家讨论，使我们对《红楼梦》这部伟大杰作有更深刻和更正确的了解"，"只有大家来继续深入地研究，才能使我们的了解更深刻和周密"，毛泽东在"更深刻和更正确的了解"和"了解更深刻和周密"旁画了两道竖线，并批："不应承认俞平伯的观点是正确的。不是深刻周密的问题，而是批判错误思想的问题。"

10月10日，《光明日报》加按语发表了李希凡、蓝翎的《评〈红楼梦〉研究》一文。毛泽东阅后又作了批注。在按语中，"目前，如何运用马克思主义科学观点去研究古典文学，这极其重要的工作尚没有很好地进行，而且也亟待展开。本文试图从这方面提出一些问题和意见，是可供我们参考的。同时我们更希望能因此引起大家的注意和讨论。又与此文相关的一篇《关于〈红楼梦〉简论》的文章业已在第18期《文艺报》上转载，也可供大家研究。"毛泽东针对按语中"试图""提出一些问题和意见""供参考"三个提法。批注："不过是试作？不过是一些问题和意见？不过可供参考而已？"

毛泽东在10月16日写了那封著名的《关于〈红楼梦〉研究问题的信》，信中说：

各同志：

驳俞平伯的两篇文章附上，请一阅。这是三十多年以来向所谓《红楼梦》研究权威作家的错误观点的第一次认真的开火。作者是两个青年团员。他们起初写信给《文艺报》请问可以不可以批评俞平伯，被置之不理。他们不得已写信给他们的母校——山东大学的老师，获得支持，并在该校刊物《文史哲》上登了他们的文章驳《〈红楼梦〉简论》。问题又回到北京，有人要求将此文在《人民日报》上转载，以期引起争论，展开批评，又被某些人以种种理由（主要是"小人物的文章""党报不是自由辩论的场所"）给以反对，不能实现；结果成立妥协，被允许在《文艺报》转载此文。嗣后，《光明日报》的《文学遗产》栏又发表了两个青年驳俞平伯的《〈红楼梦〉研究》一书的文章。看样子，这反对在古典文学领域毒害青年三十余年的胡适派资产阶级唯心论的斗争，也许可以开展起来了。事情是两个"小人物"做起来的，而大人物往往不注意，并往往加以拦阻，他们同资产阶级作家在唯心主义讲统一战线，甘心做资产阶级俘虏，这同影片《清宫秘史》和《武训传》放映时候的情形几乎是相同的。被人称为爱国主义影片而实际是卖国主义影片的《清宫秘史》[66]，在全国放映之后，至今没有被批判。《武训传》虽然批判了，却至今没有引出教训，又出现了容忍俞平伯唯心论和阻拦"小人物"的很有生气的批判文章的奇怪事情，这是值得我们注意的。

毛泽东

1954 年 10 月 16 日

俞平伯这一类资产阶级知识分子，当然是应该对他们采取团结态度的，但应当批判他们毒害青年的错误思想，不应当对他们投降。

毛泽东在以上信的信封上写有："刘少奇、周恩来、陈云、朱德、邓小平、胡绳、彭真、董老、林老、彭德怀、陆定一、胡乔木、陈伯达、郭沫若、沈雁冰、邓拓、袁水拍、林淡秋、周扬、林枫、凯丰、田家英、林默涵、张际春、丁玲、冯雪峰、习仲勋、何其芳诸同志阅。退毛泽东。"

毛泽东以上的信引起大家重视，但对其中有些事实，当时也有不同看法。如李、蓝曾给《文艺报》写信，该报置之不理一事，我听到冯雪峰几次否认此事。

毛泽东这些严厉的批评，并没有像后来那样作为"最高指示"，作出迅速强烈的反响，很快地形成批判运动。只在10月24日以作家协会古典文学部的名义召开了一次关于《红楼梦》研究讨论会。参加会议的有茅盾、周扬、冯雪峰、邵荃麟、阿英、张天翼、俞平伯、王佩璋（俞平伯的研究生）、吴组缃、冯至、舒芜、钟敬文、王昆仑、老舍、吴恩裕、黄药眠、范宁、郑振铎、聂绀弩、启功、杨晦、浦江清、何其芳、蓝翎等60多人。

会议的气氛是研讨式的，俞平伯、王佩璋介绍了近年来写作情况，王介绍了她为俞代笔的几篇文章。不少人认为李、蓝文章提出了重要问题，应展开对古典文学研究领域资产阶级唯心论的批判。但也有人为俞平伯考据工作辩护，担心考据工作不受重视。

10月27日，陆定一向毛泽东和党中央写了关于展开《红楼梦》研究问题的报告，介绍了以上会议的情况，着重反映了赞成批判《红楼梦》研究中的唯心主义，同时也反映了部分人的疑虑。报告提出，在讨论和批评中必须防止简单化和粗暴作风，允许发表不同的意见，只有经过充分的争论，正确的意见才能真正为多数人所接受。

毛泽东在当日阅后即批："刘（少奇）、周（恩来）、陈（云）、朱（德）、邓（小平）阅，退陆定一照办。"在这个应"照办"的报告中并未提到批评《文艺报》，可是毛泽东同时在另一篇文章上批示："即送《人民日报》邓拓同志照此发表。"这就是由江青授意，袁水拍执笔，经毛泽东阅改的《质问〈文艺报〉编者》。这篇文章发表的当天，中宣部主管文艺的副部长周扬很惊讶，当即打电话问袁水拍，袁回答："是毛主席批发的。"文中"《文艺报》在这里跟资产阶级名人有密切联系，跟马克思主义和宣扬马克思主义的新生力量却疏远得很，这难道不是显然的吗？"一段是毛泽东加的。

《人民日报》发表了《质问〈文艺报〉编者》以后，林默涵召集文艺处的几位同志布置起草一篇批判《文艺报》的文章，他讲了一下文章要点，几个人各起草一篇，后来由他在我起草的稿子上作了很大的修改，题为《〈文艺报〉编者应该彻底检查资产阶级作风》，在11月10日《人民日报》发表。

这篇文章除了对《质问〈文艺报〉编者》一文表示支持外，还提到《文艺报》创办以来"做了一些工作"，同时又着重批评了《文艺报》的某些错误。其中提到1952年第3期上发表的《评〈葡萄熟了的时候〉》一文是"宣扬'无冲突论'的标本"。同年第6期《试评小说〈火车头〉》一文是"提倡公式化、概念化的典型例子"。当时之所以特别指出这两点，同文艺界当时正在关注的问题有关。那时文艺界不少人对文艺创作中的公式化、概念化不满，对苏联提出的反无冲突论非常关心，文章的主调是极力加强批判性。但是，毛泽东读后仍觉得对《文艺报》的批评不够严厉，上纲上线不够。他对批评创作中的公式化、概念化并不感兴趣，对文中提到《文艺报》的成绩不满。他在文句旁画满了竖线，有的地方打了问号，前后作了六条批注。如在提到《文艺报》"得到了一些成绩，因此，也受到一些读者的欢迎"，但是"滋长了一种骄傲自满的情绪，这种情绪最明显表现，是这个以文艺批评为主要任务的刊物，它本身却简直没有自我批评的精神"。毛泽东在最后一句上画了竖线，打了个问号，并批："首先不是没有自我批评的问题，而是是否犯了错误的问题。"在文章中提到《文艺报》曾发表一些读者对《文艺报》和该报编者颂扬的来信一段旁边，毛泽东批："读者不明情况，说错了话。"在文章中批评《文艺报》骄傲自满情绪一段旁，批："不是骄傲的问题，而是编辑部被资产阶级思想统治了的问题。"在文章中批评《文艺报》"丧失了对当前重大政治问题的敏锐感觉"旁，批："不是丧失敏锐感觉，而是有反马克思主义的极敏锐感觉。"在文中提到《文艺报》"骄傲自大""老大的作风"旁批："不是这些问题，而是他们的资产阶级反马克思主义立场观点问题。"另外，毛泽东在文章中批评《文艺报》宣扬无冲突论，认为全国解放两年"中国就没有滋长旧意识的社会基础了"旁批："不但几年，永远都是有冲突的。"

当时《文艺报》的主编冯雪峰写了《检讨我在〈文艺报〉所犯的错误》在《人民日报》发表。毛泽东阅后又作了批注。在冯文谈到自己在古典文学领域内对胡适唯心论观点一向不加以注意一段，旁批："限于古典文学吗？应说从来就很注意，很有认识，嗅觉很灵。"在文中谈到对资产阶级思想失去敏锐的感觉，旁批："一点没有失去，敏感得很。"在文中"我感染有资产阶级作家的某些庸俗作风，缺乏马克思列宁主义的战斗精神"旁批："不是'某些'，而是浸入资产阶级泥潭里了。不是缺乏的问题，而是反马克思主义的问题。"在文中"不自觉地在心底里存在着轻视新生力量的意识"旁批："应说自觉。不是潜在的，而是用各种方法向马克思主义作坚决斗争。"在文中说到自己"是反马克思主义的错误"一句旁批："应以此句为主去批判冯雪峰。"

毛泽东还将冯雪峰的诗《火》《三月五晨》和寓言《火狱》《曾为反对

派而后为宣传家的鸭》《猴子医生和重病的驴子》等篇批给刘少奇、周恩来、陈云、邓小平、彭真、彭德怀、陈毅、陆定一等人阅。批语："冯雪峰的诗及寓言数首，可一阅。如无时间，看第一篇《火狱》即可。"同时又批给陈伯达、胡乔木、胡绳、田家英等人，批语同上。

《火狱》是雪峰的一篇杂感，收在《论文集》一卷中。不知毛泽东为什么在雪峰众多的作品中选出了这几篇给中央领导人传阅，而特别提出《火狱》。《火狱》写的是苏军攻进柏林后的大火，作者欢呼"在火光里，全世界照见着自己，照见着自己的胜利"。不知道为什么毛泽东把这篇文章列为寓言？对该文的内容又有什么看法？只记得胡乔木说过："有一次毛主席拿着雪峰的一篇文章说，冯雪峰的湖畔诗写得很好，怎么文章写得这么坏？不知是否指的就是《火狱》？"不过乔木又补充说，"有时主席一会儿这么讲一会儿又那么讲。"

周扬得知《质问〈文艺报〉编者》是毛泽东批发的，立即决定召开文联主席团和作协主席团扩大会议，批判《文艺报》的错误和《红楼梦》研究中的唯心论。他当即亲自向毛泽东作了汇报。（我后来听周扬顺便讲起，当时毛主席拿《文艺报》给他看，说："你看，倾向性很明显，保护资产阶级思想，爱好反马克思主义的东西，仇视马克思主义。可恨的是共产党员不宣传马克思主义，共产党员不宣传马克思主义，何必做共产党员！"——周扬说主席这句话重复了两遍。毛泽东说："《文艺报》必须批判，否则不公平。"）在《质问〈文艺报〉编者》一文发表后的第五天，10月31日，文联、作协主席团扩大会议在青年剧院楼上的"青年宫"举行，这就是著名的"青年宫会议"。会议从10月31日到12月8日，历时一个多月，先后开了八次大会。会议由郭沫若、茅盾、周扬主持，发言的有郑振铎、老舍、丁玲、何其芳、刘白羽、胡风、臧克家、翦伯赞、杨晦、陈翔鹤、游国恩、谭丕谟、聂绀弩、宋之的、于黑丁、骆宾基、钟敬文、吴祖光、孔罗荪、黄药眠、师田手、白刃、康濯、袁水拍、吴雪、李之华等三十多人。冯雪峰、陈企霞作为《文艺报》的负责人做了检讨。俞平伯也作为当事人发了言。

发言者有的偏重于《红楼梦》研究，但会议主要的火力是指向《文艺报》。大部分发言围绕《文艺报》向资产阶级投降，压制"小人物"两个中心。会议期间，周扬于12月1日晚向毛泽东当面汇报了情况，并提出把运动进一步深入的设想。2日，把关于批判胡适的计划送毛泽东审阅。毛于3日批："照此办理。"12月8日，主席团会议通过《关于〈文艺报〉的决议》。郭沫若作了题为《三点建议》、茅盾作了题为《良好的开端》、周扬作了题为《我们必须战斗》的报告。《决议》和郭、周的报告事前都送毛泽东审阅。毛泽东阅后给周扬写信：

周扬同志：

均已看过。决议可用。

你的讲稿是好的，在几处地方作了一点修改，请加斟酌。郭老讲稿很好，有一点小的修改，请告诉郭老斟酌。"思想斗争的文化动员"这个题目不很醒目，请郭老是否可以改换一个。

毛泽东

12月8日早

周扬的报告三个部分：一、开展对胡适派资产阶级唯心论的斗争（指名批判了《清宫秘史》）；二、《文艺报》的错误；三、胡风先生的观点和我们的观点之间的分歧。

周扬在报告中着重批判《文艺报》对1953年10月第二次文代会的方针"采取了消极的抗拒的态度"。这个批评是有其历史背景的。第二次文代会以前，文艺界对文艺形势的估计、英雄人物的创造、文艺批评的方针和作风有很大分歧。关于英雄人物的创造问题，《文艺报》曾组织了讨论，陈企霞起草了结论。这些问题周扬等同志与冯雪峰等同志之间看法上也明显地不一致。第二次文代会曾由冯雪峰准备大会报告，后来没有通过（冯后来把其中部分在《文艺报》上发表）。中央通过了周扬的报告。在革命文艺的历史发展问题上，毛泽东说："在报告中提到无产阶级文学的发展时，给人一种感觉，好像无产阶级文艺是从1942年或1949年开始的，事实上从'五四'以来文艺的主要倾向就是社会主义现实主义，代表人物是鲁迅。"毛泽东还批评报告中关于鲁迅提得太少。毛泽东这里所说的社会主义现实主义与我们通常的对这个创作方法定义的理解不尽相同。他在1939年5月为鲁艺题词是"抗日的现实主义，革命的浪漫主义"。《在延安文艺座谈会上的讲话》最初发表时用的是"无产阶级现实主义"，解放后修改时改为"社会主义现实主义"。在修改时，协助修改的人引用了日丹诺夫关于社会主义现实主义的定义。毛泽东很不高兴，全部删掉了。周扬在根据毛泽东意见修改报告时考虑到斯大林、日丹诺夫提出社会主义现实主义是在30年代，晚于五四运动。所以没有明确地说"五四"以来就是社会主义现实主义的。关于创造英雄人物能不能写品质性的缺点问题，毛泽东表示同意周扬报告中的观点，他风趣地说："人都是有缺点的，所以英雄人物当然也有缺点。但是，文艺作品中的英雄人物不一定都写他的缺点，像贾宝玉总是离不开女人，而鲁智深却从来没考虑到女人。为了创造典型有意识地夸张或忽略某些方面是应该的。"

周扬文代大会的报告，得到毛泽东和党中央的肯定。但是文代会后文艺界的分歧并未解决，所以周扬在这里特别批评《文艺报》对抗文代会方针。

这样大规模的批判会是新中国成立以来第一次。我作为中央宣传部的工作人员参加了全部大会，每次到会听大会发言，搜集对会议的反映。当时我觉得这是个学习的好机会，见到那么多我过去就闻名的文艺界领导者、作家、艺术家，听他们有准备的长篇大论。同时又觉得会议的气氛太紧张，对许多事怕了解不透，理解不深。（当时我和芦甸是邻居，每晚他都到我这里聊天，问我一些会议的情况，我把我知道的事和印象告诉他。后来，我看到他写的材料中专门写了这件事，至于我当时都讲了些什么已记不清了。）

这次会上我第一次见到仰慕已久的冯雪峰，这位长征的老战士、上海地下党的负责人、上饶集中营的英雄、著名作家、理论家，已年过半百，看上去显得很憔悴。他发言时觉得有负于党，心情沉重，流下泪来。我很难过。这样一位我尊敬的老同志怎么会犯这样大的错误呢？同时我又清楚地知道，这是伟大领袖毛泽东点名批评的人。毛泽东称赞过他的诗，在苏区和长征时同他有较多的接触，毛泽东曾向战士风趣地介绍说："他是作家，会讲故事。"为什么为了一篇按语如此严厉地批评他呢？这按语又错在哪里？我不理解。[67]

毛泽东的信传达以后，批判俞平伯、责难《文艺报》编者等的文章纷纷发表。毛泽东对几篇批评《文艺报》的文章亲自加以修改，加重其批判分量。如，10月27日，他在审阅袁水拍《质问〈文艺报〉编者》一文时，加了这样一段话："文艺报在这里跟资产阶级唯心论和资产阶级名人有密切联系，跟马克思主义和宣扬马克思主义的新生力量却疏远得很，这难道不是显然的吗？"修改后，毛泽东即令《人民日报》发表此文。在阅读11月10日《人民日报》文章《〈文艺报〉编者应该彻底检查资产阶级作风》一文时，毛泽东说，《文艺报》编辑部"被资产阶级思想统治了"，"具有反马克思主义的极敏锐的感觉"。

对俞平伯的学术思想的批判，很快转入政治批判。如认为俞平伯是胡适路线的忠实追随者和实践者，俞平伯的思想是帝国主义的奴化思想和封建主义的复古思想的反动同盟。

同时，毛泽东又决定趁势发动一场广泛批判胡适派资产阶级唯心主义思想的运动。10月27日，中宣部副部长陆定一写报告给毛泽东并中央，主张这次讨论不应仅停止在《红楼梦》一本书和俞平伯一个人上，而应发展到其他部门去，从哲学、历史学、教育学、语言学等方面彻底地批判胡适的资产阶级唯心论的影响。毛泽东当天批文"照办"。

1955年1月，中共中央下发了《关于组织宣传唯物主义思想批判资产阶级唯心主义思想的演讲工作的通知》。通知说，对俞平伯《〈红楼梦〉研究》的错误思想的批判已告一段落，对胡适派思想的批判已经初步展开，对胡风及其一派的文艺思想的批判亦将展开。毛泽东1月24日在这个通知上批示"可用"。于是，一场批判胡风文艺思想的运动揭开序幕，并愈演愈烈，直至揪出胡风"反革命集团"。

胡风是中国现代文学史上一位很有个性的文艺理论家、批评家和诗人，他提出的一些文艺理论观点与毛泽东文艺思想存在着明显的差异。1952年7月以后，在文艺干部整风运动中召开了几次讨论胡风文艺思想的会议，实际上是对胡风思想的批判。1953年1月30日，《文艺报》第2期发表题为《胡风的反马克思主义的文艺思想》文章。2月15日，《文艺报》又发表了何其芳的长文《现实主义的路，还是反现实主义的路？》。

从1954年3月到7月，胡风写了30万言的《关于解放以来的文艺实践情况的报告》，呈送给毛泽东等中央领导人。中央宣传部研究了胡风的30万言书后，于1955年1月20日向中央作了《关于开展批判胡风思想的报告》。中共中央批准了这个报告。从1955年2月1日起，在报纸上全面开展了对胡风文艺思想的批判。

事实上，毛泽东在中央宣传部这个报告之前，就已表示："应对胡风的资产阶级唯心论，反党反人民的文艺思想，进行彻底的批判。"（1955年1月15日在周扬关于同胡风谈话情况的报告上的批语）

胡风问题，原先只是文艺思想的争论问题。尽管其中涉及不少重大的文艺理论问题，但是可以通过争鸣讨论的方法得到解决。然而，从1955年春起，问题的性质突然有了急剧变化，成为所谓反革命政治问题。对于这些突如其来的变化，当年在中宣部文艺处负责的林默涵回忆说：

大约在1955年4月的某一天，舒芜来到中南海中宣部办公室找我。他交给我一本装订好的胡风给他的信件，说其中有许多情况，可以看看。当时我认为私人信件没有什么好看的，就一直放在书架上，没有重视。隔了一段时间，我偶然拿起来翻了翻，发现其中有许多暗语，例如"两位马褂"（指何其芳、刘白羽）、"豪绅们"（指当时重庆进步作家们）"官们""权贵""老爷们"（指一些共产党员和党的负责干部）、抬头的市侩（指茅盾）、"跳加官"（指当时进步文艺界的活动）等等；还有一些充满讥讽、憎恶的语言，例如："因两位马褂在此，豪绅们如迎钦差，我也只好奉陪鞠躬"；"要做商人，只得和对手一道嫖赌，要在这圈子里站着不倒下，也就不得不奉陪一道跳加官"；"即如这几年的跳加官罢，实际上应该失陪，或者简直跳它一个魔鬼之舞的，但是一直混在蛆虫（按：指进步文艺界人士）里面"；"对于大师们（按：指批评了舒芜"论主观"的人们）的回敬，太斗鸡式了。气派不大，有一种用橡皮包着钢丝打囚徒的鞭子，打伤了而又表面上看不出伤痕，我以为是好方法"；"我积了太多的愤恨，而又觉得对象们组成了庞然的存在，所以想用集束手榴弹的战法"；等等。我明白胡风信中这些话是指的什么和谁。老实说，当时看到胡风在给舒芜的信中对这么多党和非党作家抱着这样仇视的态度，带着这样憎恶的感情，我不能不感到十分惊讶、意外，也极为气愤。我们虽然不同意他的文艺观点，但党组织是一直把他看作进步的文艺工作者，看作一家人的，怎么也想不到他在背后会采取这样的态度。有人说，舒芜这批信，是我要他交出来的，这就怪了，我又没有特异功能，怎么知道舒芜会藏有这些"宝贝信"呢？

由于我与胡风有所接触，所以信中的有些暗语能够看懂，但还有很多看不懂，于是我把舒芜找来，请他把信中人们不易看懂的地方作些注释，把信按内容分分类，整理得较为醒目一些。舒芜同意并且很快整理出来了，一两天后就交给了我，他整理得很清楚。我看后把它交给了周扬。周扬看后，同我商量是否可以公开发表一下，我表示赞成。于是就将这些材料交给了《文艺报》，请主编康濯加一个编者按语发表。《文艺报》排出样子后，送给周扬和我看。我们都觉得按语还可以，准备退给康濯发表。周扬同志忽然想到，这个材料比较重要，发表前似应送给毛主席看看才好。我认为对。周扬就于5月9日把胡风写的一篇"自我批判"和舒芜提供的材料清样一同送给毛主席，并给主席写了一封信：

主席：

胡风的自我检讨和舒芜的揭露材料拟在下期《文艺报》（即本月15日出版的）一同登载，胡风文前加了一个编者按语，兹送上清样，请您审阅。同期《文艺报》还有一篇许广平驳斥胡风的文章，附告。

5月11日，毛主席在周扬的信上批示：

周扬同志：按语不好，改写了一个，请你和陆定一同志看看可用否？如以为可用，请另抄付印，原稿退还给我为盼！

可登《人民日报》，然后在《文艺报》转载。按语要用较大型的字。

如不同意，可偕陆定一于今晚11时以后，或明日下午，来我处一商。

毛主席改写的按语，即5月13日《人民日报》的编者按语。舒芜揭露材料的题目由《关于胡风小集团的一些材料》，改为《关于胡风反党集团的一些材料》。按语说：

"胡风的这篇在今年1月写好、2月作了修改、3月又写了'附记'的《我的自我批判》，我们到现在才把它和舒芜的那篇《关于胡风反党集团的一些材料》一同发表，是有这样一个理由的，就是不让胡风利用我们的报纸继续欺骗读者。从舒芜文章所揭露的材料，读者可以看出，胡风和他所领导的反党反人民的文艺集团是怎样老早就敌对、仇视和痛恨中国共产党的和非党的进步作家。读者从胡风写给舒芜的那些信上，难道可以嗅得出一丝一毫的革命气味来吗？从这些信上发散出来的气味，难道不是同我们曾经从国民党特务机关出版的《社会新闻》《新闻天地》一类刊物上嗅到过的一模一样吗？什么'小资产阶级的革命性和立场'，什么'在民主要求的观点上，和封建传统反抗的各种倾向的现实主义文艺'，什么和'和人民共命运的立场'，什么'革命的人道主义精神'，什么'反帝反封建的人民解放的革命思想'，什么'符合党的政治纲领'，什么'如果不是革命和中国共产党，我个人二十多年来是找不到安身立命之地的'，这种话，能够使人相信吗？如果不是打着假招牌，是一个真正有'小资产阶级的革命性和立场'的知识分子（这种人在中国成千成万，他们是和中国共产党合作并愿意接受党领导的），会对党和进步作家采取那样敌对、仇视和痛恨的态度吗？假的就是假的，伪装应当剥去。胡风反革命集团中像舒芜那样被欺骗而不愿永远跟着胡风跑的人，可能还有，他们应当向党提供更多的揭露胡风的材料。隐瞒是不能持久的，总有一天会暴露出来。从进攻转变为退却（即检讨）的策略，也是骗不过人的。检讨要像舒芜那样的检讨，假检讨是不行的。路翎应当得到胡风更多的密信，我们希望他交出来。一切和胡风混在一起而有密信的人也应当交出来，交出比保存或销毁更好些。胡风应当做剥去假面的工作，而不是骗人的检讨。剥去假面，揭露真相，帮助党彻底弄清胡风及其反党集团的全部情况，从此做个真正的人，是胡风及胡风派每一个人的唯一出路。"

《文艺报》原来的按语，现在已找不到了，但我记得它的内容和语气都要温和得多。毛主席写的按语，将胡风小集团定性为反党反人民的文艺的小集团，这是出乎我和其他一些同志的意料的。但当时，我只是感到自己的思想水平低和政治敏感性差，我对按语没有提出任何异议，其他同志也没有提出。这样，一个本来属于人民内部文艺思想上的分歧和小集团问题，就上升为敌我性质的政治问题了。

需要说明的是，除了按语经毛主席改写了之外，舒芜提供的材料并未因主席的按语而作任何改动。《人民日报》发表的舒芜提供的材料完全是根据送给毛主席看的《文艺报》的清样排的。有人说舒芜在主席为胡风问题定性后，根据要求将材料重新分类并写上小标题等，是不符合事实的。当时舒芜之所以要提供这些材料，他在这批材料后面有一个说明："在这些信里，胡风的唯心主义的思想，是比在他的公开的文章中表现得更加露骨。他认为意识形态是独立存在的，还感到什么'主观在运行'，什么'大的意志贯穿了中国'，他在'唯物主义'上面加上'市侩'两字，以表示他对唯物主义的轻蔑和反感。在这里，也表明了胡风对于我当时所发表的许多宣传唯心主义、个人主义思想的错误文章是全力支持的，绝不是像他后来所抵赖，说他是不赞成那些文章的。""我在这里提供这些材料，主要是为了帮助大家进一步认识胡风文艺思想错误的实质，同时也为了促使自己更进一步检查过去的错误。"

5月16日，公安部拘捕了胡风。拘捕前，全国人大常委会举行会议，通过了取消胡风人大代表资格的决议。

在拘捕胡风时，又从胡风家里搜出了一些同胡风接近的人给胡风的许多信件，这些信中也有许多暗语，公安部门看不懂，他们要求中宣部派几个比较了解胡风情况的人来整理这些信件。参加整理信件的有我、何其芳、刘白羽、张光年、郭小川、袁水拍和中宣部文艺处的一些同志。我们又整理出了第二批、第三批材料。在摘录、整理这些材料时，我们反复核对了原信，以免弄错了信的原意。

5月24日，《人民日报》公布了《关于胡风反党集团的第二批材料》。这批材料主要是从胡风写给他朋友的信中摘录下来的。这批材料开头、中间和结尾的按语都是经毛主席修改的，有的是毛主席亲自加的。

6月6日，毛主席在收到第三批材料和《人民日报》的社论后批示：

"定一、周扬同志：

社论尚未看。对'第三批材料'的注文修改了一点，增加了几段。请你们两位，或再邀请几位别的同志，如陈伯达、胡乔木、邓拓、林默涵等，共同商量一下，看是否妥当。我以为应当借此机会，做一点文章进去。

最好今天下午打出清样，打出来后，除送你们要送的人以外，请送刘、周、小平、彭真、彭德怀、董必武、张闻天、康生各一份（朱、林、陈云同志不在家），并请他们提出意见，又及。"

第三批材料的编者按语全是毛主席写的。但在张中晓给胡风的一封攻击《在延安文艺座谈会上的讲话》的信后却没有按语，这是不合适的。我和周扬认为，这可能是主席不愿意提到涉及他本人的事，便由我们两人共同起草了一段按语加上。

6月8日，毛主席改好了社论之后，又指示道：

"定一、周扬、邓拓同志：

社论和材料两件都作了一些修改和补充，请你们酌定。请照此再打清样送各政治局同志看。关于写文章，请注意不要用过于夸大的修饰词，反而减损了力量。必须注意各种词语的逻辑界限和整篇文章的条理（也是逻辑问题）。废话应当尽量除去。"

毛主席批示中关于"写文章"一段话，主要是针对《人民日报》社论稿而言的，这篇由邓拓起草的社论，经毛主席删改后，几乎只剩下一个题目了。6月

10日，《人民日报》发表了《关于胡风反革命集团的第三批材料》和社论《必须从胡风事件吸取教训》。第三批材料公布时，"胡风反党集团"一律改称为"胡风反革命集团"。

关于胡风集团的三批材料公布后，社会各界掀起了声讨胡风的浪潮。中央决定将关于胡风的材料印成小册子在全国发行。毛主席为这本书写了《序言》。6月12日毛主席批示：

"定一、周扬、邓拓同志：

写了一个《序言》，两条按语，另外有些文字上的修改，请你们看后打清样交上次会议那些同志看过，加以修改，然后付印。"

6月16日凌晨，毛主席又批示：

"定一、周扬、邓拓同志：

此件又作了一些修改，请你们再看一遍，如无错误，即可付印，并打纸版供各地照印。

此书出版的时候，可将《序言》一篇在《人民日报》发表（题目叫《关于胡风反革命集团的材料的序言》），以期引起人们的注意。"

毛主席所写的《序言》、按语（选辑），后来收进了《毛泽东选集》第5卷。

…………

记得罗瑞卿曾经告诉过我，毛主席曾多次催促，胡风一案应迅速判决，不能老是这样关着。可是此案一直拖到1965年才作出判决。胡风被判十四年有期徒刑，剥夺政治权利六年，监外执行。然而半年多后，"文革"动乱开始，胡风又被收监，并改判为无期徒刑，直至1978年5月，粉碎"四人帮"两年后才被释放。在长达二十多年的时间里，胡风和他的家属，以及受株连的人，在政治上、生活上和精神上所经历的磨难是十分深重的。1980年，有关部门复查了胡风一案。事实证明，当时把胡风和一些同胡风接近的同志定为反革命分子，确实是弄错了，胡风案是一个严重的冤案。

谈到胡风冤案产生的原因，林默涵说：

研究一个历史现象产生的原因，应当把它放在当时的历史环境中来考察。我认为，胡风一批人被定为反革命集团，原因是复杂的，有其历史的必然性，也有偶然性。从当时的社会背景看，新中国正处于建立和巩固政权的初期，年轻的共和国经历了镇反、抗美援朝、土地改革、"三反""五反"等运动后，刚刚进入社会主义改造阶段，阶级斗争还是非常激烈的。1955年3月，在把胡风一案定为反革命集团仅两个月之前召开的党的全国代表会议上，毛主席总结了反对高、饶反党集团的斗争，并在讲话中强调指出："帝国主义势力还是在包围着我们，我们必须准备应付可能的突然事变……这是一方面。另一方面，国内反革命残余势力的活动还很猖獗，我们必须有计划地、有分析地、实事求是地再给他们几个打击，使暗藏的反革命力量更大地削弱下来，借以保证我国社会主义事业的安全。如果我们在上述两方面都作了适当的措施，就可能避免敌人给我们的重大危害，否则我们可能要犯错误。"

毛主席的讲话，反映了党对当时国际、国内阶级斗争形势的基本估计和所要采取的措施。这种分析和措施应当说是符合当时客观形势的，是必要的。但同时也蕴含着对国内阶级斗争形势估计过于严重的"左"的情绪，对于文艺界的复杂情况，更存在了解不足的缺点。胡风一案正是在这一社会背景下定错了性质的。

胡风一案的产生，与我国法制不健全和对毛主席个人崇拜情绪的滋生也有很大关系。以毛主席为首的中国共产党率领中国人民推翻了三座大山，建立了一个崭新的中国，共产党享有崇高的威望，毛主席的威望也很高。由于法制不健全，缺乏科学的法律程序和量刑标准，加上对毛主席的极大信任，当毛主席根据胡风小集团的私人通信将其定为反革命分子时，我和其他同志对这一定性没有产生任何怀疑和异议，只认为是自己认识水平低，没有看清问题的实质。

此外，我认为胡风错案的产生，也有其偶然性的一面。实事求是地说，对胡风的批判，之所以由文艺思想问题急转直下地一变而为政治问题，是与舒芜交出的那批信件密切相关的。在看到这批信件之前，时达十多年，无论在国统区、在香港、在解放后的北京，我们从来都认为同胡风之间的争论，只是由于文艺思想上的分歧，而在政治上，我们是一致的。如果说是因胡风不尊重毛主席而被打成反革命，那么梁漱溟在全国政协大会上与毛主席当面顶撞，可谓大不恭敬，但毛主席并未将梁打成反革命，也未撤掉他的任何职务，只是从思想上批判他。在舒芜交出胡风的信件之前，毛主席也并未将胡风打成反革命，只是将胡风的思想定为反党反马克思主义的性质，批判、斗争只限于思想的范畴。但是，当毛主席看了胡风背地里写的那些信件（其中并没有攻击毛主席本人的语言）中，对中国共产党的和非党进步作家那种敌视、贬损、憎恶的语言和态度，就引起了他的怀疑和愤慨。我认为这是毛主席将胡风小集团定为"反革命集团"的一个重要原因。这一点，从毛主席改写的《人民日报》5月13日编者按中可以清楚地看到。记得1980年8月、9月间，在中央书记处一次会议上，讨论为"胡风反革命集团"案平反时，一位中央领导同志说："'胡风反革命集团'案搞错了，应该平反。但是，胡风在文艺界搞个小集团，对着共产党，当面一套，背后一套，这是很难不使人怀疑的，应当引以为戒。"

尽管如此，仅仅依据胡风的一些私人来往信件，就将其定为反革命并加以关押、判刑，无论如何都是错误的，这已为历史所证明。[68]

在胡风的文艺思想问题被认为是"反革命集团"的同时，党内又发生了潘汉年、杨帆"反革命事件"，于是，党中央、毛泽东对国内阶级斗争状况作了过于严重的估计。毛泽东建议中央作出内部肃反的决定。中央成立了5人小组，并于7月1日发出了《关于展开斗争肃清暗藏的反革命分子的指示》。这场内部肃反运动从1955年7月开始，至1957年底基本结束。

中共中央对于胡风一案在20世纪80年代进行了复查，并予以平反。1980年9月29日，中共中央在批转复查报告时指出：

"'胡风反革命集团'一案，是在当时的历史条件下，混淆了两类不同性质的矛盾，将有错误言论、宗派活动的一些同志定为反革命分子、反革命集团的一件错案。中央决定，予以平反。凡定为胡风反革命分子的，一律改正，恢复名誉……凡因'胡风问题'受到株连的，要彻底纠正。"

"造成所谓'胡风反革命集团'这件错案的责任在中央。"

胡风于1985年6月8日病逝。1986年1月15日举行追悼会。文化部部长朱穆之在悼词中说，胡风是"我国现代革命文艺战士、著名文艺理论家、诗人、翻译家"，"胡风同志的一生，是追求光明、要求进步的一生，是热爱祖国、热爱人民并努力为文艺事业作出贡献的一生"。

1988年6月，经中共中央政治局常委会讨论决定，6月18日，中央办公厅发出《关于为胡风同志进一步平反的通知》，决定对1980年的复查报告中保留的胡风"把党向作家提倡共产主义世界观……等正确的指导思想，说成是插在作家和读者头上的五把刀子"（经复查，这个论断与胡风的原意有出入），"胡风等少数同志的结合带有小集团性质，进行过抵制党对文艺工作的领导，损害革命文艺界团结的宗派活动"，"胡风的文艺思想和主张有许多是错误的，是小资产阶级的个人主义和唯心主义世界观的表现"等3个政治性的结论予以撤销。

注　释

〔1〕薄一波：《若干重大决策与事件的回顾》上卷，中共中央党校出版社1991年5月版，第46—49页。

〔2〕薄一波：《若干重大决策与事件的回顾》上卷，中共中央党校出版社1991年5月版，第61—62页。

〔3〕薄一波：《若干重大决策与事件的回顾》上卷，中共中央党校出版社1991年5月版，第213—214页。

〔4〕中共中央文献研究室编：《建国以来重要文献选编》第3册，中央文献出版社1992年6月版，第367—371页。

〔5〕薄一波：《若干重大决策与事件的回顾》上卷，中共中央党校出版社1991年5月版，第214—216页。

〔6〕李维汉：《回忆与研究》（下），中共党史资料出版社1986年4月版，第739页、第741—743页。

〔7〕薄一波：《若干重大决策与事件的回顾》上卷，中共中央党校出版社1991年5月版，第191—194页。

〔8〕汪东林：《梁漱溟与毛泽东》，吉林人民出版社1989年5月版。

〔9〕薄一波：《若干重大决策与事件的回顾》上卷，中共中央党校出版社1991年5月版，第259—266页。

〔10〕《毛泽东选集》第5卷，人民出版社1977年4月版，第116—119页。

〔11〕农业生产互助合作运动，在1952年冬到1953年春出现的"热潮"，造成了第一次冒进。邓子恢领导的中央农村工作部在中共中央的支持下，于1953年3月采取多种措施，纠正了这次冒进。

〔12〕《毛泽东选集》第5卷，人民出版社1977年4月版，第119—122页。

〔13〕林蕴晖、范守信、张弓：《凯歌行进的时期》，河南人民出版社1989年12月版，第545页、552页。

〔14〕薄一波：《若干重大决策与事件的回顾》上卷，中共中央党校出版社1991年5月版，第368—374页。

〔15〕林蕴晖、范守信、张弓：《凯歌行进的时期》，河南人民出版社1989年12月版，第556—557页。

〔16〕薄一波：《若干重大决策与事件的回顾》上卷，中共中央党校出版社1991年5月版，第345页。

〔17〕林蕴晖、范守信、张弓：《凯歌行进的时期》，河南人民出版社1989年12月版，第557—561页。

〔18〕《毛泽东选集》第5卷，人民出版社1977年4月版，第168页。

〔19〕《毛泽东选集》第5卷，人民出版社1977年4月版，第174—175页。

〔20〕《毛泽东选集》第5卷，人民出版社1977年4月版，第186—187页。

〔21〕《毛泽东选集》第5卷，人民出版社1977年4月版，第188—189页。

〔22〕薄一波：《若干重大决策与事件的回顾》上卷，中共中央党校出版社1991年5月版，第346—348页。

〔23〕《毛泽东选集》第5卷，人民出版社1977年4月版，第195页。

〔24〕《毛泽东选集》第5卷，人民出版社1977年4月版，第196—199页。

〔25〕《毛泽东选集》第5卷，人民出版社1977年4月版，第208页。

〔26〕薄一波：《若干重大决策与事件的回顾》上卷，中共中央党校出版社1991年5月版，第349页。

〔27〕薄一波：《若干重大决策与事件的回顾》上卷，中共中央党校出版

社1991年5月版，第376—382页。

〔28〕薄一波：《若干重大决策与事件的回顾》上卷，中共中央党校出版社1991年5月版，第382—387页。

〔29〕见《中国农村的社会主义高潮》下册，第1134—1135页。——原注

〔30〕逄先知：《毛泽东和他的秘书田家英》，中央文献出版社1989年12月版，第22—26页。

〔31〕国防大学党史政工教研室编：《中共党史教学参考资料》第19册，第540—541页。

〔32〕原信系从右至左竖写，"如右"即"如上"。

〔33〕《毛泽东书信选集》，人民出版社1983年12月版，第441—443页。

〔34〕薄一波：《若干重大决策与事件的回顾》上卷，中共中央党校出版社1991年5月版，第234页。

〔35〕薄一波：《若干重大决策与事件的回顾》上卷，中共中央党校出版社1991年5月版，第243—254页。

〔36〕李维汉：《回忆与研究》（下），中共党史资料出版社1986年4月版，第745—748页。

〔37〕许汉三编：《黄炎培年谱》，文史资料出版社1985年8月版，第249—250页。

〔38〕薄一波：《若干重大决策与事件的回顾》上卷，中共中央党校出版社1991年5月版，第406—407页。

〔39〕李维汉：《回忆与研究》（下），中共党史资料出版社1986年4月版，第762—764页。

〔40〕薄一波：《若干重大决策与事件的回顾》上卷，中共中央党校出版社1991年5月版，第407—410页。

〔41〕薄一波：《若干重大决策与事件的回顾》上卷，中共中央党校出版社1991年5月版，第290—292页。

〔42〕薄一波：《若干重大决策与事件的回顾》上卷，中共中央党校出版社1991年5月版，第286—289页。

〔43〕1953年9月16日《人民日报》。

〔44〕《不尽的思念》，中央文献出版社1987年12月版，第299页。

〔45〕林一山：《毛主席指明了征服长江的方向》。

〔46〕《大河扬波唱颂歌——河南省政协主席、黄委会顾问王化云回忆毛泽东同志对治黄工作的关怀》。

〔47〕《毛泽东同志90诞辰纪念文选》，第344—348页。

〔48〕《毛泽东同志90诞辰纪念文选》，第321—324页。

〔49〕《程子华回忆录》，解放军出版社1987年12月版，第364—365页。

〔50〕《程子华回忆录》，解放军出版社1987年12月版，第366—367页。

〔51〕薄一波：《若干重大决策与事件的回顾》上卷，中共中央党校出版社1991年5月版，第443—455页。

〔52〕《邓小平文选》第2卷，人民出版社1994年10月第2版，第293—294页。

〔53〕薄一波：《若干重大决策与事件的回顾》上卷，中共中央党校出版社1991年5月版，第308—315页。

〔54〕薄一波：《若干重大决策与事件的回顾》上卷，中共中央党校出版社1991年5月版，第316—319页。

〔55〕薄一波：《若干重大决策与事件的回顾》上卷，中共中央党校出版社1991年5月版，第319—320页。

〔56〕薄一波：《若干重大决策与事件的回顾》上卷，中共中央党校出版社1991年5月版，第320—321页。

〔57〕《陈毅传》，当代中国出版社1991年8月版，第494—500页。

〔58〕林蕴晖、范守信、张弓：《凯歌行进的时期》，河南人民出版社1989年12月版，第416—420页。

〔59〕李维汉：《回忆与研究》（下），中共党史资料出版社1986年4月版，第790—791页。

〔60〕李维汉：《回忆与研究》（下），中共党史资料出版社1986年4月版，第789—790页。

〔61〕逄先知等：《毛泽东和他的秘书田家英》，中央文献出版社1989年12月版，第20页。

〔62〕逄先知等：《毛泽东和他的秘书田家英》，中央文献出版社1989年12月版，第20—21页。

〔63〕《毛泽东选集》第5卷，人民出版社1977年4月版，第125—131页。

〔64〕《毛泽东选集》第5卷，人民出版社1977年4月版，第132—133页。

〔65〕李维汉：《回忆与研究》（下），中共党史资料出版社1986年4月版，第798—801页.

〔66〕《清宫秘史》"事件"更为严重，后来竟成了刘少奇冤案的一个重要组成部分，"四人帮"把批判《清宫秘史》作为公开进攻刘少奇的号角。关于此事，另文细述。——原注

〔67〕黎之：《回忆与思考》，载《新文学史料》1994年第2期。

〔68〕林默涵：《胡风事件的前前后后》，载《新文学史料》1989年第3期。

四、新的追求与探索

农业发展纲要

以农业合作化为先导的社会主义改造的急速发展，引起毛泽东对中国经济发展战略提出了新的构想。这一构想，又是首先从农业开始的。

1955年11月，毛泽东在杭州同14个省、市、自治区党委书记商定《农业17条》，提出到1967年粮食产量达到1万亿斤，确定以此作为农业发展的战略目标。12月21日，毛泽东为中央起草了给上海局、各省委、自治区党委的通知，征询对《农业17条》的意见，以便为1956年1月在中央召集的会议上确定这个规划作准备。1956年1月上旬，中央召集各省、市、自治区党委书记会议，毛泽东在同与会者商量之后，将17条扩充为40条，拟出了《1956年到1967年全国农业发展纲要》的草案初稿。接着，中共中央邀请了在北京的工业、农业、医药卫生、社会科学等各方面的科学家，各民主党派、各人民团体的负责人和文化界、教育界的人士，共1375人，分组进行了讨论，作了一些修改。1月23日，经中共中央政治局讨论通过，正式形成了《1956年到1967年全国农业发展纲要（草案）》。1月25日，中共中央将这个纲要（草案）提交最高国务会议讨论。

毛泽东在1956年1月25日最高国务会议的讲话中说：

社会主义革命的目的是为了解放生产力。农业和手工业由个体所有制变为社会主义的集体所有制，私营工商业由资本主义所有制变为社会主义所有制，必然使生产力大大地获得解放。这样就为大大地发展工业和农业的生产创造了社会条件。

…………

目前我们国家的政治形势已经起了根本的变化。去年夏季以前在农业方面存在的许多困难情况现在已经基本上改变了，许多曾经被认为办不到的事情现在也可以办了。我国的第一个五年计划有可能提前完成或者超额完成。1956年到1967年全国农业发展纲要的任务，就是在这个社会主义改造和社会主义建设的高潮的基础上，给农业生产和农村工作的发展指出一个远景，作为全国农民和农业工作者的奋斗目标。农业以外的各项工作，也都必须迅速赶上，以适应社会主义革命高潮的新形势。

我国人民应该有一个远大的规划，要在几十年内，努力改变我国在经济上和科学文化上的落后状况，迅速达到世界上的先进水平。为了实现这个伟大的目标，决定一切的是要有干部，要有数量足够的、优秀的科学技术专家；同时，要继续巩固和扩大人民民主统一战线，团结一切可能团结的力量。我国人民还要同世界各国人民团结一起，为维护世界的和平而奋斗。〔1〕

这些思想，可以视为毛泽东在《论十大关系》一文提出的中心思想的先兆。

毛泽东对农业发展战略和道路的探索，还体现在他为《中国农村社会主义高潮》一书所写的某些按语中。

在《勤俭办社》一文按语中，他提出：

勤俭经营应当是全国一切农业生产合作社的方针，不，应当是一切经济事业的方针。勤俭办工厂，勤俭办商店，勤俭办一切国营事业和合作事业，勤俭办一切其他事业，什么事情都应当执行勤俭的原则。这就是节约的原则，节约是社会主义经济的基本原则之一。

在《严重的教训》一文按语中，毛泽东提出：

政治工作是一切经济工作的生命线。在社会经济制度发生根本变革的时期，尤其是这样。……反对自私自利的资本主义的自发倾向，提倡以集体利益和个人利益相结合的原则为一切言论行动的标准的社会主义精神，是使分散的小农经济逐步过渡到大规模合作化经济的思想的和政治的保证。这一工作是艰巨的，必须根据农民的生活经验，很具体地很细致地去做，不能采用粗暴的态度和简单的方法。它是要结合着经济工作一道去做的，不能孤立地去做。

在《妇女走上了劳动战线》一文按语中，他指出：

为了建设伟大的社会主义社会，发动广大的妇女群众参加生产活动，具有极大的意义。在生产中，必须实现男女同工同酬。

在《多余劳动力找到了出路》一文按语中，他说：

人民群众有无限的创造力。他们可以组织起来，向一切可以发挥自己力量的地方和部门进军，向生产的深度和广度进军，替自己创造日益增多的福利事业。

在《真如区李子园农业生产合作社节约生产费用的经验》一文按语中，他说：

任何社会主义的经济事业，必须注意尽可能充分地利用人力和设备，尽可能改善劳动组织、改善经营管理和提高劳动生产率，节约一切可能节约的人力和物力，实行劳动竞赛和经济核算，借以逐年降低成本，增加个人收入和增加积累。

当然，毛泽东所加的大量按语中，除具有积极指导意义，也带有一种急躁情绪，片面地强调了生产关系的作用，形成了合作社越大越好的观念。

"双百"方针

1956年4月28日，毛泽东在中共中央政治局扩大会议上，提出了一个具有独创性的思想。他说："百花齐放，百家争鸣，我看这应该成为我们的方针。艺术问题上百花齐放，学术问题上百家争鸣。"

这就是著名的"双百"方针的诞生。它的问世，同一切重要的思想一样，经历了一个酝酿过程。

1950年，毛泽东开始注意到对待遗传学不同学派的不正常做法，并批评了某位大学负责人。这一事件对毛泽东提出"双百"方针有一定的影响。事情经过是这样的：

当时，有一些人向中央反映，一所大学由于仿效苏联做法，粗暴对待摩尔根学派学者，引起党和自然科学家关系的紧张。这所大学的领导人得知后，给刘少奇写了一个报告，为自己申辩。7月15日，刘少奇将这个报告送毛、周、朱及中宣部和教育部领导人传阅。7月16日，毛泽东批道："这个报告里所表现的作风是不健全的"，这位同志"思想中似有很大毛病"。同一天，毛泽东还批阅了反映同一问题的另一份材料，指出必须彻查这个学校的领导，"并作适当的处理"。查处的结果，解除了这位同志在大学的领导职务，先在会议上，后来又在报纸上批评了他对待知识分子和对待科学问题的简单粗暴的做法。

这是党中央纠正这方面错误的开端，虽然仅仅是范围和程度很有限的开端，但毕竟是有了开端。后来陆定一在阐述党的百家争鸣方针的由来时，曾提到这次批评。

据陆定一回忆，1950年关于京剧问题有个争论：一派主张全部继承，即连糟粕也要继承下来；另一派说京剧是封建主义的，主张全部取消。毛泽东1951年提出了自己的看法："百花齐放，推陈出新。"龚育之等著文谈及这一过程：

"百花齐放，推陈出新"，是毛泽东1951年为中国戏曲研究院成立的题词。1942年，毛泽东即曾为延安平剧研究院成立题过"推陈出新"4个字。1951年的题词，一是对象扩大了，从京剧（平剧）扩大到整个戏曲；一是内容增加了，新添上"百花齐放"四个字。毛泽东1956年4月28日在政治局扩大会议上说："'百花齐放'是群众中间提出来的，不晓得是谁提出来的。（座中有人插话：'是周扬提出来的。'）有人要我写字，我就写了'百花齐放，推陈出新'。"据我们了解，周扬同志对人说过，"百花齐放"是戏曲会议上提出来的，他认为很好，向毛泽东同志报告了。[2]

1953年，毛泽东又提出了"百家争鸣"方针。当事人刘大年回忆了这一过程，他说：

1953年10月间，当时的中宣部副部长兼中国科学院副院长陈伯达，在文津街科学院召开会议，讨论科学院增设两个历史研究所、出版历史刊物和其他与加强历史研究有关的事项。参加会议的有吴玉章、范文澜、翦伯赞、侯外庐、杜国庠、尹达、刘大年和黎澍。郭沫若没有参加会议。陈伯达讲话，记得他说，最近中央成立了两个委员会，一个是历史问题研究委员会，由他负责；一个是语言问题研究委员会，由胡乔木同志负责。历史研究委员会的工作，就从增设历史研究所、办刊物、出一批资料书做起。对于办刊物，经过讨论，决定出版《历史研究》杂志，组织一个编委会，由郭沫若做召集人。具体工作指定我和尹达负责。陈伯达这时对我和尹达说："办刊物，必须百家争鸣。以前有军阀、财阀、学阀，你们办刊物，不要当'杂志阀'。什么叫'杂志阀'？就是只发表与自己观点相同的文章，不发表观点不同的文章。那不好。要百家争鸣，这是一个方针问题。刊物要照这个方针去办。"但有两点，陈伯达没有明白地讲：（1）这次开的会是否就是历史研究委员会的集会？（2）百家争鸣方针是党中央的意见，还是他个人的意见？会上谁也没有对这两点提出询问。《历史研究》发刊词是郭老亲自写的。我和尹达在郭老家里就写些什么内容作过讨论，没有提起陈伯达的讲话，发刊词里自然也没有"百家争鸣"的话。知道这个方针是毛泽东同志为创办《历史研究》提出的，我记得那是两年多以后的1956年1月中央召开的知识分子问题会议上。康生在怀仁堂举行的大会上发言，回顾那几年的思想理论工作。其中举的一个事实，是说陈伯达提出了百家争鸣问题。坐在附近的陈伯达很快递上一个条子，康生照念了。内容是："百家争鸣不是我提出的，是中国科学院办历史刊物，我向毛主席请示方针时，毛主席提出的。"1953年10月，陈伯达在科学院召开的那次会议，由黎澍同志负责记录，事后并曾整理成文，油印分发与会者。我手里那份记录，在"文革"中才散失。

…………

到这里，我们可以得出几点结论：第一，百家争鸣方针，是毛泽东亲自提出来的。陈伯达先后三次讲这个问题，头一次是在历史研究委员会上讲的，没有正式指出名字，在怀仁堂大会上递条子和在政治局扩大会议上发言，都说是毛泽东提出来的。事关重大，陈伯达不可能随便讲，而且再三重复。至于这个方针是对办历史刊物讲的，还是对历史研究委员会讲的，它本来是一回事。历史研究委员会成立，措施之一，就是办《历史研究》刊物。第二，头一次提出"百家争鸣"，并且作为一条方针，是在1953年8月5日以后，10月初以前。因为陈伯达讲得很明白，请示方针，是在委员会成立以后；而传达方针，则是10月初第一次委员会上。第三，1953年，毛泽东提出了百家争鸣，看来最初并没有赋予这个口号以后来全面讲"双百"方针那种重要意义。而且百家争鸣，后来的解释也几经变化。但不管如何追踪，"百家争鸣"作为一个方针的历史，它的起头，是在1953年秋天。

何以首先在历史学问题上，而不在别的问题上提出百家争鸣呢？这有它的背景。郭沫若与范文澜都用马克思主义研究历史，他们对中国奴隶制与封建制的分期，主张不同。他们的书在读者中又都很有影响。以前郭在蒋管区，范在延安，各说各的。到北京以后，讲论著文，近在咫尺，彼此难免要作些答辩。他们的主张又都各有赞成者。1950年，《新建设》等刊物上已经有一些文章讨论和争论这方面的问题。中宣部胡乔木等同志，也主张范老修改《中国通史简编》。1951年春天，开过多次小型座谈会提意见。范著就是这时决定重新写过的。范主持一个研究所，但主要只研究中国近代史（中国科学院成立时，中宣部曾提名范为科学院副院长兼历史研究所所长，范执意辞谢不就）。古代史争论很大，却没有专门的研究机构。改变这种情况，需要加强领导，有明确的方针。百家争鸣不从其他方面，而从历史学问题上首先提出，就是直接来自这个背景。1956年提出"双百"方针，来历就远不止于此了。它是国内政治形势稳定，国内外科学、文化争论的全面、积极的反映。[3]

1956年，毛泽东正式提出和阐述"百花齐放，百家争鸣"方针。关于1956年提出双百方针的背景，陆定一作了如下记述：

中国成了社会主义国家以后，为了治理国家和实现国家的繁荣富强，怎样领导科学工作，也提到党中央的议事日程上来。

当时，有这样一些具体现象：

（1）有一位老同志，在苏联学了米丘林学派的遗传学回国，在中国科学院负责遗传选种实验馆的工作。他同我谈话，贬摩尔根学派是唯心主义的，因为摩尔根学派主张到细胞里去找"基因"。不但如此，请他编中学的生物学教科书，他不写"细胞"一课（后来请他补写了）。我对于遗传学是外行，但已看得出他的"门户之见"了。我问他，物理学、化学找到了物质的原子，后来又分裂了原子，寻找出更小的粒子，难道这也是唯心主义的吗？马克思主义的哲学认为，物质是可以无限分割的。摩尔根学派分裂细胞核，找出核糖核酸，这是极大的进步，是唯物主义的而不是唯心主义的。苏联以米丘林学派为学术权威，不容许摩尔根学派的存在和发展，我们不要这样做。应当让摩尔根学派存在和工作，让两派平起平坐，各自拿出成绩来，在竞争中证明究竟哪一派是正确的。这个同志很好，他照办了。因而我国的遗传学的研究就有了成绩，超过了苏联。

（2）又有一位老同志，也是很好的同志，战争中间担任军队的卫生部长，战争后做中央人民政府卫生部的副部长。他知道了苏联的巴甫洛夫学说之后，要改造中国的医学，对我说："中医是封建医，西医（以细胞病理学者魏尔啸的学说为主导）是资本主义医，巴甫洛夫是社会主义医。"我想，在这样的认识指导之下，当然就应该反对中医和西医，取消一切现存的医院，靠巴甫洛夫的药（只有一种药，就是把兴奋剂与抑制剂混合起来，叫"巴甫洛夫液"）来包医百病。我觉得这种认识很危险，会出大乱子。实践是辨别理论的正确与错误的唯一办法。中医能治好病，西医亦然，这都是人类的珍宝，应该研究和发展，应当劝中西医合作。这位老同志没有坚持他的奇怪想法，后来他的工作是好的。

（3）郭沫若同志与范文澜同志都是马克思主义者、著名的历史学家，但对于中国历史的分期问题有不同看法。当时，有些同志要中央宣传部决定谁对谁错。我们认为，这是学术问题，要凭考古工作者发掘出来的实物，由历史学家自己去讨论决定。

各门科学，不论是自然科学还是社会科学，都是可以有学派的。学术与政治不同，只能自由讨论，不应该用戴"政治帽子"和"哲学帽子"的办法，打倒一个学派，抬高一个学派。只有罗马梵蒂冈教皇做过这种蠢事。秦始皇焚书坑儒，汉武帝"罢黜百家，独尊儒术"也是这一类蠢事。这种蠢事阻碍科学的发展和学术的繁荣。[4]

在这种背景下，1956年，毛泽东和中共中央把20世纪50年代初只是分别向一个领域提出的"百花齐放""百家争鸣"（后一口号当时并没有公开宣传），确定为我们党在科学文化工作中的一条基本方针，并予以系统论述和宣传贯彻。

龚育之等在文章中也谈到：

1956年4月25日，毛泽东在政治局扩大会议上作《论十大关系》报告。报告中已经蕴含了这样的意思，但还没有展开，没有讲到这两个口号。

讨论报告时，陆定一发言，提出对于学术性质、艺术性质、技术性质的问题要让它自由。陆定一在这年1月的知识分子问题会议上就曾说过，在学术、艺术、技术的发展上，我们不要做"盖子"；"学术问题、艺术问题、技术问题，应该放手发动党内外知识分子进行讨论，放手让知识分子发表自己的意见，发挥个人的才能，采取自己的风格，应该容许不同学派的存在和新的学派的树立（同纵容资产阶级思想的自由发表严格区别开来），他们之间可以互相批评，但批评时决不要戴大帽子"。在政治局扩大会议上，陆定一又讲了这些意见，并且谈到知识分子会议开过后，在一次各地宣传部长都来参加的会议上，他还讲过不能同意"巴甫洛夫是社会主义的，魏尔啸、西医是资本主义的，中医是封建的""摩尔根、孟德尔是资产阶级的，李森科、米丘林是社会主义的"这样的说法，把资本主义和封建主义的帽子套到自然科学上去是错误的。

讨论报告时，还有人发言，讲到毛泽东"百花齐放"题词所起的作用和成立历史研究委员会时毛泽东提出"百家争鸣"的情况，建议在科学文化问题上要贯彻这两个口号。

4月28日，毛泽东在政治局扩大会议上作总结发言。他在发言的第五点中说："'百花齐放，百家争鸣'，我看这应该成为我们的方针。艺术问题上百花齐放，学术问题上百家争鸣。讲学术，这种学术可以，那种学术也可以，不要拿一种学术压倒一切，你如果是真理，信的人势必就会越多。"

"百花齐放，百家争鸣"方针的正式宣布，是在随后举行的最高国务会议上。

5月2日，毛泽东在最高国务会议上作《论十大关系》的报告。各方人士发言之后，毛泽东又一次发言，其中说中共中央的政治局扩大会议上还谈到一点就是"百花齐放，百家争鸣"。他说："现在春天来了嘛，一百种花都让它开放，不要只让几种花开放，还有几种花不让它开放，这就叫百花齐放。百家争鸣是诸子百家，春秋战国时代，两千年前那个时候，有许多学说，大家自由争论，现在我们也需要这个。"他还说，"在《中华人民共和国宪法》范围之内，各种学术思想，正确的、错误的，让他们去说，不去干涉他们。李森科、非李森科，我们也搞不清。有那么多的学说，那么多的自然科学。就是社会科学，这一派、那一派，让他们去说，在刊物上、报纸上可以说各种意见。"

5月26日，陆定一代表中共中央在怀仁堂向知识界作题为《百花齐放，百家争鸣》的讲话。讲话一开始就说："中国共产党对文艺工作主张百花齐放，对科学工作主张百家争鸣，这已经由毛主席在最高国务会议上宣布过了。"陆定一的讲话，是当时党中央对这个方针作出的最详尽、最透彻的阐述。[5]

以后，毛泽东又多次强调了"双百"方针。

1957年1月，毛泽东在省市自治区党委书记会议上，肯定"双百"方针是符合辩证法的。只能放香花、不能放毒草的看法，表明这些人对"双百"方针还很不理解。当然，马克思主义的香花还应当是主要的和占统治地位的，不能让毒草到处泛滥。

1957年2月27日，毛泽东在最高国务会议上作《关于正确处理人民内部矛盾的问题》报告，进一步系统论述"百花齐放，百家争鸣"的方针，并且明确宣布："百花齐放，百家争鸣，这是一个基本性的同时也是长期性的方针，不是一个暂时性的方针。"

《关于正确处理人民内部矛盾的问题》这个讲话之后不久，毛泽东读到遗传学家李汝祺教授发表在《光明日报》上的文章《从遗传学谈百家争鸣》。这是李汝祺参加青岛遗传学座谈会后，谈会议收获和自己意见的一篇文章。4月30日，毛泽东写信给胡乔木："此篇有用，请在《人民日报》上转载。"他还亲自代《人民日报》拟了一个按语："本报编者按：这篇文章载在4月29日的《光明日报》，我们将原题改为副题，替作者换了一个肯定的题目，表示我们赞成这篇文章。我们欢迎对错误作彻底的批判（一切真正错误的思想和措施都应批判干净），同时提出恰当的建设性的意见来。"

《发展科学的必由之路》——这就是毛泽东替作者换上的题目。这个简明而精辟的论断，是对科学发展规律的重要概括，对百家争鸣方针的深刻阐述。

"双百"方针提出后，在国内外都引起强烈反响。国内著名社会学家费孝通发表文章，盛赞迎来了知识分子的早春天气。与此相反，苏联及东欧一些国家则对这个方针忧心忡忡，很不理解。

1957年四五月间，伏罗希洛夫率苏联最高苏维埃代表团访华，曾当面向毛泽东提出疑问，毛泽东耐心作了解答。当时担任翻译的李越然回忆说：

1957年4月15日，以伏罗希洛夫主席为首的苏联最高苏维埃代表团来华进行国事访问。苏联代表团成员有民族院主席拉希多夫、教育部长叶留金、外交部副部长费德林、驻华大使尤金。伏罗希洛夫的儿子和儿媳也陪同来华。

毛泽东、刘少奇、周恩来、朱德、贺龙、彭真、罗瑞卿、杨成武等同志到机场迎接。

图-104专机在北京东郊机场降落。舱门打开，伏罗希洛夫魁梧的身躯出现，毛泽东率先鼓掌，伏罗希洛夫用老人那种谨慎的步子走下舷梯，热情地伸出双手。

握手，拥抱，互致热烈的问候，客人都接受了鲜花。欢迎场面隆重而热烈。从建国门外起，改乘敞篷车，毛主席与伏老同乘敞篷车接受几十万人民群众的夹道欢迎。当敞篷车行至天安门前时，大批欢呼的群众把两位领袖连同汽车紧紧包围了，好不容易才得以疏散。伏罗希洛夫住进中南海勤政殿，代表团被安排在东交民巷招待所。

晚上，毛泽东到勤政殿看望伏罗希洛夫。

伏罗希洛夫拿起一把铝制小梳子，朝梳齿上吹了吹，熟练而自然地将头发向后梳一梳。那动作非常眼熟，令人一下子就想起《列宁在十月》等三四部电影片子中，有位工农兵起义队伍的领导者，总是从上衣兜里掏出个小梳子，吹一吹，在头上梳几下，以后在接触中我发现，伏罗希洛夫总是随身带着这把小梳子，常常习惯地掏出来，吹一吹，然后梳梳头发。

"伏老梳头呢？"毛泽东走进来。

伏罗希洛夫忙起身接待毛泽东，并且不无感慨地说："这把梳子跟我很久了，我在塞瓦斯托波尔率骑兵团作战时，它就跟着我了。"

⋯⋯⋯⋯⋯

毛泽东在中南海会见了伏罗希洛夫等苏联同志，并设宴款待。

"亲爱的毛泽东同志，我有几个问题，可以提吗？"伏罗希洛夫露出关切和隐忧。

"什么问题啊？"毛泽东笑容可掬。

"你们提出'百花齐放，百家争鸣'的口号是什么意思？"

"万马齐暗究可哀嘛。"

毛泽东讲话从来不是八股套，言语生动，遣词造句别具一格，一句话往往囊括了多层次的深刻含意，所以我们要一下子译清所有的含意确实不容易。

"我们不理解，作为社会主义国家，为什么允许在报纸上发表那些反社会主义的言论？"

当时，毛泽东发表了正确处理人民内部矛盾的论述，提倡各界和人民群众给党的领导提意见。运动起来后，确实有极少数右派分子不满足于批评个别错误，而是把矛头直接指向了共产党的领导和社会主义制度本身。当时的确有人想反对这个制度本身。

"先放嘛。"毛泽东并不担忧。

"社会主义不应该允许这些右派言论。"伏罗希洛夫发出忠告。

"放出来我们才好驳嘛。"

"可是会出乱子的。"伏罗希洛夫坚持说，"你们公开登出这些右派言论⋯⋯对党不会有利！"

"中国不是匈牙利，中国共产党也和匈牙利的情况不全一样。"

伏罗希洛夫信服地点点头。确实，没有哪一个国家的共产党经历过像中国共产党所经历的那种长期、尖锐、复杂、激烈的群众性的阶级斗争考验，拥有最多的共产党员和经历过无数次考验的坚定不移的干部队伍。这支队伍的力量是惊人的。

"不过，敌人抓住一条缺点，大造舆论，会煽动起群众的不满情绪。匈牙利就是这样闹出乱子的。"

　　"不能做温室里的花草。如果没有见过风雨，没有取得免疫力，遇到错误意见就不能打胜仗。"

　　"有些并不是意见，而是要推翻共产党，否定社会主义制度。"

　　"暴露出来好嘛。"毛泽东微微一笑，无比自信，"群众是站在我们一边的，暴露出来，他们就该完蛋了。"

　　…………

　　伏老离京去印尼访问之前，毛泽东亲自到他的房间深夜交谈，为他送行。交谈中，伏老再次中肯地邀请毛主席访苏。十八天后，伏罗希洛夫再次来到北京，与毛泽东会见时，又就我们的干部下放政策提出了一些问题。

　　"老是浮在上面不好。"毛泽东将大手轻轻挥过，"我们的干部和知识分子应该放到下面去熟悉工农兵，了解社会，了解群众。"

　　"干部和知识分子放下去做体力劳动，是不是必要？"伏罗希洛夫发表看法。

　　"不是去搞什么单纯的体力劳动，而是到群众中去接受锻炼。"毛泽东阐明干部下放的意义。

　　毛泽东与伏罗希洛夫交谈时，还曾表示："当主席，太复杂，我是想退下来，当个大学教授。"

　　"那怎么行？谁能代替了你呢？"伏老语气中肯，神情焦急。

　　"我们党内很有人才，他们已经成熟，无论资历、声望和能力，都不比我差。他们是可以胜任的。"

　　于是，伏罗希洛夫不再谈这个问题，重新提醒说："对于右派言论，你们还是以不发表为好。"

　　毛泽东微笑着说："报纸上登不登它都是客观存在，应该告诉人民。"

　　"可是，会有更多的动摇。"伏罗希洛夫确实担心，真心实意劝说毛泽东。

　　"有出匈牙利事件的可能，也还是少数人闹事。真正的右派分子不过百分之一，不足怕。"

　　"那就好，"伏罗希洛夫受毛泽东无比自信的影响，终于放下心，稍停一停，说，"我们希望您能参加今年在莫斯科举行的十月革命四十周年庆祝活动。您如果能参加，将是苏联和各国共产党的极大荣幸。"

　　"谢谢伏老和苏联共产党的盛情邀请。"毛泽东想一想，说，"这件事情还是要我们中央研究后再作决定。"

　　伏罗希洛夫5月26日离开北京时，毛泽东亲自去机场送行。[6]

十大关系

1958年3月10日，毛泽东在成都会议上说："1956年提出十大关系，开始提出自己的建设路线，原则和苏联相同，但方法有所不同，有我们自己的一套内容。"可见《论十大关系》这部著作在毛泽东探索适合中国情况的社会主义道路过程中地位之重要。

在《论十大关系》形成前后，毛泽东作了几个月"床上地下，地下床上"的调查研究。薄一波对这次调查及《论十大关系》的形成情况，作了迄今为止最系统的回忆。他说：

1956年初，毛主席刚从杭州归来，我去向他汇报工作，偶然谈到，现在少奇同志正在听取一些部委的汇报。没想到，毛主席对这件事很感兴趣，对我说："这很好，我也想听听。你能不能替我也组织一些部门汇报？"我当然乐于承担。没有多久，汇报就开始了。这个前后历时两个多月的、总共有34个部委的汇报，是毛主席在我国社会主义改造处于高潮、第一个五年计划进入第四个年头时的一次重要的调查和探索，直接为他提出和论述十大关系问题提供了主要的资料。

从1955年12月开始的一段时间内，毛主席和少奇同志等中央领导人在处理繁忙的日常国务之余，抽出大量的时间，从事调查研究和听取汇报的活动。34个部委汇报是其中最重要的一次。

首先是少奇同志听取各部委的汇报。1955年12月5日，中央召开的座谈会上，少奇同志在传达了毛主席关于批判"右倾保守"思想的指示精神之后，宣布："为起草中央向八大的报告，我准备在最近找各部门的同志个别谈话，请各部同志预作准备。"这个谈话从12月7日开始，到1956年3月8日告一段落（5月以后，少奇同志又约新华社、高级党校和检察院等单位谈话）。据中央办公厅秘书局当时逐日编出的《中央大事记》载，前一段共约谈了32个部委（包括国务院直属局）。日程是：1955年12月7日国家建委、城建局，8日和10日一机部、二机部、三机部，9日中央农村工作部，12日煤炭工业部，13日煤炭工业部、电力工业部，14日地质部、石油部，15日建工部，16日重工业部，22日计委，27日地方工业部，28日纺织工业部，29日轻工业部，30日手工业管理局，31日财政部；1956年1月2日粮食部，3日商业部，5日外贸部，6日农产品采购部、人民银行，7日劳动部、全国总工会，26日、27日计委，2月16日铁道部，17日交通部，18日邮电部，21日民航局，3月5日高教部，6日教育部，7日卫生部，8日文化部。

其次是毛主席外出调查。1955年12月21日到1956年1月12日，毛主席乘火车由京汉、粤汉线南下杭州，又经沪杭、沪宁、津浦线回京。除在杭州修改《高潮》一书的《序言》外，从保定、邢台开始，就找沿途地方干部谈话，作了一路的调查工作。

接下来才是毛主席听取34个部委的汇报。这个汇报按"口"的顺序进行。每个"口"先由国务院主管办公室作综合汇报，然后才由各部汇报。从我们重工业"口"开始。具体日程是：2月14日国务院第三办公室（主管重工业），15日电力工业部，16日石油工业部，17日一机部、二机部、三机部，19日建委，20日建工部，21日二机部、城建局，22日二机部，25日重工业部，26日石油工业部，27日地质部，29日煤炭工业部；3月1日国务院第四办公室（主管轻工业）、纺织工业部，2日地方工业部，3日轻工业部，4日手工业管理局，5日国务院第六办公室（主管交通、邮电），6日铁道部，8日交通部，9日邮电部、民航局，13日国务院第七办公室（主管农林水利），15日农业部，16日水利部，17日林业部、气象局，19日国务院第五办公室（主管财政贸易），26日商业部，27日外贸部；4月8日农产品采购部，9日财政部，10日人民银行，18日、19日、20日、21日、22日计委。《大事记》中没有劳动部汇报的记载。劳动部于7月7日向毛主席作了书面汇报。按照这个记载，34个部委，指的是29个部委行局加国务院主管经济工作的五个办公室。这个汇报同少奇同志听取的汇报不同的是：只限于政府财经各部委办局，不包括政府文教口各部和中直机关（文化部、高教部、教育部、卫生部、中国科学院、新华社、广播事业管理局于3月7日到10日，向中央报送了详细的书面汇报提纲）。听取汇报的，除毛主席外，有时有周总理（参加次数较多）和陈云、小平同志以及书记处其他同志。国务院三办和建委的汇报，以我为主，各位副主任作补充。我作为汇报者，也作为这个汇报的具体组织者，共参加过二十几次。重工业口各部、轻工业口各部、交通口各部的汇报我都参加了。

再接下去，是各省市自治区党委汇报。3月中旬，正在34个部委紧张汇报期间，中央办公厅主任杨尚昆同志邀集李富春、李先念、贾拓夫、王首道同志和我开会，传达毛主席指示：准备组织各省市自治区党委汇报，要我们分别拟出工业、交通、农林水、财金贸等各方面的汇报参考提纲。工交方面的汇报提纲是由国务院三办、四办、六办（这三个单位于5月2日后合并为经委）共同拟定的。各方面的提纲拟好并由计委汇总后，3月30日，毛主席亲自起草中央通知，发给中共中央上海局和各省市自治区党委，请他们立即着手准备材料，等候中央通知，按指定时间来京汇报。这个汇报于4月下旬开始。到5月2日毛主席在最高国务会议谈十大关系时，已邀湖北、广东两省委和武汉、广州两市委开了4天的汇报会。在这前后，中央还收到广东、河北、湖北、湖南、江西、广西、四川、贵州等省委，天津市委和一些省辖市委给毛主席的书面汇报材料。

34个部委汇报开始不久，李富春同志向毛主席建议，通知工交部门约200到300个重要工厂、建设工地也向党中央、毛主席写一书面汇报。毛主席采纳了这个建议。不久，几百个工厂和工地的书面汇报，也雪片似的飞向中南海。

在听汇报的那些日子里，毛主席十分疲劳。有次听完汇报，他带着疲乏的神情，说他现在每天是"床上地下、地下床上"，起床就听汇报，穿插着处理日常工作，听完汇报就上床休息。情况确实是这样。现举2月15日这一天为例。这天上午9时40分开始，刘澜波同志向他汇报电力工业部的工作，13时左右结束；17时20分，毛主席去勤政殿，会见以西哈努克为首的柬埔寨王国政府代表团；19时10分，会见结束，回到颐年堂，继续听汇报，一直到22时10分才结束。听汇报劳累，除了时间紧凑，"连续作战"以外，还因为我们一些经济部门整理的汇报材料很不理想，只有干巴巴的条条或数字，没有事例，使他听起来非常吃力。有一次，听一位部长同志汇报，他紧皱眉头，忽而抬起头来说，听这样的汇报，"是使我强迫受训，比坐牢还厉害。坐牢脑子还有自由，现在脑子也不自由，受你们指挥"；"你们这些条条，一定是从许多具体材料中得出来的，应把具体问题写清楚"；"要请我的客，又不给我肉吃，是不是自己要留一手"；"半个月来的汇报，都存在这个问题"。这是继《高潮》按语之后，对我们经济部门的文风又一次尖锐的批评。

毛主席把编辑《中国农村的社会主义高潮》一书和听取34个部委汇报，看成是他新中国成立后的两次调查。两次调查仅隔一个多月的时间。进行前一项调查已经艰苦备尝，为什么事隔1个多月之后，又要花大力气，专心致志地进行这么一项大规模的"汇报工程"？对于这个问题，毛主席《论十大关系》本身和后来有关的讲话，已有明确的说明。《论十大关系》讲话，一开头就说："提出这十个问题，都是围绕着一个基本方针，就是要把国内外一切积极因素调动起来，为社会主义事业服务。""特别值得注意的是，最近苏联方面暴露了他们在建设社会主义过程中的一些缺点和错误，他们走过的弯路，你还想走？过去我们就是鉴于他们的经验教训，少走了一些弯路，现在当然更要引以为戒。"1958年3月10日在成都会议上讲："1956年4月提出十大关系，开始提出自己的建设路线，原则和苏联相同，但方法有所不同，有我们自己的一套内容。"1958年5月18日在八大二次会议各代表团团长会议上讲："十大关系的基本观点就是同苏联作比较。除了苏联办法以外，是否可以找到别的办法比苏联、东欧各国搞得更快更好。"1960年6月18日在《十年总结》中进一步说："前8年照抄外国的经验。从1956年提出十大关系起，开始找到自己的一条适合中国的路线，开始反映中国客观经济规律。"这些论述告诉我们，调动一切积极因素，为社会主义建设服务；以苏为鉴，总结自己的经验，探索适合中国情况的社会主义建设道路，这是《论十大关系》的基本指导思想，也是听取34个部委和地方党委汇报的目的。

从1953年开始，在苏联帮助下，我国开展了大规模的经济建设，成绩卓著，举世瞩目。但是，同社会主义改造比较起来，在建设方面，我们自己的创造比较少，农业方面、商业方面比较好一点，工业（特别是重工业）、计划管理、金融、统计等方面，基本是照搬苏联的。这在当时是不可避免的，因为我们没有管理现代经济的经验，知识不足，经济技术落后，以美国为首的资本主义国家又对我国进行了全面封锁和禁运。而苏联有了近20年管理社会主义经济的经验，他们的经济和技术，相对来说已达到了较高的水平。那时苏联帮助我们也确实是真诚的，例如：他们把全苏计划和管理机构动员起来，帮助我们搞出了一个有计划（按比例）建设的轮廓，又承担了第一个五年计划中156项骨干工程的设计、设备供应和技术指导的任务。可是，从斯大林逝世以后，苏联发生的事情，包括贝利亚被揭露、一批重要的冤案假案被平反、对农业的加强、围绕以重工业为中心的方针发生的争论、对南斯拉夫态度的转变、斯大林物色的接班人很快被替换等，已使我党中央开始觉察到斯大林和苏联经验中存在的一些问题。在我的记忆里，毛主席是在1955年底就提出了"以苏为鉴"的问题。到那时，我们在经济建设方面，已积累了一些经验；同时，也陆续发现苏联的某些经验并不适合我国国情。因此，同社会主义改造一样，能否从我国国情出发，总结自己的经验，探索一条适合中国情况的社会主义建设道路，就是关系中国社会主义建设能否顺利进行、少走弯路的一个大问题。

34个部委汇报同苏共二十大，碰巧都是2月14日开始的。赫鲁晓夫关于斯大林问题的报告，是二十大闭幕的头一天即2月24日深夜作的。当时他们严格保密，会后才通报我代表团。随后，又派米高扬乘专机送来报告文本。在得知苏共二十大批判斯大林消息后，我党中央除召开了政治局扩大会议，专门作了讨论外，汇报中同斯大林和苏联经验相关联的事也多了起来，"以苏联为鉴戒"的思想更加明确了。

经济部门向少奇同志的汇报和34个部委向毛主席的汇报，内容大致相同。提出的问题，除了大量是各部门主管范围内的业务问题外，带全局性的主要是以下几个：

一是关于产业结构问题，主要是农业、轻工业和重工业的比例关系问题。

从1949年到1955年，我国农业、轻工业、重工业全面增长，但增长速度重工业最为突出。如以1949年总产值为100，则1955年农业、轻工业、重工业的产值指数分别为170.2、310.7、540.5。国家的全部基本建设投资中，用于农业方面投资的比例，1952年为14.8%，1953年为9.8%，1954年为4.5%，1955年为6.7%；用于轻工业方面的比例，1952年为9.1%，1953年为6.2%，1954年为7.4%，1955年为5.2%；用于重工业方面的比例，1952年为34.3%，1953年为38.8%，1954年为42.4%，1955年为47.3%。国家计委在汇报中反映，苏联在"一五"期间，重工业与轻工业投资比例为9:1。我国"一五"计划规定为8:1（即以全部工业投资为100，重工业占88.8%，轻工业占11.2%），预计可能降为7:1。5年内计划兴建的限额以上工业项目694个，其中轻工业项目65个。但各部在编制第二个五年计划中，工业投资要求过大，进一步挤农业投资；在工业投资中，重工业各部的胃口尤大，又挤轻工业。按照各部编制的"二五"计划草案汇总，工业全部投资中，重工业投资占91.5%，轻工业投资只占8.5%，重工业与轻工业的投资比例，将扩大到11:1。计委认为，解放前我国现代工业在国民经济中只占很少比重，重工业的基础则更加薄弱，因此，当时工业建设坚持以重工业为中心是正确的。重工业薄弱，要很快赶上去，但过分突出，脱离合理的比例关系，会产生不良影响。对此，东欧一些国家已有这方面的教训，例如匈牙利"一五"期间，重工业与轻工业投资比例为10:1，结果不得不中途改变计划。捷克斯洛伐克原计划1953年的平均工资比1948年提高35%，后因为重工业过重，1953年的实际工资水平反而比1948年还低。

轻工业部和纺织工业部在汇报中，详细介绍了轻纺工业过去几年为国家提供积累作出的贡献。1955年全国烟、酒、盐、糖4项产品的税收（不含专卖利润）19.1亿元（新币，下同），占全国工商税和盐税总额的20.5%，如加上其他轻工产品，则占1/4。国家每年从轻工业部门取得收入同新建厂的投资比较，卷烟厂为4.4倍，酒精厂为4.1倍，白酒厂2.6倍，糖厂1.2~1.5倍，药厂1~2倍，肥皂厂1倍多。轻工业部门基建投资与工业利润的比例，1953年为1:1.9，1954年为1:2.1，1955年为1:3.1。纺织工业部汇报中提到，新建一座毛纺厂（粗纺机1万锭，年产600万米毛织品），总投资约2070万元，正常投产后，一年的时间，即可为国家积累资金4600万元，为投资的2.2倍。新建一座年产600万匹的印染厂，总投资约3200万元，正常投产后，每年可为国家积累资金3800万元，不到一年的时间即可收回全部投资。轻纺工业遇到的问题是：投资少，现有企业设备陈旧，潜力不能发挥，产品数量、质量和花色品种远不能满足市场需要。轻工业部门所需要的设备，有一部分机械工业部门不能供应；所需要的农产原料，农业部门不能如数供应，质量也低。汇报中发现，对于以重工业为中心的思想，大家是很明确的。而对加快轻纺工业的发展，则因为受苏联模式的影响，就连轻纺工业和地方工业部门的同志也顾虑多端。

二是生产力的布局问题，主要是沿海工业和内地工业的关系问题。

计委在汇报中提出，在工业布局问题上，除了要考虑资源、市场和交通运输等条件外，还要考虑沿海与内地的关系。所谓沿海，指的是长春以南，京汉、粤汉线以东，包括广东全省（后来根据毛主席意见又增加广西）和北京至郑州一段铁路沿线的各城市。据1952年统计，我国沿海各省市工业的产值，大体占全国工业总产值的70%左右，内地占30%左右。钢铁工业有80%分布在沿海，特别集中的是辽宁的鞍山。而铁矿资源非常丰富的内蒙古、西南、西北和华中，当时钢铁工业的基础则很薄弱。我国纺织工业有80%的纱锭和90%的布机分布在沿海，其中主要部分又集中在上海、天津、青岛等少数几个工业城市及其附近，而在各主要产棉区，近代化的纺织工业很少。这种不合理的工业布局，是旧中国半封建半殖民地性质的反映。从合理布局和国防安全出发，当时对沿海搞新的基本建设是控制较严的，要求新建项目主要放在内地。第一个五年重点是进行华北、西北、华中等新工业区建设，当时的设想是，争取第二个五年在这些地区分别形成以包钢和武钢为中心的两个工业基地，所以"一五"期间开始建设的694个限额以上工业建设项目中，绝大部分分布在内地，仅有较小的部分分布在沿海。应该说，这样布局是符合我国当时条件的。

各部委和地方党委的同志汇报的材料说明：沿海工业在新中国成立头几年，对于推进全国工业建设和整个国民经济的发展，发挥了极为重大的作用。据统计，从解放到1955年底，上海市实现的利润占第一个五年全国基本建设投资总额的20.9%，天津市实现的利润如果用来搞工业建设，可以兴建10万纱锭的纺织厂36个或年产2.5万吨糖的甜菜糖厂72个。当时国内供应的设备、材料和绝大部分轻工业品都是沿海生产的。鞍钢1955年生产的钢材，就供应了全国2000多个生产、建设单位的需要。他们试制成功的370多种新产品，就有力地加快了包钢、武钢、一汽、洛拖等重点工程建设的进度。那时，全国销售的纱布、卷烟有1/3是上海生产的，日用工业品甚至有60%是上海生产的。沿海省市还向内地输送了大量技术员和技术工人。很明显，不积极利用和发展沿海工业，就不可能较大规模地发展内地工业。计委在汇报中提出，沿海多数省市工业基础比较好，1951年到1953年发展比较顺利，1954年后困难比较多，原因是为国防安全考虑，沿海不建新厂，限制了一些发展。轻工业部在汇报中提出：扩建、改建现有企业，比新建企业投资节省25%～50%，这是充分利用当地资源、发挥现有企业潜力，提高劳动生产率、降低产品成本的正确途径，但由于轻工业企业多在沿海，为国防安全起见，不敢作重大扩建。

三是国防工业建设的规模和速度问题，从经济上看，实际上是更深层次的产业结构问题，即重工业内部的国防工业与民用工业的关系问题。

由于当时国际上资本主义与社会主义两大阵营的严重对峙，1954年、1955年又加台湾海峡局势紧张，1956年初，我国在酝酿编制第二个五年计划和15年长远规划中，曾经有过一种设想：我国国防工业建设的目标，要求在1961年达到满足战时最大需要量。按照这个设想，在1956到1959的4年中，每年必须建50个大型国防工业工厂，显然这是不可能的。后经计委与有关部门商量，达到最大需要量的时间推迟到1964年，满足最大需要量的产品，30%靠战时动员民用工业部门生产，70%靠国防工业生产。这样安排，仍然非常紧张。由于进度安排快，高峰期集中，投资、材料、设备、技术力量远不能满足需要。国防工业的加快，又影响到电站、钢铁、化工、石油、民用机械等的建设也跟着加快，甚至连轻工业部门的酒精、橡胶、甘油等的生产也得加快，从而导致整个工业部门全面紧张。计委在汇报中，将这个问题提请毛主席考虑。计委认为，我们既要考虑需要，又要考虑可能，使人力、物力、财力与建设规模相适应，民用工业建设是这样，国防工业建设也应该是这样。国防工业建设规模过大，要求过急，引起整个工业建设全面紧张，这是34个部委汇报中提出的最尖锐的一个问题。

　　四是经济体制问题，主要是国家、集体、个人的权利、责任、利益分配问题。

　　国务院五办在汇报中，从企业财务管理的角度，提出了企业自主权问题。汇报说，现在国家对企业实行统收统支办法，企业收入全部上交财政，支出全部由财政拨款。企业收入多少，能否完成，同自己本身的支出没有关系。这种办法对于促进企业从物质利益上关心自己的收入，更好地发挥企业增收节支的积极性，有一定的限制作用。例如在基本建设中，各项拨款都是专款专用，实际工作中，有的项目钱不够用，有的多余，有些临时性的开支需要解决，但企业无权调剂，需要经上级批准，结果是有些该办的事不能及时办，使钱花不出去。当时制度规定：国营企业的厂长、经理，视企业规模大小和性质不同，只有开支200元到500元（新币）的机动权，公私合营企业更少。超出规定数字的就要报批；价值在200元以上的购置，都算固定资产，列入基本建设。这既妨碍生产，限制企业的积极性，又容易助长上级机关的官僚主义。各省市和重点企业在口头与书面汇报中，对这个问题讲得比较多。

　　国务院七办在汇报中，提出了农业生产合作社自身的积累和提醒各行各业爱惜民力的问题。汇报说，农业生产合作社刚刚成立，就出现了一种苗头，上级部门要求农业社举办各种非生产事业。有的地方要求农业社办的事多达几十种，但是，上级又不给钱，统统要求农业社在社内劳动记工。这种不惜民力，妨碍农业社自身积累的苗头，十分值得警惕。

计委、劳动部和一些专业部在汇报中提出了职工工资问题。据劳动部统计，1955年同1952年比较，工业劳动生产率提高41.8%，职工平均货币工资提高14.7%，生活费指数提高7.8%，实际工资水平提高6.9%，远远落后于劳动生产率增长的幅度。轻工、纺织这两个为国家提供积累较多的部门，职工实际工资反而下降。劳动部负责同志在汇报中检查，他们平时在思想上只重视劳动生产率，而没有足够重视改善职工生活和提高工资问题；工资工作中限制性的措施多，鼓励性的措施少；只注意名义工资，不注意实际工资。北京市石景山钢铁厂党委向毛主席写的书面汇报提到，石钢这座建于1920年的老厂，在1948年12月解放时，衰微破败。新中国成立后，在苏联专家帮助下，更新设备，生产飞速发展，1952年的生铁产量即比1949年增长12.1倍，但职工生活改善的程度不大。据1956年初调查，全厂约有13%的职工家庭人均月收入不足8元，29%的职工人均在8元到10元之间。不少家庭粗粮、咸菜都不能吃饱，住房更是困难，工人批评领导"只关心炉况，不关心人况"。

　　国务院五办的汇报，还谈到农民生活情况。汇报说，几年来，农民负担不重。农业税及其附加占农民收入的比例，1952年13.2%，1953年12.12%，1954年12.96%，1955年11.53%。扣除农业税及其附加，再扣除农民缴纳的其他税费（屠宰税、牧畜交易税、公债、保险费等），农民人均纯收入，1952年70元，1955年82元。据典型调查，1955年同1950年比较，工农业产品交换价格剪刀差约缩小18%。由于土改，免除了约占农产品总产量25%左右的地租负担，还由于减少了高利贷、牙纪、关卡剥削和商人的盘剥，解放后农民所得的实惠是不能用工农业产品比价差额来衡量的。这是34个部委汇报中，唯一的讲农民生活的材料。

　　五是关于国家对经济和其他事业的管理体制问题，主要是中央和地方的关系问题。

　　计委和五办在汇报中都提出了这个问题。

　　计委汇报说，现在各省市自治区普遍要求多办工厂。上海、天津要求发展较高级的产品，两广要求发展糖和纸，四川要求办甘蔗糖厂，云南、贵州要求发展食品工业、亚热带作物加工厂，另一些边远地区要求办畜牧产品加工厂。地方不但有兴趣搞轻工业，而且也有兴趣搞重工业，如小煤矿、小电站、小化肥厂、生产和修理农具的小机械厂等。但他们有两个顾虑：一怕中央不准他们搞；二怕等工厂搞得像样子后，被中央收走。今后轻工业发展规模很大，想由中央两三个部包办，无论如何是包不下来的，因此要发挥各方面的积极性。既要发挥中央部门的积极性，也要发挥地方的积极性；既要发挥内地各省自治区的积极性，也要发挥沿海各省市的积极性；既要发挥先进地区的积极性，也要发挥后进地区的积极性。

五办汇报说，现在财政部每年下达预算指标，中央各主管部也下达自己的指标和要求。收支科目列得很细。虽允许地方作"类与类""款与款"之间的调剂，但调进者举手欢迎，调出者多方抵制，最后还得请示各自的上级。地方调剂权事实上是很有限的。现在省一级的财政收入只有三项：5%的农业税附加、3%的总预备费、自筹部分资金，三项收入数额都不大。省级财权除了这三项外，与中央级的预算单位没有什么区别，县和乡更没有什么财权，这就形成县要钱向省要，省要钱向中央要。因此，地方同志说，现在名义上是4级（中央、省、县、乡）财政，实际上是一级半，只有中央一级是完整的，省财政只是半级财政，这对调动地方组织财政收入的积极性是很不利的。1953年全国财经会议提出地方结余不上缴，这有利于鼓励地方增收节支，多办一些事情。但由于地方实际上很难行使调剂权，遇到调剂项目时，就请示中央主管部，等主管部答复下来时，时间已晚，该花的钱年内已花不出去了，只好作为年终结余，上缴中央，中央就将这笔结余列入下年度预算，抵充下年度的拨款。从1953年以来，年终结余越滚越大，到1955年累计已达30亿元。这同地方实际上没有调剂权有很大的关系。这种体制不仅限制了地方增收节支的积极性，而且也意味着许多该办的事没有办。总之，中央财政部和各主管部门对地方国民经济计划、事业指标和财政收支，管得过多、过细、过分集中，束缚了地方的积极性。中国这么大，可以组织的收入很多，注意发挥地方的积极性，收入还可增加。

省市委的口头汇报和书面汇报，对束缚地方积极性的一些制度反映强烈，并从人、财、物各方面列举了大量的事例。例如，天津市委在汇报中说，中央一些主管部管干部，一直管到车间一级。1954年，天津市教育部门发挥积极性，多招收了一些适龄小学生，中央主管部不同意，经市委一再交涉，主管部才认账。商业部对商品价格的管理，原规定部管51种，总公司管208种，实际上总公司管了509种，把本应由地方管理的300来种商品也管了起来，使地方无法进行工贸平衡。

1958年3月10日，毛主席在成都会议上说："十大关系中，工业和农业、沿海和内地，中央和地方，国家、集体和个人，国防建设和经济建设，这五条是主要的。"这五大关系的基本资料主要是34个部委汇报提供的。

除上述五个问题外，汇报中提出的其他问题，比较集中的是今后要不要学苏联和怎样学的问题。

少奇同志在听取汇报时，就提出过要重视发展轻工业和农业，重视发挥沿海工业的潜力，重视发挥地方的积极性，重视发挥技术人员的作用，学习苏联应该有所学有所不学等观点。这些观点对后来毛主席概括十大关系提供了重要的参考。

毛主席2月14日听我汇报国务院三办工作（即34个部委汇报的第一场）时有一段开场白，讲的是发挥地方积极性问题。他说："我去年出去了几趟，跟地方同志谈话，他们流露不满，总觉得中央束缚了他们。地方同中央有矛盾，若干事情不放手让他们管。他们是块块，你们是条条，你们无数条条往下达，而且规格不一，也不通知他们；他们的若干要求，你们也不批准，约束了他们。曾希圣意见最多，对商业部很有意见，对不批准他们办肥料厂很有意见。看来是要有点约束，否则岂不是无政府状态？你们条条住在各地的机构，有没有不接受他们监督的地方？""你们大家都来自地方，到中央就讲中央的话了。讲也要讲，但要让他们监督。"听各部委汇报时，毛主席有许多生动的插话。这些讲话、插话无疑是他后来构思十大关系的思想火花。

例如，关于重视发展轻工业和沿海工业的问题，他在听取轻工业部和纺织工业部汇报时，就明确指出："你们野心不大，斗争性不强。""王道太多，霸道太少，像小媳妇不敢斗争。""重工业部门都积极抓，你们也要积极搞。你们有理由，要有些霸道。"在谈到机械工业部门不能满足轻工业部门对机械的需要时，毛主席说："凡是重工业部门不干的，你们自己干。你们干起来，将来交出去也好。"在谈到农业部门供应的烟叶等原料质量下降时，说："你们心平气和，程朱哲学，没有气，没有长角，不敢斗争。农产品质量下降，要向农业部门作斗争。"在汇报到由于考虑国防安全的缘故对沿海工业要采取限制发展方针时，毛主席说："沿海地区要充分合理发展，不能限制。""有的同志好像战争就要来的样子，准备着架子在等待战争，因此要限制沿海，这样不妥。轻工业百分之七十在沿海，不积极利用，还靠什么来提高生产？""上海地区不作大的扩建，还值得考虑。上海赚钱，内地建厂，这有什么不好？这和新建厂放在内地的根本方针，并不矛盾。"

又例如，关于学习外国问题，毛主席在听取重工业口各部汇报时就指出："一切国家的先进经验都要学。要派人到资本主义国家去学技术，不论英国、法国、瑞士、挪威，只要他要我们的学生，我们就去嘛！学习苏联也不要迷信。对的就学，不对的就不学。苏联内务部不受党领导，军队和企业实行'一长制'，我们就不学。'一长制'这个名词有些独裁。过去苏联有电影部，没有文化部，只有文化局；我们相反，有文化部，没有电影部，只有电影局。有人就说我们同苏联不一样，犯了原则错误。后来，苏联也改了，改成跟我们一样：设文化部、电影局，取消电影部。苏联原来男女分校，讲起利益之多，不得了，可是现在又要男女同校。所以学习苏联也得具体分析。我们搞土改和工商业改造，就不学苏联那一套。陈云同志管财经工作，苏联的有些东西，他也不学。"总之，"要打破迷信，不管中国迷信还是外国迷信。我们的后代也要打破对我们的迷信"。

34个部委汇报结束后，政治局开过几次会，进行讨论归纳。由于部署我国的社会主义建设与国际形势紧密相关，考虑国防建设与经济建设的关系、沿海工业与内地工业的关系等问题，直接涉及对未来战争爆发可能性的估计，因此政治局会议的讨论，除了概括出十大关系之外，中心是分析国际形势，估量战争爆发的可能性问题。1955年有两大国际会议是很有影响的。一是4月间在印尼万隆举行的亚非会议，提出了促进世界和平与合作的十项原则；二是4月到7月举行的日内瓦会议，实现了印度支那停战。由于两个会议的成功，世界和平与合作力量的影响逐步增强，使帝国主义不敢轻易动武。到1955年底和1956年初，我党中央逐渐感到国际形势趋向缓和。政治局会议认为，新的侵华战争或世界大战短时间内打不起来，可能出现十年或者更多一点和平时期。据周总理1956年11月10日在八届二中全会报告中传达，基于这种分析，"毛泽东同志在政治局会议上提出，现在把国防工业步子放慢，重点把冶金工业、机械工业和化学工业加强，把底子打好；另一方面，把原子弹、导弹、遥控装置、远程飞机搞起来，其他的可以少搞"。

建国后第一个五年军事费用支出占国家预算支出的24%，政治局会议设想第二个五年减到20%以下，15%的样子，以便腾出更多的资金用于经济建设。政治局会议决定，把国防工业发展步伐放慢，各类经济比例就比较好安排了。这是安排十大关系，尤其是前五大经济关系的重要一环。

4月25日到28日，政治局召开扩大会议，毛主席于25日第一次讲《论十大关系》，他讲后，连续讨论了三天。

5月2日，毛主席召开最高国务会议。上午，第二次讲《论十大关系》，下午讨论。讨论结束时，他作了结论。

两次讲十大关系的记录，10个小标题相同，但内容有所不同。4月25日的讲话，批评斯大林内容多些；5月2日的讲话，理论分析多些，补充了政治局扩大会议三天讨论和四天省市委书记汇报时提出的一些意见。

1965年12月27日，根据少奇同志建议，并经毛主席同意，中央将《论十大关系》作为党内文件印发给县、团以上党委学习。这次印发稿，以4月25日讲话为基础，吸收了5月2日讲话中的部分内容。整理时，有关对苏联和东欧国家在处理农、轻、重关系和民族关系的批评，对斯大林的批评，以及过高估计战争危险，忽视发展沿海工业，某些方面照搬苏联的缺点错误等内容，都没有收进去。

1975年，小平同志在主持中央日常工作期间，向毛主席建议，重新整理《论十大关系》讲话。重新整理稿于7月13日由小平同志送毛主席，毛主席批示："同意。可以印发政治局同志阅。暂不要公开，可以印发全党讨论，不登报，将来出版选集时再公开。"

这次对讲话的重新整理工作，是在胡乔木同志主持下完成的。这个整理稿忠实地体现了原讲话中"以苏联为鉴戒，总结我国已有经验"的主要精神，恢复了1965年整理稿中许多没有收进去的内容，文字也作了不少加工。但由于考虑到当时国内外形势，还是有些具体内容没有收进去。现在，我根据两次（主要是第一次）讲话的记录，就以苏为鉴戒和有关国际形势问题所讲的内容，作些补述。

谈到沿海工业与内地工业关系问题时，毛主席说："不用说有了十年、十二年，我们应当办好沿海的工厂，就算只有八年、七年、六年，甚至只要有五年时间，我们也应当在沿海好好地办4年的工业。办了八年以后，等到第五年打起来了再搬家，也是完全合算的。"在批评有些同志不敢在沿海搞工业建设时还说，"好像原子弹已经在三千米上空了"，"不要说三千米的上空没有原子弹，就是1万米的上空也没有原子弹"。

谈到经济建设与国防建设的关系时，毛主席说："现在全世界都在谈论减少军事经费、发展和平经济问题，英国、法国谈得最多，美国有时候也被迫地谈一下。现在是和平时期，军政费用的比重太大不好。"在分析我人民解放军现状时，他批评了斯大林在卫国战争初期的错误，说："那时的红军，由于肃反扩大化削弱了干部，由于战略指导思想是要御敌于国门之外，国内不修工事，有攻无守，结果希特勒打进来，抵抗不住，只好三十六计走为上计，一直退下来。在这些方面，我们现在都比他们那个时候强。"

在谈到国家与农民关系时，毛主席批评了苏联推行农产品义务交售制的错误。他说："据说一直到第十九次代表大会那个时候，苏联粮食的产量还没有达到沙皇历史上的最高水平。如果真是这样，这就是大问题了。如果真是这样，集体化、机械化的优越性在哪里？社会主义制度比沙皇制度好又要怎么说呢？"这里，我想作点说明。据《苏联国家经济年鉴》披露的资料，苏联从1929年到1940年，工业年均增长16.8%，而同期日、美、德等资本主义国家没有任何一国的增长超过10%的。十三年内，苏联钢产量从430万吨猛增到1830万吨。正因为工业，特别是重工业的高速增长，得以取得反法西斯战争的胜利。从这方面看，社会主义制度的优越性是明显的。但由于集体化中的强迫命令和农业政策的失误，至少在谷物生产方面集体化和机械化的优越性确实没有明显发挥出来。1913年，沙俄谷物产量8600万吨，1953年为8250万吨，确实低于沙俄最高水平，但1951—1955年的平均年产量达到8850万吨，总算是赶上或超过了沙俄时代的最高水平。

在谈到中央和地方关系问题时，毛主席说："我国宪法规定，地方没有立法权，立法权集中在全国人民代表大会。""这一条也是学苏联的。因为起草宪法的时候，我曾经问过一些同志，是不是应该这么写？据说苏联是这样，有些资本主义国家也是这样，但美国似乎不是这样。美国的州可以立法，州的立法甚至可以和联邦宪法打架，比如宪法上并没有剥夺黑人权利这一条，但有些州的法律就有这一条。似乎财政和税收方面，州和州的立法都不统一。美国这个国家很发展，它只有一百多年就发展起来了，这个问题很值得注意。我们恨美国那个帝国主义，帝国主义实在是不好的，但它搞成这么一个发展的国家总有一些原因。它的政治制度是可以研究的。看起来，我们也要扩大一点地方的权力。地方的权力过小，对社会主义建设是不利的。""地方的权力过小，对社会主义建设不利"的思想，对体制改革有重要指导意义。可惜的是，1958年走了一个极端，来了个权力大下放，在十几天的时间内，将绝大部分中央企业事业单位下放给地方，造成了混乱，以后就不再注意扩大地方权力了。直到十一届三中全会以后，在改革中才开始真正着手解决这个问题。扩大地方自主权的目的，是为了克服中央权力过分集中带来的弊病，充分调动地方在经济和社会发展中的积极性、主动性、创造性。扩大地方的权力当然要适度，应以不影响国家必要的集中统一为前提，而不能走到地区分割半分割的状态去。

在谈到党与非党关系时，毛主席说："在这一点上我们和苏联不同。他们是打倒一切，把其他党派搞得光光的，只剩下共产党的办法，很少能听到不同意见。"毛主席吸取苏联的教训，总结了我国多党联合的历史经验，提出了各民主党派与共产党长期共存、互相监督的著名观点。

在谈到革命和反革命关系时，毛主席说："斯大林不知道是怎样想的，抓到一个就杀一个，结果犯了大错误。其实，托洛茨基是可以不赶走的，季诺维也夫也是可以不杀的。至少可以让他们当个政协委员吧！""特别重要的是，不割脑袋的办法可以避免犯错误。人的脑袋不像韭菜那样，割了一次还可以长起来，如果割错了，想改正错误也没有办法。""斯大林说反革命越搞越多，这个道理是不对的。反革命是越搞越少，不是越搞越多。"说阶级斗争越斗越尖锐，"这在一定时间是真理"，"过了这个时间就不是越斗越尖锐"。

谈到是非关系时，毛主席说："我看在这一点上，斯大林有点像赵太爷，犯了错误就杀掉，错误与反革命界限不分，错杀了很多人。我们要记住这个教训。"

谈到中国和外国关系时，毛主席着重讲了斯大林在中国革命问题上所做过的错事。他说："第二次国内战争后期的王明'左'倾冒险主义，抗战初期的王明右倾机会主义，都是从斯大林那里来的。解放战争时期，先是不准革命，他说如果打内战，中华民族就有毁灭的危险（不是用联共，而是用白俄罗斯共和国的党组织的名义，由联共中央转发来的电报提出的——薄一波注）。仗打起来了，对我们半信半疑。仗打胜了，又怀疑我们是铁托式的胜利。1949年、1950两年对我们的压力很大。那个时候，除了党内同志以外，全世界只有蒋介石一个人天天替我们辩护，不用工资，替我们做义务宣传，说我们不是铁托。讲起斯大林，我们有三肚子火。可是，我们还认为他是三分错误，七分成绩，这是公正的。"南斯拉夫共产党1948年被斯大林开除出情报局，在斯大林看来，铁托不听他的，就是背叛了共产主义和国际主义。

这些未发表的材料说明，毛主席和党中央对斯大林的错误，当时就有了比较清醒的认识。当年4月5日发表的《关于无产阶级专政的历史经验》一文，鲜明地表明了我们党的原则立场。这是举世周知的。至于上述对斯大林的种种具体批评，当时没有公开发表，那完全是从维护国际工人运动的团结着眼，避免给人以口实。这些内部批评，后来我党中央都通报给苏共中央了。

《论十大关系》讲话，初步总结了我国社会主义建设的经验，提出了探索适合中国国情的社会主义建设道路的任务，是毛主席关于社会主义建设问题的代表作。正如邓小平同志1975年7月10日给毛主席的信上说的："这个东西太重要了，对当前和今后都有很大的针对性和指导意义。"讲话提出的一些重要原则，例如：保持重工业、轻工业、农业合理的比例，充分利用沿海工业基地，充分发挥地方积极性，正确处理国家、集体、个人三者关系等，都被采纳成为八大关于第二个五年计划建议的指导思想。但是，也正如周总理在八届二中全会报告中指出的："这十大关系问题并不是一提出来就能解决得了的，具体的解决还需要今后在实践中、在采取具体措施中、在反对错误的倾向中不断努力。""比如农、轻、重的比例究竟如何才恰当？现在还不可能回答得很完满，必须经过多次反复摸索，才能使这三者的比例安排得比较恰当。一个时候恰当了，过一个时候还要修改。"重要的是提出了处理这些关系的原则。[7]

《论十大关系》是毛泽东建国后第一次对经济问题系统调查研究的成果。他还准备"分别听取各省委、市委、区党委关于工业、运输、农林水、财金贸等方面工作的汇报"，也准备以后每年搞一次汇报，找一些工厂作典型研究，"切实摸一下经济工作"。但这些计划没有实现或只开了个头。

据李维汉回忆，毛泽东在1956年4月25日作《论十大关系》报告时，在党与非党的关系上，还提出了"两个万岁"的思想。他说：

4月25日，毛泽东发表《论十大关系》的重要讲话……在党与非党关系方面，提出"两个万岁"的思想，他说我们的方针是要把民主党派、资产阶级都调动起来。要有两个万岁，一个是共产党万岁，另一个是民主党派万岁，资产阶级不要万岁，再有两三岁就行了。在我们国内是民主党派林立，我们有意识地留下民主党派，这对党、对人民、对社会主义很有利。打倒一切，把其他党派搞得光光的，只剩下共产党的办法，使同志们中有不少意见，弄得大家有所顾忌，这样做很不好。这就是后来概括的党同民主党派长期共存、互相监督的方针。[8]

《论十大关系》讲话以后，毛泽东在探索中国式社会主义建设道路方面还提出一些重要思想。

1956年8月24日，毛泽东会见中国音乐家协会负责人时，作了一场精彩的讲话。据当时被接见的音乐家贺绿汀回忆，会见是在怀仁堂进行的，他写道：

我还记得清清楚楚，当时我就坐在他老人家的身边。怀仁堂外面两千多音乐工作者排好了队伍，我们几个音乐界负责人进去请毛主席出来和大家一起照相。毛主席坐在怀仁堂东北角那间小房子的窗户下，在座的有周总理、朱总司令、陈毅同志，还有周扬同志、夏衍同志，以及我们音乐界几个人。我满以为毛主席讲几句话就会出去照相的，因此，在他老人家讲话时我冒失地插了话。后来看到毛主席一直讲下去，我才后悔不该插话。

在这以前，文化部在音乐周期间曾召集一部分文艺界领导干部多次座谈了文艺的民族形式问题。从毛主席这个谈话中发现，我们讨论的每次记录他都看过了，他谈的就是座谈会上争论的问题。

毛主席同音乐工作者的谈话，主要内容是谈民族形式问题。对这个问题，毛主席不厌其详地作了反复的论述。他说："音乐可以采取外国的合理原则，也可以用外国乐器，但是总要有民族特色，要有自己的特殊风格，独树一帜。"并明确指出，"文化上对外国的东西一概排斥，或者全盘吸收，都是错误的。"还说，"这不是什么'中学为体，西学为用'。'学'是指基本理论，这是中外一致的，不应该分中西。"毛主席的这些话，既反对了教条主义，也反对了关门主义。[9]

中共八大闭幕以后，一些民主党派陆续召开会议研究贯彻。11月30日，黄炎培给毛泽东写信汇报会议情况说："自全行业公私合营后，大部分工商业者的表现是好的，少数人消极，'白天社会主义，夜里资本主义'，还出现了地下工厂、地下商场等。"12月7日，毛泽东约民建、工商联负责人黄炎培、陈叔通等谈话，他说：

现在我们的自由市场，基本性质仍是资本主义的，虽然已经没有资本家。它与国家市场成双成对。上海地下工厂同合营企业也是对立物。因为社会有需要，就发展起来。要使它成为地上，合法化，可以雇工。现在做衣服要3个月，合作工厂做的衣服一长一短，扣子没眼，质量差。最好开私营工厂，同地上的作对，还可以开夫妻店，请工也可以，这叫新经济政策。我怀疑俄国新经济政策结束得早了，只搞两年退却就转为进攻，到现在社会物资还不足。我们保留了私营工商业职工250万人（工业160万，商业90万），俄国只保留了八九万人。还可以考虑，只要社会需要，地下工厂还可以增加。可以开私营大厂，订条约，十年、二十年不没收。华侨投资的，二十年、一百年不要没收。可以开投资公司，还本付息。可以搞国营，也可以搞私营。可以消灭了资本主义，又搞资本主义。当然要看条件，只要有原料，有销路，就可以搞。现在国营、合营企业不能满足社会需要。如果有原料，国家投资有困难，社会有需要，私人可以开厂。……急于国有化，不利于生产。[10]

1956年，是毛泽东在思想和理论总结上的又一个高峰时期。有了新中国成立头7年的初步经验，又有苏联近四十年的道路为借鉴，毛泽东又有了思想纵横驰骋的广阔舞台。这些思考，为中共八大政治报告的顺利起草和工作重心任务的提出，提供了基本的指导原则。

毛泽东的思绪处在极为活跃、敏锐的高峰期，心情也格外畅快。一个横渡长江的念头，在他的脑子里升腾而发，谁也无法阻挡。

当时跟随毛泽东负责警卫工作的沈同回忆说：

1956年五一节刚过，毛主席便在5月3日出发，到我国南部地区去视察工作。出发时，北京还是春光融融，百花吐艳。主席一路工作忙碌，不计时日。到了广州，召开了华中地区书记会议，待任务结束，不觉已到月末，江南大地已是夏日炎炎。

毛主席准备返京，因天气闷热，又加疲劳，打算在途经武汉时，到长江里去游泳，以消除疲劳，舒畅胸怀。

长江的水势凶险，素为人知。为了主席的安全，大家都惴惴不安，同行的湖北省委书记王任重，立刻回去安排工作，他让武汉的同志事先对长江的水质、水温和流速等进行了一系列详细的调查和检验，发现长江的水文情况复杂：第一，江水很脏，含有血吸虫等多种病菌；第二，江中有鳄鱼、江猪和水蛇等可能伤人的毒物；第三，水深流急，又有漩涡。总之，在长江里游泳是很危险的。当地政府曾告示群众，为了避免危险，禁止在长江里游泳。

大家了解到这些情况，都为主席到长江里去游泳的安全担心。公安部长罗瑞卿和湖北省委的负责同志都想劝阻主席，虽然大家知道，主席游泳的技术很高，他把游泳池当作了洗脸盆子，但是游泳池怎么能和长江相比呢？江水滔滔，波浪翻滚，深不可测，水火无情。在急流骇浪里，很有可能发生意想不到的危险！为了毛主席的安全，必须防止万一。可是这些当年曾同毛主席一起艰苦奋斗、风雨同舟的老战友，也都深知，毛主席办事，一旦下了决心是不会动摇的。为了确保毛主席的安全，经过再三考虑，还是进行了劝阻。

毛主席以他高超的游泳技能和"万水千山只等闲"的无畏气魄，怎会惧怕长江的风浪呢！他把劝告看成是"阻力"，对身边人员说："我游泳不要告诉他们！"我们品味着这有趣的回答——既是回答，又是命令。于是，大家当即作好毛主席游江的准备，整装待发。

毛主席从广州动身返京北上，5月30日到达湖南省长沙，立即召集了省委书记座谈，了解他这次在广州主持召开的专门研究华中五省工作会议的贯彻情况。主人用清明节前刚采制的清茶来招待主席。

会后天气闷热，主席要去湘江游泳，罗瑞卿陪同到了江边。湘江水势平稳，水质清澈，这里曾是毛主席三十年前"携来百侣曾游"的故乡碧水。今天毛主席已是全国人民拥戴的领袖了，又何止百侣！今天重游，意味深长。下了江，主席游姿翩翩，自由自在，好像是办公坐久了伸个懒腰一样，大家都为主席感到舒展。主席精神焕发，一直游到了他当年曾在诗里提到的橘子洲头，主席乘兴上岸，披着浴衣登高瞭望。洲上的人们看到了毛主席，立刻都跑过来把他团团围住，抢着和主席握手，异常亲切。主席同大家频频招呼，用故乡的语言和乡亲们畅谈着故乡的山山水水和乡亲们的生活情况，情趣盎然，倍加亲切，由生活谈到了大家正在培育的蔬菜，又由蔬菜的品种谈到了一旁生长茂盛的茄子。在核对茄子两个字的乡音的笑声里，主席告别了依依不舍的乡亲们。

5月31日到了武汉，滚滚长江吸引了主席，他决定上午和夜间工作，下午去长江游泳。这期间，主席听取了省委书记的汇报，还视察了武汉国棉一厂，参观了湖北省工农业展览会。

6月1日下午，天气闷热蒸人，主席没有午睡的习惯，便兴致勃勃地到长江去游泳。我们虽然已经作好了主席游江的准备，但还是提心吊胆，随时严防发生意外。到了江边，因为江岸陡峭不便下水，先请主席到了船上。罗瑞卿和王任重知道劝阻无效，便准备和主席一起游江。他们先到船上，迎候着主席。主席打趣地问："游长江有危险吗？"罗部长挺着魁伟的身体报告主席："在长江里游泳，危险还是有的，但是主席不怕，我们就不怕，我们同主席在一起历经艰险，每次都能化险为夷。"说得大家都笑了起来，顿时消除了大家的紧张气氛。毛主席说："长江大海能吓得了人吗！"说着，大家就一起下了长江。

毛主席入水先扎个猛子，把全身在水里浸一下，然后就把头露出水面，以侧泳式左右交替着一直游向前方。当时江面上正刮着六级大风，风急浪高，水深流急，波浪滔滔，还时有漩涡，毛主席泰然自若，轻浮水面，他轻松自然的潇洒游姿，真比在院子里散步还自由自在。有时击水破浪，勇往直前；有时水面稍稍平稳，主席便缓缓仰泳，面对蓝天，极目远望，悠然自得。毛主席游水如履平地，仰泳时更有独到之处，他可以平仰水面，全身不动，远望天际，信水漂流。记得有一次，毛主席正在中南海游泳池里游泳，秘书送来一封信，主席就在水中接过信来，仰浮水面，把右脚搭在左脚上，全身不动，直到把信看完。

这时在长江岸上行路的人们，突然看到有这么多人在长江里游泳，而且当时还刮着六级大风，又是在中流急浪中顺流而下，也不知游向何方，都以惊奇的目光望着这少有的动人景象，得不到答案。有许多人想看个究竟，就跟着沿岸奔跑，有的还边跑边喊，也不知喊些什么，两岸上的人流越聚越多，直到岸边的建筑物阻挡了去路，人们才停下脚步，还踮着脚瞭望，不肯离去。当主席游过了岸边的建筑物，在前面的岸上，又同样逐渐聚集了观望的人群，有的在鼓掌，也有人发出了惊奇的赞叹，到处都是惊奇观望的目光。

毛主席游兴起处如蛟龙戏水，顺流而下，以至于岸上追随的人们都追赶不及。时已夕阳披霞，但毛主席的游兴正浓，依然击浪前进，直到游近建筑长江大桥的工区，施工阻路，又因两岸陡峭不能上岸，才请主席上船返回住地。

毛主席一气游了2小时4分钟，游程20余华里，上了船，气不涌出，面不改色，和大家谈笑自若，一如往时。主席笑着对大家说，胆量小的人，常在风浪里锻炼，胆子也会大起来的。这时我们大家提到喉咙的一颗心才放了下来，都和主席一起说笑。

毛主席更衣后坐在了船头的藤圈椅子上，面对着静静耸立的龟、蛇两山和远处点点帆影，脚下咆哮着汹涌奔腾的不尽江流，眺望着远山近水，在凝神遐思……

记得毛主席曾在1953年登过蛇山之巅，俯瞰长江妖娆于武汉三镇之势，又有龟、蛇两山隔岸对峙，锁住大江，景势非常。只可惜长江隔断了两岸的人民，相亲相爱而不可即！直到1954年，毛主席乘火车再经武汉时，还是坐了两个多小时的轮渡才过了长江，当时两岸等候过江的人流更是车水马龙，络绎不绝，有些人还纷纷议论：

"宁隔十里路，不隔一条河，要是能架起一座大桥来，该多么好啊！"

"说话容易呢，江面这样宽，水又这样深，再加水流这么急，恐怕鲁班来了也没好办法的！还记得吧？当年国民党借用修桥的名义，骗了老百姓多少钱哪！"

"那就只好等着神仙来架天桥吧！"

…………

当时这只不过是等着渡江的人们的一些议论，但是在轮渡上的毛主席听者有心。他一面望着静静的两山和来往的帆影，一面听着人们的议论，顿起"宏图"：一定要给人民建起一座大桥来，使这"天堑变通途"！

宏图既定，曾几何时，今天毛主席遨游于长江之中，亲眼看到了长江大桥已经全面施工，竟是"一桥飞架南北，天堑变通途"了，宏图实现了！解放后的武汉三镇，本来已是太平盛世，美景丰年，如今再加鹊桥仙境，两岸人民喜得团圆，此景此情，使人神往！人民在欢呼，诗人在歌颂，还分什么天上人间，但愿人长久！

毛主席今天精神焕发，情趣自得，一扫往日工作繁忙时的沉思模样。回到住地，晚饭时，厨师还特意给他烧了一条鲜美的武昌鱼，主席饭吃得香，觉也睡得甜，一觉醒来，兴犹未尽，诗已成篇。

毛主席挥笔写了《水调歌头·游泳》一首词，来抒发他遨游长江的舒畅情怀。"才饮长沙水，又食武昌鱼，万里长江横渡，极目楚天舒。"其气魄胸怀跃然纸上，多么形象！当人们担心他游江的安全时，他却"不管风吹浪打，胜似闲庭信步"。他又以诗言志，今天，已经实现了"一桥飞架南北，天堑变通途"，明天还要"更立西江石壁，截断巫山云雨，高峡出平湖"，让这桀骜不驯的洪水来为人民服务。当他检阅这将使人民获益的万里长江的流向时，诗人忽然记起了巫山峡上的神女庙里当年曾帮助大禹治理洪水立过大功的神女。诗人想到假如她如今还健在的话，来看看这治理洪水的奇迹，将今比昔，也将惊叹人民力量的伟大吧。毛主席这首词以《游泳》为题，抒发胸怀，志在人民，潇洒豪放，气壮山河，实为古今中外前无古人的不朽诗篇。读其词如见其人。

第二天下午，毛主席乘兴又到长江去游泳，这次一气游了两个小时，其意态潇洒，悠然游姿，更胜昨天。

第三天下午，毛主席竟连续第三次再去长江畅游。到了江边，我们见长天晴空万里，微风吹来几朵白云，江面飞翔着点点白鹭，好像都是赶着来观赏毛主席游江的情趣，只有长江仍在奔腾咆哮。

沿岸观望的人群，也胜过了前两次。人们在窃窃私语，究竟是何人在这里游江？有的人趴在近江的岸边，探出身子想看个究竟。毛主席侧游的姿势，正好面对着岸上的群众，于是人们的猜疑便逐渐集中到了一个人的身上。

这时毛主席已游进了波涛汹涌的中流，击水破浪，游姿翩翩，与晚霞白鹭辉映，更有情趣。置身于这美景如画的祖国的怀抱里，毛主席流连忘返，不计归程，大概还是晚霞提醒了主席，才出水上船，大家载着一船欢笑回到住地。

毛主席连续三次横渡万里长江的消息，一时不翼而飞，轰动了武汉。第四天时刚过午，长江两岸就已聚集了无数观望的人，有的带了望远镜，有的还拿着照相机，人山人海，自然形成了夹江欢迎毛主席游长江的队列。谁不想亲眼看看自己敬仰的领袖，而且又是在搏击风浪中的英姿风采呢！人民有了狂风骇浪全无惧的领袖，更何患人间的凶顽！我们的领袖和人民心连心，我们的人民将无往不胜！

毛主席畅游长江的心愿实现了，他把遨游长江锻炼身体、磨炼意志，看作是与天斗争的一种乐趣。他破除了惧怕狂风骇浪不敢游江的迷信，鼓舞人们要经风雨、见世面，在大风大浪里锻炼成长，他激励着人们以钢铁般的体魄和坚强的意志，肩负起建设祖国的重任。毛主席实在太忙了，他不得不在6月4日下午6时前回到了北京。〔11〕

中共八大前后

1955年3月31日，毛泽东在中共全国代表会议作结论时宣布："中央决定1956年下半年，召开党的第八次全国代表大会。有三个议事日程：（一）中央委员会的工作报告；（二）修改党章；（三）选举新的中央委员会。明年7月以前要完成代表的选举及文件的准备工作。"〔12〕

同年10月，党的七届六中全会通过了《关于召开党的第八次全国代表大会的决议》。会上，邓小平代表中央政治局就这一决议作了说明。他说："1945年召开党的七大到1956年召开党的八大，中间相隔十一年。1945年到1949年这4年，我们正处在疾风暴雨的革命战争中。1950年到1952年这两年，我们全力贯注于进行并完成民主改革、恢复国民经济和巩固人民民主专政这些极为繁重、巨大的工作，并且进行了紧张的抗美援朝的斗争。1952年底，中央政治局和书记处在考虑召开全国人民代表大会的同时，曾考虑召开党的八次大会，并决定先召开一次党的全国代表会议。1953年下半年，党中央觉察了高、饶反党活动的问题。经过1954年2月党的七届四中全会和1955年3月党的全国代表会议，对于这个事件作了严肃的处理。在这两年多的时间中，党制定了过渡时期的总路线，第一届全国人民代表大会通过和公布了宪法，并开始实行第一个五年计划。同时又通过了整党、建党、审查干部、总路线宣传、社会主义改造，这一切为召开党的八次大会作了充分的政治准备和组织准备。中央认为召开八次大会的时机完全成熟了。"

1955年5月12日，中央政治局会议通过了邓小平草拟的八大政治报告起草委员会、修改党章和修改党章报告起草委员会名单。政治报告起草委员会由刘少奇、陈云、邓小平、王稼祥、胡乔木、陈伯达、陆定一7人组成。修改党章和修改党章的报告起草委员会由邓小平、杨尚昆、安子文、刘澜涛、宋任穷、李雪峰、胡乔木、马明方、谭震林9人组成。在八大文件起草、修改过程中，党中央充分发挥了集体智慧和民主精神。各文件草稿提出来以后，中央曾组织中央机关和省、市、自治区及军队党的领导同志进行反复讨论，征求意见。

毛泽东亲自领导并参加了八大文件的起草和修改工作。现保存的八大政治报告的各种修改稿达80多份，党章草案修改本有50多份，其中经过毛泽东亲自修改的政治报告稿就有21份。在一份八大政治报告修改稿上，毛泽东批道："少奇同志：恩来同志的改本送上，我看改处均可用。如你同意，请饬人将改处准确地抄在一个本子上，和你我改的合在一起，立即付印、付翻译。"在这个改本上，将"我国社会主义和资本主义两条道路的斗争，已经解决了"一句中的"两条道路"改成了"谁战胜谁"。1956年9月13日，七届七中全会第三次会议上，毛泽东在谈到八大文件的修改方针时说："第一次推翻你的，第二次推翻他的，推翻过来推翻过去，这也说明我们是有民主。不管什么人，对事不对人。"在8月22日七届七中全会第一次会议上，邓小平谈到修改文件时说："刚才主席讲了，先提大势，先提方针性的意见。但有些文件，像党章，就不那么好提大势了，必须是哪一个字要改，就改哪一个，（毛泽东插话："不仅是大势，也包括细节、文字。"）凡有意见的都在这个本子上批。"由此可见，八大文件是全党的经验和智慧的结晶，有着深厚的群众基础。

为了突出八大讨论经济建设的主题，邓小平在8月22日召开的七届七中全会第一次会议上谈到八大议题与发言安排时提出，像工业方面，除了一些比较带系统性的发言外，还要组织那么二十几篇稿子，这样才表现出会议是在讨论建设这个重点，只么两三个人发言，谈搞计划、搞建设，大会里面的空气不多，那也不好。毛泽东接着说："这一次重点是建设，有国内外形势，有社会主义改造，有建设，有人民民主专政，有党。报告里面有这么几个大题目，都可以讲。但是重点是两个，一个是社会主义改造，一个是经济建设，这两个重点中主要的还是在建设，这个报告的主要部分，3万字中有1/3是讲建设。"

1956年8月30日至9月12日，八大预备会议在北京举行，毛泽东在会上作了两次重要讲话。8月30日，在中南海怀仁堂举行的第一次全体会议上，毛泽东作了题为《增强党的团结，继承党的传统》的讲话，提出了大会的目的和宗旨，就是总结七大以来的经验，团结全党，团结国内外一切可以团结的力量，为建设伟大的社会主义中国而奋斗。在讲话中，毛泽东强调要继承党的优良传统和作用，强调理论与实践的统一：马克思主义的普遍真理一定要同中国革命的具体实践相结合，如果不结合，那就不行。这就是说，理论与实践要统一。思想必须反映客观实际，并且在客观实践中得到检验，证明是真理，这才算是真理，不然就不算。毛泽东要求大会继续发扬党在思想、作风上的优良传统，彻底清除主观主义、宗派主义，此外，还要反对官僚主义。在谈到选举问题时，他强调要坚持七大的正确方针，为团结和教育全党，在选举新的中央委员会时要选有代表性的犯过错误的同志为中央委员。〔13〕

9月10日，毛泽东在八大预备会议第二次全体会议上再次作了讲话。他首先回顾了民主革命时期的历史经验。接下来讲搞建设不要像革命中犯那么多错误，并希望中央委员会成为科学中央委员会。他说：

现在是搞建设，搞建设对于我们是比较新的事情。早几年在中央范围内就谈过，我们希望建设中所犯的错误，不要像革命中所犯的错误那么多、时间那么长。我们搞建设，是不是还要走那个老路呢？是不是还要经过14年，也要栽那么多跟头呢？我说可以避免栽那么多跟头。因为过去栽跟头主要是个思想问题，是不认识、不觉悟的问题。

搞经济，我们也有了一些经验，现在搞这些新的科学技术，我们还没有经验。安排经济，对人民、对资本家、对民主党派、对知识分子的工作，我们比较学会了，我们有二十二年根据地的经验。世界上新的工业技术、农业技术我们还没有学会，虽然我们已经有了六年的经验，学会了许多东西，但是从根本上说，我们还要作很大的努力，主要靠第二个五年计划和第三个五年计划来学会更多的东西。

我们要造就知识分子。现在我们只有很少的知识分子。旧中国留下来的高级知识分子只有10万，我们计划在三个五年计划之内造就100万到150万高级知识分子（包括大学毕业生和专科毕业生）。到那个时候，我们在这个方面就有了十八年的工作经验，有了很多的科学家和很多的工程师。那时党中央委员会的成分也会改变，中央委员会中应该有许多工程师、许多科学家。现在的中央委员会，我看还是一个政治中央委员会，还不是一个科学中央委员会。所以，有人怀疑我们党能领导科学工作、能领导卫生工作，也是有一部分道理的，因为你就是不晓得，你就是不懂。现在我们这个中央的确有这个缺点，没有多少科学家，没有多少专家。〔14〕

9月13日，在七届七中全会第三次会议上，毛泽东发表了重要讲话，其中谈到设中央副主席和总书记的问题。他说：

我在这里还要谈一下关于设副主席和总书记的问题。上一次也谈过，中央准备设四位副主席，就是少奇同志、恩来同志、朱德同志、陈云同志。另外还准备设一个书记处。书记处的名单还没有定，但总书记准备推举邓小平同志。4位副主席和总书记的人选是不是恰当？当然，这是中央委员会的责任，由中央委员会去选举。但是要使代表们与闻，请你们去征求征求意见，好不好？对于我们这样的大党，这样的大国，为了国家的安全、党的安全，恐怕还是多几个人好。

党章上现在准备修改，叫作"设副主席若干人"。首先倡议设4位副主席的是少奇同志。一个主席、一个副主席，少奇同志感到孤单，我也感到孤单。一个主席，又有四个副主席，还有一个总书记，我这个"防风林"就有几道。"天有不测风云，人有旦夕祸福"，这样就比较好办。除非一个原子弹下来，我们几个恰恰在一堆，那就要另外选举了。如果只是个别受损害，或者因病，或者因故，要提前见马克思，那么总还有人顶着，我们这个国家也不会受影响。不像苏联那样，斯大林一死就不得下地了。我们就是要预备那一手，同时，多几个人，工作上也有好处，设总书记完全有必要。我说我们这些人（包括我一个，总司令一个，少奇同志半个。不包括恩来同志、陈云同志跟邓小平同志，他们是少壮派），就是做"跑龙套"工作的，我们不能登台演主角，没有那个资格了，只能维持维持，帮助帮助，起这么一个作用。你们不要以为我现在在打"退堂鼓"，想不干事了，的确是身体、年龄、精力各方面都不如别人了。我是属于现状维持派，靠老资格吃饭。老资格也有好处，因为他资格老。但能力就不行了，比如写文章，登台演说，就不行了。同志们也很关心我们这些人，说工作堆多了恐怕不好，这种舆论是正确的。那么，什么人当主席、副主席呢？就是原来书记处的几个同志。这并不是说别的同志不可以当副主席，同志们也可以另外提名，但是按照习惯，暂时就是一个主席、四个副主席。我是准备了的，就是到适当的时候就不当主席了，请求同志们委我一个名誉主席。名誉主席是不是不干事呢？照样干事，只要能够干的都干。

　　请同志们酝酿酝酿，看这样是否妥当，中心的目的就是为了国家的安全，多几个人，大家都负一点责任。至于秘书长改为总书记，那只是中国话变成外国话。（邓小平："我还是比较安于担任秘书长这个职务。"）他愿意当中国的秘书长，不愿意当外国的总书记。其实，外国的总书记就相当于中国的秘书长，中国的秘书长就相当于外国的总书记。他说不顺，我可以宣传宣传，大家如果都赞成，就顺了。我看邓小平这个人比较公道，他跟我一样，不是没有缺点，但是比较公道。他比较有才干，比较能办事。你说他样样事情都办得好呀？不是，他跟我一样，有许多事情办错了，也有的话说错了；但比较起来，他会办事。他比较周到，比较公道，是个厚道人，使人不那么怕。我今天给他宣传几句。他说他不行，我看行。顺不顺要看大家的舆论如何，我观察是比较顺的。不满意他的人也会有的，像有人不满意我一样。有些人是不满意我的，我是得罪过许多人的，我想起来就不舒服，今天这些人选我，是为了顾全大局。你说邓小平没有得罪过人？我不相信，但大体说来，这个人比较顾全大局，比较厚道，处理问题比较公正，他犯了错误对自己很严格。他说他有点诚惶诚恐，他是在党内经过斗争的。

至于陈云同志，他也无非是说不行、不顺。我看他这个人是个好人，他比较公道、能干，比较稳当，他看问题有眼光。我过去还有些不了解他，进北京以后这几年，我跟他共事，我更加了解他了。不要看他和平得很，但他看问题尖锐，能抓住要点。所以，我看陈云同志行。至于顺不顺，你们大家评论，他是工人阶级出身。不是说我们中央委员会里工人阶级成分少吗？我看不少，我们主席、副主席五个人里头就有一个。请你们在代表里头酝酿一下，因为政治局委员、书记处书记、主席、副主席要一道提出一个整个的名单，要一道选。至于常委，准备就由主席、副主席和总书记组成。这不是说别的人不可以当常委，别人也可以，因为要提一个就可以有第二个，还可以有第三个，所以暂时用这么一种办法。这就是把过去的书记处变成常委，只是比过去多了一个总书记。还要设一个书记处，书记处的人数可能要多几个，书记、候补书记可以有十几个人。很多事情要在那里处理，在那里提出议案。政治局委员的名额也要扩大，不是13个，要扩大到20人左右。因为我们的中央委员会是170人（也许170几）。看是不是可以这样安排？今天不作决定。〔15〕

　　1956年9月15日，中共八大正式开幕。毛泽东致开幕词，他说：

　　我们这次大会的任务是：总结从七次大会以来的经验，团结全党，团结国内外一切可能团结的力量，为了建设一个伟大的社会主义的中国而奋斗。

　　他还说：

　　我们现在也面临着和苏联建国初期大体相同的任务。要把一个落后的农业的中国改变成为一个先进的工业化的中国，我们面前的工作是很艰苦的，我们的经验是很不够的。因此，必须善于学习。要善于向我们的先进者苏联学习，（鼓掌。）要善于向各人民民主国家学习，（鼓掌。）要善于向世界各兄弟党学习，（鼓掌。）要善于向世界各国人民学习。（鼓掌。）我们决不可有傲慢的大国主义的态度，决不应当由于革命的胜利和在建设上有了一些成绩而自高自大。国无论大小，都各有长处和短处。即使我们的工作得到了极其伟大的成绩，也没有任何值得骄傲自大的理由。虚心使人进步，骄傲使人落后，我们应当永远记住这个真理。（热烈鼓掌。）〔16〕

　　据逄先知回忆，毛泽东这个精彩的开幕词是由他的秘书田家英协助起草的。他说：

　　毛泽东更加器重田家英，一个有力的证明，就是要田代他起草八大开幕词。

　　大家知道，毛泽东作报告、作讲演、写文章，从来不让别人代笔。不论是在烽火连天的革命战争年代，还是在新中国成立以后的和平建设时期，都是如此。唯一的例外，恐怕就是八大开幕词了。

　　1964年，毛泽东在一次中央会议上曾经说过："有的人，自己写东西，要秘书代劳。我写文章从来不叫别人代劳，有了病不能写，就用嘴说嘛。1947年写《目前形势和我们的任务》时，我病了，就是我说别人记的，写了我又改，改后发给大家传阅，提意见，又作了修改。现在北京当部长、局长的都不写东西，统统让秘书代劳。秘书只能找找材料。如果一切都由秘书去办，那么，部长、局长就可以取消，让秘书干。这也是劳动，要亲自动手。当然，不是一切都要自己写。周总理出国，一出三个月，到哪个国家都要发表公报，都叫他写不行，要自己出主意，让别人去写。"人们还记得，毛泽东在1948年1月7日为中共中央起草的关于建立报告制度的党内指示中，规定各中央局和分局定期向中央写综合报告，其中就特别要求："由书记负责（自己动手，不要秘书代劳）。"

八大开幕词，毛泽东曾起草过两个稿子，不知为什么都没有写完。后来让陈伯达起草。陈起草的稿子毛泽东不满意，说写得太长，扯得太远，于是又找田家英。毛泽东告诉田家英："不要写得太长，有个稿子带在口袋里，我就放心了。"这时离开会只有几天，时间非常紧迫，田家英花了一个通宵赶写出初稿。毛泽东比较满意，立即送中央书记处的同志刘少奇、周恩来、朱德、陈云和其他有关同志，经过多次修改，最后定稿。

毛泽东写文章不要秘书代劳，偶尔代劳一下，也要说明，从不埋没别人的劳动。八大是在政协礼堂开的。据当时在场的毛泽东的卫士长李银桥回忆，毛泽东致开幕词以后，来到休息室，许多人都称赞开幕词写得好。毛泽东对大家说："开幕词是谁写的？是个年轻秀才写的，此人是田家英。"

人们可能还记得开幕词里的一句话："虚心使人进步，骄傲使人落后。"它早已成为脍炙人口的格言。这是田家英的得意之笔，也是毛泽东很满意的一句话。[17]

毛泽东致开幕词后，选举了大会主席团、秘书处和代表资格审查委员会，并通过了大会日程和会议规则等。此后至9月17日，刘少奇作八大政治报告，邓小平作《关于修改党的章程的报告》、周恩来作《关于发展国民经济的第二个五年计划的建议的报告》。9月18—25日，进行小组讨论及大会发言等。9月21日，主席团举行宴会，招待各兄弟党代表团。9月26日下午，大会举行第十一次全体会议，一致通过了《中国共产党章程》，接着大会以无记名投票方式选举了第八届中央委员会委员。9月27日下午，大会举行第十二次全体会议，以无记名投票方式选举第八届中央委员会候补委员。中共八大选出中央委员97名，候补中央委员73名。选举结果宣读完毕后，全体代表举手表决，一致通过《关于政治报告的决议》《关于发展国民经济的第二个五年计划（1958—1962）的建议》。下午6时43分，在陈云致闭幕词后，大会胜利闭幕。

在中共八大期间，毛泽东还发表了一些重要言论。谈到八大主旨时，他说：

这次大会的空气，是反映人民的希望，建设工业。客观形势已经发展了，社会已从这一阶段过渡到另一阶段，这时阶级斗争已经完结，人民已经用和平的方法来保护生产力，而不是通过阶级斗争来解放生产力。而斯大林在思想上却没有认识这一点，还要继续进行阶级斗争，这就是他犯错误的根源。

他在八大后不久的一次谈话中曾说过，这个世纪，上半个世纪搞革命，下半个世纪搞建设，这个世纪还有四十几年，这么说，现在的中心任务是建设。

关于国际局势和对外关系，毛泽东在会见外国党的代表团时说：

第一、第二次世界大战之间隔了二十多年，以后间隔时间还要延长，也许不是一二十年而是三四十年，或者可能根本不能打。目前的国际局势是好转了，我们估计战争是很难打起来的，没有战争，资本主义国家就会有经济困难。我们的门是开着的，几年以后，英、美、西德、日本都将要与我们做生意的，他们有技术，我们需要技术，他们的经济有困难，就会向我们出口技术了。

毛泽东还说：

中国经济文化还很落后，现在刚开始搞一点工业，开办一些学校，要实现工业化，非几十年不可。因此我们需要朋友，需要和平环境。

毛泽东还说：

我们的社会主义必须想些办法来扩大民主。当然没有集中和统一是不行的。要保持一致，人民意志统一，对我们有利，使我们在短期内实现工业化，能对付帝国主义。但是也有缺点，缺点在于使人不敢讲话，因此要使人有讲话的机会。我们政治局的同志都在考虑这些问题。

他还谈了改革党和国家领导制度的若干考虑。他对南斯拉夫共产主义者同盟代表团说：

我老了，不能唱主角了，只能跑龙套。你们看，这次大会上我就是跑龙套，而唱戏的则是刘少奇、周恩来、邓小平等同志。

1957年4月30日，他对民主党派负责人和无党派民主人士谈话，表示到二届人大一定辞去国家主席。他在以集中精力研究问题为由作了解释之后还说："瑞士有七人委员会，总统是轮流当的，我们几年轮一次总可以，逐步采取脱身政策。"毛泽东甚至考虑，在将来的适当时机不再继续担任党的主席。党中央也赞同这个意见。八大党章中规定的"中央委员会认为有必要的时候，可以设立中央委员会名誉主席一人"，就是在这种情况下作出的。这说明在斯大林问题揭露之后，毛泽东开始考虑废除领导职务终身制等问题了。

9月25日，毛泽东同拉丁美洲一些党的代表谈话时，论及中国共产党的若干历史经验，主要是依靠农民、以农村包围城市等。他特别强调，不要硬搬中国的经验，而要把马列主义普遍真理和本国的具体情况这两方面结合起来。

师哲在回忆中叙述了苏联共产党代表团参加中共八大的情况，以及毛泽东同他们的谈话：

会议是在新落成的政协礼堂举行的。五十多个国家的兄弟党代表到会祝贺。其中，以苏联的代表团人数最多，占的地位也最显著。他们代表团成员中有米高扬、穆希金诺夫、尤金、波诺马廖夫、卡皮托诺夫、沙丘科夫等。

9月17日，米高扬致贺词。他的贺词不同于其他兄弟党代表的发言，以歌颂友谊、赞扬中国革命成就为主，而是用了较多的篇幅颂扬苏联共产党的成绩、十月革命、反法西斯战争胜利的作用，认为西欧革命的原动力来自俄国，革命中心在俄国，等等。他在讲话中甚至认为中国共产党的每一个进步、每一项成就都是"根据苏联的经验"而来的。我相信，斯大林要是活着的话，决不会允许他这样讲话，将自己凌驾于一切人之上。

苏共这种大国主义的做法，不仅仅表现在米高扬的发言中，而且表现在对待兄弟党的态度上。甚至在我党八大期间，他们竟粗暴地对待英共代表团的同志。英共代表团团长是波立特总书记，须知他们是我们的宾客呀！

大会进行期间，由于朝鲜国内发生了某种紧张情况，我党中央派彭德怀等同志，苏共指定当时在中国的米高扬等，共同访问朝鲜劳动党，了解那里的实际情况，并帮助解决问题。事后，我随彭总先行回国，继续参加大会。

…………

在大会结束前几天的一个下午，散会后我刚回到家，就被突然叫到政协礼堂的小会议室（八大主席团的临时餐厅）。我走进餐厅，只见杯盘狼藉，剩菜剩饭堆放满桌，只有毛泽东、米高扬、马列三人围坐在桌旁，正在谈话。我向他们致意后，就坐在一旁。

马列忽然问我："'盲动主义'这个词怎么译？"

我向他解答了。蓦地，主席回过头来，要我继续翻译。本来我想说，让马列继续翻译，我从旁协助。但我发现谈话气氛有点异乎寻常，而且从主席的神情可以看出，他似乎有不寻常的话要谈，所以我没有讲出口来。

我到达时，毛主席正谈到我党各个时期的斗争；关于党内"左"右倾机会主义的表现和各种不正之风给党带来的危害，特别是对党的正确路线的干扰与冲击；对正确的同志进行的打击；等等。我就是接着这样的话题翻译下去的。以后的话题不时涉及到国际方面，包括苏联在内。谈话中，毛主席带着不满的口气说："对当年共产国际和苏共的做法我们是有一些意见的，过去我们不便讲，现在就要开始讲了，甚至还要骂人了。我们的嘴巴，你们是封不住的。"

毛泽东谈话的主要内容是：

中国共产党在它发展的各个阶段，由于最初时期的幼稚和缺少经验，老是左右摇摆，时而犯右倾错误，时而犯"左"倾错误，但"左"倾机会主义路线统治时期较长，因而它给党带来的危害和损失也最大。特别是第三次"左"倾路线使我们的革命根据地，即苏区，损失了90％，党组织以及党在白区即国民党统治地区的工作也遭受到严重损失，以至于临时中央被迫于1933年初撤离上海，迁入江西中央根据地。

这都是由于不相信自己，而一味盲听盲从盲动的结果。也由于国际共产主义运动中出现的好似老子党与儿子党之分的不正常的党与党之间的关系的结果。不管口头上怎么称作兄弟党，事实上一个党竟可以凌驾于其他党之上，形成了老子党与儿子党的局面，破坏了兄弟党之间的正常关系。我发号施令，你得听话、服从，不管我说得对不对。国际共产主义运动中，这种要一个平等的兄弟党听从另一个兄弟党的话，服从另一个兄弟党的政策、策略和利益，跟着另一个兄弟党的屁股后面跑的坏习气、坏传统，是一种极为严重的不正之风。试想，怎么可以根据一个党的具体条件、具体需要、具体利益出发而制定出来的方针、政策，就是绝对正确的，而去要求处在另一种情况、环境条件下的党去听从，或照搬、硬套呢？怎么可以以一个党的利益替代另一个党的利益呢？客观实际、血的教训已证明这种做法是极端错误的，对革命是有百害而无一利的。

"左"倾机会主义分子最严重、最根本的错误是打击、排挤正确领导，否定、抛弃从实际出发制定出来的正确路线，使革命一而再、再而三地蒙受损失，最后不得不丢开了革命根据地，跑了二万五千里。敌人教育了我们党员中的顽固分子。挫折和损失才使他们的头脑清醒过来。符合实际的话，对革命有益的话，过去他们是听不进去的。他们把耳朵拉得长长的，只听外国的话，不相信自己的眼睛和大脑，也不愿倾听其他同志的正确意见和劝告了。

听不进正确意见，这固然是由于他们的愚昧无知、一味盲从，只相信别人，不相信自己，同时也夹杂着许多不正之风：主观主义、教条主义、宗派主义、经验主义，而后者（指经验主义）又作了前者（指教条主义）的俘虏，实际上起了帮凶的作用，亦即起了削弱党的战斗力的作用。

我们党在它的成长过程中，在革命发展的曲折道路上，不仅要对付强大、狡猾而凶恶的中外敌人（帝国主义和国内封建势力与反动派），在极其艰苦条件下进行斗争，而且还要与党内各种机会主义者、投机分子、愚昧无知作斗争，不断端正我们前进的方向。因而我们每前进一步都要付出双倍的努力和代价。

我们党的幼稚、缺乏经验，主要表现为一些人的无知、愚顽和刚愎自用。他们不相信自己，而只一味听从别人的、远处的、外来的、奇异的、不切实际而耸人听闻的东西。只要是外来的，不管正确与否，对我国革命有用与否，不分青红皂白，他们都一概当作圣物接受下来，照搬、照套、照用、照行，却不管其后果如何。这种盲从行为的责任当然不能由别人来负，而应由我们自己负责。但对这种盲从、盲目听信别人所造成的后果，却不能不说清楚，讲明白。不说清楚，不讲明白，怎么吸取经验和教训呢？盲目听信和服从别人，这确实是幼稚无知的表现。

拉大旗，作虎皮，借以吓人，是另一种幼稚无知的表现。对此，我们在实际工作中不能不加以注意、不加分析、不加思考，并且还要从中找出所以然来。空吼空叫、虚张声势、讲大话、借势凌人等也都是幼稚无知的表现。这些幼稚无知于实际毫无补益，只能贻害无穷。他们简直不懂得干革命是要老老实实、勤勤恳恳、脚踏实地、实事求是、埋头苦干，来不得半点虚假，才能作出成绩，获得成功。一切浮夸、说大话、弄虚作假，都是有害无益的。

但是，当我们党一旦克服了这些弱点，走上正确的康庄大道，就可以显示出不可限量的强大力量。这就是我国革命胜利、稳步前进的可靠保障，也是在实践中付出了高昂代价后而获得的宝贵经验。但更可贵的是现在人们开始懂得了这点，重视了这点。这真是用血汗换来的，用无数的牺牲换来的最宝贵、最值得珍惜的收获。固然，要革命就难免有牺牲。但是由于自己的愚蠢、无知和主观上的种种错误而造成的损失，即本来可以避免，而仅仅由于自己的疏忽、盲目轻信而使革命蒙受的重大牺牲，是最令人痛心的。我们今天活着的人，对牺牲在我们前头的人，心里感到特别沉痛的原因也就在这里。

这些教训和经验是不能不予以认真检查和总结的。只有对以往走过的道路、所遇到的事件、所犯的错误或成功作个认真负责的检查和总结，从中吸取应有的教训，得出正确的结论，对革命才会有益，才有助于革命事业的进一步发展。

关于这一切，我们将要在适当的时候、适当的场合，讲明我们自己的观点和以高昂代价得来的经验教训。这就是说，我们要发言，要讲话，还要写文章，或许还要骂人。我是说，假如没有地方讲话，就写文章；假如憋不住气了，就会骂人的。我们有这个民主权利，就要使用它，谁也封不住我们的嘴。我们中国有一句古话，叫作"不平则鸣"。我们要说话，要写文章，也就是本着这个意思而来的。总之，气不平，理不顺，就要出气，就要讲道理。

毛主席讲了很长一段大道理。米高扬没有发表任何意见，也没有表明自己的态度、看法，而只是认真地倾听。他究竟听懂了多少，明白了多少，无从知晓。不过我想，米高扬从毛泽东的一些用语和措辞上，如"老子党""儿子党""一方发号施令，另一方得俯首帖耳、唯命是从""往往危言耸听，借以吓人"，以及"过去我们憋了满肚子气，有气无处出；现在就要出气了"，等等，总可以体会到什么的。可以肯定，对毛泽东谈话的基本精神，米高扬还是能够领会的。但是，我估计，他既不深知我们两党之间往来关系的历史，也未认真读过《论无产阶级专政的历史经验》一文。

这次谈话的内容和所涉及各个方面的问题自然是毛主席早已筹思好了的。遗憾的是，我在思想上、精神上事先毫无准备，只是在谈话中才揣摩、体会其语意之所指。这次谈话的具体时间是1956年9月下旬，亦即在1956年4月5日发表《关于无产阶级专政的历史经验》一文之后，又在1956年12月29日发表《再论无产阶级专政的历史经验》之前。我想，这两个文件也可以帮助研究人员联系起来，推敲和探讨毛泽东当时的思想情况，以及他当年所关注的问题。

写到这里，我想起20世纪50年代初期，毛泽东一再地想向斯大林、莫洛托夫谈他的心事，或者说是内心的积郁吧，但都没有如愿。这回同米高扬的谈话很可能包括了他原来想对斯大林、莫洛托夫讲的若干内容。

我党八大同1954年五周年国庆的时间相距并不远，仅仅两年。但是这两年间，在国际共产主义运动中发生了很多重大的事件，政治气氛因此发生了很大、很深刻的变化。这些变化不仅影响中苏两党两国的关系，而且也影响了世界革命的进程和世界政治格局的变化。〔18〕

中共八大是中国共产党历史上的一次重要会议，也是中国共产党执掌全国政权以后进行全面社会主义建设的一次动员大会，对统一全党思想，继续探索中国社会主义建设道路具有积极而重要的作用。会议向全党提出了把工作重点转移到社会主义建设上来的总任务，正确估量国内政治形势和阶级斗争状况，并根据苏联的教训提出了加强集体领导和民主集中制的重要任务。这些重要的决定，都离不开毛泽东的全力支持。尽管他的认识后来发生过急剧变化，但是上述决定在很大程度上反映了他在中共八大前后的探索和思考，这是毋庸置疑的事实。

两类矛盾学说

用毛泽东自己的话说，1956年是国际共产主义运动历史上的"多事之秋"。由赫鲁晓夫秘密报告的泄露引起一系列连锁反应，西方国家以此大做文章，加上苏联自身在国与国、民族与民族等关系上的重大失误，导致了同年5月波兰的波兹南事件，以及10月至11月的匈牙利事件。

这些事件，暴露出社会主义内部存在的一些矛盾。而在斯大林时代，对这些矛盾始终不予承认，并试图掩盖。

面对种种波动和教训，毛泽东认真思考，提出了社会主义社会的两类矛盾学说，提出了正确处理人民内部矛盾的总命题。同时，还指出，正是社会主义社会内部基本矛盾的不断运动，才是社会主义不断向前发展的动力。这样，就把马克思主义的历史唯物论和辩证唯物论真正贯彻始终，克服了在社会主义社会矛盾问题上的形而上学和主观主义倾向。这个学说一提出，在东欧乃至于苏联都引起强烈的震动。

　　丛进在《曲折发展的岁月》一书中写道：

　　毛泽东提出正确处理两类矛盾的命题，最早出现于1956年12月4日《致黄炎培》的信中，他写道："社会总是充满着矛盾。即使社会主义和共产主义社会也是如此，不过矛盾的性质和阶级社会有所不同罢了。既然有矛盾，就要揭露和解决。有两种揭露和解决的方法：一种是对敌（这里说的是特务破坏分子）我之间的，一种是对人民内部的（包括党派内部的、党派与党派之间的）。前者是用镇压的方法，后者是用说服的方法，即批评的方法。"他指出，"我们国家内部的阶级矛盾已经基本上解决了……所有人民应当团结起来。但是人民内部的问题仍将层出不穷。解决的方法，就是从团结出发，经过批评与自我批评，达到团结这样一种方法。"他表示，"我高兴地听到民建会这样的开会法，我希望凡有问题的地方都用这种方法。"

　　1956年12月29日，《人民日报》发表根据中共中央政治局扩大会议关于苏共二十大以来国际共运问题的讨论而写成的文章：《再论无产阶级专政的历史经验》。文章第一次从国际共产主义运动范围上公开提出了两类矛盾问题，指出："在我们面前有两种性质不同的矛盾：第一种是敌我之间的矛盾……这是根本的矛盾，它的基础是敌对阶级之间的利害冲突。第二种是人民内部的矛盾（在这一部分人民和那一部分人民之间，共产党党内这一部分同志和那一部分同志之间，社会主义国家的政府和人民之间，社会主义国家相互之间，共产党和共产党之间，等等）。这是非根本的矛盾，它的发生不是由于阶级利害的根本冲突，而是由于正确意见和错误意见的矛盾，或者由于局部性质的利害矛盾。它的解决首先必须服从于对敌斗争的总的利益。人民内部矛盾可以而且应该从团结的愿望出发，经过批评或者斗争获得解决，从而在新的条件下得到新的团结。""决不应该把人民内部的矛盾同敌我之间的矛盾等量齐观，或者互相混淆，更不应该把人民内部的矛盾放在敌我矛盾之上。"

　　1957年1月27日，毛泽东在省市自治区党委书记会议上，又一次论及了社会主义社会矛盾和人民内部矛盾问题，他说："社会主义社会也是对立统一的，有人民内部的对立统一，有敌我之间的对立统一。""怎样处理社会主义社会的敌我矛盾和人民内部矛盾，这是一门科学，值得好好研究。"

毛泽东把如何正确处理人民内部矛盾这一命题加以展开论述，是1957年2月27日在最高国务会议第十一次扩大会议上。他当时讲的十二个问题是：一、两类性质的矛盾；二、肃反问题；三、农业合作化；四、资本主义工商业改造；五、知识分子和青年学生；六、增产节约，反对铺张浪费；七、统筹兼顾，适当安排；八、百花齐放，百家争鸣，长期共存，互相监督；九、如何处理罢工、罢课、游行示威等问题；十、人民闹事出乱子是坏事还是好事；十一、少数民族与大汉民族的关系问题；十二、中国有可能在三四个五年计划内根本改变面貌。这个讲话曾于同年3月、4月、5月间向广大干部传达，引起人们极大的兴趣，有着广泛的影响。[19]

　　3月12日，毛泽东在中国共产党全国宣传工作会议上发表了重要讲话。这次会议于3月6日至13日在北京召开，出席的有党内外思想文化工作者800人左右。在讲话中，毛泽东就会上讨论中提出的若干问题发表了意见。他说，经过社会主义改造，"新的社会制度还刚刚建立，还需要有一个巩固的时间"；"要使它最后巩固起来，必须实现国家的社会主义工业化，坚持经济战线上的社会主义革命，还必须在政治战线和思想战线上，进行经常的、艰苦的社会主义革命斗争和社会主义教育。除了这些以外，还要有各种国际条件的配合"。他对500万左右的知识分子作了分析，认为绝大多数人都是爱国的，愿意为社会主义国家服务，拥护社会主义。但只有少数人比较熟悉马克思主义，多数知识分子对马克思主义不熟悉，极少数人反对马克思主义。因此，我们有一个宣传马克思主义的任务。毛泽东提出，社会主义改造不仅要改造地主、资本家，改造个体生产者，也要改造知识分子，知识分子必须同工农群众相结合。毛泽东还谈到整风。他宣布，中共中央作出决定，准备党内在今年开始整风，党外人士可以自由参加。他又重谈了"双百"方针问题。"放"还是"收"？他回答说："百花齐放，百家争鸣，这是一个基本性的同时也是长期性的方针，不是一个暂时性的方针……党中央的意见就是不能收，只能放。"他还认为，"我们提倡百家争鸣，在各个学术部门可以有许多派、许多家，可是就世界观来说，在现代，基本上只有两家，就是无产阶级一家，资产阶级一家。"最后，毛泽东要求各地党委尤其是第一书记，应该亲自出马来抓思想问题。

　　在正式讲话之前写的提纲中，毛泽东提出，人民内部的斗争为主，还是阶级斗争为主？"两者都有，都要注意，但今天突出的问题是人民内部的问题，应作具体分析，不要不适当地扣大帽子"。

　　这年6月，毛泽东对这篇讲话整理稿作了一些重要的修改和补充，但当时没有公开发表。

　　1957年3月、4月间，毛泽东沿东线南下，经天津，过济南，到南京，最后抵达上海，向沿途各地党政军干部和党员阐述正确处理人民内部矛盾这一主题。

关于南下讲话的情况，丛进在《曲折发展的岁月》一书中写道：

3月17日，他在天津市党员干部会议上说："现在阶级斗争，这件工作基本上结束，大规模的群众性的阶级斗争基本结束。现在全党要学会率领整个社会跟自然界作斗争，要把中国这个面貌大体上改变一下。社会上各种不同的意见，因为阶级斗争基本结束而暴露出来，有许多错误议论，我们采取什么方针，在讨论中去解决，我们只有这样一种方法，别的方法都不要。"

3月18日，他在山东省机关党员干部会上说："大规模的阶级斗争基本上结束，八次大会作了结论的，这个结论是合乎情况的。这么大的斗争的结束，那么人民内部的问题就显出来了。"

3月20日，他在南京部队和江苏、安徽两省党员干部会上说："过去的那种斗争基本上结束，基本上完毕了，我们在这个世纪，上半个世纪搞革命，下半个世纪搞建设，现在的中心任务是建设。"

3月20日，他在上海党的干部会议上说："现在是一个转变时期，在我们面前的新任务，就是建设。建设也是一种革命，就是技术革命和文化革命。团结整个社会的成员、全国人民，同自然界作斗争。随着敌我矛盾在国内基本解决，人民内部的矛盾开始比过去显露了。这个变化还是在不久以前才成熟的，到了去年下半年，党召开代表大会的时候，才可以肯定这一点。现在情况更明白了，就需要更加详细地告诉全党，不要使用老的方法对待新的问题，要分清敌我之间的矛盾和人民内部矛盾。"

大致在同样的时间内，刘少奇沿西线南下，也在一些省市讲了正确处理人民内部矛盾这个主题。

…………

毛泽东回到北京后，把他在2月最高国务会议上的讲话加以整理，并将在外地讲话中的一些新提法补充进去，使之更系统化、理论化，成为同年6月19日公开发表的《关于正确处理人民内部矛盾的问题》一文。[20]

关于这篇著作重要理论观点的修改情况，施肇域著文作了详尽的说明：

《正处》（指《关于正确处理人民内部矛盾的问题》，下同）从原讲话记录稿到发表稿，由于不断地修改，产生了15稿。如果再加上毛泽东在那次会上发言用的讲话提纲，一共就有16份文献材料。从时间上看，《正处》从讲话到发表历时4个月，但实际的修改，即从第2稿（原讲话记录稿为第1稿）到最后定稿，是集中在5月7日至6月17日的42天中进行并完成的。

仔细地研究各份过程稿，可以看出，修改、整理和补充之处，从性质上说，主要可分以下3类：

第一类，是对正确处理人民内部矛盾这一主题作了进一步的理论化和系统化，丰富和完善了这个主题的理论基础。这种情况最典型的是第一节的修改。原讲话记录稿在这一节只是提出了两类社会矛盾和用团结、批评、团结的公式解决人民内部矛盾的问题。而发表稿，在这一节则从理论上全面论证了两类社会矛盾，特别是人民内部矛盾的性质，人民民主专政的性质、作用，民主集中制的原则，"团结—批评—团结"的公式和社会主义社会的基本矛盾等，使其成为全篇的理论纲领。

第二类，是对围绕正确处理人民内部矛盾提出的一系列具体方针作了更严密、审慎的说明和规定。在第一节所作的纲领性论述的基础上，其他各节修改和补充的重要内容，如经济方面实行统筹安排，兼顾国家、集体和个人三者利益的原则，探索发展工业和农业同时并举的中国工业化的道路的思想；科学文化方面贯彻"百花齐放、百家争鸣"的方针；共产党与民主党派关系上实行"长期共存、互相监督"的方针，以及团结、教育好知识分子，搞好汉族与少数民族的关系，处理好少数人闹事；等等，都是对正确处理人民内部矛盾的具体方针的进一步阐述。

第三类，是增加和补充了原讲话中没有或仅仅提到的一些重要的思想和观点。它们包括：社会主义改造完成以后国内基本形势和根本任务，社会政治生活中判断是非的六条标准，意识形态方面的阶级斗争长期存在和必须注意对修正主义的批判等。值得指出的是，这部分内容中，有的是更进一步坚持和完善了正确处理人民内部矛盾的主题，有的则需要作进一步的、具体的分析。

另外，在修改过程中，删去了一些对不赞成"双百"方针的人的批评，减弱了对教条主义的批判。

因此，从整体上说，《正处》的修改及其结果——发表稿，不仅保持了原讲话的基本精神，而且使之更臻丰富和完善。正是这些修改和补充，使《正处》完成了从一次会议上的讲话到科学理论学说的飞跃。

重要修改之一：增加了对国内基本形势与根本任务即主要矛盾的论述

在《正处》发表稿第一节的最后，有一段关于国内基本形势与今后任务的论述。在第二节，又进一步明确地指出了今后的根本任务。这些都是原讲话记录稿上没有的，而是修改过程中增加的。其基本情况如下：

1. 5月7日稿（第2稿）在修改第二节时增加了对我国今后任务的表述："我们的任务已经由解放生产力变为在新的生产关系下面保护生产力。"6月1日稿（第11稿）在"保护"后面加了"和发展"三字，确定为"保护和发展生产力"；6月9日稿（第12稿）在"任务"前面加了"根本"两字，确定为"根本任务"。这样，对今后的根本任务的表述就进一步明确和完善为："我们的根本任务已经由解放生产力变为在新的生产关系下面保护和发展生产力。"

2. 5月8日稿（第3稿）在论述社会主义社会的基本矛盾时增加了现在处在转变时期，主要任务应由阶级斗争到向自然界斗争的论述："我们提出划分敌我和人民内部两类矛盾的界线，采取和平方法解决人民内部的矛盾，以便团结全体人民进行一场新的战争——向自然界开战，发展我们的经济，发展我们的文化，使全体人民比较顺利地走过目前的过渡时期，巩固我们的新制度，建设我们的新国家，就是十分必要的了。"这段话与发表稿相比，其后来的改动之处，只是"采取和平方法解决人民内部的矛盾"这句话，5月24日稿（第7稿）改为"提出正确处理人民内部矛盾的问题"。

3. 5月24日稿（第7稿）在提出人民民主专政的第二个作用时指出："专政的目的是为了保卫全体人民进行和平劳动，将我国建设成为一个伟大的社会主义工业国家。"6月1日稿（第11稿）进一步加上了"具有现代工业、现代农业和现代科学文化"这几个字，规定我们要建设的社会主义国家的三个现代化奋斗目标。

4. 6月9日稿（第12稿），对当时国内的基本形势补充了"革命时期的大规模的疾风暴雨式的群众阶级斗争基本结束，但是阶级斗争还没有完全结束"的估计。

以上在修改过程中增加的论述，应该说，已内在地包含着对社会主义改造基本完成以后社会主要矛盾已经转化，以及社会主要矛盾是什么的说明了。因为按照当时直到现在的提法，所说的主要矛盾就是人民日益增长的物质文化需要同落后的社会生产之间的矛盾（当然，在其文字表述上有一个不断准确和完善的过程）。主要矛盾这样的规定，是与社会主义时期根本任务（发展生产力）或中心任务（经济建设）的确定相联系的。主要矛盾就是必须解决的根本任务或中心任务，反之亦然，根本任务或中心任务也就是必须解决的主要矛盾。所以，《正处》虽然没有在字面上指出社会主义社会的主要矛盾是什么，甚至没有提到主要矛盾这一概念，但是由于明确地提出了今后的根本任务是"在新的生产关系下面保护和发展生产力""向自然界开战""发展我们的经济，发展我们的文化""将我国建设成为具有现代工业、现代农业、现代科学文化的社会主义国家"这样一系列的论述，实际上也就包含了对社会主要矛盾的揭示。

因此，不仅不能说《正处》中没有讲到主要矛盾（尽管没有用主要矛盾这个概念），而且应该说，正是在《正处》的修改中增加并初步地展开了对主要矛盾的论述。

这里有一个问题是，为什么毛泽东在《正处》中一次也没有使用过主要矛盾这个概念或范畴？

大家知道，1956年9月召开的党的八大认为："我们国内的主要矛盾，已经是人民对于建立先进的工业国的要求同落后的农业国的现实之间的矛盾，已经是人民对于经济文化迅速发展的需要同当前经济文化不能满足人民需要的状况之间的矛盾。这一矛盾的实质，在我国社会主义制度已经建立的情况下，也就是先进的社会主义制度同落后的社会生产力之间的矛盾。"然而，毛泽东当时尽管也同意八大关于主要矛盾已经变化，阶级斗争已经不是主要矛盾的判断，但对于八大关于主要矛盾的表述（特别是这个表述的第三句话）一直持批评意见，保留自己的看法。他认为，"先进的社会主义制度同落后的社会生产力的矛盾"这个提法有缺陷，在"理论上是说不通的"。如1957年3月，毛泽东在全国宣传工作会议期间，就批评过八大关于主要矛盾的表述在理论上不完善。4月4日，毛泽东在回答如何理解八大提出的主要矛盾与他讲的人民内部矛盾两者关系的提问时又说："我们又犯了个错误。八大决议关于先进的社会制度和落后的生产力的提法，理论上是不正确的。……这是一个错误，怎样纠正，请大家想想办法。"这大概是他在《正处》中尽管已经论及了主要矛盾的实际内容，但又不使用主要矛盾这个词进行概括的原因。

实际上，毛泽东在《正处》中，一方面针对"先进的社会主义制度同落后的社会生产力之间的矛盾"这种表述，提出了"社会主义生产关系已经建立起来，它是和生产力的发展相适应的；但是，它又还很不完善，这些不完善的方面和生产力的发展又是相矛盾的。除了生产关系和生产力发展的这种又相适应又相矛盾的情况以外，还有上层建筑和经济基础的又相适应又相矛盾的情况"这一在理论上较之更为完备的论述；另一方面，又提出了"革命时期的大规模的疾风暴雨式的群众阶级斗争基本结束""在这个时候，我们提出划分敌我和人民内部两类矛盾的界线，提出正确处理人民内部矛盾的问题，以便团结全国各族人民进行一场新的战争——向自然界开战，发展我们的经济，发展我们的文化""我们的根本任务已经由解放生产力变为在新的生产关系下面保护和发展生产力"这样一些正确的论断。

重要修改之二：提出了六条政治标准，孕育了四项基本原则

在毛泽东看来，"百花齐放，百家争鸣"这个口号，就字面看，是没有阶级性的。为了使批评和自我批评沿着正确的轨道发展，5月25日稿（第8稿）规定了辨别香花和毒草的六条标准："（一）有利于团结人民（5月28日第10

稿在'人民'之前加了'全国各族'四字），而不是分裂人民；（二）有利于社会主义改造和社会主义建设，而不是不利于社会主义改造和社会主义建设；（三）有利于巩固人民民主专政，而不是破坏或者削弱这个专政；（四）有利于巩固民主集中制，而不是破坏或者削弱这个制度；（五）有利于巩固共产党的领导，而不是摆脱或者削弱这种领导；（六）有利于社会主义的国际团结和全世界爱好和平人民的国际团结，而不是有损于这些团结。"

同一天，即5月25日，毛泽东在会见当时正在我国访问的苏联最高苏维埃主席团主席伏罗希洛夫的谈话中，也明确地讲到了这六条标准。他说："百花齐放就是有利于团结人民，有利于社会主义事业，有利于巩固人民民主专政，有利于巩固共产党的领导，有利于巩固民主集中制，还有一条——有利于国际共产主义力量的团结和国际和平力量的团结。这算是标准，符合的就是香花，不符合的就是王八蛋。"

从文献看，关于六条标准在原来讲话中确实没有。但是，那种关于六条标准是从6月8日反右斗争开始到6月18日讲话公开发表这10天里逐步形成的说法（这种说法在罗德里克·麦克法夸尔的《文化大革命的起源》一书中得到详细的论证），则是一种猜测，是不确实的。

这里应当指出的是，发表稿（6月19日的《人民日报》在紧接"六条标准"的内容后面，有这样一句十分重要的话："这六条标准中，最重要的是社会主义道路和党的领导两条。"可是，这句话在6月17日上午最后定稿（第15稿）上还没有。最后定稿在后来加这句话的位置作了一个像是要加入一句话的记号。看来这句话是在付排时最后加上的。

应该说，制定六条标准，在当时是为了指导鸣放运动。而且，当时已经说明"这是一些政治标准"。现在看来，"六条标准"实际上已经孕育了在思想政治上作为立国之本的四项基本原则的主要内容。特别是，在提出"六条标准"后，又强调指出："这六条标准中，最重要的是社会主义道路和党的领导两条。"这就使这一思想更加符合历史和现实发展的实际，从而更具科学性。因为社会主义道路和中国共产党的领导，是中国人民经过长期的斗争，走过曲折的道路，付出巨大的代价所作出的历史性选择。当然，这里应当指出，完整地提出并科学地论证四项基本原则，是后来邓小平的贡献。

重要修改之三：
增加了意识形态方面的阶级斗争的论述和对修正主义的批判

这里首先应该说明，认为资产阶级，特别是小资产阶级还存在，他们的思想意识与马克思主义的思想之间会有矛盾和斗争，这是原讲话记录稿中就有的观点。

原讲话记录稿上有这样一段话："中国有6亿人口，我说是个小资产阶级王国，是个大王国，不是个小王国。农民有5亿，手工业者、小商小贩有几千万，地主富农大概有5000万人口。我国小资产阶级共有5亿几千万人口，这是一个客观存在。你要这些人一点意见都不发表，在他们嘴上打上封皮，只有吃饭的时候开一下，吃了饭就封起来，那怎么行？我说口有两个作用，一为吃饭，二为讲话，把它堵住那很难办到。资产阶级、小资产阶级，他们的思想意识一定要反映出来的，用各种办法顽强地千方百计地要表现自己的。"

5月7日稿（第2稿）把上述思想修改成："我国虽然基本上完成了社会主义改造，但是资产阶级还存在，5万万以上的小资产阶级成分刚刚在改造，资产阶级思想和小资产阶级思想仍然是汪洋大海。无论在全国人口中间，或者在知识分子中间，马克思主义者仍然是少数。……""从思想上观察，刚刚进入合作化的小资产阶级成分现在还占着中国人口的绝大多数。中国是个小资产阶级的大国。农民有5亿，手工业者、小商小贩有几千万。此外，还有一大批资本家，几百万从旧社会过来的知识分子。所有这些人，共有5亿几千万人口，这是一个客观存在。……资产阶级、小资产阶级，他们的思想意识是一定要反映出来的……"

这些阐述经过5月8日稿（第3稿）、5月8日下午稿（第4稿）和5月10日稿（第5稿）的修改、增删，其基本含义还是说：资产阶级还存在，小资产阶级刚刚在改造，他们的思想意识一定要反映出来，马克思主义必须在斗争中才能发展，所以要提出"百花齐放，百家争鸣"的方针。

但是，修改《正处》时，全党正在开展以正确处理人民内部矛盾为主题并邀党外人士参加的整风运动。在这个运动中，广大共产党员、人民群众和各界党外人士积极响应党中央的号召，对党和政府的工作及至部分党员干部的思想作风提出了大量有益的批评、建议。这些都是正常的。但是运动中也确有极少数右派分子，借着"大鸣大放"，散布了许多违反社会主义利益的错误言论，并且妄图与共产党争夺领导权，有的气焰还十分嚣张，大有"黑云压城城欲摧"之势。关于1957年的反右派斗争，我们党早已有过结论：即对右派的进攻进行坚决的反击是完全正确和必要的，但是反右派斗争被严重扩大化了。

毛泽东理所当然地对当时形成的紧张气氛密切关注并深感不安。5月15日，他写了《事情正在起变化》一文供党内干部阅读，对形势作了重新估计。其中心含义就是准备从党的整风运动转向反右派的斗争。具体表现在：第一，从批"左"的教条主义转向批右的修正主义。毛泽东写道："几个月来，人们都在批判教条主义，却放过了修正主义……现在应当开始注意批判修正主义。"第二，从共产党的整风转向反右派的斗争。他说："最近这个时期，在民主党派中和高等学校中，右派表现得最坚决最猖狂……现在是党外人士帮助我们整风。过一会儿我们帮助党外人士整风。"

这种思想认识上的急剧变化不能不反映到正在修改的《正处》中来。5月15日文章之后的9天，从5月24日稿（第7稿）开始，修改了原来的提法，把它上升为意识形态方面的阶级斗争，并增加了对修正主义的批判。

我们先来说明意识形态方面的阶级斗争的修改情况。

5月24日稿（第7稿），在前6稿关于资产阶级还存在，小资产阶级刚刚在改造的论述之基础上，增加了这样一句话："无产阶级思想和资产阶级思想之间的斗争，还是尖锐的、长期的，有时甚至是很激烈的。"

5月25日稿（第8稿），毛泽东批道："我百花齐放部分有一些重要修改。"这可能首先是指这一稿增加或提出了六条政治标准，因为这部分的修改在这一稿所占的比重最大、最多。除此之外，在意识形态的阶级斗争问题上，进一步的修改主要是：（1）在讲资产阶级还是存在，小资产阶级刚刚在改造之前，加上了"被推翻的地主买办阶级的残余还是存在"；之后加上了"阶级斗争还没有结束"（6月16日定稿改为"阶级斗争并没有结束"）。（2）把"无产阶级思想和资产阶级思想之间的斗争"改为"无产阶级和资产阶级之间的斗争，无产阶级和资产阶级以及资产阶级知识分子之间在意识形态方面的阶级斗争"（"资产阶级知识分子"几个字到6月9日第12稿删去了）。（3）在讲这种斗争有时甚至是很激烈的后面加上了："在这一方面，社会主义与资本主义谁胜谁负的问题还没有解决。"（4）这一稿还增加了一段说明社会主义和资本主义在意识形态方面谁胜谁负的斗争为什么还需要十年至十五年时间才能基本解决的文字。关于"解决"的时间，第9稿曾改为"两个五年计划，或者更多一点时间"，到第10稿才改为"一个相当长的时间"。

5月27日稿（第9稿），毛泽东又提示："请看'百花齐放'那一节，有一段重要的修改。"这一稿把"无产阶级和资产阶级之间的斗争"进一步改为"无产阶级和资产阶级之间的阶级斗争"，并在其后加入了"各派政治力量之间的阶级斗争"一语。而毛泽东所说的"有一段重要的修改"，主要是修改第8稿开始增加的关于意识形态方面谁胜谁负的斗争还需要很长时间才能解决的那段文字。这一稿主要是指出了这种斗争还需要很长时间才能解决的原因："这是因为资产阶级和资产阶级知识分子的影响必然要在我国长期存在，不可能在短时间，作为阶级的意识形态，根本消灭。如果对于这种形势认识不足，或根本不认识，那就要犯绝大的错误。要消灭它，就要进行思想斗争。"后面还讲了思想斗争与其他斗争不同，只能用细致的讲理的心平气和的方法，以及社会主义存在着我们优胜的条件等问题。

5月28日稿（第10稿）在讲意识形态的斗争有时甚至是很激烈的之后和谁胜谁负的问题还没有解决之前加上了这样一句话："无产阶级要按照自己的世界观改造世界，资产阶级也要按照自己的世界观改造世界。"同时，把"谁胜谁负的问题还没有解决"进一步修改为"……还没有真正解决"。

关于对修正主义的批判，原讲话记录稿上没有这方面的内容，主要是5月24日稿（第7稿）增加的："修正主义是一种资产阶级思潮。修正主义者口头上也挂着马克思主义，他们也在那里攻击所谓'教条主义'，但所攻击的正是马克思主义的最根本的东西，即反对或者歪曲唯物论和辩证法，反对或者企图削弱人民民主专政和共产党的领导，反对或者削弱社会主义改造和社会主义建设。在我国社会主义革命取得基本胜利以后，这种思想在实质上是一部分资产阶级和一部分资产阶级知识分子梦想恢复资本主义制度的反映。修正主义比教条主义有更大的危险性，我们在批判教条主义的时候，必须同时充分注意对于修正主义的批判。"

以上这段文字到发表时，只是把"一部分资产阶级和一部分资产阶级知识分子"改为"一部分人"，并在个别语序上作了调整。而把修正主义等同于"右倾机会主义"，把修正主义者等同于"右倾机会主义者"的意思，是6月9日稿（第12稿）加上的。

当然，《正处》在修改中加入的以上关于意识形态方面的阶级斗争和对修正主义的批判这三段内容，是与当时国内鸣放运动的形势发生急剧变化有着密切关系的。但是，这三段文字到底有没有达到从总体上否定《正处》关于正确处理人民内部矛盾是国家政治生活的主题这一基本思想的程度呢？应该说没有。因为，无论从这三段文字在整个《正处》中所占的比重，还是从这三段文字所包含的思想在整个《正处》的理论体系中所占的地位来看，都没有起到否定《正处》基本精神的后果。尽管《正处》修改时反右派斗争已经开始，但《正处》正式发表稿不仅主题未变，而且还进一步地充实和完善了这个主题。我们应当充分肯定这篇著作的价值。《关于建国以来党的若干历史问题的决议》，高度评价了毛泽东关于正确处理人民内部矛盾的理论，并认为它对我们今后的实践具有重要的指导意义。

然而，对《正处》中关于意识形态方面的阶级斗争和对修正主义的批判这些内容本身，究竟应该怎样看呢？

一方面，应该看到，这些内容虽然无疑反映了当时国内鸣放运动一时形成的紧张气氛；但是现在看来，这些内容包含着正确的、有远见的估计。比如，在革命时期的大规模的疾风暴雨式的群众阶级斗争已经基本结束的前提下，强调无产阶级和资产阶级在意识形态方面的阶级斗争还是长期的、曲折的，有时甚至是很激烈的，以至于在这一方面社会主义和资本主义之间谁胜谁负的问题还没有真正解决，在理论认识上无可厚非，尽管在实践上它对指导反右派斗争严重扩大化方面产生了重要影响。现在看来，这个估计，特别是对防止和平演变来说，不能不说还是有预见性和现实性的。又比如，提出修正主义（或右倾机会主义）是一种资产阶级思潮，并认为它比教条主义有更大的危险性，在当时主要是对党内被认为有右倾思想的人的批评。这种批评发展到60年代提出警惕中央出修正主义，它所指的具体内容并不符合当时的实际情况。事实已证明，那时确实对党内状况，特别是高层领导的状况作了错误的估计，把许多不同意见甚至是正确意见当作修正主义加以批判，最后造成了"文化大革命"的严重悲剧。但是，把修正主义和右倾机会主义、资本主义联系起来理解，并指出修正主义者（或右倾机会主义者）口头上挂着马克思主义，实质上攻击马克思主义最根本的东西，反对或削弱人民民主专政、共产党的领导、社会主义改造和社会主义建设，成为一些人在社会主义革命取得基本胜利以后，还梦想恢复资本主义制度，从各个方面向工人阶级进行斗争的最好的助手，这个思想从国际共产主义运动范围内来看，对于警惕共产党内，特别是共产党的领导层出修正主义、蜕化变质，也不能说没有预见性。

另一方面，也应该指出，尽管《正处》修改和补充的这些内容是在反右运动从开始酝酿到作出决定的过程中增加的，但认为意识形态领域还存在着阶级斗争及至要批判修正主义，这些思想则是毛泽东在1956年苏联二十大以后国际共产主义运动中发生的一系列重大事件并在国内引起反响的态势下形成的，因而是反右派斗争酝酿之前就有的，只不过后来更鲜明、更强烈了。

在当时那样一种国际国内风云变幻的形势下，毛泽东对人们的思想动向是非常注意的。

1956年12月4日，毛泽东在《致黄炎培》的信中，曾谈到意识形态方面的阶级矛盾还将在一个长时期内存在。

同年12月29日，在毛泽东修改审定的《再论无产阶级专政的历史经验》一文中，曾在反对教条主义时也并列地提到要反对修正主义。

1957年3月12日，毛泽东在全国宣传工作会议上发表讲话时说："有两种片面性：教条主义同机会主义，或者叫修正主义。教条主义，机会主义，都是形而上学，都是毒草，都要批评。"后来这篇讲话分开发表时，对上述提法又作了修改。同一天晚上，他在约集教育和科学工作者座谈时，还谈到，"马克思列宁主义实际上有三家争鸣：一家是真正的马克思列宁主义，一家是修正主义，一家是教条主义"。

接着，毛泽东分别在天津、济南、南京、上海党员干部会上的讲话中，讲到了意识形态方面的阶级斗争以及两种社会制度谁胜谁负的问题。3月18日，他在济南党的干部会议上说："去年上半年阶级斗争基本结束。所谓基本结束，就是说还有阶级斗争，特别是表现在意识形态这一方面。只说基本结束，不说全部结束。这一点要讲清楚，不要误会。这个尾巴要吊很长的。特别是意识形态这一方面的阶级斗争，就是无产阶级思想跟资产阶级思想作斗争。我说不是百家争鸣，而是两家争鸣。世界上百家里头又分两家，一家是无产阶级，一家是资产阶级。这个争鸣是要争几十年的。所以，现在正确处理人民内部的矛盾这样一个问题就提到议事日程上来了。正确地处理人民内部的矛盾，不是大规模的阶级斗争。刚才讲的有阶级斗争，特别是表现在意识形态里面的，我们是把它当作内部矛盾来处理。……两种制度作斗争，就是社会主义跟资本主义这两种制度作斗争，谁胜谁败，这个问题解决了没有呢？分了胜负没有呢？按照八次大会所说的，应该说基本上分了胜负的，就是资本主义失败了，社会主义基本上胜利了。是不是最后胜利了呢？那就没有。……至于两种思想的斗争，即资产阶级思想同无产阶级思想，马克思主义同非马克思主义的斗争，意识形态方面谁胜谁负，那就更加差一点了。……尽管社会制度是起了变化，但是那个思想还相当顽固地保存着。特别是在世界观这方面，是资产阶级世界观，还是无产阶级世界观；是唯心主义，还是唯物主义；是形而上学的唯心主义，或者是形而上学的唯物主义，还是辩证唯物主义。这样两种思想方面的斗争，时间还要更长一些。"

3月20日，毛泽东在上海党的干部会议上又说："在目前的过渡时期中，人与人之间的斗争还包括着阶级斗争。我们说阶级斗争基本完结，就是说还有些没有完结。特别是在思想方面，无产阶级与资产阶级之间的阶级斗争还要延长一个相当长久的时期。这样一种形势，我们党是看到了的。"

从以上这些论述中可以看出，在大规模的阶级斗争基本结束的前提下，认为意识形态方面还存在着阶级矛盾或阶级斗争；社会主义和资本主义两种制度作斗争，社会主义基本胜利又还没有最后胜利；以及在苏共二十大后，认为既要批判教条主义，又要批判修正主义等思想，是毛泽东1956年底以来就开始形成的。然而，强调意识形态方面的阶级斗争的长期性、曲折性和激烈性，强调社会主义与资本主义之间谁胜谁负的问题还没有真正解决，以及把修正主义看得比教条主义更危险，则是毛泽东1957年5月、6月间才逐渐提出的。

再一方面，还应该把《正处》修改中增加的这些内容与反右运动后在阶级斗争理论上逐步形成的"左"的错误区分开来，更应该把它与后来在阶级斗争问题上的一步步升级，直到最终提出的"无产阶级专政下继续革命"的错误理论区分开来。认为《正处》是"无产阶级专政下继续革命"理论的源头甚至基石的观点，混淆或抹杀了它们之间的根本区别。不管怎样，在《正处》中，只是强调意识形态方面的阶级斗争的长期性、曲折性和激烈性，以致谁胜谁负的问题还没有真正解决，并没有把阶级斗争作为社会主要矛盾。对修正主义的批判，还只是提出它比教条主义有更大的危险性。当然，真理和谬误有时只有一步之差。如果把上述思想绝对化，把阶级斗争夸大为社会主义社会的主要矛盾，就会陷入"左"的错误。反右运动开展起来后，1957年10月9日，毛泽东在八届三中全会上说："无产阶级和资产阶级的矛盾，社会主义道路和资本主义道路的矛盾，毫无疑问，这是当前我国社会的主要矛盾。"这是我们党在阶级斗争问题上开始陷入"左"的错误的标志。然而，就是在毛泽东把"两个阶级、两条道路"的矛盾作为主要矛盾之后，1958年，他又强调工作重点是技术革命和社会主义建设。主要矛盾与工作重点之间的明显的矛盾，反映了毛泽东这时思想上的矛盾和反复。在这以后，经过庐山会议、八届十中全会、反修防修的社教运动和意识形态领域里的政治批判等一步步的升级，直到"文化大革命"，终于把阶级斗争绝对地夸大为支配全局的"一个阶级推翻一个阶级的政治大革命"，从而使最初提出的科学的思想理论偏离正确的轨道而步入误区。[21]

在《关于正确处理人民内部矛盾的问题》的修改、补充过程中，还有一点值得注意。这就是毛泽东对农业合作社内部矛盾及其解决办法的思考。毛泽东当时的国际问题和英文秘书林克回忆了这件事，他写道：

1957年2月27日，毛泽东发表了《关于正确处理人民内部矛盾的问题》的讲话。1957年4月24日，他读英文版《矛盾论》时，对人民内部矛盾的理论作了进一步的发挥。他具体分析了农业合作社存在的六大矛盾及其解决办法，他说："第一个矛盾是国家与农业社之间的矛盾，其中包括国家计划与农业社机动性的矛盾，农业税、价格与农业社的矛盾；第二个矛盾是农业合作社与生产队之间的矛盾，农业社管理委员会权力太集中是民主办社的障碍，解决办法是给生产队一些有利于搞好生产的权力，例如，实行三包（包工、包产、包开支）制度，在一定范围内进行农副业生产管理、施行增产措施的权力；第三个矛盾是农业合作社与社员之间的矛盾，解决办法是农业社的积累与社员的收入要有适当的比例；第四个矛盾是穷队与富队之间的矛盾，解决办法是各负盈亏；第五个矛盾是社员与社员之间的矛盾，解决办法是贫农不要占中农和富裕中农的便宜，对他们的意见不要采取粗暴的态度，否则不利于贫农与中农的团结，不利于生产；第六个矛盾是干部与群众之间的矛盾，解决的办法是定期公布财务账目，干部参加生产，遇事及时同群众商量。"后来读英语时，毛泽东还谈到，分配制度是关系到五亿农民的大事，如果不解决这个问题，就不能说是一盘棋，甚至半盘棋都谈不到。整社必须解决这个问题，否则整社是整不好的。[22]

毛泽东的两类矛盾学说，解决了国际共产主义运动中一个悬而未决的难题，是中共八大正确思想的继续和发展。如果按照这个思路坚定不移地走下去，是有可能出现毛泽东所期望的那种生动活泼的政治局面的。然而，一场突如其来的风波，使得毛泽东改变了想法。这是全党，包括毛泽东本人在内，都始料不及的。

注　释

〔1〕《毛泽东著作选读》下册，人民出版社1986年8月版，第717—719页。

〔2〕龚育之、刘武生：《"百花齐放，百家争鸣"的提出》，1986年5月21日《光明日报》。

〔3〕刘大年：《"百家争鸣"侧闻记》，《文献与研究》1986年第4期。

〔4〕陆定一：《"百花齐放，百家争鸣"的历史回顾》，1986年5月7日《光明日报》。

〔5〕龚育之、刘武生：《"百花齐放，百家争鸣"的提出》，1986年5月21日《光明日报》。

〔6〕李越然：《外交舞台上的新中国领袖》，解放军出版社1989年12月版，第125—126、127—128、134—135页。

〔7〕薄一波：《若干重大决策与事件的回顾》上卷，中共中央党校出版社1991年5月版，第466—491页。

〔8〕李维汉：《回忆与研究》（下），中共党史资料出版社1986年4月版，第813—814页。

〔9〕《红旗》杂志 1979年第10期。

〔10〕《党的文献》1988年第6期第29页。

〔11〕沈同：《在毛主席身边的日子》，中央文献出版社1993年12月版，第84—91页。

〔12〕《毛泽东选集》第5卷，人民出版社1977年4月版，第154页。

〔13〕孙钢、孙东升：《历史转折时期的一次重要会议》，载《党的文献》1991年第3期。

〔14〕载《党的文献》1991年第3期。

〔15〕载《党的文献》1991年第3期。

〔16〕1956年9月16日《人民日报》。

〔17〕逄先知等：《毛泽东和他的秘书田家英》，中央文献出版社1989年12月版，第26—27页。

〔18〕师哲：《在历史巨人身边》，中央文献出版社1991年12月版，第606—613页。

〔19〕丛进：《曲折发展的岁月》，河南人民出版社1989年12月版，第37—38页。

〔20〕丛进：《曲折发展的岁月》，河南人民出版社1989年12月版，第39、41页。

〔21〕《党的文献》1991年第2期，第64—72页。

〔22〕《毛泽东的读书生活》，生活·读书·新知三联书店1986年9月版，第258—259页。